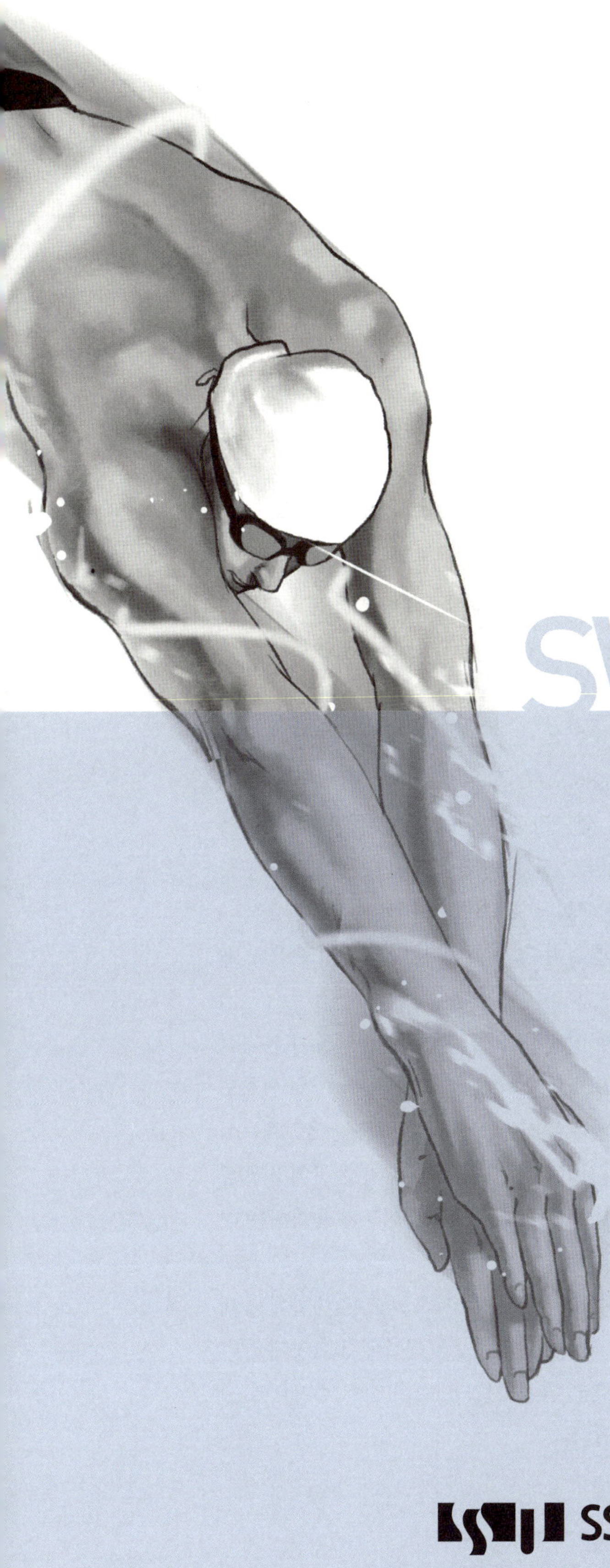

수영

SWIMMING

심성섭

SSU Press

서문

생활의 편리함과 생존수단으로 행해졌던 수영은 19세기 중반에 와서야 수영장 건설과 스톱워치의 발명으로 공식적인 스포츠로서 스피드를 겨루는 경영으로 발전하였다. 따라서 수영은 1896년 1회 아테네올림픽대회부터 자유형 경기가 행해졌고, 지난 31회 브라질 리우데자네이루 올림픽까지 120년 동안 올림픽에서 정식종목으로 중심에 자리하고 있다.

1929년 조선수영구락부 발족과 더불어 한국 수영은 지난 29회 베이징 올림픽 전까지 78년 동안 올림픽에서 메달이 없었으며, 2004년 아테네 올림픽에서 우리나라 여자선수로는 처음으로 남유선 선수가 여자 개인혼영 400m 경기에서 A final 경기에 진출하여 7위를 기록하였다. 이후 계속해서 세계 수준과 격차가 있던 종목이었으나 2007년 호주세계선수권대회 및 2008년 베이징 올림픽에서 박태환선수가 자유형 종목에서 금메달을 목에 걸며 그 어느 때 보다 국민적 관심이 매우 높은 스포츠 종목으로 자리하고 있다.

특히 우리나라에서는 스포츠 경기로서 발전하기 이전에 실내수영장이 본격적으로 건립되던 1980년대부터 지금까지 일반 대중의 생활스포츠로서 매우 선호도가 높은 건강형 신체활동으로 최고의 인기를 누리고 있었으며, 한동안 국민체육실태조사 보고에서 참여도 1위 스포츠로 발전하였다. 또한 앞으로 가장 참여하고 싶은 선호 스포츠 종목 1위로 선정되는 등 일반 대중의 관심과 참여도가 증가하는 대중적인 스포츠로 자리하고 있다.

이렇듯 관심을 통해 생활 스포츠로 자리 잡은 수영은 전국의 모든 대학에서 체육 관련학과 전공 필수 수업의 형태로 진행되고 있고, 많은 대학에서 교양체육 수업으로 개설되어 대학에서 교육의 수단으로, 또는 건강 생활의 실천 수단으로 선호도가 높은 종목으로 굳건히 발전하여 왔다.

특히 수영은 모든 수상스포츠(수상스키, 웨이크보드, 윈드서핑, 카누, 카약, 요트, 조정) 입문에 매우 필수적인 종목으로 학생들의 선호도가 가장 높은 스포츠로 발전하고 있다.

또한 최근에 생존수영이라는 새로운 개념이 등장하면서 수상 안전사고의 경각심을 높이고, 수상에서 위급한 상황 발생시 구조를 기다리는 약 2분 정도의 시간동안 물에 떠 있는 방법을 교육하고 가르치기 위한 전문단체들이 생겨나면서 수영에 대한 새로운 해석과 접근이 진행되고 있다.

특히 서울시 교육청은 2013년부터 서울 전체 초등학교 3학년을 학생을 대상으로 수영을 1년간 필수 과목으로 교육 받도록 정책을 추진하였으며, 이후 교육부는 2014년 초등학생들의 수영 실기교육 활성화 시범교육 운영을 통해 학생들에게 일상생활에서 수영의 중요성을 강조하여 왔다. 2016년에는 전국적으로 145개 교육청에서 약 35만명의 초등학생을 대상으로 수영실기교육을 지원하고 있으며, 선도교사 양성 프로그램 운영과 수영담당 교사들을 대상으로 연수교육을 실시하는 등 수영은 이제 교육현장과 일상생활에서 필수적인 생활문화와 스포츠문화로 자리매김하고 있다.

이러한 분위기에 편승하여 전문적인 수영지도자 양성에 필요성이 더욱 강조되고 있고, 또한 지도자 교육을 위한 전문서적에 필요성도 그 어느 때 보다 강조되고 있다. 따라서 이러한 시대적 상황에 부응하기 위해 수영지도자 양성에 밑거름인 중요 인적 자원인 체육 전공학생들에게 올바른 수영문화를 이해시키고, 인류역사와 함께해온 수영의 역사적 사실을 바르게 이해시키고자 이 책에서는 특히 수영의 역사적 사실과 기록을 어느 서적 보다 강조하여 집필하였다.

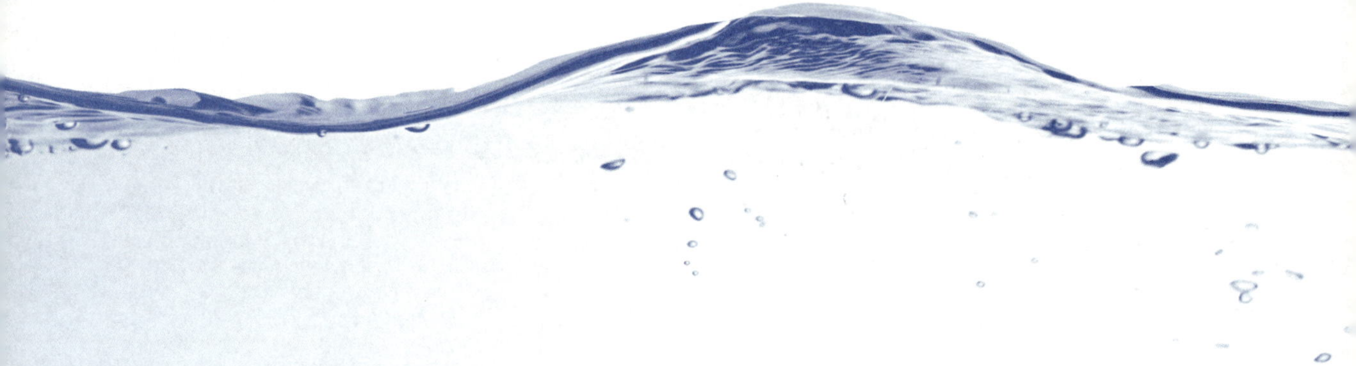

본 저자는 수영서적에 관한 위대한 감동을 선사해준 전설적인 수영코치이면서 역사가인 세실 M. 콜윈(Cecil M. Colwin)의 『Breakthrough Swimming』원서를 『수영의 진화』라는 제목의 역서로 출간하였으며, 또한 미국수영협회 최고의 경영지도 매뉴얼 및 세계최고의 선수훈련 프로그램 지도서로 손꼽히는 Ernest W. Maglischo 저작『Swimming Fastest』를 700페이지 분량의 전문서적을 우리말로 『가장 빠른 수영』으로 공동 출간하였다.

앞서 출간한 서적을 기초하여 본 서적은 보다 집약된 내용으로 다시 출간하였으며, 본 서적은 총 4부로 편성되어 1부에서는 수영의 역사적 사실에 기초한 수영 영법의 변천사 및 수영 영법의 변천과정, 국제수영연맹의 창설과 역사적 발자취를 집중적으로 편성하였다. 제2부에서는 물리학과 역학에 기초한 수영의 과학적 원리로 구성하였으며, 제3부에서는 영법의 원리와 스타트 및 턴의 원리를 보다 이해하기 쉽게 편성하였다. 마지막으로 제4부에서는 각 영법별 훈련방법 및 수영을 위한 웨이트트레이닝 방법을 중심으로 편성하였다. 또한 부록으로 수영경영규칙 및 심판법, 대한수영연맹의 수영지도자 및 심판규정, 그리고 남자와 여자 경영 전 종목의 세계기록, 올림픽기록, 아시아기록, 한국기록 도표 및 역대 올림픽에서 국가별 메달 획득 현황표를 첨부하여 전반적으로 수영의 전문지도서로 이용되도록 집필하였다.

본 저자는 UC Berkeley에서 1년동안 연구년을 수행하면서 많은 경험과 조언을 아끼지 않았던 UC Berkeley Swimming Team David Durdem 헤드코치와 UC Davis 여자 수영팀 헤드코치인 Barbara Jahn, 그리고 책의 내용을 검토하고 수정하면서 방향선정을 위해 도움을 주신 노민상 감독님께 감사한 마음을 전합니다. 또한 이

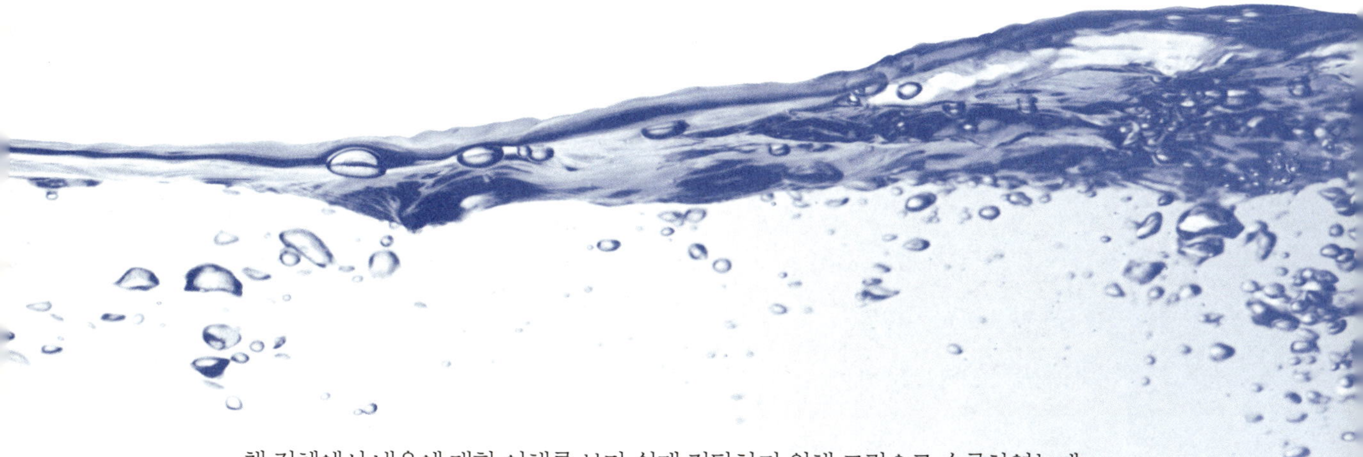

책 전체에서 내용에 대한 이해를 보다 쉽게 전달하기 위해 그림으로 수록하였는데 전체 그림 작업을 맡아서 도와준 아이엠디 장승욱실장님께 고마운 마음을 전합니다. 독자 여러분께서 혹시 이 책을 접하면서 잘못된 정보가 있거나 적합하지 못한 단어사용이나 언어표현에 관해서 아낌없이 질타해주시고 미숙한 부분에 관한 내용은 넓은 마음으로 혜량해 주시기를 바랍니다.

이 책이 나오기까지 세심한 배려와 조언을 아끼지 않으신 숭실대학교 출판팀 이기문 팀장님과 김신애 선생님께 진심으로 감사드리며 숭실대학교 학술정보출판팀의 건승을 기원합니다.

2017년 1월 UC Berkeley에서의 연구년 보고서를 마무리하면서

저자 **심 성 섭**

Contents

제 1부

수영의 역사적 사실

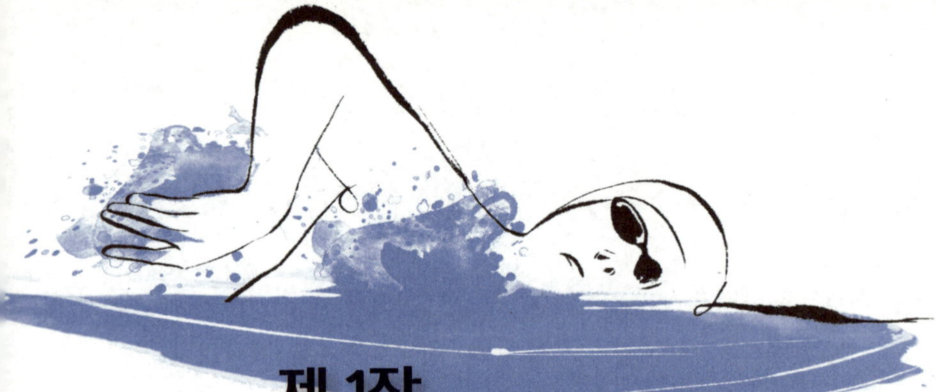

제 1장
수영의 기원 및 유래

1. 수영의 기원

수영의 역사는 인류의 탄생과 같이 한다고 해도 과언이 아닐 것이다. 그 이유는 선사시대 이전에 인류가 강이나 하천, 바다 등에서 식량자원을 구하기 위해 어획과 채집이라는 자연발생적 신체활동을 했을 것으로 추정하고 있기 때문이다. 또한 기원전 5,000년경 고대 인류 문명의 발상지로 알려진 이집트문명, 티그리스(Trgris)와 유프라테스(Euphrates)강을 중심으로 발달한 메소포타미아 문명, 인더스(Indus)강을 중심으로 발달한 인더스 문명, 황하강을 중심으로 발달한 황하문명은 모두 강을 중심으로 발달하였고, 물이라는 환경에서의 생활과 식량자원을 구하기 위한 적응력을 높이는 것이 삶의 큰 과제 이였을 것이다. 또한 물속에서 놀이의 형태로 수영하고 잠영하는 일은 흔히 볼 수 있는 모습 이였을 것이다. 그래서 수영은 자연발생적으로 인류의 역사와 함께 했을 것으로 추정하는 일은 매우 당연한 일이라고 생각한다.

특히 고대 그리스에서 대표적인 도시국가로 알려진 스파르타와 아테네의 경우 청소년들에게 공공교육의 교과목으로 수영을 교육하고 훈련한 것으로 많은 문헌에서 기록하고 있기에 선사시대에 행했었던 삶의 일부분으로서 물고기와 어패류를 채집하기 위한 자연발생적 신체활동하고 다른 형태의 수영 교육이 군사훈련과 신체단련의 목적으로 행해진 것으로 알려지고 있다.

고대 세계에서는, 도시국가를 보호하기 위해 수영을 군사적 목적으로 행한 기록이 있으며, 영국의 대영박물관에 소장되어 있는 얕은 양각(bas-reliefs)은 아시리아 왕이었던 아수라지르-팔(Assurnasir-Pal)과 그의 군대가 강을 건너는 모습을 하고 있었고, 이 모습이 최초 수영 기술의 기원으로 생각하고 있다. 이러한 얕은 양각의 모습은 횡영(sidestroke) 혹은 트러전 영법으로 해석하거나 또는 오늘날의 크롤 스트로크로 수영하고 있었다고 결론을 내렸다.

기원전 766년 그리스의 도시국가에서 고대올림픽이 탄생했지만 수영은 종목에 포함되어 있지 않았고 올림피아에도 풀(pool)이 있었다는 기록은 있으나 그것은 경기를 위한 시설은 아니었고 목욕을 위한 시설로 활용되었다는 사실이다.

또한 고대 로마의 경우 도시 곳곳에 많은 목욕장이 세워졌지만 실제 수영을 하기 위한 목적보다는 공동 목욕장의 활용도가 더 높았을 것이다. 따라서 고대인들은 수영을 경영의 형태로 행하지는 않은 것으로 해석할 수 있다.

중세 시대에 있어서는 유럽 전역에 걸쳐 수영이 인기가 떨어졌으며, 이러한 이유는 물이 흑사병과 다른 전염병들을 퍼뜨린다고 사람들이 믿었기 때문이다. 수영을 할 때도, 사람들은 얼굴을 물 밖으로 내민 상태에서 하는 평형 형식을 선호했다.

기록들을 통해 초기 수영이 아무 기술 없이 임의적인 팔 다리의 동작으로 구성되었음을 유추할 수 있을 뿐 우리는 인간 수영의 초기 역사에 대해 알려진 문헌이나 기록이 거의 없기 때문에 일부 벽화나 그림을 통해 추측과 상상을 하는 것이 당연하다고 생각한다.

그림 1-1 은 이집트 유물에서 발견된 사람이 수영하는 모습을 상형문자로 조각하였다.

그림 1-1. 이집트 벽화 상형문자에 수영하는 모습(임번장, 1986:9)

2. 수영의 역사적 기록물

인류의 탄생과 더불어 자연발생적으로 생겨난 수영은 선사시대와 고대에서는 교육과 훈련에 관한 내용이 기술된 전문서적이 발견되지 않았기에 이 시대에서는 유물과 벽화, 조각, 그림을 통해 활동 모습을 추론해 볼 수 있는데 15세기의 중세까지도 수영에 관한 서적은 찾아보기 힘들다.

이후 문예부흥이 일어나고 근세가 시작되는 16세기부터 수영에 관해 기술한 책자가 발견되었고 이 시기부터 수영 서적이 인쇄물로 등장하는 시점이 되리라 짐작해 본다.

이 장에서 수록한 역사적 사실은 위대한 수영코치이면서 역사가인 세실 M. 콜윈(Cecil M. Colwin)의 저서 『Breakthrough Swimming』에 수록된 내용을 참고하였다.

수영에 내용이 최초로 기술된 서적은 1531년 엘리엇(Elyot, Sir Thomas)이 신사의 훈련에 관한 내용으로 저술한 (The boke named the governour)에서 수영에 관련 내용이 한 섹션에 기록되어 있다고 전해진다.

그러나 수영에 관한 기술적인 부분을 기록해 놓은 최초의 서적이 1538년 독일의 언어학 교수인 빈만(Nicolaus Wynman)에 의해 독일어로 쓰여진(Colymbetes, sive de arte natandi dialogues et festivus etiucundus lectu) 기록이 존재하며, 이 서적에서는 수영에 관한 기술적인 부분을 기록해 놓았다.

1587년 딕비오(Dygbeio, Everardo or Digby Everard)의 라틴어로 된 저서 수영기술에 대하여(De arte nanandi libri duo)는 1세기 후에 불어로 번역되었다.

1595년 미들턴(Middleton, Christopher)의 수영 소개서(A short indtoduction for to learneto swimme gathered out of Master Digbie's booke of the art of swimming.)는 라틴어를 이해하지 못하는 사람들을 위해 영어로 번역되었으며, 수영하는 사람들에 대한 목판 그림도 수록되었다.

1659년 퍼시(Percy, William)는 약 90페이지에 달하는 완벽한 수영선수 혹은 수영 기술(The compeat swimmer, or The art of swimming)이란 책을 저술하였다.

1816년 프로스트(Frost, J)가 발표한 과학적 수영(Scientific swimming)은 노팅엄에서 여러 해 동안 수영 기술 교사였으며, 수영기술의 촉진을 위하여 일련의 과학적인 지도방법을 기술하였다. 이후 호주에서 1867년 스티드만(Steedman, Charles)은 수영의 정확한 동작들을 기술하면서 삽화들을 통해 한층 더 이해를 높였다(A manual of swimming, including bathing, plunging,diving, floating, scientific swimming, training, drowning and rescuing).스티드만(Steedman, Charles)의 책은 1867년 멜버른에서 처음 출판되었고, 1873년에 다시 런던에서 출판되었다.

1876년 윌슨(Wilson, W.)은 런던에서 (The swimming instructor)출간하였으며, 또한(Swimming and Diving, and How to Save Life, The Bather's Manual) 등을 통해 과학으로서의 수영, 훈련, 수영 교수법과 인명 구조 등을 다룬 책을 출간하였다.

1893년 영국의 인명구조협회의 서기였던 싱클레어와 헨리(Sinclair, A. and Henry, W.)는 런던에서 (Swimming)이란 책을 출간하였으며, 특히 헨리는 FINA(국제수영연맹)의 설립자중 한 사람이었다.

1903년 미국 수영의 아버지라고 알려져 있는 스테럿(Sterret, James H.)은 뉴욕에서 (How to swim)을 출간하면서 수영의 다양한 스트로크들, 다이빙과 부력 등과 관련된 지금까지의 기본적 수영 논제를 다루고 있을 뿐만 아니라, 인명구조와 여자와 소녀 수영선수들에 대한 내용도 기록하고 있다.

1904년 토마스(Thomas, Ralph)는 런던에서 영어, 독어, 불어 및 다른 유럽언어들로 된 수영 저서(Swimming)는 수영과 소생에 관한 내용과 수영에 관한 역사적 사실을 담고 있다.

1929년 핸들리와 호크로프트(Handley, Louis de B. & Howcroft, W. J.)는 런던에서 크롤스트로크에 관한 저서를 출간하였으며(Crawl-stroke swimming), 1930년 영화 타잔의 주인공으로 유명한 와이스뮐러와 부시(Weissmuller, John & Bush, Clerence)는 아메리칸 크롤에 대한 전문적인 내용을 다룬 저서(Swimming the American Crawl)를 발표하였다.

이후 수영에 관한 다양한 주제의 많은 서적이 미국과 유럽의 여러 나라에서 출간되면서 수영의 기술적인 진보와 과학적인 훈련법에 관심이 증대되었다. 니콜라스 윈만이 수영에 관한 최초의 저서, 『콜림베테스(Colymbetes, sive de arte natandi et festivus et iucundus lectu)』(1538년 스와비아 아우구스부르그의 잉고스타트 대학교 H. 스타이너가 출판)를 썼지만, 그보다 먼저 출판된 책, 토마스 엘리엇 경의 『통치자라는 이름의 책(The boke named governour)』(1531년 런던의 토마스 베르텔레트가 출판)이 짤막하게나마 수영을 신사 교육의 중요한 한 과목으로 논의했다. (『통치자라는 이름의 책』 258 폴리오판 사본들이 캠브리지 대학 도서관과 대영박물관에 소장되어 있다.)그러나 최초로 유럽인들에게 인간의 스트로크는 "모두가 과학적 스트로크로 배워야 하는" 스트로크임을 가르친 책은 원만의 책 『콜림베테스』였다. 『콜림베테스』는 이해하기 어려운 라틴어에다 약어들, 그리고 실수나 오기들로 가득한 작은 책이었다. 잉고스타트 대학교의 독일계 스위스인 교수였던 원만은 수영을 배우지 않을 납득할만한 이유란 지옥에 감금된 영혼은 헤엄을 쳐서 스틱스 강(망각의 강)을 건너야 한다고 하는 잘못된 믿음 때문이었다고 언급했다. 만일 그들이 헤엄칠 수 없다면 어떻게 건널 수 있으랴?그후 50년 내에 두 권의 중요한 책이 나왔다. 올로스 매그너스의 『북부인들의 역사』는 1555년 매그노 고토에 의해 로마에서 출판되었고 북부인들의 주요 관습 중 하나로 수영을 다루었다. 다른 책은 에버라드 딕비 경의 『수영의 기술』이라는 책으로 1587년 영국에서 출판되었으나 당시 특정 지역에서는 영어로 쓰는 게 천박하다고 여겨져 라틴어로 쓰여졌다. 두 책 모두 당시 존재했던 것 보다 원시적인 형태의 수영보다는 배영에 대한 선호도를 지지했다(Cureton 1934). 엘리엇이 그랬듯, 딕비가 모국어로 썼다면 그의 책은 더 잘 팔렸을 것이고 또한 너무 잘 알려져 허락 없이 쉽게 표절되거나 번역되었을 것이다. 사실 딕비의 작품은 세 번 번역되었는데, 영어로 두 번 불어로 한 번 번역되었다. 프랑스판은 독어, 스페인어, 이태리어로 번역되었다. 딕비 책의 단축 번역본이 미들튼에 의해 1595년에 출판되었다. 독창적 작품이라고 공언했지만, 1658년에 출판된 또 다른 책은 그것을 바로 자신의 작품이라고 주장했던, 퍼시의 거의 글자 그대로의 번역이었다. 다음으로 벨키세덱 테베놋이 딕비의 라틴어 원전 『수영의 기술(De arte natandi)』을 불어로 번역했는데, 이 작품은 테베놋 사후 4년, 1696년 『수영의 기술(L'art de nager)』이라는 제목으로 파리에서 T. 뫼뜨에 의해 출판되었다. 1699년에 이 불어판이 다시 영어 명 『수영의 기술(The Art of Swimming)』으로 번역되어 런던에서 출판되었는데, 번역자는 테베놋이 원작자가 아니었음을 전혀 의심하지 않았다(Thomas 1904). 그리하여 딕비의 작품이 여러 세기동안 프랑스와 영국 수영인들에게 알려진 유일한 작품이었지만, 테베놋이 그 작품에 대한 저작권을 항상 주장했기 때문에 거의 아무도 딕비가 원저자라는 사실을 알 수 없었다. 손에 닿는 무슨 일이든지 근원까지 추적했던 위대한 학자 벤자민 프랭클린조차도 원작자가 영국인이었음을 전혀 의심치 않고 테베놋을 인용한다. 테베놋은 수영을 "지금껏 효용을 증진시키기 위해 필요한 조사를 받지 못했던 옛 스포츠의 한 가지"로 기술했다. 테베놋이 살던 시대에는 평영이 아직 유럽의 과학적 스트로크로 여겨졌다(Cureton 1934). 테베놋의 책은 당시의 소위 "과학적 수영"에 관한 권위서로 여겨졌고 1764년과 1772년에 재판되었다. 수영이 건강상 위험한 것으로 여겨졌던 세기에 수영을 다룬 작가들 사이에서 테베놋이 주목받은 사실을 인정하여, 테베놋은 딕비의 작품이 번역 출판된 지 300년 후인 1990년 국제 수영 명예의 전당에 헌납되었다. 비록 테베놋이 여러 분야에서 인정받은 학자이긴 했지만, 국제 수영 명예의 전당에 딕비를 포함시킬 더 강력한 이유가 존재하게 되었다. 랄프 토마스(1904)가, 테베놋의 유명한 책은 그보다 1세기 전에 쓰여진 딕비의 작품을 표절했다고 주장했지만, 유명한 『영국 도서관 카탈로그(British Library Catalogue)』은, 테베놋의 책이 딕비의 『수영의 기술』을 "개작한 것"이었다고 말하고 있다. 또 다른 고려할 점은 테베놋의 책이 그가 죽은 지 4년 후에 출판되었다는 점인데, 이는 테베놋이 자신의 학문적 성취를 위해 딕비의 작품을 단지 번역했을 뿐 출판할 의도는 없었을 가능성도 강하다. 후자의 설명이 더 타당하게 보인다. 왜냐하면 테베놋은 당시 군소 명사였고, 매우 존경받는 저명한 동양학자였으며, 프랑스 과학 아카데미의 설립자중 한 명이었기 때문이다. (1684년부터) 왕립 도서관의 사서로서, 그는 수많은 귀중한 책들과 원고들을 수집했다. 그럼에도 불구하고, 그는 결코 유럽을 벗어나 본 적이 없으며, 헤엄치는 법도 몰랐다. 서구 문화에 있어서 보다 최근의 진보는 여러 두드러진 권위자들에 의해 훌륭하게 기록되었는데, 특히 스티드만(1867), 윌슨(1883), 싱클레어와 헨리(1903), 토마스(1904), 큐어튼(1934), 그리고 칼라일(1963)에 의한 고전적 기술들이 그러하다(Cecil, M. Colwin, 2002).

3. 수영의 역사적 사실

수영은 19세기 이전까지 경기로써 기록을 다투는 경영의 필요성을 크게 느끼지 못했기 때문에 일상생활에서 놀이 및 식량을 구하기 위한 어획 및 채집, 그리고 군사적인 목적으로 체력단련의 형태로 진행되었기에 오늘날의 경영으로서의 수영의 모습은 찾아보기 어렵다.

이후 1837년 영국에서는 수영협회가 결성되면서 1년 후인 1838년 하이드 파크(Hide Park)의 써펜타인(Serpentine) 연못에서 상금을 걸고 경영 경기가 행해져서 이것이 아마도 경영의 최초의 시작이라고 생각한다. 또한 1886년에는 1마일 선수권대회가 최초로 개최되었으며, 이 때 행한 영법은 평영이나 횡영법이 사용되어졌다고 한다. 약 178년 전에 영국에서 처음 시작된 조직화된 수영대회로서 순위를 다투는 경영이 시작되었지만 이 이전에는 개인이 자연스럽게 습득한 것 이상의 수영의 기술과 방법들을 개발할 필요가 거의 없었을 것이다.

수영기술의 발전은 19세기 중반에 와서야 수영장 건설, 스톱워치의 발명과 공식 스포츠로서의 경영 경기가 시작되었다.

최초의 경쟁 수영선수들은 스피드보다는 좋은 스타일 개발에 더 열심이었다. 최소한의 물 튀기기와 우아하고 멋진 동작들이 수영의 초기 대표자들에 의해 훌륭한 스타일로 여겨졌다. 이 사실은 영국 수영 선수들이 1844년 런던에 방문한 북아메리카 인디언들의 수영 방식들을 보았을 때 분명히 나타났다. 그 인디언들의 보다 진보된 오버암(overarm) 스트로크는 거친 물 튀기기가 특징이었기 때문에, 그들의 방식은 영국인이 모방할 가치가 없는 것으로 간단히 처리되었다.

그 영국인들은 드넓게 펼쳐진 태평양 너머 폴리네시아와 멜라네시아 거주민들이 천 년 이상동안 오버암 스트로크로 수영을 해 왔다는 사실도 몰랐다. 그리고 남아메리카, 아프리카와 인도 해안을 따라, 서구 문화에 존재하고 있던 것보다 진보된 수영 기술인 트러전 스트로크의 여러 변형들이 아주 오래 전부터 자연적으로 행해져왔다는 것도 몰랐다.

영국에서 평영이나 횡영으로 시작된 경영이 1896년 제1회 근대올림픽이 개최되면서 수영은 정식종목으로 채택되었으며, 남자 경기로 100미터, 400미터, 1200미터 등의 경기가 진행되었다. 남자 100미터 자유형 경기에서 헝가리의 Alfred Hajos는 1분 22초 2의 기록으로 금메달을 차지하였다. 재미있는 사실은 은메달을 차지한 오스트리아의 Otto Herschmann 선수를 제외한 한명의 미국선수와 세 명의 그리스 선수는 완영을 하지 못한 것으로 기록되어 있다. 이후 1900년 프랑스 파리에서 개최된 제2회 올림픽게임에서는 자유형 종목과 배영 200미터, 장애물 경기, 팀 경기 등 좀 더 세분화된 경기 내용으로 진행되었다. 처음 등장한 배영 200미터 경기에서는 독일의 Ernst Hoppenberg 선수가 2분 47초로 금메달을 차지하였다.

1904년 미국의 세인트루이스 올림픽에서는 평영 400미터, 계영 200야드 경기가 처음으로 실시되었으며, 계영 경기에서 금메달은 미국이 2분 04초 06의 기록으로 차지하였다. 올림픽에서 평영종목 최초로 400미터 경기에서 독일의 Georg Zacharias가 7분 23초 06의 기록으로 금메달을 차지하였다. 1903년 전 영국수영대회에서 200야드 평영 종목이 등장하면서 이듬해인 1904년 올림픽에서 처음으로 평영 경기가 정식종목이 되었다.

1912년 스웨덴의 스톡홀름에서 개최된 5회 올림픽에서는 처음으로 여자 자유형 100미터에 경기가 실시되었으며, 금메달은 호주의 Fanny Durack가 차지했으며, 기록은 2분 22초 02 였다. 이 당시 남자부 금메달을 차지한 미국의 남자선수 Duke Kahanamoku(1분03초 04)의 기록보다 상당히 늦은 기록이었다.

1908년 제4회 런던대회에서는 참가 국가의 의견을 종합한 경기규칙을 제정하였으며, 런던올림픽대회 기간에 벨기에·영국·덴마크·핀란드·프랑스·독일·헝가리·스웨덴 등 8개국이 국제수영연맹(Federation Internationale de Natation Amateur ; FINA)을 결성하였다. 이후 국제수영연맹은 경기규칙을 제정하고 각종 국제경기를 운영 관리하고 있으며 있으며, 2010년 회원국이 202개국에 이르렀다.

이후 1952년 헬싱키에서 개최된 15회 올림픽게임까지 자유형, 배영, 평영, 계영을 중심으로 진행되었으며, 1956년 호주에서 개최된 16회 멜버른대회에서 처음으로 접영 100미터 여자경기와 200미터 남자 경기가 채택되었다. 이때 기록은 여자 100미터에서 1분 11초로 미국의 Shelly Mann이 금메달을 차지하였으며, 남자 200미터에서는 2분 09초 03으로 미국의 Willam Yorzyk가 금메달을 차지하였다.

1964년 제18회 도쿄대회에서는 처음으로 남자 및 여자 개인혼영 400미터 경기와 혼계영 400미터 남자와 여자 경기가 처음으로 채택되었다. 이 때 개인혼영 남자 400미터 경기에서는 미국의 Richard William ROTH 선수가 4분 45초 04의 기록으로 금메달을 차지하였으며, 여자 또한 미국의 Donna De. Varona 선수가 5분 18초 07의 기록으로 금메달을 차지하였다. 혼계영의 경우 남녀 모두 미국팀이 금메달을 차지하였다.

이후 수영 경기는 남녀 모두 자유형, 배영, 평영, 접영, 개인혼영 등의 개인종목과 팀 경기인 계영과 혼계영의 종목으로 올림픽 경기가 진행되었으며, 1988년 제24회 서울올림픽게임에서 남자와 여자 모두 최고 단거리 경기인 자유형 50미터 경기가 처음으로 채택되었다. 이후 2008년 베이징 올림픽게임에서는 실내경기로만 행했던 수영이 처음으로 Open Water 경기로 10킬로미터 마라톤 경기가 실시되었다. 처음으로 진행된 야외 원영 경기에서 남자는 네덜란드의 Maarten VAN DER WEIJREN 선수가 1시간 51분 51초 06으로 금메달을 차지하였으며, 여자 경기에서는 러시아의 Larisa ILCHENKO 선수가 1시간 59분 27초 07로 금메달을 차지하였다.

4. 우리나라 수영의 역사

우리나라에서 수영에 관한 기록이나 영법에 대한 구체적인 기록이 전해지고 있지 않아서 인류 수영의 기원에서 볼 수 있듯이 바다로 둘러싸여 있는 지리적 형태를 볼 때 바다 인접 지역과 길게 펼쳐져 있는 강을 중심으로 물놀이 형태의 유희적 수영과 식량을 얻기 위한 어획 활동 등으로 추정해 볼 수 있겠다. 그러나 역사 자료에는 구체적인 수영과 영법에 관한 기록이 나타나 있지 않기에 추측에 의존할 수 밖에 없다.

그런데 고전과 역사자료에 기록되어 있는 삼국시대 이후 『삼국사기』 『수서(隋書)』·『고려사』·『성종실록』 등에서 군사적 훈련과 유희로서 행한 기록이 있다고 전해진다.

우리나라는 삼면이 바다로 둘러싸여 있는 지리적 여건상 외세에 침입과 침략전쟁에 대비해서 군사적 훈련으로 어느 나라 보다 물에서의 다양한 활동과 오늘날의 수영과 같은 형태의 훈련을 실시했을 것으로 짐작해본다

1895년(고종 32) 4월 신식 군대인 훈련대가 편성되었고, 이듬해인 1896년 1월 무관학교 관제에 따라 초급 무관 양성을 위해 설치된 근대적인 군사 교육 기관인 무관학교[武官學校]의 칙령에 의해서 여름휴가 동안 수영을 연습하도록 규정하였는데 이는 군사적 훈련의 일환이었으며, 오늘날과 같은 형태의 수영이 이때부터 실시되었다고 볼 수 있다. 그 뒤 1916년 7월에 원산청년회 주최로 원산에서 최초로 수영강습회가 개최되었고, 8월8일부터 1개월간 한강 인도교 옆에서 한강수영연구회 주최로 수영강습회가 개최되었다. 이를 계기로 일반인들에게 점차 수영이 알려지게 되었으며, 이후 1923년 7월에는 2주일 동안 경성 제2고등보통학교(경성고등학교) 학생 70명과 교사 6명이 원산 송도원에서 수영강습회를 실시하였다.

1927년에는 처음으로 자유형, 배영, 평영 영법에 대한 강습회가 한강수영연구회로부터 소개되었으며, 이때는 이미 근대올림픽에서 자유형, 배영, 평영 영법이 정식종목으로 채택되었기에 국제적으로 보급하기 위한 시작의 단계이기도 하다.

1928년 8월 2일부터 10일간 조선체육회와 동아일보사가 공동으로 원산 송도원에서 전국에서 모여든 60명의 참가자들을 대상으로 제1회 수영강습회를 개최하였으며, 1929년 8월에는 몇몇 유지들이 뜻을 함께하면서 조선 수영구락부를 발족하여 처음으로 수영대회 개최와 보급을 전문적으로 담당하는 조직적인 수영단체가 등

장하였다. 이후 1930년 조선 수영구락부는 조선 수상경기협회로 명칭 개정을 이루었고, 이것은 또한 1946년 조선 수상경기연맹으로 개칭되었으며, 1948년 국제수영연맹(FINA)에 가입하면서 대한수상경기연맹으로 명칭 개정이 다시 이루어졌다.

1934년 7월 1일 국제규격의 수영장이 서울운동장에서 준공되면서 비로소 규격을 갖춘 수영장에서의 대회 개최가 이루어졌다. 1936년 제6회 전 조선 수영대회를 치른 다음 1937년 종합체육대회의 경기종목으로 흡수되어 제대로 형식을 갖춘 수영경기대회는 이때부터라고 봐야 한다. 그러나 당시 사회 풍토상 여자는 수영대회나 강습회에 참여하는 것이 쉽지 않았기에 남자들만이 대회에 참가하였다.

1958년 5월 24일부터 6월 1일까지 일본 도쿄에서 제3회 아시안게임에 처음으로 참가하였으나 입상과는 거리가 멀었고, 1962년 인도 자카르타에서 있었던 아시안게임에서 진장림선수가 평영 100미터 종목에서 3위(1분15초4) 200미터 종목에서 4위(2분44초9)를 기록하였으며, 신민자선수가 여자 하이다이빙에서 3위를 차지하였다

1966년에는 대한수영연맹으로 명칭이 개정되었으며, 1978년 아시아수영연맹에 가입하였고, 이후 1998년 7월 사단법인 대한수영연맹으로 설립인가를 받았다.

제5회 태국 방콕에서 있었던 아시안 게임에서 조오련선수가 남자 400미터에서 아시아신기록을 수립하였으며, 남자 1,500미터 자유형 경기에서도 1등하여 수영사상 최초로 국제대회에서 2관왕의 위업을 달성하였다. 또한 1974년 테헤란에서 개최된 제7회 아시아경기에서도 조오련 선수가 자유형 400미터와 1,500미터에서 2회 연속 금메달을 차지하는 위대한 업적을 달성하였다.

1982년 뉴델리에서 개최된 제9회 아시안게임에서 여자선수로는 처음으로 최윤희선수가 배영 100미터와 200미터에서, 그리고 개인혼영 200미터에서 금메달을 차지하였으며, 1986년 제 10회 서울 아시안게임에서 배영 100미터와 200미터에서 금메달을 차지하였다.

1990년 베이징에서 개최된 11회 아시안게임에서 지상준선수가 배영 200미터 종목에서 금메달을 차지하였다. 그리고 1994년 제12회 히로시마 아시안게임에서는 지상준이 남자배영 200m에서 금메달, 방상훈이 남자자유형 400m에서 금메달을 차지 하였으며, 남자자유형 800m계주는 은메달, 여자 400m계주와 여자혼계영 400m는 각각 동메달을 차지하였다.

1998년 12월에 열린 방콕 아시안게임에서 조희연선수가 여자 접영 200m에서

2분 11초 34의 한국 신기록을 기록하면서 대한민국 여자 선수로는 1986년 배영에서 최윤희선수가 금메달을 딴 후로 12년만에 금메달을 차지하였다.

2010년 광저우 아시안게임에서는 박태환선수가 자유형 200미터, 400미터, 100미터에서 금메달을 차지하였으며, 정다래선수는 12년만에 여자 평영 200미터 경기에서 금메달을 차지하였다.

2004년 아테네 올림픽에서 우리나라 여자선수로는 처음으로 남유선 선수가 여자 개인혼영 400m 경기에서 A final 경기에 진출하였으며, 7위를 기록했다.

2008년 베이징 올림픽에서는 한국 수영의 역사적 사건이 일어났다. 박태환선수가 남자 자유형 400미터에서 당당히 금메달을 차지하였으며, 또한 자유형 200미터에서는 미국의 마이클펠프스에 이어서 은메달을 차지하는 대 기록을 달성하였다. 이후 박태환선수는 2012년 런던 올림픽에서도 자유형 200미터 경기와 400미터 경기에서 각각 은메달을 차지하면서 대한민국 수영 선수중에 유일하게 올림픽에서 금메달과 은메달을 차지하는 대 기록을 작성하였다.

제 2장

수영 스트로크의 역사 및 발전과정

1. 인류 수영의 시초(Dog Paddle)

고고학자들은 인간이 4만년 전에 배를 발명한 사실을 알고 있으며, 따라서 사람들이 그 무렵에 수영을 했을 것이라는 가정도 타당하다. 이 초기의 많은 수영 활동들은 종교 의식, 여가 혹은 군사 훈련의 일부였던 것처럼 보인다.

이 시대에서 인류의 조상들이 강이나 하천, 바다에서 행했던 수영 영법에 관한 기록이 없기에 상상과 추정으로만 과거의 모습을 짐작할 수 있겠다. 인류가 자연발생적인 수영을 하기 이전에는 동물이 수영하는 모습을 일부 모방했다라고 가정한다면 오늘날의 오버암 스트로크 보다는 물속에서 팔과 다리를 움직이면서 얼굴에 물이 튀기지 않게 하는 개헤엄(Dog Paddle)의 모습을 상상할 수 있을 것이다. 이러한 개헤엄(Dog Paddle)의 경우 다소 에너지 소모가 적게 잔잔하면서도 과격하지 않게 물속에서 이동할 수 있다는 특징을 가지고 있다.

스트로크의 경우 진행 방향인 얼굴 앞쪽 수면 아래에서 양팔을 교대로 손바닥의 면적을 활용하여 물을 잡아당기는 Pull 동작으로 추진력을 발생시킬 수 있으며,이러한 풀 동작에서는 강하고 빠르게 물을 잡아당기지만 리커버리 동작에서는 저항을 덜 받기 위해 손바닥을 수면과 수평의 모양으로 앞으로 뻗어가는 동작을 취했을 것이다.

킥의 경우 오늘날 크롤 영법의 형태로 비대칭 상하운동을 만들었을 것이며, 얼굴이 물 밖으로 나와 있기에 다리는 자연스럽게 가라앉은 형태로 상하운동을 취했을 것이다. 물속에서 추진력을 일으키기 위한 형태의 상하운동에서 지금의 크롤영법보다 더 무릎은 구부러지고 양 다리 사이는 다소 벌어지는 모습으로 추진력을 일으켰을 것으로 추정한다.

이러한 개헤엄(Dog Paddle)의 헤엄치는 영법은 문헌으로 알려진 사실이 없는 것으로 판단되기에 단지 상상력을 동원해서 오버암 스트로크 보다 덜 힘들면서 동물의 수영 모습을 모방한 형태로 일정한 형식과 기술이 존재하지 않은 저마다 다른 형태의 모습으로 실시했을 것으로 추론해 본다.

17세기 무렵, 유럽 수영인들이 개의 수영 동작들을 모방하면서 이후 개헤엄(Dog Paddle)방식의 헤엄치는 영법은 평영 방법이 개발되는데 기초가 되었다.

2. 평영, 그리고 횡영

16-17세기 유럽에서는 머리를 높이 완전히 물 바깥으로 쳐들고 하는 평영이 행해졌다(Thevenot 1699). 개구리 차기를 이용하는 대신, 추진력은 발바닥이 아닌 발등으로 킥을 했다(Colwin, 2002).

초기의 평영킥은 두 다리를 곧게 펴고 가능하면 넓게 벌렸다가 다시 아주 빠르게 두다리가 거의 모아질 때 까지 킥을 하는 모습의 개구리차기(wedge kick) 방식이었으며 이후 소멸되어 휘돌리기(whip kick)로 대체되었는데, 개구리차기 방식의 추진력 발생은 다리를 모음으로써가 아니라 두 발바닥으로 추진했다(그림 2-1).

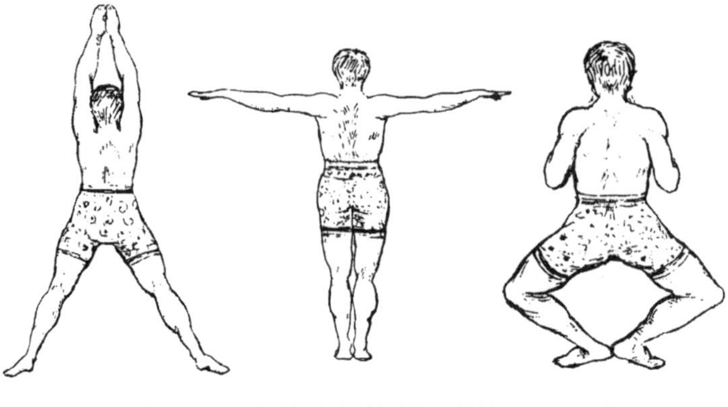

그림 2-1. 19세기에 이용된 쐐기형 평영 스타일 (Colwin, 2002)

윌리엄 윌슨은 "또 하나의 잘못된 생각은 발차기의 추진력은 발바닥에서 얻어진다"는 것이며, "이 잘못된 생각들이 가르치려는 사람들의 너무 흔한 실패들을 대부분 설명해준다"고 말했다. 윌슨은 주요 추진력은 다리 차기에서 얻어져야 한다고 말했는데, 왜냐하면 "몸을 잡아당기기 보다는 앞으로 미는 것이 쉬우며, 다리가 팔보다 더 강하기 때문에 하체로부터 가능한 모든 힘을 얻는 게 더 경제적"이기 때문이라고 말했다. 19세기 초반에, 평영 선수들은 발목을 발등 쪽으로 구부리고 발바닥으로 물을 압박함으로써 추진력을 얻는 개구리 차기를 받아들였다(Counsilman 1968).

19세기 초반 조직화된 경쟁 수영이 시작되었을 때, 횡영이 표본 경영 스타일이 되었다. 두 팔은 시종일관 잠수한 상태로 유지하고, 다리는 마치 걷는 듯 벌리고 오므리는 동작들로 폭넓은 가위 젓기를 수행하였다.. 수영선수들은 결국 평영 시 수중에 있던 한 팔을 수면 위로 드러냄으로써 저항을 줄일 수 있음을 깨달았다. 이후 이 스트로크는 영국식 오버암 스트로크로 알려지게 되었다.

그림 2-2에서 보는바와 같이 횡영이 평영에서 진화된 방식을 상상하기는 쉽다. 결국, 초기 겨드랑이 밑에서 당기는 동작의 횡영은 몸을 옆으로 돌린 채 수영하는 평영이었다. 수영선수들은 몸을 옆으로 돌림으로써 보다 적은 물의 저항을 받는다는 것을 알았다. 맨 처음 횡영은 양팔을 끌고 원 위치시키는 동안 두 팔을 수중에 넣은 채 헤엄쳤다. 이 방식은 겨드랑이 밑 횡영으로 알려져 있다.

1871년 영국에서 폭넓게 조직화된 수영 선수권 대회가 개최 되면서 스피드를 높이기 위한 노력이 경주되었으며, 영국식 오버암 횡영의 도입은 스피드에 비례한 저항력 감소의 중요성을 점차 인식하였음을 보여주었다. 다리 동작에 대한 강조는 평영 방식의 형태로 실시하였으며, 이 단계에서는 여전히 추진력을 위한 팔의 효과적인 원리에 대한 이해가 부족했다(그림 2-3).

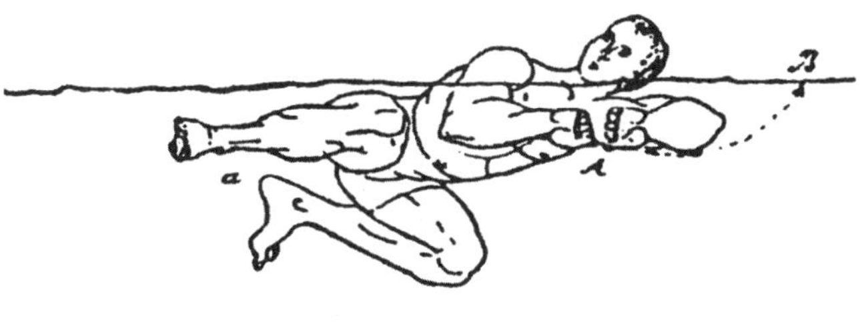

그림 2-2. 19세기 횡영 동작 (Colwin, 2002)

1883년 윌리엄 윌슨의 저작 『수영 교사(The Swimming Instructor)』에서 볼 때 윌리엄 윌슨은 개선된 영국식 오버암 횡영 방법을 기술하고 있다. 이 스트로크의 사용은 매우 인기있었으며, 많은 수영선수들이 그것을 최초로 사용했다고 주장했다.

영국식 오버암 횡영의 우수한 스피드를 깨달은 경주자들은 언더암 스트로크와 수면위로 한 팔을 내미는 방식을 버렸다. 1903년 싱클레이와 헨리는 오버암 스트로크 기술은 경영에서 매우 중요한 기술임을 강조했고 어떠한 영법으로도 이를 능가할 수 없었다고 기록하고 있다. 이 때 사용한 다리기술은 개선된 가위차기 방식 이였으며, 이 당시J. A. 자비스는 일명 "자비스 차기"로 알려지게 된 킥을 이용하여 수많은 영국 선수권에서 우승했다는 기록이 있다. 자비스는 "특별한 킥 동작이 영국식 횡영-오버암 스트로크에 힘을 더하면서 상당히 스피드 개선에 도움을 준다"는 사실을 최초로 발견한 사람이었다(Colwin, 2002).

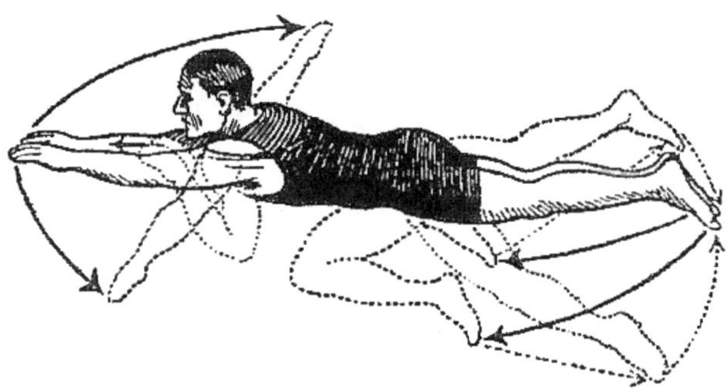

그림 2-3. 19세기 잘못된 방식의 평영 스타일(직선 팔동작, 무릎 구부리기)(Colwin, 2002)

3. 트러전 스트로크(Trudgen Stroke)

1852년 5월 3일 런던의 포플라에서 태어난 존 트러전(John Trudgen)은 1863년에 부모와 함께 부에노스아이레스로 가서 거기에 있는 동안 그는 원주민들로부터 남아메리카 인디언 스트로크를 배웠고, 그가 1873년 8월 11일 영국의 수영 경기에 최초로 출전한 이후 이 스트로크가 트러전 스트로크로 이름 붙여지게 되었다(그림 2-4).

당시 수영대회에 관중들은 트러전이 처음으로 경기에 나와 영국식 160 야드 핸디캡 경기에서 아주 보기 드문 스트로크로 승리하면서 트러전의 수영모습은 이후 크롤의 기본적 팔 스트로크가 되었다. 그러나 트러전 스트로크의 난점은 지속성이 부족했으며, 두 팔 스트로크를 할 때마다 한번의 평형 차기를 했기 때문에 타이밍 부분에서 매우 난해한 스트로크였다. 이후 횡영의 가위 차기와 트러전 팔 동작을 결합시킴으로써 이 난점을 극복하려는 한 시도가 있었으며 원래의 무릎을 상당히 구부려 동작했던 차기가 좁아졌고 두 다리는 더 곧게 유지했지만, 측면 가위차기 타이밍이 여전히 완벽하게 지속적인 팔 동작을 방해했다.

이후 트러전이 당대 최고 빠른 단거리 수영선수 중 한 명이 되었고 그의 특이한 동작도 트러전 스트로크로 알려지게 되었으며, 트러전은 가슴과 머리를 상당히 치켜 든 채 양팔을 자기 앞으로 찌르면서 수면 밖 높이 헤엄을 쳤지만 사실 그것은 평영 수영선수와 같은 자세였다.

트러전의 영향 중 한 가지로, 이중 오버암 수영에 대한 상당한 실험이 이어졌다. 그렇지만, 많은 수영선수들이 여전히 횡영을 고집하고 싶어했다. 왜냐하면 가슴을 평평히 편 자세로 수영하면 너무 많은 정면 저항이 생기는 것이 두려웠기 때문에, 그들은 측면에서 측면으로 전환하면서 각 팔을 번갈아 복귀하는 스트로크를 개발했다.

트러전 스트로크의 리듬에는 규칙적인 숨쉬기 방법에 대한 언급이 없었다. 우리는 수영 기술의 이 중요한 측면이 어떻게 진화되었는지를 추측할 수 있을 뿐이다. 아마도 흔히 일어나듯, 그것은 우연에 의한 것일지 모른다. 이중 오버암 수영선수가 한쪽에서 다른 쪽으로 전환할 때, 얼굴이 물에 잠겨있는 동안 입 밖으로 거품이 빠져나가는 것을 알아챘을지 모른다. 물론 그 다음 단계는 얼굴을 물 밖으로 내밀 때 들이마셨다가 잠수하면서 다시 천천히 내뱉는 식의 규칙적 리듬으로 숨쉬는 방법을 배웠을 것이다.

트러전의 핸드오버핸드(hand-over-hand) 스트로크는 고대인들 그리고 아메리카와 아프리카 원주민들에게 공통적인 것이었다고 한다. 그걸 처음 시도했을 때는, 영국인들이 일정 시간동안 그것을 지속하지 못했다. 19세기 후반에 여러 형태의 트러전 스트로크가 단거리 수영선수들과 수구경기 선수들에 의해 선보이게 되었다. 이 스트로크는 아주 피곤하게 하기 때문에, 단거리 경기에서는 영국식 횡영 오버암 스트로크보다 선호되었지만 200야드 이상 그 스트로크를 유지하는 선수들은 거의 없었다(심 등, 2005).

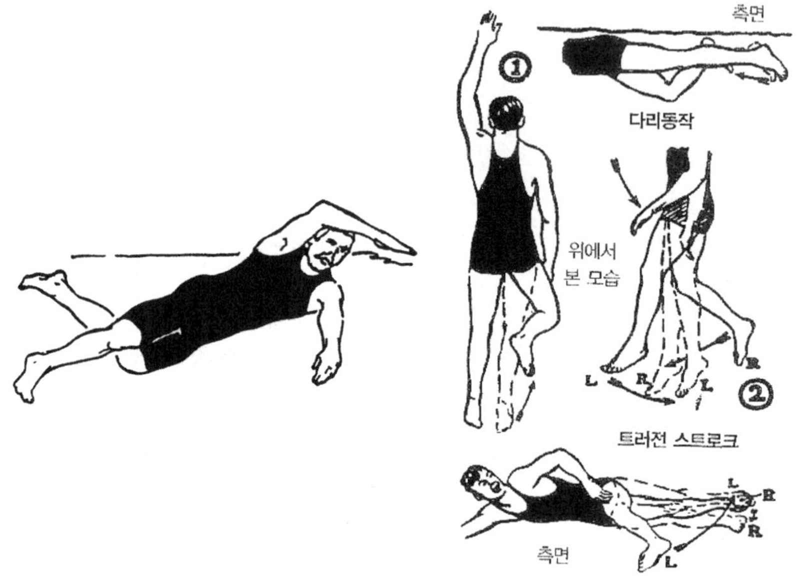

그림 2-4. 19세기의 트러전 영법 동작(측면동작과 종합동작) (심 등, 2005)

4. 오버암 스트로크

19세기말에 와서야 유럽의 자칭 세련된 수영선수들이 자신들의 조용하고, 우아하고, 물을 안 튀기는 스트로크들을 버리고 해외로부터 온 방문객들이 보여준 놀라운 스피드를 나타낸 신식 핸드-오버-핸드 동작을 실험하게 되었다.

이 시기에 전통적으로 영국을 비롯한 유렵에서는 평영, 횡영과 트러전의 어색한 멈춤-출발 동작들로 대회에 참가하였으나 태평양 군도에서 시작된 오버암 스트로크는 폴리네시아 사람들이 오래 전부터 강력한 대양식 오버암 스트로크로 헤엄쳐왔고, 인간의 창의력과 물에서의 진보된 적응력을 통해 경기용 크롤 스트로크가 오래 전부터 실시되었다. 특히 스피드 수영은 수백 년 전 태평양의 해안에서 서핑(파도타기)과 수영을 자연스럽게 행하면서 서핑보드 위에서 강력하게 밀려오는 파도의 엄청난 속도와 조화롭게 큰 파도를 타려고 풍차 스트로크로 헤엄쳤던 방식이었다. 이후 스피드 수영의 대 혁신이 이루어졌다.

수세기 동안 아메리카 원주민들 다수가 우수한 오버암 스트로크로 헤엄쳤던 반면 소위 문명화된 유럽에서는 평영과 횡영을 고수했었고, 현대 크롤 스트로크의 선구자는 『런던 타임즈(The London Times)』지(1844, 4, 22)에, 그 인디언들은 마치 풍차의 날개들 같은 두 팔로 난폭하게 물을 때렸고 두 발을 강력하게 흩날리며 괴상한 몸짓을 하면서 아래쪽으로 퍼덕거렸다고 단언하면서 완전히 "비-유럽적인" 것으로 묘사되었다(Colwin, 2002).

5. 크롤 스트로크

조직화된 경영이 19세기 후반 영국에서 최초로 시작되었을 때는 국제적으로 수영대회를 주관하는 어떤 조직이나 단체가 없었기 때문에 유렵에서는 평영과 횡영이 주된 영법이었으나, 태평양 군도와 다른 온대 해안 국가들에서 오버암 스트로크와 트러전 스트로크와 같은 수영 방법이 이미 널리 전해지고 있었다.

영국에서 호주로 이민 왔던 유명한 수영가족의 일원 딕 카빌이 횡영 가위 차기가 지속적인 추진력을 일으키지 못한다는 사실을 깨달았고 이러한 이유로 크롤의 장점이 부각되기 시작했다. 그 후 딕은 콜롬보 원주민에게 배운 이상하게 다리를 쭉 뻗은 차기를 이용하는 것을 기억하면서 그러한 차기 방식이 빠르다는 것을 알게 되었다. 이러한 영법은 적은 힘으로도 속도를 증가시킨다는 결론을 얻고 조화롭게 팔 동작과 연결시키면 좋겠다고 생각하게 되었다. 그 후 이러한 방식의 새로운 스트로크가 특별한 동작이라고 규정하고 "크롤"이라는 이름을 부여하였고, 곧 세계가 크롤러들에 대한 뉴스로 관심이 증대되었으며, 루비아나의 알 위컴은 크롤을 이용하여 50야드를 24초에 주파했다. 이윽고 이 스트로크는 유럽 사람들에게 널리 알려졌고, 이후 1904년에는 마침내 미국에 도달하였다(Colwin, 2002).

이시기에 설리반은 원래의 크롤 스트로크가 어떻게 호주에서 진화했으며, 그 이름이 "호주식 크롤 스트로크"로 붙여졌는지를 탐구하는 대표적 인물 이었다 .

최초의 하와이 출신 올림픽 수영선수, 듀크 카하나모쿠는 1912년 많은 궁금증을 가진 사람들에게 크롤 스트로크는 "하와이 사람들에게 매우 자연스러운 동작 이었다"고 확인해주었고, 20세기초부터 시드니에서 살았으며 아주 오랫동안 50야드 세계 기록을 보유한 바 있는 솔로몬군도 사람인 알릭 위컴은 이 군도의 모든 아이들이 (그림 2-5)에서보는 바와 같이 크롤 스트로크의 형태로 수영했다고 말했다. 위컴은 1900년 전에도 시드니에서 교육받고 있던 자기 형제들 중 한 명이 여러 번

거기서 크롤로 헤엄쳤지만, 아마 그가 빠르지 않았거나 세련된 동작으로 수영하지 않았기 때문에 아무도 그를 주목하지 않았다고 주장했다. 또한, 알릭 위컴은 완벽한 6비트 킥을 구사하는 크롤 스트로크로 수영했지만, 2비트의 무겁고 강건한 킥을 하는 영법이 점차 진화하여 호주식 크롤로 알려지게 되었다(Colwin, 2002).

칼라일(1963)은 '크롤 스트로크'라는 용어가 어떻게 기원했는지에 대한 두 가지 해석을 제공하였다. 하나는 솔로몬군도 출신의 소년, 알릭 위컴이 호주에서 벌어진 10세 이하 66야드 경기에서 이상하게 보이는 연속 오버암 스트로크로 수영하는 모습을 보고서, 시드니의 유명한 코치중 한 명이 흥분해서, "저 소년이 기어가는 것 좀 봐"라고 외쳤다.

다른 하나의 해석은 이 스트로크의 최초 위대한 선수로 알려진 15세의 딕 카빌이 이 새로운 스트로크로 수영하면서 머리를 수면 아래로 아주 깊이 잠근 채 그의 경쟁자들을 끊임없이 제쳐내자 그 경쟁자들이 어린 카빌이 "나를 넘어 기어갔다"고 불평했다.

그러나 찰스 스티드만은 그의 공적의 기준이 되는 저서 『수영 입문서』(1867)에서 이 용어가 그보다 훨씬 전에 기원했다는 증거를 제시하고 있다: "어떤 사람이 수영 코치의 도움 없이 수영을 배우는 한 가지 쉬운 방법은 우선 흔히 크롤 혹은 개헤엄으로 명명된 것을 습득하는 것이다."

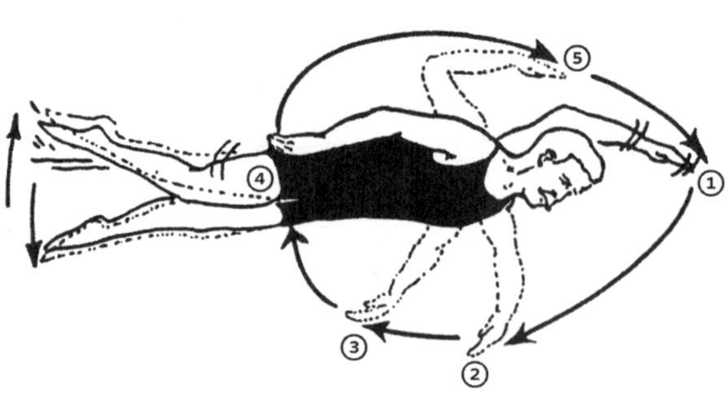

그림 2-5. 크롤 스토로크 동작 (Colwin, 2002)

그리고 나서 스티드만은 오늘날에도 여전히 초보자를 가르치기 위해 사용되고 있는 스트로크 중 하나인 개헤엄 동작을 묘사한다. '크롤 스트로크'라는 용어는 오랫동안 흔히 개헤엄을 묘사하기 위해 사용되었을 가능성이 있으며, 또한 위컴의 눈부신 수영 방식을 언급하면서 조지 파머가 '기어가는(crawling)'이라고 용어를 쓴 것도 위컴의 두 팔이 전통적인 개헤엄 동작에서처럼 수중에서 앞으로 뻗는 대신 실제로는 물 밖으로 내밀면서 아주 빠른 동작으로 기어가거나 개헤엄을 치는 듯이 보인 것을 놓고 추측했을 가능성도 있다고 전해진다.

초기의 크롤 스트로크는 숨쉬기 기술이 부재한 상태에서 생겨났기 때문에 수영하기가 어려운 스트로크였다. 최초의 크롤 수영선수들은 머리를 수면 밖 앞으로 내밀고 다시 숨을 쉬기 전까지 한 번 숨을 들이쉬고는 가능한 멀리 헤엄을 쳤다. 효과적인 숨쉬기 방법은 이후에 생겼다.

이렇게 새로운 방법은 에너지를 급속히 소비시켰기 때문에 단거리 경기에서만 이용될 수 있었다. 크롤을 이용한 최초의 수영선수들은 주로 트러전 스트로크를 하면서 성장한 사람들이었으며, 그 중에서 그걸 이용하여 100야드 경주 거리를 완주할 수 있는 사람은 거의 없었다. 그들은 크롤로 전환하여 극적이고 화려한 마무리를 하기 전까지는 대부분 시합에서 트러전 스트로크로 헤엄쳤다.

크롤 스트로크를 통해 올림픽에서 위대한 선수를 만들었던 윌리엄 "빅 빌" 바크락(William "Big Bill" Bachrach, 1879-1959)은 수영 역사상 가장 화려한 코치들 중 한 명이었으며, 20세기 전체를 통틀어 마크 스피츠 다음으로 두 번째 최고선수로 뽑힌 자니 와이스뮐러를 지도하면서 자기만의 독특한 방식으로 크롤 스트로크 원리를 개발시켰다. 특히 바크락은 1924년 올림픽 경기 4명의 금메달리스트를 훈련시켰다. 자니 와이스뮐러(100미터와 200미터 자유형과 800미터 계주), 밥 스켈튼(200미터 평영), 에셀 래키(800미터 자유형과 400미터 계주), 그리고 시빌 바우어(100미터 배영). 와이스뮐러는 또한 1928년 올림픽에서 100미터 자유형과 800미터 계주에서 두 개의 금메달을 땄다.

수중 동작 사진 분석 혹은 수중 관찰 유리창이 있는 풀룸(Pool Room)의 출현 이전 시대의, 최초 크롤 스트로크 선구자들은 저항을 줄임으로써 더 빨리 수영하게 하는 유선형화(streamlining)의 중요성을 배웠다.

1) 미국식 크롤

최초의 위대한 미국 수영선수였던 찰스 M. 다니엘스(Charles M. Daniels, 1887-1973)가 미국식 크롤을 창안했다(그림 2-6). 그의 경력은 1903년에서 1910년에 이르는데, 은퇴할 무렵 그는 세계 기록 책을 거의 완전히 다시 쓴 상태였다. 다니엘스의 키는 191cm이며, 매우 유연성이 좋고, 균형 잡힌 마른 몸매를 가지고 있어서 20세기 모든 위대한 크롤 챔피언들의 모델이 되었다.

다니엘스는 다른 많은 스포츠에 탁월한 실력을 발휘하는 훌륭한 만능 선수였음에도 불구하고, 수영 전문가가 되기로 결심했다. 뉴욕 애슬레틱 클럽 회원으로서 경력을 시작한 지 1년만에, 다니엘스는 세인트루이스 올림픽 경기에서 두 개의 금메달을 땄고 올림픽 수영에서 메달을 딴 최초의 미국인이 되었다. 그는 계속해서 1908년 런던에서 더 많은 올림픽 금메달을 땄다.

다니엘스는 자신의 경력을 트러전 수영선수로 시작했다. 그러나 1905년, 영국 여행기간 동안 위대한 호주 수영선수 바니 키어란을 만난 후, 그는 크롤 수영의 기술을 숙달할 결심을 하였다. 비록 트러전 수영선수였지만, 키어란은 다니엘스에게 새로운 크롤 스트로크로 수영하는 법을 보여줄 수 있었다. 다니엘스는 두 번-차기 리듬의 호주식 크롤을 시험해보았지만, 두 다리가 가라앉는 경향이 있음을 알았다. 그후 이 현상은 바로 호주식 스타일이 부력이 있는 해수 속에서 창안되었기 때문이며 민물 수영에서 발이 가라앉는 것을 방지하기 위해서는 더 빠른 차기가 필요하다는 생각이 번쩍 떠올랐다.

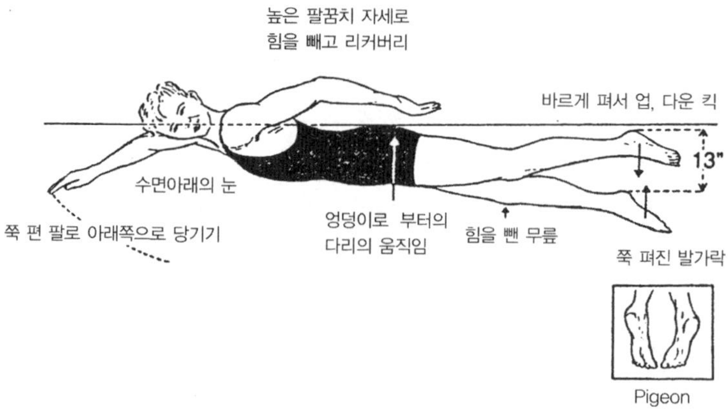

그림 2-6. 미국식 크롤 스트로크 동작 (심 등, 2005)

다니엘스는 그의 동작에 두 번 차기를 한 번 더 더하여 그 결과 네 번-차기 크롤로 알려지게 된 방식으로 수영을 하게 되었다. 그러나, 최고 속도로 수영하던 다니엘스가 스스로 다리 동작에 두 개 더 많은 차기를 살짝 집어넣는 민첩성을 소유했음을 발견했고, 그래서 여섯 번-차기 미국식 크롤이 탄생했다.

미국식 크롤이 개발되면서 코치들은 크롤 기술의 효율을 장거리 경기에도 이용할 수 있도록 개선시킬 필요를 깨달았다. 호흡을 쉽고 규칙적으로 하는 능력이 큰 문제였다. 위대한 초기 호주 수영선수들 중 한 명인 세실 힐리가 수중에서 숨을 내뱉는 중앙 위치 복귀 전에 숨을 들이키기 위해 물 바깥으로 얼굴을 옆으로 돌리는 생각을 개발했다. 어떤 수영선수들은 두 번의 스트로크마다 한번씩 숨을 들이켰고, 다른 선수들은 옆으로 기울일 때마다 한번씩, 세 번 스트로크할 때마다 숨을 들이켰다(이 방법은 또한 양면호흡(bilateral breathing)으로 알려져 있다). 그러나 대부분의 단거리 수영선수들은 숨쉬기가 필요할 때만 숨을 쉬었다.

미국식 크롤에 덧붙여진 개선된 숨쉬기 기술들이 곧 수영선수들로 하여금 여러 장거리 경기에서 기록을 수립할 수 있도록 해주었다.

최초의 크롤 수영선수들은 이 스트로크가 아주 탄력적으로 많은 변형이 가능하다는 것을 재빨리 알아차렸다. 이 스트로크를 장거리 수영에 보다 적합하게 만들기 위해, 시카고의 주도적인 강사들 중 한 명이었던 프랭크 설리반은 크롤과 트러전 스트로크의 특징들을 결합시킬 생각을 해냈다. 설리반의 트러전-크롤은 수영선수가 숨을 쉬기 위해 머리를 돌릴 때 약간 좁은 폭으로 곧게-다리를 뻗은 채 작은 가위 차기를 삽입하는 게 특징이었다(Colwin, 2002).

약간 더 억제된 다리 동작에 대한 설리반의 아이디어를 이어받아, 시카고의 강사였던 H. J. 핸디도 킥이 없는 크롤을 도입했는데, 그것은 그 이름이 암시하듯 전혀 차기를 하지 않는 것을 의미했다.

핸들리(1918)는 다리 동작의 폭은 발꿈치들 사이가 14인치를 넘지 말아야 한다고 말했다. 더 크게 벌리면 발이 수면 위로 나올 염려가 있고, 에너지가 허비될 수 있다. 핸들리는 가장 성공적인 크롤 수영선수들은 폭이 8 혹은 10인치를 거의 넘지 않은 아주 좁은 다리 동작을 이용했다고 말했다(Colwin, 2002).

2) 1930년대의 일본식 크롤

1932년과 1936년 올림픽 경기에서 승리를 거둔 일본인들은 그들만의 좀 더 작은 신장, 유연한 몸, 짧은 팔과 타고난 강한 다리 추진력에 적합한 크롤 수영 방법을 소개했다. 이 새 스타일은 1928년 올림픽 100미터 우승자인 자니 와이스뮐러와

1928년 올림픽 1500미터 우승자였던 스웨덴의 아르네 보르크의 스타일들을 아주 자세하게 촬영한 결과였다.

일본인들의 자유형 스트로크는 와이스뮐러 스트로크와 아르네 보르크 스타일의 변경이었다. 보르크는 와이스뮐러보다 높이 헤엄쳤으며 더 빠르고 짧은 팔 동작을 취했다. 일본식 스트로크는 두명의 국제적인 크롤 스타들의 스트로크를 심도 있게 관찰한 결과로 새로운 타이밍 스트로크 동작을 창안해 냈다. 일본인들은 어깨를 매우 높이 쳐들고 다리를 물 속으로 아주 낮게 드리운 채, 와이스뮐러보다 더 무릎을 굽혀 차면서 수영했다.

이 일본식 팔 스트로크에 숨어있는 이론은 몸 앞으로 완전히 뻗었다가 넓적다리에서 마무리까지 180도 정도의 중앙 호(弧)가 가장 효과적인 끌기 폭이었다는 것이었다. 이 생각은 가능한 한 빨리 완전 뻗기에서 적당히 45도 정도 짧게 하고 90도 끌기, 혹은 45도 부족한 상태에서 끌기를 완료한 후 복귀하는 것이었다.

기본적으로, 일본식 스트로크는 수영선수로 하여금 두 팔을 몸 앞에 잠수시킨 채 포갤 수 있도록 하는 재빠른 팔 복귀로 구성되었다. 각 팔이 입수할 때, 그 팔은 정지한 상태로 물 속에 고정되고 몸 앞에서 다른 손의 입수를 기다리고 있던 다른 팔이 추진을 시작했다.

이 스트로크는 일본인에게는 성공적이었으나 추진 시에 중지 상태를 유발하는 단점을 가지고 있었다. 이것은 한 팔이 허공에서 복귀하고 반대 편 팔이 입수하여 몸 앞에서 정지한 상태에서 일어났다. 이것이 다리 추진에 지속적인 추진력을 보장해야 하는 부담을 안겼다. 수영선수가 강력한 킥을 하지 못할 경우, 이것이 전반적 스트로크에 지속성 면에서의 다소 안좋은 결과를 초래했다.

3) 1950년대 호주식 크롤

20세기로 접어드는 시점에 크롤 영법을 일찍 도입한 이후, 1954년 경 호주인들은 다시 한번 수영 속도를 개선하기 위해서 다양한 방법을 강구하기 시작했다. 그들은 특히 중거리와 장거리에서 과도차기의 피로유발 효과를 제거하고, 너무 평평한 자세로 수영하여 단지 어깨 관절에 달린 두 팔을 회전시킴으로써 야기된 팔 스트로크의 딱딱한 인상을 없애기 위해 노력했다.

그림 2-7에서 보는 바와 같이 새로운 호주식 기술을 보면, 양손을 수영선수 앞에서 일어나는 충격파 속으로 입수시킴으로써 물에서 더 긴 입수지점을 얻었다.

밥 키퍼스의 미국식 크롤에서와 같이 양어깨를 평평하게 유지하지 않고 팔 동작의 리듬으로 비틀도록 하였다. 그 결과 몸통 회전 시 더 강력하고 커다란 몸통 근육을 작동하게 되었다. 한 팔이 스트로크를 끝마칠 때, 다른 팔은 이미 추진하고 있었고, 양팔은 "외륜 증기선의 정확하기 이를 데 없는 공동작용"에 맞추어 타이밍을 일치시켰다. 다리 등의 동작은 억제되었지만 단거리에서 아주 눈에 띄게 속도를 올릴 수 있었다.

호주식 경향을 지속시킨 제임스 카운슬만은 팔 동작에 대한 강조와 차기를 고정력으로 격하시켜 크롤 수영의 변칙적 템포 스타일을 개발한 사람들 중 한 명이었다. 호주 코치들과 더불어 샘 허포드와 프랭크 거트리, 카운슬만은 지속적인 팔 동작에 영향을 주지 않고서 팔 동작 시 파리를 끌거나 쉬는 실험을 하였다(Colwin 2002).

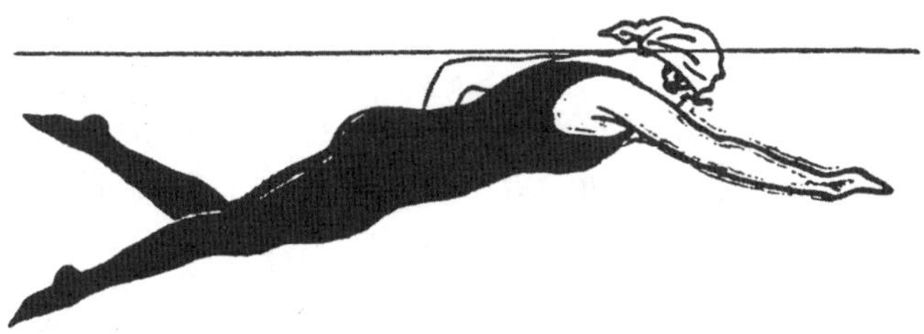

그림2-7. 호주식 크롤 (Colwin, 2002)

6. 배영

초기배영의 모습은 일종의 역전된 평영일 뿐이었으며, 이중-오버암 복구와, 평영과 똑같은 폼으로 수행된 일종의 뒤집힌 평영 차기로 구성되어 있었다.

그후 20세기초에 시카고의 H. J. 핸디가 두 팔을 번갈아 스트로크하는 트러전 배영을 소개했다(그림 2-8). 오른 팔이 어깨 뒤로 앞으로 뻗어 손바닥을 바깥으로 향한 채 입수할 때, 다른 팔은 엉덩이 옆 물에 떠있게 하였다. 그 다음 오른 팔은 바깥 방향 아래쪽으로 끌어 완전히 휘둘러 엉덩이에서 마감했다. 오른 팔이 끌고 있을 동안 수영선수는 이완된 팔꿈치와 손목으로 왼팔을 머리위로 복귀시켰다. 이 단계가 끝날 때까지, 두 다리는 똑바로 이완된 상태로 가까이 동시에 끌며 갔다. 그후,

왼팔이 휘두르기를 시작할 때, 양발을 벌리고 가위 차기를 수행하고 왼팔이 휘두르기를 마치자마자 끝났다. 트러전 스트로크에서 처럼, 다음 스트로크가 시작되기 전에 짧은 미끄러짐이 있었다.

해리 헤브너는 크롤 스트로크 원리들을 등으로 하는 수영으로 전환시킴으로써 크롤 배영을 창안했다. 그는 엎드린 크롤에서처럼 계속 양팔을 회전시켰고 엉덩이부터 시작하는 동작으로 연속 위아래로 다리를 두드렸다. 양 무릎은 이완되고 약간 굽었으며, 느슨한 양 발목이 채찍질 차기를 했다. 얼굴이 물위로 분명히 드러나 있는 상태에서 그는 입으로 숨을 쉬고 코로 내뿜었다.

헤브너는 1908년 올림픽 팀의 17세 일원으로서 1908년에 국제무대에 데뷔했다. 4년 후 스웨덴에서 그는 100미터 배영에서 금메달을 땄고 800미터 자유형 계주 팀으로 은메달을 땄다. 헤브너의 배영에 관해 하나의 이상한 언급이 올림픽에 대한 스웨덴어 공식 기사로 나타났다: "헤브너는 팔 스트로크와 다리 스트로크를 번갈아 가면서 수영했다."

1920년대의 가장 위대한 여자 배영선수는 또 다른 시카고 사람이며 또한 일리노이 애슬레틱 클럽의 일원이었던 시빌 바우어였으며, 그녀는 배영에 새로운 발전을 가져왔고, 한때는 그녀가 남자들의 기록보다 떠 빨랐다. 그녀는 머리를 앞으로 기울이고 턱을 가슴에 밀착시키면서 수영했다. 그녀는 킥을 할 때 무릎들을 약간 구부렸고, 다리 추진의 깊이는 그녀가 전력질주를 할 것인가 아니면 중거리 속도로 헤엄칠 것인가에 달려 있었다. 그녀는 두 팔을 몸과 독립적으로 이용하면서 아주 약간 비틀었다. 그녀의 몸 자세는 양어깨를 수면에 거의 내보이지 않는 아주 낮은 자세였다. 각 손은 손바닥을 위로 향한 채 머리 뒤 어깨선의 약간 넓은 곳으로 입수했다. 그리고 나선 그 손은 아래쪽으로 압박하고 엉덩이 쪽으로 끌기를 완료했다. 여기서 손바닥은 바깥쪽으로 돌렸고 팔꿈치는 거의 뒤집힌 크롤 복귀처럼 복귀로 이어졌다. 팔꿈치가 어깨를 지날 때 팔뚝은 그 위로 올려져서 다음 입수를 위해 팔을 뻗었다.

1935년 한 시카고의 학생 소년 아돌프 키퍼가 배영 100야드를 57.6초에 헤엄쳤으며, 그후 1936년 올림픽 100미터 배영 우승으로 이어졌다. 암브러스터에 의해 묘사된 그의 기술이 세계에 "키퍼 스타일"로 알려지게 되었는데 세 가지 독특한 특징이 있었다. 키퍼는 물위로 낮게 측면으로 흔들면서 양 팔꿈치를 곧게 유지한 채 두 팔을 리커버리 했다. 그는 각 팔을 어깨의 넓은 곳에 입수시켰고, 통상적 깊은 풀동작을 이용하는 대신 그는 곧은 팔로 바로 물아래 쪽을 끌었다. 어떤 수영선수들은 구부린 팔꿈치로 두 팔을 리커버리 시키고 풀동작은 팔꿈치를 약간 구부리는 방식을 도입했지만 키퍼의 스타일이 여러 해 동안 보편적으로 수용되었다.

문헌 상 최초로 키퍼스와 버키(Colwin, 2002)가 배영의 굽은 팔 풀동작을 묘사했다. 영화 사진들에 동반되어 나타나는 수영선수는 1948년 올림픽 배영 챔피언, 앨런 스택이었다. 키퍼스와 버키는 배영을 양다리의 교대 위-아래 차기, 여섯 번 차기에서 두 팔의 완전 한 주기까지 일치시킨 교대 오버암 동작으로 기술했다. 팔 스트로크는 머리 뒤 약간 어깨 바깥쪽으로 팔을 완전히 뻗은 채 시작했다.

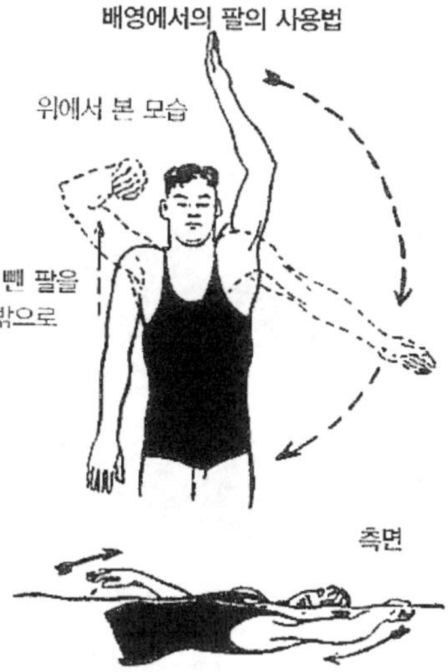

그림2-8. 초창기 배영 동작 (심 등, 2005)

7. 접영식-평영

평영은 하나의 경영 스타일로서 많은 변화들을 겪어왔다. 1930년대에 평영은 접영식-평영 선수들의 등장이 매우 활발했었고, 이러한 접영식-평영은 접영 팔 동작과 평영 킥을 결합한 일종의 변형된 영법이었다(그림 2-9). 이 방식은 수영선수들이 당시에 존재했던 평영 규칙상의 허점을 발견해서 출현한 것이었는데, 당시의 경기 규칙은 양팔을 가슴에서부터 앞으로 복귀해야 한다는 어떤 조항도 두지 않았었다.

접영식-평영(평영 킥과 접영 팔 동작)은 아주 급속하게 평영 경기에서 경쟁하기에 가장 적합하고 빠른 영법이 되었다. 전통적인 동작을 이용하는 정통 평영 선수가 경기에서 보기 드문 현상이 되었는데, 국제 올림픽 위원회(IOC)가 두 가지 엄청 다른 수영 스타일을 조정시키려는 올림픽 프로그램에 맞추어 별도 종목을 신설하는데 회의적이었기 때문이었다. 사실, 한 때는 하나의 경기 스트로크로서의 평영이 거의 사라질 위기에 처해 있었다.

수영 행정가들이 자신들의 잘못으로 생긴 혼란을 정리하려고 시도하자 법률적인 논란이 20년간 이어졌다. 그리고 마침내 1956년 멜버른 올림픽 경기에 이르러서야 비로소 접영이 단독 종목이 되고 평영은 접영이 아닌 평영으로서 수영하게 되었다. (적어도 수면에서 수영할 시에, 양손은 가슴에서부터 앞으로 복귀되어야만 했다. 수중에서 수영할 시에는 양 엉덩이까지 이르는 전신 끌기의 사용이 허용되었다.)

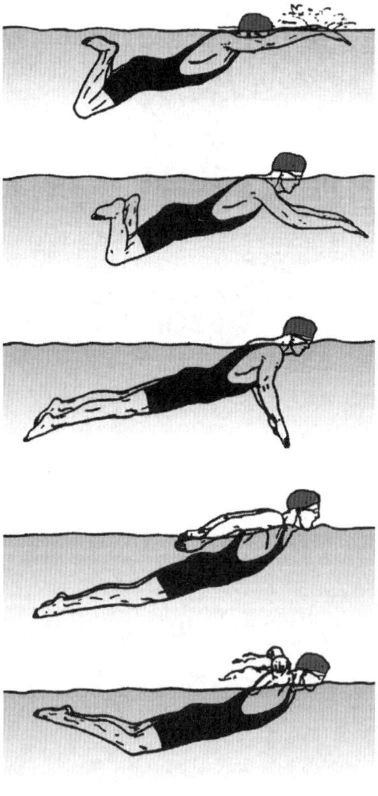

그림 2-9. 평영 차기와 접영 팔 동작이 결합된 접영식-평영

이 규칙의 결과는 평영 전통주의자들이 상상하지 못했던 장관을 연출했다. 새로운 유행이 급속히 개발되어 수영선수들, 특히 일본 선수들은 양 엉덩이까지 전신 끌기를 하는 수중 장거리 경기들에 전념하게 되었다. 그들은 숨을 쉬기 위해 수면으로 떠올랐다가 다시 수중으로 길게 헤엄쳐 나갔다.

이 발전에 대한 반응으로 1957년 FINA 국제 수영 기술 위원회(ISTC)는 평영과 접영 경기들에서는 그 어떤 수중 수영도 허용되지 말아야 한다는 것을 평의원회에 제출했다. 그후 평영은 오직 회전 시 벽에서 밀고 나올 때 한 번의 수중 풀동작과 한 번의 킥동작, 그리고 출발 다이빙 후 한번의 수중 풀동작만을 허용하는 수면 수영으로 법제화되었다(Colwin 1998).

8. 돌핀 킥 접영

일반적으로 미국에 브루클린 드래곤 수영 클럽의 헨리 마이어즈가 접영을 개발한 것으로 믿어지고 있다. 1933년 배영으로 연습경기를 하는 도중에, 일종의 진기명기로 그는 양팔을 양 엉덩이에 이르기까지 끈 다음 일종의 이중 자유형 팔 복귀처럼 다시 양팔을 물위로 복귀시키는 시범을 보였다. 그는 단거리 연습 경기들에서 그의 새로운 이중 오버암 동작과 평소의 평영 차기를 결합시킴으로써 클럽의 최고 배영선수들을 물리칠 수 있음을 알고는 깜짝 놀랐다.

그러나 그의 코치 W. W. 로버트슨은 규칙들을 살펴보고는 놀랍게도 그 새 스트로크가 어떤 식으로든 규칙들에 어긋나지 않음을 발견하게 되었다. 그들은 1933년 브루클린 YMCA 수영 대회의 150야드 혼성 경기에서 그 스트로크를 시도해보자고 결정했다(Colwin 1998).

모두가 놀랍게도, 마이어즈는 미국 혼성 경기 챔피언이며 유력했던 월러스 스펜스를 이겼다. 처음에는 이상하게 보이던 스트로크가 경기임원들을 놀라게 했지만, 마이어즈는 실격되지 않았다. 그리고 한동안 경기에서 사용할 수 있는 영법으로 통용되었다.

몇 몇 개척자들에 의해 수행된 초기 돌핀킥 접영(그림 2-10)은 거의 직선 팔 동작, 양 엉덩이의 지나친 동요, 그리고 매우 폭넓은 다리 동작으로 수영하였다. 각 팔 스트로크 주기마다 양다리가 두 번씩 찼다. 이 스트로크는 1954년까지는 경기에서 허용되지 않았다.

이 시점부터 접영은 미국의 학교, 대학, 그리고 국내 경기에서 급속하게 인기를 얻게 되었다. 사람들은 그것을 심각하게 받아들이기 시작했고, 어떤 사람은 그것을 창안했다고 주장하기조차 했다.

1954년 12월에 아이오시는 마침내 단독 접영 종목을 포함시키고, 1956년 호주 멜버른 올림픽에서 시작하기로 결정하였다. 그러나 1956년 6월에 올림픽에서 평영과 접영 종목 엔트리는 아이오시에 의해 평영과 접영을 통틀어 세 명의 경쟁자에게만 한정된다고 발표했다. 이 기술은 20년 후에도 아이오시가 여전히 오래 전에 분리했어야 할 근본적으로 다른 스트로크라는 사실을 이해하지 못했음을 보여주었다. 사실은 아이오시가 그 스트로크 자체의 우선권을 너무 고려해 온 나머지 특정 스트로크의 개발 필요성을 이해 하기는 커녕 고려하지도 못했다는 것이다(Colwin 1998).

1935년 아이오와 대학교의 수영선수였던 잭 시그가 물고기의 꼬리 동작과 흡사하게 두 다리를 붙인 상태로 움직이면서 측면으로 수영하는 기술을 개발했다. 그는 수면에서 얼굴을 아래로 향하고 수영하면서 그와 같은 다리 동작을 시도했고 결국 각 팔을 끌 때마다 두 다리차기를 이용하여 팔과 다리 동작이 완벽히 조화를 이루는 공동동작을 개발했다. 그는 100야드를 60.2초에 수영함으로써 이 스트로크의 속도 잠재력을 보여주었다. 그러나 돌고래 차기는 두 다리가 수직면으로 움직이기 때문에 불법으로 규제되었다. 1956년이 되어서야 비로소 이 접영 스트로크가 올림픽 경기에서 허락되었다. 그것은 단지 아이오시가 올림픽 프로그램에 새 시합들을 더하지 않으려 했기 때문이었다. 그리하여 20년 동안 수영계는 강력한 잠재력을 가진 새로운 스트로크를 가지고 있었음에도 불구하고 합법적으로 헤엄칠 수 있는 경기를 개최하지 않았다..

FINA 수영 규칙 8조 5항은 “출발과 회전 시, 수영선수에게는 하나 혹은 그 이상의 킥과 그를 수면으로 부상시키는 한번의 수중 팔 끌기가 허용된다. 수영선수가 출발 후 그리고 매 회전 후 15미터가 넘지 않는 거리 동안은 완전히 잠수상태에 있을 수 있다. 그 지점까지는 머리가 수면위로 나와 있었어야만 한다. 수영선수는 다음 회전 혹은 마무리까지 수면에 남아있어야 한다”라고 기술하고 있다.

돌고래 차기는 출발 입수 후 수중에서 수영할 때와 회전 후 벽을 밀치고 나올 때 가장 빠르다. 라는 것이 경기와 기록에서 입증되면서 접영의 인기는 급속도로 확산되었다.

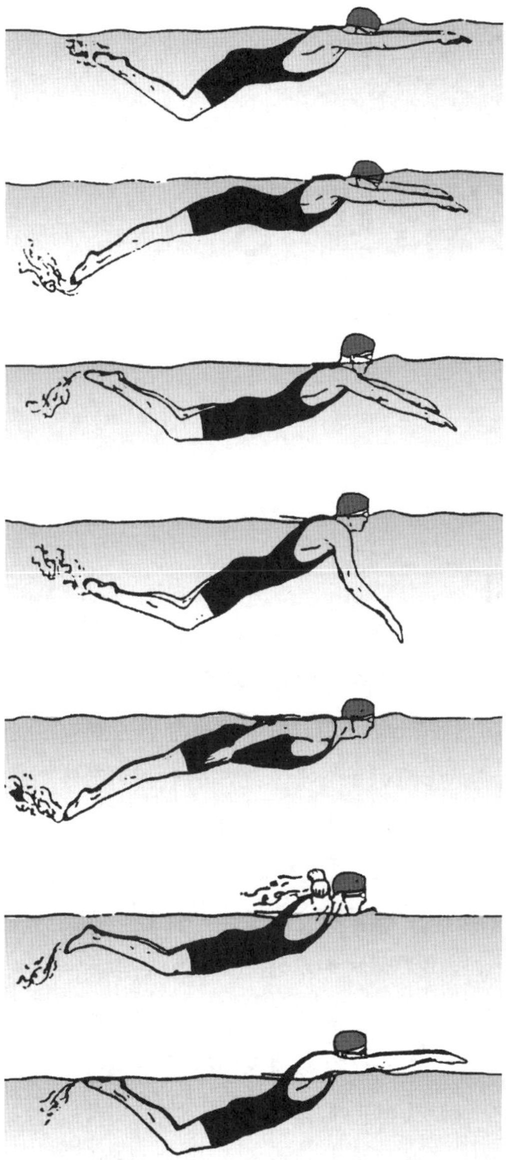

그림2-10. 초창기 돌핀킥 접영 동작

Dog Paddle ▶ 인류탄생부터 17세기 이전

평영 ▶ 17~18세기

횡영 ▶ 18~19세기

트러전 스트로크 19세기

오버암 스트로크 19세기

크롤 스트로크 20세기 초반
▶ 미국식 크롤(1900~1920)
▶ 일본식 크롤(1930년대)
▶ 호주식 크롤(1950년대)

배영 20세기 초반

접영식 평영 1930년대

돌핀킥 접영 1950년대

그림2-11. 수영 스트로크의 역사적 발전 과정

제 3장
경영의 역사 및 발전과정

1. 태동기의 영국 경영의 역사

1837년 영국에서는 처음으로 수영의 전문 조직인 국가수영협회를 창립했고, 이후 영국수영협회로 명칭이 변경되었다. 1837년 8월 6일 서펀타인 강에서 열린 수영 시합에 관한 보고서가 스포츠 신문 『벨의 인생(Bell's Life)』에 기고 되면서 이시점부터 영국에서 수영이 언론에 정기적으로 보고 되었고, 점차 인기 있는 스포츠 경기로 발전하게 되었다.

19세기 초에는 두 명의 숙련된 수영선수가 돈을 걸고 경영을 하는 새로운 유형의 스포츠 시합을 보게 되었다. 보통 바다, 운하나 강에서 이루어진 이 시합 경주들이 현대 경영 스포츠의 시작이었다. 수영선수들은 상금을 위해 싸우거나 챔피언 벨트와 상당한 돈을 건 관객들, 결과에 돈을 건 내기꾼들에 의해 모아진 돈을 차지하기 위해 경쟁했다. 스톱워치가 발명되지 않았기 때문에 공식기록이 없었고, 기록을 경신해야 할 일도 없었다. 바다나 강 호수 등에서 치러진 경기는 바람과 날씨, 그리고 조류 변화들이 고려되어야 했었다.

1838년 8월 26일에는, 2명의 수영선수만이 참가하는 대회를 개최하는 대신, 국가수영협회 주관으로 서펀타인 강에서 12명 수영선수들간의 최초로 발전된 대회를 열었다. 1등상은 정교한 세공의 은메달과 1기니의 돈이었다. 2등상은 동일한 음각의 청동 메달과 반기니의 돈이었다. 3등상은 주철 메달이었다. 경쟁자들에게 돈을 거는 신사들이 많은 돈을 잃고 땄다.

1839년 8월 4일에, 20기니 가치가 있는 금메달과 목걸이를 걸고 각기 다른 도시 출신 12명의 챔피언들이 런던에서 경기를 펼칠 것이라고 공표 되었으며, 이것은 스포츠에서 수영이 최초로 '챔피언'이라는 단어를 사용한 시초였다.

1842년에, 영국 전역에서 매년 2,000명 정도가 수영을 못해서 익사하는 사례가 생겨나면서 영국수영협회는 실외의 목욕장 설립에 찬성하는 322인의 서명을 받은 청원을 제출했고, 1846년 8월 26일에 국왕의 재가를 받아 수영목욕장을 설립하게 되었다. 1852년 7개의 대중목욕탕과 수영목욕장이 건설되면서 증기를 통해 더운물을 공급하였으며, 많은 서민층이 즐겨 찾는 대중 시설로 점차 수영에 대한 확산에 큰 전환기를 맞이하였다.(Colwin, 2002).

법령에 의해 만들어진 실내와 실외 수영장에서 수영 클럽들이 생겨났고, 사람들이 수영장에 들어가 수영 교사들이 등장하면서 이들에 지도 아래 수영 기술을 배우기 시작했다.

영국에서는 점차 수영경기에서 표준 거리에 대한 요구가 대두되었지만 오랜 시간이 걸리면서 초기에는 짧은 실내목욕장에서 실내 경기를 했으며, 장거리 경기들은 운하, 호수, 저수지에서 개최되었고, 또한 해변 장거리 대회는 항구나 방파제 사이 잔잔한 바다에서 열렸다.

초기의 경기에서 장거리 경주는 20여명의 선수가 참가하였으나, 단거리 실내 경기는 100여명 이상의 관중이 있었다고 한다. 그래서 단거리 경기들이 재정적으로 더 성공적이었다. 그러나 실외 경기는 220야드와 500야드 경기를 할 수 있었지만 수영장에서 100야드 이상의 경기를 개최하기는 쉽지 않았다.

이후에도 국제적인 표준 거리에서 경기를 개최하기까지 오랜 시간이 걸렸다. 1896년 아테네 올림픽 경기의 부활 후 28년이 지나서야 오늘날 우리가 알고 있는 50-미터 코스 올림픽 수영 경기들이 펼쳐졌다.

이때까지는 표준화된 규격의 수영장, 표준화된 거리들과 정확한 시간 측정이 불가능했었기 때문에 경기는 승패의 조건은 코스 크기가 경주 거리, 그리고 날씨와 조류 등이 좌우했다.

제1회 근대올림픽이 시작되면서 1회 아테네, 2회 파리, 3회 세인트루이스 올림픽에서는 경주 거리의 차이와 각기 다른 실외 경기 조건들이 올림픽 수영 경기에 영향을 미쳤기에 공식화할 수 없는 기록으로 남게 되었다.

1842년 니콜이 독립적으로 정지하고 출발시킬 수 있는 초침 리셋 체계를 특허 냈으며, 1862년에는 현재-익숙한 세 번-누름 단추가 특허권을 얻었다(Colwin, 2002). 1860년대에, 스위스 시계제조자들이 그 문제를 성공적으로 다루어 더 싼 시계를 만드는데 성공했다.

기록들에 따르면 최초로 시간을 잰 수영 경주는 퍼트니 수로에서 해머스미스 다리까지 템즈강에서 벌어졌던 1869년 영국의 1-마일 선수권이었다. 확인한 바로는 그 경기의 우승자 T. 모리스가 시간 측정된 최초의 챔피언이었다(27분 18초).

공식 기록 목록들이 곧 발표되었다. 최초의 공식 수영 기록은 1871년 100야드를 1분 15초에 수영한 윈스턴 콜의 차지였다.

1899년 9월 18일자 『런던 타임즈』에 두 번의 아마추어 대회와 한 번의 프로 수영선수 대회에 대한 평가를 기고했으며, 우승자 J. A 자비스가 우승을 차지했고, 샤프가 2위였으며, 아놀드가 3위였다. 우승자 자비스는 샤프보다 약 50야드 앞선 9분 8초로 골인했다고 기록하였다.

1899년 『런던 타임즈』는 계속해서 100야드 아마추어 선수권을 기고했고, 8명의 선수들이 3회전에 걸쳐 시합을 했다. J. H. 더비셔가 경기 내내 리드를 했고, 호주 선수권자 F. C. V가 차지했다. 3위는 맨체스터 오스본 수영 클럽의 W. H. 리스터가 차지했다. 이 경기에서 더비셔는 "그가 작년에 우승했을 때 세운 기록보다 1/5초 느린" 60-2/5초 시간으로 우승했다.

『런던 타임즈』에 의해 언급된 그 기록이 사실은 공식적인 세계 기록이었다. 따라서, 이 대회가 더비셔가 출전한 19세기 마지막 선수권이므로, 그가 19세기의 최고 빠른 수영선수로 불릴만하다.

마지막으로, 『런던 타임즈』는 1899년 9월 17일자 보도에서 전날에 개최되었던 런던 카운티 장-거리 프로 선수권대회에서 60-기니 챌린지 컵을 따기 위해 5마일 60야드 코스 시합을 했다. 6명의 선수가 참가하였으나 세명의 선수인 티치너, 해리슨, 찰스 볼 선수만이 완주했다. 날씨와 조류 등의 악조건으로 경기는 1시간 이상 지연됐으며, 티치너와 해리슨이 경기에서 뒤쳐지고 볼만이 혼자 경주를 마쳤다. 볼의 최종 기록은 1시간 35분 59초였으며, 이 기록은 "비록 느린 시간이지만,악조건에서 세운 훌륭한 기록으로 평가 받았다.

이 후 영국에서 경영의 인기가 점차 높아지면서 프로 수영선수들의 시합이 개최되기 시작했다. 최초의 유명 프로 선수 중 한 명이 찰스 스티드만이었으며, 스티드만은 13세이던 1843년에 수영을 배웠고, 15세가 되었을 때는 당시의 가장 긴 수영 거리였던 400미터 이상 경주에서 이미 총 상금 거금 10파운드를 쟁취한 프로 수영 선수였다. 1852년과 1853년, 스티드만은 서리 클럽 선수권, 즉 흔히 영국 선수권으로 알려진 대회에서 9년 선배였던 프레더릭 에드워드 벡위스를 실력으로 능가했고, 1854년에 호주로 이민간 스티드만은 그 우승 벨트를 가지고 갔는데, 그것을 죽을 때까지 자랑스러운 재산목록 1호로 간직했다.

1842년 선수권을 우승한 퓨터스는 4분만에 서펀타인을 가로질러 왕복 수영을 했고, 1839년과 1840년에 그는 런던 챔피언 찰스 루이스와, 영국 수영 협회의 챔피언들—런던의 켄워디와 옥스퍼드의 하운슬로—과 더불어 스피드, 거리, 과학적 수영과 다양한 묘기들이 펼쳐질 빠른 수영, 장거리 수영, 환상 수영 종목을 망라한 최초의 대형 대회에 참가했다.

1844년 영국의 챔피언은 조지 퓨터스(당시 약 17세)로서, 그는 9월 2일 아침 7시 서펀타인에서 50파운드 상금을 걸고 옥스퍼드의 사무엘 하운슬로(당시 약 38세)가의 시합에서 퓨터스는 경쟁자보다 20야드 앞섰으며, 조지 퓨터스가 횡영을 소개한 것으로 알려져 있다.

1848년 퓨터스는 램베스의 프레드 에드워드 벡위스와 한 경기 그리고 스티븐스 교수와 해롤드 켄워디와 다른 경기 등 많은 챌린지 경주에서 경기를 했다.

옥스퍼드의 수영 교사였던 사무엘 하운슬로는 옥스퍼드 템즈 강에서 400야드를 7분 9초에 완주한 것으로 영국수영협회의 메달을 받았다. 1863년 7월 22일, 프레이저는 서펀타인강에서 열렸던 대회에서 금메달을 차지했다.

1881년 7월 6일 대영제국 수영 협회의 결정으로 프로 수영 협회가 창설되었지만 이 협회는 몇 년 못 가서 와해되었다(Colwin, 2002).

이시기에 영국에서는 프로와 아마추어 선수들간의 선수규정에 관한 갈등이 초래되었으며, 1880년 초 아마추어 운동 협회(트랙과 필드)가 개회 모임에서 아마추어의 정의를 채택했다. 아사(ASA)가 1880년 6월 28일 마침내 대회를 개최할 수 있었을 때, 헌터 배론 박사(아터 클럽), 호러스 데이븐포트(일렉스 클럽), H. 벤자민(시그너스 클럽), H. H. 그리펜(런던 운동 클럽)과 많은 수의 저명한 후원자들이 아마추어 운동 협회의 아마추어 정의 채택을 제안했다.

1881년까지 아사(ASA)는 꾸준한 후원을 받고 있었으나, 점증하는 업무량을 제어하기 힘들어졌고, 아마추어 수영의 행정이 무질서해졌다. 한 대회에서 프로를 선언했던 한 수영선수가 다음 대회에서 아마추어로 공표 되었다. 1884년 4월 7일, 아터 클럽과 8-9개의 다른 클럽들이 새 아마추어 법규의 느슨한 운영과 관련하여 회원지위를 버리고 아마추어 수영 연합(Amateur Swimming Union: ASU)이라는 이름의 새 단체를 결성했다. 대영제국 수영 협회와 새로 결성된 아마추어수영연합회 간의 반목이 시작되었다.

2년 동안 이 패권싸움은 계속되었고, 1886년 마침내 시그너스 클럽의 H. 벤자민 씨가 지도부를 모이게 하여 양자간의 차이들을 분류하고 개정 규칙들을 만들어 아마추어 수영 협회를 새로운 단체로 결성했다.

새로운 조직아래서 열린 최초의 전체 회의는 1890년 4월 12일 런던에서 개최되었다. 이 새 협회는 이제 영국 전역에 걸친 135개의 클럽으로 구성되었다.

1869년 1월 7일 영국 런던에서 최초의 조직화된 경쟁 수영이 개최되었던 이후, 수영은 점차 다른 나라들로 퍼져가게 되었으며, 영국과 호주가 대표적인 국가로 성장하였다.

1908년 런던 올림픽 게임에서, 영국 수영 협회 회장이었던 조지 헌은 올림픽 수영 규정을 새롭게 수립하라는 제안을 받았으며, 새로운 규정을 만들면서 런던 올림픽 대회를 기점으로 국제 수영 협회를 결성하는 기회로 삼았다. 처음에는 10개국 대표자들(영국, 독일, 덴마크, 스웨덴, 프랑스, 아일랜드, 핀란드, 헝가리, 벨기에와 웨일즈)이 런던 올림픽 게임에 참가했기 때문에, 조지 헌은 일정한 법 체계를 갖춘 국제 수영 운영 단체를 세우기 위한 회의를 소집했다. 1908년 7월 19일, 런던의 맨체스터 호텔에서 아마추어 국제 수영 연맹(Federation International de Natation Amateur: FINA)이 구성되었다. 피나(FINA)의 수영 규약은 영국 아사(ASA)의 모델을 따라 기초되었다.

올림픽 게임의 수영 경기들에 덧붙여서, 피나는 1972년 50m 경기인 세계 장수로-코스 수영 선수권을 시작했고, 1973년 처음 대회가 유고슬라비아 벨그라드에서 열렸다. 또한 1992년에 피나에서는 25m 대회인 세계 단수로-코스 수영 선수권 대회를 시작했다. 최초의 대회는 1993년 스페인의 마요르카에서 개최되었다.

2. 19세기 후반의 수영 챔피언

19세기의 대부분 위대한 수영선수들은 영국의 랭카스터의 내륙 도시출신이었으며, 여러 해 동안 영국 북부 출신 수영선수들이 세계에서 가장 빨랐다.

19세기 마지막 20년간, 줄을 이은 챔피언 수영선수들이 다양한 거리의 경기에서 시간을 상당히 단축시켰으며, 영국 선수권에서 100야드 종목 우승 시간은 15초가 단축되었고, 220 야드 경주시간도 35초가 단축되었다. 500야드 경주시간은 62초가 단축되었다. 특히 이 시대에는 넛올, 타이어즈, 더비셔, 하비스 등의 우승 활약이 두드려졌다.

1886년에서 1888년까지는 100야드와 220야드 종목에서 아마추어 조셉 넛올이 챔피언 이었고, 이후 하비스는 1897-1902까지 500야드 종목에서 챔피언 이었으며, 0.5마일 종목과 1마일 종목에서 챔피언이었다. 당시 하비스는 영국 챔피언이었지만 프랑스, 독일, 호주, 이태리 선수권 대회에서도 우승하면서 가장 빠른 최고의 선수로 알려졌다.

타이어즈는 1892-1897까지 100야드 및 220야드 종목에서 챔피언이었으며, 1893-1896 440야드 종목에서도 챔피언이었다. 1893-1896 500야드종목에서도 챔피언이었으며, 1893-1896 0.5마일 종목에서도 챔피언이었다. 1893-1896에는 1-마일 종목에서도 챔피언이었다.

더비셔는 1898년부터 1901년 그리고 다시 1903년에서 1904년까지 100야드 챔피언이었다.

20세기 중반까지 수영 지식이 세계로 퍼져서, 그 결과 거의 어떤 나라에서도 국제 챔피언들이 배출될 수 있게 되었다. 루마니아, 유고슬라비아, 프랑스, 브라질, 스페인, 멕시코, 서독, 스위스와 소련 같은 국가에서 점차 챔피언이 배출되면서 수영기술의 확산과 발전을 가져왔다.

20세기 수영을 지배한 국가들은 미국, 호주, 일본, 헝가리와 네덜란드였다. 종종 성공을 거둔 그 밖의 다른 국가들은 독일(1939년까지), 소련, 대영제국, 덴마크, 프랑스, 스웨덴, 서독과 남아프리카 공화국이었다.

세 나라(호주, 미국과 일본)는 특히 각기 20세기의 다양한 시기에 발군의 실력을 보여주면서 국제 수영에서 훌륭한 성공 전통을 세웠다. 비록 그들의 프로그램들이 명백히 달랐지만, 저마다 분명한 예측 계획을 통해 국가 수영 능력을 강화한다고 하는 발전 개념에 기여했다.

3. 20세기 발전기의 호주 경영의 역사

호주는 천혜의 기후조건과 해변, 강, 호수들을 잘 활용하면서 수영이 인기있는 스포츠로 자리잡았다.

호주의 최초 수영 경주는 시드니 도메인 쪽 로빈슨 목욕장 근처(당시에는 시드니 만으로 불렸다)에서 1846년 2월에 열렸다. 이 대회는 440야드 경주를 8분 43초에 수영한 W. 레드만이 우승하였으며, 목욕장 기명자였던 6명만이 시합에 참가했었다. 챔피언인 레드만은 8파운드 8실링 가치가 있는 은컵을 수상했다고 한다. 또한 다음 한 해 동안 선수권 수영 벨트를 착용하는 특권을 받았다.

당시 오전 7시 15분에 경기가 열렸으며, 선수들은 각자 자기 지역의 대표임을 알리기 위해 다른 수영 모자를 쓰고 나왔으며, 『시드니 벨의 인생과 스포팅 리뷰』에 묘사된 바로는, 이 경기는 잘-헤엄친 경주였지만, "특히 1등과 2등의 다툼이 가장 훌륭했다." 레드만 주니어는 고대 로마인들이 그랬듯, 경기를 대비해서 몸에 오일을 발랐다. 시드니만의 차고 거친 물결 때문에, 이것이 어쩌면 그에게 유리하게 작용했을지 모른다.라고 기록하고 있다.

최종 시간은 레드만 주니어가 8분 43초, 맥클린이 8분 49초였으며, "날씨 상태를 감안할 경우, 아주 훌륭한 기록이었다."

초창기의 호주 수영은 영국의 찰스 스티드만과 프레드 카빌 교수의 영향을 많이 받았다. .1879년에 호주로 이민 온 프레드 카빌 교수는 일반적으로 호주 수영의 주요 개척자로 알려졌고, 또한 영국 수영의 유명한 인물로 군림하였던 챔피언인 찰스 스티드만(1830-1901)이 1854년에 호주로 이민 오면서 더욱 빠르게 전파하였다.

1830년 영국 런던에서 태어난 찰스 스티드만은 영국 챔피언었으며, 또한 호주의 빅토리아 챔피언을 지낸 최초의 국제적인 수영선수였다. 또한 스티드만은 경영에 관한 세계 최초의 책을 집필해서 호주의 멜버른과 이후 런던에서 출판하였다. 스티드만이 챔피언이었던 당시, 영국은 세계 수영의 선도 국가였으며, 1858년 1월, 스티드만은 멜버른 세인트 킬다 소재의 캡틴 케니의 목욕장에서 개최된 세계 수영 선수권에서 경기를 하였다. 그러나 100야드 경주에서 스티드만이 지면서 시드니의 존 베넷이 우승했다. 스티드만은 최고의 프로 수영선수였을 뿐만 아니라 숙련된 피아노 제작자로서 상당한 수입을 올렸으며, 스티드만은 라틴어와 희랍어를 배웠다. 또한 언론인뿐만 아니라 학교교사 이기도 했다.

1867년 스티드만은 현대의 최초로 중요한 수영 서적인 『수영 입문서』를 출판했다. 이전의 책들과는 달리, 스티드만의 책은 경영과 관련하여 최초로 쓰여진 책이었다. 이 책의 실제 가치는 그것이 실질적으로 당대 가장 위대한 경영 수영선수인 그가 시합 경험을 중심 내용으로 집필했기 때문에 상당한 자료적 가치를 인정받았으며, 이 책은 스티드만의 고향 런던에서 1873년에 재판되었고, 당시로서는 꽤 비싼 3실링 6펜스에 팔렸다. 찰스 스티트만이 일종의 조직화된 운동으로서 경영의 발전에 이바지한 최초의 두드러진 인물이었고, 수영에 대한 기여를 인정받아, 1901년 사망한 찰스 스티드만은 죽은 지 거의 100년이 지난 2000년에 국제 수영 명예의 전당에 헌액되었다.

스티드만은 당시 약 23,000명 정도 인구의 작은 지방도시였던 멜버른에 정착했지만 이 당시 시드니에는 이미 인구 100,000만명의 거대 인구 도시에서의 수영 참여자들에게는 잘 알려져 있지 않았을 가능성이 있었고, 하지만, 결국 당시 세계의 선두 수영 국가 영국의 챔피언 스티트만이 멜버른에 살고 있다는 말이 알려지면서 1858년 1월에 멜버른의 세인트 킬다에서 스티드만과 시드니의 수영선수 존 베넷간이 최초 세계 선수권을 개최했다. 이 경주는 100야드 경기였으며, 호주의 베넷이 15년 전 1843년에 최초 경기를 펼쳤던 베테랑이면서 챔피언이었던 영국 출신의 스티드만을 이겼다.

프레드 카빌(1839-1927) 교수는 1839년 7월 16일 런던에서 태어나서 자신의 아내와 네명의 아들, 세명의 딸들과 더불어 1879년 시드니에 정착했으며 이후 호주에서 두명의 아들을 더 두었다. 카빌은 10세에 런던의 서펀타인 강에서 수영을 배웠고, 영국 투신 자살자 구조회(Royal Humane Society)와 호주 자살자 구조회에서 많은 활동을 하면서 그 기여자로서 은메달과 청동 메달을 받았다.

카빌은 1876년 1년여 동안 프랑스에서 영국방향으로 수영을 통해 영국 해협을 횡단하는 최초의 수영선수였으며, 이 위업은 1877년 8월 20일 그가 프랑스에서 영국으로 수영을 했던 1년 후에 실제로 달성되었다. 하지만 영국 해안을 50야드 남겨 놓은 상태에서 카빌을 따르던 배의 주인이 해변 방향의 강한 조류와 바위가 많은 해변의 특성을 감안하여 더 이상 보트를 전진할 것을 거부했다(Colwin, 2002)고 전해졌다.

후에 시드니에 도착한 카빌은 시드니항 러시커터즈 만에 수영장을 세웠으며, 그 후 그는 라벤더 만에 또 하나의 풀장을 세웠다. 그곳에서 1기니를 받고 사람들에게 수영을 가르치는 허가를 받았으며, 계속해서 식물원 근처의 팜 코브의 수상에 세운 멋진 옥내수영장을 개장했는데, 그곳은 이 도시의 명물 중 하나였다(Clarkson 1990)라고 전해진다.

카빌 교수의 가족은 모두 놀라운 수영선수들이었다. 그의 아들 찰스와 아서는 샌프란시스코 항구를 가로질러 수영했다. 그의 막내아들 딕은 18개의 호주 선수권과 22개의 뉴 사우스 웨일즈선수권에서 우승을 했으며, 100야드 종목에서 60초 기록을 세운 최초의 남자선수였다. 그의 아들 퍼시는 1897년 세계 440야드 선수권과 5마일 선수권을 우승했으며, 또 다른 그의 아들 시드니는 16세에 호주의 220야드 선수권에서 우승했다. 이후 시드니는 샌프란시스코의 올림픽 클럽의 수영 코치로 임명되어 형 아더와 함께 호주식 크롤을 미국에 도입하는 것을 도왔다(Clarkson 1990).

19세기 말까지, 100야드를 1분 2/5초에 기록한 J. H. 더비셔가 세계에서 가장 빠른 수영선수임을 자처했다. 1899년 3개월의 항해를 끝낸 강인한 호주인 프레디 레인이 영국의 220야드 선수권에서 경기하여 2분 38-1/5초의 기록으로 더비셔를 누르고 우승했다.

1902년 5월, 레인은 다시 딕 카빌외 다른 호주 수영선수들과 영국으로 왔다. 다시 그들은 더비셔를 상대로 100야드 경기를 시도하였으며, 이번에는 레인이 더비셔를 꺾었고, 카빌은 100야드를 1분안에 주파하는 새로운 세계 기록을 세우는 최초의 수영선수가 되었다.

2주 후에 카빌은 자신의 수영 영법을 레인에게 전수하여 레인의 기록을 58.8초로 단축시켰으나 이 기록은 핸디캡 경주에서 기록되었기 때문에 인정되지 않았다. 그해 후반 라이스터에서 레인은 59.6초의 기록으로 100야드 경기를 완주함으로써 1분 기록을 깬 공식적인 최초의 수영선수가 되었다.

영국 투어기간 동안 카빌과 레인은 각각 두 개의 국내 타이틀을 얻었다. 레인은 100야드와 220야드에서, 카빌은 440야드와 880야드에서. 이 경기에서 카빌의 크롤 스트로크는 당시 영국의 전문가들에게는 완전히 새로운 영법이었으며, 참가한 모든 사람의 감탄을 자아냈다. 이때 레인과 카빌의 호주 수영이 세계 무대에서 성공한 최초의 사건이었다.

이후 호주의 대표적인 수영선수인 레인, 딕 카빌, 바니 키어란, 프랭크 보레페르, 세실 힐리 등과 여자 수영선수 패니 두랙과 모나 와일리 등은 20세기 시작부터 1차

세계대전 시작까지 매우 주목받는 우수한 경기력을 갖춘 수영선수들이었다.

1920년대에는 앤드류 보이 찰튼이 호주 국내의 영웅이었는데, 미국의 자니 와이즈뮐러와 스웨덴의 아르네 보르크와의 세계적인 시합에서 보여준 그의 투혼과 매우 세련된 경기운영으로 많은 사람들에게 주목 받는 선수로 성장했다. 당시 찰튼은 1924년 파리에서 1500미터 종목에서 우승함으로써 이 종목에서 호주의 강세를 이어가는 시작이 되었다.

1932년 로스앤젤레스 올림픽에서, 클레어 데니스가 200미터 평영에서 우승한 것이 호주의 유일한 메달이었지만 이후 호주 수영은 16년간 심한 슬럼프에 빠졌다. 2차 대전후 처음으로 개최된 1948년 런던 올림픽에서는, 주디 조이 데이비즈, 낸시 라이언즈와 존 마샬이 입상 메달을 받았다. 이 올림픽 이후, 마샬은 예일 대학교로 가서 밥 키퍼스의 지도 아래서 훈련을 시작했다. 1951년 사상 유래 없는 다량의 기록 경신을 보여준 마샬은 200미터와 1500미터 자유형에서 모두 세계 기록을 새롭게 작성하는 위대한 업적을 만들었다.

1952년 미시건 대학교 학생이었던 존 데이비즈는 200미터 평영에서 호주의 유일한 금메달을 차지하였다.

열대 기후인 퀸즈랜드에서 여러 달 동안 강도 높은 훈련을 한 호주 선수들은 1956년 멜버른 올림픽에서 열렬히 환호하는 홈 관중들 앞에서 오랜 시간 잃어버렸던 그들의 수영 패권을 되찾는 역사를 만들었다. 그들은 6개의 개인 경기 금메달과, 여러 개의 입상 메달과 두 개의 혼성 우승을 일궈냈다. 그들의 성공은 주로 인터벌 훈련 방법을 통해 선구적으로 훈련법을 개발했으며, 혁명적으로 개선된 스트로크 기술들의 도입으로 호주 수영의 역사를 새로 썼다.

엄청난 성공을 거둔 후 호주 수영선수들은 특히 모든 홈관중의 지지아래 자국에서 개최된 올림픽에서 좋은 성적을 이룩하였지만 그 경기력과 성적을 유지하기란 매우 어려운 일이다. 그런 가운데에서도 호주인들의 지지와 응원에 힘입어서 그들은 이후 네 번의 올림픽 경기인 1960년 로마, 1964년 도쿄, 1968년 멕시코 시티, 1972년 뮌헨에서 꾸준히 금메달을 땄지만 이후 호주 수영의 제 2 황금기로 알려져 왔던 것이 또 다시 슬럼프를 맞이하기도 하였으며, 이후 호주 수영이 시드니(2000)와 후쿠다(2001) 세계수영선수권 대회에서 다시 장기 상승세를 타 발군의 기량을 보여주었다.

이후 호주 수영선수들에 의해 작성된 기록과 올림픽에서 성적들은 겨우 1700만

인구의 나라치고는 매우 놀라운 성적이었으며, 1900년에서 2000년까지, 호주 수영 선수들은 39개의 개인 올림픽 금메달을 따면서 세계 수영의 강국으로 다시 부상하였다.

4. 태동기 및 발전기의 미국 경영의 역사

1876년 몬트리올 수영 협회가 처음으로 북아메리카에서 수영 대회를 개최한 이후 뉴욕 에슬레틱 클럽이 약 1년 후에 미국에서 최초의 수영대회를 개최했다. 미국의 최초 시립 수영장은 1896년 매사추세츠의 브루클린에 세워졌지만, 그보다 오래된 풀장인 디트로이트 수영장(길이 16피트에 넓이 33피트)이 1816년부터 이미 존재했었다.

또한 미국의 최초 YMCA 수영장이 1885년 뉴욕의 브루클린에 세워졌고, 이 수영장 규모는 길이 45피트에 넓이 14피트여서 이전 보다 확장된 상태였다. 1909년 미국 전역에서 293개에 달하는 YMCA수영장을 중심으로 미국 내에 수영 캠페인을 시작하였으며, 1905년 즈음에, 조지 코슨이라는 이름의 수영 전도사가 북아메리카 동부 지역을 중심으로 대중들을 위한 수영 강습을 시작했다. 토론토 대학교의 원예 교수였던 코슨은 북아메리카 동부에서 YMCA 운동을 통해 수영선수들의 양적 확대와 대중화에 공헌한 대표적인 인물이었다.

뒤늦게 출발한 아메리카 수영은 20세기 시작부터 급진전하면서 발전하였으며, 주로 목욕장에서 조교나 전문 교사들 그리고 수영 코치의 역할과 지위가 좋아지면서 많은 대회 개최와 수영의 기술 개발, 훈련 방법의 개선 등을 통해 발전일로에 있었으며, 중등학교와 대학에서 점차 대회가 늘어나면서 더욱 발전하게 되었다.

이러한 노력의 결과로 미국의 수영이 세계 수영계를 지배하는 놀랄만한 역사를 만들어냈다. 영화 타잔의 주인공으로 알려진 존 와이스뮐러와 마크 스피츠(1972년 올림픽에서 7개의 금메달) 등 다른 많은 빛나는 미국 수영선수들과 같이 역사적으로 위대한 선수들이 세계 기록과 올림픽에서 신기록 작성에 주인공들 이었다.

1899년 섀퍼와 1903년 르무엥에 의해서 세계 기록들로 서서히 시작되었지만, 1906년에 미국의 수영 강자였던 찰스 다니엘즈와 1912년 올림픽에서 듀크 카하나모쿠의 활약을 통해 미국 수영은 점점 더 발전하기 시작했으며, 특히 미국은 1920

년 제7회 엔트워프 올림픽에서는 주도권을 장악했고, 1924년과 1928년에는 지배력을 발휘했지만 1932년과 1936년에 아주 젊은 일본 선수들이 그 자리를 차지함에 따라 2위로 밀려났다. 미국은 1948년과 1952년에 1위로 재부상 했으나 1956년에 멜버른올림픽에서는 인터벌 훈련방식으로 성공한 호주에게 정상 자리를 빼앗겼다.

1960년대에, 미국은 3번의 올림픽 경기(1960년 로마, 1964년 도쿄와 1968년 멕시코 시티)에서 80개의 개인 메달을 차지하였으며, 다른 국가들이 나머지 61개의 메달을 땄다. 1976년 몬트리올 올림픽에서, 제임스 카운슬만 수석코치의 지도를 받은 미국의 남자 수영팀이 13개중 12개의 금메달을 땄는데, 그것은 올림픽 수영 역사상 처음 있는 대기록이었다.

2000년 시드니 올림픽 경기에서, 미국 올림픽 팀은 총 97개의 메달을 땄는데, 38개가 금메달이었다. 미국 수영 팀이 총 메달의 34%와 금메달의 37%를 책임졌다. 32개의 수영 경기에서, 미국 팀은 잠재적인 58개의 메달 기회에서 33개의 메달을 땄다(57%의 효율도). 미국 여성 팀이 16개, 남성 팀이 17개의 메달을 거둬들였다. 미국 팀이 단 한 개의 메달도 따지 못한 경기는 단지 7개의 경기뿐이었다: 남자 200m 자유형(4위), 남자 200m 평영(6위), 남자 100m 접영(4위), 여자 400m 개인 혼성(4위), 여자 100m 배영(6위), 여자 200m 자유형(12위) 등이었다.

미국이 세계 수영에서 성공적인 기록 수립과 오랜 기간 최강자로 군림할 수 있었던 것은 세계에서 가장 큰 규모의 수영에 대한 지식과 헌신적으로 노력하는 전문 코치들이 존재했기 때문이다. 미국 수영 코치들은 정부 형태나 정치적 제휴를 떠나 해외로 여행하면서 모든 국가에서 입수할 수 있는 경험과 전문 기술을 공부하고 연구하는 코치의 영향력이 뛰어났으며, 특히 미국 수영 코치 협회(ASCA)는 세계 수영 지도자 강습회를 개최하여 각국의 코치들과 정보교류도 활발하게 실시하였다.

미국의 경영은 먼저 동해안에서, 그 다음에는 시카고와 중서부에서, 마지막으로 캘리포니아에서 발전하게 되었다. 1911년에서 1956년까지는 하와이의 영향력이 대단했지만 훌륭한 코치진이 미국 전역에 분포하고 있어서 더욱 성공적으로 발전시킬 수 있었다.

이와 유사하게, 1896년에 예일, 펜실바니아와 콜럼비아 대회로 출발한 미국의 대학 수영에서 6개의 대학교가 대회를 지배했으며, 노스웨스턴, 럿저스, 미시건, 오하이오 주립과 예일. 최근 선벨트 학교의 우세 이후 현재는 점점 균형을 이루어가고 있다. 미국 수영의 전체 그림은 1875년에서 1940년까지는 도시의 개인적인 운동 클럽들에 의해 발전하였으며, 1936년에서 1960년까지는 대학들에 참여로 더욱 활성화되었다.

미국에서는 많은 고등학교와 YMCA에서 유소년과 학생들의 중요한 스포츠 프로그램으로 발전하였으며, 조직적으로 고등학교와 대학에서 수영보급과 함께 과학적인 훈련프로그램들이 등장하면서 더욱 발전하였다. 특히 국제수영연맹(FINA)에서 미국의 역할이 확대되면서 많은 정보 교류와 함께 과학적인 훈련 프로그램 보급이 이루어졌다. 1950년대 세인트루이스 미주리 애슬레틱 클럽의 칼 바우어는 미국인들을 위한 연령-별 수영프로그램과 훈련법을 창안하고 보급하였으며, 캘리포니아의 베스 카우프만에 의해 더욱 체계화되고 발전하였다. 미국의 연령별 수영 프로그램은 1960년대에 아주 대단해서 수영이 유치원에서 인기 있는 스포츠로 발전하였으며, 12세의 어린 세계기록 보유자들과 10대 선수들이 올림픽 챔피언이 되는 수준으로 발전하였다.

연령-별 수영 프로그램의 발전은 2차 세계 대전 후 몇 년 동안 미국 수영의 엄청난 성장의 가장 큰 영향을 미친 주요 요인이었으며, 서던 캘리포니아 대학교의 코치이자 20세기 후반동안 미국 수영의 주요 거물 중 한 명인 피터 댈런드는 연령별 수영훈련 프로그램의 첫 번째 결과로 1956년 멜버른 올림픽 게임에서 실비아 러스카가 400m 자유형 경기에서 동메달을 차지하면서 더욱 알려지기 시작했다.

미국에서 여자들에게 수영의 필요성을 역설하면서 보급하고 발전시킨 샤를로트 "에피" 엡스타인(Charlotte "Eppy" Epstein)은 1920년 앤트워프 올림픽 경기에서 여자 수영을 포함시키도록 막대한 영향력을 발휘했다. 샤를로트 "에피" 엡스타인이 22년간 소속하면서 이끌어왔던 뉴욕 여자 수영 협회(NYWSA)소속 클럽의 수영선수들이 51번의 세계 기록을 세웠으며, 31번의 계영경기의 대표선수로 활약하였다. 뉴욕여자수영협회가 설립되면서 몇 달 동안 에피는 아마추어 운동연합회를(AAU)을 설득하여 여자 수영선수들이 최초로 AAU의 운동선수로 등록되도록 허락을 받는데 많은 기여를 했다.

엡스타인은 미국 여자 수영선수들을 1920(엔트워프), 1924(파리), 1932(LA) 올림픽 게임에 등장시켰으며, 이들이 여자 수영 경기를 지배했으며, 그녀의 도움을 받은 미국 여자선수들이 메달을 휩쓸었다(클레어 갤리건, 거투루드 에덜리, 에일린 리겐, 헬렌 웨인라이트와 엘리노어 홈).1932년 미국 여자 올림픽 수영 팀의 부 감독으로 임명된 엡스타인은 그런 자리에 임명된 최초의 여성이었으며, 4년 후 그녀는 1936년 베를린 올림픽에서의 미국 여자 올림픽 팀의 코치 제안을 받았으나 나치 독일의 정책에 저항하는 의미로 그 제의를 거절하고 미국 올림픽 위원회에서 사퇴했다.

댈런드(Daland)에 따르면, 미국의 연령별 수영 훈련 프로그램이 1960년 로마 올림픽의 결과로 더욱 유효한 프로그램으로 입증됐으며, 미국은 특히 캘리포니아 지역에서 댈런드가 소속한 서던 캘리포니아 대학교와 로스앤젤레스 애슬레틱 클럽의 돈 감브릴(Don Gambril) 코치, 그리고 산타클라라의 조지 헤인즈(George Haines)가 역사상 가장 성공적인 수영 팀과 클럽을 지도한 대표적인 인물이었다.

조지 헤인즈(George Haines)의 코치를 받은 산타클라라 수영 클럽은 총 43개의 미국 국내 타이틀을 차지하였고, 또한 55명의 올림픽 선수와 51개의 올림픽 메달(금 33, 은 11, 동 7)을 획득했다. 이러한 기록은 캘리포니아 미션 비에조(California Mission Viejo)에서 13년간 재직하는 동안 44개의 타이틀을 거머쥐게 한 마크 슈버트(Mark Schubert) 코치의 업적과 동등한 위대한 성과였다.

1957년에서 1959년 기간 동안, 수많은 연령별 수영 프로그램 참가 대상자들이 세계 기록과 신기록을 달성하기 시작했다. 그러면서 연령별 수영프로그램이 미국 전역으로 퍼졌나갔고, 젊은 수영선수들의 엄청난 증가 현상이 일어났으며, 선수 수가 점진적으로 늘어나면서 동시에 클럽 운영과 훈련법 및 코치법 개발에 필요성이 더욱 대두되었다.

미국의 수영 인구는 1956년과 1964년 사이에 약 두 배로 늘어났으며, 이전의 작은 규모 대회들이 큰 대회로 발전하였다.

일반적으로 칼 바우어, 베스 카우프만, 피터 댈런드와 데이브 비버가 연령-별 수영 프로그램의 개척자로 인식되고 있지만, 이 프로그램의 확장은 주로 텍사스, 플로리다와 캘리포니아 같은 선벨트 주들에서 지역 수영 위원회들의 발전 때문이었으며, 이 프로그램은 주로 수영 행정에 있어서 지도자 역할을 맡았던 연령-그룹 부모들, 중-상층 사람들에 의해 더욱 발전하였다.

연령별 수영 프로그램을 통해 성장한 젊은이들이 미국의 대학으로 진학하면서 대학 수영이 급속도로 발전하기 시작하였다. 고된 수영 훈련을 소화한 이전 연령별 수영프로그램 경험선수들이 등장하면서 대학 선수권대회에서 두각을 나타내기 시작했으며, 대학팀들의 규모와 대회 개최 수를 늘리는데 많은 기여를 하게 되었다.

대학에서 공부와 수영 운동을 병행하면서 대회에서 우수한 성적을 낸 수영선수들은 운동 장학금을 받으면서 더욱 우수한 경기력을 유지하였다. 1970년대에는 미국 대학들에게 찾아온 재정적 위기로 인하여 운동 장학금이 상당히 삭감되었으며, 미국 대학 운동 협회(NCAA)는 스포츠에 대한 보조금을 40퍼센트 줄이게 되었다. 하지만, 이러한 환경에서도 수영선수들은 비장학생 신분으로 열성적이고 자발적으로 운동에 참여하였다고 한다.

연방정부로부터 기금을 받는 대학 혹은 대학교들의 모든 프로그램은 여성에게 동등한 기회를 부여하라고 명령한 권리 9조(Title IX)를 연방정부가 통과시켰을 시점부터 여성을 위한 대학 스포츠가 발전을 이루면서 또한 여자수영 프로그램들이 생겨났다. 이 권리 9조가 만들어지기 이전에는 여자 수영선수들은 남자선수들보다 더 일찍 수영을 그만두는 경향이 있었지만 점차 운동 프로그램들에 참여할 기회들이 증가함에 따라 여성수영 선수들도 오랫동안 참여할 수 있는 강한 동기와 목표가 제공되었다.

권리 9조가 대학에서 남자 수영 프로그램들에 상당한 문제들을 야기했지만, 여성의 입장에서는 엄청난 기회를 제공했다. 이 권리가 미국의 여자 수영 프로그램의 개발에 기여했으며, 미국 수영에 등록된 모든 수영선수들의 여남 비율은 60대 40퍼센트로 여자 비율이 높았다. 그래서 향후 몇 년 안에 미국 수영협회에 등록된 미국 수영선수들의 2/3가 여성이 될 가능성이 있다고 발표하기도 하였다.

1985년에 시작된 미국 수영 코치 협회 자격증 프로그램은 전문적으로 준비된 수영 코치들에게 자격을 주기 위해 고안된 자발적인 조직이었다. 2000년 1월까지, 6,050명이 자격증을 따기 위해 응시했고 5,200명 이상이 자격증을 받았다. 초창기에 3급부터 5급 자격을 얻은 코치들은 1989년에는 1급과 2급 자격으로 발전하였으며, 점차 코치들에 수준도 상향평준화가 이루어지면서 미국 전역에서 우수한 코칭 능력을 가진 지도자가 미국 수영의 미래를 이끌고 있다.

5. 20세기 태동기의 일본 경영의 역사

1603년 이후 수영은 일본 학교의 조직적인 운동이었다. 일본의 학교간 경쟁 수영 프로그램들은 오늘날까지 계속되고 있다(Oppenheim 1970).

1932년 LA올림픽에서 일본의 남자 수영팀은 배영 100m 경기에서 금, 은, 동메달을 차지하였으며, 자유형 100m, 1500m 200m 경기에서도 금, 은메달을 차지하면서 올림픽에서 수영에서 미국을 물리치고 절대강자로 등장했으며, 1936년 베를린 올림픽에서도 일본 남자 수영팀은 자유형 1500m 종목에서 금메달과 동메달을 차지하였으며, 자유형 100m 종목에서 은메달과 동메달, 배영 100m 종목에서 동메달, 평영 200m 종목에서 금메달과 동메달, 자유형 400m 은메달과 동메달, 계영 800m 종목에서 미국 팀을 제치고 8분 15초 05의 기록으로 금메달 차지하였다. 그러나 2차 세계대전 이후 후루하시, 하시주메, 야마나카, 다구찌, 다나까, 스즈끼 외 몇몇 다른 위대한 선수들을 제외하고는 일본은 세계 수영에서 이전의 명성을 되찾지 못했다.

1932년 로스앤젤레스 올림픽에서 보여준 일본의 극적인 세계 강국 부상은 단일 국가가 완전 승리를 목적으로 분명한 국가적 계획을 실천한 최초의 사례였다. 이것은 또한 국가적인 계획으로 수영 기술 증진 및 과학적인 훈련법의 개발을 위해 영화촬영을 위한 카메라가 과학적인 수영 촬영 장치로 다시 탄생하면서 수영 훈련법에 관한 최초의 시도였다. 일본의 수영 연구가들은 미국 및 유럽의 최고 기록 보유선수들을 선정하고 이들 선수들의 수영장면을 수면 위와 수면 아래에서 촬영한 폭넓은 영상에 대한 연구를 실시하였다. 당시 이 촬영 영상들은 전국의 학생선수들에게 보여 주었으며, 이러한 노력은 당시 젊은 선수들에게 좋은 수영 기술에 대한 시각적 지식과 안목을 넓혀 주었다.

이 아이들이 어려서부터 훌륭한 스트로크 기술을 시각적으로 인지하면서 과학적인 훈련에 더욱 몰두하였으며, 전문적인 훈련 및 지도아래 체계적으로 양성되었다. 미국식 크롤이 더 작은 일본인의 체형에 영리하게 적응되었지만, 소위 일본식 크롤도 근본적으로는 미국식 스타일과 다르지 않았다. 일본 젊은이들은 어려서부터 잘 교육받았고, 그들은 그 전의 어떤 수영선수들보다도 더 열심히 훈련했다. 훌륭한 기술들과 부단한 훈련이 지속적으로 적용되었다. 이 최초의 국가적 개발 계획의 적용 결과는 두드러졌다.

1928년 암스테르담 올림픽에서는 평영 수영선수 츠루다가 일본의 유일한 타이틀 획득자였으나 그의 성공적인 올림픽 성적이 일본 수영 전체에서 영감을 불어넣었다. 4년 후, 일본은 젊은 10대 팀을 1932년 로스앤젤레스 올림픽에 데려와, 미국인 클래런스 "버스터" 크랩이 우승한 400미터를 제외하고 모든 경기에서 승리함으로써 세계 수영에서 신선한 충격을 주었다.

소문에 따르면 미국 팀 코치였던 밥 키퍼스는 사실 1932년 미국 올림픽 팀이 800미터 계영 기록을 15초 이상 갱신했다는 사실에 기뻐했다고 한다. 이 개선은 구 기록을 37초 이상 갱신하고 꿈도 꾸지 못한 기록을 세운 일본 팀을 이기기에는 불충분했다(Cureton 1934). 결국, 일본선수들이 총 86점을 얻은 반면 미국선수들은 33점을 받았다. 일본 수영선수들이 한 종목을 제외한 모든 경기에서 1위와 2위를 차지했으며, 그 경주에서도 그들이 3, 4, 5위에 올랐다. 이 결과가 일본 팀의 특별한 집단적 힘을 보여주었다(Cureton 1934).

국제 수영역사에서 준비된 일본의 승리 및 급부상은 1928년과 1932년 올림픽 사이에 아무런 경고도 없이 조용하게 일어났다는 것이었다. 1930년대 일본의 성공은 경영에 있어서 일정한 목표를 바라기보다는 목적의식을 가지고 훈련하는, 주의 깊은 계획과 전문적 훈련에 의해 달성한 최초의 사례였다.

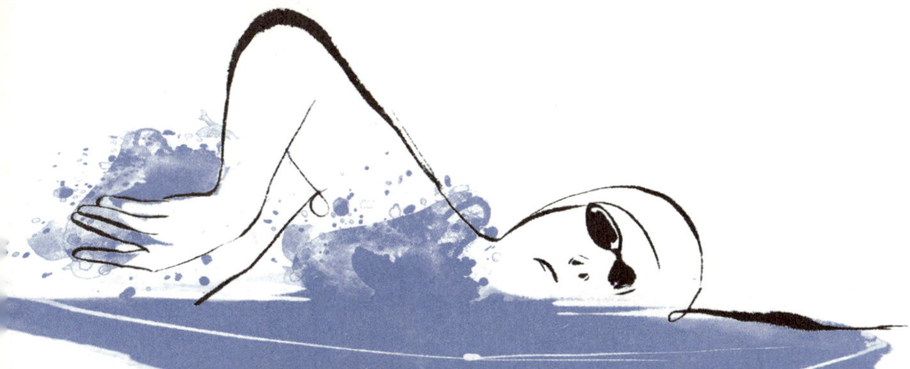

제 4장
국제수영연맹(FINA)의 창설과 수영의 발자취

1. 국제수영연맹(FINA: Federation Internationale de Natation Amateur)의 설립과 올림픽

1908년 제4회 런던 올림픽을 위해 각 국가의 대표들이 모여 당시 아마추어 수영 연합;ASA(Amateur Swimming Association)의 회장 조지 더블유 헌(George W. Hearn)의 주도하에 1908년 7월 19일 런던 동부 멘체스터 호텔에서 4시간 30분에 걸쳐 "국제 수영 회의를 알리자"라는 구호 아래 런던에서의 모임을 등록한 최초의 단체(the Bureau)가 형성되었으며, 이후 1924년까지 아마추어 수영 연합;ASA(Amateur Swimming Association)의 회장 조지 더블유 헌(George W. Hearn) 이 주도적으로 모임을 이끌어 갔다.

그 당시 모임에 참석했었던 창립을 위한 참가국들은 영국을 주축으로 벨기에, 스웨덴, 독일, 핀란드, 헝가리, 프랑스 그리고 덴마크, 스코틀랜드, 아일랜드 등이었으며, 그리고 웨일즈는 미래의 회의에서 하나의 나라로 간주되어야 하고 어느 회의에나 2명의 대표를 보낼 권리가 있다"는 것이 동의 되었다. 이 회의에서 23명이 모임을 가졌으며, 그중에서 영국 대표자가 8명이나 참석했었다. 각국의 대표자들 23명이 함께 모인 이 자리에서 "세계 수영 연합"이라는 단체를 만들었고, 그 이후 파리에서 "Federation Internationale de Natation Amateur"의 단체가 결성되었다.

1909년 파리에서 몇 가지 규칙과 원칙이 제정되면서 특히 아마추어 신분의 정확한 개념을 만들었으며, 대회에 참가한 선수들의 수영복에 관한 규정을 논의하면서 품격 높은 수영복 착용을 권고하고 실천시키기 위해 모든 수영 선수들이 속바지와 함께 인정된 의상을 입지 않은 이상 경기는 시작될 수 없다라고 규정하였다.

또한 이전에 영국에서 성행했었던 상금을 얻기 위한 경영 경기의 방법을 수정하면서 "아마추어"라는 용어의 정의를 공포하였으며, 이는" 경영 경기에 참가한 선수는 단 한번도 돈이나 상품을 위해 경기하거나, 내기를 하거나 혹을 돈을 걸지 않은"것을 제한하였으며, 경기에 참가한 상대 선수가 동일한 아마추어 신분에 있지 않으면 함께 경기하는 것도 제한하였다.

1908년 런던에서 세계기록에 관한 정의가 만들어졌으며, 이는 " 파도나 조수가 없는 매우 잔잔한 물"에서만 세워질 수 있고, 기록은 야드나 미터법으로 통일해야 했으며, 100야드에서 500미터까지의 모든 거리의 기록들이 "25야드 길이보다 짧지 않은" 장소에서 세워질 수 있는 반면에 880야드 이상의 종목은 최소한 100m가 되는 수영장에서 경기를 하도록 원칙을 세웠다.

그러나 1908년 런던에 모였을 때 통일된 규칙, 체계, 거리 종목 그리고 경주가 어떻게 진행될지 등을 논의하여 정하였으나 사실상 실제 대회는 대회 장소 환경이 제대로 갖추어지지 않아 종목에 따른 거리는 정확한 측정이 아닌 대략적인 추측으로 정해졌으며, 모든 경기는 동일한 상황이 아닌 강이나 호수, 바다였기 때문에 조수의 차이가 있거나, 또는 파도가 있거나, 아니면 평온한 물이었다.

이후 1910년 벨기에 브뤼셀에서 최초의 FINA 회원 국가들이 참석한 가운데 첫 번째 회의를 진행하였으며, 첫 회의에 참석 국가는 호주, 오스트리아, 벨기에, 캐나다, 덴마크, 핀란드, 프랑스, 독일, 영국, 네덜란드, 헝가리, 이탈리아, 남아프리카 공화국, 스웨덴 그리고 미국 등 15개 국가였으며, 비 유럽 국가들로 미국, 캐나다, 호주, 남아프리카공화국이 참석하였으나 아시아 국가는 없었다.

1908년 국제아마추어수영연맹이 창설된 이후 수영경기의 국제대회는 올림픽이 전부였기 때문에 창설이후 1973년 첫 세계선수권대회가 열리기까지 65년 동안은 올림픽이 모든 역사를 대변했다.

수영은 1896년 제1회 아테네 대회부터 정식종목으로 남자자유형 4개 종목(1,200m, 400m,100m, 100m Sailors Men)에서 시작되었으며, 이후 1912년 제5회 스톡홀름 올림픽에서 처음으로 여자 자유형 100M 경기와 계영 400M 경기가 시작되었다.

1908년 영국의 런던올림픽부터 1956년 호주의 멜버른 대회까지 남자선수들을 위한 종목은 자유형 100m, 400m, 1,500m, 배영 100m, 평영 200m, 계영 4x200m 종목이 바뀌지 않고 진행되었으며, 여자 선수들을 위한 종목은 배영 100m, 평영 200m 종목이 추가된 1924년까지는 여자선수들은 자유형 100m, 400m, 4x100m 종목에서만 경기 할 수 있었다.

올림픽 수영 프로그램에서 가장 큰 변화는 1952년 평영과 접영을 서로 다른 수영법으로 인정하기로 결정된 후 처음으로 1956년에 호주 멜버른 대회에서 도입되었으며, 1956년 이후부터는 모든 경기를 50m 혹은 55야드의 풀장에서 이루어진 것만 기록으로 인정했다.

1960년 로마 올림픽에서는 4x100m 혼계영 종목이 도입되었고, 1964년 400m 개인혼영 종목이 남자 및 여자 종목으로 처음 시작하였으며, 또한 도쿄올림픽에서 남자 배영 200m 종목과 계영 4x100m 종목이 채택되었다.

올림픽 수영 경기에서 가장 큰 혁신적인 사건은 1968년 멕시코시티 올림픽에서 남자 경기4개 종목이 추가되었으며, 자유형 200m, 평영 100m, 접영 100m, 개인혼영 200m 종목이었다. 이후 수영 경기에서 세부종목이 계속해서 늘어나면서 IOC에서는 FINA 사무국에 종목 축소를 요구하여 일부 종목이 없어졌다가 1984년 미국의 LA올림픽에서 남자 및 여자 개인혼영 200m, 남자 계영 4x100m 종목 등 세 개 종목 모두 공식 종목으로 재 채택되었다.

1988년 서울올림픽 대회에서 남자 및 여자 최단거리 자유형 50m 종목이 끝에서 두 번째로 추가되었다. 1996년 미국의 애틀란타 올림픽에서 계영 4x200m 종목이 처음 열렸을 때 여자 종목은 남자 종목과 대등하게 같은 수의 종목을 가지게 되었다. 여성과 남성 종목의 단 하나의 차이점은 남성은 1,500m 자유형 경기를 하고 여성은 800m 자유형 경기를 한다는 것이었다.

2. 국제수영연맹(FINA)의 세계선수권 대회

1908년 국제수영연맹이 창설된 이후 주로 올림픽에서만 국제대회를 관리 감독하였으나, 1973년 유고슬라비아 벨그레이드(Belgrade)에서 처음으로 개최된 제1회 세계 선수권(World Championships) 대회 이후 각각 대회의 주최국 및 주체도시 대표자 개최시기와 개최지의 특징을 잘 보여주는 마스코트와 로고를 만들고, 많은 사람들에게 대회를 홍보하고 미디어의 관심을 끄는 방향으로 노력해왔다.

2001년부터는 FINA 세계 선수권 대회(FINA World Championships)에서 남자는 800m 종목과 여자 1,500m 종목이 없어졌으며, 이 대회부터 모든 영법에서 최단거리 경기인 50m 종목이 추가되었다. 단거리 경기가 추가되었을 때 제거되었다. 세계 선수권 대회 프로그램은 여성에게 4x200m 자유형이, 두 성별 모두에게 50m 자유형이 도입된 1986년까지 올림픽 프로그램(한시적인 올림픽 종목의 제거를 제외하고)을 반영했다. 2006년에 시작된 세계 유소년 선수권 대회(World Youth Championships)에서의 프로그램은 성인 대회를 반영한 것이었다.

올림픽과 세계 선수권 대회(World Championships)의 종목이 늘어감에 따라 경기들이 열리는 날 수 또한 늘어났다. 초창기의 올림픽은 2주 또는 그 이상 동안 드문드문 있는 경기가 특징이었지만 FINA 의 첫 60년 대부분 동안의 기준은 5~6일 동안의 프로그램이었다. 그것은 1980년대에 7일간으로 늘어났고 2000년 시드니 올림픽에서 경기는 연속 8일간 이어지게 되었다. 그것은 2001년부터 계속하여 세계 선수권 대회(World Championships)의 사례와 같았다. 하지만 2008년 올림픽에서 보통 다른 스포츠들이 아침에 결승전을 열고 밤에 예선전을 펼치게 되면서 수영 경기는 9일에 걸쳐 진행되도록 편성하면서 수영 경기들에 영향을 주게 되었다. 수영종목은 아침에 결승전을 하기 위한 그러한 절차는 없었고, 가장 근접한 일은 1988년 서울 올림픽에서 3일 동안 정오에 결승전을 펼친 것이었다.

1991년 3월 3일 개최되었던 월드컵과 1993년부터 세계 수영 단수로 챔피언쉽(25m)의 인기와 함께 25미터 수영장에서의 경기가 유명해지면서, 세계 단거리 코스 기록은 정식이 되었으며, 1990년대 초부터 북반구에서 겨울 동안 열린 25m 단수로 월드컵 시리즈(World Cup Series)는 2007년-2009년 시즌에 모든 7개의 경기를 한 달 안에 5개의 대륙에서 개최함으로서 급격히 발전하였다.

3. 국제수영연맹(FINA)과 함께해 온 수영환경의 변화

1896년 제1회 아테네 올림픽의 수영경기는 오픈워터인 바다에서 행해졌다. 이후 강으로 호수로 이어져 온 경기장 환경은 실내 수영장으로 옮겨지기 시작했으며, 기록 단축을 위한 물리적 환경의 변화와 진화가 생겨나면서부터 보다 깨끗한 물,

깊은 풀장, 파도 방지 코스 로프, 스타트 블록, 자동계시장치, 수동계시장치, 출발용 피스톨, 킥 보드를 비롯한 패들, 고글, 수영복 등이 주요 장비와 도구들이다.

이중에서 수영복과 같이 경기와 이미지 모두에 공헌해온 것은 없다. 따라서 역사적으로 본 수영복의 변천사를 시대 순으로 서술하고자 한다.

1) 1914년 : 처음의 하의 수영복은 스코틀랜드인에 의해 만들어졌으며, 이후 스피도 회사의 탄생을 위한 시초였다.

2) 1928년 : "스피도를 입고 속도를 내세요(Speed on in your Speedos)"라는 슬로건을 만들면서 처음으로 스피도 브랜드가 탄생했다. 안 보르그(Arne Borg, 스웨덴)가 최초로 만들어진 스피도 수영복 중 하나를 입고 1,500m 자유형에서 세계 기록을 세워 스피도 수영복의 관심이 집중됐다.

3) 1932년 : 호주인 클레어 데니스(Claire Dennis)가 올림픽에서 배영 200m종목에서 타이틀을 땄지만 그녀의 스피도 수영복이 "어깨를 너무 많이 보였다"고 책망을 받기도 했다.

4) 1936년 : 1914년에 소개된 하위 수영복과는 다른 첫 번째 수영복인 보디수트 스타일이 인기를 9번의 올림픽 대회 이후 올림픽에서 처음으로 착용되었다.

5) 1946년 : "노출이 심하다"는 이유로 착용이 금지됐던 스피도의 비키니 버전의 수영복이 다시 소개되었다.

6) 1947년 : 1936년 베를린 올림픽 배영 선수였던 아돌프 키에퍼(Adolph Kiefer, 미국)가 키에퍼 수영복 회사를 만들었다.

7) 1951년 : 스피도 수영복 회사가 직물 제조 공장㈜의 법인으로 만들어지면서 대량생산과 홍보 마케팅 전략으로 세계 수영계에 널리 알려지게 되었다.

8) 1952년 : 영국 버크타(Bukta)가 새로운 종류의 인기 있는 경기용 수영복을 소개했다.

9) 1956년 : 스피도가 지원한 호주 수영팀의 성공이 스피도를 전세계 누구나 아는 명품 브랜드로 성장시켰으며, 스피도는 1959년 아시아와 유렵지부를 설립했다.

10) 1971년 : 스피도가 움직임에 유연성을 준 나일론/엘라스타인 직물로 만든 수영복을 출시하면서 과학 기술을 앞세워 수영복 시장에서 선두적인 역할을 맡았다.

11) 1972년 : 아디다스주인인 호스트 다슬러(Horst Dassler)가 7개의 올림픽 금메달 리스트인 마크 스피츠(Mark Spitz, 미국)와 결합하여 최초로 아레나 브랜드의 탄생을 예고했다.

12) 1976년 : 라이크라가 첨가된 목라인의 타이트한 포롤라스틱 여성 수영복 버전을 처음으로 동독 수영선수들이 1976년 올림픽에 입었다.

13) 1985년 : TYR이 1976년 미국 팀 코치였던 스티브 퍼니스(Steve Furniss)에 의해 미국에서 창사 되었다.

14) 1987년 : 스피도가 호주 체육부를 후원했다.

15) 1990년대 : 수영복 제작자들이 저항을 줄이는 새로운 직물을 개발하기 시작했다.

16) 1996년 : 아틀란타 올림픽에서 방수인 몸에 딱 달라붙는 수영복으로 스피도가 앞장섰던 시절인 20세기 초반의 퀼로 룩이 다시 유행했다.

17) 2000년 : 국제 대회에서의 현대 보디수트의 사용이 허용되었다. 수중에서 사람의 피부보다 더 저항을 적게 받는다는 사실이 발견된 직물로 수영복을 제작하였으며, 아디다스, 나이키, 미즈노, 아식스와 같은 세계적인 스포츠 브랜드들은 수영복 시장으로 끌어들였다.

18) 2004년 : 고급 직물의 새로운 시대를 알리면서 스피도 페스트스킨(Speedo Fastskin)이 출시되었다.

19) 2008년 : 2000년에 시작된 트랜드는 스피도가 폴리우레탄 천에 고압력 인자를 가진 LZR 경주 수영복을 출시했을 때 새로운 길로 들어섰다. 6주라는 기간 동안 기술이 상당한 공헌을 하면서 전례 없는 세계 신기록들이 그 수영복을 입은 선수들에게 의해서 수립되었다.

20) 2012년 : 2008년 베이징 올림픽에서 모든 선수들이 착용했었던 전신 수영복은 2012년 런던올림픽에서 사용이 금지되면서 새로운 수영복 규정이 만들어졌다.

제 2부

수영의 과학적 원리

제 5장
수영의 과학적 원리의 이해

물의 밀도는 공기의 1,000배에 달하기 때문에 수영 동작에서 몸이 물을 헤치고 나아갈 때, 육상에서의 움직임보다 보다 훨씬 큰 힘의 저항이 발생한다. 이러한 힘의 저항을 저항성 저항력이라고 표현한다. 따라서 수영선수가 전진하기 위해서는 자연적으로 발생하는 물에서 붙드는 저항성 저항력보다 더 클 경우에 한하여 전진 가속을 할 수 있다. 이와는 반대로 저항성 저항이 추진력보다 클 경우에는 감속하게 되는데 수영선수의 전진속도는 가속하거나 혹은 감속할 수 있는데 이러한 이유는 추진성 저항력과 저항성 저항력의 상대적인 크기와 양적 변화 때문이다.

이렇듯 인간의 신체동작은 생물역학(biomechanics)'적으로 해석할 때 일정하게 지배하는 법칙들이 존재한다. 이 법칙들은 여러 힘들과 그 결과로 일어나는 동작들을 다룬다. 신체의 동작에 관한 법칙들은 보통 두 부류로 나뉜다: 운동학(kinematics)과 동력학(kinetics)이다. 운동학은 속도, 속력과 가속도 같은 신체 동작들의 여러 양상들을 포함하고 그것들을 유발시키는 원인은 언급하지 않는다. 동력학은 힘들이 이런 동작들에 미치는 효과들에 관심이 있다.

수영은 물이라는 특수한 환경에서 인간의 능력과 한계를 실험하고, 또한 끊임없는 도전을 통해 기록단축이라는 과제수행을 목표로 하고 있다. 그런데 물이라는 환경에서 신체활동의 과학적 원리를 바르게 이해하기 위해서는 몇 가지 과학적 원리와 역학적 원리를 이해하고 실천하는 노력이 필요하다. 따라서 이 장에서는 수영에서 추진에 관한 이론, 저항이론, 부상이론 등의 과학적 원리를 이해하고 저항을 줄이고 추진력을 강화하기 위한 원리를 구체적으로 설명하고자 한다.

1. 저항의 과학적 원리의 이해

1) 저항 이론

저항은 물을 헤쳐 가는 수영선수의 동작에 가해지는 물의 저항을 규정하기 위해 사용하는 용어다. 물은 수십억 개의 수소와 산소 분자로 구성되어 있으므로 밀도가 있다. 따라서 공기와 마찬가지로, 물도 반고체(semisolid)로 분류된다. 그러나 물의 밀도가 공기보다 1,000배나 높기 때문에 물이 공기보다 훨씬 큰 힘으로 몸의 움직임에 저항한다는 의미이며, 물을 헤쳐 가는 수영선수의 동작에는 공기보다 훨씬 큰 힘으로 몸의 움직임에 저항한다. 이 저항은 수영선수의 전후에 위치한 물의 압력차이 때문에 발생한다. 물체는 고압대에서 저압대로 나아가는 경향이 있다. 결국, 선수 앞의 수압이 뒤의 수압보다 더 클 경우, 더 힘찬 스트로크로 그 추가 압력을 극복하지 못하면 전진속도가 느려질 수밖에 없다. 이 감속은 몸 전후에 있는 수압 차의 크기에 따라 정비례 할 것이다.

저항력은 항상 동작의 방향과 반대 방향으로 일어난다. 달리 말해서, 저항력은 물체의 움직임에 맞서는 힘이다. 우리는 대개 저항력을 전진을 방해하는 힘으로 간주하여 부정적으로 생각한다. 물의 저항이 수영선수의 전진을 방해할 경우는 저항력이 수영속도를 떨어뜨릴 수밖에 없다. 하지만 저항이 추진을 도울 수도 있다. 육상 경주자가 땅을 뒤로 박차며 몸을 앞으로 추진하듯이, 수영선수도 물의 저항에 맞서 수족을 뒤로 밀침으로써 몸에 가속도를 부여하고 전진할 수 있다. 물론, 물은 유체이기 때문에 수족으로 밀면 뒤로 물러나는 반면에 땅은 그렇지 않다는 게 중요한 차이다. 결국, 수영 추진은 땅 추진과는 비교할 수 없을 정도로 추진 효율이 떨어진다. 물을 뒤로 미는 수영선수의 몸은 육상경주자의 몸처럼 빨리 또는 멀리 전진 가속을 내지 못한다.

의미전달이 좀 더 용이하도록, 단일 개념인 저항력을 두 유형으로 구분하여 서술하고자 한다. 수영선수를 묶어두는 저항력을 저항성 저항(resistive drag)으로 규정하고, 전진가속을 돕는 저항력을 추진성 저항(propulsive drag)으로 규정하고자 한다.

(1) 저항성 저항

저항성 [抵抗性] 저항은 외부나 밖으로부터 가해지는 힘에 굴복하여 따르지 않고 거역하거나 버티는 성질 즉, "저항성은 가해지는 힘에 대해 저항하려는 성질"

이다. 이렇듯 수영선수는 앞으로 나아가려고 할 때 저항성 저항에 부딪친다. 수영선수들이 더 적은 노력으로 더 빠른 평균 전진속도를 유지하려면 전진할 때 마주치는 저항성 저항을 줄이려는 노력이 필요하다. 이러한 저항성 저항은 (그림 5-1)에서 보는 바와 같이 몸의 자세에 따라서 전진하기 위해서 수영장을 헤치고 나아갈 때 일으키는 동요에 정비례한다. 인간의 몸은 물고기나 다른 수생 포유류처럼 유선형의 몸이 아니고 또한 완벽한 유선형을 유지한다고 해도 상당량의 저항성 저항에 부딪치게 된다.

수영선수가 물을 헤쳐 갈 때 마주치는 저항성 저항을 결정하는 가장 중요한 네 가지 요인이 있는데 첫째, 선수가 물속에서 차지하는 공간으로 몸의 체적과 몸의 부피라고 표현해도 좋겠다. 두 번째, 물을 대하는 몸의 형태이다. (그림 5-1)과 (그림 5-2)에서 보는 바와 같이 어떤 자세로 수영하느냐 하는 문제이다. 세 번째, 물을 후방이 아니라 앞으로 미는 스트로크와 킥의 동작을 의미한다. 네 번째, 몸과 접촉하는 물 흐름간의 마찰 정도를 의미한다.

선수가 물속에서 차지하는 공간과 물을 대하는 몸의 형태로 인하여 발생하는 저항성 저항을 형상항력(form drag)이라고 한다. 여기에는 분명한 이유가 있다. 이 항력은 선수가 물속으로 움직일 때 물과 만나는 몸의 형상 때문에 일어난다.

형상항력은 선수의 몸이 차지하는 공간과 다가오는 물과 만나는 몸 형태의 산물이다.

물속에서 선수가 차지하는 공간은 개인의 체격에 따라 다르므로 형상항력도 다르게 나타나며 바람직한 형상항력의 모양을 만들 수만 있다면 작은 힘으로도 힘찬 추진력을 발생시킬 수 있을 것이다, 이것은 마치 물속에서 빠르게 움직일 수 있도록 진화 한 물고기나 바다 포유류처럼 유연하고 무딘 형태의 돌출부도 없고 앞과 뒤로 가늘어진 유선형의 모양이다. 인간의 어깨는 목에서 예리한 각도로 뻗어 나와 있고, 인간의 몸은 허리는 가늘지만 엉덩이가 불룩하고, 인간의 발도 다리 끝이 가늘기보다는 더 뭉툭하다. 또한 수영을 하려면 매번 새로운 스트로크 주기를 준비하면서 물에 맞서 팔을 끊임없이 앞으로 움직여야 하고, 다리와 발도 추진력을 내기 위해 몸통선 밖에서 지속적으로 움직여야 한다.

몸집이 클수록 물에서 인간이 차지하는 공간이 커지고 저항성 저항도 커진다. 그러나 몸집이 큰 선수가 대게 작은 선수보다 힘이 좋기 때문에, 대부분의 경우에서 큰 선수는 더 많은 추진력을 적용하는 능력으로 가중된 저항을 상쇄시킬 수 있다.

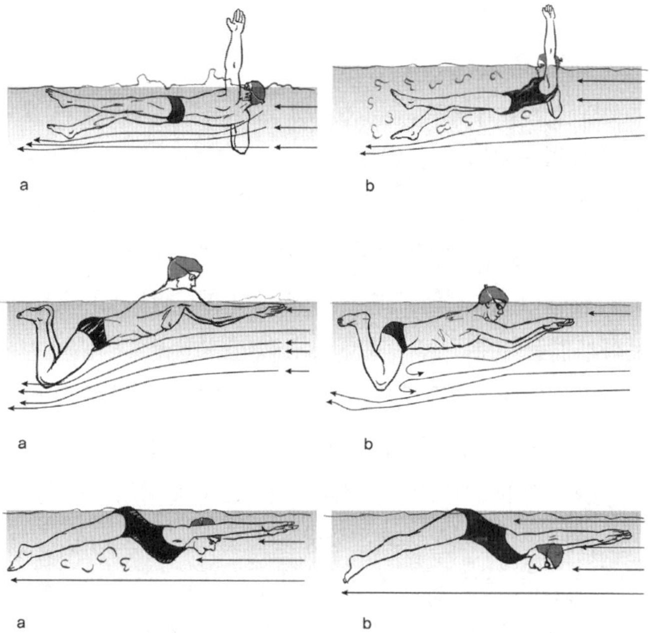

그림5-1. 각 영법별 자세에 따른 저항 형태
(a. 영법별 좋은 수평 정렬선 b. 영법별 나쁜 수평 정렬선)

수영선수가 물에서 차지하는 공간을 결정하는 기타 요인들은 몸을 수평 및 좌우방향을 정렬하는 방식과 관련된다. 수영선수가 머리에서 발가락까지 가능한 한 몸을 수평으로 유지하면 물속에서 차지하는 공간이 줄어든다. 또한 몸의 모든 부위를 몸의 가장 넓은 부위, 보통 어깨 안쪽에 유지하면 더욱 적은 공간을 차지한다. 달리 말해서, 수영장에 입수할 때 다리와 엉덩이를 좌우로 흔들며 몸을 꿈틀거리지 않아야 더 적은 공간을 차지하게 된다. 하지만 스트로크에 따라 추진 동작이 수평 및 좌우 정렬을 방해할 수도 있다. 모든 종목에서, 선수들이 추진력을 효과적으로 적용하려면 좌우 및 수평 방향으로 차면서 스트로크 해야 한다. 이와 동일한 이유로, 접영과 평영에서는 몸을 파도처럼 움직여야 한다.

그래서 저항성 저항을 줄이는 문제와 관련하여, 수영선수가 물속에서 차지하는 공간이 가장 큰 주목을 받아온 것이다. 그러나 어쩌면 물과 만나는 선수의 체형이 전진속도에 훨씬 많은 영향을 미치는지도 모른다. 뭉툭한 체형보다는 끝이 가는 체형일수록 저항성 저항을 덜 유발한다. 결국, 저항을 줄이기에 적합한 체형이 아니더라도, 추진력을 적용할 때를 제외하고는 몸의 뭉툭한 끝 부위를 가능한 한 가늘게 만들어야 한다.

세계수준의 선수들을 관찰해 보니, 특정한 신체 유형은 물을 대하는 체형 때문에 더 적은 형상항력을 유발하는 것으로 나타났다. 가령, 몸 끝이 가늘고 키가 크며 마른 선수들이 키가 작은 근육질의 선수보다 유리하다. 그러나 Colwin(2002)는 체형과 실제 수영 시 측정된 저항력 사이에 아무런 연관성도 발견하지 못했다. 아마 아무리 마르고 몸 끝이 가느다란 수영선수라도 동요를 없앨 만큼 충분한 유선화를 유지하지 못하기 때문이다.

수영선수는 반드시 추진력을 유발해야 하기 때문에 완벽한 수평 및 좌우 정렬선을 유지할 수가 없다. 프론트 크롤과 배영 선수는 추진력을 얻기 위해 몸을 좌우로 롤링 하는 반면, 평영과 접영 선수는 같은 이유로 몸을 요동치듯 상하로 움직여야 한다. 롤링동작과 요동치는 동작이 형상항력을 어느 정도 가중시키나, 추진력을 훨씬 많이 유발한다. 결국, 빨리 수영하려면 선수가 수평 및 좌우 정렬선 유지의 요구와 추진력 적용 요구에 균형을 맞추어야 한다. 하지만 선수는 둘 중 한 가지에 더 공을 들일 수도 있다. 추진력을 적용할 욕심으로 몸을 필요 이상으로 롤링할 수 있다. 그와 마찬가지로, 저항성 저항을 줄이려고 정적인 자세로 몸을 유지하려다가 추진력을 더 떨어뜨릴 수도 있다.

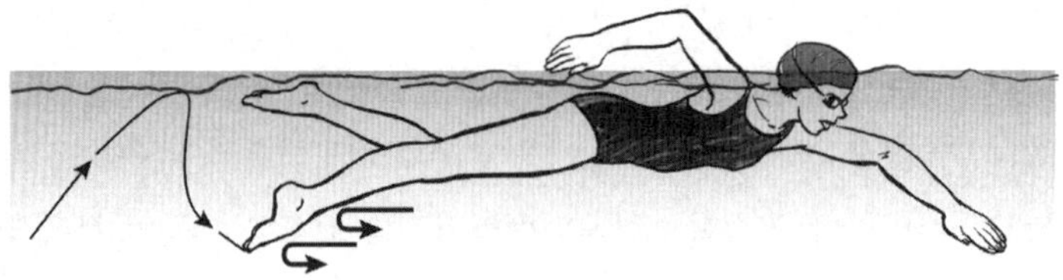

그림5-2. 과도한 차기의 저항성 저항 동작

(2) 추진성 저항

1960년대 후반이 되자 몇몇 과학자와 수영 코치가 인간의 수영 추진을 지배하는 물리 법칙을 정의하려고 시도하였다. 미국의 수영 코치 중에서 가장 유명한 사람이 인디애나대학교의 제임스 E. 카운슬만 박사와 스프링필드대학의 찰스 실비아였다. 두 사람은 수중 관찰을 토대로, 수영선수들이 팔을 곧게 뻗어 외륜처럼 스트로크 하는 게 아니라(그림 5-3), 수중에서 다양한 경영 스트로크를 펼치는 동안 팔을 구부렸다 펴는 동작을 반복한다고 보고하였다. 각 자의 저서를 통해 두 사람은 수영선수들이 뉴턴의 제 3 운동 법칙을 추진 역학으로 이용하여 그런 식으로 스트로크를 한다고 제안하였다(Counsilman 1968, Silvia 1970)

뉴턴의 제 3 운동 법칙은 물체의 모든 작용(힘)은 반대 방향으로 똑같은 크기의 반작용(반대 힘)을 산출한다고 명시한다. 수영 추진에 적용할 경우, 이 법칙은 가령 수영선수가 물을 뒤로 밀기 위해 근력을 이용하면 그 행동이 똑같은 크기의 반대 힘을 산출하여 선수를 추진시킨다는 의미이다. 그래서 두 연구자는 수영선수들이 물을 뒤로 밀어 몸을 전진한다고 믿었다. 더 나아가서, 결과적인 전진 추진의 양은 선수가 뒤로 미는 물의 양과 그 물이 뒤로 밀리는 거리에 정비례한다고 믿었다.

이 추론의 결과로, 당시의 수영선수들은 손과 팔을 패들처럼 사용하여 물을 수평적으로 잡아당긴 다음 뒤쪽으로 최대한 멀리 밀어내라는 조언을 들었다. 이것이 바로 수평적인 뒤로 밀기(horizontal backward push)이론 이었다. 또한 가능하면 손을 몸의 정중선 바로 밑에 유지하라는 충고를 받았다. 그러려면 수중 스트로크 전반부에 팔을 구부렸다가 후반부에 팔을 펴라고 교육을 받았다.

다른 하나는 에스 패턴(S Pattern)이론 이었다. 패들 추진 이론이 성행하던 초창기의 전문가들은 물을 후방이 아니라 다른 방향으로 밀 경우, 몸이 전진로에서 벗어나 몸이 마주치는 저항이 늘어나고 전진 속도가 떨어진다고 조언하였다. 그러나 세계적인 경영 선수들에 대한 수중 영화들이 등장하여, 수중 스트로크의 추진 단계에서 선수들의 손이 몸의 정중선 아래에서 곧장 후방으로 나아가지 않는다는 사실을 보여주자 카운슬만과 실비아를 비롯한 많은 전문가가 이 견해를 수정하였다.

프론트 크롤 스트로크와 접영 선수들의 손이 삼차원적인 에스(S) 형태의 진로로 움직였다. 수중 스트로크 전반부에 몸 아래로 들어갔다가 나온 다음 스트로크 후반부에 몸 측면으로 나오며 위로 올라간 것이다. 배영에서도 선수들의 손이 에스(S) 패턴을 따랐다. 하지만 이 경우에는 아래, 위로 움직였다가 측면으로 복귀하였다. 평영에서는 선수들의 손이 에스(S) 패턴의 전반부를 따르다가 나머지 에스(S) 형태의 동작을 완료하기 전에 전진 자세로 복귀하였다. 접영에서는 선수들의 손이 이중의 에스(S) 형태로 움직였다.

카운슬만은 대부분 후방으로 짧게 많은 물을 미는 방식이 적은 물을 직후방으로 길게 미는 것보다 더 많은 추진력을 낼 것이기 때문에 선수들이 에스 모양의 패턴으로 손을 움직인다고 추론하였다. 물이 일단 움직이면 추진력을 얻기 때문이었다. 따라서 선수들이 계속 물의 후진을 가속시키면서 몸의 전진을 가속하는 유일한 방법은 수족의 후진 속도를 강화하여 뒤로 움직이는 물의 속도를 넘어서는 것이다. 결국, 계속 몸의 전진을 가속하려면, 수중 스트로크 시작에서 끝까지 점차 빠른 속도로 팔을 뒤로 밀어야 할 것이다. 그러려면 엄청난 노력이 필요하고 선수가 일찍 지치기 십상이다.

반면에, 선수가 수중 스트로크 시 주기적으로 손의 방향을 바꾸면 몸의 전진을 가속하려고 수족의 속도를 크게 늘릴 필요가 없으리라. 손의 방향을 바꿀 경우, 선수가 이미 뒤로 속도가 붙은 물에서 손을 빼어 조용히 또는 느리게 움직이는 물속으로 집어넣을 수 있기 때문에, 근육을 덜 쓰고도 물을 대체로 후방으로 가속시킬 수 있을 것이다. 그렇게 되면 에스(S) 모양의 수중 스트로크를 이용하여 근육에 힘을 덜 가하고도 더 많은 추진력을 얻을 수 있다.

이 이론을 비판하는 사람들은 이 에스(S) 패턴의 측면 방향, 하향적 및 상향적 요소가 저항을 가중시켜 추진력을 떨어뜨릴 것이라고 주장하였다. 이 이론을 지지하는 사람들은 좌우 및 수직 팔 동작에도 불구하고, 스트로크를 할 때마다 순 추진력이 커질 것이라고 주장하면서 반박하였다. 직 후방으로 이루어지는 동작보다는 좌우 및 수직적 요소를 포함한 동작으로 더욱 많은 추진력을 낼 수 있다는 이 견해는 매우 중요하다. 뉴턴의 작용-반작용 법칙에 따라, 몸을 앞으로 추진할 때도 수영선수는 직 후방으로 스트로크를 할 수도 없고 그래서도 안 된다는 사실을 알게 될 것이다.

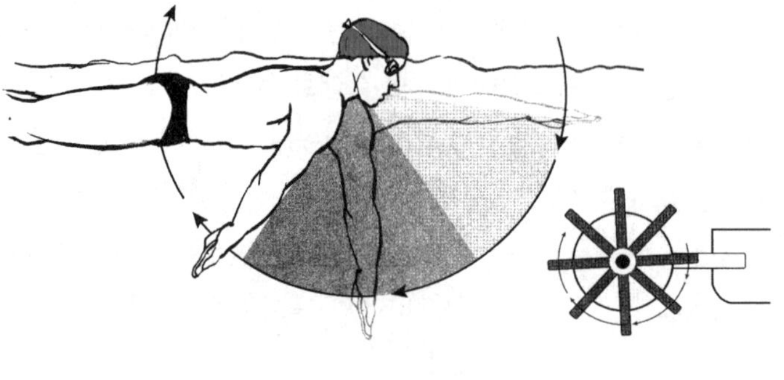

그림 5-3. 수영에서 추진에 대한 외륜 이론

(3) 충돌저항

물속에서의 신체의 움직임이나 수영을 하기 위한 스트로크 및 킥 동작을 할 때 몸통 및 팔과 다리 주변에 물이 움직이면서 물 분자가 교란되고 이로 인해 동요현상이 생겨난다. 이런 물 분자의 동요 현상 때문에 다른 신체 부위도 동요 현상을 일으켜 저항의 정도가 더 커질 것으로 추측한다. 이러한 현상을 충돌저항 또는 간섭저항으로 명명하고, 특히 물장구차기 시 다리가 서로 지나치면서 교차할 때 한 다리가 움직이면서 주위에 물 분자가 교란하고 동요현상으로 인해 다른 다리에 미치는 영향력이 있음을 인지할 수 있으며, 또한 팔이 몸 아래에서 안과 밖으로 당기고 밀 때 역시 물 분자의 교란 및 동요현상으로 몸통에 미치는 저항력이 증가할 것으로 생각한다.

이 물 분자들이 피부를 따라 끌리면서 다시 근처 지류의 물 분자들을 마찰하여 그 분자들도 끌게 된다. 이 패턴은 몸에서 일정한 거리에 떨어져 있는 물 분자들 간의 마찰 양이 불충분하여 더 이상 영향을 미치지 않을 때까지 근처 물 지류의 층별로 계속 진행될 것이다. 몸과 함께 앞으로 끌리는 물의 흐름들을 집합적으로 경계층(boundary layer)이라고 한다. 수영선수가 끌고 가는 추가된 물의 양 때문에, 이 경계층이 선수가 몸을 추진하는데 필요한 힘을 가중시킬 것이다.

수영선수에 의해 이끌리는 물 분자들의 경계층이 거칠게 선수 주변에서 소용돌이치게 된다. 이 작용의 결과로 생긴 동요가 수영선수 앞과 측면의 수압을 즉각적으로 가중시키고, 선수가 전진속도를 유지하기 위해 충분한 추가 추진력을 발휘하지 않을 경우에는, 이 앞과 뒤의 압력 차이가 추진속도를 떨어뜨릴 것이다. 이러한 저항을 충돌저항 또는 간섭저항으로 정의내리고 있다.

(4) 마찰 저항

(그림 5-4)는 수영 자세에서 얻을 수 있는 전면저항, 마찰저항, 후미 소용돌이 저항에 대하여 잘 나타내고 있는데 이 중에서 점선으로 표시된 마찰 저항에 주목하기 바란다.

물체에 발휘되는 마찰저항의 양에 영향을 주는 주요 요인은 물체의 표면적, 물체의 속도, 물체 표면의 거친 정도로 규정할 수 있다. 이러한 요인들은 분명히 전진속도와 추진력에 저항하는 힘으로 작용하여 마찰 상태를 일으킨다.

몇몇 연구자들은 인간의 몸이 유선형과는 아주 거리가 멀어서 물이 몸 주변으로 움직이자마자 파도와 형상항력이 경계층을 분리시키기 때문에 수영선수와 관련한 마찰저항은 무시할 만하다고 믿고 있었다(Clarys 1979). 하지만 Thayer and Hay(1989)는 이 견해를 반박하는 연구를 수행하였다. 두 연구자는 몸에 플라스틱 덤불을 부착하여 몸 주위로 흐르는 물의 패턴을 연구할 수 있었다. 수영선수들을 수중 촬영하여 덤불이 파동 치는 동작으로 경계층에서 물의 방향을 알 수 있었다. 두 연구자는 수영선수가 물속으로 나아갈 때 몸의 특정한 면에 완전한 경계층이 유지될 수 있다고 결론을 내렸다. 수영선수는 표면적을 통제할 수는 없다. 마찬가지로, 속도도 레이스 초반부의 페이스에 따라 조절될 수밖에 없다. 그렇다면 표면의 부드러운 정도가 마찰저항을 줄일 우선적인 요인으로 남는다.

분명히 부드러운 표면이 거친 표면보다 더 적은 마찰을 유발한다. 부드러운 표면은 물과 피부간의 마찰을 줄여서 수영선수가 경계층에서 더욱 적은 수의 물 분자를 끌고 간다. 그리고 그 결과로, 경계층이 분리될 때 더 적은 동요가 일어난다. 몸의 대부분을 덮는 새로운 보디슈트(bodysuit)와 같이 마찰이 적은 수영복을 착용할 때, 그리고 머리를 보다 수력학적인 형태로 만드는 모자를 착용하여 남실거리는 머리카락의 저항을 줄일 때 선수들이 거의 보편적으로 수행능력을 향상시키는 이유가 바로 여기에 있다. 또한 수영선수가 중요한 대회전에 털을 깎을 때 시간을 단축시키는 이유도 설명된다.

면도 외에서 수영선수들이 마찰저항을 줄이기 위해 이용할 수 있는 다른 방법도 있다. 마찰이 적은 옷감으로 만들어진 수영복을 입는 것도 한 방법이다. 특정 옷감이 인간의 피부보다 더 적은 마찰 저항을 가지고 있다고 추천된다.

마찰이 적든 아니든, 편안하게 맞는 수영복이 체형에 미치는 작용 때문에 마찰저항을 줄이게 될 것이다. 긍정적인 측면에서 이런 수영복이 가슴과 엉덩이 부위의 융기 면을 줄여 몸의 유선화에 도움이 될 수도 있다. 부정적인 측면에서 보면, 옷감의 두께가 더해져서 몸 지름이 증가하여 형상항력을 가중시킬 수도 있다.

수영모를 쓰는 것도 마찰저항을 줄이는 방법이다. 언급한대로, 모자가 머리를 유선화하여 머리칼이 흔들리는 머리보다 부드러운 면으로 물과 접촉할 수 있다. 수영복과 마찬가지로, 모자도 최소의 마찰 재질로 만들어져야 하며, 솔기를 없애고, 물에 잡히거나 흔들리는 주름을 최소화 할 때 마찰저항의 정도도 줄어들어 경기력 향상과 더불어 기록의 단축, 그리고 효율적인 에너지 소비에도 영향을 미칠 것이다.

그림 5-4.저항의 형태에서 마찰저항의 예

(5) 푸싱저항

푸싱저항은 특정한 형태의 파도 저항을 규정하는 용어이다. 모든 형태의 물 저항 중에서 이 저항이 가장 많은 강도의 저항 작용을 하기 때문에 주목을 요한다. 이 경우에, 수영선수는 동작 방향과 반대로 작용하는 식으로 뉴턴의 작용-반작용 법칙을 적용하다. 즉, 몸통과 수족으로 물을 앞으로, 위로, 아래로, 또는 측면으로 미는 것이다. 수영선수가 뒤쪽 이외의 방향으로 물을 밀 경우에 유발되는 반대 힘이 다른 힘에 의해 상쇄되지 않으면 몸을 반대 방향으로 밀게 될 것이다. 수영선수가 푸싱저항을 유발하는 가장 흔한 경우는 물에 맞서 팔과 다리를 힘차게 앞으로 미는 상황이다. 가령, 평영선수들은 팔 되돌리기 시에 뻗는 손과 팔로 약간의 물을 앞으로 민다. 이때 유발되는 뒤쪽 방향의 반대 힘이 차기로 인한 추진력의 일부를 없애버리기 때문에 기대와 달리 몸이 빨리 전진하지 못한다. 모든 종목의 선수들이 손과 팔을 부드러운 유선형으로 미끄러지듯 앞으로 움직이는 게 그토록 중요한 이유가 바로 이 때문이다.

되돌리기 동작 시 팔을 수면을 통해 앞으로 끄는 프론트 크롤과 접영 선수들도 푸싱저항의 역학에 따라 전진속도를 늦출 것이다. 최악의 경우는 접영, 프론트 크롤과 배영 선수들이 팔로 강타하고 들어가 유선형 자세를 갖추지 못한 상태로 팔을 앞으로 밀 때 전진속도에 미치는 영향이다.

사실상, 푸싱저항이 전진속도에 미치는 감속작용의 가장 극단적인 예는 평영에서 다리 되돌리기 시에 나타난다. 평영선수가 물에 맞서 다리를 아래와 전방으로 밀 때 발생하는 반대 힘이 사실상 전진속도를 순간적인 정지 상태까지 몰고 갈 수 있다. 올바르지 않은 방식으로 차는 프론트 크롤, 접영과 배영 선수들도 추진력을 최소화시킬 뿐만 아니라 저항성 저항도 유발할 수 있다.

프론트 크롤과 접영에서 너무 깊이 차는 것도 푸싱저항을 유발하는 요인이다. 수영선수가 추진력을 얻기 위해 필요 이상으로 깊이 찰 경우에는 물에서 차지하는 공간이 늘어날 뿐만 아니라 다리로 물의 일부를 앞으로 밀게 된다.

다리와 팔의 롤링을 통해 나타나는 측면방향으로 기우는 동작도 네 가지 경영 영법의 핵심 요소이다. 자연스러운 롤링동작으로 일어나는 킥 동작이 프론트 크롤과 배영선수들의 몸통을 안정화시킬 수도 있다. 이 두 영법의 선수들이 적용하는 추진력에 덧붙여, 다리가 팔의 수직 및 좌우 동작에 평형추 역할을 하여, 선수의 몸통과 엉덩이가 과도하게 위로, 아래로, 또는 측면으로 밀리지 않을 수도 있다.

팔 스트로크의 추진 단계에서는 롤링 동작이 필요하다. 수영선수들은 이 동작을 이용하여 팔 자세를 잡고 추진력을 더 효과적으로 적용한다. 그러나 선수들이 의식적으로 물을 안이나 바깥으로 밀 필요는 없다. 과도하게 밀거나 강력한 롤링 동작은 프론트 크롤과 배영선수들에게 있어서 저항성 저항을 가중시킨다.

선수가 아무리 효과적으로 수영하더라도, 수영을 빨리 할수록 저항성 저항이 늘어나기 마련이다. 수영선수가 보다 큰 속도로 물에 맞서 몸을 앞으로 밀 때, 물도 그만큼의 저항력으로 뒤로 밀게 된다. 속도가 조금이라도 늘어나면 저항성 저항이 4배까지 증가하기 때문에 수영선수가 빨리 헤엄칠 때 더 많은 저항성 저항을 마주치게 된다.

(6) 수영에서 저항성 저항의 유발 형태

수영하는 동안 신체가 물속에서 차지하는 공간과 물을 대하는 몸의 형태로 인하여 발생하는 저항성 저항을 형상항력(form drag)이라고 한다. 여기에는 분명한 이유가 있다. 이 항력은 선수가 물속으로 움직일 때 물과 만나는 몸의 형상 때문에 일어난다.

신체가 물속에서 수영하면서 물을 헤쳐 나갈 때 마주치는 저항성 저항을 결정하는 가장 중요한 요인은 다음과 같이 요약하여 설명할 수 있다.

➔ 신체가 물속에서 차지하는 공간의 크기.
➔ 몸과 물이 접촉할 때 발생하는 신체표면의 마찰.
➔ 물속에서 취해지는 신체의 자세 및 형태.

➔ 물속에서 전진 추진력이 아닌 역 추진을 발생하는 손과 발의 동작.

이렇듯 수영하는 동안 저항성 저항을 유발하는 조건 및 형태는 다양하게 나타날 수 있으며, 이를 구체적으로 설명하면 다음과 같다.

가. 형상항력

수영을 하는 동안 저항성 저항을 일으키는 유형 중에 첫 번째는 형상항력이라고 하며, 이는 물속에서 수영을 할 때 몸이 차지하는 공간과 다가오는 물과 만나는 몸의 형태, 인체의 해부학적 모양으로 인해 물과의 접촉하는 모양 등이다.

인간의 체형으로는 최소의 저항으로 물을 헤쳐 가지 못한다. 이 목적에 가장 부합하는 체형은 물고기나 바다 포유류처럼 유연하고 매끄러운 형태의 돌출부도 없고, 앞과 뒤로 가늘어지는 모양이다. 인간의 어깨는 목에서 예리한 각도로 뻗어 나와 있고, 인간의 몸은 허리는 가늘지만 엉덩이가 불룩하고, 인간의 발도 다리 끝이 가늘기보다는 더 뭉툭하다. 또한 수영을 하려면 매번 새로운 스트로크 주기를 준비하면서 물에 맞서 팔을 끊임없이 앞으로 움직여야 하고, 다리와 발도 추진력을 내기 위해 몸통선 밖에서 지속적으로 움직여야 한다.

몸집이 클수록 물에서 인간이 차지하는 공간이 커지고 저항성 저항도 커진다. 그러나 몸집이 큰 선수가 대게 작은 선수보다 힘이 좋기 때문에, 대부분의 경우에서 큰 선수는 더 많은 추진력을 일으키는 능력으로 증가하는 저항을 상쇄시킬 수 있다.

또한 물속에서 신체의 모든 부위를 몸의 가장 넓은 부위인 어깨 안쪽, 즉 어깨넓이 보다 작게 유지하면 더욱 적은 공간을 차지한다. 달리 말해서, 수영장에 입수할 때 다리와 엉덩이를 좌우로 흔들며 몸을 꿈틀거리지 않아야 더 적은 공간을 차지하게 된다. 하지만 스트로크에 따라 추진 동작이 수평 및 좌우 정렬을 방해할 수도 있다.

그래서 저항성 저항을 줄이는 문제와 관련하여, 수영선수가 물속에서 차지하는 공간이 가장 큰 주목을 받아온 것이다. 그러나 어쩌면 물과 만나는 선수의 체형이 전진속도에 훨씬 많은 영향을 미치는지도 모른다. 뭉툭한 체형보다는 끝이 가는 체형일수록 저항성 저항을 덜 유발한다. 결국, 저항을 줄이기에 적합한 체형이 아니더라도, 추진력을 적용할 때를 제외하고는 몸의 뭉툭한 끝 부위를 가능한 한 가늘게 만들어야 한다.

세계수준의 선수들을 관찰해 보니, 특정한 신체 유형은 물을 대하는 체형 때문에 더 적은 형상항력을 유발하는 것으로 나타났다. 가령, 몸 끝이 가늘고 키가 크며 마른 선수들이 키가 작은 근육질의 선수보다 유리하다. 그러나 반대이론도 존재한다. Clarys(1979)는 체형과 실제 수영 시 측정된 저항력 사이에 아무런 연관성도 발견하지 못했다고 보고하였다. 이러한 주장은 아무리 마르고 몸 끝이 가느다란 수영선수라도 동요를 없앨 만큼 충분한 유선화를 유지하지 못하기 때문이다. 또 다른 가능성은 이상적인 신체 유형을 갖추지 못한 수영선수라도 수많은 훈련과 노력으로, 그리고 세심한 통찰력과 연구를 통해 자신의 신체적 단점을 극복해 가면서 우수한 기록을 작성하는 세계적인 선수도 많다는 것을 알아야 하겠다.

나. 부력과 형상항력

오랫동안 부력이 클수록 형상저항이 줄어든다고 생각하였다. 수영선수의 몸 중심은 엉덩이 부분에 있는 반면, 부력의 중심은 가슴부위, 즉 체내 공기가 가장 많이 모이는 폐 부근이다. 이 균형점이 몸통 위쪽에 있기 때문에, 다리의 부력이 좋지 않을 경우 가라앉을 것이다. 특정한 선수의 부력은 엎드린 자세로 팔을 머리위로 뻗고 다리를 뒤로 뻗고 수면에 눕게 하여 쉽게 결정할 수 있다. 선수의 부력이 좋으면 몸이 수평으로 떠있다. 그렇지 않으면 다리가 가라앉는다. 다소 부력이 있는 선수라면 다리는 초기 수평 자세에서 수직자세로 바뀌면서 가라앉겠지만, 선수는 뜬 상태로 남아있을 것이다. 부력이 전혀 없는 선수는 다리가 가라앉으면서 몸의 나머지 부위도 아래로 끌어당길 것이다.

과거에는 저항성 저항을 줄이는데 미치는 부력의 영향이 대체로 중요하게 인식되었다. 하지만 현재는 여러 연구들이 부력을 개선하면 저항성 저항이 줄어들 것이라는 믿음을 입증하고 있다. Pendergast 등(1977), 그리고 Watkins and Gordon(1983)의 독자적인 연구들이 남자와 여자 선수를 대상으로 연구한 결과 킥을 차지 않고 팔만 이용하여 물을 헤쳐 갈 경우, 남자의 다리가 여자의 다리보다 더 쉽게 가라앉는 경향이 있다고 제안하였다. 평균적으로 말해서, 남성보다 여성이 부력이 더 좋다. 그래서 여성이 2 비트 킥을 더 많이 이용하는 이유 중 하나일 것이다. 따라서 상대적으로 남성은 여성보다 부력이 떨어지기 때문에 더 강력한 2비트 킥, 2비트 교차 킥, 4비트와 6비트 킥을 해야 할 것이다.

일반적으로 체지방이 증가하면 부력이 향상한다고 알려져 있다. 그러나 이 말은 체지방이 많은 수영선수가 유리하다거나 수영선수에게 체지방을 늘리라는 의미가 아니다. 체지방이 늘면 신체표면적이 증가하여 형상항력이 늘어날 것이다. 결국, 체지방을 늘려 부력을 향상시키려는 시도는 형상항력을 더욱 가중시킬 뿐이다. 또한, 잘 발달된 근육이 물속에서 더 강한 추진력을 발생시키기 때문에, 마땅히 체지방을 줄이는 훈련을 해야 한다. 그러면 더욱 큰 추진력이 생겨 부력에 따른 추진력 감소분이 상쇄될 것이다.

또한 스피드를 높여서 수영하면 그 자체로도 부력이 어느 정도 개선되겠지만, 그림 5-5. a에서 총알모양도 선천적으로 부력을 타고났다면 이는 매우 유용한 장점으로 작용할 것이다. 수영선수가 물을 헤쳐 갈 때 아래쪽으로 미는 물에 의해 발휘되는 상승력 때문에 전진하는 속도가 부력을 향상시키는 요인으로 작용한다. 그럼에도 불구하고 부력이 부족한 선수들은 남보다 힘차게 킥을 차서 다리가 수면 가까이 머물도록 유지해야 한다. 각 경영 종목을 펼칠 때 의식적으로 물에서 상체를 낮추고 수면과 수평을 유지하려고 노력해도 다리를 높이 유지하는데 도움이 될 것이다.

다. 체형과 형상항력

앞에서 설명한 바와 같이 수영을 하는 동안 물과 만나는 몸의 형태 및 모양은 저항성 저항을 일으키는 형상항력에 엄청난 영향을 미친다. (그림 5-5)에서 보는 바와 같이 끝부분이 점차 가늘어진 형태의 물체가 각진 회선형의 물체보다 물속에서 더 적은 저항을 일으킨다. 왜냐하면 점진적으로 작아지거나 좁아지는 형태의 자세나 신체 모양이 물을 헤쳐 갈 때는 전방 물 분자들의 흐름이 점진적으로 방향을 바꾸고 선수 뒤의 물도 점진적으로 채워지기 때문이다. 동요를 최소화하여 형성저항을 줄이려면, 선수가 물을 헤쳐 갈 때 물 분자들의 흐름이 갑자기가 아니라 점진적으로 진로 밖으로 밀쳐져야 한다.

수압차이 때문에 물이 채워지는 현상이 일어난다. 물 분자들의 흐름은 높은 압력 대에서 낮은 압력 대보다 밀쳐진다. 이런 경우에 낮은 압력 대는 선수가 막 지나온 구역이다. 이런 현상 때문에 물이 선수 뒤에서 즉시가 아니라 점진적으로 채워지는 것이다.

앞부분이 좁고 중간 부분에서 점차 넓어졌다 뒷부분으로 갈수록 가늘어지는 총알 모양의 물체가 물속으로 움직일 때 최소한의 형상항력을 유발한다. 그런 물체가 물속으로 지나갈 때는 가느다란 앞 끝이 물 분자들의 흐름을 점진적으로 대체하기 때문에, 동요를 최소화하고 물체의 동작에 영향을 미치는 물체 근처의 지류의 양과 수가 줄어들게 된다. 그래서 물체 앞의 수압이 즉각적으로 증가하지 않을 것이다. 하지만 그런 물의 지연 효과는 그리 크지 않다. 물체의 가장 넓은 부분이 통과하자마자 가느다란 뒷부분에 물 흐름이 채워지기 시작한다. 그와 같이 수영선수가 막 통과한 공간을 그 물 흐름이 재빨리 메우게 된다. 이 작용이 수영선수를 붙잡는 뒤쪽 역류 저압대의 크기를 줄이는 것이다. 발쪽 끝이 점차 가늘어지는 모습을 잘 갖춘 체형이 형상항력이 줄어든다는 이론을 잘 이해해야 하겠다. 이러한 효과는 그림에서 총알 모양으로 설명하였다.

이러한 상황은 속도와의 경쟁을 하는 보트, 자동차, 비행기나 기타 물체들의 앞뒷면이 점차 가늘어지고 좁아지는 형태를 갖추는 방식으로 진화하고 있으며, 그 때문에 형상항력이 상당히 줄어들게 디자인 경쟁을 펼치고 있다. 그러나 인간의 몸은 태어날 때부터 머리부터 발끝까지 가늘고 좁아지는 형태와는 거리가 좀 있다. 더구나, 물속으로 나아가는 수영선수는 정적인 자세를 유지할 수 없다. 끊임없이 자세를 바꾸기 때문에 아주 다양한 형태로 몸 정면과 측면의 물을 접하게 된다. 이런 단점을 상쇄시키기 위해 각 스트로크 주기의 다양한 동작에서 몸 끝을 최대한 가늘게 하여 물을 접해야 한다. 그러려면 모든 영법에서 다음의 두 가지 일반적인 규칙을 적용해 보라고 권하는 바이다.

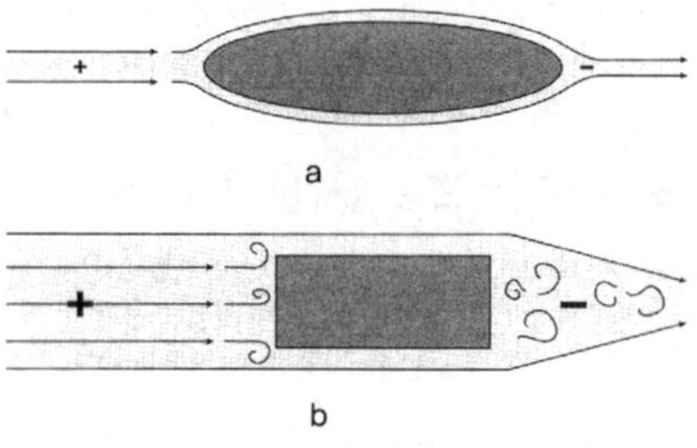

그림 5-5. 물체의 외형이 저항에 미치는 영향

➔ 몸의 전 부위에서 가장 작고 가장 가느다란 면이 물을 헤치고 앞으로 미끄러지도록 노력해야 한다. 특히, 손은 약지 주도로 물을 떠나고, 먼저 손가락 끝을 입수시키며, 손가락 끝이 주도하여 앞으로 미끄러져야 한다. 또한 평영선수들은 킥

동작에서 리커버리 할 때 대퇴부위를 최대한 가늘고 좁은 자세를 취하도록 노력해야 한다.

➔ 팔을 몸 앞의 물에 입수하여 미끄러지듯 앞으로 나아갈 때, 전신이 팔로 여는 좁은 통로의 홀 속으로 미끄러지듯 전진하도록 해야 한다. 이 홀의 크기는 양어깨와 몸통의 총 폭과 깊이로 여기면 된다. 그 깊이 아래로나 그 폭 바깥 방향으로 추진과 무관한 몸동작을 할 경우에는 형상항력이 가중될 것이다.

라. 몸의 롤링과 형상항력

수영선수의 경우 기록 단축을 위해서는 반드시 강한 추진력을 유발해야 하기 때문에 완벽한 수평 및 좌우 정렬선을 유지할 수가 없다. 프론트 크롤과 배영 선수는 추진력을 얻기 위해 몸을 좌우로 롤링 시켜야 하는 반면, 평영과 접영 선수는 같은 이유로 몸을 요동치듯 상하로 움직여야 한다. 좌우로 롤링하는 동작과 상하로 요동치는 동작이 형상항력을 어느 정도 가중시키나, 이러한 동작으로 인해 추진력을 훨씬 더 많이 유발한다. 결국, 빨리 수영하려면 운동선수가 수평 및 좌우 정렬선 유지의 필요성을 인식해야 한다. 하지만 선수는 둘 중 한 가지에 더 공을 들일 수도 있다. 추진력을 많이 발생시킬 욕심으로 몸을 필요 이상으로 롤링 할 수 있으며, 그와는 반대로 형상항력에 따른 저항성 저항을 줄이려고 필요 이상의 과도하게 몸의 정렬선을 유지하려다가 추진력을 더 떨어뜨릴 수도 있다.

특히 수영의 몇몇 이론가들은 프론트 크롤과 배영 선수들이 측면 자세를 유지하는 시간이 길어질수록 물에서 차지하는 공간이 줄어들기 때문에 실제로 몸의 롤링이 형상항력을 떨어뜨린다고 믿고 있다. 그러나 필자의 견해로는 몸의 롤링 시에 자연적으로 만들어지는 측면 자세도 구부린 몸자세와 비교한다면 형상항력이 그리 많지는 않더라도 적어도 같은 양의 저항성 저항을 유발하는 것으로 설명하고 싶다. 또한 수면과 수평을 이루는 평평한 몸통을 측면으로 돌린다고 해서 반드시 더 적은 공간을 차지하지는 않을 것이다.

평평한 자세의 수영선수가 수평적으로 차지하는 공간보다도 측면 자세를 취한 수영선수가 사실상 수직방향으로 차지하는 공간이 더 크다.

아울러 경직된 자세를 유지하는 것에 비해서, 몸을 좌우로 굴리는 롤링 동작이 저항성 저항을 가중시킬 수도 있다. 그럼에도 불구하고 프론트 크롤과 배영 선수들은 몸을 좌우로 롤링 시켜야 한다. 왜냐하면 그렇게 하여 스트로크 하는 팔로 적용 가능한 추진력을 향상시키고 다른 팔의 회복도 용이하기 때문이다. 아마도 이 두 가지 장점이 몸을 좌우로 롤링하는 동작으로 유발되는 저항성 저항 증가의 결점을 메우기에 충분한 것이다. 이 두 종목의 선수들은 형상항력을 줄인다고 오인하여 몸을 너무 지나치게 좌우로 롤링해서도 안 된다. 몸을 롤링 하는 정도와 양을 팔의 수직 동작에 따라 조절해야 한다. 몸의 롤링을 줄이려고 팔 동작을 최소화하거나, 단지 몸의 롤링 양을 증가시키려고 효율적인 스트로크에 대비하여 필요 이상으로 팔과 다리의 수직 동작을 증가시켜도 안 된다.

마. 수평 정렬선과 형상항력

수영선수가 물에서 차지하는 공간은 수평과 좌우의 요소를 모두 가지고 있다. 수평적 요소는 몸의 깊이와 관련된다. 좌우 요소는 선수가 측면에서 측면까지 차지하는 공간을 말한다.

따라서 수영에서 수평 정렬선의 유지를 통해 형상항력을 줄이는 한 방법은 추진력을 줄이지 않고 가능한 수면과 수평 상태를 유지하는 것이다.

또한 좌우 정렬선의 개념은 지나친 좌우 동작으로 인해 좌우 정렬선이 무너진 경우 형상항력을 가중시킨다고 이해해야 하겠다. 신체 부위, 특히 몸통이 차지한 물 공간 밖에서 좌우로 흔들리는 엉덩이와 다리 때문에 선수가 전진할 때 더 많은 물과 그만큼 더 많은 저항에 마주치게 된다. 좋지 못한 좌우 정렬선은 프론트 크롤과 배영 종목에서만 문제가 된다. 이 종목들에서는 팔과 다리의 교체 동작으로 인하여 몸이 흔들리거나 꿈틀거리는 동작으로 물을 헤쳐 갈 가능성이 다분하기 때문이다.

팔을 높여 머리 위에서 되돌리는 프론트 크롤과 접영 선수들은 수평 정렬선이 쉽게 무너질 수 있다. 팔의 무게 때문에 몸통이 물 속 더 깊이 밀릴 수 있다. 프론트 크롤 선수들은 각 팔을 약간 측면으로 되돌려야 하며, 몸통 밖에 있는 팔의 무게를 상쇄시키려면 팔꿈치를 구부린 채 되돌려야 한다. 배영선수들은 수평 정렬선이 흐트러질 염려는 있지만 바로 머리 위에서 팔을 되돌려야 한다. 측면 방향으로 팔을 교체 회복하다보면 좌우 정렬선이 훨씬 많이 붕괴될 것이다.

수영하는 동안 몸을 좌우로 흔들리게 하는 갖가지 옳지 못한 스트로크 동작을 이용하는 선수들이 있다. 배영과 프론트크롤 선수들이 팔을 물속으로 집어넣으면서 몸의 중앙선을 가로질러 손을 흔들 경우에는 좌우 정렬선이 무너질 수 있다. 또한 프론트 크롤 선수들이 팔 스트로크의 수중 단계에서 팔을 정 중앙선을 넘어 너무 멀리 끌 경우에도 좌우 정렬선이 무너질 수 있다.

프론트 크롤과 배영선수들이 좌우 폭을 넓게 활용하여 물 위에서 팔을 되돌리면 엉덩이와 다리가 좌우로 흔들릴 수 있다. 힘차게 측면으로 원을 그리며 팔을 되돌리면 팔을 움직이는 방양과 바깥으로 엉덩이가 끌리는 경향이 있다. 프론트 크롤 선수들은 되돌리기 시 팔꿈치를 높이는 하이엘보 리커버리 자세를 이용하여 팔의 바깥 방향 동작을 최소화해야 한다. 또한 배영선수들은 팔을 쭉 편 자세로 바로 머리 위에서 되돌리기 하여 수족이 바깥으로 밀리는 동작과 그로 인해 좌우 몸 정렬선에 미치는 영향을 최소화해야 한다. 접영선수들은 좌우 정렬선을 붕괴시키지 않고서도 측면으로 팔을 회전하여 회복할 수 있다. 한 팔을 측면으로 흔들 경우에 잠재적으로 발생할 수 있는 정렬선 붕괴 요인이 동시에 반대방향 바깥으로 흔들리는 다른 팔 동작에 의해 상쇄되기 때문에, 엉덩이가 측면으로 밀리지 않고 계속 직진하게 된다.

프론트 크롤과 배영 선수들이 수중 팔 스트로크의 전반부에서 팔을 과도하게 측면으로 밀 경우에도 좌우 정렬선이 붕괴될 수 있다. 한 팔을 힘차게 바깥으로 밀면 몸이 반대쪽 측면으로 밀리는 경향이 있다. 그렇지만 두 종목의 선수들은 좋은 캐취 자세를 취하려고 팔을 필요 이상 측면으로 움직이지 말아야 하며, 그런 캐취를 할 동안 절대 팔을 강하게 밀어서는 안 된다.

접영과 평영 선수들이 캐취를 할 때는 프론트 크롤과 배영 선수들보다 팔을 훨씬 더 측면으로 휘저어야 한다. 이 종목의 선수들은 측면 젓기로 좌우 몸 정렬선을 무너뜨리는 상황을 걱정할 필요는 없다. 반대방향으로 행해지는 각 팔의 동시 측면 동작이 바깥 쪽 움직임으로 인하여 몸을 좌우로 미는 경향을 상쇄시키기 때문이다. 하지만 주의해야 할 점은 강렬한 바깥 방향 밀기로 인하여 전진속도가 떨어질 수 있기 때문에, 캐취 자세에 이를 때까지는 팔의 바깥 방향 동작을 부드럽게 해야 한다.

바. 간섭항력

수영의 여러 가지 동작은 몸통과 손 및 다리의 동작으로 인해 그 주변의 물을 교란시키고, 물을 움직여서 동요하게 만든다. 따라서 동요된 물과 근접해 있는 다른 몸 부위도 그 동요에 의해 영향을 받아, 그 몸 부위가 마주치는 저항성 저항이 증가할 것이다.

이러한 현상을 간섭항력이라고 규정하고 다음과 같은 두 가지 형태의 예로 이해를 돕고자 한다.

➔ 크롤과 배영에서 킥 동작에서 다리가 서로 교차되어 지나칠 때 한 다리의 움직임이 다른 다리에 미칠 영향.

➔ 팔이 몸 아래에서 안과 밖으로 저을 때 팔의 수중동작이 몸통에 미칠 영향

위에서 예를 설명한 두 가지의 경우 간섭항력으로 규정하고 있지만 아직까지 수영 선수들에게 미치는 간섭항력의 영향에 대해서는 알려진 바나 연구된 성과가 거의 없다. 현재로서는 간섭항력이 수영속도에 미치는 영향을 논의한 연구도 없는 실정이다. 하지만 몸의 다른 부위가 교란시킨 물속으로 또 다른 부위가 움직일 때 분명 일정한 영향을 미치는 것 같다. 어떤 부위의 불필요하고 힘차고 강력한 동작이 간섭항력의 역학에 따라 전진속도를 지연시킨다고 가정하는 게 합리적인 것 같다. 결국, 몸통이나 다리를 힘차게 흔들면 반대로 추진력에 간섭하게 될 것이다. 그와 마찬가지로, 팔이 불필요할 정도로 강력하게 물을 몸통으로 밀 경우에도 간섭항력이 전진속도를 지연시킬 것이다. 마지막으로, 불필요할 정도로 폭넓게 찰 때뿐만 아니라 크롤과 배영에서 교차식 킥의 경우 다리의 힘찬 상향 동작도 간섭항력의 역학에 따라 전진속도를 지연시키는 작용을 할 것이다. 이런 경우에는 반대편 다리가 추가적으로 발생한 물의 동요를 더 장시간 처리해야 하기 때문이다.

(7) 저항성 저항 줄이기의 원리

가. 프론트 크롤 및 배영의 좌우 정렬선 유지

프론트 크롤과 배영에서는 팔의 하향 및 상향 동작에 맞추어 몸의 가로축을 중심으로 몸을 회전하여 좌우 정렬선을 유지해라. 머리에서 발가락까지 몸 전체가 온전한 통일체로서 회전해야 한다.

나. 몸통의 수평 정렬선 유지

머리와 어깨를 수면 위로 들어 올리면 형상저항과 파도 저항을 가중시킬 뿐이다. 접영과 평영은 예외이지만 호흡하기 위해서 머리와 어깨를 물 밖으로 들어 올

려야 하기 때문이다. 그러나 접영과 평영에서도 가능하다면 팔 스트로크와 차기의 추진 단계에서 수평적인 몸자세를 유지해야 한다.

다. 몸통이 일직선을 이루도록 유지해라

머리가 정렬선을 벗어나는 유일한 순간은 접영과 평영에서 호흡하기 위해 물 밖으로 부상하는 시간이다. 이 시간에 형상 저항을 줄이려면, 가능하면 언제나 머리와 몸통이 일직선을 이루도록 유지해라. 프론트 크롤 스트로크에서 숨을 쉬려고 머리를 측면으로 돌릴 때도 머리와 몸통이 정렬선을 유지해야 한다.

라. 모든 동작이 "부드럽고" 매끄러워야 한다.

손과 팔이 물속으로 들어갈 때 몸의 횡단면 내에 머물게 하고, 전방을 향한 손과 팔의 가장 작고 가는 면(손가락 끝)으로 미끄러지듯이 물을 해치며 앞으로 나아가라.

마. 푸싱저항을 최소화하려면

모든 수중 팔 스트로크의 초반부, 즉 하향 젓기와 바깥으로 젓기는 추진과 무관하기 때문에 손과 팔을 미끄러지듯 아래와 바깥으로 움직일 때는 손과 팔의 가장 작고 가는 면(손가락 끝)으로 동작을 주도해라.

바. 적당한 몸 요동을 만들어라

접영과 평영에서는 몸의 상하 과도한 움직임이 추진에 필요한 동작이지만 너무 과도하게 해서 몸을 수중으로 미는 동작을 하면 형상저항만 가중된다. 몸의 요동은 수면이나 수면 바로 아래에서 특정한 지점에서만 실시해라.

사. 크롤킥과 돌핀킥에서 다리를 끌어당겨 구부리지 말아라

크롤킥과 돌핀 킥의 위로 차기, 그리고 배영의 아래로 차기 시에 과도하게 킥의 상하 범위가 커지면 형상저항과 전면저항은 더 커지기 때문에 적당한 크기의 킥을 만들어라.

2) 부상력

부상력은 저항력의 방향에 수직으로 발생한다. 부상력이 생기기 전에 저항력이 존재한다. 저항과 마찬가지로, 부상도 물체의 양측에 존재하는 압력 차이 때문에 일어난다. 그러나 부상력은 물체의 동작에 저항하는 게 아니라, 물체를 부상이 일어나는 방향으로 밀어낸다.

이러한 부상 이론은 스위스 수학자 다니엘 베르눌리(1700-1782)에 의해 공식화되어 베르눌리 원칙으로 알려진 이 법칙은 "유체의 속력이 증가함에 따라 그것이 쓰는 압력은 감소한다." 라고 기술한다.

베르눌리의 이론에 따르면 유체의 흐름이 수영선수의 손과 같은 주변을 지날 때 볼록한 윗면인 손등을 지나는 흐름은 더 큰 속력을 내고, 아래 면의 것에 비하여 더 낮은 압력을 갖는다. 두 흐름 사이의 압력 차이가 '부상'으로 불리는 힘을 발생시킨다(그림 5-7).

또한 측면 추력(side thrust)으로 알려지기도 한, 부상은 항상 진행 방향에 대해 수직 방향으로 작용한다(그림 5-8). 수평 비행하는 비행기 날개의 경우, 부상은 진행 방향의 오른쪽 위로 향한다.

프로펠러 또한 부상을 일으킨다는 점에서 날개와 같지만, 오른쪽 각도에서 날개면의 동작에 따라 작용하는 이 부상은 전진 방향으로 향한다.

카운슬만의 발표는 수영선수의 손이 몸의 전진 동작 선을 가로지르는 곡선로로 움직일 때 그것이 이따금 전진 부상을 양산한다는 사실을 보여주었다.

기본적으로, 수영선수는 추진력(thrust)을 내는 손바닥에 미치는 부상에 의해 야기된 저항을 이용한다. 그 작용은 위로 발걸음을 내디딜 때마다 모래를 아래로 밀면서 모래 비탈을 걸어 올라가는 것에 비유될 수 있다. 두 보기는 뉴튼의 제 3 운동 법칙을 따른다.

이미 직선 끌기에 대한 묘사에서 언급된 작용-반작용 원리가 여전히 적용되지만, 수영 스트로크에서 부상 추진력이 두드러질 때는 반작용이 다른 역학에 의해서 발생된다. 손바닥을 이용하여 직선으로 직접 뒤로 미는 대신, 손이 곡선로를 따라 움직이면서, 손끝으로 물을 가르며 손바닥에 압박 저항력을 낳고, 그 손바닥 반대방향으로 추진력이 생긴다.

카운슬만의 발견들이 모든 스트로크의 수영 능률에 따른 다른 접근법을 제안했다. 손이 항상 직선으로 직접 뒤쪽으로 밀어져야 하는 것만이 아니라(개헤엄), 이따금, 그리고 어떤 스트로크들에서는 곡선로를 따라야 하며(스컬 젓기), 이 경우 몸의 전진 동작과 관련된 손의 각도(높이, pitch)가 최대 부상 추진력을 달성하기 위해 계속 조절되어야만 한다.

(그림 5-6)은 밑의 수압을 올려 부상을 유발하는 한 방식을 나타낸다. 이 그림에서는 포일 모양의 물체가 포일을 감싼 화살표 방향으로 오른쪽에서 왼쪽으로 물을 헤쳐가고 있다. 압력이 더 높은 포일 앞과 압력이 더 낮은 포일 뒤 사이의 압력 차이가 포일이 움직이는 방향과 반대 방향의 저항력을 발생시킨다. 저항력의 방향을 저항 벡터로 표시하였다.

포일이 물 분자들의 흐름을 가르면서 파고 들어간다. 포일 아래로 밀쳐지는 분자도 있고 위로 밀쳐지는 분자도 있다. (물 분자들의 흐름은 포일 양 측면으로도 빠지나, 이 2차원적인 그림에서는 분명하게 나타나지 않는다.) 포일 밑으로 흐르는 유체의 속도가 다소 느리기 때문에, 물 분자들이 단단히 뭉쳐 포일 밑의 압력이 증가한다. 그와 동시에 포일 위의 유속도 증가한다. 이 물 분자들은 아래보다 느슨하게 뭉쳐서 포일 상단의 압력이 낮아진다. 이 압력 차이 때문에 포일은 압력이 높은(+) 아래에서 압력이 낮은(-) 위로 밀쳐진다. 부상은 그렇게 미는 힘을 가리키는 용어이다.

부상력은 어떤 방향이든 저항력과 수직을 이루며 작용할 수 있다. (그림 5-6)에서 포일이 전진 방향이 아니라 아래로 움직일 경우, 전진 부상이 일어나는 방식을 나타낸다.

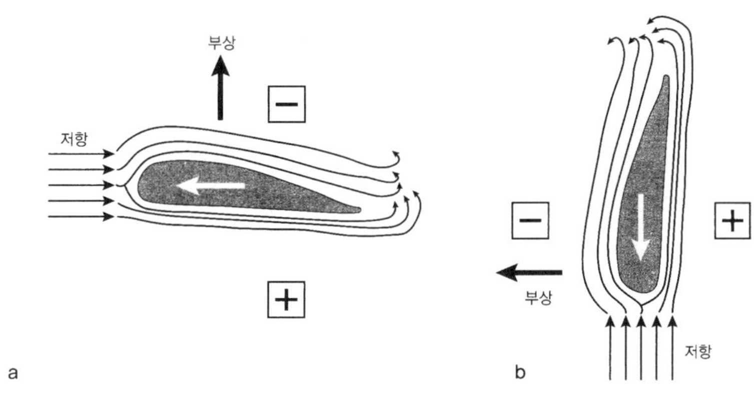

그림 5-6. 부상력 상승방향과 전진방향 (심 등, 2008)

2. 부상이론의 이해

1) 부상과 견인의 상호작용 이론

유체 속을 움직이는 몸에 작용하는 힘은 대게 두 가지 요소로 분석된다. 하나는 몸의 방향에 따른 정상적인 부상이고, 다른 하나는 동작 방향과 반대되는 방향으로의 소위 견인이다(Ernest, 2003).

수영 코치면서 또한 교육받은 공학자 슐라이하우프는, 유체 속을 움직이는 어떤 몸과 마찬가지로, 인간의 수영 추진력은 단독으로 작용하는 부상이나 견인에서 나오는 것이 아니라 수영 스트로크의 연속 변화 과정 동안 이 두 힘 간의 지속적인 상호작용의 결과라고 지적했다Schleihauf(1984).

슐라이하우프는 손과 똑같은 플라스틱 합성수지 복제품을 만들고 그것을 유체가 일정 속도로 움직이는, 흐르는 수로에 담갔다. 그 손이 막대기 위로 건져지고 다양한 흐름 조건들과 다른 각도에서 그 손에 의해 발생된 부상과 견인을 합친 전체 에너지양을 측정하였으며, (Schleihauf 1978). 그에 따른 결과를 놓고 부상과 견인에 대한 이론을 발표하였다. 따라서 다음에서 구체적으로 부상과 견인에 대한 개념과 이론을 설명하고자 한다.

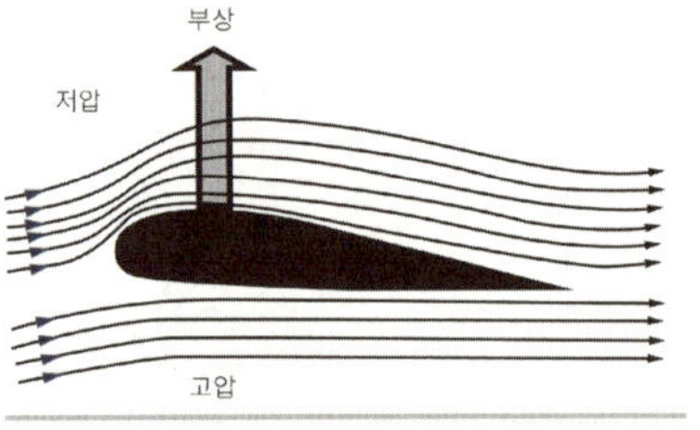

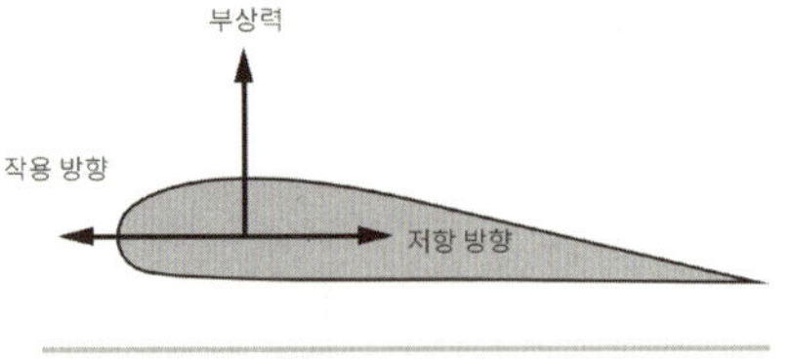

그림 5-7. 저압과 고압들 사이의 압력 차이에 따른 부상력 (Ernest, 2003)

그림 5-8. 부상은 항상 진행방향에 대해 수직방향으로 작용함 (Ernest, 2003)

(1) 부상 율

슐라이하우프는 손의 부상 유발 특성들과, 그와 유사한 측면의 흔히 이용되는 외장(airfoil: NACA airfoil 0012: 항공기의 날개, 프로펠러, 방향타 등의 총칭)의 특성들을 비교하여, 손의 최대 부상 율이 날개의 것보다 20퍼센트 낮음을 발견했다. 그는 이 작은 차이가 약간 더 불규칙한 손의 모양 때문이라고 하였다.

'부상 율'이라는 용어는 외장의 부상 양과 그것의 상하동(pitch) 각도 사이의 관계를 말한다. 외장 혹은 인간의 손에서 부상 분력 혹은 부상의 양은 상하동 각도의 크기에 상관해서 커지거나 줄어든다.

이러한 연구를 통해 슐라이하우프 부상 이론에 기초하여 수영 선수의 부력의 개념으로서 연관지어 설명하면 수영선수의 손에 따른 부상 율은 약 40도의 상하동 각도에서 증가하다가 줄어든다(그림 5-9). (Schleihauf 1978). 라는 결론을 얻었다.

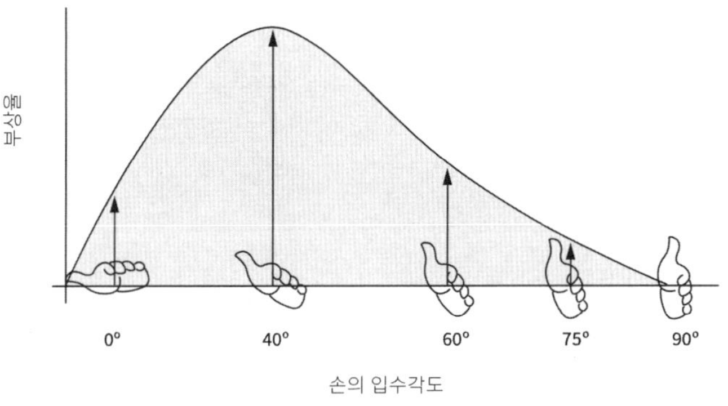

그림 5-9. 손의 입수각도에 따른 부상율 곡선 (심 등, 2005)

(2) 견인 율

앞서 설명한 부상율과 유사하게, '견인 율'은 외장 혹은 손에 의한 저항 분력과 그것의 공략 각도 사이의 관계를 말한다. 견인 율 또한 공략 각도의 크기에 비례해서 증가 혹은 감소한다. 슐라이하우프의 측정 결과들은 수영선수의 손에 대한 견인 율은 공략 각도가 90도 쪽으로 증가함에 따라서 커진다는 사실을 보여준다(Schleihauf 1978). 공략 각도가 줄어들면 견인 율도 감소한다. 대략 45도 각도에서는 부상력과 견인력이 거의 동일한 수준이며(그림 5-10), 손이 45도 이상의 각도에 이를 때 견인력이 우위를 차지한다.

슐라이하우프의 연구들의 다음 단계는 챔피언 수영선수들을 직접 수중에서 그리고 직각으로 그들의 전진 방향으로 촬영하는 작업이었다. 촬영 전, 슐라이하우프는 각 수영선수의 양손에 네 개의 작은 조명을 달았으며, 그것이 슐라이하우프로 하여금 네 가지 모든 영법 스타일에 있어서 그들의 스피드 변화와 공략 각도들

뿐만 아니라 양손의 진로들을 결정할 수 있도록 도와주었다. 이후 슐라이하우프는 유체 실험실에서 얻은 정보와 더불어 인류 수영선수들의 영상 연구에서 수집한 자료를 결합시켰다(Schleihauf 1978).

이런 방법으로, 슐라이하우프는 스트로크의 중요 지점들에서 양손에 의해 발생되는 부상력과 견인력의 방향과 크기를 결정했다. 이 정보의 벡터 분석을 이용하여, 그는 파생 추진력 즉, 부상력과 견인력 사이에 존재하는 상호작용의 그물 효과의 순간 방향과 크기를 추정했다. 그후 슐라이하우프는 일정 각도로 손의 상하동 스트로크가 펼쳐지는 동안 발생되는 파생력을 측정했다(그림 5-11).

슐라이하우프의 이러한 노력과 연구로 수영에서 부상과 견인에 따른 이론을 도입하여 보다 과학적이고 물리·역학적인 관심이 증대되었고, 특히 선수들을 지도하는 코치들은 이러한 이론에 근거하여 선수 지도의 전문화를 이루는 중요한 기회를 갖게 되었다.

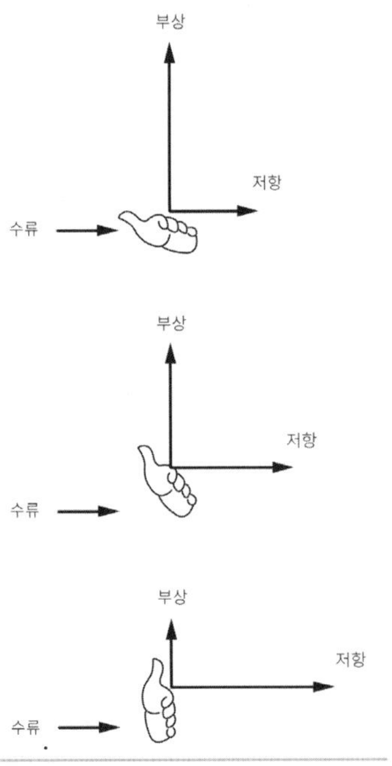

그림 5-10. 부상과 저항 상호작용

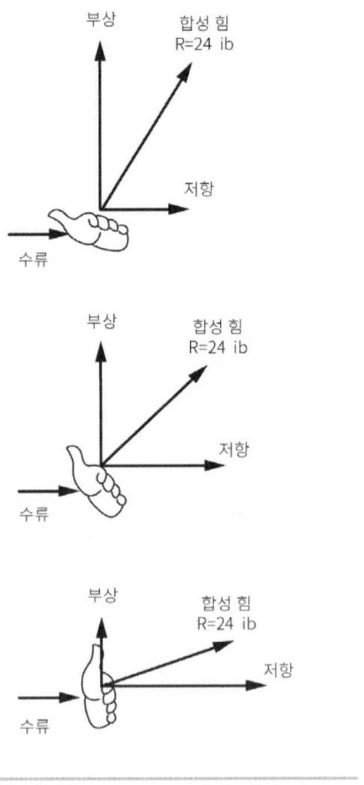

그림5-11. 손의 입수각도에 따른 부상율 곡선 (심 등, 2005)

(3) 공략 각도

다니엘 베르눌리는 유속과 압력 간의 역학 관계를 최초로 밝힌 스위스의 과학자였다. 그는 어떤 유체든지 유체가 빨리 흐를수록 압력이 낮아지고 유속이 느릴수록 압력이 높아진다는 사실을 발견하였다. 베르눌리의 이론은 포일 모양의 물체가 유체 속으로 움직이거나 유체가 그런 물체 위로 흘러갈 경우에 부상력이 발생하는 방식에 대한 설명을 제공한다(Erenest, 2003).

베르눌리의 이론과 관련하여 손의 공략 각도에 상당한 관심이 모아졌다. 손의 아랫면과 윗면 사이의 압력차를 유발하여 부상력을 낳는데 공략각도가 중요한 역할을 한다고 믿었기 때문이다. 공략 각도는 물속으로 손이 움직이는 방향별로 손바닥의 기울기에 따라 형성되는 각도이다. 가령, 90°에서는 손바닥은 손이 움직이는 방향과 직각을 이룬다. 그리고 0°에서는 엄지 끝이든 약지 끝이든 상관없이 손끝이 손이 움직이는 방향을 향하리라.

(그림 5-12)는 공략 각도를 측정하는 방법에 대한 한 예를 제시하였다. 이 측정법을 이해하기 위해서는 손이 물속으로 움직이는 방식을 아는 게 중요하다. 물의 횡단면을 연상하고 생각해보자. 맨 처음에는 손의 어떤 부위가 주도하여 물을 헤쳐 가는지, 다음에는 최종적으로 어떤 면이 끌리면서 물을 헤쳐 가는지를 알면 저항력의 방향과 결과적으로 부상력의 방향도 결정된다. 저항력은 손이 물을 헤치고 움직이는 반대 방향으로 발생한다. 입수동작에서는 손의 엄지 끝이 주도할 것이다. 즉, 엄지가 제일 먼저 물의 횡단면을 헤쳐가고 약지가 마지막으로 동일한 물의 횡단면을 헤쳐 간다. 그렇다면 저항력의 방향은 손의 엄지에서 약지 방향으로 손을 가로지르며 발생할 것이다. 반면에, 밖으로 나오는 동작에서는 약지가 주도하여 저항력이 약지에서 엄지 방향으로 발생할 것이다. 그와 마찬가지로, 프론트 크롤과 배영에서는 수중 스트로크를 시작하여 팔이 최초로 입수 동작을 할 때 손가락 끝이 손을 이끄는 부위가 될 것이다. 달리 말해서, 손가락 끝이 먼저 물의 횡단면을 통과하고 손의 뒤 부위가 마지막으로 횡단면을 통과할 것이므로, 저항력은 손가락 끝에서 손목 방향으로 생길 것이다. 팔이 위쪽으로 움직일 때는 손의 뒤쪽 부위가 먼저 물을 통과하고 손과 손가락이 뒤따를 것이므로, 저항력은 손목에서 손가락 끝 방향으로 작용할 것이다.

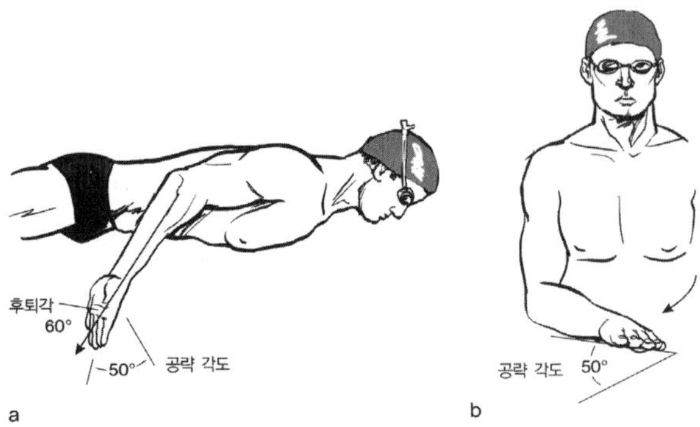

그림 5-12. 프론트 크롤의 수중 손의 공략각도

3. 소용돌이 이론의 이해

수영선수가 팔과 발을 움직여 물을 헤쳐 갈 때 경계층이 분리되는 상황에서도 수영추진에서 부상력이 주요한 역할을 할 수 있는 방법을 설명할 목적으로 소용돌이 이론(vortex theory)이 제안되었다. 세계의 수영코치들에게 전설적인 인물로 잘 알려진 수영코치 교육가이며 역사가인 Cecil Colwin(1993)이 수영추진에서 소용돌이 형성의 역할을 앞장서서 지지한 사람이었다. 그는 물 흐름이 거칠 때도 소용돌이 형성으로 손 아랫면과 윗면간의 압력차를 유지할 수 있다고 믿고 있다.

소용돌이는 회전하는 유체의 덩어리다. (그림 5-15)는 소용돌이의 형성이 포일에 부상력을 증가시키는 방법을 나타낸다. 이 과정은 초기소용돌이(starting vortex)의 형성에서 시작한다. 포일의 끌리는 끝부분 위로 지나가는 물과 그렇게 끌리는 끝 아래로 지나가는 물이 위쪽으로 휘말려 포일 위로 올라간다. 포일 위의 수압이 포일 아래보다 낮기 때문이다. 이 물 분자들이 포일 위에서 위쪽으로 뿐만 아니라 앞으로도 움직여 초기소용돌이를 형성한다. 뉴턴의 작용-반작용 법칙에 따르면, 한 방향으로 움직이는 소용돌이가 반대방향으로 소용돌이치는 똑같은 크기의 역 소용돌이를 일으킨다. 이 역 소용돌이를 속박와류(bound vortex)로 부른다.

속박와류는 유체 층처럼 작용하여 초기소용돌이와는 반대 방향으로 포일 주위를 맴돈다. 다시 말해서, 포일 위에서는 앞에서 뒤로, 밑에서는 뒤에서 앞으로 시계방향으로 돈다. 이 때문에 포일 위에서 일어나는 역 소용돌이의 힘이 포일 위의 앞에서 뒤로 나아가는 물의 상대적 흐름과 같은 방향으로 작용할 것이다. 그런 작용으로 인해 포일 윗면으로 지나가는 물 흐름의 속도는 증가하고, 표면 위의 압력은 더 감소하게 된다. 그와 동시에 포일 아래에서 발생하는 역 소용돌이의 힘은 물 흐름과 반대 방향으로 작용한다. 그래서 이 역 소용돌이가 유체의 속도를 떨어뜨려 포일 밑의 압력이 더 커진다. 포일 주위를 지나는 물의 실제 흐름이 불안정할 때도, 이런 연쇄작용의 결과로 포일의 아랫면(+)과 윗면(-) 사이에서 부상력을 일으키는데 필요한 압력차이가 증대될 것이다.

또한 초기소용돌이의 형성과 관련된 힘이 분명 같은 크기의 역 소용돌이를 유발할 것이다. 이 반대 힘이 역 소용돌이처럼 작용하여, 마치 초기소용돌이의 방향과 반대로 도는 물의 층이 있는 듯이, 포일 아랫면과 윗면간의 압력차를 가중시킬 것이다. 그 반대 힘이 계속해서 포일 아랫면(+)과 윗면(-) 간의 압력차를 증대시켜 결국 초기소용돌이는 사라지게 된다.

세실콜윈은 효율적인 수영선수는 포일과 고리-팽개치기(fling-ring)라는 두 유형의 추진을 유발하기 위해서 팔과 발의 모양과 동작을 조절하여 소용돌이의 형성과 흘리기를 지혜롭게 조작한다는 논리를 주장하였다. 따라서 세실콜윈의 주장은 포일 추진의 경우 수중스트로크 전반부에 일어나고 고리팽개치기 역학은 흔히 스트로크 후반부에 추진력을 내기 위해 이용된다고 믿고 있다. 또한 세실콜윈은 발차기 시 다리가 아래에서 위로 또는 반대로 방향을 바꿀 때 고리팽개치기 역학이 추진력을 유발한다고 제안하였다(Colwin, 1993). 이러한 이론의 중심 개념과 원리를 아래에서 좀 더 구체적으로 서술하고자 한다.

그림 5-13. 스트로크의 소용돌이 패턴들

그림 5-14. 스트로크의 S패턴에서 소용돌이 효과

1) 포일 추진

포일 추진은 초기소용돌이가 형성되어 사라지거나 흘러나가기 전에 발생하는 부상력의 결과이다. 초기소용돌이가 사라지지 않게 하려면 손 위로 지나가는 유체의 흐름이 안정적이어야 한다. 노련한 수영선수들은 수중스트로크를 시작할 때 손을 조심스럽게 적응해야 이와 같은 안정적 흐름이 구축된다고 믿고 있다. 일단 이런 흐름이 구축되면, 수영선수들은 유체가 몸에서 분산되지 않도록 스트로크와 킥의 가속과 적응으로 그 상태를 유지한다. 하지만 팔과 발이 지속적으로 방향, 속도와 공략각도를 바꾸기 때문에 수중 스트로크를 할 때마다 손 주변의 안정된 물 흐름은 잠시 동안 밖에 유지되지 않는다. 결과적으로, 선수들이 손과 발로 방향, 속도나 공략각도에 변화를 기할 때마다 초기소용돌이가 사라지고 새로운 초기소용돌이가 형성된다. 세실콜윈은 노련한 선수와 노련하지 못한 선수를 구분하는 요인으로, 노련한 선수는 팔과 발의 움직임을 조절하는 능력이 뛰어나 특정한 스트로크 단계에서 초기소용돌이를 유지하다 적기에 흘려보내는 선수라고 믿고 있다.

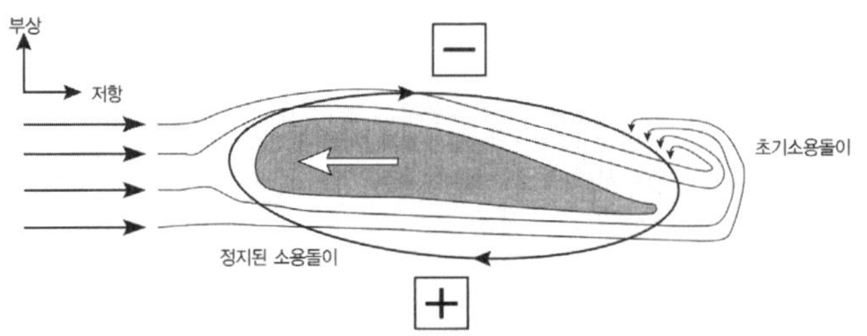

그림 5-15. 에어포일 주변에 정지된 소용돌이 형성 과정 (심 등, 2008)

2) 고리-팽개치기 추진

초기소용돌이가 사라질 때 수중스트로크의 주요 전환 시점에 고리-팽개치기 추진이 일어난다. 속도, 방향이나 공략각도가 갑자기 변한 후에 팔과 발에서 뒤로 튕겨나간 물이 같은 크기의 반대 힘을 유발하여 수영선수의 전진가속을 촉진한다. (그림 -13), (그림 -14), (그림 5-16), (그림5-17)은 이 현상이 수영 추진을 강화하는 방식을 설명한 것으로, 프론트 크롤 선수를 예로 들었다.

이 그림에서 수영선수는 수중 팔 스트로크의 최종 추진 단계를 수행하고 있다. 이 동작의 초기에 손 방향을 안에서 밖으로 전환하면 초기소용돌이가 일어난다. 그리고 이 소용돌이는 계속 손에 붙어 있다가 수면에 닿기 직전에 감속하게 된다. 그러면 그 초기소용돌이가 뒤로 흘러가면서 선수의 전진 속도에 가속이 붙게 된다.

수영 추진에 대한 소용돌이 이론은 온전한 공기역학 이론을 근거로 하고 있다. 이 이론이 인간의 수영에서 실제로 작용한다면, 그것은 경계층이 분리될 때도 부상력이 추진에 상당한 기여를 한다는 뜻이 될 것이다.그러나 이 이론을 증명하거나 반증하려면 난점이 많다.

이 이론을 증명하는데 있어서 주요 문제는 실제로 수영선수가 수중 추진 단계에서 손과 발 주변에 속박와류를 구축할 수 있는지를 결정하는 일이다. 만일 단거리라도 속박와류가 유지되지 못할 경우에는, 그것이 부상력 강화와 소용돌이 흘리기에 미치는 효과를 포일과 고리-팽개치기 추진에 적용할 수는 없을 것이다.

따라서 이 이론을 실제 수영 선수에게 적용하기 위해서는 보다 과학적인 접근의 시도와 연구가 필요할 것으로 생각한다.

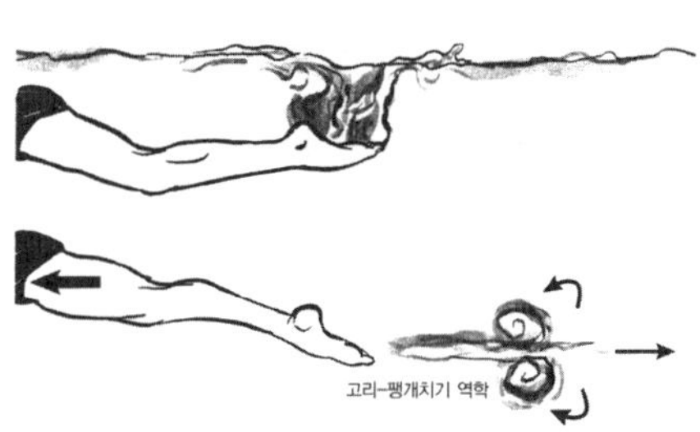

그림 5-16. 수중 팔 스트로크 완료시에 꼬리-팽개치기 역학의 예 (심 등, 2008)
그림 5-17. 돌핀킥에서의 꼬리-팽개치기 역학에 의한 추진 (심 등, 2008)

4. 추진력 강화이론의 이해

수영에서 추진력은 매우 중요한 영역이지만 이 이론을 이해하고 바르게 실행하기 위해서는 많은 연구와 노력이 필요하며, 특히 수영선수가 자신들이 발생시키는 추진력과 스트로크 주기 내의 변동하는 속도들 간의 관계를 알게 될 때, 선수들은 훨씬 정확하게 자신들의 스트로크 타이밍을 맞추는데 도움이 될 만하다.

어떤 수영선수들은 보통 추진력이 줄어들기 시작하는 지점을 지나서까지 자연스럽게 추진을 연장시킨다. 추진력이 이어지도록 조화된 스트로크 주기는 가속과 감속의 극단적인 동요를 피할 수 있다. 추진이 일정할수록 효과적인 기술 완성도 또한 좋아질 것이다.

따라서 추진 연장의 능력이 수영선수로 하여금 더 적은 수의 스트로크로 일정 거리를 가게 해주는데, 이것이 바로 효율성의 한 지표이다. 실제 수영 스트로크에서 오른팔이 유선형으로 입수하여 물이 팔과 몸통 아래도 흐르게 하고, 몸은 왼팔이 끌기로 가속시킬 때, 그 왼팔에 의해 유발된 추진을 연장시킬 수 있는 것이다.

유선형의 부력 있는 몸을 가지고 있다거나 팔 스트로크를 가속하는 능력이 있어서 저항력을 극복할 수 있다거나 하는 다른 요인들도 연장 추진력을 일으키는 매우 중요한 기술이다.

대부분의 유능한 수영선수들은 자연스럽게 유선형화된 몸 정렬을 이룬다. 그러나, 예를 들면 크롤과 배영에 있어서 양측 방향 몸 정렬을 한다고 해서 반드시 연장 추진의 결과를 낳는 것은 아니다. 정렬 순서를 바꾸는 타이밍이 주요 변수다.

프론트 크롤과 배영에서 몸의 장축을 중심으로 몸이 회전할 때, 물이 몸 주위로 부드럽게 흘러서 유동 선들이 이루는 만곡에 감소된 변화를 유발한다. 회전 동작으로 보다 적은 신체부위를 물에 노출하기 때문에, 회전이 저항을 줄이게 된다. 크롤과 배영에서 이 효과를 최대화하기 위해서는, 숙련된 수영선수는 대부분의 스트로크 주기를 저항을 증가시키는 평평한 중앙 자세를 취하기보다는 몸을 똑같이 한쪽 혹은 다른 쪽으로 기울이면서 롤링하는 기술을 잘 사용한다.

수영선수가 연장 추진을 확보하기 위해서는 변화하는 몸 정렬 상태의 부드러운 유선형화와 한 팔과 다른 팔의 정확한 타이밍을 요구한다.

따라서 수영에서 가장 중요한 저항을 줄이고 추진력을 강화하기 동작으로서 팔, 다리의 움직임과 물속에서의 역할, 그리고 스트로크와 킥의 조화로운 타이밍과 자세를 구체적으로 설명하고자 한다.

1) 스트로크 추진의 원리

수영에서 팔의 동작을 통한 추진력을 극대화하기 위한 다양한 의견들이 존재할 수 있지만 우선 스트로크 길이(스트로크 당 거리)와 스트로크 빈도(스트로크 비율)가 수영자의 평균 속도를 지배한다는 사실이다. 실질적으로 숙련된 수영선수들은 길고 빠른 스트로크를 사용하는 경향이 있다. 속도를 증가시킬 때는, 더 훌륭한 수영선수들은 대게 더 긴 스트로크를 취하여 그 긴 스트로크를 보다 빨리 저 회전으로 돈다.

이와 관련된 연구자들은 스트로크 빈도보다 스트로크 길이가 수영자의 평균 속도에 있어서 결정적인 요인이라는 점에 동의한다. 그들은 또한 자유형, 접영과 평영에 있어서 스트로크 빈도는 아주 유사하다는 점에도 동의한다. 그러나 배영의 경우 역학적으로 불리함 때문에 대게 다른 스트로크들보다 훨씬 느린 스트로크 빈도와 더 큰 스트로크 길이를 가진다.

또한 수영에서 추진력과 관련된 요소로서 손 크기와 손의 표면 면적의 중요성이 다소 무시되어왔지만 이러한 이유는 추진력을 발휘하는데 있어서 손의 표면 면적은 단지 작은 증가량 때문이라고 할 수 있겠다. 그러나 세계적인 선수로서 호주의 이언 소프나 그랜트 해캣의 손 크기를 주목해 보라. 추진유발 표면을 보여주는 엄청난 크기의 손으로 세계를 정복할 때 추진력을 일으키는 작은 요소 하나하나가 모여서 큰 힘을 발휘한다는 사실을 생각할 때 수영에서 추진력을 얻기 위한 모든 요소를 고려하고 개발하는 것이 얼마나 중요한 일인지를 잘 알게 된다.

수영선수들은 각기 다른 소유의 육체적 특성들을 가지고 있지만 하나의 규정으로 지정된 경기장에서 똑같은 조건으로 경기에서 완주해야 한다. 8개의 각각 레인마다 기본적으로 두 개의 팔 추진기와 두 개의 다리 추진기를 갖춘 수영선수 한 명이 존재하며, 각 추진기로서 팔과 다리의 모양과 길이 및 표면 면적의 디자인은 다르지만 올바른 동작으로서 효과적인 추진력을 발휘하기 위한 노력을 게을리 하지 않는다면 분명 선천적으로 열세의 신체적 조건도 만회할 수 있을 것이다. 따라서 본 파트에서는 추진력 강화를 위한 전문적인 지식을 넓히고 섬세하고 특별한 노력으로 스트로크 동작의 완성을 가져올 수 있도록 팔 동작의 네 가지 기본적인 동작의 원리를 구체적으로 설명하고자 한다.

표 5-1. 수영 선수들이 사용하는 스트로크 기술의 세부 유형

유형 구분	주요 작용
바깥으로 젓기(Outsweep)	접영과 평영의 전반 수중 젓기
안으로 젓기(Insweep)	모든 경영법에서 이용되는 후반 젓기
하향 젓기(Downsweep)	크롤과 배영에서 이용되는 초기 수중 젓기
상향 젓기(Upweep)	크롤과 접영의 마무리 젓기

(1) 팔 굽히기와 뻗기

수중 스트로크의 추진단계에서 선수들이 정말로 팔을 구부렸다가 뻗는가? 이 질문에 대한 답은 네 가지 경영 영법에서 세 가지에서는 '아니오'이다. 유일한 예외는 배영이다. 배영의 수중스트로크에서는 선수들이 팔을 뻗는다. 프론트 크롤, 접영과 평영에서 선수들이 몸을 추진할 때, 팔 굽히기와 뻗기의 양은 사실상 극히 작다. 따라서 이점에 대한 혼란은 없을 것이다. 수영선수들은 특정한 스트로크의 다양한 되돌리기 동작에서 팔을 뻗는다. 이런 동작은 다양한 수중 스트로크의 추진단계가 아니라 그 전과 후에 일어난다.

네 가지 경영 영법의 추진 단계 초반에서는 팔의 굴곡이 거의 90°이다. 팔은 추진력을 적용하기 전에 거의 90°로 굽혀진다. 그 후 나머지 추진단계가 끝날 때까지 팔 굴곡 도는 거의 변함이 없다. 달리 말해서, 거의 모든 팔 굽히기 동작은 손과 팔이 캐치 자세로 나아가는 첫 번째 비-추진 국면에서 일어나는 다양한 수중 팔 스트로크에서 발생한다. 그 후 팔 굴곡 도의 변화는 극히 작다.

접영과 평영 이와 똑같은 형태의 팔 동작이 이용되며, 배영의 수중 스트로크 전반부에서도 마찬가지다. 손과 팔을 뒤로 향하여 보다 빨리 추진력을 적용할 수 있도록 하려고, 수영선수들은 팔을 수면에서 아래로 젓거나 바깥 측면으로 저어 잡기자세로 들어갈 때 팔을 구부린다. 그 시점부터 팔 회복을 준비할 때까지, 선수들은 거의 팔 굴곡 도에 변화를 주지 않은 상태에서 물을 뒤로 민다.

전진 추진과 관련해서 수영선수가 팔을 수면 쪽으로 저을 때 전완이 뒤를 향하도록 유지하는 편이 훨씬 낫다. 수영선수의 스트로크 당 이동 거리가 사실상 커질 것이다. 왜냐하면 손만 사용할 때보다는 전완과 손을 동시에 사용할 때 더 많은 물이 뒤로 움직이고, 전완으로 물을 위로 밀 때 몸도 아래로 밀리지 않고 전진동작도 멈추지 않을 것이기 때문이다. 방금 말한 이유로, 선수들이 팔을 구부리고 유발하는

추진력의 양도 실제로 커질 것이다. 선수들은 손뿐만 아니라 전완으로도 추진력을 발휘할 것이다. 팔을 뻗지 않으므로 스트로크가 단축된 느낌이 들지는 모르나, 실제 스트로크는 짧아지지 않을 것이기 때문이다. 팔을 뻗든 구부린 자세를 유지하든 상관없이 수영선수들이 손을 수면으로 가져가는 데는 똑같은 양의 시간이 걸린다.

(2) 바깥으로 젓기(Outsweep)

바깥으로 젓기는 평영과 접영의 초반 수중 동작으로, 접영에서 양팔이 입수한 후, 그리고 평영에서 팔 되돌리기 후에, 수영선수들은 손이 캐치 동작이 이루어지는 어깨 바깥에 이를 때까지 팔을 직접 바깥쪽 측면으로 젓는다. 팔을 뒤쪽으로 향하여 가능한 한 가장 빨리 추진력을 적용할 준비를 갖추기 위해 바깥으로 저으면서 점진적으로 팔꿈치를 구부린다.

팔은 캐치를 하는 순간에 거의 동작을 멈출 때까지 부드럽게 천천히 바깥으로 미끄러지듯 나아가야 한다. 캐치 시점에서 팔꿈치를 거의 90°로 구부려야 하고, 손, 전완과 상완의 아랫면을 가능한 한 뒤쪽 방향으로 향하게 하여 추진력을 발휘할 준비를 갖추어야 한다.

바깥으로 젓기는 추진 동작이 아니다. 수영선수들이 추진력을 발휘하려고 팔 자세를 갖추는 동안에 어느 정도 속도가 떨어지는 것으로 나타난다. 바깥으로 젓기에서 약간의 감속을 피할 수는 없지만, 손가락 끝의 주도로 손과 팔을 미끄러지듯 입수하면 감속 양을 줄일 수 있다. 선수들은 손바닥이나 팔의 아랫면을 바깥으로 향하여 물을 압박해서는 안 된다. 상완으로 물을 아래로 압박해서도 안 된다. 이런 동작들은 바깥방향 또는 아랫방향의 저항력을 유발하여 이미 늦춰진 전진속도를 더 많이 감속시킬 뿐이다. 결과적으로, 바깥으로 젓기는 손과 팔이 캐치 자세에 도달할 때까지 부드럽게 물속으로 미끄러지듯이 이루어져야 한다.

(그림 5-18)는 아래 방향에서 바라본 바깥으로 젓기의 동작이다. 참고하기 바란다.

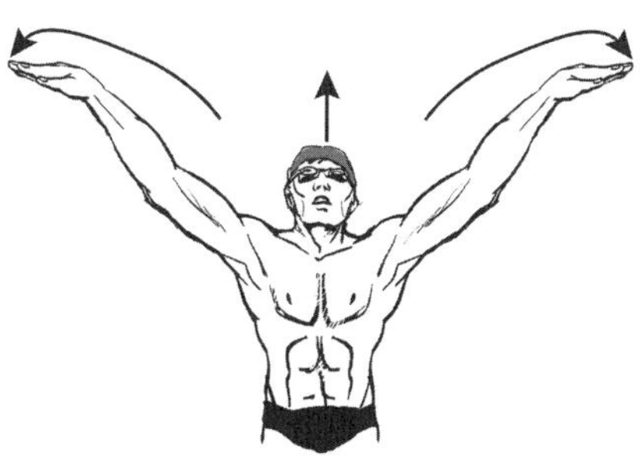

그림 5-18. 아래에서 본 바깥으로 젓기 (심 등, 2008)

(3) 안으로 젓기(Insweep)

안으로 젓기는 모든 경영 종목의 영법에서 첫 번째 추진 단계이다. 이 동작은 프론트 크롤의 하향 젓기에 이어지며, 접영과 평영에서는 바깥으로 젓기 다음에 이어진다. 배영에서도 이 동작에 상응하는 팔의 추진동작이 있으나, 배영에서는 상향 젓기로 명명된다. 왜냐하면 선수가 반듯이 누운 자세로 팔을 안보다는 위로 움직이기 때문이다. 그러나 배영선수의 주요 팔 방향이 다른 점을 제외하고는 모든 면에서 배영의 상향 젓기 시 추진력이 유발되는 방식은 기타 종목의 안으로 젓기와 동일하다.

안으로 젓기에서 팔의 측면방향 동작은 추진력도 적용하면서 스트로크의 캐치에서 다음 단계로 넘어가기 위해 움직여야 할 방향 때문에 빚어지는 동작이다.

최초로 안으로 젓기를 정확하게 기술한 사람은 스프링필드대학의 전설적인 코치 찰스 실비아였다. 그는 이 동작을 상완 내전(upper arm adduction)으로 명명하였다. 왜냐하면 팔이 머리 위 자세에서 어깨를 지나 바깥과 뒤로 갔다가 큰 반원 젓기로 측면으로 들어가기 때문이었다. 그는 수영선수들이 안으로 젓기를 할 때 손과 팔을 보다 긴 시간동안 수면과 거의 수직을 유지할 수 있기 때문에 이 동작이 추진력을 매우 향상시킨다고 믿었으며, 그의 견해는 정당했다. 이렇게 하면, 선수들이 손과 팔보다 장시간 동안 더 나은 패들 효과를 낼 수 있었다.

그림 5-19. 프론트 크롤 스트로크에서 이용되는 안으로 젓기 동작 (심 등, 2008)

안으로 젓기는 종목에 따라 하향 젓기나 바깥으로 젓기에 이은 잡기자세에서 시작된다. 손과 팔 전체를 반원형의 측면과 뒤쪽과 안으로 압박하여 상완이 갈비뼈에 근접하고 손이 몸 밑으로 내려갈 때까지 이동한다. 안으로 젓기는 이 시점에서 끝나고 다음 스트로크 단계로의 전이가 시작된다.

손은 캐치에서 팔이 몸 밑에 이를 때까지 가속도를 붙여야 하며, 팔 스트로크의 다음단계로 전이되는 이 시점에서 손의 추진속도가 떨어진다. 상완은 안으로 젓기 내내 수면과 거의 수평으로 움직여야 하며, 손과 전완은 수면과 수직을 유지해야 한다. 물을 보다 효과적으로 뒤로 밀기 위해 팔과 손의 경로에 약간의 변화를 줄 목적으로 안으로 젓기를 하면서 팔의 굴곡 도를 조금 늘리는 선수도 있을 것이다. 안으로 젓기를 시작할 때 팔의 굴곡을 거의 90°로 하면 추가로 굽히는 동작이 최소화될 것이다. 수영선수들은 팔을 다시 몸 밑으로 가져갈 때 팔을 뻗었다가 다시 굽히는 식으로 안으로 젓기를 시작해서는 안 된다. 만일 이런 식으로 안으로 젓기를 하면 유발되는 추진력의 양이 상당히 감소될 것이다.

(그림 5-19)에서 보는 바와 같이 손바닥과 전완은 안으로 젓기 시에 꼭 움직이는 방향을 향한다. 회전은 팔꿈치 관절이 아니라 견관절로 이루어진다. 수영선수들은 반드시 손바닥 및 전완과 상완의 아랫면이 한 단위인 것처럼 정렬선을 유지해야 한다. 팔을 회전시키는 근력은 등과 양 어깨에서 나와야 한다. 이렇게 하면 안으로 젓기가 매우 강력한 추진 동작이 된다.

수영선수가 팔을 안쪽으로 스컬 젓기 하는 대신에 어깨부위에서 바깥으로 내전하면 더 큰 근육을 사용하여 더욱 많은 힘을 유발할 수 있다. 팔이 패들처럼 뒤로 내전될 때, 양어깨와 몸통, 어깨의 삼각근(deltoids), 주요 흉근(pectoralis major)과 광배근(latissimus dorsi)의 큰 근육이 이용되어 동작을 수행할 것이다.

(4) 하향 젓기(Downsweep)

(그림 5-20)에서 보는 바와 같이 하향 젓기는 (a)프론트 크롤과 (b)배영 선수들이 추진력을 발휘하는 팔 자세를 취할 때 사용된다. 이런 측면에서 상향 젓기도 바깥으로 젓기와 같은 목적으로 이용된다. 바깥으로 젓기와 마찬가지로, 하향 젓기도 추진 동작이 아니다. 하향 젓기를 할 때 선수들의 속도가 떨어질 것이다. 하지만 감속 양을 최소로 유지하여 적절한 팔 자세로 들어가야 한다.

하향 젓기는 수중에서 팔을 앞으로 뻗으면서 시작된다. 그런 다음에 손, 전완과 상완의 아랫면이 뒤를 향할 때까지 팔을 부드럽게 아래, 전방과 바깥으로 움직여 측면으로 나아간다.

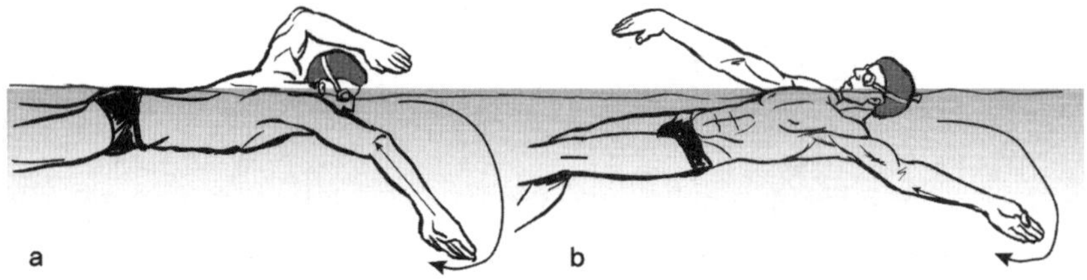

그림 5 -20. a 하향 젓기를 마무리한 후 캐치 자세에 들어간 프론트 크롤동작
b 하향 젓기를 마무리 한 시점에서 캐치자세에 들어간 배영동작.

그 시점에서 캐치 동작과 함께 추진력이 시작된다. 팔 스트로크의 추진 단계가 시작됨과 동시에 가속도를 붙이기 위해 캐치 동작에서는 팔이 거의 움직임을 멈춘다.

하향 젓기에서 저항성 저항을 줄이려면 손가락 끝이 동작을 주도해야 한다. 팔의 회전반경을 짧게 하여 팔과 손이 좀 더 일찍 뒤를 향하게 하려면 아래로 나아가면서 팔꿈치를 점진적으로 구부려야 한다. 하향 젓기에서 상완은 수면과 거의 평행을 이루어야 한다. 수영선수가 아래로 젓는 팔 방향으로 롤링하면 상완이 다소 아래로 움직이겠지만, 상완이 아래쪽으로 밀려서는 안 된다. 아래로 밀면 전신속도를 떨어뜨릴 뿐만 아니라 선수를 위로 미는 반대 힘을 유발한다. 또한 선수들은 손바닥이나 전완의 아랫면을 아래로 저어 캐치 자세로 들어갈 때 물을 아래로 밀지 않도록 해야 한다. 이런 동작도 많은 상향 저항을 유발하여 몸을 위로 밀면서 이미 늦춰진 전진속도를 더 지연시킨다. 하향 젓기는 팔이 손바닥과 함께 거의 90°로 구부러지고, 전완과 상완의 아랫면이 주로 뒤를 향하여 추진력을 적용할 수 있는 시점에서 끝난다(그림 5-21).

프론트 크롤 선수들은 전완과 손을 주로 아래쪽을 젓되, 상완이 가능하면 빨리 뒤쪽 방향으로 자세를 취하도록 적당히 바깥으로 움직여야 한다. 배영선수들은 손과 팔을 더 크게 바깥으로 저어야 한다. 그러면 손과 팔이 더 일찍 좋은 캐치 자세를 취할 수 있다. 하향 젓기의 깊이는 대체로 수영선수가 다른 팔을 젓기에 되돌리기 하는데 필요한 몸의 롤링 양에 따라 결정된다. 얕은 위치에서 잡으면 몸의 롤링이 제한되어, 프론트 크롤 선수들의 경우, 다른 팔을 너무 넓게 돌려서 회복할 가능성이 있다. 배영에서도 한 팔로 얕은 위치에서 캐치 할 경우, 몸의 롤링을 제한하여 리커버리 시 다른 팔이 너무 많은 물을 헤치고 끌리게 된다.

프론트 크롤과 배영 선수들이 팔을 곧장 아래로 압박하여 캐치 자세로 들어가는 상황보다는 하향 젓기 시에 바깥으로 젓는 이유가 궁금할 것이다. 팔을 약간 바깥쪽 측면으로 움직이는 적어도 세 가지 장점이 있다:

- ➔ 잡기를 더 일찍 할 수 있다.
- ➔ 상완을 물 밑으로 밀 때 일어나는 전진속도의 추가 감속을 최소화할 수 있다.
- ➔ 캐치 자세를 취한 상태에서 상완의 아랫면을 이용하여 물을 뒤로 밀 수 있다.

처음 두 가지 장점에 관하여 부연하면, 하향 젓기에서 상완을 수면과 거의 수평으로 유지하고 팔꿈치를 구부리면, 프론트 크롤과 배영의 하향 젓기에서 선수들이 팔을 더 빨리 뒤로 향할 수 있다.

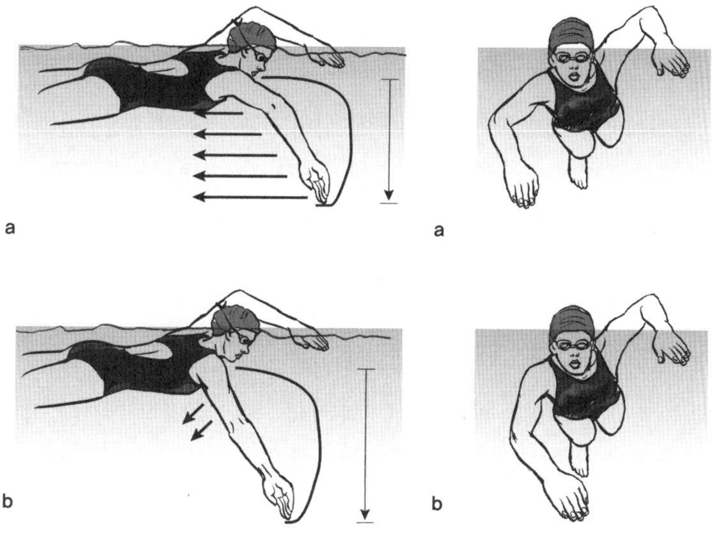

그림 5 -21. 하향 젓기시에 팔을 아래로 누를 때에 모습(정면 및 측면보기)

(5) 상향 젓기(Upsweep)

프론트 크롤과 접영에서, 상향 젓기는 안으로 젓기 다음에 이어진다. 사실 배영에서는 두 개의 상응하는 동작이 있다. 그러나 이 중 하나는 상향 젓기라고 할 수 없다. 배영선수들은 엎드린 자세가 아니라 누운 자세이기 때문에 이 단계에서는 위쪽이 아니라 아래로 젓기 때문이다. 그러나 배영선수가 추진력을 적용하는 방식은 이 섹션에서 설명되는 상향 젓기에 적용되는 방식과 비슷하다. (그림 5-22)는 프론트 크롤 스트로크의 상향 젓기에 대한 (a) 측면보기와 (b) 아래에서 보기 동작이다.

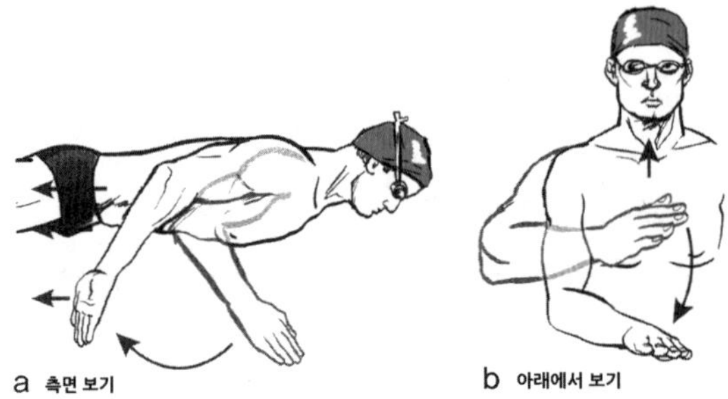

그림 5-22프론트 크롤 스트로크의 상향 젓기 동작 (심 등, 2008)

접영의 상향 젓기도 이와 유사하다. 물론, 양팔이 동시에 스트로크 한다는 점이 다를 뿐이다.

안으로 젓기의 마지막 지점을 다음의 상향 젓기로 넘어가는 전환점으로 활용해야 한다. 상완이 안쪽으로 들어와 갈비뼈를 향하고 손이 몸의 중심선을 지나갈 때 변화가 일어난다. 이 시점에서 수영선수는 손과 팔의 방향을 안과 위쪽에서 바깥과 위쪽으로 바꿔야 한다. 이 동작은 손과 팔을 재빨리 바깥으로 돌려서 바깥, 위와 뒤로 밀면서 수면을 향함으로써 이루어진다. 선수는 손이 몸의 측면으로 향하여 넓적다리 앞에 접근할 때까지 손바닥과 전완 뒷면으로 물을 계속 민다. 이 시점에서 상향 젓기가 끝난다. 선수는 물에 대한 압박을 풀고 손바닥을 안쪽으로 접어서 미끄러지듯이 물 밖으로 뺀 다음 이어지는 팔 되돌리기로 들어간다. 상향 젓기의 시작부터 끝까지 팔과 손의 속도가 현저하게 증가할 것이다. 이 스트로크 단계에서 팔은 대게 최대의 속도에 도달하여, 흔히 6m/초를 초과한다.

상향 젓기를 할 때 팔을 구부린 상태로 유지해야 선수가 전완의 아랫면과 손바닥으로 물을 뒤로 밀 수 있다. 하지만 선수가 팔을 바깥과 위로 움직이면서 계속 물을 뒤로 압박하려면 팔을 조금 뻗어야 할지도 모른다. 그럼에도 불구하고 뻗기의 양이 과도해서는 안 되며 상향 젓기가 끝날 때도 팔은 계속 거의 90°로 굽힌 상태여야 한다.

프론트 크롤 선수들은 상향 젓기가 완료될 때 물을 미는 동작을 멈추고 팔을 물 밖으로 빼내어 수면 위로 회복한다. 회복 시에 팔은 굽힌 상태를 유지해야 한다. 팔 되돌리기를 용이하게 하려고 접영선수들은 양팔이 물을 떠날 때 팔을 위쪽과 측면으로 뻗는다. 접영선수들은 팔 되돌리기의 첫 동작으로 팔을 뻗는다. 팔 뻗기는 상향 젓기의 마지막 단계가 아니다.

(6) 추진력 강화를 위한 캐치 및 공기방울의 이해

Counsilman(1982)의 스트로크 역학에 관한연구는 추진력 강화를 위한 손과 팔의 역할의 중요성을 강조하였으며, 스트로크 초반부에는 가장 느린 손과 팔의 속도가 나타나고, 가장 빠른 속도는 대게 수중 스트로크의 마지막 추진 단계에서 나타난다.

스트로크에서 추진력을 높이기 위해 입수 후 캐치과정을 시작하는데 이러한 캐치동작은 선수들이 팔로 몸의 추진을 가속하기 시작하는 수중 팔 스트로크의 시점을 가리킨다. 전진속도 그래프들에 따르면, 모든 종목의 노련한 경영선수들은 수중 팔 스트로크의 대략 1/3 지점에 이를 때까지는 몸의 추진을 시작하지 않는다. 캐치를 하기 전에 팔이 대략 40~50cm까지 밖이나 아래로 이동한다. 선수들이 물에 힘을 적용하기 전에 팔과 손의 아랫면이 뒤를 향하게 하려면 이 정도의 거리로 움직여야 한다.

캐치-에서 하이 엘보 자세의 중요성을 주목하게 한 최초의 인물은 전설적인 수영코치 제임스 카운슬만 "박사"였다. 그는 『수영과학(The Science of Swimming)』(1968)이라는 훌륭한 책에서 하이 엘보 자세의 중요성을 언급하였다. 수영선수들은 앞에서 언급하였듯이 팔과 손이 뒤를 향할 때까지는 물을 뒤로 밀지 않기 때문에, 이 하이 엘보 자세를 취할 때까지는 팔의 추진력을 적용하지 말아야 한다.

프론트 크롤 선수들은 손을 아래와 전방으로 저으며 캐치자세로 들어가야 한다. 또한 팔을 아래로 움직이며 팔꿈치가 실제로 손을 타고 넘을 때까지 팔을 구부려야 한다. 반드시 그런 다음에 물을 뒤로 밀기 시작해야 한다.

배영선수들은 팔꿈치를 앞으로 움직여 손과 팔이 뒤를 향하도록 손으로 캐치를 할 때까지 팔꿈치 부위로 팔을 구부리면서 손을 아래, 바깥과 전방으로 미끄러지듯이 움직여야 한다. 그런 다음에 팔을 뒤로 밀기 시작한다.

접영과 평영 선수들도 추진력을 적용하기 전에 팔꿈치가 손을 따라잡아 손 위의 위치에 이르러 손과 팔을 뒤로 향할 때까지 양 팔꿈치를 동시에 구부리면서 손을 미끄러지듯 바깥 측면으로 움직여야 한다.

레이스를 펼칠 때, 선수들은 프론트 크롤, 배영과 접영에서는 손의 입수를 느끼자마자, 그리고 평영에서는 양팔을 앞으로 뻗은 직후에 아주 자연스럽게 물에 힘을 적용하기 시작한다. 그러나 그러면 안 된다. 이 시기에는 팔이 물을 뒤로가 아니라 아래나 밖으로 압박할 것이기 때문이다. 그래서 수영에서 가장 흔한 실수가 바로 하이 엘보 자세를 갖추기 전에 물에 힘을 적용하는 것이다. 이 실수를 가리켜 낮은 엘보(dropped elbow)라고 부른다.

앞에서 설명했듯이, 선수가 상완과 전완의 아랫면을 뒤로 향하기 전에 프론트 크롤 스트로크의 하향 젓기 시에 팔이 수중으로 약 40~50cm 들어가 있어야 한다. 만일 프론트 크롤 선수가 하향 젓기를 시작한 후 즉시 또는 곧장 힘을 적용하려고 한다면, 팔로 물을 내리 누르는 결과가 빚어질 것이다. 이 동작이 몸을 위쪽으로 밀면서 제동 효과(braking effect)를 유발하여 그렇지 않아도 하향 젓기 시에 떨어진 전진속도를 더 떨어뜨리게 될 것이다.

팔꿈치를 낮추는 선수들은 팔이 뒤로 향하기 전에 추진력을 적용하려고 하기 때문에 그런다. 이 동작 때문에 팔이 물을 아래, 바깥 또는 안으로 밀게 되어 수평 및 좌우 정렬선을 붕괴시키는 반대 힘을 유발하고, 보통 다양한 스트로크의 바깥으로 젓기와 하향 젓기 시에 감소되는 전진속도를 훨씬 더 떨어뜨리게 된다.

접영과 평영에서, 하이 엘보 자세가 보통 손과 팔을 아래가 아니라 바깥으로 저으면서 이루어진다. 이 영법의 선수들은 양팔을 동시에 스트로크 할 때 몸을 측면으로 롤링할 수 없기 때문이다. 이 선수들이 팔꿈치를 낮출 경우에는 팔의 바깥방향 동작을 단축시켜 너무 빨리 아래와 안으로 밀기 시작하기 때문에 몸이 측면으로 롤링할 수도 있다. 배영선수들이 캐치를 할 때는 손과 팔을 바깥 측면으로 프론트 크롤 선수들보다는 더 많이, 평영선수들보다는 더 적게 움직여야 한다. 팔이 머리위로 지나친 후 어깨 뻗기가 제한되기 때문에, 배영선수들은 팔을 아래로 움직일 때와 거의 마찬가지로 바깥으로 움직여서 뒤를 향하는 편이 훨씬 더 쉽다.

캐치와 관련하여 또 하나 중요한 점은 선수들이 추진력을 적용하려고 시도하기 전에 수면과 거의 수직으로 상완, 전완과 손을 정렬해야 한다는 것이다. 손목을 지나치게 꺾어서는 안 된다. 즉, 팔이 뒤를 향할 때 손목이 위나 아래로 향해서는 안 된다. 손목이 바깥이나 아래로 향해서도 안 된다. 그보다는 손목이 팔과 같은 방향을 향하게 해야 한다. 같은 맥락으로, 손이 뒤를 향할 때 팔이 아래나 바깥으로 향해서는 안 된다.

이 바르지 못한 정렬선의 예들이 모든 선수들로 하여금 팔꿈치를 낮추게 하고, 몸의 다른 부위로는 물을 뒤로 밀면서 손의 한 부위로는 아래, 위나 바깥으로 미는 원인이다. 캐치를 할 때는 전체 팔과 손이 수면과 거의 수직을 이루면서 서로 정렬선을 맞춰야 한다.

많은 코치들이 세계적인 수영선수들은 느린 선수들보다도 손 주변의 공기방울 수가 더 적은 것 같다는 견해를 밝혀왔다. 그것은 공기방울이 동요와 수반되는 추진력 손실을 가리키기 때문이다.

공기방울은 보통 선수들이 캐치를 적절하게 수행하지 못했다는 의미다. 입수하면서 선수들은 손과 팔 아래의 공기를 밀고 들어간다. (그림 5-23)은 (a)적은 공기방울과 (b)보다 많은 공기 방울의 형태를 볼 수 있다.

선수들이 입수 직후에 손을 아래나 바깥으로 가속하기 시작하면, 팔 뒤의 물이 손의 뒤, 정면과 측면 주변에서 거칠게 돌면서 흐르는 공기방울 형태로 나타나는 동요의 형태로 그 공기에 힘을 가할 것이다. 프론트 크롤, 접영과 배영에서는 손이 물속으로 들어가서 아래, 안쪽과 전방으로 움직인다. 팔꿈치를 낮추는 선수들은 입수한 후에도 팔을 계속 이런 방향들로 가속하고, 또한 입수하는 즉시 팔을 가속하려고 할 것이다. 이런 동작들이 팔과 손 밑에서 공기를 압박하여 밀어내어, 동요의 분명한 패턴이 공기방울 형태로 나타나는 것이다.

노련한 수영선수들은 하양 젓기나 바깥으로 젓기 시에 즉각 힘을 적용하려고 하지 않기 때문에 수중 스트로크 초기에 손과 팔 주변의 공기방울 수가 더 적다. 이 선수들은 캐치 자세에 이른 다음에야 비로소 추진력을 적용한다. 매번 새로운 스트로크를 시작하면서 짧은 거리 동안 손을 미끄러지듯이 전방의 물속으로 넣은 다음, 팔을 천천히 움직여 캐치자세로 들어간다. 전방 뻗기(forward stretch) 동작으로 붙잡힌 공기를 팔에서 밀어내면 팔로 아래나 바깥 젓기를 할 때 공기방울이 나타나지 않는다. 손의 빠른 하향 동작을 멈추고 팔을 미끄러지듯이 전방의 물속으로 이동하면 팔과 손에서 공기를 씻어내는 효과가 있다. 결과적으로, 일단 선수가 캐치자세에 도달하여 물을 헤치고 팔을 뒤로 압박하기 시작하면 손의 뒤에서 방울을 유발할 공기가 사라지게 될 것이다.

공기방울 자체가 전진속도를 방해하지는 않는다. 그러나 공기방울은 전진속도를 늦출 만한 스트로크 동작을 가리킨다. 공기방울이 생긴다는 것은 다양한 경영영법의 하향 젓기나 바깥으로 젓기 시에 너무 일찍 힘을 적용하려고 했다는 뜻이다. 결국, 많은 수의 공기방울을 유발하는 선수들은 팔꿈치를 낮췄다는 의미다. 팔이 뒤를 향하기 전에 물에 힘을 적용하려고 했던 것이다.

그렇다고 하더라도, 노련한 선수들의 경우에도 접영, 배영과 프론트 크롤의 입수와 캐치자세 사이에 손과 팔 주변으로 약간의 공기방울이 생기기 마련이다. 이는 흔한 현상으로, 반드시 잘못된 역학을 가리키지는 않는다. 그러나 만일 이 동요가 과도할 경우에는 문제의 선수들이 팔꿈치를 떨어뜨렸다는 증거이다. 그런 선수들이 이 문제점을 고치려면 입수 후에 짧은 시간동안 손의 동작을 늦추어 전방으로 미끄러지듯 움직여야 한다. 그런 다음, 물에 힘을 적용하기 전에 미끄러지듯 하이 엘보 캐치 자세로 들어가야 한다.

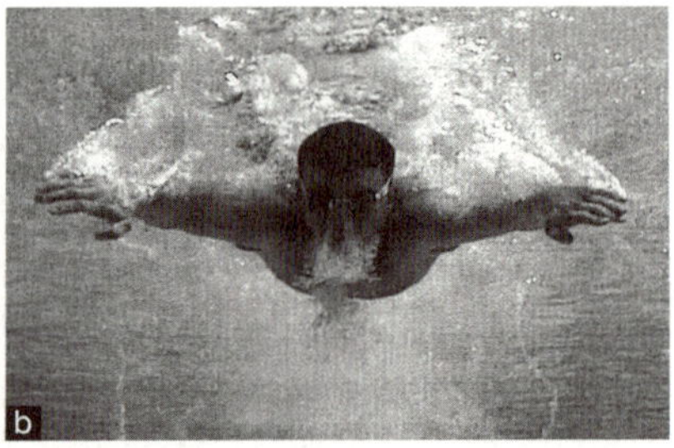

a: 입수 후 손 주변에 적은 공기방울　　b: 입수 후 손 주변에 많은 공기방울과 동요

그림5-23. 접영 입수 후 손 주변에 공기방울 모양 (심 등, 2008)

2) 킥(다리) 추진의 원리

1960년부터 1980년대의 전문가들은 네 가지 경영 중 세 영법에서는 다리가 추진력에 그리 도움이 된다고 믿지 않았다. 대부분 평영을 제외하고는 차기의 주요 기능이 수평 및 좌우 정렬선의 유지라고 생각하였다. 그러나 이제는 다리가 정렬선의 유지에 도움이 될 뿐만 아니라 경영의 모든 영법에서 추진력에도 상당한 기여를 할 수 있다는 게 일반적으로 수용되는 견해인 것 같다. 그러나 차기로 인한 추진력은 상당한 대가가 따른다. 팔 스트로크에 비해서, 다리로 추진력을 내려면 훨씬 더 많은 에너지의 투입이 요구되기 때문이다. 이 때문에, 장거리 자유형 선수들은 흔히 레이스 초반에 차기 노력을 줄여 에너지를 절약하고자 한다. 200m 자유형, 배영과 접영 레이스의 초반부에서도 선수들이 차기 노력을 줄인다. 팔 스트로크의 경우와 마찬가지로, 경영 선수들이 기본적으로 이용하는 다리 젓기도 네 가지이다.

이러한 내용은 아래 표 - 2에서 구체적으로 서술하였다.

표 5-2. 수영 선수들이 사용하는 킥 기술의 세부 유형

유형 구분	주요 작용
아래로 차기(Downbeat)	크롤 킥과 돌핀킥의 추진단계
위로 차기(Upbeat)	배영의 킥의 추진단계 크롤 킥과 돌핀킥의 리커버리 단계
바깥으로 젓기	평영 킥에서 선수들의 다리가 처음에 바깥으로 움직이는 동작
안으로 젓기	평영 킥에서 다리의 순환적인 젓기

프론트 크롤과 배영의 물장구차기와 접영의 돌핀 킥에서 선수들이 사용하는 다리 동작은 추진력을 유발하는 방식에 있어서 매우 비슷하다.

선수들은 이 세 영법에서 두 가지의 기본 동작, 위로차기(upbeat)와 아래로 차기(downbeat)를 이용한다. 아래로 차기는 프론트 크롤 물장구차기와 돌핀 킥의 추진단계이다. 위로차기는 배영 물장구차기의 추진단계이다. 평영의 다리 동작은 바깥으로 젓기와 안으로 젓기로 규정하는 게 최선이다. 이 네 가지 다리 젓기의 구체적인 동작을 다음과 같이 설명하고자 한다.

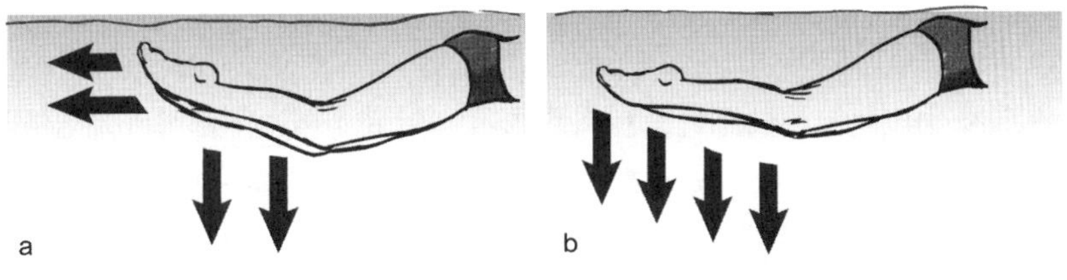

그림 5-24. 킥에서 차기 동작의 발목 뻗기의 중요성

(1) 아래로 차기(Downbeat)

돌핀 킥의 아래로 차기는 양다리를 아래로 차기 초반부에 구부렸다가 후반부에 뻗는다. 아래로 차기는 다리를 완전히 뻗고 두 발이 몸통 바로 밑에 이르면 끝난다. 프론트 크롤 물장구차기의 아래로 차기에서도 이 돌핀 킥의 추진역학이 똑같이 적용된다.

프론트 크롤의 물장구차기에서는 이 하향 밀기로 추진력을 발휘하지 못할 것이

다. 이 동작의 주요 목적은 엉덩이를 수면 위치에서 유지하는 것이다. 그러나 돌핀 킥에서는 아래로 차기의 후반부에서 추진력이 유발될 수 있다. 이 동작이 역방향의 몸 파동을 유발하여 선수를 추진시킨다.

아래로 차기 초반부에 적절한 발바닥 굴곡을 유지하면 발로 인한 선수의 추진이 훨씬 효과적일 것이다. (그림 5-24)는 돌핀 킥에서 보다 긴 범위(발가락 지점까지)로 발목을 뻗으면 유리한 이유를 보여준다. 이 그림에서 선수는 아래로 차기 단계에서 더 오랫동안 후 방향 자세를 유지할 수 있다. 왜냐하면 발목을 이용하여 발을 뻗는 능력이 평균 이상으로 좋기 때문이다. 결과적으로, 그는 아래로 차기단계에서 더 오랫동안 추진력을 유발할 수 있을 것이다(그림 5-25).

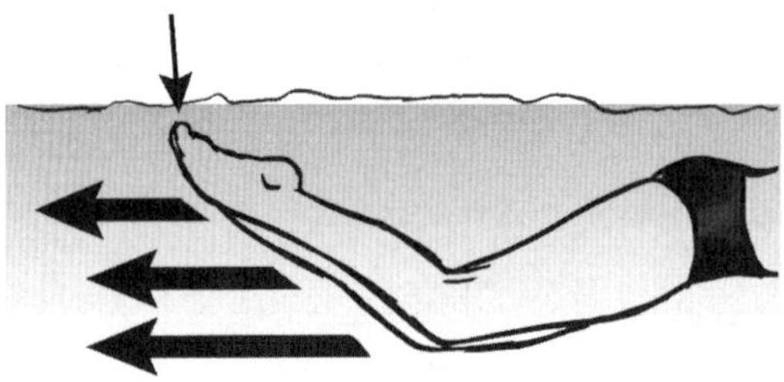

그림 5-25. 돌핀킥의 아래로 차기 추진 동작

(2) 위로 차기(Upbeat)

위로 차기의 주요 목적은 다음 아래로 차기 시에 추진력을 발휘하기 위한 다리 자세를 취하는 것이다. 이 때문에, 가능하면 적은 힘을 들이고 다리로 물을 위로 밀어내려면 위로 차기를 부드럽게 수행해야 한다. 이전 아래로 차기에서 다리를 뻗을 때 발휘된 힘을 위로 되 튀는데 사용하면, 위로 차기를 수행하는데 아주 적은 양의 근력이 필요할 것이다. 이 동작은 고관절(hip joints)을 뻗으면 도움이 되겠으나, 다리를 계속 위로 움직이기 위해서는 많은 힘이 요구된다. 발은 뻗기와 굴곡의 중간 지점에서 자연스런 자세로 발목을 이용하여 느슨하게 늘어뜨려야 한다. 그래야 발이 위와 앞으로 향할 때 물에 대해 적은 공략각도를 유지할 수 있다.

다리가 위로 움직일 때 다리를 누르는 물이 뻗은 자세를 유지하게 만든다. 따라서 선수들은 다리를 위로 저으며 구부림으로써 수압과 반대로 힘을 적용하면 안 된다. 위로 차기 시에 다리를 구부리면 다리의 전진동작만 가중시킬 뿐이고, 뒤쪽으로 작용하는 반대 힘이 추진을 훨씬 더 지연시킬 것이다.

추진과는 무관하더라도, 위로 차기는 세 종류의 중요한 목적을 수행하는 것 같다.

➔ 프론트 크롤에서는 위로 차기가 몸통을 안정화시킨다. 팔 스트로크의 반작용으로 몸통이 수평 및 좌우 정렬선에서 밖으로 밀리지 않게 한다.

➔ 프론트 크롤과 접영에서는 위로 차기가 스트로크 주기 중 가장 많은 추진력을 발휘하는 단계에 다리를 위로 끌어올려서 몸통과 일직선을 이룸으로써 몸의 유선을 향상시킨다.

➔ 두 스트로크에서는 위로 차기로 다리를 상승하여 다음의 아래로 차기 자세를 준비한다.

차기가 약한 선수들이 저지르는 가장 흔한 실수는 위로 차기 시에 무릎을 구부리는 것이다. 아래로 차기를 부정확하게 수행하는 선수는 아주 드물다. 이런 선수들은 위로 차기 시에 근력을 이용하여 무릎부위에서 다리를 굽힌다. 그러면 다리의 상승력이 증가하여 십중팔구는 아래 다리의 아랫면으로 물을 앞으로 밀기 십상이다. 이 동작이 엉덩이를 물 아래쪽으로 밀어서 전진속도를 떨어뜨릴 것이다.

배영은 선수들이 누운 채로 수영하기 때문에 배영 물장구차기의 위로 차기가 추진 단계고 아래로 차기는 추진과 무관할 것이다. 위로 차기는 다리를 곧게 뻗으며 시작하여, 아래로 움직일 때도 다리 밑의 수압을 이용하여 뻗은 자세를 계속 유지해야 한다. 위로 차기는 다리가 몸 밑으로 지나갈 때 시작해야 한다. 그 지점에서, 선수는 엉덩이 부위에서 다리를 약간 구부리면서 상승 동작을 시작해야 한다. 이 동작을 수행할 때는 위에서 아래로 누르는 물의 작용 때문에 다리 아래쪽이 구부려지면서 마지막 뻗기를 준비한다. 선수가 무릎부위에서 아래 다리를 구부리며 여전히 아래 차기 도중인 듯이 보이겠지만, 실은 위로 차기를 실행하는 중이다(그림 5-27).

아래로 차기는 최소한의 근력을 이용하여 부드럽게 수행해야 한다. 그래야 다리 밑에서 위로 미는 물 때문에 다음 위로 차기를 시작할 때까지 다리를 뻗은 상태로 유지할 수 있다. 아래로 차기는 다리와 발이 몸통 밑을 막 지나치는 순간에 끝내야 한다.

(그림 5-26) 은 접영 킥 동작에서 위로차기 동작으로 양다리를 뻗은 상태로 발을 이완하고 동작을 멈추어 위에서 내리누르는 물의 압력에 따라 다리가 펴지도록 한다.

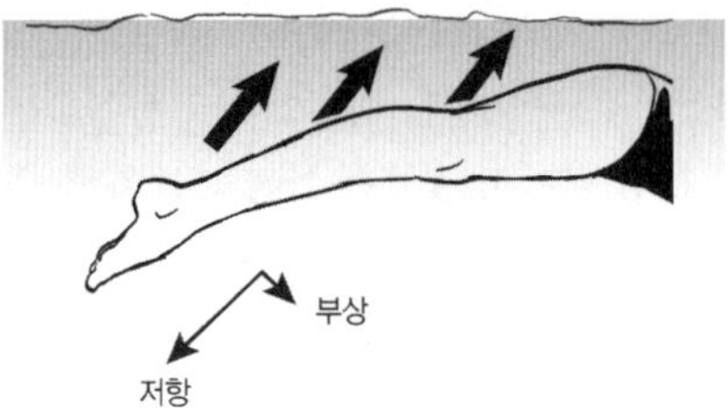

그림 5-26. 돌핀킥의 위로 차기 동작

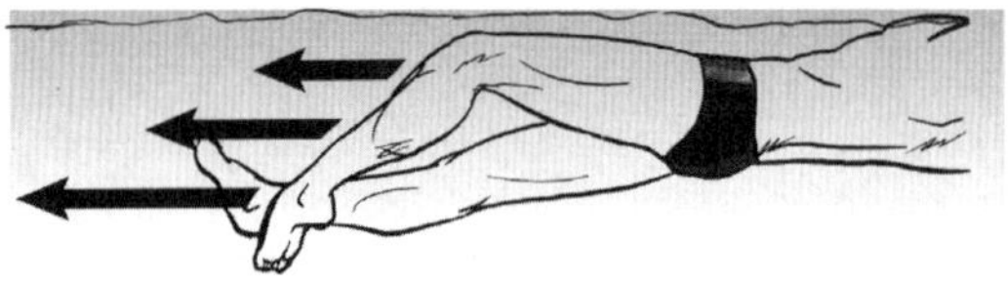

그림 5-27. 배영 킥의 위로 차기 동작

(3) 바깥으로 젓기

평영 차기에서 추진은 아마도 선수가 다리를 뻗을 때 발바닥으로 물을 뒤로 밀어서 유발된다. 하지만 발을 직 후방으로 미는 대신 바깥, 뒤와 약간 아래로 순환경로로 움직인다.

일단 앞으로 회복된 다리의 첫 번째 바깥 방향 동작(바깥으로 젓기)은 추진력과 무관하다. 이 젓기의 목적은 두 발로 잡기자세를 취하여 물을 뒤로 밀 수 있게 하는 것이다. 인간에게는 발을 평평하게 하는 한정된 능력밖에 없다. 따라서 평영선수들은 추진력을 적용하기 전에 발을 엉덩이 바깥으로 움직여 발바닥이 뒤를 향하게 해야 한다. 바깥으로 젓기는 다리 회복의 마무리 시점에 시작하여 캐치자세에서 끝난다. 이 경우에는 발이 뒤쪽을 향하여 물을 뒤로 밀어냄으로써 추진력을 적용하기 시작하는 시점이다. 캐치는 양발바닥이 뒤를 향할 때 일어난다. 배굴성(dorsiflexing ability: 발을 평평하게 하는 능력)이 좋은 선수들은 남보다 일찍 발로 캐치자세를 취할 수 있다. 그래서 차기의 추진단계, 즉 안으로 젓기 시간이 더 길어질 것이다. 반대로 배굴성이 좋지 못한 선수들은 발을 바깥으로 저었다가 다시 뒤로 향하는 시간이 더 길어질 것이며, 이로 인해 차기의 추진 단계도 짧아질 것이다.

(그림 5-28)은 평영 킥 동작의 전체 흐름과정을 볼 수 있는데 이 때 ②동작이 바깥으로 젓기 동작을 나타낸다.

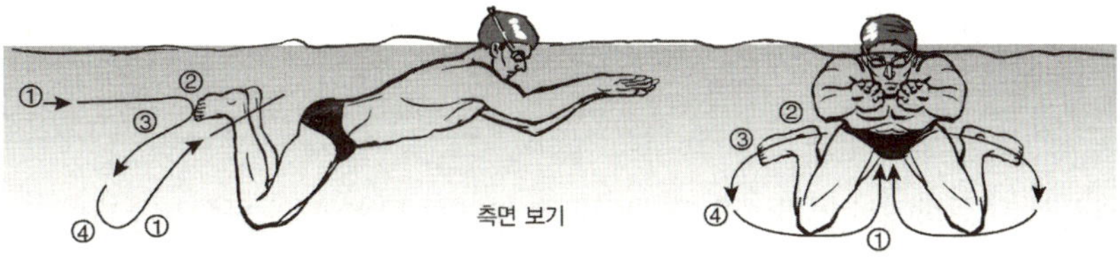

그림 5-28. 평영 킥의 흐름 과정(심 등, 2008)

(4) 안으로 젓기

일단 캐치자세에 이르면, 평영선수들은 무릎부위에서 양다리를 뻗으며 양발을 바깥, 아래, 뒤와 안쪽으로 움직여 3차원적인 순환 젓기를 수행하면서 양발바닥으로 물을 뒤로 민다.

팔 스트로크의 추진국면에서와 마찬가지로, 평영의 안으로 젓는 타이밍에 부상력이 추진을 주도할 것이다. 그러므로 선수들의 주요 강조점은 순환 젓기 시에 양발바닥으로 물을 뒤로 미는데 맞춰져야 한다. (그림 5-28)의 측면보기에서와 같이, 안으로 젓기 초반부에는 선수의 양발이 다소 아래쪽으로 움직인다. 이는 양발을 몸과 일직선을 이루어 추진력을 보다 효과적으로 적용하기 위함이다.

안으로 젓기가 시작되면 양발과 발가락이 엉덩이 위 바깥으로 움직이기 시작한다. 그러나 안으로 젓기 시에는 양발이 아래쪽으로 회전하기 때문에 이 젓기의 마무리 시점에서는 발가락이 가장 낮은 신체부위로서 동작을 마무리한다. 이 하향 발가락 회전 때문에 안으로 젓기 시에 양발이 실제보다 더 아래로 움직인 것 같은 잘못된 인상을 받게 된다.

3) 추진력을 높이기 위한 원리

(1) 필요 이상으로 깊게, 높이 또는 넓게 차지 말라

필요이상 과도하게 넓고 깊게 차면 푸싱저항이 증가하고 수평 및 좌우 정렬선이 붕괴될 수 있다. 지나치게 위로 차면 몸이 아래로 밀릴 것이기 때문에 최적의 다리 폭을 유지해야 한다. 양 다리가 좌우 수직방향으로 몸통의 횡단면 내에 있도록 유지해라.

(2) 캐치 동작에서 팔과 손의 아랫면으로 부메랑 모양의 패들을 만들어라

캐치를 할 때는 팔과 손의 아랫면으로 부메랑 모양의 패들을 만들어야 하며, 팔의 모양 변화를 인지할 수 없을 정도로 스트로크 내내 그 자세로 물을 뒤로 압박해야 한다. 어깨와 몸통의 큰 근육군을 크게 내전하고 뻗음으로써 전진추진 과정이 수행된다. 예외는 스트로크의 추진 단계에서 팔을 뒤와 넓적다리 아래로 뻗는 배영에서 일어난다.

(3) 하이엘보 자세를 취할때까지 기다려라

물을 뒤로 미는 힘을 적용하기 전에 항상 하이 엘보 캐치 자세를 취할 때까지 기다려라. 팔이 아래로 향하거나 물과 수평으로 있을 때 힘을 주지 말고 손바닥으로 물을 뒤로 미는 자세를 취할 때까지 기다리는 법을 배워야 한다.

(4) 스트로크의 추진 단계는 항상 대각선식의 후방으로

팔을 곧장 뒤로 끌고 밀면서 물을 헤쳐 가면 스트로크 별 최대의 전진 거리도 내지 못하고, 최고의 전진 속도도 내지 못한다. 효과적인 수영을 위해서는 힘을 바로 뒤로 적용하기 보다는 대각선식의 동작변화가 필요하다

(5) 스트로크에서 손 속도로 추진력을 가속해야 한다.

손이 추진력을 가속하기 때문에 캐치를 하는 시점에서 각 수중 팔 스트로크의 마무리 시점까지 손의 주요한 방향전환과 더불어 손 속도로 추진력을 가속해야 한다. 수중 팔 스트로크 시에 천천히 젓기 방식을 전환한 다음에 다음 전환 지점까지 가속한다. 하지만 추진 단계의 시작에서 끝까지는 손 속도에 가속이 붙는다.

(6) 스트로크 위치가 수면으로 올 때 추진을 멈춰라

손이 수면에 도달할 때까지 물을 뒤로 미는 실수를 하지 않기 위해서는 손이 다리에 접근하여 수면으로 향하는 도중에 추진 노력을 멈추어야 한다. 이 시점 이후에 힘을 적용해도 추가 추진력을 유발하지는 못할 것이고, 역으로 몸을 아래로 밀

게 되어 전진속도가 떨어질 것이다.

4) 파도 추진의 원리

최근 수영의 과학적인 연구가 진행되면서 평영이나 접영에서 팔 동작으로서 스트로크나 킥 동작으로 얻을 수 있는 추진력과는 거의 관계가 없는 제3의 추진양상이 나타난다고 보고되었으며, 이러한 추진력은 팔과 다리가 전방으로 리커버리 하는 되돌리기 시점에서 일어나는 것으로 설명하고 있다. 이러한 추진 이론에 따르면 원인은 선수가 손과 팔을 리커버리 시점에 속도가 느려지는 순간 선수 주변을 채우고 들어오는 물의 파도 작용으로 기인하는 것으로 설명한다.

또한 Mason 등(1992)은 접영의 팔과 다리동작에서 리커버리 시점에 파도 작용의 원인으로 보이는 유사한 추진 양상을 발견하였다고 설명하고 있다. 선수들이 팔 스트로크의 상향 젓기와 두 번째 차기의 아래로 차기를 완료한 직후에 약간의 감속 시기가 발생한다. 이 시기에 팔 스트로크의 리커버리 전반부에서 물의 파도 작용이 선수들의 전진을 가속하는 원인으로 작용한다.

파도 추진은 선수의 속도가 갑자기 떨어진 직후에 선수를 앞으로 밀려와 선수를 지나치는 물의 파도가 원인인 것 같다. 항상 팔 스트로크의 추진단계가 완료된 후 단기간의, 아주 급속한 감속 시기 다음에 파도 추진의 원인인 전진 파도가 발생한다. 파도 추진은 다음과 같은 방식으로 작용하는 것 같다. 수영선수들이 전진가 속도를 붙일 때 약간의 물을 앞으로 끈다. 그런 다음에 갑자기 감속할 때 그 물의 일부가 파도처럼 앞으로 노을처럼 선수들을 지나간다.이러한 파도가 잠깐 동안 선수들의 몸을 전방으로 추진시킨다.

이러한 추진 현상이 일어나는 시점에 선수들이 유선형의 몸자세를 취하면 파도 추진의 효과를 극대화할 수 있다. 유선화가 나쁘면 형상저항과 간섭저항이 증가하여, 결과적으로 파도에 의해 유발된 전진 파도의 길이와 속도도 줄어들 것이다. 반면에 유선화가 좋으면 추진성 파도의 속도와 길이가 증가할 것으로 생각한다. (그림 5-29)는 평영 동작에서 파도추진의 전진속도가 최대 전진속도와 동일하게 나타나는 것을 알 수 있다.

접영 영법에서는 팔 스트로크의 리커버리 시점에 다리를 들어 올려 몸과 일직선을 이루고 엉덩이를 수면에 위치해야 한다. 그렇지 않으면 형상저항이 증가하여 파도 추진의 양이 줄어들 것이다. 이 시기에 머리에서 발까지 조금이라도 아래쪽으로 기울 경우에는 형상저항이 증가하여 파도 추진이 줄어들 것이다.

이러한 파도추진의 양상을 신체파도와 역신체파도로 명명하여 구분하고 이를 다음에서 구체적으로 설명하고자 한다.

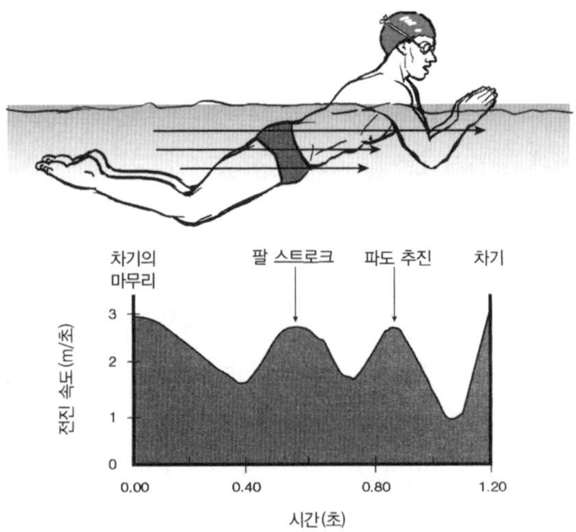

그림 5-29. 평영에서 파도 추진의 동작 (심 등, 2005)

(1) 신체 파도

접영과 관련하여, Sanders 등(1995)은 몸이 하강하여 입수할 때 "상체를 들어 올림으로써 증가한 에너지가 재활용되어 추진력을 덧붙이거나 저항을 감소시켰다"고 보고하였다. 이 연구자들에 따르면, 접영선수들이 팔 스트로크 시에 머리와 어깨를 물 밖으로 들어 올릴 때, 그 신체 부위가 연속적으로 다시 물속으로 들어가는 하강 동작이 파도처럼 힘을 가중시켜서 돌핀 킥의 아래로 차기와 공조하여 더욱 많은 힘을 유발하는 상황이 발생한다. 이 연구자들은 이 형태의 추진을 신체파도(body wave)로 기술하였다. 신체파도와 파도 추진을 혼동해서는 안 된다. 전자는 몸의 동요 동작이 원인인 반면에 후자는 물의 파도 작용에 따른 추진을 말한다.

(그림 5-30)에서 보는 바와 같이 접영 영법 동작을 관찰해보면, 팔, 머리와 어깨의 하강 동작이 엉덩이의 상승 동요보다 앞서고, 엉덩이 동요가 양다리의 주요 하강 뻗기보다 앞선다는 게 분명하게 드러난다. 따라서 접영은 물론이고, 어쩌면 평영 선수들도 실제로 추진력을 높이기 위해 신체부위의 연속적인 동요를 활용할 가

능성이 있다. 그러나 중력의 효과도 추진력 향상에 일정한 역할을 할 수 있음을 무시해서는 안 된다. 접영과 평영 선수들이 숨을 고르기 위해 머리와 어깨를 물 밖으로 올린 후에, 중력의 작용으로 재 입수에 가속도가 붙을 수 있다. 그래서 이 작용이 엉덩이와 넓적다리를 위와 전방으로 끌어당겨, 그 과정에서 전진속도에 가속도가 붙거나 일정하게 유지될 수 있을 것이다.

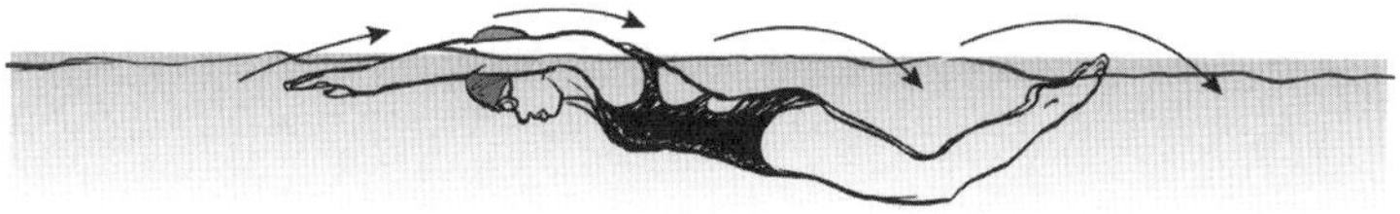

그림 5-30. 접영 동작에서 신체 파도의 형태

(2) 역신체파도

최근 수영에 관한 연구를 통해 이론을 펼치는 지도자들 사이에서 돌핀 킥에서 아래로 차기의 마지막 하강 시기에 추진성 역학이 작용하는 것으로 설명하였으며, 이러한 상황에 일어나는 추진성을 역신체파도라고 설명하였다. 아래 (그림 5-31)을 통해 보면 다소 이해가 빠를 것으로 생각한다.

접영 선수들이 아래로 찰 때, 양다리가 하강하는 힘 때문에 엉덩이가 물 위로 상승하여 앞으로 미끄러질 것으로 생각한다. 엉덩이가 상향 요동의 최고점을 지나서 하강하기 시작할 때, 이 하강하는 힘이 보통 머리와 어깨를 물속 더 깊이 밀어 넣는 작용을 할 것이다. 하지만 접영 영법에서 팔을 전방으로 뻗고 머리와 몸통을 들어 올려 수평자세를 취할 경우에는, 그 하강하는 힘이 이미 손과 몸통이 움직이고 있는 방향으로, 몸을 앞으로 밀어낼 것이다. 물론, 이 상황은 훌륭한 접영선수들이 스트로크의 이 단계에서 하는 동작과 정확하게 일치한다. 스트로크 타이밍에서 요점은 엉덩이가 상승 요동의 최고점을 지나서 내려가기 시작하는 순간에 양손을 미끄러지듯이 바깥과 약간 위로 움직이기 시작하여 위를 향하는 것이다. 요동치는 스타일을 이용하는 평영선수들도 엉덩이가 상승 요동의 최고점을 지나 내려가기 시작하는 순간에 맞게 양손과 팔을 미끄러지듯 바깥으로 움직여 위를 향한다.

이 시기에 중력이 추진에 미칠 수 있는 작용 또한 경시해서는 안 된다. 접영과 평영 선수들이 숨을 고르려고 머리와 어깨를 물 밖으로 들어 올린 후에, 중력의 작용으로 인하여 그 몸 부위가 다시 물속으로 들어갈 때 가속도가 붙을 수 있다. 그래서 이 작용이 엉덩이와 대퇴부를 위와 앞으로 끌어당겨 그 과정에서 그 부위에 가속도가 붙을 수 있는 것이다.

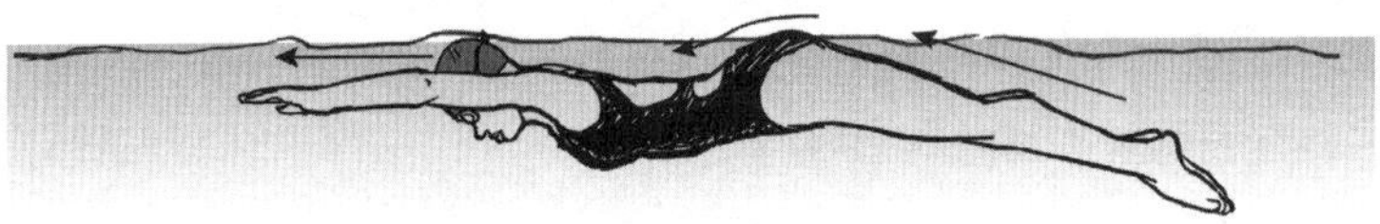

그림 5-31. 접영 동작에서 역신체파도의 형태

제 3부

영법의 원리 및 이해

제 6장 경영 영법의 원리 및 이해

1. 크롤 영법의 동작 원리

인간이 개발한 수영의 기술 중에 프론트 크롤의 영법은 가장 빠른 경영 영법으로 발전 하였으며, 이러한 사실은 20세기에 수영에 관한 인간의 열정적인 노력의 결과라고 생각한다. 크롤 영법은 부드럽게 흐르는 듯한 동작과 자연스러운 타이밍으로 몸의 저항을 줄이고 연속적인 스트로크에 의해 유발된 추진력을 유선형의 신체 정렬을 통해 가장 빠른 영법으로 진화한 것이다.

이러한 크롤 스트로크는 팔 동작으로 스트로크와 다리동작의 킥으로 구분한다. 스트로크는 ①입수와 뻗기 ②하향 젓기 ③캐치 ④안으로 젓기 ⑤상향젓기 ⑥되돌리기로서 리커버리 동작으로 구분한다.

다리동작으로 킥은 선수들의 거리에 따라서 다양한 리듬 형태가 존재하지만 일반적으로 6비트 킥의 형태를 많이 사용한다. 물장구차기식의 플루터 킥의 동작은 ①아래로 차기 ②위로차기 등의 동작으로 구분되며, 킥의 리듬에 따라서 2비트 직선 및 교차 킥, 4비트 직선 및 교차 킥, 6비트 킥으로 구분한다. 이러한 프론트 크롤 영법의 구체적인 동작의 원리와 설명은 다음과 같다.

1) 크롤 영법의 중요 사항

크롤 영법은 몸의 균형, 정확한 타이밍과 추진력이 중요 요인들이다. 수영 스트로크가 진행되는 동안 몸의 장축 양 측면에 똑같이 몸이 균형을 이룰 때만이, 한 팔과 다른 팔 사이에 효과적인 타이밍이 존재할 수 있다. 몸이 균형을 이루고 각 팔이 정확한 타이밍을 이룰 때, 스트로크 주기 동안 전반적인 추진상태를 유지할 수 있고, 이러한 결과는 쉽게 물을 헤치면서 매우 부드럽게 미끄러지는 효과를 얻을 수 있다. 이러한 동작에서 한 손이 스트로크를 끝내려는 순간 다른 한 손은 이미 추진을 하기 때문에 팔 스트로크의 연속적이고 주기적인 흐름을 방해하는 시간이 없기 때문에 크롤 영법은 가장 빠른 영법으로 진화하였다.

다음과 같이 크롤 영법은 입수 시 팔과 어깨를 천천히 앞으로 뻗는 동작에서 세 가지 기능을 동시에 수행한다.

(1) 입수 시에 팔을 앞으로 천천히 뻗으면 반대 팔의 끌기에 의해 야기된 추진 상태를 유지하는데 도움이 된다.

(2) 입수 시에 각 팔을 앞으로 뻗으면 몸이 그쪽으로 롤링하는데, 이 동작은 커다란 몸통 근육들을 작동시켜 스트로크의 파워 단계를 돕게 하는 동작이 된다.

(3) 이러한 전진 뻗기는 몸을 유선형 정렬을 이루게 하는 매우 중요한 동작이다.

(4) 손이 직접 뒤쪽으로 밀쳐지도록 하고, 특히 스트로크 마무리 시의 위로 끌기 동작은 양 엉덩이를 내리 눌러 저항을 일으킬 염려가 있기 때문에 최대한 손목을 이완하여 손에 미치는 수압을 안정시키고, 그 손이 위쪽 대신 직접 뒤쪽으로 밀치도록 한다.

(5) 리커버리시에 손을 앞으로 내밀어야 한다. 각 손이 입수할 때 얼굴은 정면을 향하고, 시선은 입수하는 각 손을 보아야 한다. 바로 이것이 스트로크의 기본이다.

(6) 손이 입수할 때 머리 자세에 주의를 기울여야 한다. 스트로크가 균형을 잃거나 타이밍을 벗어난 듯 할 때는, 호흡하기 위해 머리를 돌리기 전에 손이 먼저 입수하는 것을 확인해야 한다.

(7) 머리 동작은 추진을 방해하지 않은 채 몸 균형을 안정화시키고 적절한 호흡을 돕는다. 머리는 몸의 장축 안에 있어야 한다. 머리를 장축 밖으로 움직이면 몸 정렬이 뒤틀린다.

(8) 머리 동작과 팔 동작을 동시에 하라. 머리의 모든 동작들은 천천히 유연하게

이루어져야 하며, 수위가 계속 유지되어야 한다.

(9) 호흡은 입으로 한다. 입이 다시 입수하여 계속 입으로 헤치고 가다가 양 입술이 다시 다음 호흡을 위해 다시 복귀하는 즉시 내쉬기가 시작된다. 숨 내뱉기는, 수면을 헤치며 입으로 공기를 최종 한번 훅 불 때를 제외하고는, 흘려보내듯 해야지 내뿜듯 하지는 말아야 한다.

(10) 스트로크에서 끌기의 시작 단계에서는 팔꿈치를 높게 유지하도록 해야하고, 높은 팔꿈치 자세는 스트로크의 중요한 기초 중 하나이며, 겨드랑이를 열면서 팔꿈치를 바깥 측면을 향하게 함으로써 쉽게 이루어진다.

(11) 중거리와 장거리 수영을 펼칠 때면 완화된 차기를 함으로써 과도한 차기로 인한 피로유발을 줄인다. 흔히 이용되는 2비트 킥의 장점을 살리고 경우에 따라서 6비트 킥과의 조화로운 선택을 해야 한다.

(12) 추진력의 향상을 위해 양발목은 부드럽고 유연하게 하여 양 발가락들 사이로 지나치는 물의 감지를 통해 속도를 내기 원한다면 이 동작은 강력한 채찍질이 되어 평행력과 동시에 몸 선 안쪽으로 직접 밀치는 효과를 낸다.

수영선수들은 스트레칭 훈련을 함으로써 양 발목의 신축성을 유지해야 한다. 한 가지 효과적인 훈련은 왼쪽 다리 위에 오른 다리를 교차시키고 마루에 앉는 것이다. 손바닥을 발바닥에 놓은 채 왼손으로 오른 발가락들을 붙잡는다. 이제 왼손이 회전 동작으로 오른발을 돌린다. 발가락들 끝을 아래쪽으로 끌어 발목과 발을 완전히 뻗는다.

(그림 6-1-1)은 크롤 영법의 팔 동작으로서 스트로크와 다리동작으로서 킥 동작이 결합된 연속동작을 측면으로 관찰한 내용이며, 정면 동작은 팔 동작을 중심으로 묘사되었다.

2) 스트로크 패턴

Maglischo 등(1986)과 Schelihauf 등(1988)은 1984년 미국 올림픽 수영 대표선수들을 조사한 결과 흥미로운 연구결과를 발표했다. 이것은 크롤 영법의 스트로크 패턴과 관련해서 크롤 선수들은 추진력을 적용하는 방식에 따라서 두 가지 범주로 구분하였으며, 수중 팔 스트로크 시에 가속 정점이 두 번인 선수와 한 번밖에 없는 선수로 구분하였다.

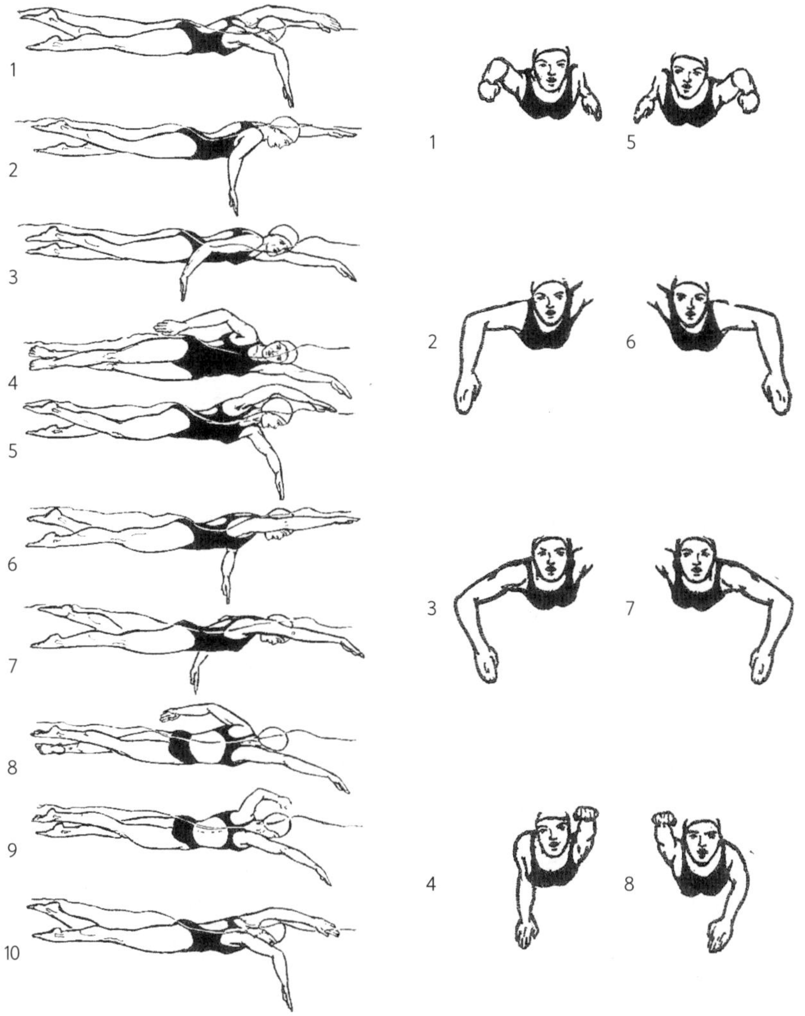

그림 6-1-1. 크롤 스트로크의 측면 및 정면 보기 전체 동작 (심 등, 2005)

이러한 두 가지 유형의 명칭을 1-정점 패턴과 2-정점 패턴으로 구분한다. 이 두 가지 유형 중에 어느 것이 더 나은지 궁금할 것이다. 하지만 세계기록 보유자들이 이 두 유형을 모두 이용해왔기 때문에 판단을 내리기가 쉽지 않다. 매트 비욘디는 2-정점 선수였고 라우디 게인즈 선수는 1-정점 유형을 이용했으나, 두 사람 모두가 자유형 세계기록 보유자이자 올림픽 챔피언이었다. 결국 각 선수에게 가장 효과적인 스타일은 팔 스트로크 당 가장 큰 평균 속도를 내는 것이다. 어떤 선수들에게는 1-정점 스타일이, 다른 선수들에게는 2-정점 방식이 더 효과적일 수 있다.

보통 선수들이 손을 몸 아래로 가져가는 양에 따라서 2-정점 또는 1-정점 유형을 이용하는지의 여부를 구분할 수 있다. 2-정점 선수들이 안으로 젓기 시에 손을 더 많이 몸 밑의 안으로 젓는 게 확연히 구분된다.

(1) 1-정점 패턴

1-정점 패턴은 각 팔 스트로크의 안으로 젓기와 상향 젓기가 공조하여 한 번의 큰 전진속도 정점이 나타난다. 2-정점 유형과는 다르게, 두 젓기 사이에 감속기가 없다.

1-정점 유형을 이용하는 선수들은 대각선 형태에서 벗어나는 스트로크 패턴을 이용하는 경향이 있다. 안으로 젓기 시에는 손을 안으로 젓는 동작이 줄어들고 상향 젓기 시에는 밖으로 젓는 동작이 줄어든다. 안으로 젓기와 상향 젓기가 거의 지속적인 동작을 이루며, 몸 아래에서의 방향전환도 조금밖에 일어나지 않는다. 이 유형의 장점은 안으로 젓기에서 상향 젓기로 전환하는 동안 속도 손실을 줄인다는 것이다. 단점은 안으로 젓기 길이가 단축되고, 상향 젓기의 길이가 단축되는 경우도 있다. 그래서 이 단계들을 펼치면서 동일한 전진속도를 내지 못한다.

1-정점 선수들은 지속적으로 가속도를 붙인 팔로 물의 일부를 뒤로 밀어서 추진력을 얻는다. 그러면 스트로크 비율이 짧아지고 빨라질 것이다.

1-정점 패턴을 선택하는 선수들의 경향은 최소 차기 리듬의 선수들이며, 아마도 킥의 수가 적을수록 더 빠른 턴 오버 비율이 가능하기 때문일 것이다. 또한 다른 가능성은 1-정점 선수들이 '직 후방으로 밀기'이론에 따른 교육을 어려서부터 받아왔기 때문일 것으로 추측한다.

(2) 2-정점 패턴

2-정점 패턴은 각 팔 스트로크 주기에서 두 번의 뚜렷한 전진속도의 정점이 나타났다. 즉, 안으로 젓기와 상향 젓기 시에 각각 한 번씩이었다. 이 정점들은 한 스트로크 단계에서 다음 단계로 넘어가며 전진속도가 감속하는 시기에 의해 구분되었다. 2-정점 유형을 이용하는 선수들은 전형적으로 손을 안으로 저어서 흔히 몸의 중앙선을 지나친다. 그러면 안으로 젓기 시간이 더 길어진다. 그런 다음에는 손

을 몸 밑에서 밖으로 젓는다. 그러면 상향 젓기 시간이 더 길어진다. 이런 동작들이 각 스트로크 단계에서 추진력을 발휘하는 시간을 더 길게 만든다. 불행히도, 이 두 번의 긴 추진성 젓기를 위해 지불해야 하는 단점으로서의 대가가 바로 전이 타임이다. 이때에 전진속도가 떨어진다는 단점이 있다.

최근에 세계적인 수영 코치들은 2-정점 패턴을 선호하는 경향이 있다. 2-정점 유형이 대다수 선수들에게 더 효과적인 잠재력을 가지고 있기 때문이라고 설명한다. 2-정점 선수들이 더 적은 근력으로 더 긴 시간동안 추진력을 적용할 수 있기 때문에 팔 스트로크 당 더 높은 평균속도를 달성할 가능성이 크다. 2-정점 끌기 패턴으로 대각선식의 자세를 강화하면 스트로크 당 더 긴 거리를 나아갈 수 있을 것이다. 그뿐만 아니라, 2-정점 선수들은 동일한 전진속도를 얻기 위해 손과 팔 속도를 가속할 필요가 없을 것이다. 2-정점 선수들은 물의 일부에 가속도가 붙을 때까지 뒤로 민 다음, 그보다 느린 물의 일부로 이동하여 그 물에도 후진가속을 붙인다. 따라서 2-정점 선수들은 보다 길고 느린 팔 스트로크로 동일한 전진속도를 낼 수 있을 것이다. 따라서 많은 세계적인 코치들은 2-정점 스타일이 1-정점 스타일보다 뛰어난 잠재력을 가지고 있기 때문에 젊은 선수들에게 2-정점 스타일을 가르치라고 조언한다.

(3) S 동작 패턴

손과 팔은 몸 밑에서 에스(S) 형태로 움직인다. 손과 팔은 수중 팔 스트로크의 1/3(S의 첫 번째 곡선) 단계에서 아래로 젓다가 하이 엘보 캐치 자세를 취한다. 그런 다음에 스트로크의 2/3(S의 두 번째 곡선) 단계에서 손이 가슴아래 중앙선에 이를 때까지 뒤와 안으로 젓는다. 에스 패턴의 마지막 단계(S의 세 번째 곡선)에서는 손과 팔을 수면을 향하여 뒤, 바깥과 위로 젓는다. 손이 넓적다리에 접근할 때 물에 가하는 압박이 풀리고 되돌리기가 시작된다.

(그림 6-1-2)에서 보는 바와 같이 에스 패턴의 첫 번째 곡선은 추진과 무관하며 부드럽게 수행해야 한다. 그런 다음에 다음의 두 가지 젓

그림 6-1-2. 프론트 크롤의 S 패턴 스트로크

기를 거치면서 점진적으로 손 속도를 높였다가 에스 패턴의 세 번째 곡선 단계에서 최대의 속도에 도달한다. 에스 패턴의 마지막 두 곡선을 거치는 동안 선수들은 손바닥과 전완 및 상완의 아랫면을 패들처럼 사용하여 물을 뒤로 밀어야 한다.

3) 스트로크의 동작의 원리

팔 동작으로서 스트로크는 입수와 뻗기, 하향 젓기, 캐치, 안으로 젓기, 상향 젓기, 그리고 이완과 되돌리기 단계로 구분된다. 이러한 각 단계의 동작의 형태와 구조적 원리를 아래에서 구체적으로 설명하고자 한다(그림 6-1-3).

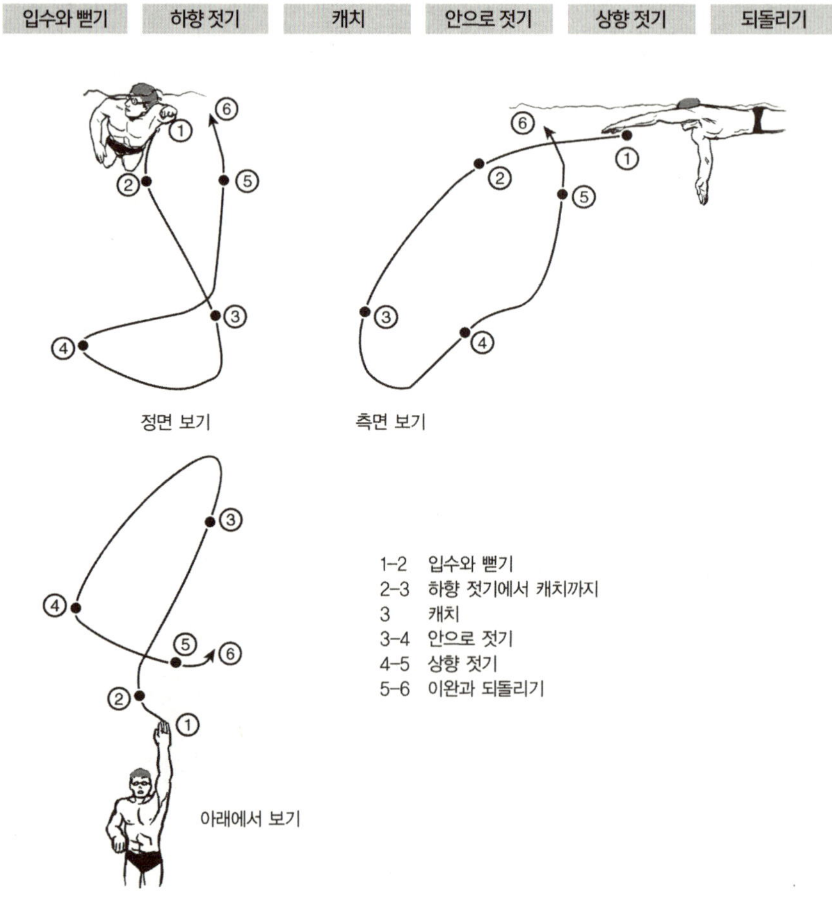

그림 6-1-3. 프론트 크롤 스트로크의 전체 과정(정면, 측면, 아래보기) (심 등, 2008)

(1) 입수와 뻗기

입수 타임에서 가장 중요한 것은 푸싱저항을 줄이는 문제이다. 따라서 입수하는 팔이 부드럽고 매끄럽게 물을 가르고 들어가야 한다. 손은 머리 전방으로, 머리 중심과 입수 면에 접한 어깨 끝 사이의 물속으로 입수해야 한다. 팔을 약간 구부리고 손바닥을 약간 바깥으로 향해야 손의 모서리로 입수할 수 있다. 손가락 끝이 먼저 입수해야 한다. 입수 후, 가능하면 동요를 일으키지 않으려거든 팔도 손에 의해 열린 동일한 홀의 위치 속으로 물을 가르고 들어가야 한다.

한 손이 입수할 때 다른 손은 중간-스트로크 단계에 있다. 그런 다음에 입수하는 팔은 유선형을 이루면서 전방으로 뻗어야 한다. 더 나은 유선화를 위해서는 뻗기 시에 입수하는 팔 쪽의 아래로 몸을 회전해야 한다.

입수한 후에는 팔을 수면 바로 아래, 몸의 중앙을 향하여 전방과 안으로 뻗어야 한다. 뻗기를 완료할 무렵에 손바닥을 회전시켜 약간 앞과 안으로 뻗되, 손이 좌우 수직으로 몸의 경계 안에 머물게 한다. 이 국면에서 입수하는 팔은 마치 배의 앞머리처럼 작용한다. 그래서 밀려오는 물 흐름을 팔 주변으로 분리시키기 때문에 몸이 헤쳐 갈 때 동요가 줄어든다.

뻗기의 길이는 입수 팔과 스트로크 팔 사이의 중복 정도에 따라 다를 것이다. 만일 한 팔이 입수할 때 다른 팔이 안으로 젓기를 시작한다면, 뻗는 정도가 더 길어질 것이다. 그러나 스트로크 하는 팔이 안으로 젓기를 마무리할 무렵에 되돌리는 팔이 입수할 경우에는, 뻗기가 더 빨리 이루어질 것이다.

어떤 선수들은 뻗기 시에 손바닥을 안과 아래로 회전한다. 다른 선수들은 뻗기의 마무리 시점에 손바닥이 아래를 향할 때에 비로소 회전시킨다. 또 다른 선수들은 팔을 전방으로 뻗으면서 손바닥을 다소 바깥으로 기울인다. 적당한 뻗기 길이를 감안하면, 손바닥을 아래와 안으로 회전하는 것이 최상의 방법일 것이다. 이는 팔을 미끄러지듯 중앙선을 향해 움직이면서 손바닥을 안으로 회전할 경우에 더 나은 몸 회전과 유선화가 촉진되기 때문이다. 그렇지만 몸을 충분히 회전하고 팔을 앞으로 뻗으면서 몸의 경계 내에 머물게 한다면 언급한 어떤 방법도 만족스러운 결과를 얻을 것이다.

한 팔이 단지 다른 팔의 추진 단계 끝 무렵에 앞으로 움직이는 몸에 의해 앞으로 밀릴 때까지, 입수에서 뻗기의 완료 시점까지 손 속도를 줄여야 한다.

아래 (그림 6-1-4)의 경우 입수시 지나친 팔 뻗기 동작과 (그림 6-1-5)는 너무 작은 팔 뻗기 동작으로 적절하지 못한 자세를 나타낸다.

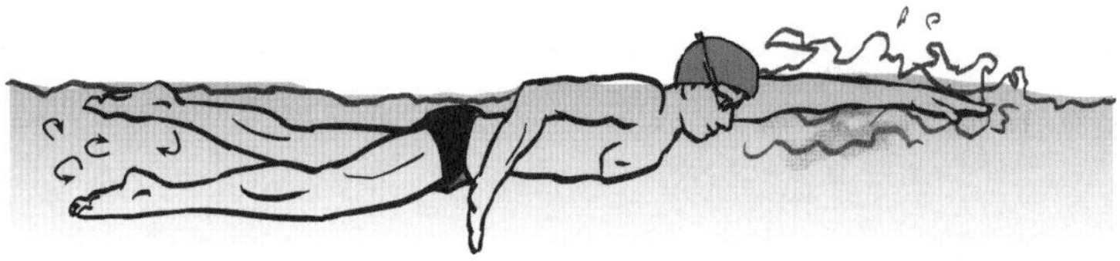

그림 6-1-4. 프로트 크롤 스트로크의 입수시 지나친 팔 뻗기 동작

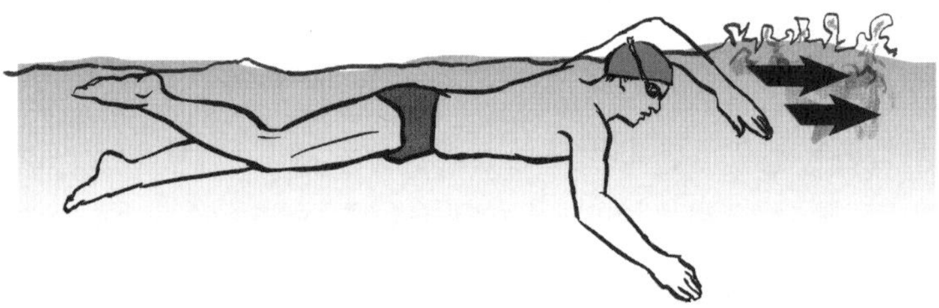

그림 6-1-5 프론트 크롤 스트로크의 입수시 너무 작은 팔 뻗기 동작

(2) 하향 젓기

하향 젓기의 주요 목적은 캐치자세에 들어가도록 팔을 움직이는 것이다. 이 동작은 손과 팔을 아래로 움직여 캐치자세를 취하는데 필요한 최소한의 힘만 사용하여 가능하면 부드럽게 빨리 이루어져야 한다.

하향 젓기 초기에는 손과 팔 속도를 약간 가속하겠지만, 일단 하향 젓기가 진행되어 캐치에 들어가는 순간 손이 거의 움직이지 않을 때까지 다시 감속해야 한다.

하향 젓기 시에는, 몸이 계속해서 스트로크 측면의 아래쪽과 회복 측면의 위쪽으로 회전할 것이다. 하향 젓기가 진행되는 동안, 다른 팔은 물을 떠나 물위에서 회복기의 전반부를 완료한 상태일 것이다.

하향 젓기는 다른 팔로 물에 가하는 압박을 푸는 순간에 시작해야 한다. 하향 젓기는 아래로 움직이는 손의 손목을 구부리며 개시한다. 그런 다음, 그 팔을 곡선경로로 아래와 앞으로 휘두른다. 하향 젓기 시에는 손과 팔을 계속 전방으로 움직이는 게 중요하다. 물을 뒤로 밀려고 시도하면 전형적인 낮은 엘보(dropped elbow) 자세가 초래되어 불필요한 힘으로 물을 아래로 밀게 되고 이미 떨어진 전진속도가 더 빨리 감속될 것이다.

따라서 아래로 움직이는 팔은 구부려야 한다. 선수의 팔꿈치가 손보다 위로 올라갈 때까지 구부린 자세를 계속 유지하고, 손, 전완과 상완은 전형적인 하이 엘보(high elbow) 캐치자세로 정렬선을 이룬 채 뒤를 향한다.

하향 젓기 시에는 필요 이상으로 상완을 아래로 압박하지 말아야 한다. 상완을 수면과 평행을 이룬 채, 팔꿈치에서 팔을 구부릴 때 측면 쪽 바깥으로 움직이는 게 이상적이다. 하지만 견관절의 상완골 회전을 줄이려면, 상완을 다소 아래로 압박할 필요가 있다.

(3) 캐치

물을 젓기 시작하는 캐치 포인트에서는 몸을 조금씩 롤링 시키면서 손바닥에 체중을 싣는듯한 느낌으로 물을 젓는다. 캐치를 할 때는 팔을 거의 90°로 구부려야 한다. 캐치 시에는 손이 약 50~70cm 정도로 상당히 깊은 수중 위치로 내려간다. 손과 팔은 어깨 바깥에서 후방과 약간 바깥을 향한다. 캐치 시에 선수들은 팔을 아래뿐만 아니라 뒤로 압박함으로써 수중 팔 스트로크의 첫 번째 추진단계, 즉 안으로 젓기를 시작한다.

또한 캐치 시에는 손바닥과 전완 및 상완의 아랫면이 뒤와 약간 바깥을 향한다. 그러나 이때 손과 팔의 피치는 하향 젓기를 하면서 팔을 굽힐 때 일어나는 자연스러운 현상이기 때문에 너무 신경 쓸 필요가 없다.

세계적인 자유형 선수들의 캐치 스타일을 분석해 볼 때 크게 두 가지 유형으로 구분한다. 첫 번째 흔히 이용하는 유형은 팔을 아주 많이 아래로 젓지는 않는다. 그 대신에 팔을 측면 바깥으로 움직이며 캐치를 빨리 할 수 있도록 재빨리 팔꿈치를 구부린다. 캐치를 할 때 상완은 바깥 측면으로 나아가고, 전완과 손은 측면 아래와 상당히 어깨 바깥 측면으로도 나아간다(그림 6-1-6-a).

다른 한 가지 유형은 캐치자세에서는 선수가 몸을 측면으로 더 많이 굴림으로써 팔을 더 깊이 젓는다. 그 결과로 수중에서 팔꿈치를 약간 더 낮추고 손을 약간만 어깨바깥으로 내민 상태에서 캐치를 한다(그림 6-1-6-b).

수많은 세계적 선수들이 흔히 이 두 유형을 이용하기 때문에, 둘 중 어느 하나를 추천할 수는 없다. 하지만 각 유형의 장점과 단점을 찾아보고 본인의 스타일에 맞게 적용하는 노력이 필요하다.

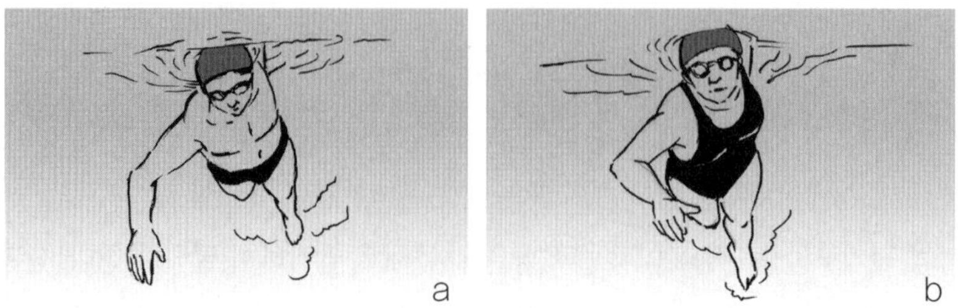

그림 6-1-6. 프론트 크롤의 캐치 동작

캐치 동작에서 중요한 포인트는 팔을 어깨 바깥으로 내민 상태로 과도한 하이 엘보가 특징인 높은 캐치 자세를 나타낸다. 이러한 동작은 다음동작으로 이어지는 안으로 젓기에서 거의 전 과정이 몸의 경계선 안에서 이루어지기 때문에, 추진력의 적용으로 더 큰 전진가속을 낼 수 있다는 장점이 있다.

(4) 안으로 젓기

안으로 젓기 동작은 캐치에서 시작한다. 일단 팔 전체의 아랫면과 손바닥이 전형적인 하이 엘보 자세로 뒤를 향하면, 선수는 손이 가슴 아래에 이를 때까지 계속해서 반원형의 후방 젓기를 수행한다. 안으로 젓기를 할 때는 상완과 전완의 아랫면과 손바닥을 커다란 부메랑 모양의 패들처럼 만들어 물을 뒤로 민다. 최대량의 추진력을 적용하려면, 등과 어깨의 큰 근육을 이용하여 이 패들로 물을 뒤로 압박해야 한다.

안으로 젓기를 할 때는 팔을 너무 구부리지 말아야 한다. 즉, 팔을 완전히 또는 거의 완전히 뻗으면서 캐치로 들어간 다음, 안으로 젓기 시에 점차 뻗는 식으로 수행하지 말라는 뜻이다. 안으로 젓기 시에 팔을 구부리면 낮은 엘보와 추진력 손실을 초래할 뿐이다.

하향 젓기에서 안으로 젓기로 전환할 때는 하향 젓기 시에 나타나는 손의 하향 및 약간 바깥 방향의 동작을 계속 수행하는 중에 팔의 방향을 앞에서 뒤로 바꾸면서 부드럽게 이루어져야 한다. 일단 팔이 후방으로 움직이면서 전진관성이 극복되면, 다시 팔을 뒤, 위, 안과 가슴 밑으로 가져가면서 안으로 젓기를 완료한다. 상완이 뒤쪽, 거의 갈비뼈 근처에 이를 때 안으로 젓기가 끝나고, 손은 가슴 바로 밑, 몸의 중앙선 근처에 이른다.

안으로 젓기 시에는 팔의 피치가 바깥에서 안으로 바뀔 것이다. 하지만 선수들이 손으로 안쪽 스컬 젓기를 할 경우에는 이런 자세가 나오지 않는다. 그것은 단지 이 젓기를 할 때 상완의 방향이 바깥과 뒤에서 안과 뒤로 바뀌기 때문이다. 팔로 반원을 그리며 뒤와 안으로 젓기는 견관절에서 일어나는 내전 동작이어야 한다. 이 내전 동작을 할 때는 팔꿈치를 이용하여 전완과 손바닥을 돌리면 안 된다. 전완과 손바닥은 캐치에서와 마찬가지로 정렬선을 확고하게 유지해야 하며, 팔꿈치를 비틀거나 손바닥의 회전 또는 외전(外轉: supination)이 없어야 한다. 안으로 젓기를 할 때 견관절에서 내전 동작을 취하면 팔과 손의 각도가 적기에 아주 자연스럽게 바깥에서 안쪽으로 바뀔 것이다. 스컬 젓기 동작을 취하면 낮은 엘보 자세만 초래하여 추진력 손실을 낳는다.

안으로 젓기의 전반부가 가장 큰 추진 단계일 것이다. 후반부에는 추진력이 줄어드는 경향이 있다. 후반부는 이어지는 상향 젓기의 전반부를 보다 효과적으로 수행할 수 있도록 주로 팔을 몸 중앙선 밑에 위치시키는데 이용된다(그림 6-1-7).

(그림 6-1-8)은 크롤 스트로크의 안으로 젓기 동작에서 a는 짧은 안으로 젓기 동작을 나타내고, b는 중앙선까지 안으로 젓기는 동작이며, c는 긴 안으로 젓기 동작을 나타낸다.

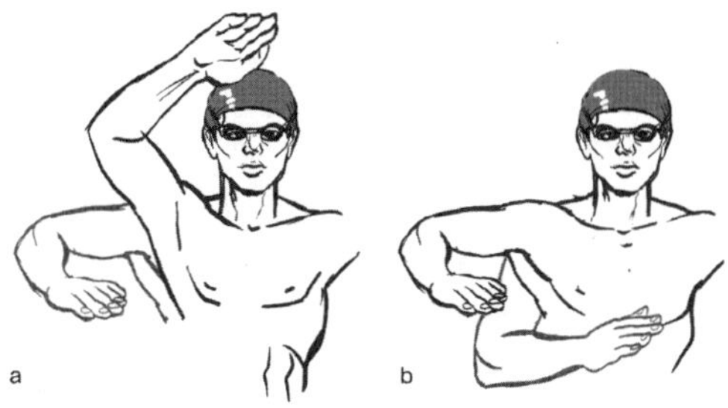

그림 6-1-7 프론트 크롤의 안으로 젓기 시의 추진(a는 초반추진, b는 후반추진)

그림 6-1-8 프론트 크롤의 세 가지 안으로 젓기 유형(a짧은 안으로 젓기 b중앙선까지 안으로 젓기 c 긴 안으로 젓기)

(5) 상향 젓기

상향 젓기는 프론트 크롤 스트로크의 두 번째와 최종 추진 단계이다. 이 젓기는 팔 스트로크 중 가장 많은 추진력을 발휘하는 단계다. 대부분의 선수들은 상향 젓기를 마무리할 무렵에 팔 스트로크 당 최대의 전진속도에 도달한다.

이전의 안으로 젓기가 완료되면서 상향 젓기가 시작되며, 몸 아래에서 손과 팔을 수면을 향해 뒤, 바깥과 위로 젓는다. 이 젓기는 손이 넓적다리에 근접하여 전방으로 움직이면서 팔 스트로크의 다음 단계, 회복을 시작하는 순간까지 계속된다.

(그림 6-1-9)에서 보는 바와 같이 상향 젓기의 동작은 손이 몸의 중앙선 바로 밑을 지나칠 때 안으로 젓기에서 상향 젓기로의 전이가 시작된다. 그 시점에서, 팔 동작은 뒤, 안과 위에서 뒤, 바깥과 위로 순환 방식으로 라운드-오프(round-off) 된다. 이 전환은 뒤로 미는 손바닥과 전완을 재빨리 바깥으로 회전하면서 개시된다. 상향 젓기에서는 손바닥과 전완의 아랫면이 패들처럼 물을 뒤로 미는데 이용된다.

상향 젓기로 인한 추진은 손이 선수의 수영복 바로 아래, 넓적다리 앞에 근접할 때 끝난다. 그 시점에는 팔꿈치가 이미 수면을 헤치고 나가 팔을 앞으로 움직이면서 회복단계에 들어갈 것이다. 손이 수면에 이를 때까지 계속 뒤로 밀지 않도록 해야 한다. 그러기 위해서는 팔을 뻗어야 한다. 이 동작이 전완의 아랫면으로 물을 위로 미는 원인으로 작용하여, 엉덩이를 아래로 밀면서 보통 팔 회복 시에 감속하는 양보다 훨씬 빠르게 전진속도를 떨어뜨린다.

이런 식으로 위로 미는 선수들은 자신들이 물을 뒤로 밀고 있다고 잘못 생각한다. 손목을 이용하여 손을 최대로 뻗음으로써, 수면에 이를 때까지 손바닥으로 뒤를 향한 자세를 유지할 수 있기 때문이다.

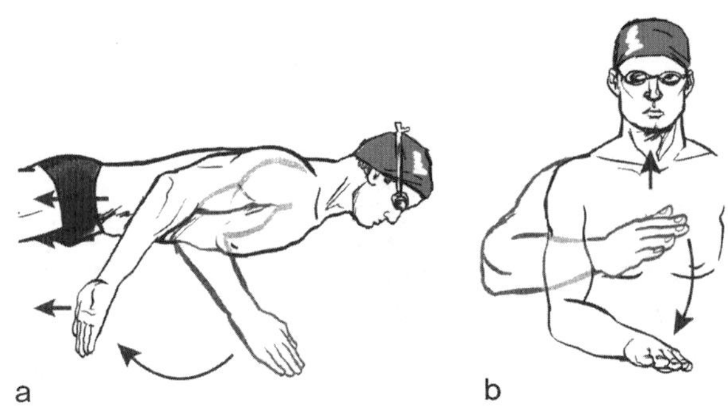

그림 6-1-9.프론트 크롤 상향젓기(a 측면 b 아래에서)

(6) 이완과 되돌리기

스트로크의 마지막 단계인 리커버리 동작, 즉 팔 되돌리기는 사실상 손이 물을 떠나기 전에 시작된다. 손이 넓적다리에 접근하여 전방으로 움직이는 순간에 물을 뒤로 미는 동작을 멈추어야 한다. 이완 시에는 손바닥을 안쪽으로 돌려서 손가락 끝이 수면으로 나아갈 수 있도록 해야 한다. 손의 상승 및 전진 동작의 결과로 생기는 푸싱저항은 손의 가장 작은 면으로 물을 헤쳐 가면 줄어들 것이다.

되돌리기의 목적은 또 다른 수중 스트로크를 위한 팔 자세를 취하는 것이다. 이는 중요한 기능이지만 추진과는 무관하므로 되돌리기의 가장 중요한 목표는, 첫 번째 좌우 정렬선을 거의 깨뜨리지 않고 팔을 물 위로 지나치게 하고, 두 번째는 단시간 동안 팔, 어깨와 몸통 근육을 절제하여 사용해야 한다.

이런 이유로, 되돌리기 시에는 팔이 다시 앞의 물로 들어가기에 충분할 정도의 힘만 사용하면서 가능하면 팔을 많이 이완해야 한다. 이 동작은 높은 속도나 노력을 들이는 게 아니라, 단지 적당한 속도, 최소한의 노력과 적절한 자세잡기로 팔을 돌려서 물을 넘어가면 그만이다. 따라서 물에 가하는 압박을 푼 후에 손이 수면을 향해 나아가는 시점에는 팔 속도가 다소 떨어질 것이다. 그러나 의식적으로 이 속도를 줄이거나 늘릴 필요는 없다. 단지 상향 젓기 추진력 연장선에서 팔이 위로 움직여서 수면 밖으로 나오게 하면 그만이다.

(그림 6-1-10)에서 보는 바와 같이 되돌리기 시에 팔이 머리를 지나갈 때 입수를 위해 앞으로 뻗기 시작해야 한다. 그 시점에, 다른 팔로는 안으로 젓기를 완료하고 몸을 다시 반대편을 향해 롤링해야 한다. 전방 뻗기를 할 때도, 팔을 여전히 다소 굽힌 상태에서 손가락 끝으로 물을 자르듯이 들어가게 하여 팔에서 손 부위가 제일 먼저 입수하게 한다. 팔을 입수하기 전에 물 위로 뻗으면 그와 동시에 팔과 손이 물을 강타하고 들어가서 푸싱저항을 가중시킬 것이다.

일단 손이 물속으로 들어가면, 앞에서 설명한 바와 같이 입수와 뻗기 동작을 위해 자연스럽게 팔을 전방으로 뻗어야 한다.

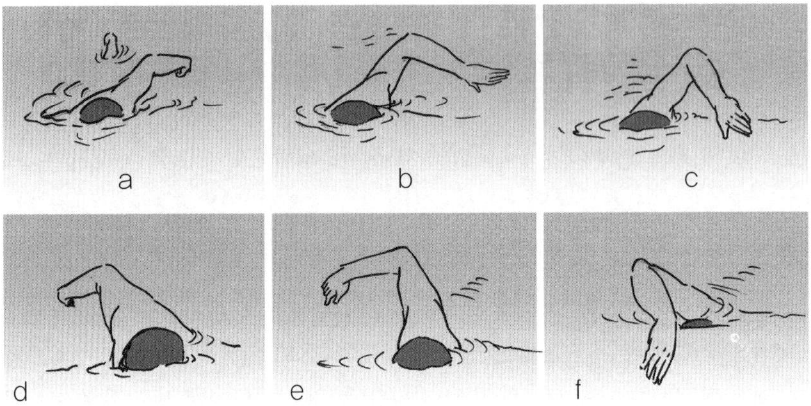

그림 6-1-10. 캐나다 올림픽 선수 크레이그 허치슨의 팔 되돌리기 동작을 참고해서 그림.
(Ernest W. Maglischo: Swimming Fastest, 2005)

(a) 왼팔 출수(왼팔을 굽히고 있음을 주목하기 바란다).
(b) 왼팔 되돌리기 중.
(c) 왼팔 입수를 위한 뻗기.
(d) 오른팔 출수(팔을 구부리고 있음을 주목하기 바란다).
(e) 오른팔 되돌리기 중.
(f) 오른손 입수(손이 입수 면에 접해있음을 주목하기 바란다).

(7) 두 팔의 타이밍

두 팔 스트로크는 서로 정확한 연관성이 있기 때문에 프론트 크롤의 빠른 수영에 아주 중요하다. 각 스트로크 주기에 추진력의 적용을 용이하게 하고 몸의 유선형 자세를 유지하려면 두 팔의 교체 동작과 몸의 롤링이 서로 조화를 이루어야 하기 때문에 중요하다.

두 팔 스트로크와 몸 롤링의 타이밍이 중요한 문제인데 이러한 한 팔을 몸의 중앙선을 향해 안과 위로 움직임과 동시에 다른 팔을 아래와 전방 수중으로 움직이는 동작의 조합은 스트로크 하는 팔 쪽으로 몸의 회전을 동반한다. 바로 이 시점에 스트로크 하는 팔을 향해 롤링 동작이 몸의 양 측면을 양팔과 같은 방향으로 움직이게 하고 좋은 좌우 정렬선을 유지하게 만든다. 이와 더불어 이 시점에 스트로크 하는 팔을 향해 롤링 동작의 긍정적인 측면은 상향 젓기 시에 스트로크 하는 팔이 물을 좀 더 직 후방으로 밀 수 있다는 것이다. 몸을 상향 젓기 팔 쪽으로 롤링 하는 선수는 손이 넓적다리를 벗어나 수면으로 향하면서 밖으로 넓게 저을 필요가 없을 것이다.

양팔 스트로크 간 타이밍의 또 다른 중요한 특징은 앞선 팔이 하향 젓기를 시작하기 전에 다른 팔이 상향 젓기를 완료한다는 것이다. 이 작용 때문에 입수하는 팔의 유선형을 유지하면서 다른 팔로 추진력을 적용하는 것이다.

그래서 입수하는 팔이 몸의 수직 경계선 아래로 압박하는 경우보다 형상저항과 푸싱저항을 적게 유발한다. 결국, 그 저항이 스트로크 하는 팔의 추진노력을 덜 간섭하게 된다.

(8) 팔 리듬

팔 리듬은 피로가 가중되는 상황에서 지속적인 스트로크 비율을 유지하는데 중요하다. 피로한 선수들은 흔히 한 스트로크의 끝에서 다음 스트로크의 시작으로 팔을 전환하는데 어려움을 겪는다. 팔 리듬이 부정확하다고 생각하기 때문이다. 그들은 수중 스트로크를 빠르고 어려운 부분으로, 리커버리 동작은 느리고 쉬운 부분으로 생각한다. 결과적으로, 물을 떠나는 팔을 종종 너무 느리게 움직이곤 한다. 실제에서는, 각 팔의 캐치에서 수중 팔 스트로크와 되돌리기를 거쳐 다음에 이어지는 입수에 이르기까지 팔 속도를 한결같이 유지하려고 노력해야 한다. 그렇게 함으로써 팔이 물을 떠날 때 스트로크가 라운드-오프 방식으로 더 잘 이루어지고, 팔이 입수하여 앞으로 미끄러지면서 다음 스트로크의 준비 자세를 갖출 때까지 계속 빠르게 움직일 것이다. 선수들은 수중 팔 스트로크 시에 이용하는 강한 근력을 되돌리기 시에도 똑같이 발휘해서는 안 되지만, 되돌리기 단계를 거치는 동안에도 팔 속도는 유지해야 한다.

4) 킥(Flutter Kick) 동작의 원리

물장구차기는 양 다리의 교체 대각선 젓기로 구성된다. 즉, 한쪽 다리로 아래로 차기를 하는 동안 다른 쪽 다리로는 위로 차기가 실행된다. 차기의 주요 방향이 상하이기 때문에, 위로 차기(upbeats)와 아래로 차기(downbeats)로 불린다(그림 6-1-11). 하지만 이런 차기에는 측면적 요소도 포함된다. 사실상, 다리를 아래와 측면, 그리고 위와 몸이 롤링하는 방향의 측면으로 찬다. 차기의 하향 요소는 주로 추진력을 책임지는 반면에 상향 요소는 다리가 다음 아래차기 자세를 잡게 하는 역할을 한다. 이 다리차기의 측면적 요소는 몸을 안정화하고 롤링시켜 선수들이 좌우로 롤링 할때 좋은 좌우 정렬선을 유지하게 만드는 도우미 역할을 한다.

크롤 영법에서 사용하는 교차식 킥의 동작 구분은 아래로 차기와 위로 차기 동작이며, 이러한 동작의 구체적인 자세 및 원리를 다음과 같이 설명할 수 있다.

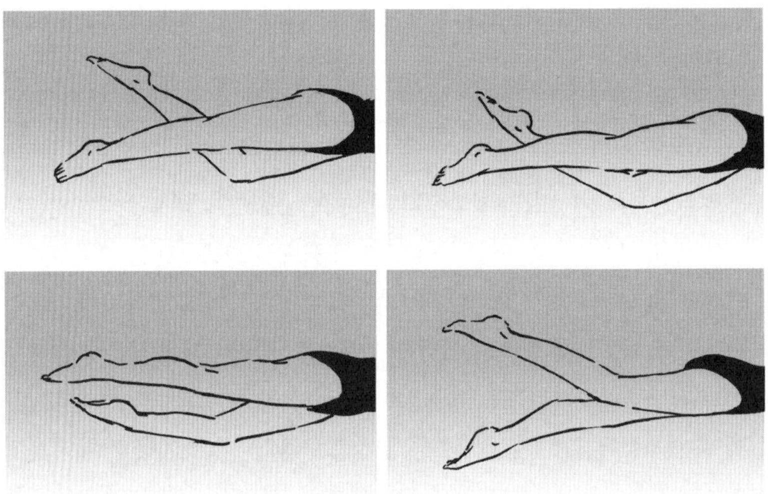

그림 6-1-11. 프론트 크롤 킥의 연속 동작

(1) 아래로 차기(Downbeat)

아래로 차기는 엉덩이 부위를 구부리며 시작하여 무릎에서의 뻗기가 이어지는 채찍 같은 동작이다. 흔히 자유형 선수의 발이 최고점에 이른 후에 아래로 차기가 시작되는 듯이 보일지 모르지만 그렇지 않다. 사실, 아래로 차기는 다리가 엉덩이 위로 지나갈 때 시작된다. 그 지점에서, 선수가 무릎을 이용하여 다리를 약간 구부리고 엉덩이 부위의 넓적다리로 아래로 민다.

다리 아래부위가 계속해서 위로 움직이는 동안 엉덩이를 구부리고 넓적다리로 아래를 압박하는 이 동작으로 이전 위로 차기의 관성을 극복하고, 최소한의 근력으로 다리를 위에서 아래로 방향 전환할 수 있는 것이다. 다리 밑의 수압이 또한 발가락을 위로 향한 상태로 발을 밀어서 더 뻗게 만들고(발바닥 굴곡) 아래로 차기를 시작한 후 발을 안쪽으로 향하게 만든다.

아래로 차기의 마지막 동작은 발등을 아래로 미는 동작으로, 발가락을 거의 뒤꿈치 바로 아래에 놓은 채 자연스런 또는 조금 굽은 발 자세로 되돌리기 한다. 아래로 차기는 근육수축의 정현파(正弦波, sine wave)처럼 실행된다. 이 동작은 고관절(hip joint)을 구부리는 동작으로 시작하여 넓적다리로 내려가 무릎까지 움직이며, 무릎에서 다리 아래부위의 빠른 뻗기가 일어나고, 그 지점에서 다리 아래쪽으로 발까지 이동하여, 아래로 차기가 끝날 때 발이 아래로 밀리면서 굽은 자세로 들어간다.

(2) 위로 차기(upbeat)

위로 차기는 다리를 곧게 뻗고 수행해야 한다. 물장구차기의 이 단계 내내 다리를 아래로 미는 수압이 뻗은 자세를 계속 유지하게 만들고 발도 굽히기와 뻗기의 중간지점에서 자연스러운 자세를 취하게 한다. 위로 차기의 전 과정에서 다리 아래부위와 발은 다음 아래로 차기 시에 무릎이 뻗기를 시작할 때까지 이완된 상태를 계속 유지해야 한다.

차기가 서투른 선수들이 저지르는 가장 흔한 실수는 위로 차기 시에 무릎에서 다리 아래부위를 구부리는 행동이다. 이 동작이 아랫다리의 뒷부분으로 물을 위와 전방으로 미는 원인으로 작용하여 푸싱저항을 유발하기 때문에 최소한 전진속도가 떨어지며, 극단적인 경우에는 보드에서 차기를 할 때 뒤로 움직이는 선수들도 있다.

위로 차기는 다리가 상승하면서 몸을 지나칠 때 끝난다. 즉, 다음 아래로 차기를 위해 엉덩이 부위에서 다리를 굽히는 순간에 마무리된다.

(그림 6-1-12) 는 크롤 킥의 위로차기 시에 다리를 구부리는 동작에서 a는 적당한 다리 구부리기를 하고 있지만b는 많이 구부린 동작을 나타내고 있다.

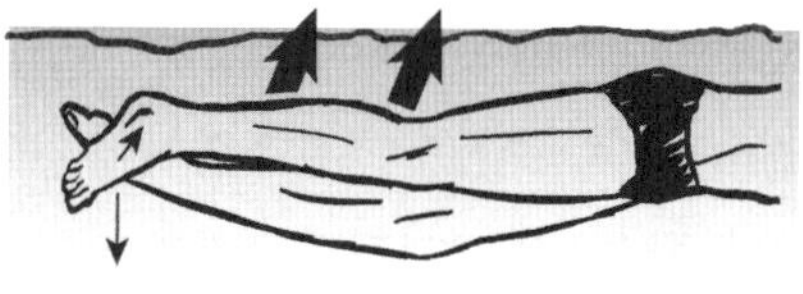
a

b

그림 6-1-12.크롤 킥의 위로차기 시에 다리를 구부리는 효과(a 바른 자세 b 다리를 구부려 반대 힘을 유발함)

(3) 차기 폭

물장구차기는 너무 얕거나 너무 깊게 차면 안 된다. 너무 얕으면 몸의 안정화가 깨지고 추진력이 감소하며, 너무 깊으면 형상저항과 푸싱저항이 증가할 것이다.

아래로 차기가 완료될 때, 발은 신체선 바로 밑에 있어야 한다. 이보다 더 깊이 찰 경우에는 차기 추진력이나 안정화 효과를 향상시키지 못하고, 물과 만나는 몸의 횡단면적만 증가할 것이다.

최적의 최대 다리 폭은 알려져 있지 않지만, 50~80cm 사이일 것이다. 일반적으로 세계적인 선수들은 추진력을 높이기 위해서는 약 30cm의 차기 폭이 15cm의 좁은 폭의 차기보다 좋다고 알려져 있다.

(4) 대각선식의 차기

이미 설명한 바와 같이 물장구차기를 할 때 다리의 측면 동작이 몸 롤링과 안정화에 도움을 줄 수 있다. 한쪽 다리는 몸이 롤링 하는 방향으로 차고 다른 다리는 반대방향으로 찰 경우에 몸 회전이 용이하고 좌우 정렬선이 유지될 수 있기 때문이다. 그래서 선수들이 몸을 오른쪽으로 롤링 할 때, 한쪽 다리는 대각선 형태로 아래와 오른쪽으로 차는 반면 다른 쪽 다리는 대각선 형태로 위와 왼쪽으로 차야 한다. 몸이 왼쪽으로 회전할 때는 이 대각선 형태의 다리 동작이 역전된다.

다리 지구력을 개선하기 위해서는 보통 킥보드를 활용한 차기 연습이 좋지만, 이 연습으로는 대각선 차기가 불가능하다. 따라서 대부분의 차기 훈련은 보드 없이 행해져야 한다. 그래야 차기와 몸의 회전이 공조할 수 있다.

(5) 직선 2-비트 차기

(그림 6-1-13)은 직선 2-비트 차기의 전체동작을 나타내고 있다. 2-비트 킥은 각각 완전한 스트로크 주기에 양 다리로 두 번의 아래로 차기, 또는 팔 스트로크 당 한 번의 아래로 차기를 수행한다. 특정한 다리의 각 아래로 차기는 상응하는 팔 스트로크의 안으로 젓기와 상향 젓기 시에 일어난다. 즉, 오른팔 스트로크 시에 왼다리 아래로 차기가 일어나고 반대로 왼팔 스트로크 시에 오른다리 아래로 차기가 일어난다.

이때 반대편 다리의 아래로 차기가 일어남과 동시에 다른 발이 위로 찰 것이다.

그런 다음 팔이 물 위로 회복할 때와 하향 젓기를 하여 캐치 자세로 들어가는 동안 양 다리는 자유롭게 또는 독립된 자세로 매달려 있다. 그래서 팔 스트로크의 감속기에 차기를 해도 아무 소용이 없다.

2-비트 차기를 이용하는 선수들은 오른팔과 왼팔의 하향 젓기 시에 다리를 차지 않는 점을 감안하여 양팔의 타이밍을 수정하는 경향이 있다. 첫 번째 수정은 뻗기 단계에서의 변화이다. 2-비트 차기를 하는 선수들은 한 팔을 다른 팔보다 늦게 입수하여, 빠른 잡기를 위해 하향 젓기를 단축시킨다. 아마도 차기로는 감속 비율을 줄이지 못하기에, 하향 젓기에서 보내는 시간을 줄이려고 하는 것이다. 두 번째 수정은 팔 스트로크의 안으로 젓기를 단축시키는 것이다. 안으로 젓기와 균형을 맞추는 반대편 다리의 차기가 부재하기 때문이다.

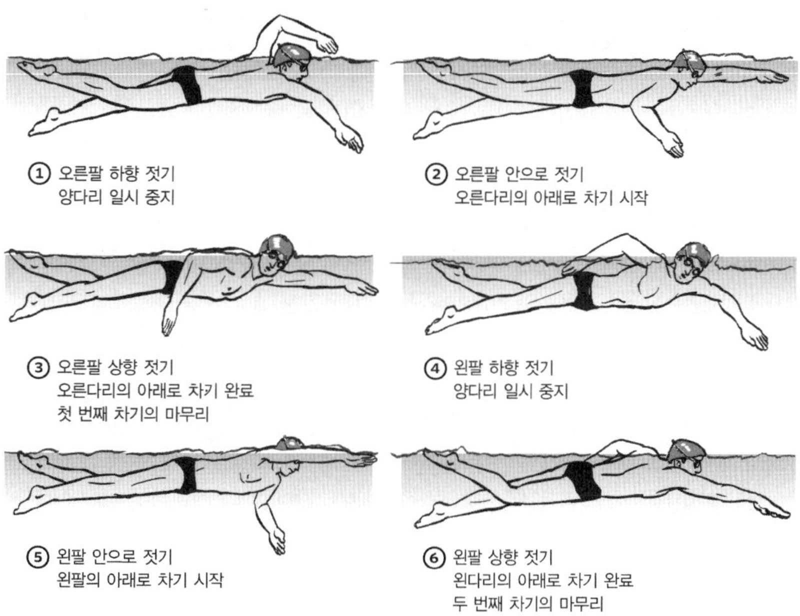

그림 6-1-13.크롤 킥의 직선 2비트 차기 동작

(6) 2-비트 교차 차기

(그림 6-1-14)은 직선 2비트 교차 차기의 전체동작을 나타내고 있다. 2비트 교차 차기 리듬은 상당한 수의 남자 중거리 및 장거리 선수들이 선호한다. 이 방식을 '2-비트 교차 차기'로 부르는 것은 사실 잘못된 표기일 수 있다. 실제로 스트로크 주기

당 4번의 다리 차기(두 번의 큰 아래로 차기와 두 번의 작은 교차 차기)를 하기 때문이다. 큰 아래로 차기는 2-비트 차기의 연속동작과 마찬가지로 상응하는 팔 스트로크의 안으로 젓기와 상향 젓기 시에 일어난다.

교차 차기는 다음과 같이 수행된다. 직선 2-비트 리듬의 경우와는 달리, 팔 스트로크의 하향 젓기 시에 양다리가 가만히 매달려 있지 않는다. 그 대신에, 아래쪽의 다리는 위와 안으로 차고 위쪽 다리는 아래와 위에서 아래로 차서, 각각의 차기를 거치는 동안 중간 지점에서 양다리가 교차한다. 양다리가 교차하면서 팔 스트로크의 하향 젓기를 완료한 다음에, 안으로 젓기와 상향 젓기 스트로크를 하는 팔 쪽의 다리로 큰 아래로 차기를 수행하기 위해서 적기에 교차를 푼다.

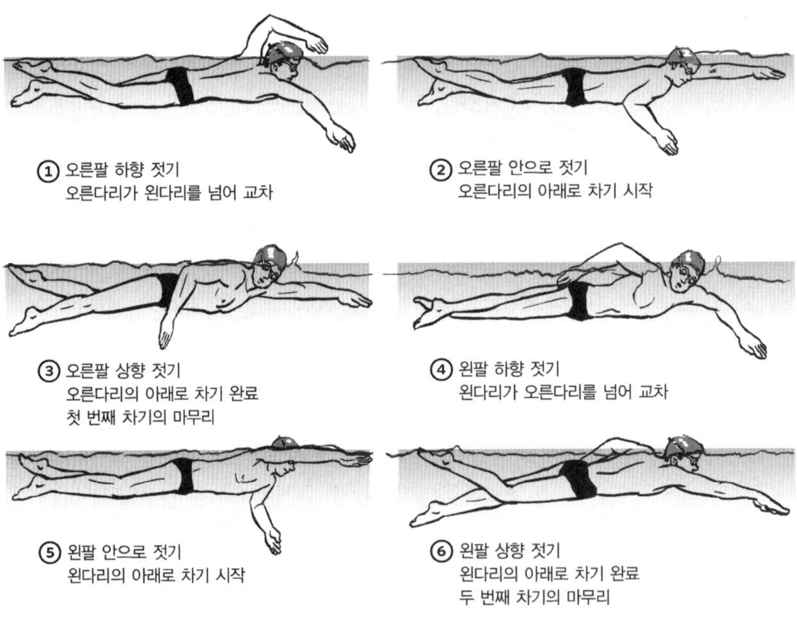

그림 6-1-14.크롤 킥의 2비트 교차차기 동작

(7) 직선 4-비트 차기

2종류의 4-비트 차기 리듬을 이용하는 경영 선수들도 있다. 바로 직선 4-비트 차기와 4-비트 교차 차기이다.

4-비트 차기는 주기 당 차기 수를 줄여 에너지를 절약함과 동시에 수평 정렬선

을 유지할 필요성과, 아마 2-비트나 2-비트 교차 리듬보다 더 많은 추진력을 얻고자 하는 목적으로 선택할 수 있다. 대부분의 선수들은 호흡하는 쪽의 스트로크 시에 2-비트 리듬을 이용한다.

(그림 6-1-15)은 직선 4-비트 차기의 전체동작을 나타내고 있다.

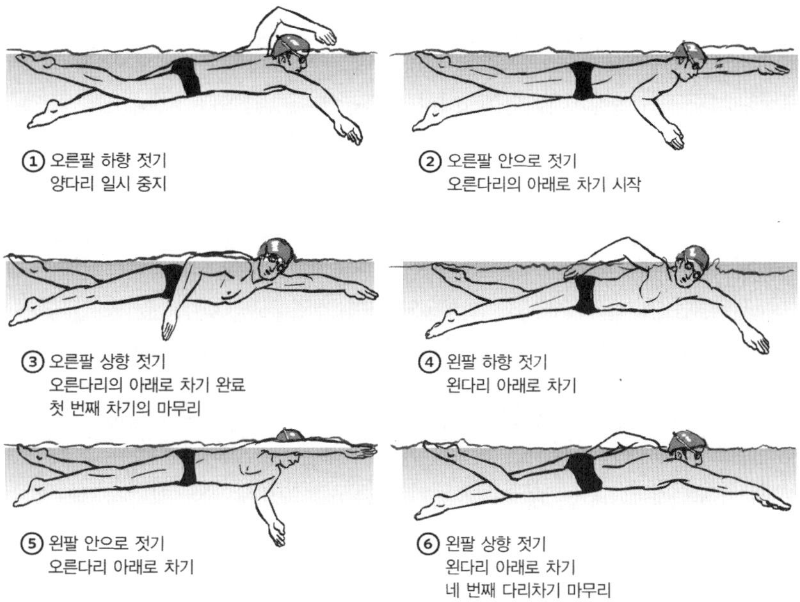

그림 6-1-15.크롤 킥의 직선 4비트 차기 동작

(8) 4-비트 교차 차기

4-비트 교차 리듬은 2-비트 교차 리듬과 6-비트 리듬의 조합이다. 교차 차기는 오직 한 번의 큰 아래로 차기가 일어나는 쪽의 팔이 하향 젓기를 할 때 나타난다. 직선 4-비트 차기를 이용할 경우, 이 단계에서는 양다리가 보통 일시 정지 상태에 있을 것이다. 그러나 4-비트 교차 리듬을 이용하는 선수들은 그쪽 팔 스트로크의 하향 젓기 시에 위의 다리로 아래 다리를 넘어 양다리를 교차한다. 그런 다음 그 팔의 안으로 젓기와 상향 젓기 시에 아래로 차기를 위해서 적기에 교차를 푼다.

모두는 아니지만 대부분의 4-비트 교차 차기 선수들은 호흡 동작과는 무관한 쪽의 팔 스트로크 시에 2-비트 리듬을 이용한다. 앞에서 언급했듯이, 선수들은 그 쪽으로 덜 회전하기 때문에 그쪽 팔을 더 폭넓게 휘둘러서 리커버리 동작을 하게 된다. 이런 선수들은 그렇게 폭넓은 회복 동작이 좌우 정렬선을 붕괴시키는 작용을 상쇄시키기 위해서 교차 차기를 이용할 것이다.

(그림 6-1-16)은 직선 4-비트 교차 차기의 전체동작을 나타내고 있다.

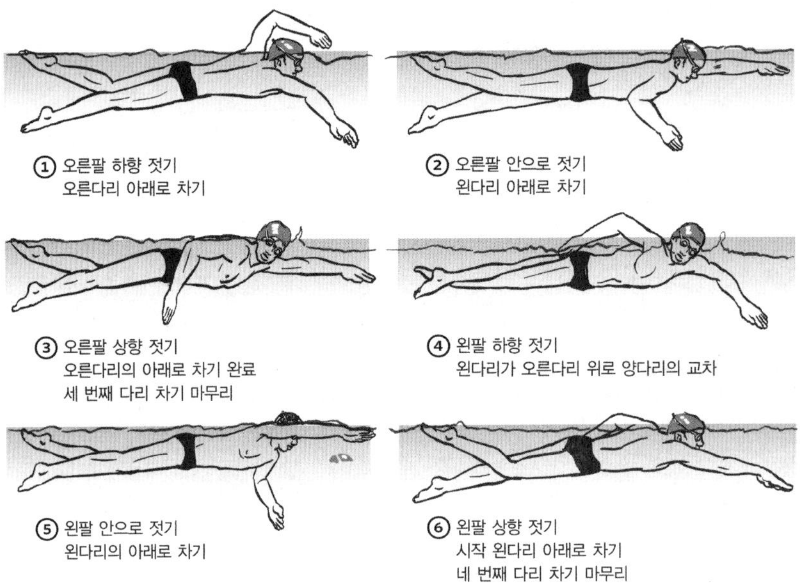

(9) 6-비트 차기

6-비트 리듬에는 팔 스트로크 당 3회 다리차기 또는 스트로크 주기 당 6회 차기가 포함된다. 이 리듬은 각 스트로크 주기에서 다리 아래로 차기와 다양한 팔 젓기 간의 관계를 활용하여 가장 잘 설명될 수 있다. 이런 맥락에서, 한 번의 수중 팔 스트로크 시에 각 다리의 1회 아래로 차기는 각 3회 젓기와 조합을 이룬다. 오른팔 스트로크에 초점을 맞추어 설명해보자. 오른팔의 하향 젓기는 오른 다리의 아래로 차기와 조합을 이룬다. 오른팔 스트로크의 안으로 젓기는 왼다리의 아래로 차기와 동반되고, 오른팔의 상향 젓기 시에 또 다른 아래로 차기가 일어난다. 왼팔 스트로크 시에도 타이밍은 비슷하다. 왼팔의 하향 젓기 시에 왼다리 아래로 차기가 동반되고, 왼팔의 안으로 젓기 시에 오른 다리의 아래로 차기가 동반되며, 왼팔 상향 젓기 시에 다시 왼팔 아래로 차기가 동반된다.

방금 설명한 팔 젓기와 다리 차기 간의 공조는 아주 정확하여 양 다리의 각 아래로 차기 시작과 끝이 상응하는 팔 젓기의 시작, 끝과 정확하게 일치한다. 큰 팔 젓기가 큰 차기를 동반하지만, 상응하는 젓기가 적을 때는 차기도 줄어들 것이다. 이것이 바로 6-비트 선수들이 각 스트로크 주기에서 크고 작은 차기를 선보이는 이유인지 모른다.

6-비트 리듬은 아주 자연스러워서 대부분의 선수들은 거의 또는 전혀 교육을 받지 않고서도 시행착오를 거쳐서 완벽하게 구사한다. 분명, 이 타이밍이 각 팔 젓기 시의 총 추진력에 기여한다. 특히 각 팔의 하향 젓기와 동시에 일어나는 각 다리의 아래로 차기가 그 팔 스트로크 단계에서 선수의 감속비율을 줄이는데 중요한 역할을 할 것이다.

또한 추진력을 제공할 뿐만 아니라, 안으로 젓기를 동반하는 다리차기가 스트로크 하는 팔 쪽으로 몸을 롤링하는데 도움을 줄 수 있다. 팔 스트로크의 상향 젓기를 동반하는 아래로 차기는 그 팔 스트로크 시에 총 추진력에 기여하면서 동시에 팔의 상향 동작에 의해 엉덩이가 아래로 끌리는 현상도 방지할 수 있다. 물론, 첫 번째와 세 번째 다리 차기의 측면적 요소들도 몸의 롤링과 좌우 정렬선 유지를 돕는다.(그림 6-1-17)은 6-비트 차기의 전체동작을 나타내고 있다.

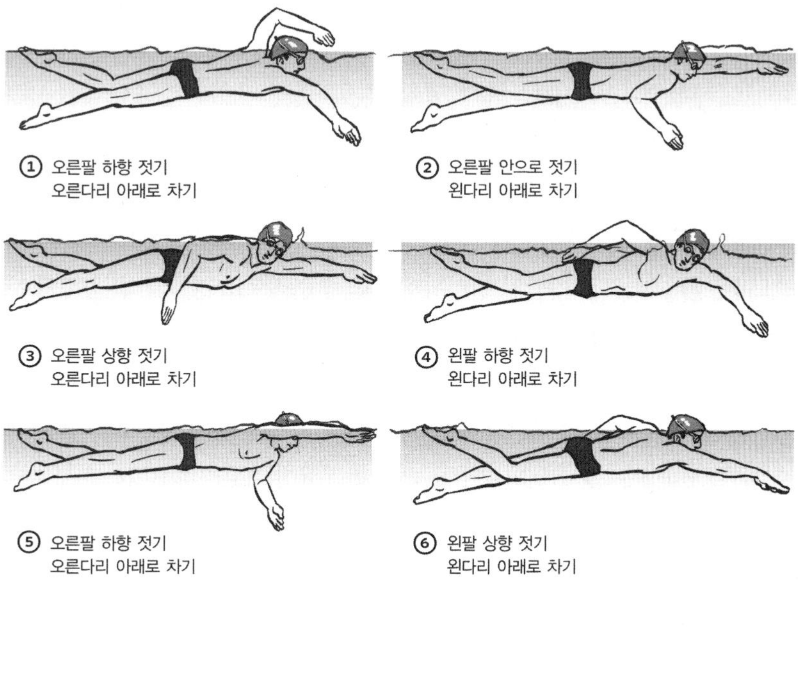

(10) 추천할 만한 킥 타이밍

다리 차기 리듬은 각각의 완전한 스트로크 주기에 선수가 수행하는 다리 스트로크의 수를 가리킨다. 한 번의 완전한 다리 스트로크는 위로 차기와 아래로 차기로 구성된다. 그래서 이 두 가지 차기가 전통적으로 팔과 다리 간의 타이밍을 설명하는 한 방식으로 고려되었다.

세계적인 선수들은 다양한 차기 리듬을 성공적으로 이용해왔다. 가장 인기 있는 리듬은 6-비트 차기로, 각 스트로크 주기에 여섯 번의 다리차기를 완수한다. 기타 인기 있는 템포는 2-비트 리듬과 4-비트 리듬이다.

대부분의 스프린터와 많은 수의 중거리 선수들이 6-비트 리듬을 이용하지만, 장거리 선수 중에는 이용하는 선수가 드물다. 주로 장거리 선수들이 2-비트 리듬을 이용해왔다. 이용 빈도는 낮지만 4-비트 리듬도 상당히 많은 선수들이 애용하는 방식이다. 수년에 걸쳐서 8-비트와 10-비트 리듬도 시도되었으나 성공을 거두지 못하여 버려진 상태이다.

양팔과 양다리 사이에서 가능한 최상의 타이밍으로 6-비트 리듬을 권장하고 싶다. 다리 차기가 팔의 추진 젓기와 조합하는 방식이 잘 기름칠된 기계를 떠올리게 한다. 하지만 세계수준의 수많은 선수들이 거리를 떠나 모든 레이스에서 다른 리듬들을 이용하여 성공을 거두어왔다. 따라서 6-비트 차기를 모두에게 권장할 수는 없다.

아마도 체형, 부력, 특정한 근육의 약점, 특정한 관절의 유연성과 다양한 신체적 능력과 같은 요인들이 선수로 하여금 스트로크 주기 당 더 적은 수의 차기로 더 많은 효율을 발휘하게 만들 것이다.

폐활량이 큰 선수들은 6-비트 차기로 더 많은 추진력을 얻고 싶을 것이다. 그들은 더 많은 산소 소비로 가중된 에너지 손실을 부분적으로 상쇄시킬 수 있기 때문이다. 엉덩이의 내전(inward rotation) 능력이 뛰어날수록 더 효과적으로 찰 수 있다. 이 능력이 평균이상으로 좋은 선수들은 더 많은 추진력을 내기 위해 6-비트 리듬을 선호할 것이다. 이와 마찬가지로, 손이 더 크고 삼두근과 어깨 힘이 강한 선수들도 더 긴 스트로크를 선호하므로 6-비트 리듬이 최고로 적합하다. 차기 속도가 남달리 뛰어난 선수들이 6-비트 리듬을 선택하는 이유를 이해하기는 쉽다. 그들은 다리로 더 많은 추진력을 얻을 수 있기 때문이다. 마지막으로, 부력이 떨어지는 선수들은 다리가 가라앉지 않게 하려면 더욱 빠른 다리 리듬이 필요할 것이다. 이런 이유들 때문에 선수들이 각자의 특별한 능력에 따라 제일 적합한 리듬을 찾는 것이다.

5) 크롤 영법의 몸 정렬선

이미 설명한 바와 같이 수영에서 바람직한 동작으로서 몸이 수평 및 좌우로 유선형을 이룰 때 더 적은 저항을 만난다. 이런 맥락에서 호흡 동작의 역할도 매우 중요하다. 몸이 정렬선에서 벗어날 확률이 가장 높은 시기가 바로 숨을 쉬려고 머리를 돌릴 때이기 때문이다. 다음에서 수평정렬선과 좌우 정렬선, 그리고 신장이 큰 장신 선수들이 선호하는 스트레치 아웃 스타일에 대하여 설명하고자 한다.

(1)크롤의 수평 정렬선 유지

수평 정렬선은 몸의 깊이와 기울기를 쉽게 관찰할 수 있는 측면보기 측정이 가장 적합하다. 수평 정렬선 동작은 머리에서 발가락까지 거의 수평을 이루고, 몸이 물에서 최소한의 공간을 차지한다(그림 6-1-18). 이렇게 몸을 수평으로 정렬하면, 몸이 물 흐름 속으로 나아갈 때 동요를 일으키는 물 분자들의 흐름이 적어진다. 또한 선수 뒤로 물이 더 빨리 채워져서 더 적은 수의 역류가 형성된다. 그래서 선수 앞의 고압과 뒤의 저압 간의 차이가 최소화되어 수압이 전진속도에 미치는 지연효과가 줄어들 것이다. 따라서 좋은 수평 정렬선을 만들기 위한 중요한 원칙은 몸통과 일직선을 이루는 자연스런 머리자세를 유지하고, 다음에는 매우 곧은 등 자세를 만들려고 노력해야 한다. 그리고 킥 동작에서 좁은 차기를 실시해야 한다.

물 위로 수영하고자 한다면 머리와 양어깨를 수면 위에 유지하기 위해 더욱 많은 힘을 발휘하여 더 깊이 차야 한다. 이와 동시에 이 높은 몸자세를 지탱하려면 하향 젓기 시에 팔을 격렬하게 아래로 밀어야 한다. 선수들이 전력질주를 할 때 수면쪽으로 더 높이 수영하는게 사실이지만, 그 높은 자세를 유지하기 위해서 이런 에너지 허비 방식을 이용할 필요는 없다.

스프린터들의 몸은 단지 빨리 수영하기 때문에 물에서 수면쪽으로더 높이 수영하는 경향이 있다. 선수들이 더 빨리 수영할 때는 몸 밑에서 갈라지는 물이 선수들을 밀어서 자연스러운 수중익선 형태의 자세가 나오기 때문에 자세 유지를 위한 추가적인 노력을 요하지 않는다. 마찬가지로, 더 느리게 수영할 때는, 단지 몸 밑을 지나가는 물의 상승 압력이 줄어들기 때문에, 수중익선 현상이 나타나지 않을 것이다. 선수들은 높은 몸자세를 취하려고 머리를 부자연스럽게 높이 들어 올리거나, 등을 과도하게 활처럼 구부리면 안 된다. 수압에 따라 머리와 등을 자연스럽게 움직여야 한다. 머리를 높이 들고 등을 활처럼 구부린 채 수영하면 총 저항이 20%~35% 증가할 것이다(Clarys 1979).

수중에서 얼굴은 앞이마의 머리털 언저리선과 머리 중앙 사이에 수선(waterline)을 맞춰야 한다. 수선은 장거리 레이스와 부력이 약한 선수들에게는 머리 중앙이나 중앙을 넘어서 있다. 단거리 레이스와 부력이 좋은 선수들의 경우에는 수선이 머리 언저리 선에 더 가깝다.

선수들은 숨을 쉬는 쪽으로 머리를 들지 말고 옆으로 돌려야 한다. 머리를 들면 엉덩이와 다리가 물속으로 더 깊이 내려가기 때문이다.

차기의 폭은 차기의 위로 차기 시에는 발이 수면에 도달하고 아래로 차기 시에는 몸보다 약간 아래로 내려간다. 그런 방식으로 수행하면, 수면과 몸의 가장 낮은 부위 간의 수직거리를 늘려서 불필요하게 저항을 가중시키는 일은 없을 것이다.

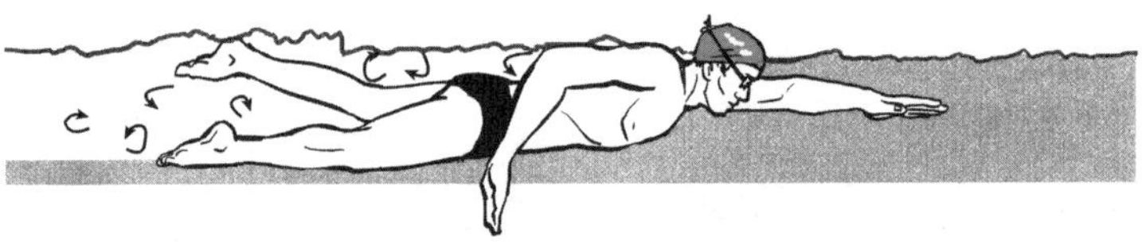

그림 6-1-18.크롤 스트로크의 수평 정렬선 동작

(2)크롤의 좌우 정렬선 유지

프론트 크롤의 좌우 정렬선을 분별하기 가장 좋은 관점은 크롤 영법으로 역영하는 선수의 위나 아래에서 보기이다. 아래에서 바라보면 숨을 쉬려고 왼쪽으로 머리를 돌리는 상황에서 아주 훌륭한 좌우 몸 정렬선을 유지하고 있다. 선수들은 몸 전체를 머리에서 발까지 단일체로서 회전하기 때문에 엉덩이와 양 다리가 어깨선의 경계 내에 머문다. 계속해서 이런 방식으로 회전한다고 가정하면, 선수들의 몸이 오른쪽으로 롤링되든 왼쪽으로 롤링되든 좋은 좌우 정렬선을 유지할 것이다.

최고의 프론트 크롤 선수들은 스트로크 주기마다 계속해서 몸을 좌우로 롤링한다. 사실, 그들은 평평한 자세보다는 측면 자세로 보내는 시간이 더 많다. 성공한 프론트 크롤 선수들은 숨고르기와 무관한 방향으로 40°~45° 정도 롤링하며 엎드린 자세로 숨을 고르는 방향으로는 약 50°~60°정도 회전한다(Levinson 1987).

팔의 수평 및 측면 동작에 따라 리듬에 맞추어 몸을 측면으로 롤링하는 동작은 프론트 크롤 선수들이 좌우 정렬선을 유지하는데 도움을 주는 중요한 기술이다. 몸이 팔의 동작을 따를 때 정렬선을 유지하게 만들기 때문이다. 롤링동작은 스트로크 동작에 대한 자연스러운 반응이며 또한 그래야만 한다. 한 팔이 위로 움직일 때 다른 쪽의 어깨, 몸통, 엉덩이와 다리를 아래로 롤링하면서 몸이 팔의 동작을 따라가야 한다. 그렇지 않을 경우에는 언급한대로 엉덩이와 다리가 좌우로 흔들리게 된다.

(그림 6-1-19)은 크롤 스트로크의 좌우 정렬선 동작인데 a는 좋은 정렬선을 만든 동작을 아래에서 본 자세이며, b도 좋은 정렬선으로 위에서 바라본 동작이다. c의 경우 나쁜 정렬선을 위에서 바라볼 때의 모습니다.

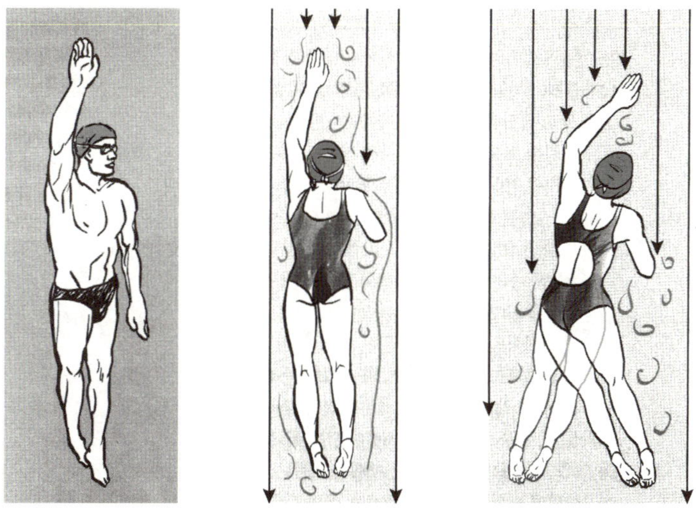

a b c

그림 6-1-19.크롤 스트로크의 좌우 정렬선 동작
(a 좋은 정렬선 아래보기 b 좋은 정렬선 위보기 c 나쁜 정렬선 위 보기)

6) 호흡

아주 노련한 프론트 크롤 선수들도 호흡하는 쪽으로 머리를 돌릴 때 많은 실수를 저지른다. 머리를 너무 늦게 돌리고, 수면 밖으로 치켜들며, 몸의 중앙선에서 뒤로 멀찍이 끌어당긴다. 사실, 자유형 선수들이 좌우 정렬선을 붕괴시키기 않고 숨을 쉬려면 머리 동작을 몸 회전과 조화시켜야 한다.

스프린트 레이스를 제외하고, 경영선수들은 스트로크 주기마다 한 번씩 호흡해야 한다. 장거리 레이스에서 피로를 지연시키려면 꾸준한 산소 공급이 필요하다. 이런 레이스에서는 호흡을 참지 말아야 한다. 하지만 숨을 발산하는 시간을 조절하여 한 번의 스트로크 주기를 완료하기 전에 또 한 번의 호흡이 필요하지 않게 해야 한다. 호흡 발산은 우선 입과 코로 충분한 공기가 빠져나가게 하여 흉부압박을 줄이는 방식으로 아주 천천히 이루어져야 한다. 다음 호흡을 위해 입이 수면 근처로 돌아갈 때까지 계속해서 천천히 숨을 발산한 다음, 남은 공기를 터뜨리듯이 재빨리 발산하고 숨을 들이마시면서 다음 호흡주기를 시작한다. 숨을 들이마시는 시간이 보통 때보다 길어야 하지만 과도해서는 안 된다. 선수들은 헐떡이며 공기를 들이켜서는 안 된다. 호흡 발산은 강제적인 중단 없이 완전하게 이루어져야 한다. 숨을 들이켜고 발산하는 방법에 대한 교육은 거의 필요가 없다. 대부분의 선수들이 연습과 레이스의 요구들에 따라 가장 경제적인 방식의 호흡법을 훈련으로 체득할 것이다.

1)교대 호흡

보통은 항상 한쪽의 같은 방향으로만 호흡하지만, '교대 호흡,' 즉 양쪽 방향으로 호흡하는 선수들도 있다. 이 방식을 선호하는 선수들은 3번의 스트로크 주기에 2번씩 호흡한다. 즉, 한 스트로크 주기에는 오른쪽으로, 또 다른 스트로크 주기에는 왼쪽으로 숨을 쉬고 중간 스트로크 주기에는 호흡을 하지 않는다. 교대 호흡의 또 다른 스타일은 왼쪽으로 두 번 호흡하고, 호흡 없이 스트로크 주기를 완료한 다음에 오른쪽으로 두 번 호흡하는 방식이다. 이 경우에 선수들은 5번의 스트로크 주기마다 4회 호흡한다.

세계적인 선수들, 특히 남자선수들이 교대 호흡법을 이용해왔다. 하지만 이 호흡법의 이용은 엘리트 코치들과 선수들 간에도 찬반양론으로 의견이 분분하다. 교대호흡법에 대해 다음과 같은 장점들이 인용되어왔다.

첫 번째, 더 균형 잡힌 스트로크를 펼칠 것이다. 교대호흡법은 선수들에게 몸을 양쪽으로 똑같이 롤링하게 하여, 몸의 롤링을 강화하고 호흡하지 않는 쪽의 유선화를 향상시킨다. 몸 롤링의 강화가 호흡하지 않는 쪽 팔 스트로크의 수중 역학도 증진시킬 것이다. 선수들이 호흡하는 쪽에서 다시 몸을 롤링하는데 그 힘의 일부를 사용할 필요가 없기 때문이다.

두 번째, 호흡법이 폐 확산능력을 향상시켜 선수가 마시는 공기에서 더 많은 산소가 추출될 것이다.

세 번째, 이 레이스 도중에 양편에 있는 경쟁자들을 바라볼 수 있다.

일반적으로 세계적인 수영 코치들은 특별한 상황을 제외하고는 레이스에서 교대호흡법의 이용을 권하지 않는다. 그 이유는 교대호흡법이 오히려 산소공급량이 줄어들 거라는 점이다. 그래서 선수들이 레이스에서 더 일찍 지칠 수 있다. 하지만 실제 경기가 아닌 훈련에서 이용된다면 이 기술은 매우 귀중한 교육 보조 수단이 될 수 있다. 발전단계에 있는 모든 선수들에게 훈련 시에 교대호흡법을 배우라고 권장하는 바이다. 이 호흡법이 스트로크를 발전시키는 상황에서 선수들로 하여금 양쪽으로 똑같이 회전하여 더욱 균형 잡힌 수영을 유도할 수 있기 때문이다.

2. 배영 영법의 동작 원리

백 크롤 스트로크 혹은 배영의 영법은 프론트 크롤 스트로크와 비슷하지만 두 가지 중요한 예외의 동작과 원리가 존재한다.

첫 번째, 배영에서는 얼굴이 잠수되지 않기 때문에 호흡하기 위해서 머리 돌리기의 역학적 동작이 필요 없다.

두 번째, 배영 스트로크는 양팔을 몸의 측면으로 벌리면서 수행된다는 점이다. .

배영 영법의 측 방향으로 팔 끌기 동작은 크롤 스트로크보다 덜 효과적이다. 왜냐하면 몸 아래를 직접 끌어서 양팔의 잠재력을 완전히 발휘하지 못하는 양팔의 단점이 있기 때문이다. 아주 유능한 사람을 제외한 모든 수영선수들에게, 이 한계가 또한 이상적인 스트로크 회전을 못하게 막는다.

배영의 스트로크는 프론트 크롤 보다 더 세분화된 8개의 동작으로 이루어진다. ①입수와 뻗기 ②첫 번째 하향 젓기 ③ 캐치 ④첫 번째 상향 젓기 ⑤두 번째 하향 젓기 ⑥두 번째 상향 젓기 ⑦이완과 탈수 ⑧되돌리기이다.

킥의 경우 프론트 크롤의 영법과 마찬가지로 위로 차기와 아래로 차기가 교차식으로 이루어지며, 또한 몸의 리듬감을 높이고 저항을 줄이기 위한 노력으로 수평정렬선과 좌우정렬선, 그리고 효율적인 롤링의 원리를 이해하는 것이 무엇보다 중요하다. 프론트 크롤의 영법과 다른 요소가 있다면 배영 영법은 얼굴을 수면 위에 두기 때문에 호흡을 제한할 필요가 없다는 것이다.

효율적이고 올바른 자세의 배영을 완성하기 위해서 각 요소 마다 구체적인 동작의 원리를 소개하고자 한다.

(그림 6-2-1)은 배영 영법의 팔 동작으로서 스트로크와 다리동작으로서 킥 동작이 결합된 연속동작을 측면으로 관찰한 내용이며, 정면 동작은 팔 동작을 중심으로 묘사되었다.

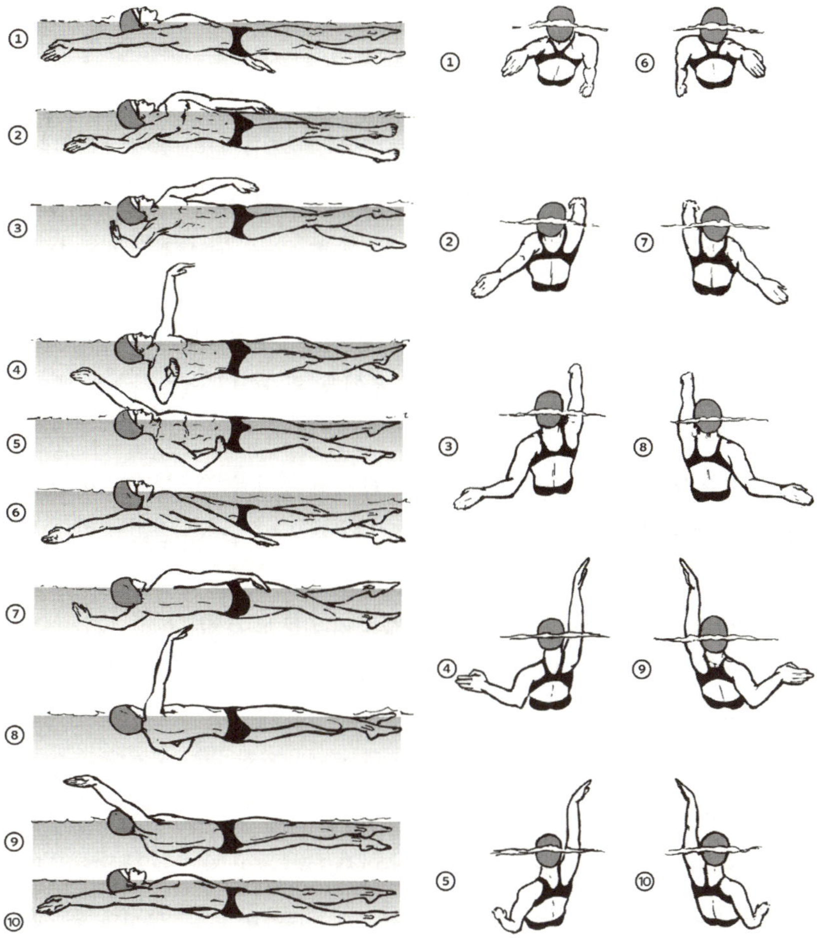

그림 6-2-1. 배영 스트로크의 측면 및 정면 보기 전체 동작

1) 배영 영법의 중요 사항

배영 영법에서 스트로크의 최대 효과를 얻으려면 이상적인 몸 자세를 만들기 위한 노력이 필수적이다. 전 스트로크의 다른 모든 단계들이 이 기본적인 원칙에 의존한다. 이상적인 자세는 마치 방에서 천장을 바라보며 베개 없이 등을 대고 평평하게 누워 있는 상태를 상상해야 한다. 스트로크를 너무 깊이 해서 손이 쉽게 빠져 나오지 못함으로 인해 물에 대한 몸통의 저항을 높이지 말아야 한다. 속도를 낸 상태에서의 이상

적인 몸 자세는 허리 부위의 진행방향(waterline)을 살펴봄으로써 점검할 수 있다.

다음에서 구체적으로 배영 영법의 중요한 동작의 요점들을 설명하고자 한다.

(1) 양팔이 물을 떠나는 순간부터 다시 양어깨 뒤로 입수할 때까지, 양팔은 수직면으로부터 아무 이탈 없이 물로 복귀 되어야한다. 어깨를 넘은 팔이 수직면을 벗어나서 떨어지게 하면 상완과 어깨에 물의 저항을 일으킬 것이다.

(2) 배영 영법에서 입수 타이밍의 가장 중요한 동작으로 입수 시에 팔은 손가락들 끝에서 어깨뼈 아래 면까지 가상의 직선을 이루어야 한다.

(3) 입수할 때 손은 속도를 약간 상승시켜서 양팔이 약간 중복되도록 하고, 순간 양팔이 수중에 잠기도록 하여, 스트로크의 추진을 유지한다. 입수시에는 빠른 동작으로 바로 수압을 느끼도록 해야 한다.

(4) 손과 팔뚝이 후방 밀기를 할 때에는 상완은 몸 옆에 안쪽으로 내전하여 강력하게 끌어당겨져 가슴과 등의 강한 근육을 작동시킨다. 이 빠른 전이 동작으로 손바닥에 미치는 강한 수압을 이용해야 한다.

(5) 끌기를 완수하는 손보다 복귀 팔을 약간 빨리 위로 뻗어 입수한다. 복귀 손이 입수할 때, 반대 손은 내전동작의 형태인 손바닥을 아래로 향하고 동작을 완수한다. 이 단계에서 마무리하는 팔의 손뿐만 아니라 입수하는 손바닥에 수압이 느껴져야 한다.

(6) 배영 영법에서 물을 자르거나 갈라 헤치거나, 리듬을 어긋나게 하지 않기 위해서는 가능한 가장 빠른 팔 템포를 찾아야 한다.

(7) 킥 동작은 몸선 안쪽에서 유지하는 것이 중요하다. 이 자세는 강력한 킥의 에너지를 유발하면서 물이 양다리를 따라 부드럽게 흐르게 하여 몸의 유선형화를 이끌어낼 수 있다. 만약 킥을 하는 동안 물이 발가락들 사이로 지나는 느낌을 받는다면 킥 동작이 몸선 안쪽에서 잘 이루어지는 것을 의미한다.

(8)배영 영법에서의 올바른 호흡 기술은 숨 들이키기와 내뱉기는 입을 통해서 이루어져야 한다. 호흡하는 속도와 템포에 따라서 팔 동작의 템포가 영향을 미치기 때문에 너무 느리거나 너무 빠르지 않은 호흡 리듬을 찾는 연습을 해야 한다.

2) 스트로크 패턴

전통적으로, 배영선수들은 팔 스트로크에서 2-정점 추진패턴을 이용한다고 믿어왔다. 즉, 선수들이 팔을 수면을 향해 위로 저을 때 첫 번째 추진 정점이 나타나고 팔을 측면으로 뻗으며 수중 팔 스트로크를 마무리할 때 두 번째 추진 정점에 이른다는 말이다. 그러나 전진속도 측정에 따르면, 지난 20년간 가장 성공한 많은 배영 선수들이 세 번의 추진력 정점을 유발한다. 즉, 세 번째 정점은 팔 되돌리기의 단계에서 팔을 수면 쪽으로 가져갈 때 나타난다. 따라서 현재 세계적인 수준의 배영 선수들을 수중 팔 스트로크 시에 2-정점 속도 패턴을 유발하는 선수들과 3-정점 패턴으로 추진력을 유발하는 선수들로 구분해도 무방할 것이다.

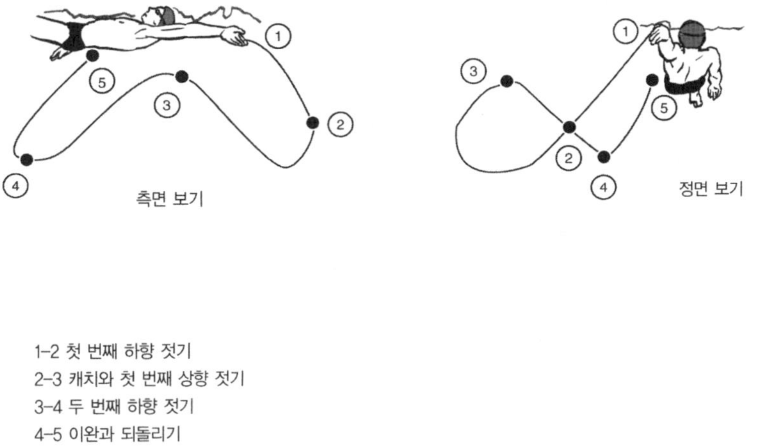

그림 6-2-2. 2-정점 배영 스트로크 패턴의 측면 및 정면, 위에서 보기 동작 (심 등, 2008)

(1) 1-정점 속도 패턴

1-정점 속도 패턴은 오른손이 입수할 때 시작되고 물을 떠날 때 끝난다. 한 번의 스트로크에 주요 추진력 정점이 존재한다. 첫 번째 상향 젓기의 후반부와 두 번째 하양 젓기의 초반부이다. 두 번째 상향 젓기 단계는 존재하지 않는다. 두 번째 하향 젓기에서 바로 이완으로 돌입하여 단계를 벗어난다.

많은 선수들이 1-정점 패턴으로 세계적인 수준에 도달하지만, 이 유형은 다음에서 설명할 3-정점과 2-정점 패턴보다 훨씬 떨어지는 걸로 비쳐진다. 3-정점과 2-정점 속도 패턴을 이용하는 선수들은 각 수중 스트로크 시에 두 번 또는 세 번씩 손의 방향을 바꿈으로써 더 적은 노력을 들이고도 더 긴 거리에 걸쳐 더 많은 물을 뒤로 가속할 수 있다. 따라서 그런 선수들이 각 스트로크 주기에 이런 변화를 한 번 밖에 주지 않는 선수들보다 더 효율적이다.

(2) 2-정점 스트로크 패턴

(그림 6-2-2)에서 보는 바와 같이 2-정점 스트로크의 패턴은 각 수중 팔 스트로크는 첫 번째 하향 젓기, 캐치, 첫 번째 상향 젓기, 두 번째 하향 젓기, 그리고 이완과 되돌리기의 다섯 부분으로 구성된다. 이중에서 첫 번째 상향 젓기와 두 번째 하향 젓기 두 단계에서 추진력이 유발된다.

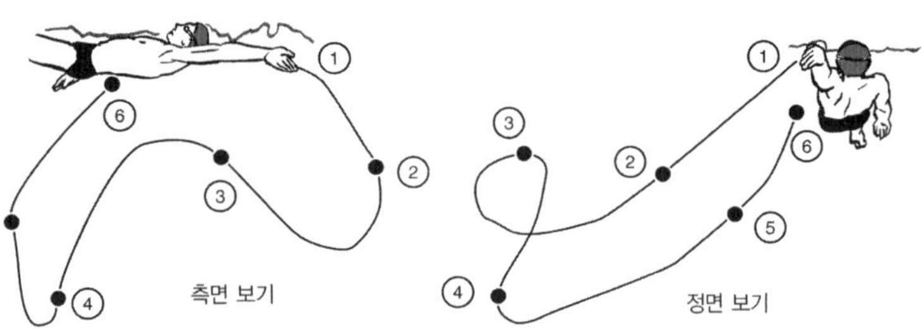

1-2 첫 번째 하향 젓기
2-3 캐치와 첫 번째 상향 젓기
3-4 두 번째 하향 젓기
4-5 두 번째 상향 젓기
5-6 이완과 되돌리기

그림 6-2-3. 3-정점 배영 스트로크 패턴의 측면 및 정면, 위에서 보기 동작 (심 등, 2008)

(3) 3-정점 스트로크 패턴

(그림 6-2-3)에서 보는 바와 같이 3-정점 스트로크 패턴을 이용하는 선수들의 수중 팔 스트로크는 5단계가 아니라 6단계로 구성되며, 이 중 3단계가 추진력을 유발한다. 팔 스트로크의 첫 번째 추진단계는 첫 번째 상향 젓기에서 나타나며, 다음 추진단계는 두 번째 하향 젓기에서 나타난다. 이 동작은 팔을 완전히 뻗어 넓적다리 바로 밑에 이를 때까지 손을 뒤와 아래로 젓는다. 이 때의 동작은 2-정점 스타일에 비해 팔이 넓적다리에서 훨씬 바깥쪽에 위치한다. 세 번째 추진단계는 두 번째

상향 젓기에서 나타난다. 선수는 손바닥과 전완의 아랫면으로 물을 뒤로 밀면서 손을 위, 뒤와 안쪽으로 넓적다리까지 젓는다.

첫 번째 정점 요소는 두 번째 하향 젓기를 할 때 손의 깊이와 관련된다. 전형적으로 구부린 팔 자세를 강조하는 코치들은 이 단계에서 선수들이 손을 뒤와 안쪽으로 넓적다리까지 밀어야 한다고 생각한다. 그러나 세계수준의 선수들을 찍은 영상을 근거로 스트로크 패턴을 분석해보면, 수중 스트로크의 이 단계에서 3-정점 배영선수들은 손을 넓적다리 아래로 아주 깊이 젓는 걸로 나타난다(Luedtke 1986).

두 번째 상향 젓기가 추진동작이라는 점도 뜻밖일 것이다. 앞에서 언급한대로 이 젓기는 전통적으로 팔 되돌리기의 첫 부분으로 간주되었기 때문이다. 그러나 1984년 미국 올림픽 수영팀원들의 추진력 계산수치와, 세계수준의 현역 선수 몇 명의 몸 중심 속도 패턴들에 따르면, 많은 배영선수들이 이 젓기로 추진력을 얻는다(Luedtke 1986, Maglischo et al. 1987, Maglischo, Maglischo, and Santos 1987).

3) 스트로크 동작의 원리

배영의 스트로크 동작은 크게 8단계로 구분한다. ①입수와 뻗기 ②첫 번째 하향 젓기 ③ 캐치 ④첫 번째 상향 젓기 ⑤두 번째 하향 젓기 ⑥두 번째 상향 젓기 ⑦ 이완과 탈수 ⑧리커버리 동작의 되돌리기이다. 이러한 스트로크 동작의 원리를 다음에서 살펴보고자 한다.

입수와 뻗기 ▶ 첫 번째 하향 젓기 ▶ 캐치 ▶ 첫 번째 상향 젓기 ▼

되돌리기 리커버리 ◀ 이완과 탈수 ◀ 두 번째 상향젓기 ◀ 두 번째 하향 젓기

(1) 입수와 뻗기

배영 영법에서 스트로크의 입수는 팔을 완전히 뻗은 자세에서 어깨 정면으로 이루어져야 한다. 손바닥은 손이 물 끝으로 슬쩍 들어갈 수 있도록 손바닥을 바깥으로 향해야 한다.

팔 입수 시에는 과도한 푸싱저항을 유발하기가 아주 쉽다. 팔을 뻗은 자세에서 물 위로 되돌리기 하기 때문에, 상완이 먼저 입수하고, 전완이 그 다음이며, 마지막으로 손이 입수한다. 따라서 가능하면 부드럽게 입수하여 이미 움직이고 있는 팔

을 더 빨리 전방으로 밀어야 한다.

팔을 입수한 후에는 전방으로 뻗으며 유선형을 유지하고 다른 팔로는 두 번째 상향 젓기를 완료한다. 이 뻗기는 프론트 크롤 스트로크에서 이용하는 뻗기에 비해 훨씬 짧게 해야 한다. 그 팔은 하향 젓기를 시작하기 전의 짧은 거리 동안만 전방에 있게 된다.

손을 아주 빨리 움직여 입수하지만 손의 속도는 뻗기 시에 몸에 의해 앞으로 밀릴 때까지 감속한다. 이 뻗기는 아주 짧아서 몇 백분의 일초밖에 지속되지 않는다. 일단 다른 팔 스트로크의 추진단계가 완료되면, 선수들은 그 수중 팔 스트로크의 추진단계가 끝나자마자 입수한 팔로 첫 번째 하향 젓기를 시작해야 한다.

(2) 첫 번째 하향 젓기

첫 번째 하향 젓기는 추진과는 무관하다. 이 젓기의 주요 목적은 추진력을 적용할 팔 자세를 취하는 것이다. 따라서 첫 번째 하향 젓기는 다른 팔로 물을 뒤로 미는 동작을 멈추는 즉시 시작하여 그 팔이 캐치자세에 들어갈 때까지 계속해야 한다. 팔이 물을 뒤로 미는 자세를 취할 때까지 앞, 아래와 바깥으로 저어야 한다. 그렇게 하면서 팔꿈치를 구부려서 가능한 빨리 팔이 뒤를 향하도록 해야 한다. 입수할 때 바깥으로 향했던 손바닥을 이제는 천천히 아래로 돌려서 캐치를 할 때 아래와 뒤를 향하도록 각도를 조절해야 한다. 첫 번째 하향 젓기 시에는 팔도 팔꿈치에서 점진적으로 구부려야 이 젓기에서 보다 이른 시점에 뒤를 향하는 자세를 취할 수 있다.

아울러 반대편 팔이 물 위로 되돌리기 하는 동안 머리와 양어깨를 지탱하는 역할을 담당할 수도 있다. 따라서 첫 번째 하향 젓기는 팔이 캐치자세에 도달할 때까지 부드럽게 앞, 아래와 바깥으로 뻗는 동작처럼 느껴져야 한다. 하향 젓기를 시작할 때 팔의 속도가 다소 증가하겠지만, 캐치에서 손이 다시 한 번 몸에 의해 전방으로 밀릴 때까지 줄어들 것이다.

현재 대부분의 선수들은 50~60cm 정도 범위의 적당한 깊이에서 팔을 아래로 젓는다. 그와 동시에 팔을 슬쩍 65~70cm 정도 바깥으로 움직이면서 보다 빠르고 보다 효과적인 캐치와 첫 번째 상향 젓기에 들어간다.

(3) 캐치

캐치는 팔을 아래와 바깥으로 움직여 물을 뒤로 미는 자세를 취할 때 이루어진다. 캐치 시점에서 손은 일반적으로 45~60cm 깊이와 어깨를 기준으로 약 60cm 정도 폭을 유지한다. 캐치를 할 때는 팔을 거의 90°로 굽히고, 손목을 굽히거나 펴지 않은 상태에서 손도 전완과 정렬을 이루어야 한다. 한 가지 흔한 교수법이 팔의 자세를 시계의 시침과 연계시키는 방식이다. 이 경우에는, 왼팔이 대략 2시를 가리키고 오른팔이 대략 10시를 가리킬 때 캐치를 해야 한다.

(4) 첫 번째 상향 젓기

첫 번째 상향 젓기는 배영의 첫 번째 추진성 젓기이기 때문에 중요하다. 팔 전체의 반원형 동작으로, 캐치에서 시작하여 팔이 수면에 근접하여 어깨 반대쪽에 이를 때 끝난다(그림 6-2-4).

첫 번째 상향 젓기는 프론트 크롤과 접영의 안으로 젓기와 유사한 어깨 내전의 또 다른 예이며, 또한 추진력이 유발되는 방식에 있어서 배영의 첫 번째 상향 젓기가 프론트 크롤의 안으로 젓기와 아주 유사함을 알 수 있다. 그러나 배영의 첫 번째 상향 젓기와 프론트 크롤 스트로크 안으로 젓기의 주요 차이는 배영선수의 경우에는 팔을 측면으로 내전하지 않는다는 점이다.

첫 번째 상향 젓기는 팔 전체를 측면 방향으로 뒤, 안과 위로 내전하여 수행한다. 캐치 시점에 팔의 전진 동작을 멈추고 상완과 전완의 아랫면과 손바닥으로 물을 뒤와 위로 밀기 시작해야 한다.

첫 번째 상향 젓기를 시작할 때 팔꿈치에 팔을 약 90°로 구부려야 하며, 그 굴곡의 정도를 그 젓기를 수행하는 내내 인지할 수 있을 정도로 바꾸면 안 된다. 이 스트로크 단계의 초반부에는 첫 번째 하향 젓기 시에 구축된 방향으로 계속 아래와 바깥으로 움직여야 한다. 그러나 팔이 원을 그리며 위와 안으로 움직이기 시작할 때 재빨리 바꾸어야 한다.

첫 번째 상향 젓기를 시작할 때 아래로 향한 손바닥을 마무리 시에는 위와 안쪽으로 향한다. 이는 선수가 손바닥을 위쪽으로 돌렸기 때문이 아니라 팔 스트로크의 이 단계에서 단지 팔이 아래에서 위쪽으로 전환하여 움직이기 때문이다.

첫 번째 상향 젓기 전 과정동안 전완과 손바닥을 하나의 접합된 단위처럼 활용하여 물을 뒤로 밀어야 한다. 일단 캐치에 들어가면 손목관절을 굽히거나 펴지 말고 팔과 정렬선을 유지해야 한다. 다음 추진단계인 두 번째 하향 젓기로의 전환은 팔이 어깨를 지나쳐 안쪽으로 그리 많이 움직이기 전에 시작된다.

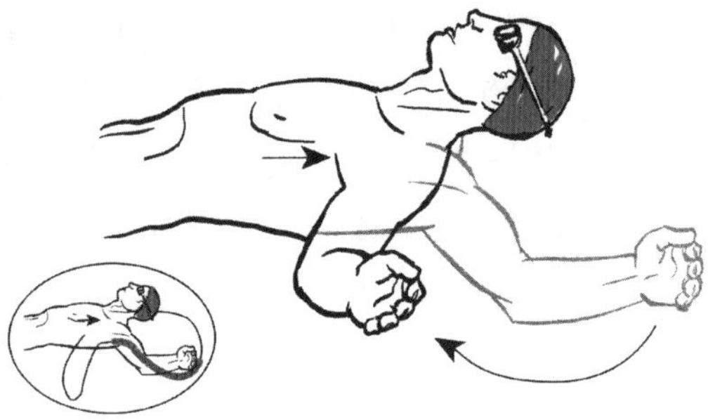

그림 6-2-4. 배영 첫 번째 상향 젓기의 추진 동작

(5) 두 번째 하향 젓기

두 번째 하향 젓기는 이전 젓기에서 전환하면서 시작하는 팔의 뒤, 아래와 다소 바깥으로 뻗기로, 팔이 완전히 뻗은 상태에서 몸 아래쪽 깊이 이를 때까지 계속된다(그림 6-2-5).

두 번째 하향 젓기의 초반부, 즉 손이 어깨를 지나 허리 반대쪽에 이를 때까지 거의 수평 방향으로 물을 뒤로 밀어야 한다. 이 시기에는 팔을 거의 뻗지 않은 상태에서 전완의 아랫면과 손바닥으로 물을 뒤로 밀어야 한다. 이 단계의 후반부에서는 팔꿈치를 이용하여 팔을 격렬하게 뻗으면서 뒤와 아래로 움직여야 한다. 두 번째 하향 젓기는 팔이 완전히 뻗은 상태에서 몸 아래쪽 깊이 이를 때에 끝내야 한다.

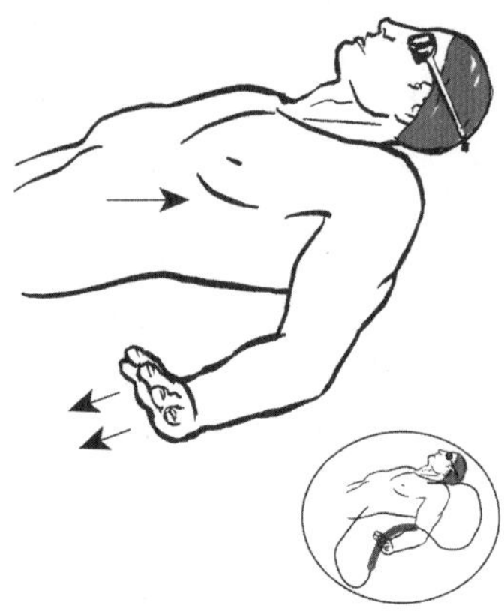

그림 6-2-5.배영 두 번째 하향 젓기의 추진 동작

두 번째 하향 젓기 시에는 팔을 뒤와 아래뿐만 아니라 약간 바깥으로도 젓는 것이 좋다. 바깥으로 저으면 이 젓기의 초반부에 뒤를 향한 전완의 자세를 좀 더 길게 유지할 수 있다.

두 번째 하향 젓기 내내 손가락 끝이 바깥을 향하게 한다. 이 단계에서 손가락을 위로 돌리면 안 된다. 두 번째 하향 젓기의 완료 시점에 수영장 바닥 쪽으로 아래를 향해야 한다. 그러나 뒤를 향한 자세를 가능하면 오래 유지해야 한다.

(6) 두 번째 상향 젓기

두 번째 상향 젓기는 팔을 위, 뒤와 안으로 젓는 단계이다. 이 단계는 두 번째 하향 젓기의 마무리 시점에 시작하여 팔이 수면을 향해 가면서 넓적다리에 접근할 때까지 계속된다(그림 6-2-6). 손바닥을 재빨리 위로 돌리면서 손바닥과 전완의 아랫면으로 물을 뒤로 밀어야 한다. 이 동작은 팔이 다리 뒤쪽 근처까지 상승하여 뒤로 미는 동작을 멈추고 위로 움직여 물 밖에서 되돌리기를 시작할 때까지 짧은 거리동안 계속된다. 두 번째 상향 젓기 전 과정 동안 팔을 뻗은 상태로 유지해야 한다.

손은 두 번째 하향 젓기에서 두 번째 상향 젓기로 전환할 때 감속한 다음 젓기를 완료할 때까지 급속하게 가속해야 한다. 이 단계에서 손 속도는 전 팔 스트로크 동안 5~6m/초의 최고속도에 도달할 수 있다.

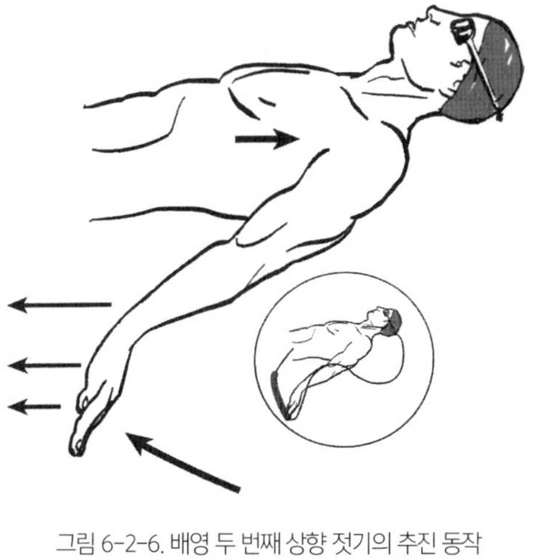

그림 6-2-6. 배영 두 번째 상향 젓기의 추진 동작

(7) 이완과 탈수

이완은 손이 넓적다리 뒤쪽에 접근할 때 이루어진다. 팔이 넓적다리에 접근할 때 물을 뒤로 미는 동작을 멈춰야 한다. 손바닥을 안쪽으로 돌려서 손이 최소한의 저항성 저항을 유발하면서 물 끝을 뚫고 나가게 해야 한다. 팔을 계속 위로 움직여야 하지만, 팔의 후진 관성을 극복하고 전방으로도 움직여야 한다. 몸을 스트로크 하는 팔 쪽으로 롤링하고 되돌리기 하는 팔 쪽의 어깨를 위와 전방으로 움츠리면 가능하다. 손은 몇몇 전문가가 제안하듯 약지부터가 아니라, 엄지의 주도로 물을 떠나야 한다. 일단 이완에 들어가면 손 속도를 두드러지게 감속하여, 두 번째 상향 젓기 상승 추진력의 연장선에서 팔을 물 밖으로 빼내어 최소한의 근력을 이용하여 되돌리기에 들어가야 한다.

(8) 리커버리/되돌리기

되돌리기는 낮게 측면으로가 아니라, 높이 머리 위로 이루어져야 한다. 높이 머리 위로 되돌리기 하면 팔이 엉덩이와 양다리를 끌어당겨 좌우 정렬선을 깨뜨리는 경향이 줄어든다.

손은 엄지부터 물을 떠나야 한다. 되돌리기의 초반부에는 손바닥이 안이나 아래를 향해야 한다. 그러나 후반부에는 손바닥을 바깥으로 돌려야 약지부터 입수할 수 있다. 이렇게 손바닥을 안에서 바깥으로 방향 전환하는 동작은 팔 되돌리기의 정점에서 팔이 머리 위로 지나칠 때 재빨리 이루어져야 한다. 팔 되돌리기는 재빨리 하되 부드럽게 이루어져야 한다. 수중 팔 스트로크 사이에서 근육이 얼마간의 휴식을 취할 수 있게 손과 팔을 가능하면 많이 이완해야 한다.

되돌리기 시에 어깨를 높이면 팔의 수면 밖 자세를 가능한 오랫동안 유지할 수 있다. 되돌리기 시에 몸을 반대편으로 굴리면 어깨를 수면 밖에서 높이 유지하는 데 용이하다. 측면으로 적어도 45° 정도 롤링하지 못하는 선수들의 경우에는 상완이 되돌리기 과정에 들어가기 전에 뒤로 밀면서 물을 헤쳐가게 된다. 그래서 몸 롤링도 좋은 배영의 매우 중요한 요소이다.

(9) 양팔의 타이밍

양팔의 조화로운 타이밍을 위해서는 교체하는 풍차처럼 스트로크 해야 한다. 배영을 할 때 좋은 좌우 수평 정렬선의 유지를 위해서는 양팔의 정확한 타이밍이 아주 중요하다. 스트로크 하는 팔이 두 번째 하향 젓기를 완료할 때 되돌리기 하는 팔을 입수해야 한다. 좀 더 나은 유선형을 위해서는 뒤따르는 팔이 두 번째 상향 젓기를 수행하는 동안 입수하는 팔을 앞으로 뻗어야 한다. 한 팔의 되돌리기 초반부는 스트로크 하는 팔이 첫 번째 하향 젓기와 첫 번째 상향 젓기를 완료하는 시점에 이루어져야 한다. 이런 방식으로, 스트로크 하는 팔 쪽으로 몸을 굴린 상태로, 되돌리기 하는 팔을 물 밖에서 자유롭게 유지할 수 있다. 되돌리기 하는 팔이 머리 위로 지나칠 때 다른 편의 뒤쪽으로 회전하기 시작해야 한다.

(10) 2-정점 대 3-정점 팔 스트로크

배영 스트로크를 통해 추진력을 발생시키는 유형에 따라서 세 번의 추진력 정점을 이루거나, 아니면 두 번의 추진력 정점을 이룬다. 세계적인 코치들의 견해는 3-정점 스타일이 2-정점 스타일보다 더 효과적인 것 같다고 설명한다. 그러나 배영 선수에게 가장 빠른 나만의 경기를 펼치고 신기록을 세운다면 최선의 선택이다. 따라서 다음에서 구체적으로 두 가지 유형의 장점과 단점을 살펴보고 자신만의 스타일과 견해를 찾는것이 더 중요하다.

(그림 6-2-7a)에서 보는 바와 같이 먼저 2-정점 패턴의 경우, 첫 번째 하향 젓기 시에 손이 더 많이 내려가고, 첫 번째 상향 젓기 시에는 더 긴 거리에 걸쳐서 위와 안으로 움직이며, 두 번째 하향 젓기 시에는 아래와 안으로 움직인다. 또한 손이 물을 떠날 때 거의 수직 상승하되 그리 긴 거리동안 상승하지 않는다는 점도 특징이다. 이와 대조적으로 3-정점 스트로크 패턴은 2-정점 패턴보다 짧고 다소 폭이 넓은 첫 번째 하향 젓기, 더 짧은 첫 번째 상향 젓기와, 측면 방향의 보다 길고 폭넓은 하향 젓기를 보여준다. 이 팔 동작들 다음에 두 번째 상향 젓기가 이어진다. 두 번째 상향 젓기는 팔을 되돌리기 하기 전에 위와 안쪽뿐만 아니라 뒤로도 젓는 동작이다.

이 2-정점 스타일은 두 가지 장점을 가지고 있다. 2-정점 배영선수들은 보다 길고 더 많은 추진력을 유발하는 상향 젓기를 하며, 팔을 몸 가까이 붙인 상태에서 두 번째 하향 젓기를 마무리하기 때문에 팔이 상승하여 물을 떠나는 거리가 짧다.

3-정점 방식에 비해, 2-정점 스타일은 다음과 같은 단점을 가지고 있다. 두 번째 하향 젓기 시에 팔을 안쪽으로 움직이는 2-정점 배영선수들은 스트로크의 이 단계에서 뒤뿐만 아니라 안쪽으로도 밀기 때문에, 그 동작으로 얻는 추진력이 감소할 수 있다.

2-정점 스타일의 두 번째 단점은 선수들이 손을 수면 쪽으로 가져갈 때 세 번째

전진속도 정점을 유발하지 못한다는 점이다. 추가적으로 발생하는 세 번째 추진력 정점이 수중 팔 스트로크 시에 보다 긴 시간동안 추진력을 적용할 수 있는 가능성을 높이는 역할을 한다.

물론, 그것은 추진력 정점들의 크기에 달려 있다. 하지만 2-정점 선수들이 보다 긴 시간 동안 추진력을 적용할 수도 있다. 이 선수들이 더 긴 첫 번째 상향 젓기와 두 번째 하향 젓기를 한다면 3-정점 선수들의 상응하는 젓기 동작보다 더 많은 추진력을 유발할 것이다. 그럼에도 불구하고 두 번의 큰 정점보다는 세 번의 작은 정점을 나타내는 선수들이 팔 스트로크 당 더 빠른 속도를 얻을 거라고 가정하는 게 타당해 보인다.

(그림 6-2-8b)에서 보는 바와 같이 3-정점 스타일의 가장 중요한 장점은 아마도 레이스 시에 더 빨리 턴 오버할 수 있다는 점일 것이다.

3-정점 스타일의 마지막 장점은 각 팔 스트로크 시에 선수들이 도달하는 최소와 최대 전진속도의 변화폭이 더 적다는 점이다. 이는 주로 추진력을 유발하는 두 번째 상향 젓기를 이용할 경우에는 한 수중 팔 스트로크의 마무리와 다음 스트로크 시작 사이의 감속기가 줄어들 수 있기 때문이다. 일반적으로 2-정점 선수들이 한 팔로 추진단계를 마무리한 후 다른 팔로 몸의 추진 가속을 시작하는데 약 0.10초가 걸린다. 그러나 입수하는 팔의 뻗기와 하향 젓기 시작과 스트로크 하는 팔의 두 번째 추진성 상향 젓기를 동시에 수행할 경우에는 그 감속기를 약 0.05초 단축시킬 수 있다. 그래서 이 시기에 감속 양이 줄어들어서, 팔 스트로크 당 평균속도도 빨라질 것이다.

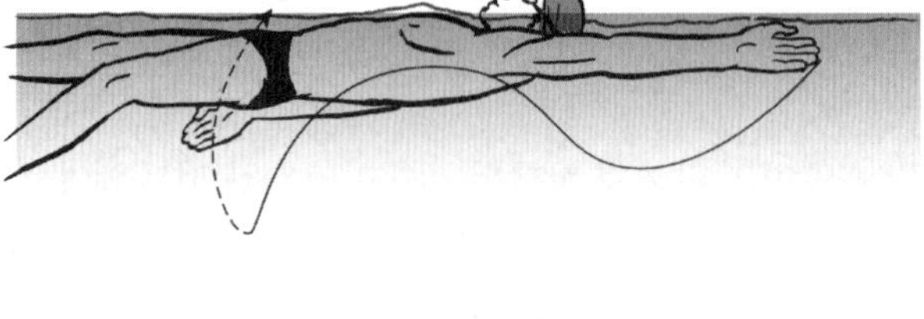

a

b

그림 6-2-7. 배영 2정점 및 3정점 스트로크 패턴 동작(a 2정점 패턴,b 3정점 패턴)

4) 배영 킥(발차기) 동작의 원리

(그림 6-2-8)에서 보는 바와 같이 배영의 발차기는 프론트 크롤에서 이용하는 차기와 아주 흡사하다. 이 동작은 양다리의 교대 대각선식 상하 젓기의 형태이며, 이 동작을 위로 차기와 아래로 차기로 구성된다. 주요 차이는 선수들이 반드시 누운 자세를 취하기 때문에 아래로 차기보다 위로 차기 동작에서 추진력이 발생되고 이 시기가 추진단계라는 점이다. 따라서 위로 차기와 아래로 차기의 구체적인 동작의 형태 및 원리는 다음과 같다.

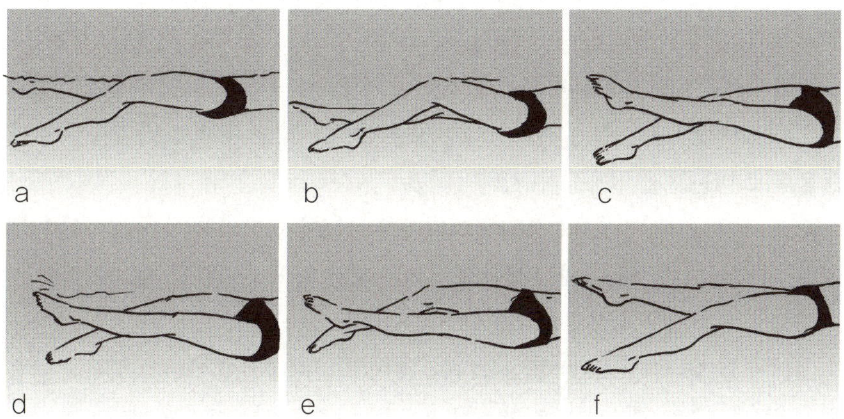

그림 6-2-8. 배영 킥의 전체 동작

(a) 오른다리 위로 차기 마무리. 왼다리 위로 차기 시작.
(b) 왼다리 위로 차기와 엉덩이 굽히기 단계. 오른다리 아래로 차기.
(c) 왼다리 위로 차기 마무리. 오른다리 위로 차기 시작.
(d) 오른 다리 위로 차기와 엉덩이 굽히기 단계. 왼다리 아래로 차기.
(e) 오른다리 위로 차기의 다리 뻗기 단계. 왼다리 아래로 차기 계속.
(f) 오른다리 위로 차기 마무리. 왼다리 위로 차기 시작.

(1) 위로 차기

위로 차기는 배영 발차기의 추진단계이다. 발을 채찍처럼 뻗는 동작으로, 엉덩이를 약간 굽히면서 시작하여, 무릎을 뻗고 발을 약간 굽히면서 마무리한다(발가락으로 위를 차면서 물을 헤쳐 나간다).

배영선수들은 위로 차기 시에 프론트 크롤 스트로크의 상응하는 아래로 차기의 경우보다 발을 (약 10° 이상) 더 많이 굽혀야 한다. 이는 배영선수들이 저항을 가중시키지 않고 아랫다리를 더 많이 굽힐 수 있는 누운 자세를 취하기 때문이다.

프론트 크롤의 발차기와 마찬가지로, 위로 차기의 시작은 사실상 이전 아래로 차기의 일부처럼 보인다. 선수들은 발이 몸 밑으로 지나갈 때 무릎을 이용하여 다리를 부드럽게 굽힌 다음에 넓적다리를 약간 위로 압박하면서 위로 차기를 시작한다. 그 시점에, 다리 위의 수압 때문에 아랫다리가 더 깊이 밀리면서 굽혀지는 반면 넓적다리는 사실상 위로 움직인다. 이 현상 때문에 여전히 아래로 차기가 진행 중인 듯한 인상을 받지만, 실은 아래로 차기가 끝나고 위로 차기가 시작된 상황이다. 느슨하게 풀린 발등을 내리누르는 물이 발을 아래와 안쪽으로 밀기 때문에 발바닥이 안쪽으로 굴곡을 이루는(발가락이 안쪽을 향하는) 좋은 자세로, 다리를 뻗을 때 물을 뒤로 미는 힘을 적용할 수 있다.

위로 차기를 마무리할 때 발을 굽히면서 완료해야 약간의 추가 추진력이 더해진다. 위로 차기를 정확하게 수행할 경우에는 위로 차기가 완료될 때 발가락이 수면에 닿거나 사실상 수면을 헤치고 나가게 된다.

위로 차기는 아랫다리가 위와 뒤로 움직이고 아랫다리의 앞면과 발등이 물을 뒤로 미는 자세를 취하는 무릎 뻗기의 초기 단계에서 가장 많은 추진력이 유발될 것이며, 또한 발목 뻗기 능력이 좋은 선수들은 위로 차기 시에 발등으로 물을 뒤로 미는 자세를 더 오래 유지하기 때문에 더욱 유리하다.

(2) 아래로 차기

아래로 차기는 이전의 위로 차기가 거의 완료된 시점에 시작된다. 아랫다리 뻗기의 상승하는 힘 때문에 동일한 다리의 넓적다리는 대각선 형태로 내려가기 시작하는 반면에 아랫다리와 발은 계속 수면을 향해 움직인다.이런 방법으로 다리의 상승 관성을 부드럽게 극복하면서 아래로 차기를 시작할 수 있다.

아래로 차기의 거의 전 과정동안 다리는 뻗은 자세로 유지하고 발은 뻗기와 굽히기의 중간 정도로 자연스러운 자세를 취해야 한다. 다리를 적당히 이완하면 다리와 발밑에서 위로 미는 수압이 저절로 이런 자세를 유지하게 만든다. 다른 쪽 다리가 상향 젓기를 완료하고 내려가기 시작할 때, 위로 차기를 시작할 수 있는 지점에 도달할 정도의 충분한 속도로 다리를 부드럽게 아래로 가져가야 한다.

아래로 차기 시에는 다리가 아래와 전방으로 움직이기 때문에, 배영 발차기의 이 단계는 추진력과는 무관할 것이다. 이 단계의 목적은 단지 또 다른 위로 차기를 위한 다리 자세를 취하는 것이다.

(3) 킥에 의한 추진력과 정렬선의 유지

수영 경기에서 배영은 최대 거리가 200m를 초과하지 않는다. 따라서 더 긴 자유형 경기에서보다 다리를 이용하여 훨씬 많은 추진력을 낼 수 있을 뿐만 아니라 일찍 지치지도 않는다. 이런 이유로 배영선수들은 거의 보편적으로 격렬한 6비트 차기 리듬을 이용한다. 그렇다고 경기에서 가능하면 세게 차라는 말은 아니다. 경기 초반부에 다소 부드럽게 차야 마지막 스프린트를 위한 에너지를 확보할 수 있다. 특히 200m 경기에서 더욱 이러한 원칙을 지켜야 한다.

양다리는 추진력에 기여할 뿐만 아니라 배영에서 좌우 수평 몸 정렬선의 유지에도 중요한 역할을 담당한다. 팔 회복과 수중 팔 젓기의 대각선식 동작 요소가 좌우 수평 정렬선을 깨뜨릴 수 있다. 이런 이유로, 배영 발차기의 위-아래로 차기는 수직방향뿐만 아니라 몸이 회전하는 방향으로도 이루어져야 한다. 이런 방식으로, 양다리의 대각선식 젓기가 몸의 롤링 동작을 용이하게 하고 팔 동작 때문에 몸이 위, 아래와 측면으로 밀리는 경향을 감소시킬 수 있다.

5) 팔과 다리의 타이밍

배영선수들은 레이스에서 거의 예외 없이 6-비트 차기 리듬을 이용한다. 즉, 각 스트로크 주기에 양다리로 6회 차기(6회 위로 차기와 6회 아래로 차기)를 수행한다. 이 차기 중 3회는 프론트 크롤에서와 마찬가지로 각 수중 팔 스트로크와 짝을 이룬다.

배영 발차기 시에는 양다리가 측면뿐만 아니라 위와 아래로도 움직인다. 그러나 배영의 대각선 동작이 프론트 크롤 스트로크보다 훨씬 크다. 일반적으로, 양다리는 위로 차기 시에는 몸이 회전하는 방향으로 움직이고 아래로 차기 시에는 그와 반대방향으로 움직인다.

왼팔의 첫 번째 하향 젓기 시에는 왼팔 입수와 더불어 왼다리를 위와 바깥으로 차고, 오른다리는 아래와 바깥으로 찬다. 왼팔이 캐치를 할 때 오른다리는 위로 차기를 완료한다.

왼팔 스트로크의 첫 번째 상향 젓기 시에 오른다리는 위로 차기를 완료한다. 왼팔의 첫 번째 상향 젓기 시에 오른 다리를 위와 안으로 차기 시작하지만, 몸이 다른 쪽으로 롤링을 시작하는 이 젓기의 마무리 시점에는 거의 수직 상승하면서 마무리 한다.

그와 동시에, 왼 다리를 아래와 안으로 차기 시작하되, 아래로 곧게 차면서 마무리한다.

왼팔의 두 번째 하향 젓기와 두 번째 상향 젓기 시에 왼다리는 또 한 번의 위로 차기를 완료하고, 왼팔의 두 번째 하향 젓기 시에는 왼다리를 거의 곧게 위로 차야 하며, 이때 오른 다리는 아래로 찬다. 3-정점 스타일을 이용하는 선수들은 왼팔 스트로크의 마지막 두 가지 젓기를 할 때 이런 식으로 찰 것이다. 2-정점 선수들은 왼다리의 위로차기와 왼팔의 두 번째 하향 젓기를 동시해 수행할 것이다. 오른팔 스트로크에 대한 타이밍도 이와 유사하다.

이러한 스트로크의 타이밍을 생각해 볼 때과 배영 경기는 최대 거리가 200m 이하이기 때문에 이러한 거리에서는 6-비트 타이밍이 양 스트로크에 가장 효율적인 방식이라고 많은 코치와 선수들이 이야기 한다..

6) 몸 자세 및 정렬선

배영 영법에서는 수면에서 몸을 거의 수평으로 유지함으로써 저항성 저항을 줄일 수 있다. 그러나 엉덩이를 조금 낮추는 것이 효과적인 차기의 필수요건이기 때문에 몸을 완전하게 수평으로 유지하면 안 된다. 허리 부위를 약간 낮추어 발차기의 위로 차기 시에 넓적다리가 수면을 뚫고 나오지 않도록 해야 한다. 그러나 너무 지나치게 허리를 숙여서는 안 된다. 머리는 자연스런 자세로 척추 선에 맞추고 턱은 안으로 오므리고 눈은 뒤와 위를 본다. 수면이 바로 귀 밑을 지나도록(항적이 귀를 덮는다) 뒤통수를 물에 편하게 뉘어야 한다. 또한 엉덩이와 양다리가 바깥 측면 쪽으로 흔들리지 않게 하려면 팔의 상하 동작에 맞추어 몸을 측면에서 측면으로 회전해야 한다.

배영 영법에서 좋은 좌우 정렬선의 자세를 만들기 위해서는 엉덩이와 양다리는 항시 어깨 폭 안에 있어야 한다. 또한 되돌리기와 수중자세를 만들기 위해서는 스트로크 시에 양팔의 측면 동작이 떠있는 몸을 측면에서 측면으로 움직이게 만드는

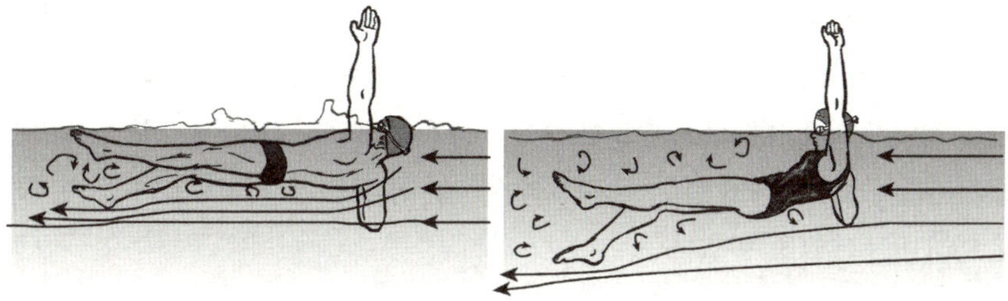

a b

그림 6-2-9. 배영 수평 정렬선의 사례(a 좋은 정렬선, b 나쁜 정렬선)

경향이 있으나, 팔의 상하 동작에 맞추어 몸을 측면에서 측면으로 롤링되는 현상을 상쇄시킬 수 있다.

(그림 6-2-9)에서 보는 바와 같이 그림 a는 저항을 덜 받는 좋은 정렬선을 나타내고 있고, b는 저항을 많이 유발하는 나쁜 수평 정렬선을 나타내고 있다.

7) 배영에서 롤링의 중요성

배영에서는 양팔의 교대 동작 때문에 한 팔을 아래로 움직일 때 다른 팔은 위로 움직인다. 따라서 엉덩이와 양다리가 측면 방향으로 흔들리지 않게 하려면 팔이 움직이는 방향으로 몸을 롤링하는 동작이 아주 중요하다. 양팔과 어깨가 아래와 위로 움직이는 동안 평평한 자세를 유지하려고 한다면 역회전(countertorques)으로 인하여 몸이 정렬선을 벗어날 것이다.

배영 영법에서는 일반적으로 각 측면으로 약 45° 정도 롤링 해야 한다. 머리 위를 지나치며 되돌리기 한 왼팔이 물을 향해 내려가기 시작할 때 왼쪽으로 롤링 해야 하고, 그 팔이 입수, 첫 번째 하향 젓기와 첫 번째 상향 젓기의 대부분을 완료할 때까지 계속 왼쪽으로 롤링 해야 한다.

팔 스트로크의 첫 번째 상향 젓기에서 두 번째 하향 젓기로 넘어가는 시점에 몸을 반대편으로 롤링하기 시작해야 한다. 이 시기는 되돌리기 하는 팔이 머리를 지나 아래로 내려가기 시작하는 시점이다. 그리고 이후에는 다음 수중 팔 스트로크의 전반부를 거치는 동안 그쪽으로 계속 롤링 해야 한다. 그와 동시에, 다리를 대각선 형태로 새로운 방향으로 차야 이 롤링 동작이 용이해진다.

이러한 롤링 동작이 적절한 타이밍을 이루면, 몸이 좋은 좌우 정렬선을 유지할 것이다. 팔 동작의 순서에 따라 롤링 하지 못하면 몸 부위는 정렬선 밖으로 밀려나게 될 것이다. 배영 영법에서 중요한 사실은 각 스트로크 주기의 전 과정 동안 머리를 정지자세로 유지해야 한다. 이 자세를 취하면 팔 되돌리기 시에 팔이 물 밖에서 더 오래 머물러 있을 수 있다.

8) 호흡

배영선수들은 수영을 할 때 얼굴을 수면 위에 두기 때문에 호흡을 제한할 필요는 없다. 마음대로 숨을 들이켜고 내뱉을 수 있다. 그런데 한 팔 되돌리기 시에 흡입하고 다른 팔 되돌리기 시에 내뱉으라고 권하는 지도자들도 있다. 하지만 이 방식이나 기타 호흡리듬을 가르칠 필요도 없고 그리 현명한 지도법은 아닌 것 같다.

실제 배영 경기에서 스트로크 비율은 100m 경기와 200m 경기가 다르듯이 선수마다 호흡의 패턴도 다르다. 이는 턴 오버가 느리거나 장거리 경기를 할 경우에는 원하는 만큼 자주 호흡하지 못한다는 뜻이기도 하다. McAedle, Katch and Katch(1996)에 따르면, "최고 속도로 연습경기를 펼친 엘리트 선수들의 경우에 분당 60~70회의 높은 호흡비율이 측정되었다." 앞에서 언급했듯이, 레이스를 펼치는 배영선수들은 40~50 주기/분의 스트로크 비율을 이용한다. 따라서 특히 더 느리게 스트로크 하는 200미터 경기에서 스트로크 주기 당 1회 호흡할 경우에는 산소소비량을 제한할 수 있다. 그러므로 배영선수들이 마음대로 호흡하도록 내버려두는 게 최선책일 것이다. 물론, 배영선수들은 시행착오를 통해 각 경기별로 자신들에게 적합한 효율적인 호흡 비율을 개발해야 한다.

9) 수중 돌핀킥

배영 경기에서 스타트와 턴 동작 이후 15미터 지점까지 일반적으로 상하의 교차식 킥의 형태가 아닌 수중에서 돌핀킥으로 이용해서 수면으로 부상한다. 이때 첫 번째 팔 스트로크를 수면 바로 아래에서 수행하여 완전한 스트로크 리듬에 따라 몸이 수면을 뚫고 상승하게 해야 한다. 따라서 수중 돌핀킥을 이용하는 동안 반드시 정확한 돌핀킥을 수행해야 한다.

정확한 자세는 양팔을 머리 위에서 모아야 한다. 한 손을 다른 손등에 올려 브이(V) 형태를 만들어서 선수가 물을 헤쳐 갈 때 물 흐름이 점진적으로 분리되어 몸의 사면을 넘어갈 수 있게 해야 한다. 이 분리 또는 물 흐름은 손가락 끝의 가장 적은 면에서 시작하여 계속 넓어지는 팔과 몸통을 따라서 뒤로 지나가게 해야 한다.

참고적으로 대부분의 배영선수들은 수면에서 수영할 때보다 수중에서 더 빨리 찰 수 있다. 세 가지 요인의 복합작용 때문이다. 첫째, 배영선수들은 양팔보다는 양다리로 더 많은 수의 추진성 밀기를 수행할 수 있다. 대부분의 배영선수들은 수중 돌핀킥을 이용할 때 150주기/분 이상의 비율로 차기를 하는 반면에 100미터와 200미터 레이스의 스트로크 비율은 70~100 스트로크/분(35~53주기/분)의 다양한 범위에 있다.

두 번째 요인은 수면보다는 수중에서 저항이 더 적다. 세 번째는 팔을 몸 밑이 아니라 바깥 측면으로 스트로크 하기 때문에, 다른 종목의 선수들에 비해 배영선수들이 팔로 유발할 수 있는 추진력의 양이 적다. 그래서 대다수가 수중에서 차면서 움직일 때가 팔을 이용하여 수면에서 움직일 때보다 빠른 것이다.

배영 수중 돌핀킥은 접영 수중 돌핀킥과 마찬가지로 일정량의 전신 요동이 포함되어, 양다리의 상승 동작이 역신체파를 일으키면서 몸을 앞으로 추진시킨다. 그래서 이 경우에도 접영 돌핀킥의 방법과 비슷한 방식으로 전체운동(body shimmy)이 이용된다. 그러나 이 경우에 엉덩이와 몸통을 물속으로 미는 동작은 돌핀킥의 위로 차기일 것이다. 다음과 같은 방식으로 머리와 팔의 자세를 조절하면 이 몸통의 움직임이 전진 추진력으로 전환될 수 있다.

발차기의 위로 차기 시에는 손, 머리와 어깨로 위와 약간 전방을 압박해야 한다. 이 동작으로 인해 몸 방향이 아래에서 전방으로 바뀌고, 위로 차기로 인한 요동파가 다리에서 엉덩이, 어깨와 마지막으로 팔을 지나치면서 몸을 앞으로 밀게 된다. 그런 다음 발차기의 아래로 차기 시에는 팔을 약간 아래로 압박해야 다리 동작 때문에 몸이 불필요하게 위로 밀리는 상황을 방지할 수 있다.

3. 평영 영법의 동작 원리

평영은 네 가지 경영법 중에서 가장 느린 속도와 기록을 가지고 있지만 경영에서 이용된 최초의 스트로크 였을 뿐 만 아니라 역사적으로 보면 진화과정에서 다른 영법의 기초가 되기도 하였다. 평영은 한때 수중에서 경기를 하는 방식으로 진행되었지만 경기의 위험성 때문에 1950년대 후반부터 수면에서 행해지도록 규정의 변화를 이루었다.

대부분의 평영 영법에서 다리를 전방으로 리커버리 할 때는 거의 완전히 멈추게 된다. 그래서 평영은 각 스트로크 주기 내에 발생하는 큰 속도 변화폭 때문에 경영 종목 중 가장 느린 영법이지만 최근에 평영선수들은 각 스트로크 주기에 몸을 다시 레이스 속도로 가속하기 위해서 더 많은 힘을 발휘해야 하고, 이러한 이유 때문에 평영이 아주 격렬한 영법으로 변화하였다.

과거에는 대부분의 전문가들은 평영을 평평한 몸자세로 해야 한다고 믿었으나 1970년 이후 상체가 심하게 요동치는 스타일로 점차 변화하면서 접영의 웨이브 동작이 포함된 웨이브 평영이 등장하면서 점차적으로 확산되었다. 또한 규정의 변화로 각 스트로크 주기의 짧은 시간 동안만 머리를 수중에 집어넣도록 허용하는 방식의 채택되어 특히 경기에서 선수들은 양팔 스트로크 사이에 머리를 낮춤으로써 발차기를 할 때 유선형화를 이루는 웨이브액션 영법으로 정착되었으며, 또한 팔과 다리를 되돌리기 하는 동안 물의 파도 작용을 이용하여 추진력을 낼 수 있다는 사실도 알아냈다.

평영 영법의 중요한 스트로크 기술은 짧은 반원형으로 행해지고 있고, 킥의 형태는 윕킥(whip kick)으로 명칭된 발차기를 사용한다. 이러한 평영 영법의 동작원리를 다음과 같이 구체적으로 서술하고자 한다.

(그림 6-3-1)은 평영 영법의 팔 동작으로서 스트로크와 다리동작으로서 킥 동작이 결합된 연속동작을 측면으로 관찰한 내용이며, 정면 동작 또한 전체 과정을 묘사하였다.

1) 평영 영법의 두가지 유형

평영 영법의 두가지 유형의 첫 번째는 평평한 영법이다. 이 동작은 수평 몸자세가 특징으로, 전 스트로크 주기 동안 엉덩이가 수면이나 수면 근처에 머물러 있다. 이 방법에서는 몸통의 평평한 자세가 붕괴되지 않도록 머리를 들었다 낮추는 방식으로 호흡한다. 또한 평평한 스타일의 영법은 호흡할 때 선수의 양어깨가 수중에 남아있고, 엉덩이는 수면 근처에 있으며 다리를 앞으로 리커버리 하는 동안 수평자세를 유지한다.

또 다른 한가지 유형은 웨이브액션 영법이다. 이 웨이브액션 영법은 선수들이 호흡할 때 머리와 양어깨가 물 밖으로 솟아오르고 전진 다리 리커버리 시에 엉덩이가 낮아진다. 또한 호흡하고 다리를 전방으로 리커버리 할 때 선수의 양어깨가 물 밖으로 나와 있고, 엉덩이는 아래에 잠겨 있으며, 몸은 어깨에서 무릎 방향까지 아래로 기울어져 있다.

스트로크 내내 양어깨를 잠수상태로 유지하는 전통 평영과는 달리, 웨이브액션 평영의 기술은 양어깨가 완벽한 대칭을 이루면서 일어났다 가라앉는 가상의 파도선을 따르게 함으로써 물의 저항을 줄이도록 고안된 것이다. 따라서 경영에서 전반적으로 사용되고 있는 웨이브액션 영법의 중요한 동작의 원리를 중심으로 구체적으로 살펴보고자 한다.

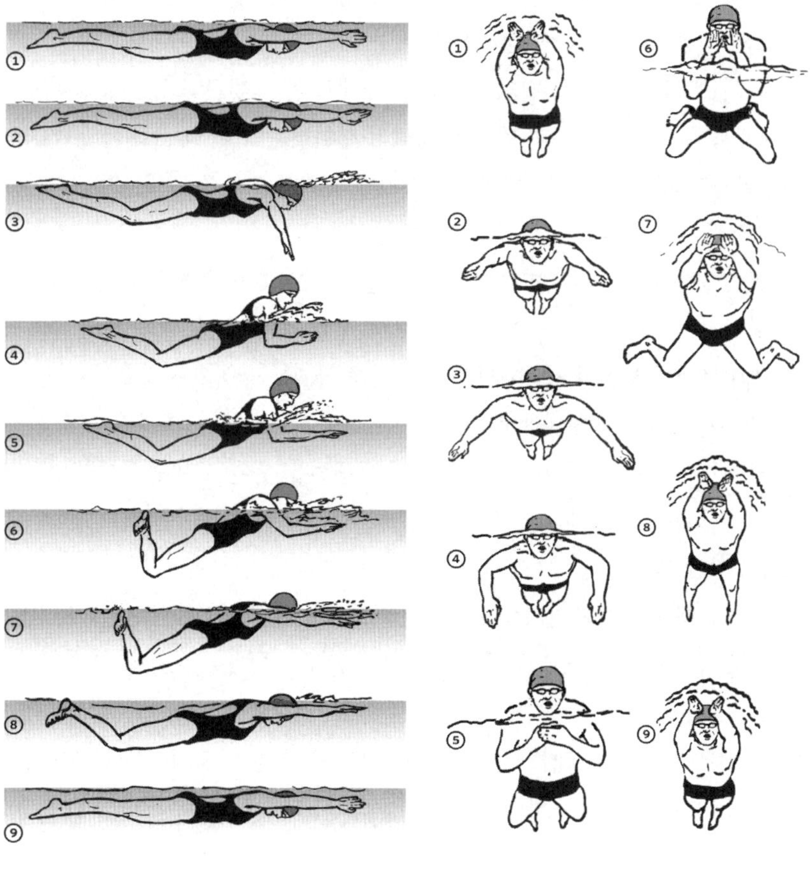

그림. 6-3-1. 평영 스트로크의 측면 및 정면 전체 동작

2) 평영 웨이브액션 영법의 중요 사항

(1) 웨이브액션 평영 영법은 기술적으로 양 어깨가 완벽한 대칭을 이루며 올랐다 떨어지는 가상의 파도 선을 따르게 함으로써 물의 저항을 줄이기 위해 고안된 것이다.

(2) 웨이브액션 평영 영법의 리듬은 끌기-돌진-차기이다. 차기의 타이밍이 중요하며, 돌진 동작이 3/4 정도 완료되었을 때 차기를 시작해야 한다. 차기 동작이 적절한 시기에 이루어져서 물을 넘어가는 윗몸의 전진 속도를 지속시켜야 한다.

(3) 웨이브액션 평영의 영법의 중요한 자세는 등의 모양을 아치형으로 만들고, 동시에 양팔을 재빠르고 강력하게 휘돌려 머리와 몸통을 물 밖으로 높이 가져온다. 등을 아치형으로 만듦으로써 몸의 모든 저항부위를 물 밖으로 들어 올려 수중에는 거의 수영복과 양다리만 남게 된다.

(4) 웨이브액션 평영의 영법의 중요한 자세에서 몸의 뒷면인 등의 모양이 아치형자세에서 굽은 혹은 볼록한 자세로 재빨리 전환하는데 이 때 볼록한 등 자세는 유선형화를 더욱 증진시키고, 차기와 적절하게 조화를 이룰 경우에는 돌진하는 동안 수영자가 더 큰 힘을 적용할 수 있게 해준다.

(5) 웨이브액션 평영의 영법은 미끄러져 갈 때 양어깨가 수면을 헤친다. 유선형을 더 향상시키기 위해서, 양어깨가 거의 귀에 닿을 때까지 둥글게 구부려진다.

(6) 웨이브액션 평영의 영법에서 양손이 안쪽 끌기를 끝내고 전방으로 돌진하려고 할 때까지 머리는 잠수상태에 있다.

(7) 웨이브액션 평영 영법의 특징은 순간 돌진하는 듯한 전진 동작이다. 스트로크의 끌기 끝과 킥의 시작 사이에서 일어나며, 양손과 양 팔뚝이 수면과 평행을 이루며 전방으로 찔러진다.

(8) 웨이브액션 평영의 대표적으로 손꼽히는 마이크 배로우만에 선수의 영법을 분석해 볼 때 몸을 전방으로 쑤셔 넣으면서 돌진해 들어가는 모습을 쉽게 찾아낼 수 있다.

(9) 웨이브액션 평영 영법으로 스트로크 하는 동안 양 엉덩이의 상하 움직임의 동작을 최소화하는 게 중요하다. 만일 양 엉덩이가 너무 많이 움직이면, 무게 중심이 움직여 필요없는 저항을 유발하는 큰 요인이 될 것이다.

(그림 6-3-2)은 왼쪽의 경우 평평한 평영 스타일의 전체 동작을 나타내고 있고,

오른쪽 그림의 경우 위에서 설명한 바와 같이 웨이브 액션 스타일의 전체 동작을 나타내고 있다. 두 가지 동작을 자세하게 비교 관찰하면 차이점을 발견할 것이다.

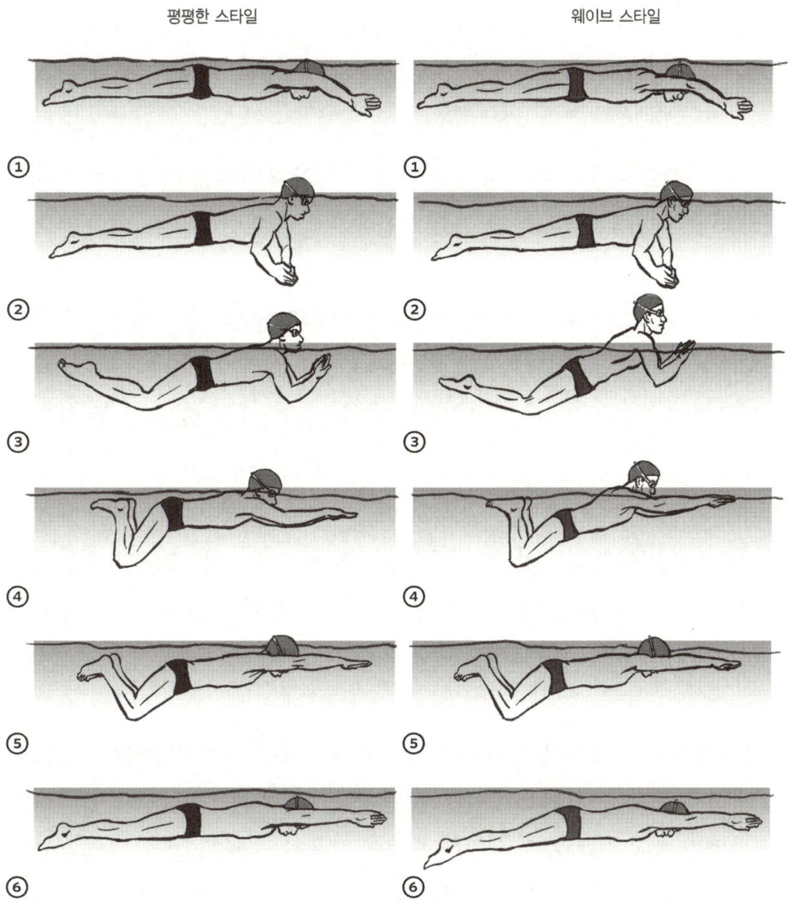

그림. 6-3-2. 평영 평평한 스타일과 웨이브 스타일의 동작 비교

3) 팔 스트로크와 속도 패턴

(1) 팔 스트로크 패턴

평영에서 팔 동작으로서 스트로크는 크게 네 가지 단계로 구분하는데 바깥으로 젓기를 시작해서 캐치, 안으로 젓기, 그리고 이완과 되돌리기 동작인 리커버리 동작이다(그림 6-3-3).

대부분의 평영선수들은 스트로크의 시작 동작에서 바깥으로 젓기를 할 때 양팔을 바깥과 전방으로 젓지만 몸을 심하게 요동치는 영법을 구사하는 선수들은 양팔을 약간 위로 젓기도 한다. 두 번째 동작으로 캐치는 양팔이 양어깨 바깥 측면으로 이동하여 뒤를 향한 자세를 취할 때 이루어진다. 세 번째 동작으로 안으로 젓기는 반원형의 동작으로, 양손을 몸 아래의 안쪽으로 가져간다. 또한 양팔을 뒤와 아래로 움직이기 시작하면서 관성을 점진적으로 극복하려면 안으로 젓기 초반부에 양팔을 계속 바깥으로 움직여야 한다. 안으로 젓기의 초반부를 완료할 때까지 양팔을 계속 바깥과 아래로 움직이며, 완료 시점에는 양팔의 방향을 뒤, 위와 안으로 전환한다.

안으로 젓기의 추진단계는 양손이 양어깨 아래에서 모아지면서 양손의 후진 방향이 전방으로 전환될 때 끝난다. 그 지점에서, 양팔이 수면에 닿을 때까지 계속 위쪽과 안쪽 전방으로 움직이며, 수면에 도달하는 순간 다음 스트로크를 위해 양팔을 뻗는다.

대부분의 평영선수들은 양손을 바로 바깥 측면으로 젓는다. 그러나 몸을 요동치는 선수들은 바깥으로 젓기를 할 때 양손을 다소 위로 저을 것이다. 이는 엉덩이가 위로 요동치면서 양손이 다소 아래로 밀리기 때문이다. 그래서 바깥으로 젓기 시에 양손을 바깥뿐만 아니라 위로도 움직이면서 수면 근처에서 캐치에 들어가는 것이다.

평영에서 이러한 스트로크 패턴은 안으로 젓기 초반부에 약간 놀랄 정도로 많은 양의 하강 동작이 나타나고, 또한 이 단계에서 양손을 거의 60cm 아래까지 젓는다. 이 하강 동작은 두 가지 분명한 목적이 작용하는데 최소한의 푸싱저항을 유발하면서 양팔을 전방으로 되돌리기 할 수 있는 어깨 밑으로 가져가고, 또한 역시 최소한의 푸싱저항을 유발하면서 양다리를 리커버리 할 수 있도록 머리와 양어깨를 상승시키는 역할을 한다.

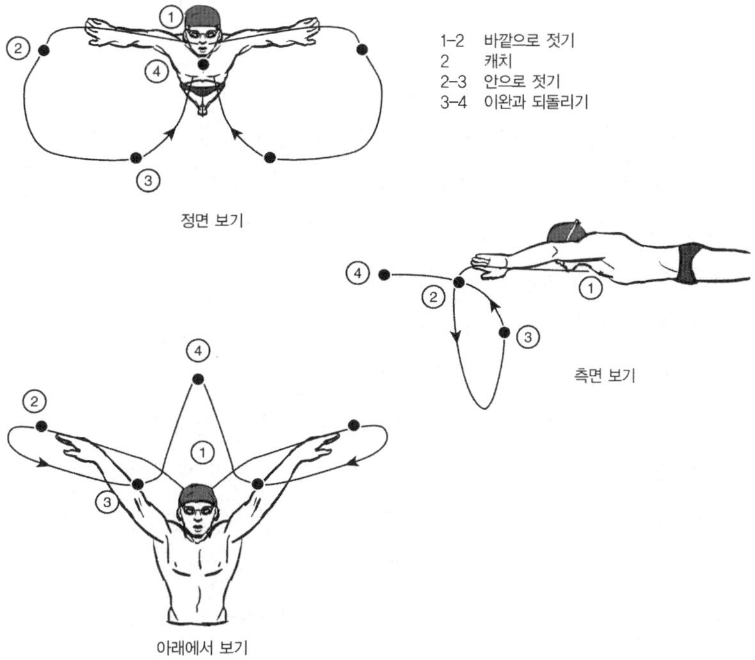

그림. 6-3-3. 평영 스트로크 패턴의 정면, 측면, 아래보기 동작 (심 등, 2008)

(2) 팔 스트로크와 추진력

평영 영법에서 세계적인 수준의 선수들은 팔 동작에서 두 가지 유형이 나타나는데 첫 번째는 스트로크의 전반부에는 양손을 바깥과 전방으로 젓다가 후반부에는 안과 뒤로 젓는 방식을 택하거나, 이와는 반대로 바깥으로 젓기 시에는 양손을 바깥과 뒤로 젓고 안으로 젓기 시에는 안과 전방으로 젓는다. 이 두 방식 모두 한 번의 큰 전진속도를 낼 수 있다.

이러한 두 가지 방식에서 추진력을 발생시키는 기준으로 살펴보면 다르다는 것을 알 수 있다. 첫 번째 방식인 바깥으로 젓기 시에 양손을 바깥으로 젓고 안으로 젓기 시에 뒤로 젓는 패턴의 경우 손이 바깥뿐만 아니라 앞으로도 움직이기 때문에 바깥으로 젓기는 추진력과 무관하며, 안으로 젓기 전 과정에서 추진력이 발생한다.

두 번째 방식은 바깥으로 젓기 시에 양손을 바깥과 뒤로 젓고 안으로 젓기 시에는 안과 전방으로 저을 때 추진력은 바깥으로 젓기 후반부에 나타난다. 이때 추진력은 안으로 젓기에서 잠시 동안 계속되지만 손을 전방으로 움직이기 때문에 아주 일찍 끝난다.

오늘날 이러한 두 가지 방식 모두 효과가 적어서 세계적인 선수들이 이용해왔지만 많은 지도자들은 첫 번째 동작인 바깥으로 젓기 시에 양손을 바깥으로 젓고 안으로 젓기 시에 뒤로 젓는 방식이 더 효과적인 잠재력을 가지고 있다고 설명한다. 그러나 선수들의 경우 팔 되돌리기 시에 양손을 재빨리 앞으로 움직이는 훈련을 받아왔기 때문에 양손을 안으로 젓기 시작할 때 거의 정면으로 젓는데 이러한 방식은 스트로크 당 속도와 거리를 떨어뜨리는 요인으로 작용하기 때문에 좀 더 효과적인 추진력을 유지할 수 있도록 안으로 젓기를 할 때는 양손을 안과 뒤로 저으라고 가르치며, 이러한 동작에서 얻는 추가 추진력은 바깥으로 젓기에서 잃는 추진력을 보충하고도 남는다. 그뿐만 아니라, 안으로 젓기 시에 양손으로 물을 전방으로 밀 경우에는 그렇지 않은 경우보다 더 많은 감속의 원인이 될 뿐이다. 안으로 젓기를 마무리하는 시점에 몸이 최고 속도로 앞으로 움직일 것이기 때문에 양다리를 앞으로 리커버리 할 때 그리 많이 감속하지는 않을 것이다.

4) 스트로크 동작의 원리

평영의 스트로크 동작은 크게 4단계로 구분한다. ①바깥으로 젓기 ②캐치 ③안으로 젓기 ④리커버리 동작의 되돌리기이다. 이러한 팔 동작으로서 스트로크 동작의 원리를 다음에서 살펴보고자 한다.

바깥으로 젓기 ▶ 캐치 ▶ 안으로 젓기 ▶ 리커버리

(1) 바깥으로 젓기

평영 영법에서 스트로크의 첫 번째 단계는 바깥으로 젓기 동작인데 이 단계에서는 스트로크의 추진단계는 아니고 뒤따르는 안으로 젓기에서 몸을 추진시킬 팔 자세를 취하는 것이다. 바깥으로 젓기의 시작은 리커버리 시기에 양팔 뻗기를 거의 완료하면서 양팔을 미끄러지듯 바깥과 전방으로 움직이는 시점이다. 양손이 캐치 지점인 양어깨 바깥 측면을 지나칠 때까지 반원을 그리듯이 바깥, 전방과 약간 위로 저어야 한다. 양손을 바깥으로 젓는 동안 팔꿈치에서 양팔을 구부려야 바깥으로 젓기 시에 그 부위가 가능한 빨리 뒤를 향한 자세를 취할 수 있다.

양팔을 앞으로 뻗은 후에 활주해서는 안 된다. 그러면 차기의 추진단계 마무리 시점과 팔 스트로크의 추진단계 시작 시점 사이에서 감속기만 더 길어질 뿐이다. 양팔로 인한 추진은 양팔을 측면으로 움직이기 시작하는 즉시 시작되지 않는다. 양팔과 손이 어깨 바깥측면에서 자세를 잡고 물을 뒤로 밀기 시작할 때까지는 바깥으로 젓기 시에는 사실상 전진속도가 계속 감속한다. 그러므로 양 다리가 몸의 전진 가속을 멈춘 후, 활주 없이 양팔을 전방과 바깥으로 뻗을 때 감속 시간이 줄어들 것이다.

바깥으로 젓기를 시작할 때 양손을 아래로 향하고 양손이 양어깨 바깥측면으로 움직일 때까지 그 자세를 계속 유지해야 한다. 약지 주도로 손날부터 움직여야 보다 작은 면이 물과 만난다.

(2) 캐치

평영 영법에서 팔 동작으로서 스트로크의 두 번째 단계인 캐치동작은 양손과 팔이 양어깨 바깥측면 위치에서 뒤를 향할 때 이루어진다. 이때 양 팔꿈치를 약 90˚로 구부려야 한다.

또한 캐치 동작은 양팔의 아랫면과 손바닥이 충분히 바깥으로 움직여서 물을 뒤로 미는 자세를 취할 때 이루어진다. 양팔은 수면 근처에서 양어깨 바깥 측면에 위치하고, 캐치 시점에 팔꿈치에서 굽혀질 것이다. 그 시점에서 선수들은 양팔이 다시 어깨 위치에 이르러 갈비뼈 방향의 안쪽으로 움직일 때까지 양팔의 아랫면과 손바닥으로 물을 뒤로 밀어야 한다. 이번 시기에는 양손이 몸 아래와 양어깨 안쪽으로 향할 것이다.

(3) 안으로 젓기

평영 영법의 스트로크에서 유일한 추진단계인 안으로 젓기는 양어깨 바깥 측면에서 양팔로 캐치에 들어간 상태에서 시작된다. 그런 다음 큰 반원형의 젓기를 수행해야 한다. 양팔이 양어깨 뒤에 이르고 양손이 양어깨 밑으로 지나갈 때까지 양팔과 손을 뒤쪽으로, 그리고 아래와 위쪽 방향으로 젓는다. 그러나 이러한 젓기 방식은 선수들이 수십 년 동안 이용해왔던 방식으로 양팔이 상체에 밀착되어 선수들의 속도가 현저하게 떨어지는 팔 스트로크의 추진단계로부터의 전환시점과 팔 되돌리기 시에 일시 정지하게 되는 원인으로 작용한다고 지적하면서 선수들은 안으로 젓기 시에 양손을 직접 안으로 스컬 젓기를 하면 끌기에서 되돌리기로 전환하는 동안 머뭇거림 없이 스트로크의 이 단계에서 가능한 많은 추진력을 유발할 것이라고 믿는 사람이 많다. 그러나 최근의 평영 이론에서 안으로 젓기를 할 때는 몸 밑에서 양팔을 대각선 형태로 뒤로 저어야 하고, 그러면서 양손과 팔로 물을 뒤로 압박해야 한다고 지적하는 경우가 있다. 이러한 방식은 양팔은 수면 근처에서 양어깨 바깥 측면에 위치하고, 캐치 시점에 팔꿈치에서 굽혀질 것이다. 그 시점에서 선수들은 양팔이 다시 어깨 위치에 이르러 갈비뼈 방향의 안쪽으로 움직일 때까지 양팔의 아랫면과 손바닥으로 물을 뒤로 밀어야 한다. 이시기에는 양손이 몸 아래와 양어깨 안쪽으로 향할 것이다.

캐치에서 안으로 젓기를 완료할 때까지 양팔의 속도를 가속해야 한다.

(그림 6-3-4)은 평영 스트로크의 안으로 젓기 동작으로 곧게 펼쳐진 팔이 가슴 아래쪽으로 가상 그림처럼 당겨진 자세를 생각하면 좋겠다.

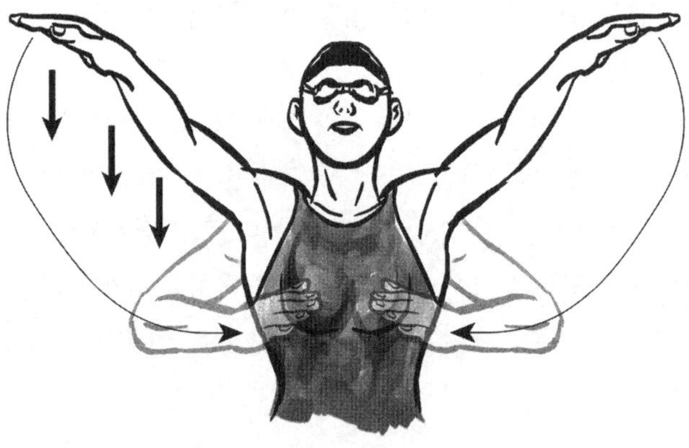

그림. 6-3-4. 평영 스트로크의 안으로 젓기 동작 (심 등, 2008)

(4) 리커리버(되돌리기)

평영 영법에서 팔 스트로크의 마지막 단계는 리커버리 동작이다. 리커버리의 시작은 양손이 양어깨 밑의 안쪽으로 지나칠 때 실시해야 한다. 이 시점에서 물을 뒤로 미는 동작을 멈추고 양팔을 양어깨에서 아래와 안쪽으로 압착해야 한다. 이 팔꿈치 압착으로 양팔의 후진 관성을 극복하고 양팔을 위와 전방으로 움직이기 시작하면서 되돌리기에 들어간다.

양손이 얼굴 바로 앞의 수면에 위치할 때까지 계속해서 위와 전방으로 움직여야 한다. 양손바닥을 위로 향한 채 동시에 수면에 도달해야 하며, 양손바닥을 위로 돌린 후에 양팔을 미끄러지듯 전방으로 움직이기 전에 전완을 수면으로 먼저 가져간 다음 양팔을 전방으로 거의 완전히 뻗을 때까지 양팔을 미끄러지듯 전방으로 움직인다.

리커버리의 마무리 시점에 양팔을 뻗은 자세에서 멈추지 말고, 머리 위에서 뻗은 자세를 취할 무렵에 양 측면 바깥으로 미끄러지듯 움직이기 시작해야 한다. 그러면 양팔의 전진 관성을 극복하는데 도움이 되고, 최소한의 노력으로 양팔을 바깥으로 움직이며 다음 스트로크 주기의 바깥으로 젓기에 돌입할 수 있다.

양팔을 전방으로 되돌리기 할 때는 상당량의 푸싱저항을 유발할 가능성이 있다. 그러므로 양팔을 미끄러지듯 빠르게 전방으로 움직이되, 좋은 유선형 자세로 부드럽게 움직여야 한다.

그러나 리커버리 동작에서 몇몇 지도자들은 선수들에게 양팔을 물 위로 되돌리기 하라고 충고하기도 하며, 또 다른 지도자들은 양손바닥을 위로 돌리지 말라고 조언한다. 그리고 양팔을 되돌리기 할 때 전방으로 쑥 내밀라고 제안하는 지도자들도 있다.

푸싱저항을 줄이기 위해 양팔을 물 위로 되돌리기 해야 한다고 생각하는 지도자들도 있다. 그러나 이러한 방식은 권장할 만하지 않다. 양팔을 물 위로 되돌리기 하는 방식으로는 사실상 푸싱저항을 없애거나 줄일 수도 없다고 생각한다. 평영 규정에 따르면 각 스트로크 주기 동안 팔꿈치가 수중에 남아 있어야 하고, 양손이 물 밖에 있더라도 전완을 전방으로 밀면서 물을 헤쳐가야 한다. 이러한 동작은 좋지 못한 유선형 자세 때문에 양팔을 물 위로 되돌리기 하려고 시도할 경우에는 보다 더 좋은 유선형 자세로 수면을 따라 전방으로 미끄러지듯 움직일 때보다도 많은 푸싱저항을 유발할 것이다.

또한 리커버리 동작에서 양팔을 빠르게 전방으로 쑥 내밀라고 하는 지도자들도 있는데 선수들의 경우 양팔을 바깥으로 뻗을 때 발차기의 추진단계를 시작하기 때문에 전방으로 쑥 뻗는 것처럼 보이기는 하나 이러한 동작은 팔 되돌리기 시에 푸싱저항을 가중시키기 때문에 사실상 양팔을 가속하지 않는다.

(그림 6-3-5)은 평영 리커버리 동작에서 전면 저항을 만드는 자세를 나타내는데

일반적인 손 깊이에서는 저항으로 표시되었지만 이보다 깊게 아래로 손이 내려갔을 때는 추가저항이 발생되는 것으로 이해하면 좋겠다.

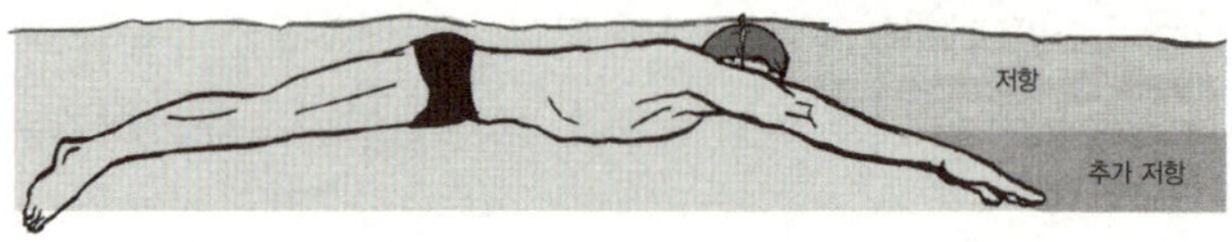

그림. 6-3-5. 평영 리커버리 동작에서 전면 저항을 만드는 자세

5) 킥 동작의 원리

평영에서 다리 동작으로서 킥의 단계는 ①리커버리 ②바깥으로 젓기 ③캐치 ④안으로 젓기 ⑤부상과 활주 동작이다(그림 6-3-6).

킥의 주기는 두 발과 아랫다리가 전방으로 리커버리 할 때 시작된다. 평영 킥 동작을 정면에서 관찰하면 추진단계가 원형 동작임을 분명하게 보여준다. 캐치에서 선수들은 무릎에서 두 다리를 완전히 뻗어 거의 합쳐질 때까지 바깥, 다시 안쪽과 아래로 젓는다. 이 시점에서 양 다리를 위로 움직여 몸과 일직선을 이루고, 팔 스트로크의 추진단계가 수행되는 동안 유선형 자세를 유지한다.

1960년 이전에는 웨지 동작(wedge action)의 평영 킥을 가르쳐졌다. 이 동작은 양 다리를 거꾸로 된 브이(V) 모양으로 뒤와 바깥 측면으로 뻗은 다음 양다리를 동시에 압박하면서 웨지 형의 물을 뒤로 튕겨내려고 시도하였다.

그러나 Coun Silman(1968)의 연구에서 평영에서 웨지 킥의 오류를 지적하면서 좁은 채찍 스타일의 다리 동작을 도입하여 평영 발차기를 혁신시켰고, 오늘날 대부분의 평영선수들이 이 동작을 이용하고 있으며, 이러한 방식의 킥을 윕 킥(whip kick)으로 불러졌다.

다음에서 오늘날 대부분의 선수들이 이용하는 윕 킥(whip kick)의 동작 원리를 설명하고자 한다.

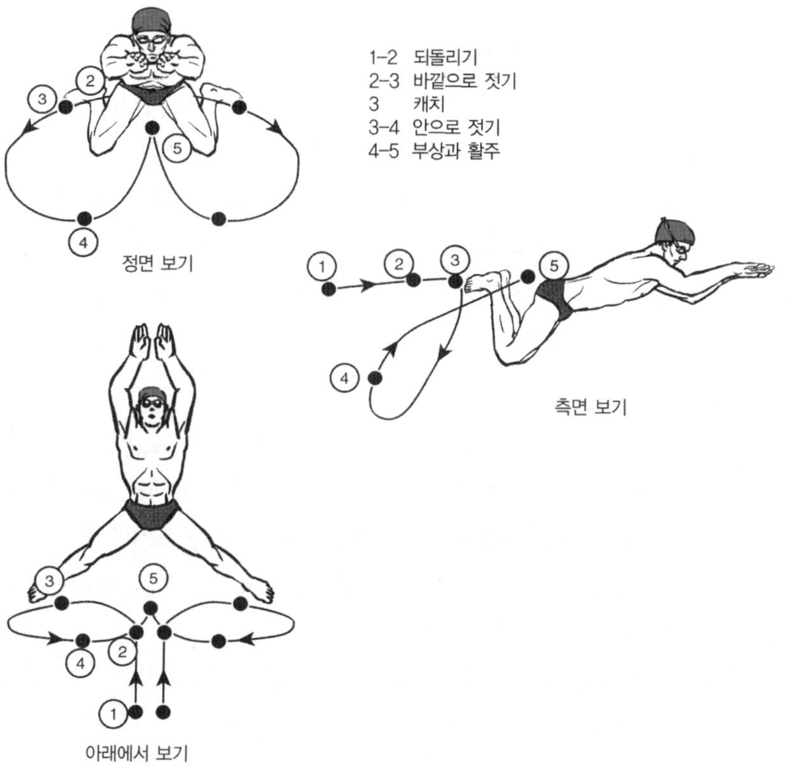

그림. 6-3-6. 평영 킥 패턴의 측면, 정면, 아래보기 동작 (심 등, 2008)

가. 리커버리

평영 킥 동작의 첫 번째 단계인 리커버리 동작은 팔 스트로크의 안으로 젓기 시에 물에 가하는 압박을 풀 때 시작한다. 팔 스트로크의 추진단계 마무리 시점과 킥의 추진력의 개시 시점 사이의 감속시간을 단축시키려면 양팔의 추진력이 사라지는 즉시 킥의 리커버리를 시작해야 한다.

킥의 리커버리의 초기 단계에서는 몸을 수면에서 약 45° 아래로 기울어야 한다. 안으로 젓기 시에 팔 스트로크의 하향 동작으로 머리, 양어깨와 몸통의 일부를 수면 위로 상승시킴과 동시에 엉덩이를 수면에서 아래로 떨어뜨리면 이 기울기에 도달 할 수 있다.

양다리를 엉덩이 쪽인 전방으로 리커버리 할 때는 양 무릎을 다소 분리해야 하지만 양무릎을 어깨 폭 이상으로 넓게 하지 말아야 한다. 그렇지 않으면 저항성 저항이 증가할 것이다.

리커버리 시에 엉덩이를 굽히지 않은 상태에서 양 다리를 수중에 유지하려면 다리 리커버리의 무릎 굽히기 단계에서 엉덩이를 낮추고 몸을 머리에서 무릎까지 아래로 기울어지게 해야 한다. 엉덩이 부위를 굽히지 않고 양다리를 위로 가져가면 리커버리의 첫 부분에서 파도 추진으로 인한 전진속도 가속을 체험하게 될 것이다. 그러나 양다리를 고관절 뒤로 가져가는 시기의 초반부터 다리를 부상시키면 사실상 감속하게 될 것이다. 엉덩이를 굽히는 동작이 갑작스럽고 상당한 전진속도 감속의 원인으로 작용할 것이다. 넓적다리를 아래와 전방으로 밀면서 물을 헤쳐갈 것이기 때문이다.

킥 동작의 리커버리를 하는 시간 동안 양 다리를 아주 빨리 움직이면 팔 스트로크의 추진단계 마무리와 발차기 추진 시작 시점 사이에 존재하는 감속기를 줄일 수 있다. 속도와 상관없이, 양다리는 가능하면 최고의 유선형 자세로 전방으로 부드럽게 미끄러지듯 움직여야 한다. 두 발이 엉덩이에 접근할 때 차기의 첫 번째 추진단계인 바깥으로 젓기를 시작해야 한다.

(그림 6-3-7)은 평영 킥 동작에서 리커버리 직전의 과도하게 가라앉은 자세 때문에 추가저항이 발생되는 경우를 나타냈다.

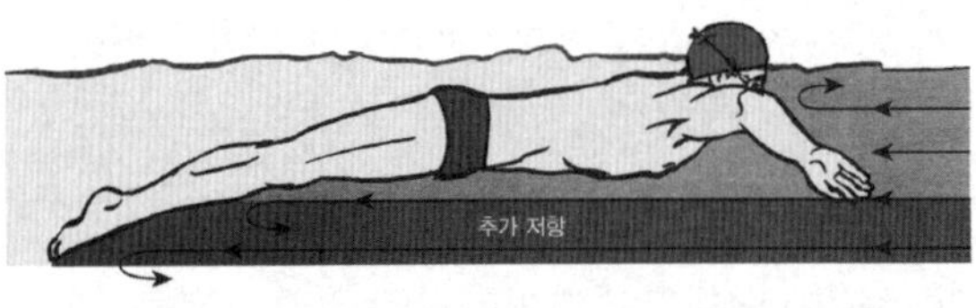

그림. 6-3-7. 평영 킥 동작에서 리커버리 직전의 가라앉은 다리의 저항 자세

나. 캐치

평영 킥의 캐치 동작은 두 발이 엉덩이에 접근할 때 양다리를 바깥으로 젓기 시작해야 한다. 양발이 뒤로 향하여 물을 뒤로 밀 수 있을 때까지 바깥 양 측면으로 저어야 한다. 이 시점에서 캐치가 이루어진다.

바깥으로 젓기 시에 가능하면 가장 빠른 시간에 뒤를 향한 자세를 취하기 위해서는 양어깨 바깥 측면으로 저으며 캐치 자세에 들어가는 두 발을 굽히고, 발목에서 바깥으로 돌리는 뒤집는 동작이 되어야 한다. 캐치는 두 발이 물을 뒤로 밀기에 충분할 만큼 바깥으로, 어떤 경우에는 뒤로 나아간 상태에서 이루어진다. 양 다리는 고관절에서 40°~50°로 굽혀질 것이다. 또한 무릎 관절에서 60°~70° 굽혀질 것이다.

양다리를 무릎에서 가능한 많이 굽혀야 바깥으로 젓기 시에 바깥으로 돌릴 때 엉덩이 아주 가까이 지나친다. 양팔을 뒤로 밀지 않고 직접 바깥으로 돌리며 캐치 자세에 들어가는 게 이상적이다. 그러면 소위 높은 캐치(high catch)를 할 수 있다. 즉, 양 다리가 거의 엉덩이 반대편의 전방에 있을 때 양발로 추진력을 적용할 수 있다.

다. 바깥으로 젓기

바깥으로 젓기는 엉덩이와 무릎 관절에서 양 다리의 후방 및 다소 바깥 방향의 뻗기이다. 양다리를 거의 뻗고 차기의 다음 단계인 안으로 젓기를 시작할 때 두 발을 아래와 안으로 회전하기 시작한다.

라. 안으로 젓기

안으로 젓기 동작은 양 다리가 뻗기를 완료하고 모아질 때 끝난다. 이 시점에서, 양다리와 발로 물을 뒤로 미는 동작을 멈추고, 양 다리가 완전히 합쳐질 때 안으로 젓기의 여파에 따라 양 다리가 수면을 향해 상승하게 해야 한다.

이러한 동작은 캐치에서 양 다리의 동작을 거의 멈춘 다음, 차기의 추진단계가 완료될 때까지 재빠르게 움직여야 한다. 다리 뻗기를 완료할 때 양 다리는 아래로 돌리고 양발바닥이 서로 마주보게 돌려야 한다. 그런 다음 양 발이 양어깨 안쪽으로 들어갈 때까지 물을 가로 질러 안쪽으로 저어야 한다. 또한 양발바닥이 안쪽으로 각도를 취할 때까지 아래와 안으로 회전하여 안으로 젓기를 완료할 때까지 발목에서 굽힌 상태를 유지해야 한다.

차기의 이 단계에서 선수들이 저지르는 주요 실수 중 한 가지는 안으로 젓기가 끝나기 전에 발목에서 양발을 뻗는 동작이다. 178명의 선수들을 대상으로 연구한 Vervaecke and Persyn(1979)에 따르면, 최고의 평영 발차기 선수들이 발차기가 서투른 선수들보다 오랫동안 양발을 굽혀 바깥으로 돌린 자세를 유지하였다. 발차기가 서투른 선수들은 안으로 젓기에서 훨씬 일찍 양발을 뻗었다. 그러므로 양 다리가 양어깨 안쪽을 지나치며 안으로 젓기를 거의 마무리할 때 마지막 추진력을 내기 위해서는 발목에서 양팔을 굽힌 상태로 안쪽으로 돌려야한다.

마. 부상과 전진하기

평영 영법에서 킥 동작의 마무리 단계인 부상과 전진하기 동작은 일단 안으로 젓기가 완료되면 양다리의 안쪽 방향 관성을 이용하여 다리의 방향을 점진적으로 아래에서 위로 전환한다. 이 동작은 양 다리가 합쳐지기 마지막 몇 인치를 남겨둔 상태에서 다리를 위로 돌리면서 수행된다. 일단 방향 전환이 끝나면 양 다리가 수면 바로 아래에서 약간 몸보다 위에 도달할 때까지 계속 위로 젓는다.

양 다리의 이 상승 동작은 양팔을 바깥으로 젓는 동안 이루어져야 하며, 그 후에는 유선형 자세를 취해야 팔 스트로크의 나머지 기간 동안 추가 저항이 유발되지 않는다.

전진할 때는 발목에서 발을 뻗고 양다리를 엉덩이에서 발가락 방향으로 완전히 뻗어야 한다. 양 다리를 가까이 붙인 상태에서 몸통과 일직선을 이루되 위쪽으로 기울어져야 한다. 부상 시에는 발의 속도를 떨어뜨려 양 다리가 몸과 같은 속도로 팔 스트로크에 의해 끌리게 해야 한다.

따라서 이 시기에 저항성 저항을 가능한 많이 줄이려면 아주 좋은 유선형 자세로 수면 쪽으로 양다리를 미끄러지듯 부드럽게 움직이라고 제안하는 바이다(그림 6-3-8).

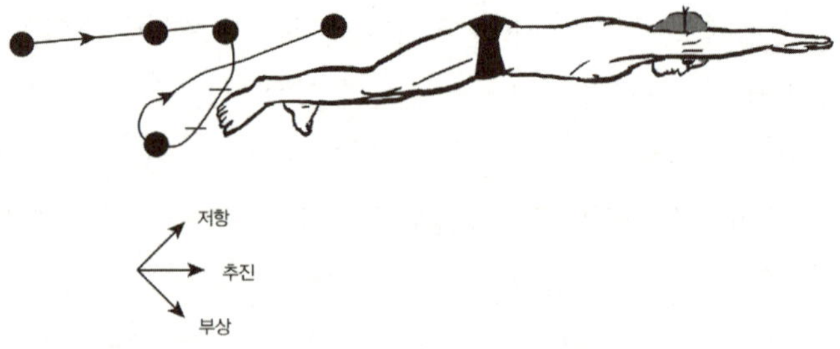

그림. 6-3-8. 평영 킥 동작의 안으로 젓기 동작에 부상력과 저항력의 관계 (심 등, 2008)

6) 발목과 엉덩이 유연성

평영 영법에서 킥의 효율성을 높이려면 엉덩이와 발목 유연성이 좋아야 하는데 무릎에서 양다리를 굽히면서 양발과 아랫다리를 바깥으로 돌려 캐치를 하기 위해서는 여러 관절이 유연해야 한다. 고관절에서 넓적다리를 안쪽으로 돌리고 무릎관절에서 아랫다리를 바깥으로 돌리는 능력이 평균 이상으로 좋아야 한다. 또한 양팔을 위로 당겨 바깥으로 돌리는(뒤집는) 능력도 평균 이상으로 좋아야 한다.

따라서 평영 영법에서 스피드와 추진력을 높이기 위한 방법으로 고관절과 무릎관절의 유연성을 개선하는 훈련을 전문가의 도움을 받아 체계적으로 실시한다면 킥의 효율성을 상당히 향상시킬 수 있다.

7) 양팔과 다리의 타이밍

평영 영법에서 세계적으로 많은 전문가들은 일반적으로 팔 스트로크와 킥 동작의 타이밍을 세 가지 형태로 설명하고 있다. 그 내용을 함축적인 단어로 설명하면, '지속(continuous), 전진(glide), 오버랩(overlap)'타이밍이다.

지속 타이밍을 이용할 때 선수들은 양 다리가 모아지자마자 양팔을 바깥으로 움직이기 시작하고, 전진 타이밍의 경우에는 차기의 완료와 팔 스트로크의 시작 사이의 간격이 짧고, 선수들은 유선형 자세로 양팔과 다리를 뻗은 상태에서 전진한다. 또한 오버랩 타이밍의 경우에는 양다리가 모아지기 전에 양팔을 바깥으로 젓기 시작한다.

지속 타이밍은 전진 단계를 단축시킨 활주 타이밍의 또 다른 예일 뿐이다. 선수들에게 양팔을 바깥으로 젓기 전에 양다리가 모아질 때까지 기다리라고 가르친다. 그러면 전진단계가 사라지지만, 그래도 여전히 스트로크 주기 간에 필요이상의 긴 시간동안 감속하게 된다.

전진 타이밍의 경우에는 아무리 좋은 유선형 몸자세를 취해도, 물의 저항 때문에 선수들이 전진하는 동안 현저하게 감속하게 된다. 이와는 반대로, 차기의 추진단계는 양다리가 모아지기 전에 끝나고 양팔이 떨어지기 시작할 때 팔 스트로크의 추진단계가 시작되지는 않는다. 그래서 전진하는 동안뿐만 아니라 양다리를 모으는 동안과 양팔을 바깥으로 저으면서 캐치에 들어가는 동안에도 감속한다. 전진 방식은 스트로크 주기 간에 약 0.20초에서 0.30~0.40초까지 감속하는 시간을 증가시킬 수 있다

킥의 추진단계 마무리와 팔 스트로크의 추진단계 시작 간의 감속기를 줄이는 최상의 방법은 오버랩 타이밍을 이용하는 것이다. 오버랩 타이밍은 발차기 추진 마무리와 팔 스트로크 추진 시작 간의 인터벌이 상당히 단축되었다. 발차기의 추

진단계를 완료하는 즉시 양팔을 바깥으로 젓기 시작하기 때문이다. 달리 말해서, 양다리가 모아질 때 양팔을 바깥으로 젓는다. 그래서 이를 오버랩 타이밍으로 명명하였다. 그리하여 양다리 추진 마무리와 양팔 추진 시작의 간격을 0.20초 이하로 단축시킨다. 이런 식으로 그는 바깥으로 젓기에서 더 짧은 시간동안 덜 감속하게 될 것이다.

오버랩 타이밍에 대해 분명히 해두고 싶은 한 가지는 양 다리를 전방으로 가속하는 도중에 양팔을 바깥으로 젓지 말라는 것이다. 발차기 추진이 진행되는 동안 양팔을 바깥으로 젓기 시작하면, 형상저항이 증가하고 본래 발차기로 얻을 수 있는 속도의 일부를 잃게 된다. 따라서 안으로 젓기 시에 양다리가 양어깨 안으로 지나칠 때 전진가속을 중단한다. 그래서 바로 그때 양팔을 바깥 측면으로 젓기 시작하는 것이다.

평영 영법에서 킥이 약점인 선수들은 킥의 장점을 가지고 있는 선수들 보다 오버랩 타이밍을 더 많이 이용할 필요가 있다. 발차기가 약한 선수들은 대게 안으로 젓기 시에 더 일찍 양다리를 이용한 전진가속을 중단하기 때문이다. 그러므로 그런 선수들이 너무 많은 전진가속을 잃기 전에 캐치에 들어가려면 좀 더 일찍 양팔을 바깥으로 젓기 시작해야 한다. 그러면 턴 오버 비율이 증가하고 에너지비율도 늘어날 것이다.

8) 몸 자세

평영 영법에서 몸 자세는 형상저항을 유발시키는 동작이냐 아니면 줄이느냐에 문제일 것이다. 특히 경기에 나선 평영선수들은 추진력을 강화하기 위해 몸의 상하 요동을 이용하는 것에 대해서는 의견이 분분하기도 한다. 반대자들은 몸 요동이 추가적인 형상저항을 유발한다고 믿는 반면, 찬성하는 사람들은 몸 요동으로 전진추진력이 증가할 수 있다고 믿는다.

평영 영법에서 몸이 상하로 과도하게 움직이는 요동 스타일을 반대하는 사람들은 수평자세를 유지하면 양팔과 다리에 의해 더 많은 추진력이 발휘될 수 있다고 설명하고 있고, 또한 평영 킥 동작의 추진 단계의 중요한 요소는 물을 뒤로 미는 동작인데 킥 동작에서 뒤로 찰 때 엉덩이를 위로 요동칠 필요도 없고 권장할 만한 사항도 아니다 라고 지적하면서 특히 몸의 요동이 형상저항을 증가시킨다고 주장한다.

이와는 반대로 평영에서 요동이 추진력을 강화할 수 있다는 견해는 아마도 신체파도나 역신체파를 추진역학으로 수용하는 것과 관련될 것이다. 역신체파가 추진에 상당히 기여할 가능성이 매우 높다고 생각하기 때문에, 평영의 요동 스타일을 권장하기도 한다.

평영에서는 차기의 추진단계가 끝나고 엉덩이가 상승 동작의 최고점을 지나 아래로 이동한 후에 역신체파가 중력과 공조하여 전진속도를 최고 수준으로 유지한다.

물론, 너무 많은 요동은 금물이다. 몸 요동의 양은 접영선수들보다 훨씬 적어야 한다. 이는 앞에서 기술한대로 평영 발차기는 양 다리를 아래로 밀 때가 아니라 양 다리로 물을 뒤로 밀 때 가장 효과적이기 때문이다. 단지 엉덩이의 큰 상승 요동을 유발하기 위해 양다리의 하강 동작을 과도하게 수행하면 평영 발차기로 얻는 추진력을 감소시킬 뿐이다. 따라서 양다리의 자연스런 하강동작이 적절한 상향 엉덩이 요동을 유발할 수 있도록 뒤로 차기에 집중해야 한다. 엉덩이의 상승 동작을 강화하려고 애쓸 필요는 없다.

다음에 소개하는 여섯 가지 안내지침을 활용하면 뒤로 찰 때와 호흡하면서 머리와 양어깨를 물 밖으로 들어 올릴 때 너무 많게 또는 너무 적게 요동치는지의 여부를 결정하는데 참고자료로 활용하기를 바란다.

(1) 머리와 양어깨가 전방보다는 위아래로 더 많이 움직일 때는 요동이 지나치다.

(2) 평영 킥 동작에서 뒤로 찰 때 엉덩이가 수면 위로 14~17cm 이상 상승하면 요동이 과한 편이다.

(3) 평영 영법에서 머리는 약간만 수면 아래로 떨어뜨려야 하며 양팔은 약간만 아래로 기울이고 주로 전방으로 뻗어서 양팔이 몸통과 양다리의 기울기와 일직선이 되도록 해야 한다.

(4) 호흡할 때 양어깨와 몸통의 일부가 물 밖으로 나오지 않으면 요동이 부적절한 것이다.

(5)킥 동작에서 안으로 젓기 완료 시점에 엉덩이가 수면에 도달하지 않으면 너무 적게 요동치는 것이다.

(6) 킥 동작에서 안으로 젓기 시에 머리를 포함한 전 신체가 수중에 있지 않으면 요동이 부적절하다.

9) 호흡

평영 영법의 경우 거리에 상관없이 각 스트로크 주기마다 한 번씩 호흡해야 한다. 호흡은 이 스트로크 타이밍의 매우 중요한 부분으로, 추진을 방해하기보다는 돕는 역할을 한다. 호흡을 하지 않을 때 오히려 선수들은 리듬을 잃는 경향이 있다. 더구나 양다리를 적절히 리커버리 하기 위해서는 머리와 몸통을 부상시킬 필요가 있다.

호흡의 동작은 차기의 추진단계에서는 양 다리를 뒤로 뻗는 동안 머리를 수중에 두고 수영장 바닥을 내려다보아야 한다. 그런 다음에 양팔을 바깥으로 뻗을 때 위를 보기 시작하고, 양팔로 안으로 젓기를 시작할 때 머리와 양어깨를 계속 수면 쪽으로 움직여야 한다. 팔 스트로크의 안으로 젓기를 완료할 때 머리와 양어깨는 수면 밖에 있어야 하며, 되돌리기 시에 양손을 수면 쪽으로 가져갈 때 호흡해야 한다. 그런 다음 양팔을 전방으로 뻗을 때 머리를 낮추어 다시 수중 자세로 전환해야 한다.

평영 영법에서 호흡하는 동안 계속 앞으로 움직여야 한다는 점을 명심해야 한다. 이 때문에 머리를 수면 위로 가져가기 위해 위와 뒤로 부상시키면 안 된다. 머리는 턱을 오므린 상태에서 척추를 중심으로 자연스런 자세를 유지하고, 양어깨와 몸통을 들어 올리며 얼굴을 물 밖으로 가져가서 호흡한다. 호흡을 위해 얼굴을 물 밖으로 가져갈 때 두 눈으로 바로 정면의 물을 아래로 응시하라고 조언하고 싶다.

4. 접영 영법의 동작원리

1930년대 초반에 평영에서 진화한 접영은 경영에서 프론트 크롤 다음으로 두 번째로 빠른 영법이다. 그 당시에 접영은 양팔을 물 밑이 아니라 위로 리커버리 할 경우에 더 빨리 나아갈 수 있음을 깨달았고, 수면 위로 리커버리 하는 동작이 전혀 새로운 동작이었으나, 양팔을 대칭을 이루며 동시에 되돌리기 한다는 점에서 평영의 규칙을 따랐다.

접영 팔 스트로크의 도입으로, 평영 경기에서는 경영에서 가장 흥미로운 경기가 되었다. 어떤 선수들은 당시의 습관에 따라 계속해서 수중 평영 스트로크를 고집하였다. 다른 선수들은 수면에서 "새로운" 접영식-평영 스트로크로 경기에 참가하였다. 그리고 양 스타일을 조합하는 선수도 있었다. 머지않아 평영 레이스는 모두 접영식-평영선수들이 우승을 독차지하게 된다. 그리고 얼마 지나지 않아서 현재 '돌핀킥'으로 알려진 방식을 이용할 경우에 접영식-평영을 더 빨리 할 수 있다는 사실을 발견하게 된다. 돌핀킥의 도입으로 접영식-평영이 과거의 평영보다 훨씬 빨라졌으며, 접영은 1955년에 독립된 경영종목이 되었다. 접영은 미국 아이오와 대학교의 잭 시그 선수와 데이비드 암브러스터 코치의 창안으로 오늘날 가장 다이나믹한 영법으로 발전하였다.

다음에서 구체적으로 접영 영법의 주요한 원리를 설명하고, 스트로크의 패턴, 팔 동작으로서 스트로크의 원리와 돌핀 킥의 원리, 그리고 양팔과 다리의 타이밍, 몸 요동과 호흡 등을 중심으로 서술하고자 한다.

1) 접영에 대한 요점들

(1) 접영은 정확한 머리 타이밍의 역학이 전 동작의 리듬에서 매우 중요하기 때문에 호흡을 마친 후에 두 손의 입수 직전에 얼굴이 수면으로 돌아와야 하고, 두 손이 밖으로 나오기 직전에 얼굴이 물을 헤치고 호흡한다.

(2) 호흡의 원리는 양손이 입수하면 천천히 숨을 내뱉기 시작하고, 팔 스트로크를 하는 동안 숨 내쉬기는 점차 강도를 증가시키다가 입이 수면을 헤치는 순간 강력한 내뱉기로 마무리한다. 숨 들이마시기는 팔 밀기의 마지막 단계에서 입을 통해 한다.

(3) 양팔이 복귀하며 머리를 지날 때 호흡이 완료되어야 한다. 양손이 입수하기 직전에 얼굴은 다시 물로 향해야 한다. 한 번에 팔 스크로크 주기마다 한 번씩 혹은 두 번 스트로크마다 한 번씩 호흡하는 방법도 행할 수 있다. 두 번 스트로크마다 한 번 숨을 쉬는 경우, 첫 번째 팔 주기 동안은 숨을 참는다. 내뱉기와 들이쉬기는 두 번째 팔 주기 동안 일어난다.

(4) 이상적인 호흡 리듬은 개인별 선호 문제이며 또한 100m와 200m 경기 거리에 따라 달라질 수 있다. 장거리 경기일수록 수영선수는 더 빈번하게 숨을 쉴 필요가 있을 것이다.

(5) 팔 스트로크마다 두 번의 하향 차기가 있다. 첫 번째 하향 차기는 두 팔의 입수 시에 일어나고, 두 번째 하향 차기는 두 손을 뒤로 밀치며 밀기 스트로크 단계로 전환할 때 일어난다.

(6) 두 번에 하향 차기를 조화시키는 세 가지 중요한 기능은 지속적인 추진을 확보하고, 몸의 유선형화를 유지하고, 머리 역학에 도움이 되도록 행해야 한다.

(7) 첫 번째 하향차기는 두 손이 입수를 완료하자마자 이루어진다. 팔 복귀 동안 몸이 감속되었기 때문에 이 타이밍은 중요하다. 만일 첫 번째 차기가 이 시점에서 일어나지 않으면 두 팔이 다음 스트로크를 시작하기 전에 스피드가 줄어들 것이다. 이 단계에서의 첫 번째 차기 타이밍이, 팔 스트로크를 시작할 때, 양 엉덩이를 높은 자세로 유지하고 몸의 유선형화 상태도 유지시켜 준다.

(8) 두 번째 하향차기가 양손을 수면 위로 밀어 올림으로써 야기되는 양 엉덩이의 급강하를 막는다. 두 번째 차기가 정확한 타이밍을 이룰 때 더욱 쉽게 호흡을 위해 머리를 들 수 있다.

(그림 6-4-1)은 접영 영법의 팔 동작으로서 스트로크와 다리동작으로서 킥 동작이 결합된 연속동작을 측면으로 관찰한 내용이며, 정면 동작은 팔 동작을 중심으로 묘사되었다.

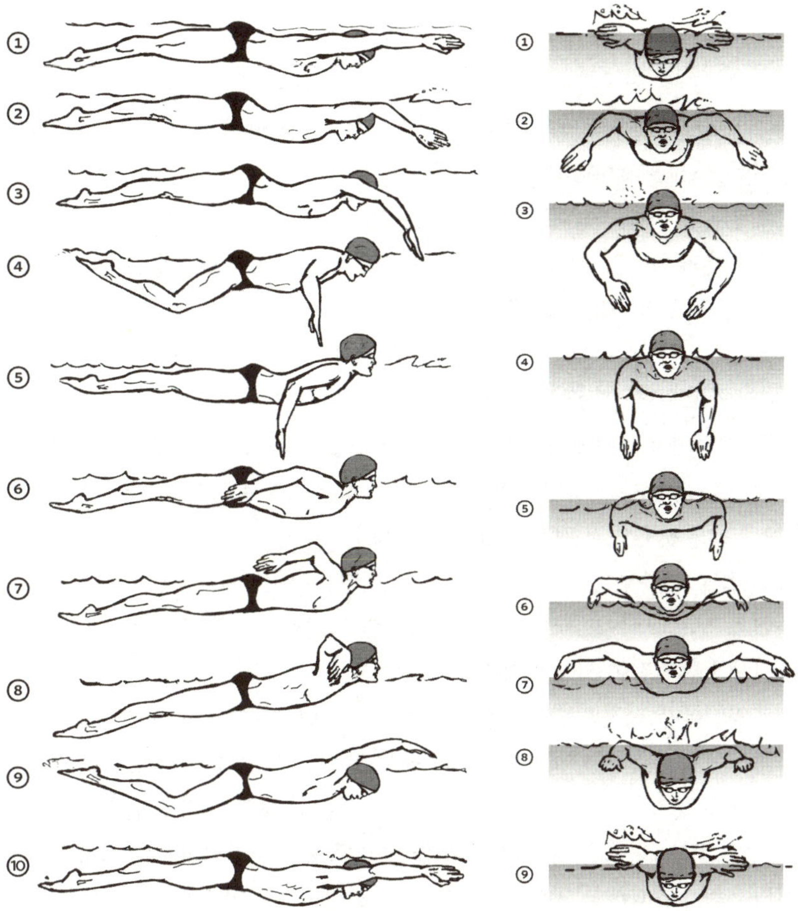

그림 6-4-1. 접영 측면 및 정면 전체동작

2) 스트로크와 패턴

접영 영법의 팔 동작으로서 스트로크의 과정은 입수와 뻗기, 바깥으로 젓기와 캐치, 안으로 젓기, 상향 젓기, 그리고 이완과 되돌리기 등의 5단계로 구성된다. 각 스트로크 주기마다 2번의 완전한 돌핀 킥을 수행하며, 첫 번째 차기의 아래로 차기는 양손이 전방의 물에 입수할 때 일어나고, 두 번째 차기의 아래로 차기는 팔 스트로크의 상향 젓기 시에 일어난다. 또한 접영 영법의 스트로크에서는 네 번의 뚜렷한 추진 단계가 나타난다. 첫 번째는 팔의 입수와 첫 번째 돌핀 킥의 아래로 차기 시에 나타난다. 두 번째는 캐치에서 시작하여 안으로 젓기를 마무리할 때까지 계속된다. 세 번째는 상향 젓기와 두 번째 돌핀 킥의 아래로 차기 시에 나타난다. 네 번째는 팔과 다리 되돌리기 시에 나타나며 파도 추진의 결과이다.

접영의 스트로크를 형태를 지도하기 위해서는 가장 많이 알려진 "에스(S)" 또는 키홀 패턴(keyhole pattern)을 보여준다. 이러한 "에스(S)"패턴은 첫 번째 차기를 완료한 후 양손을 어깨 바깥에 이를 때까지 바깥으로 저어라. 그런 다음, 양손이 가슴 아래에서 거의 합쳐질 때까지 안으로 저어라. 마지막으로, 양손을 수면을 향하여 바깥, 위와 뒤로 저어라. "에스(S)"의 첫 번째 곡선은 추진단계가 아니며 부드럽게 이루어져야 한다. 손 속도는 마지막 두 곡선에서 점진적으로 가속하다가, 세 번째 곡선에서 최고속도에 도달해야 한다.

접영 영법의 스트로크는 크게 두 가지 유형을 가지고 있다. 첫 번째는 안으로 젓기 시에 양손을 몸의 중앙선까지 가져가는 경우이고, 두 번째는 유형은 양손을 안쪽으로 그렇게 많이 가져가지 않는 경우이다.

또한 접영 영법에 있어서 일반적으로 뚜렷한 두 번의 최고속도 패턴을 나타낸다. 안으로 젓기와 상향 젓기 시에 거의 동일한 크기로 최고 추진력을 보이고 있고, 두 추진단계간의 전이 시점에 다소 긴 감속기가 나타난다.

접영 영법에서 전진속도의 정점이 나타나는 패턴을 살펴보면 세계수준의 성공적인 접영선수들은 1-정점과 3-정점의 팔 스트로크를 많이 이용해왔다. 1정점 패턴은 안으로 젓기 시에 약간의 전진가속이 나타나고 상향 젓기로 전환할 때 거의 또는 전혀 감속하지 않는다. 그리고 수중 팔 스트로크의 마지막 단계에서 크고 빠른 전진가속이 뒤따른다. 1-정점 속도 패턴은 일반적으로 안으로 젓기 시에 양팔을 거의 직 후방으로 미는 선수들이 이용한다. 달리 말해서, 그들은 이 팔 스트로크 단계에서 2-정점 선수들보다 손을 뒤로는 더 많이, 안으로는 더 적게 압박한다. 결국, 이 스트로크는 캐치에서 물에 가하는 압박을 푸는 지점까지 한 번의 긴 상향 젓기와 아주 흡사하다. 2-정점 속도패턴은 팔 스트로크 당 더욱 많은 평균 속도를 낼 확률이 높기 때문이 최근에 코치들이 추천하는 유형이다. 또한 안으로 젓기 시에 몸을 더 많이 오랫동안 가속할 것으로 생각한다. 그뿐만 아니라, 상향 젓기 시에도 추진가속을 더 많이 낼 것으로 생각한다. 2-정점 스타일에서는 안으로 젓기에서 첫 번째 추진력 정점이 안으로 젓기의 초기 바깥 및 하향 동작에서 나타나고 안으로 젓기 국면에서 두 번째로 나타난다. 2-정점 스타일을 이용하는 접영 선수들은 캐치로 들어간 직후 양손을 아래와 안으로 움직이기 전에 양팔을 강하게 바깥과 뒤로 민다. 이 동작에 이어서 손과 팔의 방향을 아래와 안으로 전환할 때 짧은 감속기가 뒤따른다. 그런 다음 양팔과 손이 안으로 젓기를 완료하고 상향 젓기로 전환할 때까지 몸에 다시 가속도가 붙는다.

접영선수에게 있어서 스트로크 패턴에 관한 1-정점 유형과 2-정점 유형 중에 어떤 방식이 더 효과적이냐 하는 문제는 쉽게 결정할 수 없다. 따라서 접영 선수의 경우 어떤 방식이 스트로크 당 더 큰 평균속도를 제공하는지에 관한 전문적이고 과학적인 실험을 통해 결정해야 할 문제이다.

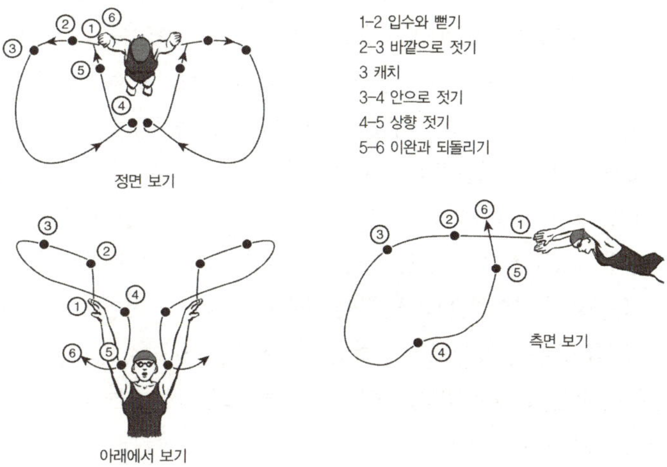

그림 6-4-2. 접영 동작에서 스트로크의 5단계 과정 (심 등, 2008)

3) 스트로크 동작 원리

접영의 스트로크 동작은 크게 5단계로 구분한다. ①입수와 뻗기 ②바깥으로 젓기와 캐치 ③안으로 젓기 ④상향 젓기 ⑤이완과 리커버리 동작의 되돌리기이다. 이러한 팔 동작으로서 스트로크 동작의 원리를 다음에서 구체적으로 살펴보고자 한다(그림 6-4-2). 캐치 동작의 경우 안으로 젓기와 연결된 동작으로 본문에서는 같이 설명하였다.

(그림 6-4-3)은 접영 스트로크의 전체 과정을 직하방에서 관찰했을 때 모습이다.

입수와 뻗기 ▶ 바깥으로 젓기와 캐치 ▶ 안으로 젓기 ▶ 상향 젓기 ▶ 이완과 리커버리

(1) 입수와 뻗기

접영 영법의 스트로크의 시작은 입수와 뻗기 동작으로 이 시점의 킥의 상황은 첫 번째 돌핀킥의 아래로 차기로 타임이다.

양팔의 입수는 아래로 차기와 동시에 이루어지도록 타이밍을 맞춰야 한다. 이런 식으로 차기로 인한 추진력을 입수하는 팔에 의해 야기되는 푸싱저항을 상쇄시키는데 이용될 수 있다. 양팔은 어깨넓이나 약간 안쪽의 몸 전방에 입수해야 한다. 양손은 물 끝을 가를 수 있게 약간 바깥쪽으로 각도를 주어야 한다. 입수 후에 양팔을 수면 바로 아래에서 전방과 약간 바깥으로 뻗는 동작과 동시에 첫 번째 돌핀킥의 아래로 차기를 완료한다. 양팔의 저항성 저항을 최소화하고 차기 추진력을 극대화하려면 아래로 차기가 완료될 때까지 양팔을 어깨 폭 내에 유지해야 한다.

첫 번째 돌핀킥의 아래로 차기는 전진속도를 증가시키는 효과뿐만 아니라 다음과 같은 방식으로 팔 입수에서 바깥으로 젓기로의 전환도 용이하게 한다. 엉덩이의 상향 요동은 첫 번째 돌핀킥의 아래로 차기가 완료되는 순간에 정점에 도달해야 한다. 이 동작이 어깨와 가슴을 물속으로 더 깊이 밀고, 연이어서 양팔을 바깥으로 밀게 된다. 그렇다면 차기가 양팔 입수로 인한 안과 앞 방향 관성을 극복하고 최소한의 근육을 사용하여 양팔의 방향을 바깥과 전방으로 전환하는데 도움이 되는 셈이다. 양팔을 구부린 상태로 입수하면 안에서 바깥으로의 방향전환도 용이해진다. 양팔을 입수한 후에 전방으로 뻗으면 안쪽으로 작용하는 관성을 극복하는데 도움이 되기 때문이다.

그림 6-4-3. 접영 스트로크의 전체동작 (심 등, 2008)

(2) 바깥으로 젓기와 캐치

접영 영법에서 바깥으로 젓기는 수중 팔 스트로크의 추진단계가 아니다. 이 동작의 목적은 뒤따르는 안으로 젓기 시에 양팔이 추진력을 발휘하도록 자세를 잡는 것이다. 양팔이 어깨 폭 바깥에 이르러 뒤를 향하기 전에 추진력을 적용하면 측면이나 아래쪽으로 물을 미는 결과만 초래할 것이다.

바깥으로 젓기 시점에는 손바닥을 바깥으로 돌려야 캐치를 할 때 뒤를 향하게 될 것이다. 캐치를 할 때는 상완과 전완의 아랫면도 뒤를 향해야 한다. 바깥으로 젓기를 할 때 양 팔꿈치를 구부려야 양팔이 움직이는 거리를 단축하고 물을 뒤로 미는 자세를 취할 수 있다. 입수 후에는 손 속도가 떨어지고 캐치 시점에는 거의 움직이지 않는다. 캐치를 할 때는 양손을 거의 90°로 구부려야 한다.

바깥으로 젓기와 이어지는 캐치 동작에서 많은 접영 선수들은 좋은 캐치를 하기 위해서 선택하는 최선의 방법으로 팔꿈치를 떨어뜨리지 않는 하이-엘보 자세를 선호한다.

(3) 안으로 젓기(연결된 캐치 동작)

접영 영법의 스트로크 동작에서 안으로 젓기 동작은 바깥으로 젓기가 연결된 캐치 동작에서 양팔을 뒤, 바깥, 아래와 안으로 가속해야 한다. 이 커다란 반원 젓기는 양손이 몸 아래에서 거의 만나는 시점에 끝난다. 최근의 지도자들은 안으로 젓기 시에 양팔을 상당히 내전하여 양손이 몸 밑에서 거의 합쳐지는 자세를 취하라고 지도하고 있으며, 이 동작으로 인해 뒤따르는 상향 젓기 시에 더 많은 추진력을 발휘할 것이라고 설명한다.

대부분의 접영 선수들이 안으로 젓기 시에 양손을 몸 밑에서 거의 합칠 경우에 전체 수중 스트로크에서 추진력이 더 향상될 것으로 믿고 있다. 안으로 젓기의 마무리 단계는 그리 많은 추진력을 유발하지 못한다. 하지만 이 단계는 이어지는 상향 젓기 초반부동안 양팔이 몸 밑에서 물을 뒤로 압박하는 자세를 취하게 만드는 역할을 한다. 이 자세에서 더 많은 추진력을 제공하는 2-정점 속도 패턴을 이용할 수 있을 것이다. 이 스타일은 안으로 젓기 시간이 길어져 더 많은 추진력을 발휘할 뿐만 아니라 상향 젓기 시의 추진력도 증가하여 팔 스트로크 당 평균 총 속도가 더 커질 것으로 생각한다.

(그림 6-4-4)은 안으로 젓기 동작을 아래에서 관찰했을 때 모습이다.

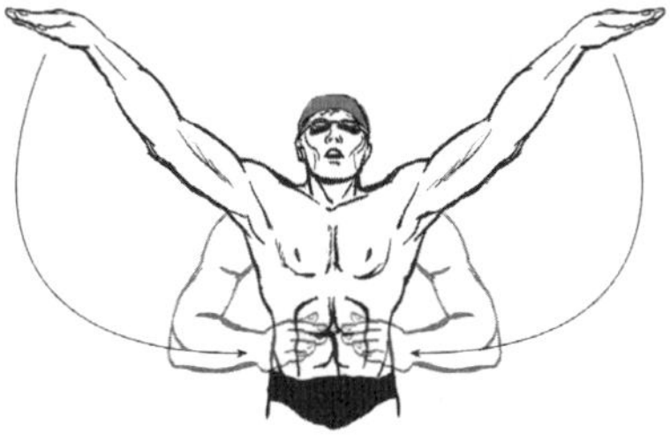

그림 6-4-4. 접영 스트로크의 안으로 젓기 동작 (심 등, 2008)

(4) 상향 젓기

접영 영법 스트로크의 네 번째 부분 동작인 상향 젓기는 안으로 젓기 이후 양손이 몸 밑에서 합쳐지는 상황에서 시작해야 한다. 그 지점에서, 양손과 팔의 방향을 재빨리 안에서 바깥으로 전환한 다음, 수면을 향해 바깥, 뒤와 위로 압박해야 한다. 일단 상향 젓기에 들어가면, 양팔을 수면 쪽으로 바깥, 뒤와 위로 나아가면서 양 손바닥과 전완의 아랫면을 패들처럼 이용하여 물을 뒤로 밀어야 한다.

상향 젓기 시에는 양팔을 많이 구부리면 안 된다. 일반적인 견해와는 반대로, 양팔은 상향 젓기가 아니라 되돌리기 시에 뻗는다. 물론 상향 젓기 시에 물의 후진 속도에 뒤처지지 않고 되돌리기로 전환하기 위해서 양팔을 다소 뻗을 수도 있다. 하지만 그 뻗는 정도를 최소화해야 한다. 물에 가하는 압박을 풀 시점이 올 때까지는 전완이 뒤를 향한 자세를 유지할 수 있도록 팔꿈치에서 양팔을 충분히 구부린 상태로 남아있어야 한다(그림 6-4-5).

상향 젓기는 양손이 넓적다리에 접근하는 상황에서 끝난다. 손 속도는 안으로 젓기에서 상향 젓기로 전환하는 시점에 느려진 다음 상향 젓기가 완료될 때까지 증가한다.

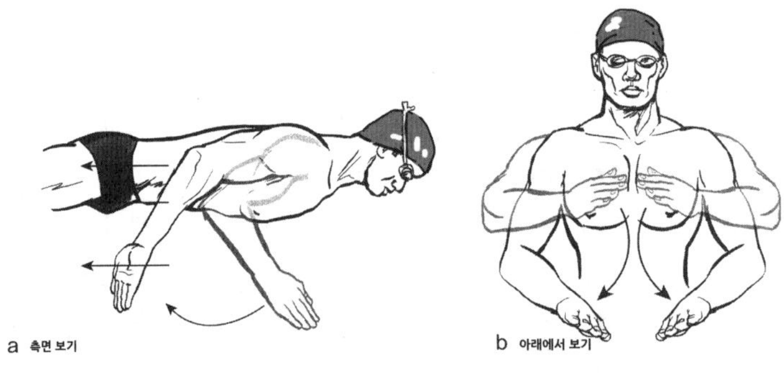

그림 6-4-5. 접영 스트로크의 상향 젓기 동작 (심 등, 2008)

(5)이완과 리커리버(되돌리기)

접영 영법 스트로크의 마무리 단계인 이완과 리커버리 동작은 양손이 넓적다리에 접근하는 상황에서는 전완으로 더 이상 뒤를 향한 자세를 취할 수 없을 때 물을 뒤로 미는 동작을 멈추고 양팔의 되돌리기 동작인 리커버리가 시작된다. 이러한 리커버리 동작은 이전의 상향 젓기와 같은 방향으로 이루어져야 한다. 양팔로 계속 바깥과 위로 저으면서 수면을 헤치고 나가야 한다. 그러나 물을 뒤로 미는 동작은 멈춰야 한다. 물에 가하는 압박을 풀고 양손바닥을 안쪽으로 돌려서 최소한의 푸싱저항을 유발하며 물 끝을 떠날 수 있도록 해야 한다.

먼저 상완과 팔꿈치가 물을 빠져나간 다음 전완과 손이 뒤따르게 해야 한다. 상향 젓기 시에 천천히 뻗은 양팔이 위와 바깥 측면으로 움직이며 상승하여 수면을 뚫고 나올 때 재빨리 양팔을 뻗어야 한다. 양팔이 물을 떠날 때 측면으로 뻗으면 팔의 후진 관성을 극복하고 물 위로 되돌리기 할 때 앞으로 움직이는 동작을 시작하는데 도움이 된다.

되돌리기는 재빨리 하되, 서두르지는 말아야 한다. 양팔이 입수하기 전에 양 다리가 첫 번째 차기의 아래로 차기 자세로 들어갈 시간이 필요하다. 되돌리기 시에 가능한 한 양팔을 이완시켜야 근육의 피로가 조금이나마 풀린다. 선수들은 뒤에서 앞으로 방향전환을 하기에 충분할 만큼의 근력만 이용하여 거의 전 리커리버 과정을 상향 젓기의 연장선에서 양팔이 움직이도록 내버려두어야 한다.

양팔을 물 위로 충분히 높이 리커리버 하여 물에 닿기 전에 입수자세에 도달하면 푸싱저항이 줄어들 것이다.

4) 킥 동작의 원리

접영 영법에서 이용되는 돌핀킥은 양다리가 마치 돌고래의 꼬리처럼 한 단위로 움직이는 형태와 비슷하다. 그래서 이름도 돌핀킥으로 불리어진다. 한 번의 돌핀킥은 위로 차기와 아래로 차기로 구성되고, 선수들은 각 스트로크 주기에 두 번의 차기를 수행한다. 다음에서 구체적으로 돌핀킥 동작의 원리를 설명하고자 한다.

(1) 위로 차기

접영 영법에서 사용하는 돌핀킥의 위로 차기는 이전 차기의 아래로 차기가 완료될 무렵에 시작하며, 아래로 차기가 반발작용을 일으켜 대퇴부를 위로 밀어 올리면서 위로 차기를 개시한다. 엉덩이를 계속 뻗고 있으면 양 다리가 계속 위로 상승하여 몸 위로 지나가고, 그 지점에서 위로 차기가 끝나고 다음 아래로 차기가 시작된다. 또한 발이 엉덩이 위로 지나치는 순간에 다음 아래로 차기를 준비하며 무릎에서 양다리를 부드럽게 구부려야 한다.

대부분의 위로 차기는 양다리를 뻗은 상태로 수행해야 한다. 하퇴부와 발을 이완하고 동작을 멈추어 위에서 내리누르는 물의 압력에 따라 다리가 펴지도록 한다. 수압은 또한 발을 밀어서 뻗기와 굽히기 중간 정도의 자연스런 자세를 취하게 한다.

(2) 아래로 차기

아래로 차기는 채찍 같은 동작으로, 엉덩이 부위를 굽히면서 시작하며, 무릎을 편 상태를 계속 유지한다. 또한 아래로 차기는 이전 위로 차기 시에 발이 몸 위로 지나갈 때 대퇴부로 아래를 압박할 때 시작한다. 대퇴부위가 내리누름에도 불구하고, 수압이 또한 발을 위와 안으로 밀어서 뻗은 상태로 안짱다리 자세(발바닥을 뒤로 굽힌 자세)를 취하게 만들고 이때 무릎은 자연스럽게 구부려진다. 일단 대퇴부가 아래로 내려가기 시작하면, 그 동작이 파도처럼 펼쳐지는 작용을 개시하여 하퇴부 위치까지 내려가면, 하퇴부가 무릎에서 힘차게 펼쳐진다. 아래로 차기는 양다리를 완전히 뻗고 두 발이 몸통 약간 아래로 올 때 끝난다.

발목에서 발을 뻗는 능력은 빠른 돌핀킥의 필수 요인인데 이러한 능력이 힘보다 더 중요하다고 생각하며, 뻗는 능력이 좋으면, 아래로 차기의 거의 전 과정동안 물을 뒤로 압박하는 자세를 유지할 수 있다. 특히 접영선수들의 경우 발목을 펴는 능력이 수직축을 중심으로 70°~80°까지 펼 수 있어야 한다(그림 6-4-6).

돌핀킥의 아래로 차기 초입에 양 무릎을 펼친 다음 마무리 시에 합쳐야 하며, 무릎이 떨어져 있으면 아래로 차기 시에 두 발이 안과 위쪽으로 더 많이 밀릴 수 있기 때문에 효율적인 킥을 할 수 없다.

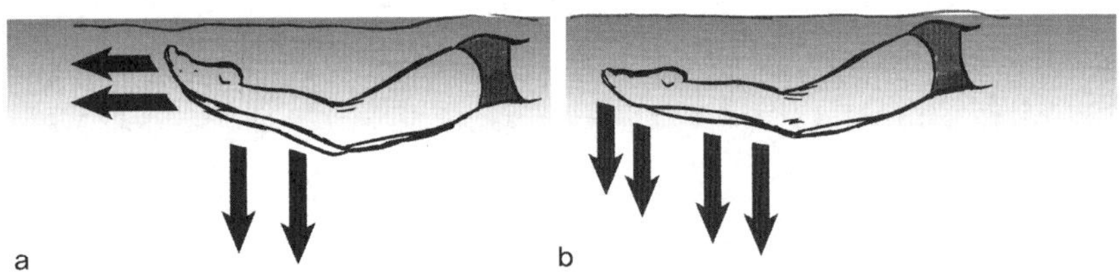

그림 6-4-6. 접영 킥 동작에서 발목 뻗기 동작의 두 가지 예(a 좋은 발목 동작 b 나쁜 동작)

(3)첫 번째와 두 번째 돌핀킥의 차이

접영 영법에서 한 번에 스트로크 주기마다 두 번 차는 첫 번째와 두 번째 돌핀킥의 공통점은 둘 모두가 전진 추진력에 기여한다는 것이다. 하지만 첫 번째와 두 번째 돌핀킥은 몇가지 차이점을 가지고 있다. 우선 뚜렷한 차이점은 첫 번째 차기가 두 번째 차기보다 더 길다. 다시 말하면 첫 번째 차기의 아래로 차기와 위로 차기가 두 번째 차기보다 모두 더 길다. 아래로 차기는 엉덩이를 위와 전방으로 밀며 수면을 헤쳐가게 한다. 이어지는 위로 차기 시에 엉덩이는 아래와 전방으로 움직인다.

첫 번째 차기의 위로 차기가 더 긴 이유는 수중에서 양팔을 바깥으로 저을 때 물에서 엉덩이가 높은 위치에 있기 때문이다. 양다리는 수평 정렬선을 깨뜨리지 않으면서 수면이나 수면보다 약간 위로 부상할 수 있다. 사실, 이 긴 위로 차기가 양다리를 몸 위로 끌어올려, 선수들이 수중 팔 스트로크의 전반부를 거치는 상황에서 좋은 유선형 자세를 취하게 한다. 두 번째 차기의 아래로 차기는 대체로 더 짧고 엉덩이의 굴곡도 더 적다. 선수들이 팔 스트로크를 마무리하면서 엉덩이를 물 밖으로 밀어내고 싶지 않기 때문일 것이다. 이 차기의 위로 차기도 더 짧다. 이는 양팔이 물 위로 되돌리기 할 때 엉덩이가 더 낮은 위치에 있어서, 양다리가 엉덩이 위로 지나치면서 아래로 밀기 전에 위쪽으로 충분히 움직이지 못하기 때문이다.

(4) 강하게 차기와 약하게 차기

오랜 기간 동안 접영 영법을 지도하는 전문가들은 각 스트로크 주기에 두 돌핀킥의 강도를 달리 하는 문제에 관해서 의견을 교환해왔다. 전문 용어로 강하게 차기(major kick)와 약하게 차기(minor kick)로 부르는데 이러한 킥의 강도 차이에 관해서 참고할 만한 세 가지 내용을 설명하고자 한다. 어떤 전문가들은 양팔을 추진 목적으로 이용하지 않는 상황에서 첫 번째 차기가 몸의 추진가속을 붙일 수 있기 때문에 더 강하게 차야 한다고 믿는다. 다른 전문가들은 위로 차기 시에 더 많은 추진 가속을 붙이고 엉덩이의 수면 유지를 돕기 위해서는 두 번째 차기를 더 힘을 주어 차야 한다고 생각한다. 마지막으로, 첫 번째와 두 번째 돌핀킥의 아래로 차기는 모두 동일한 힘으로 수행해야 한다고 믿는 전문가들이 있다.

그러나 첫 번째 돌핀킥의 아래로 차기가 두 차기 중에서 더 많은 추진력을 발휘한다고 확신하는 전문가들이 많다. 따라서 항상 첫 번째 차기를 강조해야 하고, 첫 번째 차기의 아래로 차기로 얻을 수 있는 추진력이 빠른 접영을 구사하기 위해서 절대적으로 필요한 요인이된다.

접영 경기에 임한 선수들의 경우 특히 50미터와 100미터 경기에서는 양 아래로 차기 시에 똑같은 힘을 적용해야 한다고 생각한다. 이런 경기에서 선수들이 우선적으로 고려할 것은 가능한 한 많은 추진력을 유발하는 것이다. 두 번의 강력한 돌핀킥이 이 목적을 달성하는데 도움이 될 것이다.

하지만 200미터 경기에서도 똑같은 강도로 두 번에 차기를 실시하라고 지도하지는 못한다. 접영 경기 시에 성공적인 접영선수 대부분은 200미터 레이스에서 돌핀킥의 두 번째 아래로 차기 시에 다리를 약간 불완전하게 뻗는 방식을 이용하면서 더 적은 힘을 들이고 킥을 한다.

일반적으로 더 많은 전진 추진력을 발휘하기 위해서는 첫 번째 돌핀킥의 아래로 차기가 더 길고 강하다. 또한 두 번째 차기의 아래로 차기가 둘 중에서 더 짧기 때문에 동일한 힘을 들이더라도 더 적은 추진력이 발휘될 것이다. 그러나 이 두 차기의 길이 차이는 몸자세 때문에 발생하는데 첫 번째 차기의 경우 머리가 아래로 내려가고 양팔을 전방으로 뻗기 때문에 더 긴 거리에 걸쳐서 엉덩이가 자연스럽게 위와 전방으로 움직일 것이다.

반면에, 두 번째 돌핀킥의 아래로 차기를 할 때는 양어깨와 몸통이 상승하고 양팔이 엉덩이 뒤로 가기 때문에 엉덩이가 그만큼 많이 상승할 수도 없고 그래서도 안 된다. 만일 엉덩이가 수면 위로 떠오를 경우에는 그로 인한 요동 때문에 선수가 호흡을 시도하며 양팔을 물 위로 되돌리기를 할 때 머리와 양어깨가 아래쪽으로 밀릴 것이다. 이러한 이유로 두 번째 돌핀킥의 아래로 차기가 더 짧아야 하고, 엉덩이를 수면 위로 미는 게 아니라 오직 수면에 유지하는 목적으로 이용되어야 한다고 생각한다.

5) 팔 스트로크와 킥의 타이밍

접영 영법은 한 번에 스트로크 주기마다 두 번의 완전한 돌핀킥을 차야하기 때문에 킥과 스트로크의 적절한 타이밍 감각을 익히는 것이 중요하다. 첫 번째 차기의 아래로 차기는 양팔의 입수와 뻗기 시에 일어나고, 두 번째 차기의 아래로 차기는 수중 팔 스트로크의 상향 젓기 시에 일어난다.

또한 첫 번째 차기의 아래로 차기는 팔 되돌리기의 후반부에 시작하여 양팔의 입수와 뻗기를 완료할 때까지 계속해야 한다. 양팔이 입수자세에 근접할 때 대퇴부로 내리누르기 시작하며, 차기의 주요 추진 단계인 다리 뻗기는 입수, 뻗기와 양팔 바깥으로 젓기의 전반부에 이루어져야 한다. 입수하는 팔의 푸싱저항을 극복하는 것은 물론이고, 이 차기는 또한 전진가속이 붙을 만큼 강력해야 한다. 이 아래로 차기가 엉덩이를 요동치듯이 위와 전방으로 밀며 수면을 뚫고 감과 동시에 몸의 전진을 가속시킬 것이다.

돌핀킥의 첫 번째 아래로 차기에 이어지는 위로 차기는 양팔 바깥으로 젓기의 나머지 과정과 안으로 젓기의 초반부에 이루어진다.

이런 식으로, 양다리가 위로 올라가고 엉덩이는 아래로 내려가기 때문에 그 부위들이 팔 스트로크의 첫 추진단계 동안 몸 위쪽에서 유선형을 이루게 된다. 이 자세가 형상저항을 떨어뜨리기 때문에 안으로 젓기 시에 더 많은 전진가속이 붙을 것이다.

두 번째 차기의 아래로 차기는 양팔의 상향 젓기 타이밍에 맞추어 수행해야 한다. 아래로 차기는 사실상 팔 스트로크의 안으로 젓기에서 상향 젓기로 전환하는 시점에 대퇴부를 아래로 누르면서 시작한다. 그러나 차기에서 가장 효과적인 역할을 수행하는 하퇴부의 뻗기는 그 팔 스트로크의 상향 젓기 시에 이루어진다.

두 번째 차기의 다음 위로 차기는 팔 되돌리기 시에 이루어진다. 이 동작은 첫 번째 차기의 위치와 동일한 두 가지 기능을 수행한다. 양다리를 수면 근처까지 들어 올려 스트로크 주기의 이 단계 동안 몸이 더욱 유선형을 유지하게 하고, 양다리가 다음 차기의 아래로 차기 자세로 들어가게 한다. 이 위로 차기의 유선화 측면이 팔 되돌리기 초반부에 파도 추진으로 인한 전진속도의 양을 증가시킬 것이다.

6) 몸 요동

접영 영법에서는 스트로크 주기마다 요동치면서 물을 헤쳐 가면서 계속 자세를 바꾸기 때문에 요동이 중요한 추진 도구이다. 수평 자세를 유지하면 저항성 저항이 줄어들 게 틀림없지만, 평평한 몸자세로 접영을 할 경우에는 스트로크 당 평균속도가 현저하게 줄어들 것이기 때문에 추진력에 맞춰 어느 정도 절충을 시도해야 한다.

접영 영법에서 몸 요동의 중심적 역할은 머리와 양어깨의 수직 동작이 엉덩이의 동작보다 크다. 따라서 적절한 크기의 몸 요동과 관련해서 머리의 정확한 수직 연속 동작이 주요 역할을 담당한다고 생각한다.

오래전부터 접영선수들의 경우 호흡할 때 낮은 자세를 유지하라고 지도해 왔다. 그 이유는 머리와 양어깨를 수면 위로 과도하게 들어 올리면 형상저항이 증가한다고 믿었기 때문이다. 그러나 최근에 과학적으로 동작을 연구하면서 이와는 반대로 몸 요동이 증가하더라도 이러한 동작은 팔 되돌리기 시점에 파도추진이 증가하고 오히려 저항이 줄어드는 것으로 설명하고 있다. 또한 팔 되돌리기 시에 머리와 양어깨를 드는 또 다른 이유는 뒤따르는 몸 부위의 하향 요동이 전진 추진력에 상당히 기여할 수 있는 신체파도와 역신체파를 야기하기 때문에 오히려 중요하다고 설명하고 있다.

역신체파를 이용하여 전진추진력을 강화시키려면, 요동치는 동작의 순서가 정확해야 한다. 더욱이, 요동의 수직 동작이 지나쳐서는 안 된다. 간단히 말해서, 몸을 가파른 각도로 아래위로 밀지 말라는 뜻이다. 요동은 점진적이어야 하며, 신체부위들을 항상 위와 전방 또는 아래와 전방으로 움직여야 한다.

몸 요동이 추진력 강화에 미치는 영향에 관한 추가적인 해석은 적절한 순서에 입각한 몸 요동도 저항성 저항을 줄일 것이다. 이런 맥락에서 좀 더 빠르게 접영 영법을 구사하기 위해서는 팔 스트로크의 추진단계에서 가능한 한 몸자세를 수평으로 유지하려고 노력해야 한다(그림 6-4-7).

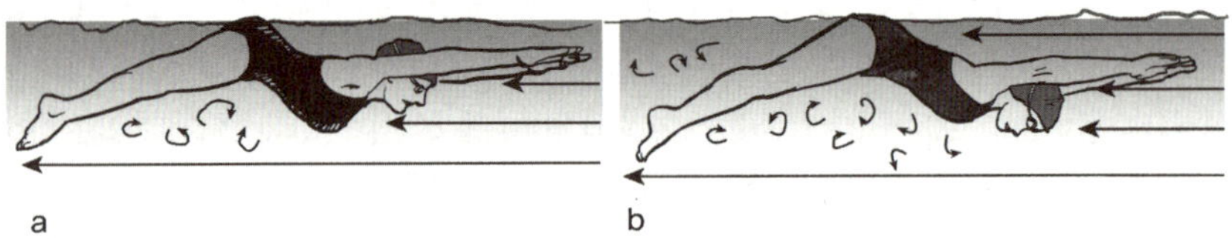

그림 6-4-7. 접영 몸 요동 동작의 두 가지 예(a 적절한 몸 요동 b 과도한 몸 요동)

7) 호흡

접영 영법에서 호흡 동작의 역학적 구조를 설명하는데 있어서는 전통적인 방법과 최근에 연구된 방법들이 공존하고 있다. 접영 영법에서 전통적인 호흡 방법은 물속에서 머리와 양어깨를 낮게 유지하고 턱을 전방으로 내밀어야 한다고 지도하고 있다. 그러나 최근에는 이러한 전통적인 방식으로 호흡하면 사실상 몸 요동과 그로 인한 추가 추진력이 줄어들 수 있다고 설명한다. 이러한 이유로 최근에는 파도를 타는 평영 영법의 호흡 방식으로 접영 영법도 호흡하기를 권장하는 지도자들도 있다. 이러한 새로운 견해는 양어깨와 몸통을 수면 위로 상승하여 호흡하기 때문에 숨을 쉬기 위해서 머리를 위와 뒤로 젖힐 필요가 없다. 물을 헤치고 나아가는 머리는 목을 기준으로 굽히지도 뻗지도 말고 자연스러운 자세를 유지해야 한다. 달리 말하면, 머리를 위와 뒤로 드는 게 아니라 몸통을 물 위로 상승시켜 호흡하는 방식을 추천하고 있다.

접영 영법에서 전통적인 방식보다는 이런 식으로 호흡하는 방식이 더 효과적인 여러 가지 이유가 더 있다. 첫째, 몸통과 양어깨를 수면위로 상승하면 양팔을 끌면서 물을 헤쳐가지 않고 물을 넘어 되돌리기 하는데 도움이 된다. 둘째, 뒤따르는 몸통의 하향 및 전진 동작이 추진력을 강화하는 신체파도를 유발하는데 도움이 된다. 셋째, 머리를 수면까지 가져가서 자연스런 자세를 유지할 경우에는 양어깨와 몸통이 수면위로 상승하는데 유리한 반면, 머리를 들 경우에는 양어깨와 몸통이 충분히 상승하지 못할 수도 있다.

수면을 향한 머리 동작의 순서는 호흡과 무관한 스트로크의 바깥으로 젓기 때와 정확하게 일치한다. 선수들은 위쪽을 향하여 신체파도를 유발해야 한다. 하지만 일단 머리가 수면에 도달하면 숨을 쉬는 대신에 다시 아래쪽을 바라보아야 한다. 이 자세로 수중 팔 스트로크의 안으로 젓기와 상향 젓기 시에 몸의 수평 유선화가 개선될 것이다.

(1) 측면호흡

접영 경기에서 선수들은 에너지를 절약하고 더 나은 수평자세를 유지하기 위해서 정면이 아닌 측면으로 호흡하는 선수들도 있다. 또한 일부 지도자들은 프론트 크롤에서와 같이 선수들이 얼굴을 측면으로 돌리면 머리를 치켜드는 에너지 비용이 줄어들고, 또한 머리를 수면 밖으로 치켜드는 동작이 엉덩이를 가라앉게 하기 때문에 측면 호흡이 좋은 수평 정렬선을 유지하는데 도움이 된다고 설명한다.

그러나 이러한 논리에는 다음과 같은 몇 가지 오류가 존재하기 때문에 추천하고 싶지 않다.

첫 번째는 접영과 프론트 크롤 간의 중요한 차이점을 간과하고 있다는 사실이다. 프론트 크롤 선수들은 몸을 돌려 얼굴을 수면 위로 가져갈 수 있다. 하지만 접영선수들은 몸을 엎드린 상태에서 머리를 돌려야만 한다. 완전히 엎드린 상태에서는 먼저 머리와 몸통을 수면 위로 상승시키기 않으면 목의 동작 범위가 보통 너무 제한적이기 때문에 입을 수면위로 가져가기가 어렵다. 따라서 측면으로 호흡하는 접영선수들은 입을 물 밖으로 빼내어 정면 호흡을 하는 선수들만큼 또는 그 이상으로 머리와 양어깨를 물 바깥으로 부상시켜야 한다.

두 번째는 접영 영법을 구사하는 수영자의 머리와 양어깨가 수면 위로 어느 정도 높이에 있는지를 세심하게 관찰해야 한다. 또한 그의 양팔이 대칭을 이루지 못하고 있는 점도 주목하기 바란다. 측면으로 호흡하는 선수들은 보통 한쪽 어깨를 들어올리기 때문에 호흡하는 쪽 팔이 다른 팔보다 높은 자세로 되돌리기를 한다.

측면으로 호흡할 때 선수들은 보통 또 다른 문제에 직면한다. 머리를 돌리는 방향으로 몸을 약간 돌리는 경향이 있다. 팔꿈치가 내려갈 경우에는 이 동작이 반대쪽 팔의 추진력을 떨어뜨릴 수 있다.

(2) 접영 경기 시의 호흡 빈도

많은 지도자들은 접영 경기에서 선수들에게 스트로크 주기마다 호흡하지 말라고 지도한다. 호흡을 하면 엉덩이와 양다리가 물 속 더 깊이 내려가면서 상향 젓기 시간이 짧아지고 첫 번째 차기도 약해지기 때문에 속도가 떨어진다고 여겨지기 때문이다. 이러한 이유로 100미터 경기에서는 흔히 두 번의 팔 스트로크마다 한 번씩 호흡하는 방식을 권장한다. 이러한 방식을 보통 1+1 호흡패턴으로 부르며, 이러한 호흡 방식은 체내에 있는 잔류산소를 소비하면서 전진속도를 가능한 최고 수준으로 유지하려는 목적으로 선택한다.

또한 선수를 지도하는 일부 코치들은 접영 200미터 경기에서도 이 호흡 패턴을 권장하기도 한다. 그러나 선수 입장에서는 너무 힘든 경기를 인내하면서 해내야 한다. 그래서 기록단축이라는 목적으로 심지어는 스트로크 주기에 따른 호흡 빈도를 2~3회 연속 스트로크마다 1회 호흡하는 패턴을 권장한다. 이 호흡 빈도는 2+1과 3+1 패턴으로 불린다. 호흡 주기 당 스트로크가 늘어나면 산소소비량이 증가하기 때문에 주기적인 비호흡 스트로크가 수평 정렬선을 회복하는데 이용된다.

선수들의 경우 경기 시에 호흡 횟수를 줄이는 호흡 제한적 방식이 타당해보이지만, 수많은 세계수준의 접영선수들이 전성기에 스트로크 주기 당 한 번씩 호흡하는 방식을 이용해왔다. 이 방식은 특히 200미터 레이스에서 통용되었으나, 몇몇 성공적인 접영선수들은 100미터 경기에서도 스트로크 주기마다 호흡하는 방식을 이용하였다.

그러나 지도자들과 선수들은 조금 제한적인 호흡법을 이용하여 평균속도를 높일 것인지 아니면 가능한 자주 호흡하여 피로의 시작점을 늦출 것인지 하는 것에 대한 심각한 고민이 있어야 하겠다. 그러나 최근에는 과학적인 지도방법을 선택하여 지도하는 코치들의 경우 호흡 빈도를 높여 피로를 지연시키는 방식의 경기 전략이 더 성공적이라고 평가하기도 한다. 이러한 이유는 접영선수들의 경우 많은 훈련량과 반복되는 연습으로 호흡 동작의 역학적 원리를 이해하고 완성시켜 전진속도를 거의 또는 전혀 늦추지 않은 상태에서 규칙적으로 호흡할 수 있는 능력을 터득해야 하기 때문이다.

8) 스타트 및 턴 후에 수중 돌핀킥

국제수영연맹의(FINA) 현재 경영 규칙에 따르면 접영 경기 시에 선수들은 스타트 및 턴 기점에서 15미터 이내에 머리를 기준으로 수면으로 부상해야 하며, 이때까지 수중에서 돌핀킥을 허용하고 있다. 대부분의 선수들이 수면보다는 수중에서 더 빨리 찰 수 있다는 사실을 알게 되면서 수중 돌핀킥이 배영 레이스에서 엄청난 인기를 끌게 되었다. 이 때문에 많은 접영선수들도 레이스의 상당 부분을 수중 차기에 할애하게 되었으며, 수면수영에 견주어 수중 돌핀킥의 주요 이점은 분당 선수들이 발휘할 수 있는 추진력의 수치가 더 높다는데 있다. 빠른 속도로 수중에서 돌핀킥을 할 경우, 선수들은 전형적으로 분당 120~170번의 차기 비율을 이용한다.

이러한 수치만 보아도 수중 돌핀 킥을 선호할 것이다. 그러나 기억할 것은 접영선수들은 팔 스트로크 시에 적어도 두 번의 추진력 정점과 팔 되돌리기 시의 파도 추진으로 또 한 번의 추진력 정점에 이를 뿐만 아니라, 각 주기에 적어도 한 번의 돌핀 킥으로 이미 추진력을 얻은 상태이다. 이런 식으로 보면, 접영선수는 수중에서 차기를 할 때는 150~170회의 정점을 얻는데 비해, 수영하는 매분마다 200회 이상의 추진력 정점을 유발하는 셈이다. 이런 이유로, 필자는 대부분의 접영선수들에게 실제로 수중 차기가 수면 수영보다 더 빠른지 의심스럽다.

하지만 이 기술을 이용하기로 결정하기 전에 접영선수들은 자신들이 수중 돌핀킥을 할 때 더 빠른지를 시험해보아야 한다. 어떤 선수들은 돌핀킥이 아주 효과적이어서 수면에서 수영할 때보다 수중에서 더 빨리 차기를 할 수 있다. 어떤 선수들은 팔 스트로크나 양팔, 다리의 타이밍과 호흡상에 심각한 결점 때문에 완전 스트로크로 수영할 때보다 더 빨리 찰 수 있다. 이런 선수들은 규정에 따라 허용 한도만큼 수중 돌핀킥을 수행하는 훈련을 해야 한다. 물론, 완전 스트로크로 수영할 때 더 빠른 선수들은 경기의 대부분을 수면에서 수영하라고 충고하는 편이 더 나을 것이다. 수중이나 수면이나 속도가 비슷한 선수들에게도 수면에서 경기를 펼쳐야 한다. 그런 선수들이 추가 산소 흡입에 따라서 경기 후반부에서 더 빨리 수영할 수 있기 때문이다.

또한 접영 경기에서 대부분 수면에서 수영하는 스타일의 접영선수들도 스타트 후와 각 턴 후에는 3~5번의 수중 돌핀킥을 수행해야 한다. 이 동작에 따른 장점 한 가지는 선수들이 더 오래 물속 깊이 머물러 있기 때문에 벽 역류(backwash)의 속도 간섭과 들어오거나 나가는 선수들에 의해 야기되는 동요를 줄일 수 있다는 점이다. 두 번째 장점은 3~4번의 차기를 수행할 경우에 선수들이 더 깊은 지점에서 턴하여 벽을 밀치면서 점진적인 대각선 형태로 수면을 향해 움직이기 때문에 그보다 기울기가 덜한 상태로 상승할 때보다 속도가 떨어질 염려는 없을 것이다. 단지 1~2회의 수중 돌핀킥만 이용하는 선수들이 가파른 상승에 따른 속도 감속을 막으려면 수면 아주 가까이에서 벽을 밀고 나와야 한다.

9) 측면 돌핀킥

접영 경기에서 최근 돌핀킥으로 수중 측면 돌핀킥을 하는 선수들이 주목을 끌고 있는데 이러한 이유는 측면차기가 엎드린 자세에서 차는 방식보다 더 빠르다고 제안되었다. 첫째, 선수들이 돌핀킥을 할 때 뒤쪽으로 흘리는 소용돌이가 더욱 효과적인 추진동인이 된다. 그 소용돌이가 수면으로 움직이거나 수영장 바닥을 튕기고 나와서 간섭할 염려가 없기 때문이다. 둘째, 선수들이 측면 방향의 저항을 덜 마주치게 된다. 그러나 이렇게 제안된 측면 돌핀킥의 장점들이 실제로도 엎드린 자세에서 차기를 하는 경우보다 유리한지는 의문점을 가지고 있다.

과연 접영 경기의 선수들이 다리로 소용돌이를 유발하여 흘릴 경우에 실제로 추진력이 생기는지 의심스럽다. 물론, 차기로 약간의 물을 뒤로 가속하면 전진가 속도가 붙을 것이다. 그와 동시에 선수들이 뒤에 있는 물을 차면 그 물이 동요하게 된다. 그러나 이 현상만으로는 선수들이 뒤쪽으로 움직이는 소용돌이를 유발하여 충분한 강도로 흘림으로써 몸을 추진한다고 말할 수는 없다. 그렇다고 하더라도 그 소용돌이가 너무 일찍 분산되기 때문에 거의 소용돌이가 흘러가는 직후에 전부는 아니더라도 대부분의 효과가 사라지고 말 것이다. 달리 말해서, 일정한 추진효과는 소용돌이가 뒤로 흘러가는 직후에 나타나고 그 소용돌이는 그 직후에 바로 사라질 것이다. 결국, 그 물이 수면에 도달하거나 수영장 바닥에서 튕겨 나오지 않는 상태로 상당한 거리에 걸쳐 소용돌이친다고 하더라도 별 차이가 없는 셈이다. 뒤로 움직이는 물에서 나오는 에너지가 너무 일찍 분산되어 더 이상 몸을 추진하는 반발력을 유발하지 못할 것이다.

선수들이 수중에서 측면자세를 취할 경우 형상저항이 줄어든다는 주장도 의심스럽다. 선수들이 완전히 잠긴 상태에서는 측면자세든 엎드린 자세든 몸의 폭이 동일한 저항 면을 제공할 것이다. 몸의 폭이 같기 때문에 물도 두 표면적에 대해 똑같이 분산될 것이다.

선수들을 시험해본 결과, 25미터 거리를 엎드리거나 측면자세로 수중 차기를 할 때 아무런 속도 차이도 발견하지 못했다. 둘 다 똑같이 효과적인 것 같다. 한 가지 기억해야 할 중요한 사항은 측면차기를 하는 선수들은 레이스의 일정한 지점에서 엎드린 자세로 전환해야 하기 때문에, 그 전환을 수행하는 짧은 시간 동안 속도가 떨어질 수 있다는 점이다. 그러나 엎드린 자세로 차기를 하면 그런 염려는 없다. 따라서 엎드린 자세로 차기를 하는 것이 더 현명하다고 하겠다.

제 7장

영법별 스타트와 턴의 원리 및 이해

건강증진 및 체력향상을 위한 수영에서는 스타트나 턴에 기술적 완성도가 중요하지 않을 수 있지만 수영대회에 출전하고 경기에 임하는 선수들의 경우 기록 단축을 위한 매우 중요한 기술임에 틀림없다. 스타트의 경우 25m 수영장에서의 총 기록에 약 25%를 차지할 정도로 매우 중요한 기술이며, 50m 수영장에서의 총 기록에 약 10%를 차지하는 중요한 기술임을 주지해야만 한다. 이는 100m 경기에서 기록에 약 5%에 해당 할 정도로 매우 중요한 기술이다.

또한 각 영법 별 50m 이상 경기에서는 선수들은 반드시 되돌아가기 위한 턴의 동작을 실시해야만 하고 이는 기록단축에 매우 중요한 요소로 작용한다. 특히 자유형 선수들의 경우 50m에서 1500m의 범위에 이르는 25m 단수로 경기에서는 턴을 하는데 걸리는 시간이 전체 기록에 약 20% ~ 38%를 차지하기 때문에 단수로 경기에서는 턴의 기술적 완성도는 기록단축을 위해서 매우 중요한 요소이다. 특히 25m 단수로 수영장에서 펼쳐지는 평영 200m 경기에서 선수들은 턴의 기술이 총 기록에 35%- 39%를 차지하는 경우가 많기 때문에 평영 선수들에게 있어서 턴의 기술적 완성도는 더욱 중요하다. (Thayer and Hay 1984).

경기에 임하는 선수들의 경우 스타트 동작의 기술적 완성도를 높이면 전체 기록에 평균적으로 최소 0.10초까지 단축시킬 수 있다. 또한 턴의 기술적 완성도를 높일 경우 25m 단수로 수영장이든 50m 장수로 수영장이든 적어도 0.20초 정도의 기록을 단출할 수 있다. 특히 25m 단수로 수영장에서의 경기에 임하는 선수는 50m

경기의 경우 기록을 최소 0.40초까지 단축시킬 수 있으며, 100m 경기에서는 두 번 이나 더 추가적으로 턴을 해야 하기 때문에 적어도 0.80초까지 기록을 단축시킬 수 있다. 또한 50m 장수로 수영장에서의 턴의 기술적 완성도를 높인다면 1500m 경기에서 약 5초 정도 기록을 단축할 수 있으며, 25m 단수로 수영장에서의 1500m 경기는 약 10~12초까지 기록을 단축시킬 수 있다. 따라서 선수들의 경우 스타트와 턴의 기술적 완성도를 높이기 위한 훈련 시간에 편성이 반드시 필요하다.

기록단축을 위한 스타트와 턴의 기술적 완성도가 중요한 만큼 경기에 임하는 선수들은 경기의 마지막 마무리 동작으로 피니시 또한 매우 중요하다. 경험이 부족한 선수일수록 경기의 마무리 동작으로 피니시 실수로 기록의 손해를 보거나 심지어는 순위 다툼에서 밀려나는 중대한 오류를 범하는 경우가 종종 있다. 피니시 동작에서 불필요한 스트로크를 하거나 또는 벽까지 느린 속도로 그냥 미끄러져 들어간다. 타이밍을 잘 맞추지 못한 피니시는 흔히 선수들에게 0.10초 이상의 대가를 치르게 하기도 한다.

따라서 이 장에서는 각 영법별 스타트와 턴의 기술적 완성도를 높이기 위한 동작의 원리와 이해를 돕기 위해 구체적인 내용을 서술하였으며, 또한 개인혼영에서 턴의 규정을 준수하여 턴을 할 수 있도록 접영에서 배영으로 전환할 때, 배영에서 평영으로 전환할 때, 평영에서 자유형으로 전환할 때 각각의 정확한 턴의 기술을 이해시키고 원리를 구체적으로 설명하고자 한다.

1. 출발대 위에서의 스타트 방법 및 유형

일반적으로 자유형, 접영과 평영 경기를 위한 스타트는 수영장에 설치된 높이(50cm~75cm) 출발대에서 점프하여 스타트하게 된다. 이러한 스타트 방법은 선수마다 다양한 자세로 준비자세를 취하지만 초창기에는 양팔을 뒤로 뻗은 채 스타트 블록에서 준비 자세를 취하는 경우가 대부분이었다. 그러나 스타트의 기술적인 연구가 거듭되면서 양팔을 전방에 두고 스타트한 다음 뒤로 휘돌리면 물을 향해 몸을 더 빨리 움직일 수 있다는 사실을 알게 되었다. 이 기술은 스트레이트 백스윙 스타트(straight backswing start)로 알려지고 있다.

이후 이 방식은 더 빠른 서큘러 백스윙 스타트(circular backswing start)로 대체되었는데, 이 방식은 스타트 플랫폼에서 몸을 뻗을 때 양팔을 머리 위에서 위와 뒤로 돌린 다음에 아래와 전방으로 움직이는 기술이었다. 양팔을 원을 그리듯이 돌리니까 휘돌리기 초반부에 후진 관성이 극복되어, 후반부에 양팔을 멈추지 않은 채 전방으로 휘돌릴 수 있었다. 그래서 이 방식은 공중으로 비상하는 동안 전직속도를 증가시켰다. 그러나 현재 모든 선수들은 서큘러 백스윙 스타트 보다 훨씬 빠른 그랩 스타트(grab start)와 트랙 스타트(track start) 방식을 사용하면서 스타트 기술의 완성도를 높여가고 있다.

1) 스타트 기술의 과학적 연구

그랩 스타트는 1960년대 후반에 에릭 하나우어에 의해 도입되어 급속도로 유명해졌다. 오늘날은 이 방식을 사실상 모든 경영선수들이 이용한다(Hanauier 1967). 그랩 스타트와 전례의 방식들을 비교한 주요 연구들에 따르면 그랩 스타트가 더 빠르다고 나타났다(Bowers and Cavanaugh 1975, Cavanaugh, Palmgren, and Kerr 1975, Jorgenson 1971, Michaels 1973, Roffer and Nelson 1972, Thorsen 1975, Van Slooten 1973, Winters 1968). 이는 양팔을 뒤로 움직이는 방식보다는 스타트 플랫폼을 끌어당기는 방식이 물을 향해 몸을 더 빨리 움직이게 할 수 있기 때문이다. 그러나 팔 스윙으로 인한 추진력이 없이 입수할 경우에는 또한 더 빨리 감속할 것이다.

그럼에도 불구하고 연구들은 그랩 스타트를 이용하는 선수들이 대게 물에 더 빨리 도달하고, 활주 시에 약간의 속도 손실은 있으나 소위 브레이크-아웃(break-out)하여 수면에도 더 빨리 도달한다고 설명한다. 가령, Thorsen(1975)은 서큘러 백스윙 스타트의 수평 및 수직 속도가 더 크지만, 그랩 스타트가 입수지점까지 0.10초 정도 빠르다는 사실을 알아냈다. Bowers & Cavanaugh (1975)의 보고에 따르면, 서큘러 백스윙과 비교하여 그랩 스타트를 이용한 선수들이 평균 0.17초 빨리 블록을 떠났다. 이 연구 보고는 스타트해서 전방 10m 지점에 도달하는 시간을 측정한 결과 양 스타트간의 시간 차이에 데이터를 기초하여 설명해주었다.

처음에는 그랩 스타트를 이용하는 선수들이 이전의 자주 사용했었던 매우 낮은 각도로 스타트 하는 방식들과 유사한 방법으로 입수하였다. 그들은 수면에 거의 평평하게 착지하여 거의 즉시 스트로크를 시작하였다. 그러나 스타트 기술에 대한 끊임없는 연구가 진행되면서 다양한 이름으로 알려져 있는 파이크 스타트(pike start)

와 스쿠프 스타트(scoop start)로 불리는 새로운 스타일의 입수 방식을 이용하였다.

파이크 스타트에서는 선수들이 흔히 허리를 구부려 높은 아크 형태로 허공을 헤쳐 가기 때문에 아주 가파른 각도로 입수할 수 있다. 파이크 스타트의 주요 장점은 입수 지점에서 더 적은 저항을 마주친다는 점이다. 그래서 수중 활주 시에 더 빨리 움직인다.

물에 평평하게 입수할 경우 신체 전면의 매우 넓은 면적으로 물과의 마찰을 일으키고 이는 입수해서 글라이딩의 감소 요인이 된다. 반면에 파이크 스타트는 몸 전체가 물의 한 지점으로 최소한의 면적으로 입수할 수 있기 때문에 더 적은 저항을 받으면서 미끄러지듯 수중으로 입수할 수 있기 때문에 감속의 요소가 줄어든다.

그런데 파이크 스타트와 관련하여 주의할 점이 있다. 이 방식은 얕은 수영장에서 이용할 때 아주 위험한 것으로 판명되었다. 바닥에 부딪혀 얼굴과 머리를 다친 사례가 많기 때문이다. 이중 몇 명의 선수는 심각한 목 부상으로 몸이 마비되었다. 따라서 입수 후에 깊이 내려가는 방식의 파이크 스타트는 1.8m 이하 깊이의 수영장에서는 시도하지 말 것을 알아야한다. Counsilman 등(1988)의 연구에 따르면 파이크 스타트로 선수들이 도달하는 깊이는 1m에서 1.7m 정도로 다양했다고 한다.

그랩 스타트의 최근 수정 방식이 트랙 스타트이다. 이 방식과 전통적인 그랩 스타트의 주요 차이는 스타트 플랫폼 위의 준비 자세에 있다. 트랙 스타트를 이용하는 선수들은 한 발을 블록의 뒤쪽 근방에 놓고 다른 발은 앞쪽 끝 위에 놓는다. 전통적인 그랩 스타트를 이용할 때는 양발을 스타트 블록의 앞 끝 위에 놓는다.

현재로서는 트랙 스타트와 그랩 스타트를 비교한 연구가 매우 미약하지만 Counsilman 등(1988)의 연구에 의하면, 스타트 마무리 시점을 기준으로 속도차이가 나타나지 않았다. Ayalon, Van Gheluwe, and Kanitz 등(1975)의 연구에서는 선수들이 트랙 스타트로 훨씬 빨리 블록을 떠났으나, 입수하자마자 사실상 속도가 떨어졌기 때문에 스타트 마무리에서 5m 거리까지 트랙과 그랩 스타트 간에 시간 차이도 없었다고 보고하였다.

Welcher and George (1998)의 연구에서는 선수들이 트랙 스타트로 상당히 빨리(0.07초 빨리) 블록을 떠났고, 동일한 스피드로 5m 거리까지 글라이딩하면서 5m 지점에 도착할 때까지의 기록은 트랙 스타트가 1.81초, 그랩 스타트는 1.87초로 두 스타트 방식간의 차이가 있었으며, 5m 지점까지 도달하는 시간에서 트택 스타트가 0.06초 빠르다고 보고하였다.

Zatsiorsky, Bulgakova, and Chapliksky 등(1979)의 다른 연구에서는 스타트 마무리에서 5.5m 거리에 도달하는 시간이 트랙 스타트가 전통적인 그랩 스타트보다 느렸다라고 보고하였으며, Allen 등(1999)의 연구에서는 트랙 스타트가 상당히 더 빨랐다고 보고 하였으며, 선수들은 트랙 스타트를 이용하여 블록을 더 빨리 떠났지만, 그랩 스타트를 이용할 경우에 공중에서 훨씬 더 멀리 이동하였다고 설명하고 있다.

아직은 트랙 스타트에 대한 논란이 분분하기 때문에 이 방식을 이용한 스타트의 경우 선수들이 블록을 더 빨리 벗어나는 것 같지만, 그런 선수들은 다소 더 평평한 각도로 입수하면서 마찰저항이 증가하면서 활주 시에 감속현상이 나타난다. 반면에 양발을 블록 앞 끝에 놓는 방식인 그랩 스타트를 이용하는 선수들은 블록을 더 늦게 떠나지만 더 빠른 활주가 가능한 각도로 입수하기 때문에 좀 더 빠른 글라이딩 자세를 만들 수 있다.

현재는 점점 많은 선수들이 트랙 스타트를 이용하는 추세이다. 그러나 아직은 수행된 연구가 부족하여 이 방식이 전통적인 그랩 스타트 보다 우수한 것으로 증명되지는 않았다. 선수들이 직관적으로 트랙 스타트가 더 빠르다고 판단했거나 부정 출발 빈도가 낮기 때문에 이 방식을 선호하는지 모르겠다. 트랙 스타트를 이용하면 플랫폼에서 더 안정된 자세를 취하고 점프 동작에서 균형을 잃을 확률도 낮다. 그랩 스타트와 트랙 스타트 중 어느 것이 우수하다고 명확하게 판명되지 않았기 때문에 다음에서 두 가지 스타일의 스타트 방식에 대한 구체적인 원리와 설명을 하고자한다. 이 두 가지 방식을 경험해 보고 편안하고 안정된 자세라고 판단되는 스타트 방법을 선택하고 반복적으로 연습하여 숙달된다면 오히려 스타트 속도를 향상시킬 수 있을 것으로 생각하며, 두 가지 방식의 스타트와 방법을 참고하여 개선된 스타트 방법들도 다음에서 구체적으로 소개하고자 한다.

2) 그랩 스타트

(1) 준비자세

대회에 출전하여 경기에 임하는 선수들은 출발심판이 "준비"(Take your marks)라고 말하면서 준비 자세를 취하도록 지시할 때까지 스타트 플랫폼 뒤에 서있어야 한다. 이 명령 후에는 발가락으로 스타트 플랫폼의 앞 끝머리를 단단히 쥔다. 두 발은 대략 어깨 넓이로 벌려야 한다. 이 발 자세는 두 발을 어깨 바깥으로 벌리거나 가까이 모은 자세보다 더 강한 다리 힘을 제공한다. 선수들은 손가락의 첫 번째와 두 번째 관절로 스타트 플랫폼의 앞 끝을 꽉 붙잡아야 한다. 양손은 양 다리 안쪽이나 바깥쪽에 있어도 좋다. 세계적인 선수들의 경우 두 가지 손 위치를 다 이용해왔고, 이 중 어느 방식이 나은지는 아직 미지수이다. 양 무릎을 약 30°~40°로 굽히고 팔꿈치를 약간 굽혀야 한다. 머리는 아래로 향해야 하며, 스타트 플랫폼 바로 너머의 물을 응시해야 한다. 준비 자세에서는 몸을 전방으로 기울이고, 양손으로 블록을 붙들어 적절한 균형을 유지해야 한다.

앞에서 설명한 양 무릎과 머리의 자세는 대게 권하는 사람에 따라 다르다. 보통 선수들에게 준비 자세에서는 양 무릎을 좀 더 굽히고 머리를 더 높이 들라고 가르친다. 그러나 빠른 스타트를 위해서는 몸의 중심을 가능한 스타트 플랫폼의 앞 끝머리 가까이 붙일 필요가 있다. 몸의 중심이 앞 끝머리 바깥에 있어야 스타트 플랫폼에서 떠나 몸을 추진시킬 수 있기 때문이다(그림 7-1). 몸의 중심을 앞 끝머리 가까이 붙일 경우에는 스타트 신호가 떨어진 후에 스타트 플랫폼에서 몸을 떼어 추진을 시작하기 전에 이동할 거리가 단축될 것이다. 준비 자세에 있을 때 머리를 아래로 내리고 양 무릎을 굽히면 몸의 중심을 앞으로 전환할 수 있다. 깊은 크라우치 자세(a deep crouch)는 몸의 더 많은 부위가 스타트 플랫폼 앞 끝머리 뒤에 위치하게 하기 때문에 몸 중심을 앞쪽 끝에서 뒤로 전환시키는 원인으로 작용한다. 그래서 스타트 신호가 떨어진 후에 몸의 중심이 스타트 블록의 앞 끝을 넘어 움직이는데 추가 시간이 필요하다.

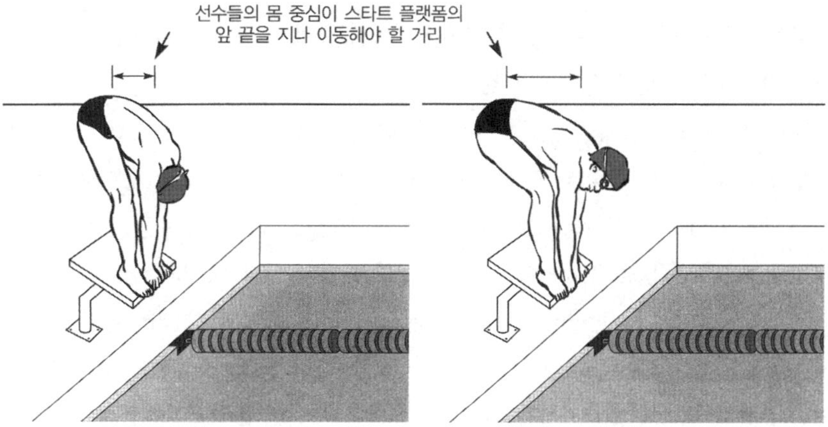

그림 7-1. 그랩 스타트의 두 가지 준비자세에서 몸의 중심이동 동작 (심 등, 2008)

(2) 끌기

대회에 출전하여 경기에 임하는 선수들의 경우 스타트 신호가 울리면, 선수들은 스타트 플랫폼의 바닥을 위로 끌어당겨야 한다. 이 동작이 머리와 몸 중심을 스타트 플랫폼의 앞 끝을 넘어 아래와 전방으로 끌어당기면서 몸을 물 쪽으로 추진시킨다. 이 방향으로 끌면 양 무릎과 엉덩이도 굽혀지고, 일단 그런 자세가 되면 그 부위를 더욱 강력하게 뻗을 수 있다. 선수들은 양손으로 스타트 플랫폼을 뒤로 밀면 안 된다. 위로 끌어당겨야 몸이 전방으로 더 빨리 움직일 것이다(Guimares and Hay 1985).

몸을 움직이려고 길거나 강력한 팔 끌기를 이용할 필요는 없다. 이 동작이 추진에 속도 또는 힘을 보태지는 못할 것이다. 몸을 전방으로 움직이게만 하면 거기서부터는 중력이 책임질 것이다. 이 상황은 스타트 플랫폼의 아랫면을 짧게 위로 끌어당기면 달성되고, 그 후에는 가능한 양손을 재빨리 놓는다.

(3) 블록에서 추진

일단 동작에 들어간 선수들은 대게 스타트 플랫폼에서 몸을 추진시키는데 0.70~0.90초를 보낸다(Lewis 1980, Bloom, Hosler, and Disch 1978). 몸이 앞으로 움직이기 시작하는 즉시 스타트 플랫폼의 앞부분을 벗어나면 이 구간에서 머무르는 시간을 최소화할 수 있다. 빠른 끌기로 몸을 전방으로 움직이게 하여 일단 몸이 움직이면, 중력이 작용하여 양 무릎이 거의 80° 굽혀질 때까지 몸을 아래와 전방으로 끌어당길 것이다. 이 시기에는 스타트 플랫폼에서 몸을 앞과 위로 추진하면서 양 다리를 뻗어야 한다. 다리 추진은 고관절과 견관절에서 강력한 뻗기로 수행되고, 발목 관절에서 두 발 뻗기가 이어진다.

양손이 블록을 놓으면 선수들은 양팔을 반원을 그리듯 전방으로 뻗어, 몸이 입수할 물과 같은 지역을 가리키게 해야 한다. 동작 전반부에 양팔을 재빨리 구부려 전방 추락 시에 턱 밑을 기준으로 위로 가져가야 한다. 그런 다음 추진 후반부에 양 다리를 뻗으면서 양팔을 재빨리 앞과 아래로 뻗어야 한다. 양팔과 다리의 타이밍은 수직 점프 또는 농구 리바운드 시의 타이밍과 유사해야 한다. 리바운드를 위해 허공으로 뛴다고 가정하면, 양팔 상향 스윙과 양다리 뻗기의 적절한 타이밍이 거리를 증가시킬 수 있음을 이해할 수 있을 것이다. 스타트 플랫폼을 떠난 후에 그와 같은 타이밍이 물 위로 나아가는 거리를 증가시킬 수 있다.

발에서 엉덩이까지 테이크-오프(take-off) 각도는 스타트 블록의 상층 끝에서 약 30°~40°여야 한다. 이 각도가 선수들에게 유선형을 이루며 입수하는데 필요한 둥근 아크형태(arc) 경로를 제공할 것이다.

(4) 비상과 입수

스타트 플랫폼을 떠난 후에 선수들은 둥근 아크형태로 움직이는데, 비상 초반부에는 위로, 후반부에는 물을 향해 허공을 헤치며 움직일 것이다. 둥근 아크형태의 최고점을 지나칠 때 허리를 내리고 곧게 쭉 뻗은 모양의 파이크 자세(pike position)로 몸을 유지해야 유선형으로 입수할 수 있다(그림 7-3).

파이크(곧게 쭉 뻗은 모양) 자세는 스타트 플랫폼을 떠나기 전에 구축되어 있어야 한다. 그렇지 않을 경우에는 입수할 때 몸을 유선형으로 만들 수 없을 것이다. 파이크 자세는 양팔을 전방과 아래로 추진하고, 스타트 플랫폼에서 몸을 추진할 때 아래를 보면 구축된다. 엉덩이와 양 다리가 비상의 최고점을 넘어 계속 위로 움직이더라도, 이 동작들이 상체를 아래로 움직이게 할 것이다. 선수들은 이 머리의 움직임에 타이밍을 맞추어 전방으로 떨어질 때 위를 보고 양 다리를 뻗을 때 아래를 본다. 몸이 최고점을 통과한 후에는 양 다리를 곧게 펴고 몸통과 일직선을 이루게 해야, 입수할 때 전신이 유선형을 이룰 것이다.

입수 시에 몸의 체적을 최소화 하여 저항을 줄이기 위해서는 머리가 처음 입수한 같은 지점에서 양발이 입수하도록 파이크 자세를 유지하여 입수한다.

(그림 7-2)은 스타트 후에 공중으로 비상하는 동작에서 너무 오래 머리 들기와 등을 아치형으로 만드는 동작으로 바람직하지 못한 자세의 예를 나타내고 있다.

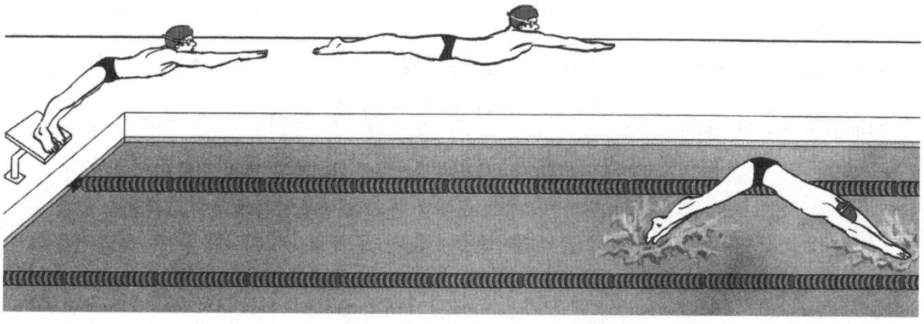

그림 7-2. 공중으로 비상하는 동안 너무 오래 머리 들기와 등을 아치형으로 만드는 동작 (심 등, 2008)

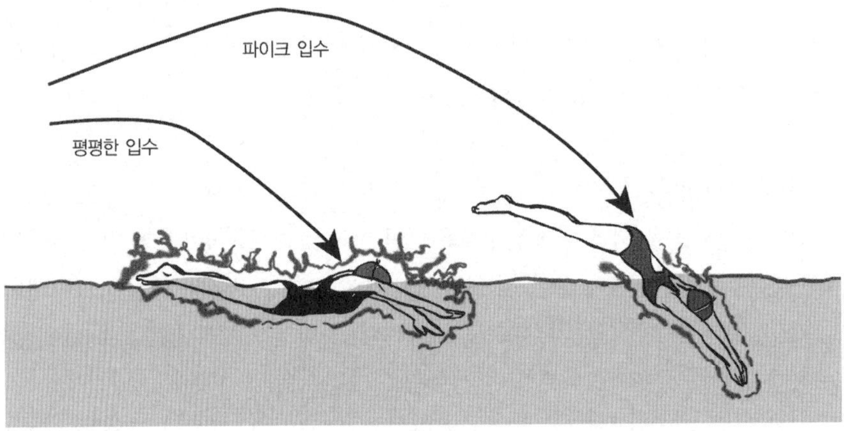

그림 7-3. 파이크 입수와 평평한 입수 비교

(5) 글라이딩과 전진

스타트 후에 물속에서 글라이딩 하기 위해서는 몸 전체를 곧게 쭉 펴지도록 하여 최대한 유선형의 자세를 유지해야 한다. 양팔은 완전히 뻗어서 모으되 한손을 다른 손 위에 놓으면 좋고, 머리는 양팔 사이에 두어야 한다. 발가락을 뒤로 뻗으면서(가리키면서) 양 다리를 완전히 뻗어 모으되, 허리 부위가 둥근 아크형태를 만든다거나 반대로 너무 처지면 안 된다. 입수 각도는 수면을 기준으로 약 30°~40°여야 한다(Spina 1995, Counsilman et al. 1988, Beritzhoff 1974). 이 각도를 취하면 최소한의 저항을 받으면서 물속으로 미끄러지듯 들어갈 수 있다. 그러나 거의 입수하자마자 몸의 방향을 아래와 전방에서 전방과 위로 전환하지 않으면 수면 아래로 너무 깊이 잠길 수도 있다.

이 방향 전환은 양 다리를 돌핀킥으로 찰싹대듯이 아래로 차면서 동시에 등을 아치형으로 만들고 머리와 양손을 수면 쪽으로 부상시키면 달성된다. 이 동작들의 타이밍은 선수들이 수면에 도달하고 싶은 속도에 따라 다를 것이다. 단거리 경기에서는 몸이 입수할 때 방향전환을 시작하고, 장거리 경기에서는 몸이 거의 잠긴 후까지 기다린다. 이러한 방법에서 벗어나는 유일한 영법은 평영으로, 이 종목의 선수들은 수중 팔 스트로크를 준비하려고 일부러 물속으로 더 깊이 활주한다.

접영선수들은 수면으로 부상하기 전에 15m 지점까지 연속적인 돌핀킥을 수행한다. 또한 자유형 단거리 레이스에 출전하는 많은 선수들도 입수 후 돌핀킥을 이용한다. 돌핀킥이 물장구차기보다 더 많은 추진력을 유발하고 스타트 후의 활주 시에 수면으로 더 빨리 움직이게 하기 때문에 자유형 경기에서도 이 방식대로 하기를 권하는 바이다. ARellano 등(1996)의 보고에 따르면, 자유형 레이스의 선수들이 프론트 크롤 물장구차기 대신 돌핀킥을 이용했을 때 스타트 후 10m 거리 동안 거의 0.20초나 빠른 기록을 냈다고 보고하였다.

현재 몇몇 스프린트 자유형과 접영 선수들이 수면으로 부상하여 스트로크를 시작하기 전에 입수 후에 허용되는 15m 거리의 대부분 동안 돌핀킥을 하고 있다. 이 거리 동안 수중에 머물러 있느냐의 여부는 각 선수가 수중 돌핀킥으로 유발하는 속도를 기준으로 결정해야 한다. 수면에서 수영할 때보다 수중에서 더 빨리 찰 수 있다고 확신한다면 수중 돌핀킥을 차도록 권장한다.

글라이딩하여 전진 하느냐 아니면 킥을 하느냐에 상관없이, 선수들은 입수 후에 몸통, 머리와 양팔의 유선형 자세를 유지하여 최대한 형상저항을 줄여야 한다. 머리는 양팔 사이의 아래쪽에 남아 있어야 한다. 양팔은 머리 위로 뻗어 한 손을 다른 손 위에 얹어 모은 상태에서 팽팽하게 지탱해야 한다. 허리 부위가 처지거나 아치를 그리지 않게 몸통을 곧게 펴고, 미끄러져 전진하는 동안 양 다리를 뻗어 모으고 발가락은 뒤로 뻗어야 한다.

(6) 수면으로 부상

수면을 향해 대각선 형태로 차야 위로 움직일 때보다 더 빨리 전방으로 움직이면서 수면에 도달한다. 자유형 경기에서는 첫 번째 스트로크를 시작하기 직전에 물장구차기의 킥을 시작해야 한다. 그러면 일정한 리듬을 구축하여 프론트 크롤 스트로크로 수영하면서 수면을 헤치고 나오게 된다.

첫 번째 팔 스트로크는 수면에 접근할 때 시작해야 하고, 첫 번째 팔 스트로크가 완료될 때 머리가 수면을 헤치고 나가야 한다. 이는 프론트 크롤 스트로크에서는 한 팔로, 접영에서는 두 팔로 강력한 뒤로 젓기를 수행해야 한다. 이 끌기 동작이 몸을 레이스 속도로 전방으로 움직이게 하면서 위로 상승시켜 수면을 헤쳐 나가게 해야 한다. 수중 스트로크 시에는 머리가 수면 아래에 남아 있어야 하며, 머리가 수면을 헤치고 나가는 느낌이 들 때까지 위를 보면 안 된다.

수면에 도달할 때 호흡을 위해 머뭇거리거나 다른 선수들을 둘러 봐서는 안 되며, 대신 가능한 빨리 레이스에 적절한 스트로크 리듬을 구축해야 한다. 수면에 도달할 때 선수들이 저지르는 가장 흔한 두 가지 실수인 첫 번째 호흡하는 것과 옆 레인의 선수를 둘러보는 것이다. 이러한 행동은 속도를 늦출 뿐이다. 이 때문에 자유형과 접영 경기에서는 첫 번째 스트로크가 끝날 때까지 호흡을 지연하거나, 호흡하기 전에 두 번째 스트로크 주기까지 기다리는 게 최선이다. 25미터 와 50미터의 짧은 스프린트 경기에서는 몇 번의 스트로크를 완료할 때까지 기다린 다음에 호흡해야 한다.

물론, 이 절차들은 평영 레이스의 선수들에게는 적용되지 않는다. 평영선수들은 입수 후에 레이스 속도에 도달할 때까지 더 오래 미끄러져 전진할 것이다. 그런 다음 수면으로 차기 전에 한 번의 수중 팔 스트로크와 또 한 번의 짧은 미끄러져 전진을 하게 될 것이다. 이 선수들은 양팔이 첫 번째 수면 팔 스트로크의 제일 폭넓은 지점에 도달하기 전에 수면으로 상승해야 한다는 사실을 확인하면서, 양팔로 몸을 위와 전방으로 끌면서 물을 헤쳐 나가야 한다.

그랩 스타트 시에 선수들이 이용하는 머리 동작에 대해 좀 더 자세하게 서술하고자 한다. 이는 유선형 입수를 위한 핵심 기술이기 때문이다. 언급한대로, 선수들은 두 발이 스타트 플랫폼을 떠나는 즉시 아래를 보기 시작해야 한다. 머리를 낮추면 비상하는 동안 상체의 하향 경로가 구축되어 둥근 아크형태 경로의 최고점을 넘어갈 때 파이크(pike) 하면서 적기에 양 다리를 부상시켜 전신이 물의 같은 지점으로 입수할 수 있다. 많은 선수들이 비상하는 동안 위를 보고 등을 아치형으로 만들기 때문에 파이크(곧게 쭉 펴는 자세) 하면서 입수하지 못한다.

만약에 스타트 자세에서 비상하는 동안 머리를 들어 올리고 등을 아치형으로 구부린다면 몸이 물 위 경로의 최고점을 지날 때까지 파이크 자세를 취하지 못한다. 그래서 몸이 아직 부분적인 파이크 자세를 취한 상태에서 입수하기 때문에, 양팔이 입수한 지점 뒤의 물에 몸통과 두 발이 입수하게 되는 것이다. 이 동작이 물의 저항을 가중시켜, 입수 직후에 급속한 속도 감속이 뒤따른다.

3) 트랙 스타트

트랙 스타트와 그랩 스타트의 가장 큰 차이점은 양 발의 위치가 다르다는 것이다. 트랙 스타트는 한 발이 다른 발 뒤에 있다는 점이며, 한 발의 발가락은 스타트 플랫폼의 앞 끝에 두고 뒤에 있는 다른 발은 스타트 플랫폼의 경사면에 올려놓고 출발하는 순간 강하게 밀면서 압박을 가하는 것이다. 또한 튀어 오르는 순간 테이크-오프의 각도가 차이가 나는데 그랩 스타트에 비해 테이크-오프 각도가 다소 평평하다는 것이다.

뒷발은 스타트 플랫폼의 뒤끝 가까이 두어, 제일 큰 경사면을 푸시 오프(push off) 할 면으로 이용해야 한다. 머리는 아래에 두고 양손으로 블록의 앞 끝을 붙잡고 있어야 한다. 스타트 신호가 떨어지면, 양손으로 블록을 위와 뒤로 밀며 몸을 물쪽 전방으로 움직인다. 그런 다음에는 양손을 놓고, 그랩 스타트에서 설명한 것과 같이 반원 모양에 아크형태를 그리며 앞으로 쭉 뻗어야 한다. 그와 동시에 양 다리로 블록을 박차며 몸을 추진해야 한다. 먼저 뒷다리로 스타트 플랫폼의 뒤를 민 다음 즉시 앞 다리를 뻗으면서 몸을 앞으로 가속해야 한다. 먼저 뒷발이 스타트 플랫폼을 떠나고 앞발이 뒤따른다(그림 7-4).

스타트 후에 점프 동작인 비상은 전통적인 그랩 스타트 보다는 트랙 스타트가 다소 평평할 수밖에 없다. 그렇지만 스타트 플랫폼을 떠나는데 필요한 시간을 늦추지 않은 채 가능한 각도가 큰 둥근 아크형태로 비상해야 한다. 전통적인 그랩 스타트와 마찬가지로, 몸을 전방으로 끌 때는 위를 보고 앞발이 블록을 떠날 때는 아래를 보아야 한다. 또한 보다 좋은 입수 각도를 취하려면 허리부위를 곧게 쭉 펴는 자세인 파이크 자세를 만들어야 한다.

트랙 스타트에 대한 한 가지 논란은 준비 자세에서 무게 중심을 앞발에 두어 앞으로 기울일지 아니면 뒷발에 두어 뒤로 기울일지의 문제다. 필자는 후자를 추천한다. 트랙스타트를 이용할 때 선수들은 뒷발로 블록을 밀면서 추진을 시작한다. 따라서 무게 중심을 뒷발에 두어야 마땅하다. 만일 앞으로 기울인다면, 블록을 밀기 전에 무게 중심이 뒤로 이동할 수밖에 없다.

Welcher & George(1998)의 연구는 무게 중심을 뒷발에 두고 스타트할 때는 블록을 더 늦게 떠난다고 제안한다. 그러나 입수하자마자 속도가 늘어나 앞발에 무게 중심을 두고 스타트하는 선수들을 따라잡을 수 있다고 설명하였다.

그림 7-4. 트랙스타트 동작 (심 등, 2008)

4) 그랩 스타트와 트랙 스타트에서 팔 스윙의 이용

Bosco 와 Komi(1979, 1980)의 연구에 따르면, 수직 점프와 일종의 팔 스윙을 조화롭게 결합시키면 탄성에너지를 이용할 수 있기 때문에 수행력을 10~23%까지 개선시킬 수 있다고 보고하였다. 아마도 이 때문에 몇몇 선수들이 입수 후에 수평 속도를 향상시키려는 노력의 일환으로 팔 스윙과 그랩 및 트랙 스타트를 조화롭게 결합시키는 법을 배웠을 것이다. 그런 선수들은 일반적으로 둘 중 한 가지 방식을 이용한다. 첫 번째 방식은 스타트 신호 후에 양팔을 뒤와 전방으로 휘돌리는 스트레이트 백스윙(straight backswing)이 특징이다.

두 번째 방식에서는 스타트 신호 후에 접영의 팔 되돌리기와 유사한 동작을 이용하여 양팔을 시계방향으로 원을 그리듯이 뒤, 위와 전방으로 휘돌린다.

(그림 7-5)에서 보는 바와 같이 접영 팔 스윙(butterfly armswing)으로 불리는 이 방식은 서큘러 백스윙 스타트의 변형으로, 그랩 스타트가 부각되기 전에 유행하였다. 접영 팔 스윙의 시계방향 팔 동작이 그랩 및 트랙 스타트에서 이용하는 서큘러 백스윙의 반시계방향 팔 동작보다 더 효과적이다. 접영 팔 스윙은 일단 몸이 움직이기 시작하면 스타트 블록 위의 시간 내내 양팔을 계속 움직일

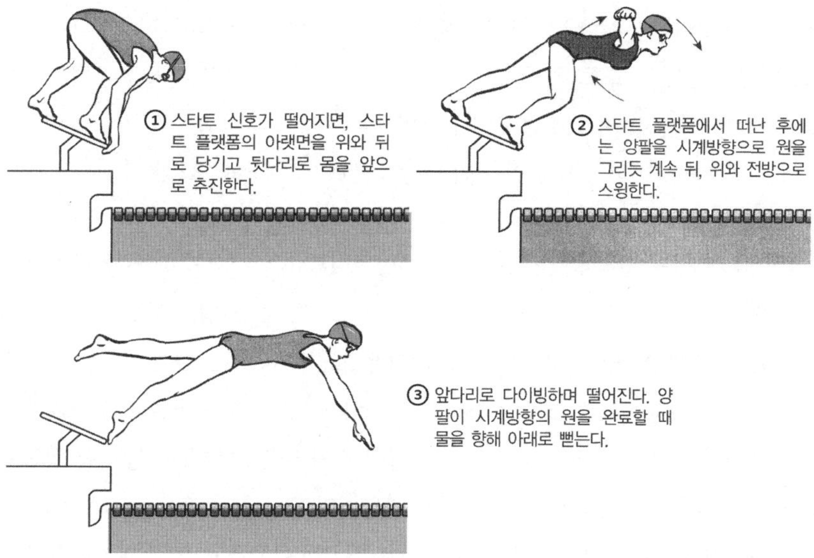

그림 7-5. 접영 팔 스윙 스타트 (심 등, 2008)

수 있다. 서큘러 백스윙을 이용할 경우에는 블록의 앞 끝을 끌어당기며 전방으로 스윙하기 시작한 후에는 양팔의 후진 동작을 멈춰야만 한다. 이로 인해 스타트 플랫폼을 떠나는데 걸리는 시간이 늘어난다.

Spina(1995)는 전통적인 그랩 스타트와 트랙 스타트에 대비하여 스트레이트 백스윙과 접영 팔 스윙을 실험하였다. 노련한 경영 선수 집단이 스트레이트 백스윙

과 접영 팔 스윙 스타트를 수행하는 법을 배우는데 2주를 보냈다. 대상선수 모두가 경영의 팔 스윙을 하지 않고서 그랩 또는 트랙 스타트를 이용하는데 익숙해졌다. 그런 다음 비디오 분석을 통해 이 두 방법을 이용하는 경우와, 선수들의 선호도에 따라 팔 스윙을 하지 않는 전통적인 그랩 스타트나 트랙 스타트를 이용할 때의 시간을 측정하였다. 통계분석에 따르면 스타트 마무리에서 11.3m 거리까지 세 가지 스타트 방식 간에 중요한 차이가 나타나지 않았다. 그러나 심층 분석 결과, 스트레이트 백스윙과 접영 팔 스윙 방식을 선호하는 스타트의 다양한 국면에서 세 방식 간에 몇 가지 차이점이 발견되었다고 설명하였다.

팔 스윙을 이용하지 않는 전통적인 그랩 및 트랙 스타트에 비해 양 팔 스윙 스타트의 주요 장점은 선수들이 공중에서 더 오래 이동하고 보다 좋은 유선형 자세로 입수한다는 점이었다. 팔 스윙을 하지 않는 그랩 및 트랙 스타트의 3.31미터였고, 접영 팔 스윙 스타트의 비상 거리와 비교하여 평균 3.45미터였다. 이 차이의 중요성이 입증되었다. 스트레이트 백스윙 스타트의 평균 비상 거리도 전통적인 그랩 및 트랙 스타트보다 더 컸지만 미미한 차이에 그쳤다. 접영 팔 스윙과 스트레이트 백스윙 스타트를 하는 선수들이 또한 더 높은 테이크-오프 각도와 더 큰 입수각도를 보였는데, 그래서 비상 거리가 더 길었다고 설명하였다.

이러한 결과에 대하여 다소 의문이 생기겠지만 선수들은 두 팔 스윙 방식을 이용할 때는 블록을 더 빨리 떠났다. 팔 스윙 방식들이나 팔 스윙을 하지 않는 전통적인 그랩 및 트랙 스타트나 11.3m까지의 시간은 그리 큰 차이를 보이지 않았지만 팔 스윙 방식이 잠정적으로 더 뛰어나다고 판단하였다. 한 가지 이유는 훈련 기간이 너무 짧아서 팔 스윙 스타트를 적절히 숙달할 수가 없었고 연구에 참여한 어떤 선수도 그 방식들을 이용해본 적이 없었기 때문이다. 연구가 종료된 후에도 여러 명의 선수들이 계속해서 팔 스트로크 스타트를 연습했다는 점을 언급해야겠다. 여섯 달 안에 모든 선수가 팔 스윙을 하지 않는 그랩 스타트와 트랙 스타트를 이용했을 때보다 스트레이트 백스윙이나 접영 팔 스윙 스타트를 이용하여 더 빨라졌다.

(그림 7-6)은 전통적인 그랩 스타트(양발을 앞에 둠)와 함께 스트레이트 백스윙 스타트를 설명하고 있다. 이번에도 준비 자세는 전통적인 트랙 스타일에 대해 설명한 바와 같다. 스타트 신호가 들리면 선수들은 스타트 플랫폼의 아랫면을 위와 뒤로 끌어당겨 몸을 전방으로 움직이게 해야 한다. 그런 다음에는 양손으로 잡고 있던 블록을 놓고 양손의 후진 동작의 연장선에서 양팔을 시계방향으로 원을 그리

듯이 뒤, 위, 전방과 아래로 스윙하여 몸이 입수할 물의 지점을 가리키게 한다.

따라서 이러한 상황을 종합해 볼 때 접영 팔 스트로크가 스트레이트 백스윙보다 더 빠른 잠재 기술력을 가지고 있다고 생각한다. 접영 팔 스트로크의 장점은 스타트 플랫폼을 놓는 시점에서 양팔을 전방으로 뻗을 때까지 계속해서 양팔을 움직일 수 있기 때문에 팔 스윙으로 더 많은 추진력을 얻을 수 있다는 사실에 있다.

그래서 선수들이 더 빠른 팔 속도를 낳고, 그와 더불어 스타트 플랫폼을 떠나, 공중으로 비상하고 입수하는 과정에서 몸의 수평 속도도 더 커진다.

접영 팔 스윙은 익숙하지 않아서 배우기가 어렵다. 그렇지만 이 방식을 배우는 데 시간을 투자하는 선수들은 스타트 속도를 상당히 개선시킬 것으로 믿는다. 이 방식을 전통적인 그랩 스타트와 더불어 효과적으로 이용할 수 있다면, 접영 팔 스윙과 트랙 스타트의 결합방식도 아주 효과적일 것이다.

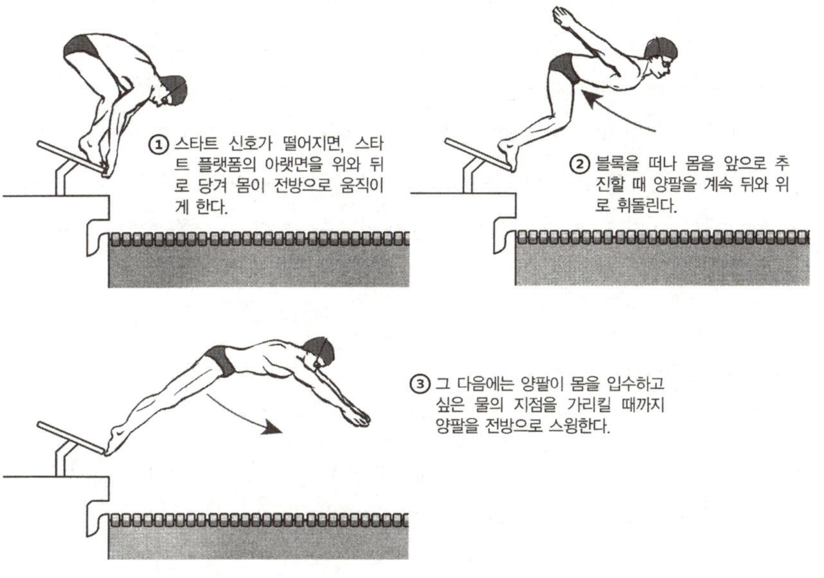

그림 7-6. 스트레이트 백스윙 스타트 동작 (심 등, 2008)

5) 반응 시간

스타트에서 반응 시간은 스타트 신호와 블록 위에서 행하는 첫 번째 동작 간의 간격을 의미한다. 이 시간은 스타트 동작 대신 스타트 신호에 초점을 맞추는 간단한 방법으로 단축시킬 수 있다.

위의 진술은 Henry and Rogers(1960)의 연구에 근거한 것이다. 그들의 보고에 따르면 스타트 동작보다는 스타트 신호에 집중하는 것이 더 빠른 반응 시간을 낳는다. 그들의 견해에 따르면 그것은 뇌가 많은 정보를 처리해야 할 경우에는 신경 신호들을 활성화시키는데 더 오랜 시간이 걸리기 때문이다. 달리 말해서, 선수들이 다이빙 하는 동안 수행할 무수한 동작에 대해 생각한다면 스타트 신호가 떨어진 후에 반응하는 시간이 더 오래 걸릴 것이다. 여러 명의 선수들을 대상으로 측정해 본 결과, 스타트 동작 대신에 스타트 신호에 집중할 경우에 반응 시간이 0.03~0.06초 단축될 수 있는 걸로 나타난다.

이 기술을 성공적으로 이용하기 위해서는 스타트의 역학을 숙지하여 의식적인 생각 없이 거의 완벽하게 수행할 수 있어야 한다. 반응은 재빠르나 다이빙을 잘못하면 아무 소용이 없을 것이다. 비상 거리가 줄어들거나, 좋지 않은 유선형 자세에다 낮은 속도로 입수하여 물을 헤치며 활주할 경우에는 빠른 반응으로 얻은 시간보다 더 많은 시간을 빼앗기게 될 것이다. 그러므로 스타트를 올바로 하는 법을 터득할 때까지는 이 기술을 이용하면 안 된다. 상당히 좋은 스타트를 수행하는데 필요한 자기교육에 매진하면서 반응시간을 향상시킬 수도 있다. 가능한 빨리 반응하지 못하더라도, 스타트 동작의 전 과정보다는 숙달할 몇 가지 요소에만 집중해도 반응시간은 다소 빨라질 것이다.

6) 스타트 훈련

스타트의 입수와 수중 동작을 보다 빠르고 효과적으로 개선하기 위해서는 다음과 같은 훈련 방법을 참고하여 연습하기를 권장한다.

(1) 수영장 측면 코스로프 스타트

이 훈련 방법은 수영장의 측면에서 코스로프를 옆으로 두고 연습하는 방법이다. 수영장의 1번 레인 또는 8번 레인 측면에서 스타트하듯이 다이빙하여 첫 번째 코스로프 가까이 입수한 후에 다음 두 개의 코스로프 아래에서 발차기를 하고 네 번째 코스로프에 다가가기 전에 수면으로 부상한다. 이 훈련은 선수들에게 올바로 입수하여 속도를 수영장 바닥 면에서 전방으로 전환하는 법을 가르치는데 권장할 만한 연습 방법이다.

(2) 바 뛰어 넘어 스타트

이 연습 방법은 도움을 줄 수 있는 코치가 스타트 플랫폼 앞에서 길고 가느다란 막대나 낚싯대의 일부분 등을 활용해서 들고 있어야 한다. 이 막대를 허리 높이로 들고 있어야 한다. 그런 다음 선수들은 그 막대위로 다이빙하여 올바로 입수하도록 노력한다. 이 훈련은 다이빙 시에 적절한 둥근 아크형태와 곧게 쭉 펴는 파이크 자세를 취하는 방법을 배우는데 도움을 줄 것이다. 또한 이 훈련은 수면으로 부상하는 기술을 익히기에 매우 효과적인 방법이 된다. 마지막으로 선수들은 2~3회의 수중 돌핀킥과 1~2회의 팔 스트로크를 통해 수면으로 부상하도록 지도한다.

(3) 훌라후프 속으로 스타트

스타트 플랫폼 앞의 물에서 선수들이 입수하고 싶은 지점에 훌라후프를 설치해 놓는다. 그런 다음 다이빙하여 훌라후프를 건드리지 않고 통과해야 한다. 이 훈련은 손이 입수하는 지점과 같은 구멍으로 전신을 입수시키는 방법을 가르치는데 도움이 되는 훈련이다. 기타 훈련과 관련하여 선수들은 수중에 있는 동안 유선형 자세로 적절히 킥을 실시해야 하며, 그런 다음 올바르게 수면으로 부상해야 한다. 이 훈련과 앞의 훈련은 깊은 물에서 연습해야한다. 연습 시에는 선수들이 가파른 각도로 입수하는 경향이 있기 때문이다.

7) 계영에서의 스타트 방법

수영경기에는 4명이 한 팀으로 경기하는 계영과 혼계영 경기가 있다. 이런 계영 경기의 규정에 따르면 두 번째, 세 번째와 네 번째 선수들은 들어오는 팀원들이 그들의 레이스를 마무리하기 전에 스타트 플랫폼에서 스타트 동작을 시작할 수 있다. 그러나 들어오는 선수가 벽을 터치할 때까지는 나가는 선수의 발의 일부가 플랫폼에 붙어있어야 한다(그림 7-7). 들어오는 선수가 벽을 터치할 때 동작에 들어가 있으면 스타트 신호를 기준으로 최소 0.6초에서 최대 약 1초까지도 기록을 단축시킬 수 있다. 그래서 세 선수가 릴레이 스타트를 잘할 경우에는 최상의 플랫 스타트 시간의 합계보다 약 2~3초 빨리 수영할 수 있다. 아주 접전이 펼쳐지는 오늘날의 챔피언십 대회에서는 계영에서의 효과적인 스타트 기술을 활용한다면 쉽게 순위를 끌어 올리 수 있다. 기록으로 큰 차이가 없는 두 팀이 우승 경합을 벌이는 상황에서도 좋은 계영의 릴레이 스타트가 종종 결정적인 승리의 요인이 되기도 한다. 따라서 선수들은 실격을 당하지 않으면서 가능한 일찍 블록을 떠나는 동작이 습관화될 때까지 릴레이 스타트를 연습해야 한다.

1번 선수를 제외하고는 나머지 선수는 앞서 설명한 그랩 또는 트랙 스타트를 이용해서는 안 된다. 서큘러 백스윙 스타트를 이용하는 게 좋다. 팔 스윙의 추가 추진력으로 공중과 수중에서 더 큰 속도를 낼 수 있기 때문이다. 양팔을 시계 반대방향으로 위로 또는 뒤와 전방으로 원을 그리듯 움직여야 하며, 이러한 동작은 양팔로 서큘러 백스윙 와인드업을 이용하한다고 설명할 수 있다.

팔 스윙의 적절한 타이밍이 중요하기 때문에 나가는 선수는 들어오는 선수가 벽을 터치하기 전에 스타트 플랫폼을 떠나지 않은 상태에서 개시하는 동작으로 가능한 최대의 득을 본다. 그러므로 나가는 선수는 들어오는 팀원의 속도와 벽에서의 거리를 기준으로 판단해야 한다. 릴레이에서 흔한 연습 방식은 들어오는 선수의 머리가 수영장 바닥의 검은색 티(T) 레인 마커를 지난 후에 와인드업을 시작하는 것이다. 하지만 그보다 간단한 방식은 들어오는 선수가 벽을 터치하기 전 한 팔 되돌리기를 남겨놓은 상태에서 나가는 선수가 와인드업을 시작하는 것이다. 그 시점부터 들어오는 선수가 벽을 터치하는데 약 0.60초 걸리며, 이미 서큘러 백스윙 동작으로 양팔을 움직이기 시작해서 나가는 선수의 두 발이 블록을 떠나는데 걸리는 시간도 그와 비슷하다.

나가는 선수의 와인드업과 들어오는 선수의 팔 되돌리기 타이밍은 다음과 같이 조화를 이루어야 한다. 배영, 접영과 자유형 레이스에서는 수영장의 스타트 엔드에 접근하며 들어오는 팀원들의 팔 되돌리기에 타이밍을 맞추어, 나가는 선수들은 양팔을 앞뒤로 펌프질하면서 들어오는 선수들에 맞춰 팔 되돌리기 리듬을 구축해야 한다. 일단 리듬이 구축되면 나가는 선수들은 들어오는 선수들의 마지막 팔 되돌리기와 서큘러 팔 스윙을 적절하게 공조시켜서 들어오는 선수들의 손이 물을 떠난 직후에 팔 스윙을 시작한다. 들어오는 선수들이 벽을 터치할 때 나가는 선수들이 팔 스윙을 완료하며 양다리를 뻗는 방식으로 타이밍을 맞춰야 한다.

그러나 혼계영 경기에서 3번째 영자인 접영선수들은 2번 영자가 들어오는 평영 선수들과 릴레이 스타트 타이밍을 맞추는 방식은 다소 적응이 필요하다. 들어오는 평영선수들은 마지막 팔 되돌리기를 수중에서 하기 때문이다. 선수들의 양팔이 수중에 있을 때는 확인하기가 더 어렵기 때문에, 접영선수들은 와인드업 타이밍을 평영선수들의 호흡동작에 맞춰야 한다. 나가는 접영선수들은 들어오는 평영선수들이 벽을 터치하기에 앞서 마지막 호흡을 하는 호흡주기에서 평영선수의 머리가 최고점에 도달할 때까지 기다려야 한다. 그 시점은 평영선수들의 양팔이 턱 밑에서 전방으로 뻗어 벽을 터치할 준비를 갖춘 상태이다. 그래서 나가는 접영선수들이 이 시점에 팔 스윙을 시작하면, 들어오는 평영선수들의 팔이 벽에 도달할 때 팔 스윙을 완료하고 양 다리를 뻗으면서 스타트 플랫폼을 떠날 수 있을 것이다.

최근에는 혼계영 경기에서 스타트에서 스텝-업(step-up) 방식이 개발·이용되고 있는데, 이 방식에서는 선수들이 스타트 플랫폼에서 다이빙을 하기 전에 1~2스텝 접근법을 이용한다. 수직 점프에 대한 연구에 따르면, 테이크-오프에 앞서 한 발 이상의 스텝을 밟으면 접근스텝을 밟지 않는 경우와 비교하여 점프 고도가 상당히 증가하는 걸로 나타났다(Enoka 1971, Healy 1977, Kayambashi 1977, Maxwell, Bratton, and Fisher 1980). 접근 스텝 수가 1스텝 또는 2스텝에 한정될 때도 마찬가지였다(Enoka 1971, Healy 1977). 그래서 릴레이 스타트에 1~2스텝을 덧붙이면 마땅히 비상 거리도 향상될 거라고 가정할 수 있다. 후자의 기술에서는 수직보다는 수평 거리가 향상되지만, 수직 점프와 릴레이 스타트의 기술은 유사점이 많다.

오늘날 이용되는 스텝-업 릴레이 스타트에는 여러 가지 변형이 있다. 한 방식에서는 나가는 선수들이 스타트 플랫폼의 뒤에 서 있다가 들어오는 선수들이 벽을 터치하자마자 앞으로 2스텝을 밟으면서 양 다리로 플랫폼의 앞부분을 박차고 다이빙한다. 이를 더블 스텝(double step) 방식으로 부르겠다. 또 다른 방식에서는 나가는 선수들이 트랙 스타트 형태에서와 같이 한 발은 플랫폼 앞 끝에, 다른 발은 뒤에 두는 자세로 스타트 플랫폼에 서 있는다. 그런 다음 들어오는 선수들이 벽을 터치함과 동시에 뒷다리를 전방으로 디디면서 양 다리로 플랫폼의 앞을 차면서 다이빙한다. 이 유형은 싱글 스텝/프론트 푸시-오프(single step/front push-off)로 부르겠다.

릴레이 스타트의 세 번째 스텝-업 방식에서는 나가는 선수들이 스타트 플랫폼의 뒤에 양발을 딛고 선다. 그런 다음 들어오는 선수들이 벽을 터치할 때, 트랙 스타트 방식으로 추진하기 전에 한 발의 발가락을 플랫폼의 앞 끝 위에 두면서 앞으로 한 스텝을 밟는다. 이 방식을 싱글 스텝/트랙 푸시-오프(single step/track push-off) 릴레이 스타트라고 한다.

McaLean 등(1999)은 스텝-업 릴레이 스타트 방식에 대한 포괄적인 연구를 수행하였다. 그들은 세 가지 스텝-업 방식을 서로 비교하고 기존의 릴레이 스타트와도 비교하였다. 그들은 네 가지 릴레이 스타트 방식의 차이를 조사하여 제일 뛰어난 방식을 판별하기 위해 각 스타트 방식의 다양한 단계를 측정하였다.

전통적인 릴레이 스타트 방식과 비교해볼 때, 스텝-업 방식의 테이크-오프 높이와 비상 거리가 더 우수했다. 싱글 스텝/트랙 푸시-오프 릴레이 스타트가 스텝-업 방식 중 최고로 나타났다. 다른 두 가지 스텝-업 방식과 전통적인 릴레이 스타트와 비교하여, 싱글 스텝/트랙 푸시-오프 방식을 이용할 때 테이크-오프 높이와 테이크-오프 거리가 훨씬 컸다.

입수 후에 글라이딩하면서 전진하는 동작의 효율성을 감안할 때, 테이크-오프 속도를 떨어뜨리지 않고 비상 거리를 개선시킬 수 있다면 선수들은 당연히 공중으로 더 멀리뿐만 아니라 더 빨리 움직일 것이다. 사실, 싱글 스텝/트랙 푸시-오프 릴레이 스타트를 이용하는 선수들은 실제로 테이크-오프 거리를 향상시키면서 테이크-오프 속도를 평균 0.10초 개선시켰다.

현재로서는 스텝-업 스타트가 전통적인 방식의 릴레이 스타트보다 우수하다고 기술할 만한 연구결과가 미비한 실정이다. 하지만 McaLean 등(1999)은 그동안 선수들에게 스텝-업 방식을 이용하도록 훈련시킨 여러 경험을 근거로 스텝-업 방식을 권장하고 싶다. 아울러 양발을 뒤에 두고 스타트하여 한 발만 앞으로 내딛는 방식(싱글 스텝/트랙 푸시-오프 방식)이 다른 두 방식의 릴레이 스타트보다 잠재적으로 더 우수한 방식으로 추천하는 바이다. 선수들이 전진 추진력을 유지하는데 걸리는 시간이 더 빠르기 때문이다. 그런 선수들은 다른 다리가 블록 앞에 놓이자마자 뒷다리로 스타트 플랫폼을 벗어나 몸의 추진을 시작할 수 있고, 머뭇거림 없이 무게중심을 앞다리로 전이하여 추진을 계속할 수 있다. 그런 상황이 플랫폼을 떠날 때 수평 속도를 향상시킬 것이다. 다른 두 가지 스텝-업 방식은 플랫폼에서 몸의 추진을 시작하기 전에, 마지막 스텝에서 뒷발을 앞발과 함께 플랫폼 앞부분에 고정시켜야 하기 때문에 전진동작이 순간적으로 멈추게 된다.

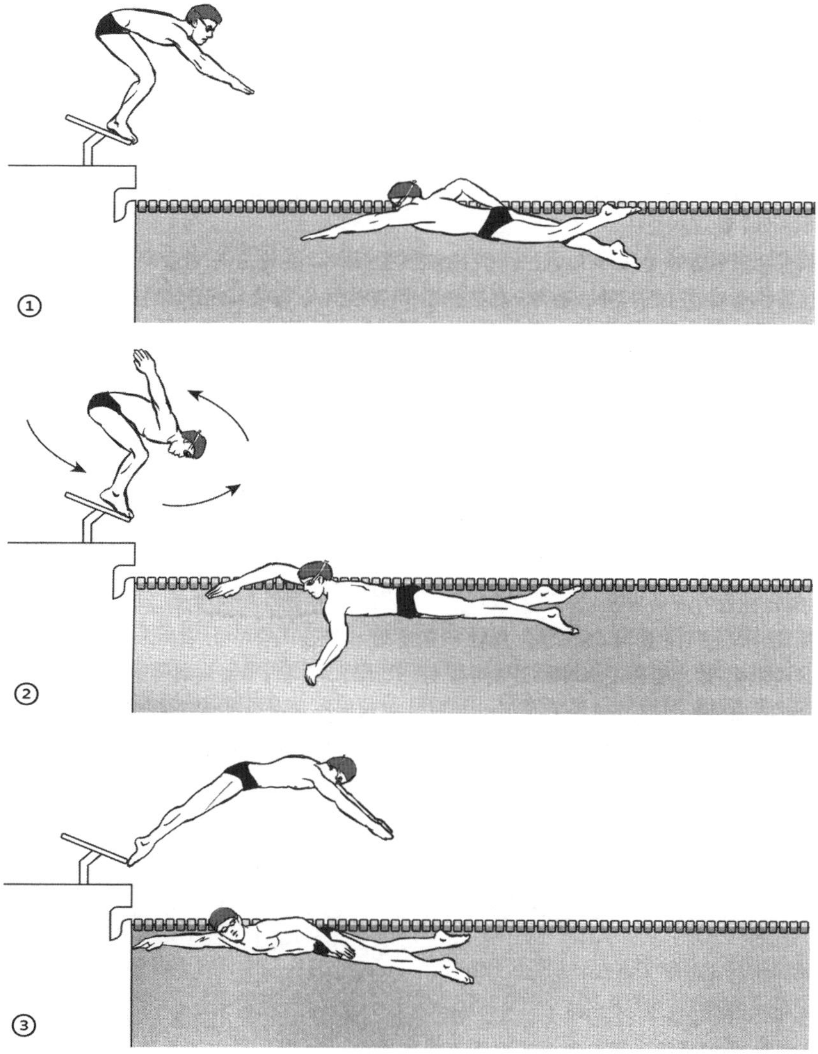

그림 7-7. 계영 경기에서 서큘러백스윙 스타트 동작 (심 등, 2008)

2. 크롤 영법의 스타트와 턴

1) 자유형 경기(크롤 영법)의 스타트

수영 경기에서 자유형 종목은 50m, 100m, 200m, 400m, 800m, 1,500m 등으로 국내 경기에서는 여자는 800m, 남자는 1,500m 등으로 구분하여 경기한다. 최근 자유형 경기에서의 스타트는 선수마다 다소 차이가 있지만 대체로 그랩 스타트와 트랙 스타트 방식이 가장 널리 이용되고 있고, 개인의 선호도 및 체격, 그리고 체력 조건에 따라 한 가지 방법을 선택하여 집중훈련을 통해 익숙한 동작으로 만들고 기술적 완성도를 높이는 노력이 필요하다. 대표적으로 이용되는 두 가지 스타트 기술의 구체적인 방법은 앞에서 설명한 바와 같고, 일반적으로 많이 사용되는 그랩 스타트의 방법을 사진을 통해 부연 설명하고자 한다. 아래 사진-과 같이 스타트 블록에 올라간 선수는 양발의 발가락들로 발판(block) 앞을 부여잡은 채 양 발은 어깨 넓이로 위치시키고, 두 발의 양 측면의 두 손은 가볍게 놓고 발판을 붙잡는다.

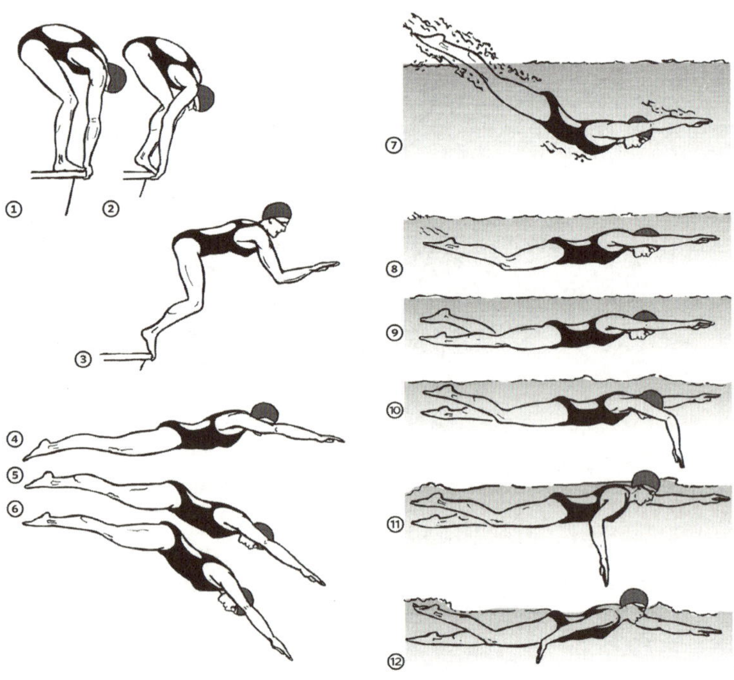

그림 7-8. 자유형 그랩 스타트 동작

출발 신호가 떨어지면, 수영선수는 몸을 아래쪽으로 끌어내려, 발뒤꿈치를 들고 몸의 중심을 앞쪽 발판 위로 기울인다. 두 다리를 빠르고 곧게 뻗으면서 두 발을 앞으로 밀친다. 그리고 앞으로 점프하여 비상한 몸은 최고의 탄도(trajectory)에 이르면 완전히 곧게 뻗어서 파이크 자세를 취한다. 머리는 앞으로 쭉 펼친 양팔 밑으로 위치시키고, 허리와 엉덩이는 이상적인 입수 각도를 이루게 한다. 입수 후 최저 입수지점으로부터 15m 이전에 머리가 수면 위로 나오는 최고지점까지 최단거리로 점증적 부상을 시도한다. 모든 수영선수들은 수면으로 떠오르기(surfacing)에 앞서 돌핀킥으로 전진하며 수면으로 거의 올라와서 크롤 킥을 시작한다. 그리고 수면에 떠오르면서 최초의 한손 스트로크가 시작되며 다른 한 손은 앞으로 뻗은 상태를 유지한다. 그런 후에 머리가 수면을 헤치고 나오자마자 양팔은 정상적인 교차 스트로크를 시작한다. 자유형 경기에서 50m에서 1,500m에 이르기까지 수영선수는 떠오르기 후 약 여섯 번의 스트로크를 하기 전까지는 호흡하기 위해서 머리를 돌리거나 옆 레인의 선수를 바라보는 행동은 하지 말아야 하며 이후 스트로크 리듬이 안정될 때까지 유선형 자세를 잘 유지한다.

이러한 과정은 (그림 7-8)에서 같이 스타트 블록 위에서 준비자세, 끌기, 블록에서 추진, 비상과 입수, 글라이딩과 전진, 수면으로 부상 등의 일련의 절차를 정확하고 조화롭게 연결시키는 동작을 반복적으로 실시하고 익숙한 동작이 되도록 연습한다.

2) 자유형 경기(크롤 영법)의 플립 턴

자유형 경기는 50m 장수로 수영장일 경우 최소 1회, 최대 29회의 턴을 실시해야 하며, 25m 단수로 수영장에서 경기는 최소 1회 최대 59회의 턴을 실시해야 한다. 따라서 전체 종목에서 가장 많은 턴을 해야 하는 종목이기 때문에 장거리 일수록 턴의 중요성이 매우 높은 종목임을 알 수 있다. 또한 어떤 영법의 경기 보다 턴의 중요성을 인식하고 정확한 동작으로 기술적인 완성도가 최상의 상태가 되도록 반복 연습하는 것이 중요하다.

(그림 7-9)에서 보는 바와 같이 자유형 경기에서 실시하는 크롤 스트로크의 턴은 반-비틀기(half-twist)로 전진하면서 공중돌기 하는 동작을 연상하면 좋겠다. 특히 주의해야 할 것은 턴을 하기 위해서 벽면 쪽으로 전진하는 추진력이 일시 정지

했다가 반대반향으로 추진력이 전환되기 때문에 턴의 어떤 단계에서 머리의 회전력이 정지하면 추진력이 사라지고 속도도 잃게 된다.

따라서 턴을 하기 위해서 벽면에 도달한 다음 턴의 초기 회전 동작을 하기 위해 들어오는 전진 추진을 이용하여 머리와 앞으로 뻗어진 팔은 수면 아래로 찔러 넣는다. 턴하기 직전 짧은 돌핀킥은 회전 추진력을 더하고 엉덩이를 부상시킨다.

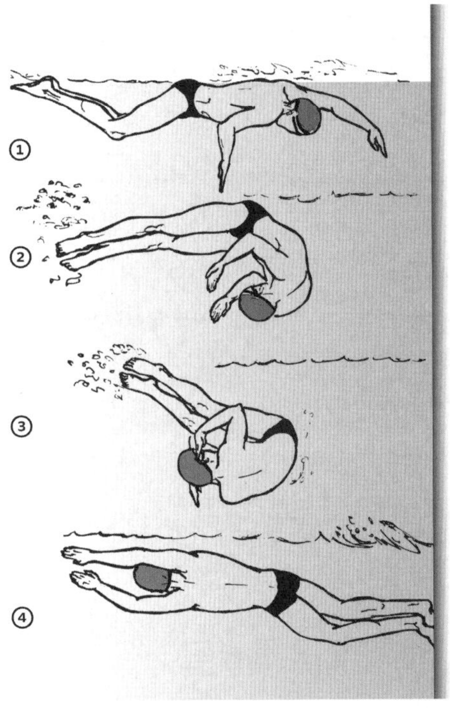

그림 7-9. 자유형 플립턴 동작

이 때 머리는 멈춤 없이 턴이 되도록 회전력을 증가시킨다. 엉덩이가 벽면으로 나아감에 따라 등은 벽 쪽으로 밀쳐지고 양 무릎은 가슴 쪽으로 이끌어진다. 벽에 다가감에 따라, 전진하는 손은 주저 없이 동작을 계속하고 끄는 손은 반-스트로크를 완결하면서 팔꿈치 부위를 구부리고 똑같이 구부려진 전진 팔과 합류한다.

턴의 연속 동작 속에서 몸은 반-틀기를 하는데, 그것은 엉덩이가 머리를 지나면 머리는 계속 나아가고 두 발은 벽에 댄다. (턴할 때 양손이 벽에 닿은 것을 허용하지 않지만 신체의 일부는 벽에 닿아야 한다는 규칙을 지켜야 한다) 이 때 양 뒤꿈치의 평평한 부위가 아니라 발가락들을 이용하여 벽을 밀침과 동시에 주저 없이 다리 밀치기가 시작된다. 이 때 다시한번 몸이 굽은 자세를 취함과 동시에 양팔을 앞으로 뻗는다. 이 시점에서 몸 전체는 적당한 깊이로 수면 아래 있어야 돌아 나오면서 수중에서 글라이딩 하면서 연속적인 돌핀킥으로 15미터 전까지 글라이딩 해야 한다. 1998년 3월의 국제수영연맹(FINA)에서 제정한 규칙에 따라 턴을 완료 한 후에 수중 동작은 15미터 이내로 제한하여 머리를 기준으로 15미터 이전에 수면으로 올라와야 한다.

첫 번째 스트로크를 하기 전에 돌핀킥을 이용해서 점증적으로 수면으로 글라이딩 하면서 자연스러운 호흡 리듬이 만들어지기 전까지 약 여섯 번의 스트로크를 반복적으로 실시하고 자연스러운 동작으로 호흡과 연결한다.

이러한 자유형 경기에서 실시하는 턴을 플립 턴이라고 명명하고 턴의 시작은 ①어프로치 ②턴 ③푸시-오프 ④미끄러져 전진, 그리고 ⑤풀-아웃의 순서로 실시한다. 각 과정별 구체적인 동작의 설명은 앞에서 서술하였기에 이를 참고하기 바란다.

3. 배영의 스타트와 턴

1) 배영 스타트

수영 경기에서 배영 종목은 유일하게 입수 상태에서 출발하기 때문에 이전에 스타트 블록 위에서 출발하는 종목과는 다른 과정과 형태를 갖는다. 배영 경기는 남자와 여자 모두 100m와 200m 종목으로 한정되어 있으며, 현재는 25미터 단수로 수영장과 50미터 장수로 수영장에서 모두 배영 경기의 준비 자세에서는 두 발과 발가락이 완전히 수중에 잠겨 있어야 하고, 발가락이 거터 끝에 걸려있으면 안 된다. 따라서 모든 선수는 수영장의 평평한 끝 벽에서 푸시-오프 해야 하므로, 양 다리로 몸을 위로 물을 넘어 추진하기가 더욱 어려워졌다.

배영에서 스타트와 턴 후 수중에서 15미터를 전진할 수 있지만 반드기 15미터 이전에 머리를 기준으로 수면으로 올라와야 한다. 이를 어길 경우 실격 처리되기 때문에 가장 주의해야 할 중요한 기술이다.

배영 종목에서 스타트의 일련의 과정은 ①준비자세, ②벽에서 추진, ③비상, ④입수, ⑤수중 돌핀킥, 그리고 ⑥풀-아웃(pull-out)으로 구분된다.

이러한 일련의 전체 과정은 (그림 7-10)에서 참고하기 바라고, 구체적으로 설명하면 다음과 같다.

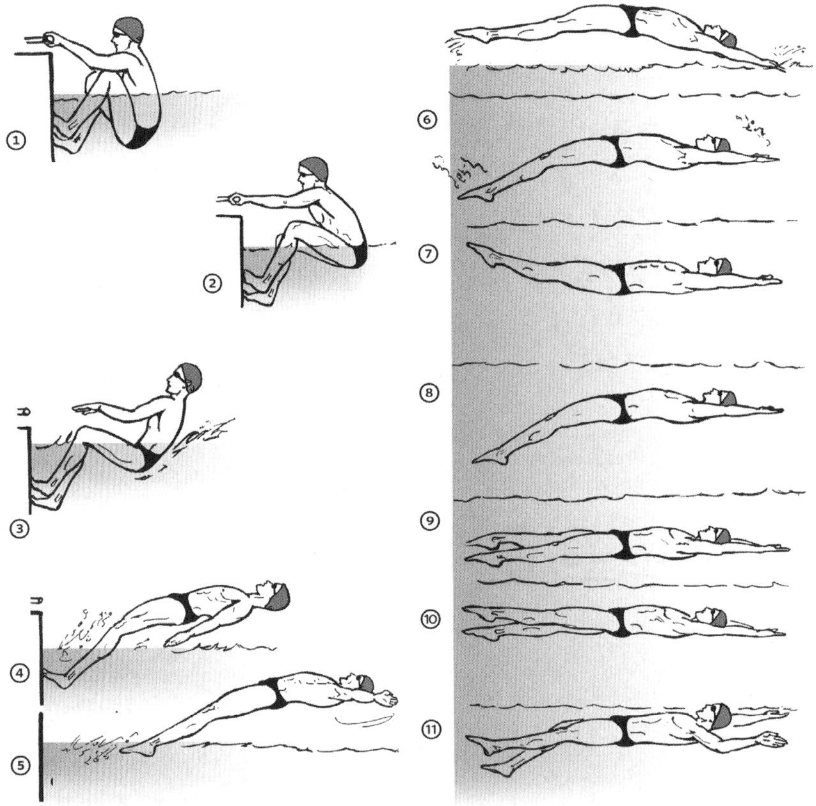

그림 7-10. 배영스타트 동작

(1) 준비자세

배영 경기를 위해 대기하고 있는 각 레인의 선수는 심판장의 긴 휘슬 소리에 따라 각 레인으로 입수한다. 이어서 출발심판의 "준비(take your marks)" 라는 명령을 기다리는 동안 선수들은 벽을 향하고 양손으로 출발대의 크로스바나 손잡이를 잡은 채 수중에 있어야 한다. 양 발은 완전히 수중에서 끝 위쪽 벽에 접촉한 채 있어야 한다. 양 발과 발가락을 벽에 대고, 뒤꿈치로 벽을 차고 나와야 한다. 양 다리는 구부리고 엉덩이는 수중에 있어야 한다.

준비 명령이 떨어지면 몸을 끌어 당겨 웅크린 준비 자세로 들어가야 한다. 그 자세에서는 머리를 낮추고 정면의 거터를 보아야 한다. 팔꿈치에서 양팔을 구부려 몸에서 멀리 바깥으로 움직여야 한다. 두 발을 수면 위로 가져가지 않은 상태에서 엉덩이를 가능한 높여야 한다. 엉덩이를 발뒤꿈치 가까이 붙이고 두 발은 완전히 수중에 있어야 한다.

두 발을 벽에 붙이고 모으는 선수들이 있는가 하면 한 발을 다른 발의 약간 아래 두는 방식을 취하는 선수들도 있다. 이 방법이 두 발을 같은 높이에 두는 방식보다 나은지에 대해 해답을 주는 연구가 아직 없기 때문에, 두 자세를 시험해보고 더 효과적인 방식을 택하는 게 최선이라고 생각한다.

(2) 벽에서의 추진

스타트 신호가 울리면, 선수들은 출발대 크로스바를 잡거나 출발대를 잡는 방식에 따라서 양손으로 스타트 바를 위로 당기거나 아래와 뒤로 밀어야 한다.

그래야 벽에서 몸을 추진하기 전에 몸통을 물 밖으로 다소 더 높이 부상시킬 수 있다. 그와 동시에, 수영장의 벽면을 차면서 머리를 위와 뒤로 던져야 한다. 일단 몸이 동작에 들어가면, 양팔을 스타트 바와 반대로 전방으로 뻗으면서 벽에서 떨어진 몸을 계속 위와 뒤로 밀어야 한다. 바를 벗어난 후에는 양팔을 가능한 빨리 위와 머리너머로 던져야 한다.

양팔이 머리 위로 지나칠 때 몸을 벽에서 멀리 밀어내기 위해 양 다리를 뻗기 시작해야 한다. 다리 추진은 무릎에서 강력한 뻗기와, 이어지는 벽을 향한 마지막 두 발 뻗기 동작으로 이루어진다. 그와 동시에 양팔을 머리 위에서 뻗는 동작이 진행 중이어야 한다.

선수들은 벽에서 몸을 떼어 추진할 때 양팔을 뒤와 머리 위로 던져야 한다. 다시 말하면 양팔을 측면으로 둥글게 스윙하지 말 것을 강조한다. 양팔은 스윙 전반부에는 굽힌 자세로 머리 위에 있어야 하며, 양 다리를 뻗는 시점에는 편 상태에서 다시 입수를 위해 뻗는 도중이어야 한다. 배영선수들은 적어도 세 가지 이유에서 양팔을 측면이 아니라 머리 위로 스윙하도록 지도해야 한다.

가. 양팔을 머리 위로 움직여야 더 빨리 움직인다. 그러면 입수를 위해 손가락 끝에서 발가락까지 몸의 정렬선을 맞추는 시간을 더 벌게 될 것이다.

나. 양팔을 머리 위로 더 빨리 움직일 수 있기 때문에, 수직 점프 방식으로 양 다리를 뻗을 때 양팔을 뻗을 수 있을 것이며, 이로 인해 벽에서의 추진에 추가 추진력을 더하게 될 것이다.

다. 팔을 머리 위로 스윙하면 비상하는 동안 더 높은 둥근 아크형태와 더 깊은 아치형 몸이 조성되어, 더 나은 유선형으로 입수할 것이다.

배영 선수들이 경험할 수 있는 가장 심한 실수 동작에 한 가지는 스타트 시에 두 발이 벽에서 미끄러지는 경우이다. 불행히도 이 미끄러지는 실수는 연습이 부족하거나 경험이 짧을 수록 너무 빈번하게 일어난다는 사실이다. 스타트 신호가 떨어진 후에 선수들이 양 다리를 벽에서 너무 빨리 밀어내려고 하기 때문이다. 스타트 신호가 떨어진 직후에는 몸을 뒤로 추진시키는 게 아니라, 위로 끌어올리는 것이다. 몸을 위로 끌어올리는 동안 양 다리로 벽에서 몸을 밀어내려고 시도하면 두 발이 벽 아래로 미끄러질 것이다. 양 다리로 밀기 전에 몸이 벽에서 떨어져 뒤쪽으로 향할 때까지 기다린다면, 양 다리를 뻗을 때 두 발을 벽 아래가 아니라 뒤로 압박하게 되어 미끄러질 확률이 낮아질 것이다.

(3) 비상

벽에서 추진 동작이 완료되면서 비상의 동작이 시작된다. 이 때 등은 아치형으로, 머리는 뒤로, 그리로 양팔은 머리 위로 뻗은 채, 허공에서 둥근 아크형태 자세로 움직여야 한다. 발목에서 양 발을 뻗고 양 다리도 뻗어 모아야 한다.

비상하는 동안에는 전신이 물 밖에 있어야 한다. 하지만 곧 물로 낙하하기 시작하기 때문에 이 자세를 유지하기는 어려울 것이다. 그렇지만 비상하는 동안 적당히 높은 테이크-오프 각도를 취하고 등을 충분히 아치형으로 만들 경우에는 허공으로 비상하는 대부분의 시간 동안 다리와 발로 물을 끌며 헤쳐 가는 동작을 예방할 수 있을 것이다.

아치형 등과 머리 동작이 비상과 입수의 성공을 좌우 한다. 스타트 엔드에서 몸을 밀어 떼어낼 때 머리를 위와 뒤로 던져야 한다.

두 발이 벽을 떠나 유선형 자세로 입수하기 전에, 등을 아치형으로 만들고 수영장 반대편 끝 방향으로 뒤를 보아야 한다. 배영선수가 저지르는 가장 흔한 실수는 비상하는 동안 머리를 치켜세우고 엉덩이를 곧게 쭉 펴는 파이크 자세를 만드는 상황이다. 이런 자세에서는 십중팔구 평평한 등으로 착지하게 될 것이다.

(4) 입수

추진된 힘으로 점프하여 비상한 다음에는 물속으로 입수를 하게 되는데 이 때 양팔을 뻗어 모으고 유선형 자세를 취해야 한다. 양 다리와 발을 뻗은 자세로 유지한 채 머리는 양 팔 사이에 두어야 한다. 양손이 먼저 입수하고, 다음에 머리, 몸통, 마지막으로 양 다리가 뒤따르는 입수각도를 유지해야 한다. 몸의 각 부위가 물의 동일한 구멍으로 입수하는 것이 이상적이다. 하지만 비상하는 동안 선수들의 몸이 물에 너무 가까이 있기 때문에 이를 성취하기가 어렵다. 대부분의 배영선수들은 입수 시에 저항을 줄이기 위해 한쪽 다리를 드는 방법을 이용한다. 그런 선수들은 몸통이 입수할 때 양 다리를 부상시켜 곧게 쭉 펴는 파이크 자세로 들어가기 때문에, 양 다리도 양손이 입수하는 곳과 거의 같은 구멍으로 입수할 수 있다. 입수 후에, 선수들은 양 다리를 약간 부상시키고 아랫다리를 낮추어 몸의 방향을 아래에서 전방으로 전환시켜야 한다. 규정에 따라 허가되는 최대 15m 거리 동안 여러 번의 빠른 돌핀킥이 이어져야 한다. 출발해서 수중에서 돌핀킥을 하는 배영선수들은 돌핀킥을 시작하기 전에 양팔을 덜 들고 짧은 시간동안 활주함으로써 몸이 물속 더 깊이 움직이게 하는 것이 좋다. 2~3회 정도의 돌핀킥만 수행하고자 한다면 양 다리가 입수한 후 거의 즉시 양팔을 더 급히 부상시키고 양 다리를 아래로 가져가면서 첫 번째 돌핀킥을 실시한다.

(5) 풀-아웃

입수 후에 돌핀킥으로 15미터 이전에 거리를 전진했다면 머리를 기준으로 15미터 전에 수면으로 올라와야 한다. 이 때 마지막 2~3회의 돌핀킥을 점진적인 수면 상승에 이용해야 한다. 수면에 도달하기 직전에 배영 킥을 시작하고, 그 후에는 한 번의 수중 팔 스트로크로 수면을 헤치고 나와, 레이스 속도로 스트로크 할 준비를 갖추어야 한다. 특히, 양팔이 수면에 도달할 때까지는 양팔 사이에서 머리를 들면 안 된다.

무엇보다, 첫 번째 스트로크를 하기 전에 수면을 향해 차면 안 된다. 그러면 그 팔 스트로크를 하기 전에 레이스 속도에 훨씬 못 미치게 감속할 것이다. 첫 번째 팔 스트로크는 아직 수중에 있을 동안 시작해야 하며, 그 팔 스트로크의 수중 추진단계가 완료되기 전에 몸이 수면을 헤치고 레이스 속도로 전방으로 움직일 정도의 시간을 유지해야 한다.

2) 배영 스타트 훈련

배영 스타트를 수행할 때 선수들이 저지르는 가장 흔한 실수는 비상하는 동안 양 다리로 물을 헤치며 끄는 동작과 몸 전체를 수면의 여러 지점에 동시에 입수시켜서 형상저항을 극대화 시키는 행위이다. 다음에 소개하는 훈련방식들은 이런 실수를 교정하는데 도움을 주고자 고안 되었으며, 반복적인 연습을 통해 실제 스타트의 도움이 되도록 권장한다.

(1) 로프 위로 스타트

이 동작은 도움을 주는 코치가 스타트 지점에서 약간 떨어진 코스로프 사이에 줄이나 고무줄을 설치한다. 물속에서 스타트하는 선수들은 등을 진 자세로 설치한 줄을 넘어 점프하여 다이빙해야 한다.

이 훈련은 입수 시에 물 위에서 올바로 아치형태를 만들고, 양 다리를 부상시키는 방법을 배우는데 좋다. 또한 수면으로 부상하기 전에 여러 번의 수중 돌핀킥을 수행해야 입수 후에 효과적인 유선형 자세를 취할 수 있다.

(2) 백다이빙 훈련

(그림 7-11)에서 보는 바와 같이 백 다이빙 훈련의 목적은 입수 시에 등을 적당하게 아치형으로 만들고 양 다리를 부상시키는 법을 가르치기 위해 실시한다. 입수 시에 수면 위에서 몸을 올바르게 아치형으로 만들고 양 다리를 적절하게 부상시키는 동안에는 푸시-오프를 너무 강하게 하지 않고 물 가까이에서 머무른다.

이 훈련에서는 스타트 블록을 이용하지 않는다. 대신, 두 발을 수중에 두고 발가락을 벽에 댄 채 배영 스타트 준비 자세로 거터를 붙잡는다. 그 자세에서 물을 넘어 작고 부드러운 백다이빙을 실시해야 한다. 다이빙 시에는 몸이 작은 둥근 아크형태의 자세를 취하고 이때 두 발이 벽을 떠나기 전에 엉덩이를 물 밖으로 내밀고 양 손은 뒤편의 물 뒤에 둔다. 일단 이 동작을 효과적으로 수행하면, 두 발이 벽을 떠난 후에 양 다리를 부상시켜 물을 찌르듯이 입수해야 하며, 물을 찌르듯이 입수하는 자세로 양 다리를 입수시켜야 한다.

그림 7-11. 배영 백다이빙 스타트 훈련 동작

(3) 데크 스타트 훈련

이 훈련의 목적은 물 위로 다이빙하여 올바로 입수하는 법을 배우는데 도움을 주는 것이다. 선수들은 배영 스타트의 준비 자세와 유사하게, 물을 등지고 웅크린 자세로 데크에서 스타트한다. 그 지점에서 좋은 다리 부상과 깔끔한 유선형 입수를 위해 노력하면서 뒤로 다이빙해야 한다. 또한 입수 속도를 하강에서 전진 속도로 전환시키는 법을 배우는데 도움이 되는 몇 번의 수중돌핀킥도 수행해야 한다.

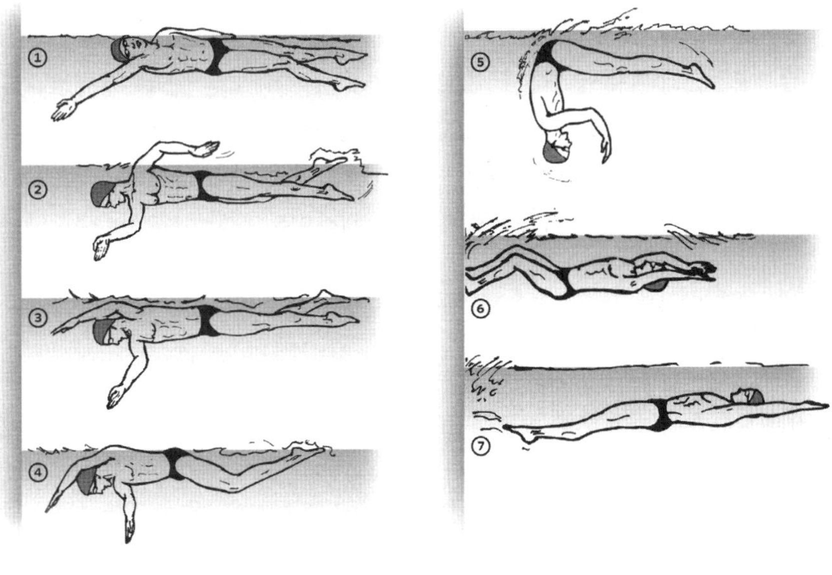

그림 7-12. 배영 롤오버 턴 동작

3) 배영 롤오버 턴

(그림 7-12)에서 보는 바와 같이 최근의 모든 배영 선수들이 실시하는 배영 턴은 롤오버 턴으로 불러지고 있지만 이전에 선수들은 한쪽 손이 벽면을 터치하면 양다리를 구부려서 한쪽 방향으로 끌면서 벽면에 발을 대고 차고 나오는 크로스 오버 턴의 동작으로 경기에 임하였다. 따라서 최근에 실시하는 배영의 롤오버 턴은 더 이상 한손으로 벽을 터치할 필요가 없어졌다.

턴과 스트로크가 하나의 연속적인 동작으로 수행된다는 점을 감안하여, 공중제비로 턴에 들어가면서 엎드린 자세를 취할 때 마지막 팔 스트로크를 수행할 수 있다. 손 터지는 요구 사항이 아니다. 턴 시에 몸의 일부가 벽을 터치하면 되기 때문이다.

턴을 재빨리 하려면 몸을 회전하여 턴에 들어갈 때 엎드린 자세에서 거의 두 번의 완전한 수중 스트로크를 수행해야 한다. 배영 스타일의 측면 끌기보다는 프론트 크롤 스타일처럼 몸의 중심선 아래에서 끌면 더 빨리 움직일 수 있다. 이 기술은 보기와는 달리 배영 턴의 규정에 위배되지 않는다. 규정을 따르기 위해서는 턴 전의 마지막 스트로크를 등 진 상태에서 시작해야 한다. 하지만 이 스트로크를 개시하자마자 회전하여 엎드린 자세로 들어가도 무방하다. 가능한 빨리 회전하면, 그 팔 스트로크의 안으로 젓기와 상향 젓기 시에 엎드린 자세를 취할 수 있고, 엎드린 자세에 도달하는 즉시 공중제비를 개시하면 규정을 위반하지 않고 엎드린 자세에서 팔 스트로크를 한 번 더 수행할 수 있으며, 턴 전의 마지막 팔 스트로크와 턴 시의 팔 스트로크 사이에서 머뭇거리지 않게 된다.

배영에서 행해지는 롤오버 턴은 일련의 과정을 통해 연속적인 동작이 이루어지는데 그 과정은 다음과 같다. 이 과정은 ①어프로치, ②회전, ③턴, ④푸시-오프, ⑤수중 돌핀 킥, ⑥풀 아웃 순서이며, 다음에서 구체적으로 설명하고자 한다.

(1) 어프로치

좋은 배영 턴을 수행하는 중요한 요건은 벽면에서 얼마나 떨어져 있는지 거리를 가늠하기 위해 고개를 돌리며 머뭇거리며 돌아보는 동작을 최소화하면서 벽과의 거리를 판단하는 것이다. 벽과의 거리를 판단하는 한 가지 방법은 배영 턴을 위해 설치한 5미터 깃발을 이용하여 선수들이 턴에 접근할 때, 깃발로부터 회전하여 엎드린 자세로 들어가는 지점까지 필요한 스트로크 수를 계산하여 결정하는 방식이다. 대부분의 숙달된 선수들은 배영 깃발 아래를 지나 두 번째나 세 번 팔 스트로크에 이어 턴을 해야 한다. 선수들은 벽으로 전진하지 않고 두 번째나 세 번째 팔 스트로크에 맞춰 턴하는 법을 숙달할 때까지 레이스 속도로 연습해야 한다.

(2) 회전

선수들은 깃발을 지나 두 번째나 세 번째 팔 스트로크를 시작할 때 턴을 시작해야 한다. 이 팔 스트로크는 등진 상태에서 시작해야 하지만, 스트로크에 들어가는 즉시 재빨리 회전하여 엎드린 자세를 취해야 한다. 엎드린 자세로 들어갈 때는 되돌리기 하는 팔과 반대 방향의 스트로크 하는 팔 쪽으로 몸을 롤링해야 한다. 그러면서 되돌리기하는 팔은 프론트 크롤 스트로크의 하이 엘보 자세와 유사한 방식으로 물 너머로 몸을 가로질러 움직여야 한다. 스트로크 하는 팔이 가슴 아래에 이르고 다른 팔이 입수하는 시점에는 완전히 엎드린 자세에 들어가 있어야 한다. 그리고 엎드린 자세로 회전하는 동안 호흡을 해야 한다.

(3) 턴

일단 엎드린 자세에 도달하면, 자유형 플립 방식으로 턴을 수행한다. 물론, 그 과정 내내 등진 상태를 유지해야 한다. 뒤따르는 팔로 수중 스트로크를 완료하는 시점에 앞선 팔로 수중 스트로크를 시작해야 한다. 그러면 벽으로 회전하는데 가속이 붙을 것이다. 이 스트로크를 완료할 때 머리를 숙이고 돌핀킥을 시작해도 벽으로의 회전 속도가 증가한다.

양 손바닥을 수영장 바닥을 향해 돌리면 머리와 발을 끌어올리는데 유리하다. 양손은 두 발이 벽에 도달하기 전에 머리 위에서 만나야 한다. 머리는 양 팔 사이에 뒤를 향해 얹어놓고, 양팔은 팔꿈치에서 구부리며, 상체와 양팔이 정렬을 이룬 상태에서 두발이 벽에 닿자마자 지체 없이 푸시 오프 해야 한다.

두 발은 수면 바로 밑의 벽을 차고 몸은 발에서 머리까지 아래쪽으로 기울어져야 한다. 그래야 깊은 푸시-오프를 하여, 몸을 벽 밖으로 민 후에 여러 번의 강력한 돌핀킥을 수행할 수 있다.

(4) 푸시-오프

양팔과 두 다리를 동시에 뻗고, 완전히 등진 상태로 몸을 벽 밖으로 추진해야 한다. 약간 아래 방향으로 푸시 오프 해야 수면 동요 아래에서 미끄러져 전진하고 돌핀 킥 시에 몸을 더 깊이 유지할 수 있다. 푸시-오프와 뒤따르는 돌핀킥 시의 깊이는 적어도 0.6m 정도 수중이어야 한다. 그래야 수면 가까이 있을 때와 비교하여 저항성 저항이 줄어든다.

(5) 수중 돌핀킥

벽을 차고 전진하는 동안 머리에서 발가락까지 몸의 유선화를 유지하고, 레이스 속도에 근접한다고 느낄 때까지 짧은 시간동안 이 자세로 글라이딩 하면서 전진해야 한다. 레이스 속도에 근접하면 수면 부상 준비를 갖출 때까지 여러 번의 수중 돌핀 킥을 수행해야 한다.

(5) 풀-아웃

수면 부상 준비를 갖춘 선수들은 2~3회의 수중 돌핀킥과 이어지는 2~3회의 배영 킥으로 조합하여 점진적인 각도로 상승해야 한다. 충분히 수면 가까이 도달했다고 판단되면 첫 번째 팔 스트로크를 시작해야 한다. 이 팔 스트로크를 이용하여 레이스 속도로 움직이면서 수면에 도달해야 한다. 머리는 수면에 도달할 때까지 다른 팔과 정렬을 이루면서 유선형을 유지해야 한다. 그런 다음 수면 수영에 적합하게 턱을 아래로 당기면 좋다. 일단 수면에 도달하면 지체 없이 레이스에 적합한 스트로크 빈도를 구축해야 하고, 수중에 있을 때 첫 번째 팔 스트로크를 시작해야 한다.

이 과정에서 흔한 실수가 발생하는데 너무 수중 깊이 있을 때 첫 번째 팔 스트로크를 시작하는 경우이다. 그러면 팔 스트로크의 수중 동작을 너무 일찍 완료하게 되어, 수면에 도달하여 팔을 물 위로 되돌리기 하며 다음 수중 스트로크를 시작할 때까지, 한 팔은 머리 위에, 다른 팔은 측면 뒤에 두는 좋지 못한 유선형 자세로 차야 한다.

4. 평영 스타트와 턴

1) 평영 스타트

(그림 7-13)에서 보는 바와 같이 평영에서 스타트도 일반적으로 그랩 스타트를 많이 이용하기 때문에 스타트 블록에 올라서면 발가락들로 발판 앞을 감아 잡은 동작을 취하고, 양손은 각각 두발 양쪽 측면의 발판을 잡는다.

출발 신호가 떨어지면, 몸을 끌어내려서 양 발목을 들어 몸의 중심이 발판 앞을 너머 전방으로 기울게 한다. 양팔을 강렬하게 뻗으면서 두 팔이 앞으로 던져진다. 이 때 몸은 최대 탄도에 이를 때 완전히 뻗쳐진다.

머리를 양팔 아래로 덮으면서, 양 엉덩이 부위를 추진시켜 온몸을 물속으로 돌진시키면서 가파른 입수를 완수한다. 등 아래쪽을 아치형으로 만들어 몸이 수면과 평행을 이루며 직접 전방으로 움직여 나가도록 한다.

스타트나 턴 후의 수중에서의 동작은 몸을 완전히 뻗고 유선형을 이룬 채 짧은 예비 활주로 시작된다. 그 다음에는 양팔을 몸 가까이 붙인 채 또 다른 짧은 활주로 양 엉덩이까지의 긴 풀 동작이 이어진다.

양 팔꿈치와 양 팔뚝을 유선형으로 몸 가까이 유지한 채, 양팔이 전방으로 뻗쳐질 때, 두 손은 손바닥이 위로 향해진다. 양다리가 킥을 할 때, 뒤통수는 양팔 상완 측면과 나란히 아래로 기울어진다. 그 다음 팔 스트로크를 시작할 때 머리가 수면을 헤치고 올라온다.

평영에서 스타트와 턴후 정해진 규칙에 의해서 완전 입수 상태에서 완전히 뒤로 양다리에 이르는 한번의 스트로크와 한번의 차기를 할 수 있다. 머리는 양손이 두 번째 스트로크의 가장 넓은 단계에서 안쪽으로 턴하기 전에 수면을 헤치고 나와야 한다.

이러한 평영의 스타트 동작을 간략하게 나열하면 입수-활주, 끌기-활주, 차기-활주, 돌파의 순서가 일반적으로 나타나는 스타트 동작의 전 요소이다.

2) 평영 턴

평영에 대한 국제수영연맹(FINA) 규칙은 양손이 동시에 수면 위 혹은 아래를 터치해야한고 규정하고 있다. 일단 터치가 끝나면, 원하는 어떤 방향으로 턴해도 좋다. 턴을 하는 선수는 벽을 떠날 때 양어깨는 가슴 쪽으로 수직 혹은 지난 상태여야 한다.

턴 하기 위해서 벽면으로 접근할 때 선수는 몸의 추진력을 이용하여 몸을 벽 쪽으로 가져간다. 그 다음에는, 머리와 양어깨를 다시 밖으로 움직이게 함으로써, 그 추진을 반대 방향으로 전환시킨다.

수영선수는 추진력으로 몸이 벽으로 나아가게 한다. 터치할 때 수영선수는 몸이 너무 벽 가까이 닿지 않도록 해야 한다.

벽을 터치한 후, 몸이 턴할 쪽 팔이 팔꿈치를 구부리면서 벽에서 뒤로 밀쳐진다. 반대편 손은 벽을 밀쳐서 머리와 양어깨가 벽에서 떨어지게 한다. 이 동작이 일어날 때, 양 무릎을 구부려 몸 밑에 감싸도록 한다. 이 동작을 하는 동안, 턴을 하는 선수는 푸시오프와 수중 동작을 준비하기 위해 호흡한다. 터치하는 손은 벽에서 떨어져 자유로운 손과 결합하여 벽으로부터 바깥 방향으로 준비한다.

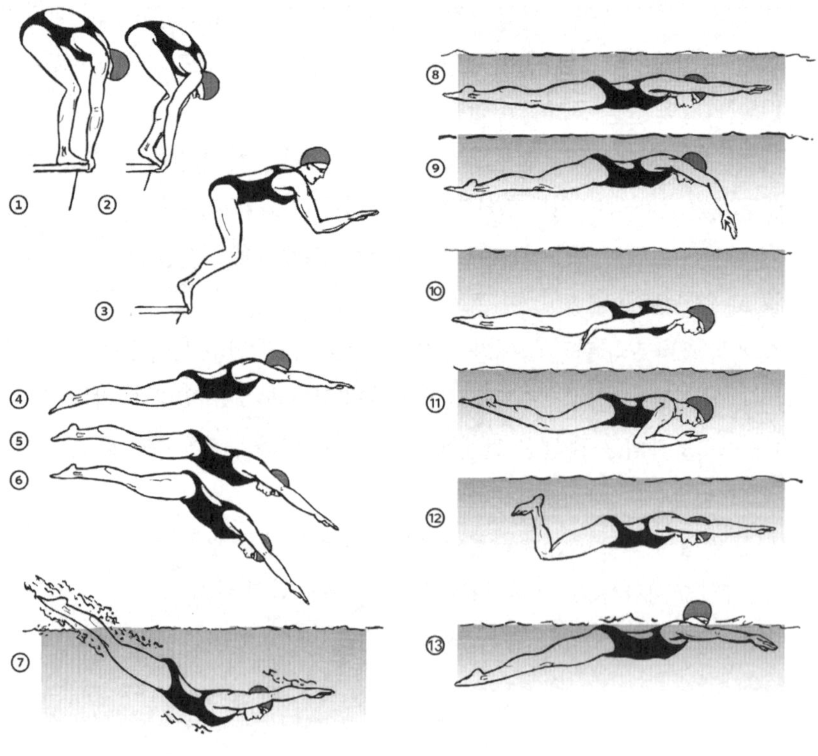

그림 7-13. 평영 스타트 동작

두 발은 벽에 대고 몸을 유선형으로 하고 양팔과 두 다리를 뻗으면서 바깥 밀치기로 푸시오프에 들어간다. 벽에서 푸시오프를 할 때, 몸은 유선형을 유지하고, 양팔과 두 다리는 뻗으며, 머리는 양팔 밑으로 하고, 가슴 부위로 고르게 균형을 잡는다.

국제수영연맹(FINA)의 규정은, "스타트와 각 턴 후, 수영선수는 완전 입수 상태에서 완전히 뒤로 양다리에 이르는 한번의 팔 스트로크와 한번의 킥을 할 수 있다. 양손이 두 번째 스트로크의 가장 넓은 부분에서 안쪽으로 턴하기 전에 머리가 수면을 헤쳐야 한다"고 기술하고 있다.

평영 경기에서 행해지는 오픈 턴의 경우 현재의 규정에 따르면 양손으로 동시에 벽을 터치해야 한다. 아울러 양어깨가 일직선을 이룬 상태에서 터치가 이루어져야 한다. 터치 후에는 측면으로 돌며 벽을 푸시 오프 할 수 있으나, 규정에 따르면 두 발이 벽을 떠날 때 수직축 또는 그 이상에서 엎드린 자세로 들어가야 한다. 또한 턴을 하는 선수들은 턴 후의 첫 번째 스트로크에 앞서 완전히 엎드린 자세를 취해야 한다.

(그림 7-13)에서 보는 바와 같이 평영 턴의 과정을 구분하여 요약하면 ①어프로치, ②턴, ③푸시-오프, ④미끄러져 전진하기와 마지막으로 풀 아웃 동작으로 나누어지며 구체적인 설명은 다음과 같다.

(1) 어프로치

어프로치 동작은 턴을 하기 위해 선수들은 벽에 접근할 때 스트로크를 조절하여 양팔 되돌리기 시에 팔을 전방으로 완전히 뻗어 벽에 도달할 수 있도록 벽에 초점을 맞춰야 한다.

양팔로 가능한 많은 추진력을 발휘하여 벽을 칠 수 있도록 마지막 발차기는 아주 강력하게 수행해야 한다. 발차기의 추진단계가 끝나자마자 벽에 닿는 게 이상적이다. 벽까지 미끄러져 전진해야 할 경우, 감속을 유발하는 저항을 줄이기 위해서는 가능한 유선형 자세로 전진해야 한다.

(2) 턴

실제 턴 동작은 정확히 뒤로 떨어지는 동작으로 설명할 수 있다. 벽을 터치한 후, 선수들은 몸 밑에서 양 다리를 위로, 두 발을 벽 쪽으로 가져가면서 거의 곧게 뒤로 떨어져야 한다. 양 다리를 벽까지 가져가는데 이용하는 물과 동일한 공간속으로 머리와 몸통도 뒤로 떨어뜨리는 방식이 더 빠르고 효율적이다. 몸이 측면의 물속으로 들어갈 수 있을 만큼만 돌려, 두 발을 벽까지 가져가면서 머리와 몸통을 거의 곧게 뒤로 떨어뜨리면 된다. 이러한 턴 동작은 (그림 7-14)의 내용을 참고하기 바라고, 구체적인 방법을 아래에서 설명하고자 한다.

양손으로 벽을 동시에 터치해야 한다. 양어깨가 수면과 수평을 이루어야 한다. 일단 터치가 이루어지면, 양 팔꿈치를 구부려 벽까지 짧은 거리를 전진해야 한다. 그와 동시에 한 손을 벽에서 떼어 가능한 빨리 반대 방향으로 향해야 한다. 이 동작은 그쪽 팔을 구부리고 팔꿈치를 물속으로 갈비뼈까지 당긴 다음에 수영장 반대편 끝을 향해 팔을 전방으로 뻗으면 완료된다. 한 손이 벽에서 떨어져 나오는 것과 동시에, (거터가 있다면) 다른 손으로 거터를 잡고 그쪽 팔을 구부려서 엉덩이와 양 다리를 전방으로 벽까지 끌어당겨야 한다. 양 다리를 강하게 밀어 넣으면서 바로 몸 아래, 벽 쪽으로 끌어당겨야 한다. 한 발을 다른 발 위에 얹어 양 다리를 가까이 모아야 저항이 줄어들고 벽으로 들어가는 속도가 증가한다.

손 터치가 이루어질 때는 머리가 수중에 있지만, 물 밑에서 양다리를 끌 때는 머리를 물 밖으로 부상시켜 거의 직 후방으로 움직여야 한다. 일단 양 다리가 몸 밑으로 지나가면, 벽과 접촉한 팔을 뻗어서 몸이 벽 밖으로 밀려나가게 해야 한다. 일단 그 팔로 밀고 나오면 벽에 닿는 몸 부위가 없어야 한다. 그렇지만 몸통을 벽 밖으로 밀어낼 때 발생하는 추진여파가 반대 힘을 유발하여 양 다리를 벽 쪽으로 움직이게 할 것이다. 양 발이 벽에 닿을 때까지는 벽을 향해서는 안 된다. 그러면 푸시-오프가 지체될 뿐이다. 그리고 몸을 벽 밖으로 밀어내면서 호흡해야 한다.

몸을 벽 밖으로 밀어내는데 이용했던 팔을 하이 엘보 리커버리와 유사하게 물 위로 가져가면서 그 팔과 머리가 동시에 입수하도록 시선도 물을 넘어가는 그 팔을 따라가야 한다.

(3) 푸시-오프

두 발이 벽에 닿을 때까지는 머리 위의 양손과 몸이 정렬을 이루도록 해야 한다. 그런 다음 즉시 푸시 오프해도 좋다. 발가락은 측면을 향한 채 두 발로 수중 약 45~50cm 지점의 벽을 찌르면 된다. 푸시-오프는 측면 자세를 취할 때 시작해야 하며, 푸시-오프 후 몸을 벽 밖으로 추진하며 미끄러져 전진하는 동안 몸을 돌려 엎드린 자세로 들어가야 한다.

푸시-오프는 벽을 뒤로 밀며 양 다리를 펴면서 이루어진다. 양 팔을 동시에 뻗어야 다리 추진력에 추가 추진력을 보탤 수 있다. 두 발은 윗다리(수면에 가까운 다리)를 다른 다리 위에 가로놓은 자세로 벽을 떠나야 한다. 그런 다음 미끄러져 전진 시에 윗다리를 아랫다리너머 아래로 가져가면서 엎드린 자세로의 회전을 완료한다.

(4) 미끄러져 전진동작과 풀-아웃

미끄러져 전진동작과 풀-아웃 동작에서 평영과 접영의 턴 기술이 달라진다. 접영선수들은 수면 부상하기 전에 몇 번의 수중 돌핀킥을 하는 반면, 평영선수들은 수면 부상하기 전에 한 번의 수중 팔 스트로크와 한 번의 차기를 수행한다.

평영의 경우 약간 하향 푸시-오프 각도를 유지해야 더 깊이 미끄러져 전진할 수 있으며, 수중 팔 스트로크와 전진을 더 효과적으로 수행할 수 있다. 레이스 속도에 근접할 때까지는 적어도 수중 0.60m 깊이에서 유선형 자세로 전진해야 한다. 그 지점에서 발차기를 이용하여 점진적으로 수면 부상하기에 앞서, 한 번의 수중 팔 스트로크와 아주 짧은 두 번째 전진을 수행해야 한다. 첫 번째 수면 팔 스트로크는 몸이 수면에 도달하기 전에 시작해야 하지만, 머리가 수면을 부수고 나오기 전까지는 양팔이 그 스트로크에서 가장 넓은 지점에 도달하게 해서는 안 된다.

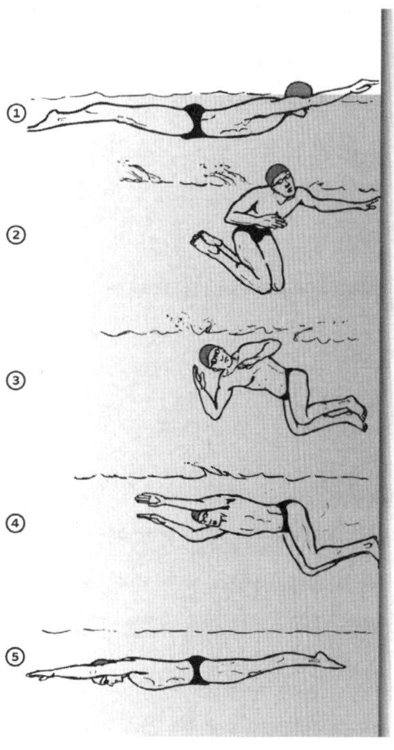

그림 7-14. 평영 턴 동작

5. 접영 스타트와 턴

1) 접영 스타트

접영 경기는 남자와 여자 모두 50m, 100m와 200m 종목으로 한정되어 있으며, 접영에서의 스타트는 일반적으로 그랩스타트 방식을 많이 사용하나 선수의 선호도에 따라 트랙스타트를 사용하는 경우도 있다. 일반적으로 사용하는 그랩 스타트의 경우 스타트 블록위에서 준비자세를 취할 때 먼저 발가락들로 발판 앞을 걸어서 감아 잡고, 양발 바깥쪽에 두 손은 각각 가볍게 위치시켜 발판을 붙잡는다.

(그림 7-15)에서 보는 바와 같이 출발 신호가 떨어지면, 수영선수는 몸을 끌어내려 수영자의 균형 중심이 발판 위 앞쪽으로 기울이도록 양 발뒤꿈치를 든다. 두 다리를 힘차게 뻗으면서 두 팔이 앞으로 던져진다.

수영자의 몸이 최고의 탄도에 이를 때 그 몸이 완전히 뻗쳐진다. 머리를 양팔 밑으로 감싸면서, 양 엉덩이 부위를 급히 밀며 온몸을 수중 속으로 추진시키면서 가파른 입수를 한다.

몸이 직접 전방으로 수면과 평행으로 움직이도록 등 아래쪽이 휘어진다.

접영 스타트에 관한 규칙은 스타트와 턴 후 15미터 지점에서 머리를 기준으로 수면으로 올라와야 한다. 수중에서 하나 혹은 그 이상의 킥을 허용되는 반면, 오직 한 번의 풀 동작이 허용되며, 이 풀 동작을 통해 수면으로 올라와야 한다.

2) 접영의 턴

(그림 7-16)에서 보는 바와 같이 접영에서의 턴은 일반적으로 거터가 없는 터치패드가 설치된 곳에서는 선수들은 터치가 이루어질 때까지 반드시 양어깨와 수면이 수평을 이루도록 하면서 양손으로 동시에 평평한 벽을 터치해야 한다. 벽을 터치한 후에는 한 팔을 재빨리 갈비뼈 쪽으로 끌어당겨야 한다. 이 경우와 거터를 이용할 수 있는 턴의 차이는 벽을 떠나는 손으로 하는 동작에 있다. 붙잡을 거터가 없을 경우에는 그 손의 손가락을 대각선 형태로 위쪽의 반대편 어깨를 가리키면서 손바닥을 벽에 얹고 그쪽 팔을 구부려 몸이 벽을 향해 움직이게 해야 한다. 그러면서 양 다리로 복부를 강하게 밀어 넣는 느낌이어야 한다. 양 다리가 몸 밑으로 지나

갈 때, 그리고 두 발이 벽에 닿기 전에, 팔꿈치에서 팔을 뻗으면서 손바닥으로 벽을 밀고 나와야 한다.

그런 다음 그 팔을 하이 엘보 방식으로 물 위로 가져가고, 나머지 턴 동작은 앞에서 설명한 바와 같다.

턴을 실시한 후에 수면으로 부상하기 전에 여러 번의 돌핀킥을 수행하고자 한다면 약간 하향 각도로 푸시 오프 해야 한다. 그렇지 않을 경우에는 수평으로 푸시 오프 해야 한다. 적어도 0.40m 깊이에서 벽을 푸시 오프 하고 미끄러져 전진해야 저항성 저항이 줄어든다.

접영 선수들은 레이스 속도에 근접하고 있는 느낌이 들 때까지 유선형 자세로 전진해야 한다. 레이스 속도에 근접하면 돌핀킥을 시작해야 한다. 여러 번의 수중 돌핀킥 후에 수면 부상하는 기술은 앞에서 설명한 바와 같다. 선수들은 2~3회의 돌핀킥을 이용, 점진적으로

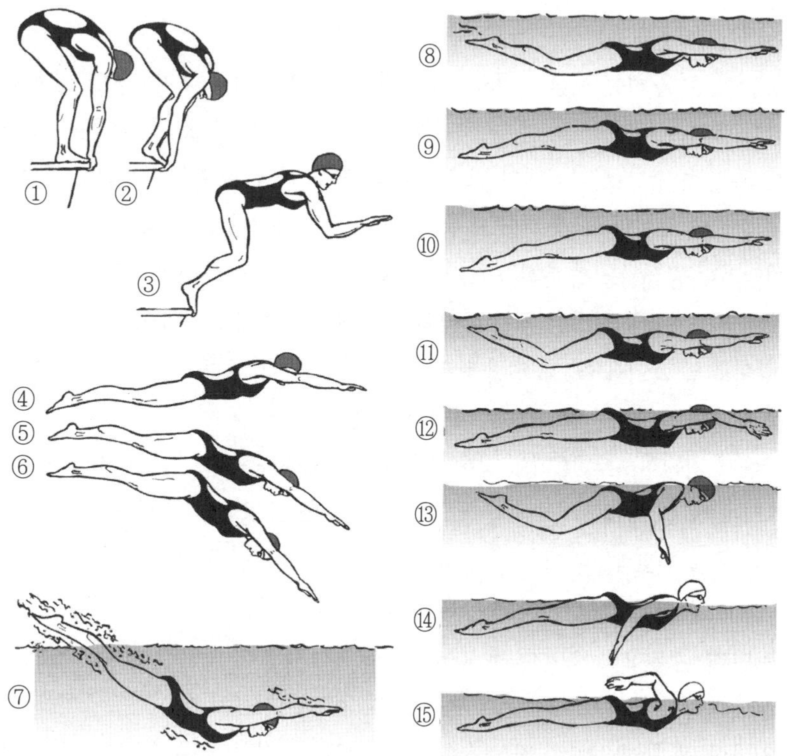

그림 7-15. 접영 스타트 동작

상승하기 시작하여 첫 번째 팔 스트로크를 수행할 수면 가까이 몸을 가져가야 한다. 레이스 속도로 전방으로 움직이는 첫 번째 팔 스트로크로 수면을 헤치고 나와야 한다.

접영선수들은 스프린트 레이스에서는 첫 번째 스트로크에 맞춰 호흡해서는 안 된다. 장거리 레이스에서는 턴 후의 첫 번째 팔 스트로크에 호흡해도 좋지만, 반드시 그 스트로크의 수중 국면을 마무리할 무렵에 호흡해야 한다. 그래야 머리를 드는 동작으로 스트로크 리듬이 깨지는 일이 발생하지 않는다. 미끄러져 전진동작이나 킥 동작을 통해 수면으로 부상한 다음 첫 번째 팔 스트로크를 시작할 때 호흡해서는 안 된다. 그러면 전진속도가 너무 많이 떨어지기 때문이다.

접영과 평영 턴을 할 때 가장 빈번하게 범하는 실수는 ①몸을 물 밖으로 너무 높이 끌어당기고, ②푸시 오프 하기 전에 몸을 돌려 엎드린 자세로 들어가고, ③너무 수면 근처에서 푸시오프 하며, ④벽에 매달려 있는 동안 이중으로 호흡하는 경우이다.

이러한 네 가지 동작의 구체적인 설명은 다음과 같다.

첫 번째, 턴을 하는 동안 머리와 양어깨를 물 밖으로 너무 높이 가져가면 시간을 허비할 뿐만 아니라 불필요한 근력을 써야 한다. 이런 실수를 저지르는 선수들은 대게 몸을 벽 밖으로 밀어내기 전에 거터를 잡고 안과 위로 끌어당긴다. 그 대신, 몸을 수중에 유지한 채 양 다리가 몸 밑에 이를 때까지 짧은 거리 동안 벽 쪽으로 끌어당기며 팔꿈치를 충분히 구부려서 적은 양의 힘을 들여 벽에서 밀려나오게 해야 한다. 이 동작을 취하는 동안 머리와 양어깨는 물속에 남아있어야 한다. 그리고 벽 밖으로 밀고 나올 때 양 부위를 위와 뒤로 가져가되, 뒤로 낙하할 때 호흡할 수 있을 정도의 높이로만 물 밖으로 내밀어야 한다.

앞에서 지적한대로, 머리와 양어깨를 수면 가까이 붙이고 벽에서 거의 곧게 뒤로 낙하하면 더 빨리 턴할 수 있다. 양 다리를 벽으로 끌어당길 때 상체가 다소 상승하며 팔을 뒤로 밀 때 더 많이 상승하지만, 정상적인 턴 동작으로 상승하는 높이 이상으로 몸을 끌어올리기 위해 추가적인 힘을 들여서는 안 된다.

두 번째, 물 밑으로 떨어질 때 측면자세를 취하지 못하면 하강 속도가 떨어진다. 많은 선수들이 벽을 떠나기 전에 몸을 돌려 엎드린 자세로 들어가는 실수를 범하고 있다. 몸을 돌려 엎드린 자세를 취하면 속도가 느려진다. 푸시오프를 하기 전에 벽에서 몸을 회전시키는데 추가 시간이 들기 때문이다. 더구나, 측면자세로 하강하는 대신 거의 전체 몸통이 하강하여 물을 헤쳐 갈 것이기 때문에 더 많은 저항을 받게 된다.

벽을 푸시오프하기 전에 발가락을 아래로 향하고 양 발을 찌르기 때문에 많은 선수들이 이런 실수를 범한다. 그런 선수들에게는 발가락을 측면으로 향한 채 양 발로 벽을 찌르라고 가르쳐야 한다. 그러면 측면자세로 푸시오프 할 확률이 훨씬 높아질 것이다.

세 번째, 양 다리를 안으로 끌어당길 때 한 팔을 이용하여 너무 오랫동안 벽까지 나아가기 때문에 수면이나 너무 수면 가까이에서 푸시오프 한다. 그러면 그 팔과 완전히 수중에 있는 다른 팔과 머리와 몸통이 정렬선을 이루지 못한 상태에서 양 발이 벽에 닿아 푸시오프를 시작하게 된다. 그런 경우에는 양 발이 몸 밑을 지나자마자 그쪽 손을 벽에서 떼어 머리위에서 움직이게 함으로써 이 실수를 교정할 수 있다.

이에 덧붙여, 양 발은 벽을 향해 안쪽으로 끌어당긴 다음 물 위로 동시에 내던질 때 양팔로 계속 버티고 있기 때문에 수면에서 푸시 오프 하는 것이다. 이 방식이 턴을 더 빨리 하는 방법이라고 지지하는 전문가들도 있으나 잘못된 견해이다. 수중에서 양팔과 몸의 정렬선을 맞추기 위해 푸시오프를 지체해야 하거나 좋지 않은 유선형 자세의 몸으로 푸시오프하기 때문에 사실상 속도가 더 느려진다.

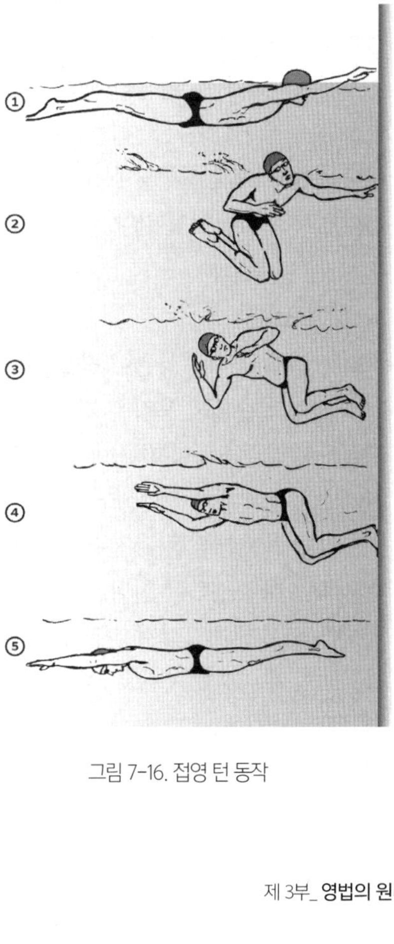

그림 7-16. 접영 턴 동작

마지막으로 지적할 실수는 이중 호흡이다. 많은 선수들이 벽을 터치하자마자 머리를 들어 호흡한 다음에 몸이 벽 쪽으로 다가가면서 바로 다시 머리를 물위로 움직이면서 다시 호흡한다. 이렇게 호흡을 두 번 하면 호흡으로 인해서 턴 하는 시간이 늘어날 것이며, 첫 번째 호흡은 턴을 지체시킨다. 즉각 한 손을 벽에서 떼어내고 양 다리를 위로 움직여서 벽면으로 빨리 가져가고 즉시 벽면을 차고 나와야 한다. 그래서 턴을 하기 위해 불필요한 이중 호흡 동작을 하지 말고 한 번씩만 호흡해야 한다.

3) 접영과 평영의 오픈 턴

접영과 평영 경기에서 이용되는 턴은 오픈 턴으로 거의 비슷하다. 평영선수들은 수중에서 풀-아웃을 수행하는 반면 접영선수들은 벽을 떠난 후에 여러 번의 돌핀킥을 수행한다는 점이 다를 뿐이다. 예전의 25m 단수로 수영장에서는 선수들은 턴을 시작하기 전에 양손으로 동시에, 같은 높이에서 벽을 터치해야 했다. 현재의 규정에 따르면 양손으로 동시에 벽을 터치해야 한다. 아울러 양어깨가 일직선을 이룬 상태에서 터치가 이루어져야 한다. 터치 후에는 측면으로 돌며 벽을 푸시 오프할 수 있으나, 규정에 따르면 두 발이 벽을 떠날 때 수직축 또는 그 이상에서 엎드린 자세로 들어가야 한다. 양 종목의 선수들은 턴 후의 첫 번째 스트로크에 앞서 완전히 엎드린 자세를 취해야 한다.

양어깨와 수면이 일직선이 되도록 하기도 어렵고 다른 높이에 있는 양손으로 벽을 동시에 터치하기도 힘들뿐더러, 그런 동작에 따른 효과도 미미할 것이다. 그러나 측면 자세에서 벽을 푸시 오프 하면 시간을 절약할 수 있다. 따라서 이 기술을 턴의 일부로 만들어야 한다.

(1) 어프로치

오픈 턴의 동작은 양손이 벽을 터치하는 시점부터 두 발이 벽을 떠날 때까지 접영과 평영 선수들의 동작은 거의 비슷하다. 선수들은 벽에 접근할 때 스트로크를 조절하여 양팔 되돌리기 시에 팔을 전방으로 완전히 뻗어 벽에 도달할 수 있도록 벽에 초점을 맞춰야 한다.

양팔로 가능한 많은 추진력을 발휘하여 벽을 칠 수 있도록 마지막 발차기는 아주 강력하게 수행해야 한다. 발차기의 추진단계가 끝나자마자 벽에 닿는 게 이상적이다. 벽까지 미끄러져 전진해야 할 경우, 감속을 유발하는 저항을 줄이기 위해서는 가능한 유선형 자세로 전진해야 한다.

(2) 턴

실제 턴 동작은 정확히 뒤로 떨어지는 동작으로 설명할 수 있다. 벽을 터치한 후, 선수들은 몸 밑에서 양 다리를 위로, 두 발을 벽 쪽으로 가져가면서 거의 곧게 뒤로 떨어져야 한다. 많은 선수들이 턴을 할 때 몸을 측면에서 측면으로 회전하는데 시간을 허비한다. 그런 선수들은 엉덩이와 양 다리를 벽으로 끌 때와 머리와 몸통을 벽 밖으로 움직일 때의 방향이 다르다. 이런 식으로 턴하면 몸이 벽까지 움직이는 거리와 물론 밀며 헤쳐 가는 물의 양이 엄청나게 증가한다. 양 다리를 벽까지 가져가는데 이용하는 물과 동일한 공간속으로 머리와 몸통도 뒤로 떨어뜨리는 방식이 더 빠르고 효율적이다. 몸이 측면의 물속으로 들어갈 수 있을 만큼만 돌려, 두 발을 벽까지 가져가면서 머리와 몸통을 거의 곧게 뒤로 떨어뜨리면 된다. 이 턴 방식을 다음에서 자세하게 설명하고자 한다.

양손으로 벽을 동시에 터치해야 한다. 양어깨가 수면과 수평을 이루어야 한다. 일단 터치가 이루어지면, 양 팔꿈치를 구부려 벽까지 짧은 거리를 전진해야 한다. 그와 동시에 한 손을 벽에서 떼어 가능한 빨리 반대 방향으로 향해야 한다. 이 동작은 그쪽 팔을 구부리고 팔꿈치를 물속으로 갈비뼈까지 당긴 다음에 수영장 반대편 끝을 향해 팔을 전방으로 뻗으면 완료된다.

한 손이 벽에서 떨어져 나오는 것과 동시에, (거터가 있다면) 다른 손으로 거터를 잡고 그쪽 팔을 구부려서 엉덩이와 양 다리를 전방으로 벽까지 끌어당겨야 한다. 양 다리를 강하게 밀어 넣으면서 바로 몸 아래, 벽 쪽으로 끌어당겨야 한다. 한 발을 다른 발 위에 얹어 양 다리를 가까이 모아야 저항이 줄어들고 벽으로 들어가는 속도가 증가한다. 이 때 양 무릎을 배 쪽으로 강하게 끌어당기는 느낌이 들어야 한다.

손 터치가 이루어질 때는 머리가 수중에 있지만, 물 밑에서 양다리를 끌 때는 머리를 물 밖으로 부상시켜 거의 직 후방으로 움직여야 한다. 일단 양 다리가 몸 밑으로 지나가면, 벽과 접촉한 팔을 뻗어서 몸이 벽 밖으로 밀려나가게 해야 한다. 일단 그 팔로 밀고 나오면 벽에 닿는 몸 부위가 없어야 한다. 그렇지만 몸통을 벽 밖으로 밀어낼 때 발생하는 추진여파가 반대 힘을 유발하여 양 다리를 벽 쪽으로 움직이게 할 것이다. 양 발이 벽에 닿을 때까지는 벽을 향해서는 안 된다. 그러면 푸시-오프가 지체될 뿐이다. 그리고 몸을 벽 밖으로 밀어내면서 호흡해야 한다.

뒤로 떨어질 때 자유로운 발의 어깨를 물 쪽으로 돌려야 측면으로 입수할 수 있다. 이 동작을 돕기 위해 수중에서 뻗었던 팔을 이용해야 한다. 그쪽의 손바닥을 돌려 위로 압박해야 머리와 양어깨가 입수하는데 유리하다. 몸을 벽 밖으로 밀어내는데 이용했던 팔을 하이 엘보 리커버리와 유사하게 물 위로 가져가야 한다. 그 팔과 머리가 동시에 입수하도록 시선도 물을 넘어가는 그 팔을 따라가야 한다.

(3) 푸시-오프

두 발이 벽에 닿을 때까지는 머리 위의 양손과 몸이 정렬을 이루도록 해야 한다. 그런 다음 즉시 푸시 오프해도 좋다. 발가락은 측면을 향한 채 두 발로 수중 약 45~50cm지점의 벽을 찌르고 있어야 한다. 푸시-오프는 측면 자세를 취할 때 시작해야 하며, 그 후에는 푸시-오프 후 몸을 벽 밖으로 추진하며 미끄러져 전진하는 동안 몸을 돌려 엎드린 자세로 들어가야 한다.

푸시-오프는 벽을 뒤로 밀며 양 다리를 펴면서 이루어진다. 양 팔을 동시에 뻗어야 다리 추진력에 추가 추진력을 보탤 수 있다. 두 발은 윗다리(수면에 가까운 다리)를 다른 다리 위에 가로놓은 자세로 벽을 떠나야 한다. 그런 다음 미끄러져 전진 시에 윗다리를 아랫다리너머 아래로 가져가면서 엎드린 자세로의 회전을 완료한다.

(4) 미끄러져 전진동작과 풀-아웃

이 시점에서 평영선수와 접영선수의 턴 기술이 달라진다. 접영선수들은 수면 부상하기 전에 몇 번의 수중 돌핀킥을 하는 반면, 평영선수들은 수면 부상하기 전에 한 번의 수중 팔 스트로크와 한 번의 차기를 수행한다.

6. 개인혼영 턴

개인혼영 경기는 혼자서 접영, 배영, 평영, 자유형 순서로 정해진 거리를 완영해야 하기 때문에 각 영법에서 다음 영법으로 전환할 때 각기 다른 방법으로 턴이 이루어져야 한다. 이러한 개인혼영 경기에서 정확하고 빠른 동작으로 턴을 반복연습한다면 200m 경기에서는 적어도 1초, 400m 경기에서는 거의 2초를 단축시킬 수 있다. 따라서 개인 혼영에서는 ①접영에서 배영으로 넘어가는 턴, ②배영에서 평영으로 넘어가는 턴(가장 복잡한 턴), 그리고 ③평영에서 자유형으로 넘어가는 턴과 같이 정확한 턴의 전환(changeover turns) 동작이 필요하다. 다음에서 구체적으로 설명하고자 한다.

1) 접영에서 배영으로 전환

(그림 7-17)에서 보는 바와 같이 개인혼영의 첫 번째 영법은 접영으로 시작한 다음 두 번째 영법인 배영으로 전환해야 하는데 이 턴은 일반적인 접영 턴과 크게 다르지는 않다. 국제수영연맹이 제정한 정확한 규정에 따르면, 선수들은 어깨 높이에서 양손으로 동시에 터치하는 방식으로 벽 끝을 접촉해야 한다. 그 후부터 손으로 몸을 벽 밖으로 밀어낼 때까지의 턴 동작은 접영의 턴 방식과 같다. 몸을 벽 밖으로 밀어내는 시점부터, 머리와 손을 물 위로 움직이고 양 발로 벽을 찌르는 방식은 일반적인 접영과 평영의 턴 방식과는 다소 다르다.

보통 접영과 평영에서의 턴은 벽면을 밀치고 나오면서 측면자세로 물속에 입수하게 되지만 개인혼영에서의 턴은 몸이 벽면을 밀어내고 나올 때 약간 등진 자세를 취해야 한다. 벽 밖으로 밀어내는데 이때 이용하는 양팔은 물 밖으로 들어 머리 뒤로 가져가면 정확한 동작을 취할 수 있다. 또한 발가락을 위로 향하되 약간만 측면으로 튼 자세를 취하여 두 발로 벽을 밀어야 한다. 그 다음에는 두 발이 벽을 떠날 때 양 어깨가 수직축을 지나 뒤쪽을 향하게 하여 배영 규정을 준수하면서 몸을 벽 밖으로 밀어낼 때 몸을 돌려 누운 자세로 전환해야 한다. 이러한 몸의 회전은 두 발이 벽을 떠나자마자 완료하여, 뒤따르는 전진 동작의 대부분 동안 완전히 누운 자세를 유지해야 한다. 일단 누운 자세에 들어간 선수들은 수중에서 여러 번의 수중 돌핀킥을 수행해야 한다. 그리고 수면에 접근할 때 배영 킥을 시작하고 배영 경기에서 행하는 롤오버 턴에서 수면으로 올라오는 과정처럼 첫 번째 팔 스트로크와 동일한 과정을 이용해야 한다.

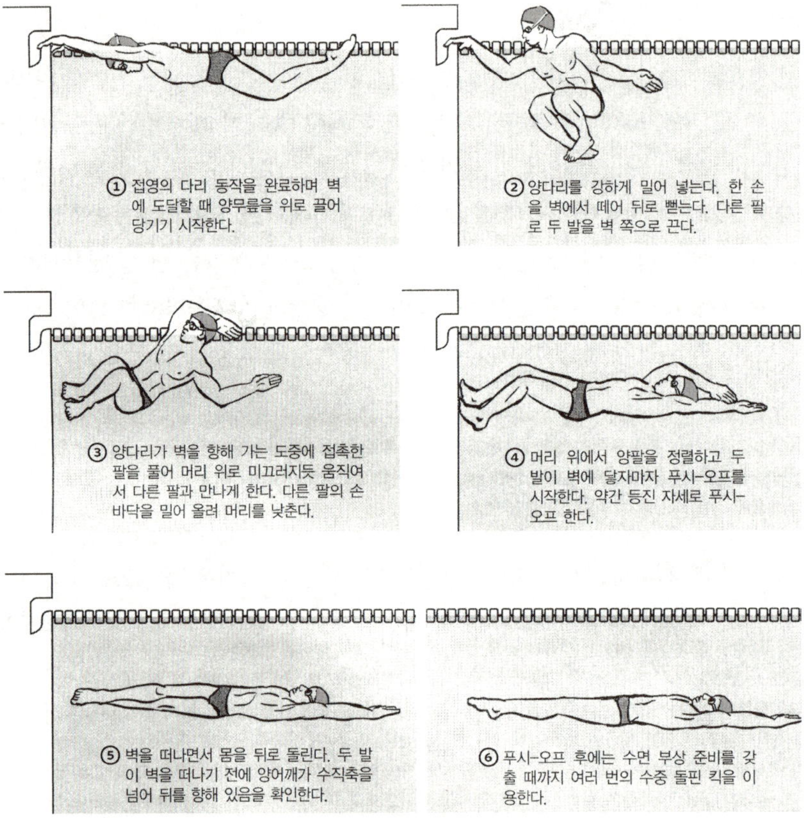

그림 7-17. 개인혼영의 접영에서 배영으로 턴 동작

2) 배영에서 평영으로 전환

개인혼영에서 두 번째 영법은 배영으로 실시하여 세 번째 영법인 평영으로 전환해야 하는데 이 때는 배영의 롤오버 턴을 이용할 수 없다. 규정상 누운 배영의 다리 자세로 마무리해야 하고, 벽면을 터치하기 전에 배영의 동작에서 몸이 측면으로 90도 이상 돌아가면 안되기 때문이다. 또한 손으로 벽을 터치할 때까지는 배영 레이스의 다리 동작을 마무리한 것으로 간주되지 않기 때문이다. 이러한 전환 동작에서는 롤오버 턴이 가장 빠른 방법이기는 하지만 개인혼영 경기에서는 절대 사용할 수 없다.

대다수의 개인 혼영 선수들은 배영에서 평영으로 전환할 때 일반적으로 네 가지의 다른 방식의 턴 중 한 가지를 이용한다. 첫 번째는 오픈 턴(open turn)을 선호는 선수도 있고(그림 7-18), 두 번째는 공중제비 턴을 선호하는 선수도 있으며(그림 7-19), 세 번째는 위대한 배영선수인 존 네이버가 개발한 네이버 턴(Naber turn)을 이용 하거나(그림 7-20), 마지막으로 예전의 배영 롤오버 턴의 변형 동작을 이용하는 선수도 있다(그리 7-21). 그러나 일반적으로 선수들은 오픈 턴을 가장 많이 사용하고 있지만 앞서 소개한 네 가지 방법 중에서 가장 느린 턴일 것이다.

(그림 7-18)에서 보는 바와 같이 첫 번째 오픈 턴은 일반적으로 가장 많이 사용하지만 벽면 위쪽에 손으로 붙잡을 홈의 형태인 거터가 있을 때 가장 쉽게 이용될 수 있다. 하지만 거터가 없는 평평한 벽에서는 수행하기가 어렵다.

이 방식에서는 벽까지의 접근거리를 판단하거나 배영에서 평영으로 전환하는 턴을 할 때 배영 턴을 위해 설치한 5m 깃발을 참고해서 실시해야 한다. 선수들은 마지막 스트로크에서 등을 지고 도달하여 접촉하는 팔 쪽으로 돌면서 거터를 잡는다. 거터를 잡은 후에는 머리와 양어깨를 물 위 방향 반대편으로 움직이면서 양 다리를 벽을 향해 아래와 전방으로 끌어당긴다. 양 다리를 강하게 밀어 넣고 턴을 하는 내내 측면자세를 유지해야 한다.

자유로운 팔은 턴을 시작할 때는 엉덩이 뒤에 있었으나 이제는 손바닥을 위로 향하여 전방으로 뻗은 상태이고 턴의 후반부에 수중에서 머리와 몸통을 끄는데 이용될 것이다.

일단 양 발이 몸 아래로 지나가면, 선수들은 접촉한 팔로 몸을 벽 밖으로 밀어낸 다음, 그 접촉한 팔을 앞에서 설명한 평영 턴과 같이 하이 엘보 자세로 물을 넘어 전방으로 가져가야 한다. 머리도 그 팔을 따라 물 위로 움직이게 하여 양 부위가 측면 자세로 한쪽 어깨에 이어 곧장 머리가 따르는 방식으로 낙하한다. 벽을 푸시오프 할 때 몸을 돌려 엎드린 자세를 취해야 한다. 푸시오프 각도는 약간 아래를 향하고, 그 후에는 평영 수중 팔 스트로크로 들어가 유선형 자세로 미끄러져 전진한다.

기타 오픈 턴과 관련하여, 두 발이 벽에 닿기 전까지는 머리 위와 수중에서 몸과 양손이 정렬을 이뤄야 한다. 그래야 즉시 푸시오프 할 수 있다. 두 발이 벽에 닿을 때 몸이 완벽하게 정렬을 이루지 못할 경우에는 푸시오프 하면서 정렬을 맞춰야 한다.

평평한 벽을 상대로 오픈 턴을 할 경우에는 손바닥으로 벽을 찌른 다음 양 다리를 끌어내리면서 벽을 향해 미끄러져 전진 할 때 그 팔을 구부려야 한다. 그 손은 수면 높이의 벽을 접촉하고 손가락은 접촉하는 몸을 향해 안쪽을 가리켜야 한다. 그런 다음 양 다리를 구부려 몸 아래로 가져가면서 팔꿈치를 구부리면 이 팔이 안쪽을 탈 수 있다.

양 다리가 엉덩이 아래로 지나갈 때, 앞에서 설명한 접영과 평영의 턴 방식으로 접촉한 팔을 뻗으며 몸을 벽 밖으로 밀어내야 한다. 그 후의 턴 동작은 거터를 이용한 턴 전환 방식과 똑같다.

오픈 턴의 한 가지 장점은 턴을 하는 동안 호흡을 하여, 미끄러져 전진하기와 수중 팔 스트로크의 전 과정을 완료할 수 있다는 점이다. 또한 오픈 턴을 할 때 방향감각을 더 빨리 찾을 수 있다는 장점이 있다. 주요 단점은 구르거나 공중제비 동작을 조합하는 방식들보다 더 느리다는 점이다. 오픈 턴 방식은 방향전환을 위해 벽에서 동작을 멈춰야 하지만 공중제비를 이용할 때는 턴 과정 내내 추진력을 유지할 수 있기 때문이다.

(그림 7-19)에서 보는 바와 같이 두 번째 방법은 공중제비 하는 방법이다. 턴을 하기 위해 벽면에 접근하자마자 마지막 팔 되돌리기를 완료하면서 벽에 접촉하고, 접촉하는 팔을 바로 위로 스윙하여 손가락을 아래로 향한 채 손바닥으로 벽의 평면을 아주 깊이 터치한다. 그런 다음 접촉한 팔로 벽을 위와 뒤로 밀어서 공중제비 초반부의 몸 회전을 돕는다. 그리고 두 발이 머리 위로 지나갈 때 접촉한 팔을 벽에서 풀어낸 다음, 그 팔을 몸 밑에서 재빨리 위로 가져가서 머리 위의 다른 팔과 일치시킨다. 그리고 접촉한 팔을 구부려 가슴 아래에서 미끄러지듯 위로 움직인 다음 전방으로 뻗으면서 이 동작을 수행한다. 이 때 두 발이 벽에 닿기 전에 그 팔을 머리 위로 가져가서 다른 팔과 일치시킨다.

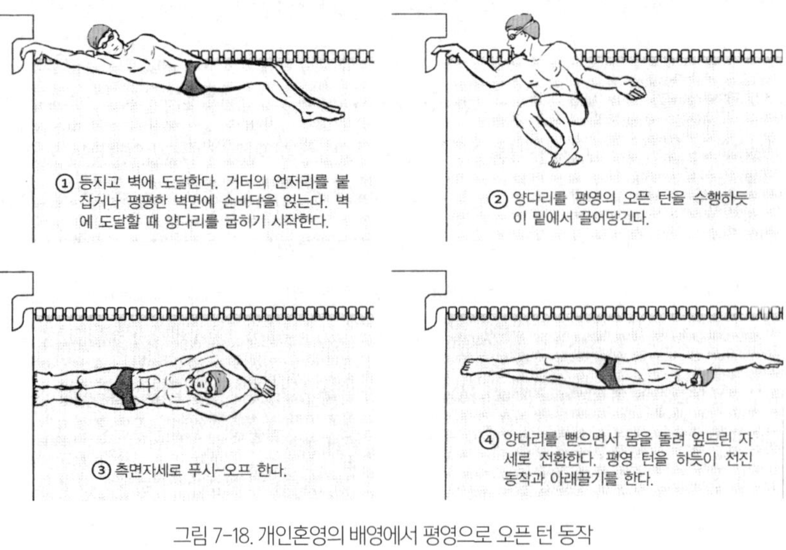

그림 7-18. 개인혼영의 배영에서 평영으로 오픈 턴 동작

한편, 다른 팔이 벽에 닿을 때는 엉덩이 뒤에 있었던 접촉하지 않는 팔을 이용하여 벽을 향한 공중제비 후반부의 완료를 돕는다. 접촉하지 않은 팔의 손바닥을 위로 돌려 머리 쪽으로 밀면서 머리와 몸통이 양 다리와 정렬을 이루어 푸시오프 자세를 갖춤으로써 이 동작을 완수한다. 그 손바닥은 공중제비가 완료될 때 머리 바로 위에서 멈추고, 그 다음에는 아래로 내려가 푸시오프를 준비하는 다른 팔과 정렬을 맞춘다.

어프로치 시에 뒤로 뻗으면 공중제비를 할 때 몸이 약간 뒤틀려, 두 발이 벽에 닿을 때 반 정도 엎드린 자세로 끝난다. 결과적으로 발가락을 측면으로 향한 채 두 발로 벽을 찌르게 된다. 일단 두 발이 접촉하면, 몸을 지체 없이 벽에서 밀어낸다. 푸시오프는 양팔과 다리를 동시에 뻗으면서 부분적인 측면자세로 이루어진다. 기타 턴들의 순서와 마찬가지로, 몸을 벽에서 밀어낼 때 복부를 향해 회전한다. 푸시오프 각도는 평영 수중 팔 스트로크에 적합할 정도의 깊이로 약간 아래를 향한다. 푸시오프 후에는 그 팔 스트로크를 시작하기에 앞서 레이스 속도에 도달할 때까지 미끄러져 전진한다.

(그림 7-20)에서 보는 바와 같이 세 번째 방법은 네이버 턴의 변형으로 배영선수인 존 네이버(John Naber)가 배영 턴의 한 유형을 유행시켰다. 스핀 턴과 오픈 턴을 조합한 이 방식은 턴을 할 때 더 빠른 스핀 동작을 하면서 오픈 턴에서와 같이 호흡도 할 수 있다. 배영의 손 터치 금지 규정으로 인하여 이 턴 방식이 더 이상 사용할 수 없지만 배영에서 평형으로 전환할 때 이 방식을 변형하여 효과적으로 이용할 수도 있다.

이 턴을 하기 위해서는 선수들은 등을 진 채 한쪽 어깨를 넘어 다른 쪽 어깨 뒤로 도달하여 벽과 접촉해야 한다. 손바닥을 펴고 약 15~20 cm 깊이의 벽에 접촉해야 한다. 거터를 이용할 수 있더라도 거터를 잡으면 안 된다.

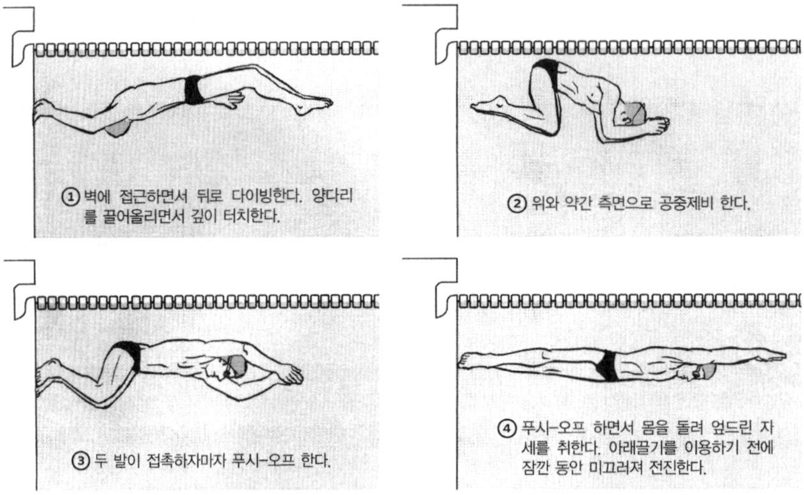

그림 7-19. 개인혼영의 배영에서 평영으로 공중제비 턴 동작

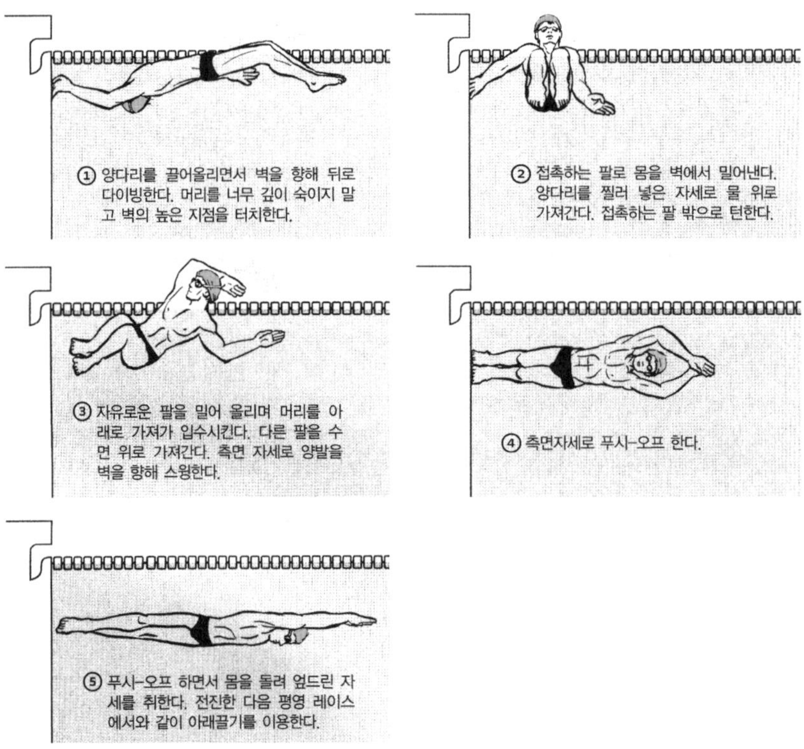

그림 7-20. 개인혼영의 배영에서 평영으로 네이버 턴 동작

벽에 도달할 때 양 다리를 뻗기 시작해야 손으로 접촉할 때 이미 스핀 동작에 들어간 상태가 된다. 일단 터치가 이루어지면 접촉한 팔을 팔꿈치에서 구부리며 벽을 향해 나아간다. 그러면서 엉덩이와 무릎에서 양다리를 구부려 양 다리를 물 밖으로 부상시킨다. 무릎과 엉덩이에서 양다리를 가능한 많이 구부려 배까지 끌어당겨야한다. 양 다리를 물 위로 가져가면서 뒤로 기대면 양 다리를 물 밖으로 빼내는데 유리하다. 뒤꿈치를 끌면서 물을 헤쳐갈 수 있는데, 이 현상을 피하기 위해 모든 노력을 경주해야 한다. 오른팔로 접촉할 경우에는 시계방향으로 스핀하고, 왼손으로 접촉할 때는 시계반대방향으로 스핀 해야 한다.

양 다리가 벽을 향해 중간 지점을 지나칠 때 접촉하는 팔로 머리를 벽 밖으로 밀어내야 한다. 그런 다음 그 팔을 하이 엘보 자세로 위와 아래로 가져가 입수시켜, 다른 팔과 합치하여 푸시 오프를 준비한다. 그 지점에서, 턴은 이미 설명한 평영의 오픈 턴과 흡사하다. 접촉하지 않는 팔의 손바닥은 턴을 시작하는 순간에는 엉덩이 뒤에 있었지만, 이 시기에는 수면을 향해 위로 돌림으로써 몸이 수면 아래로 떨어질 때 수중에서 머리를 끌어당기는데 도움이 될 수 있도록 이용해야 한다. 이어지는 푸시 오프와 미끄러져 전진 시에는 측면 자세로 벽을 밀고 나와 몸을 돌려 엎드린 자세를 취해야 한다. 평영 규정에 따라, 첫 번째 수면 팔 스트로크를 시작할 때는 가슴이 완전히 수면에 닿아야 한다.

이 턴을 배울 때 선수들에게 생기는 주요 문제는 너무 측면으로 스핀하는 경향이다. 턴은 수직 축으로 이루어져야 한다. 스핀 시에 회전축을 줄이려면 양 다리를 강하게 끌어올려야 하며, 동일한 이유로 양 다리를 벽까지 가져갈 때도 뒤로 기대야 한다.

접촉하는 팔로 몸을 벽 밖으로 밀어낼 때, 머리와 몸통은 수영장 반대편 끝을 향해 거의 직 후방으로 움직여야 한다. 넓은 원을 그리듯이 스핀하면 안 된다.

(그림 7-21)에서 보는 바와 같이 마지막의 방법은 롤 오버 턴의 변형 방법이다. 배영 경기에서는 최근 손 터치의 필요성을 없애는 방향으로 규정이 바뀌면서 롤 오버 턴이 배영에서 가장 빠른 방식이었다. 그러나 개인혼영에서는 배영에서 평영으로 전환할 때 여전히 손을 터치해야 하기 때문에, 롤 턴을 약간만 변형하면 가장 빠른 전환 방식이 될 수 있을 것이다.

선수는 턴을 시작하기 전에 마지막 팔 되돌리기 시에 머리 뒤로 뻗을 때 (수직 자세 너머로가 아니라) 접촉하는 팔의 반대 방향으로 회전한다. 터치는 반대편 어깨 뒤의 아주 깊은 곳에서 이루어지며, 손바닥은 펴서 벽에 대고 손가락은 대각선

형태로 아래와 바깥 측면을 가리킨다. 일단 터치가 이루어지면, 양 다리를 벽을 향해 위로 공중제비하면서, 계속 몸을 굴려 엎드린 자세로 전환한다.

배영의 롤 턴과는 달리, 이 선수는 공중제비 할 때 완전히 몸을 돌려 엎드린 자세로 들어가지는 않는다. 그 대신, 두 발이 벽을 향해 다가갈 때 방향을 약간 뒤로 수정하여, 두 발이 벽에 도달하고 머리가 수면으로 부상할 때 몸이 측면자세를 취한다. 그는 이 동작으로 평영 푸시 오프를 준비한다.

몸을 돌려 엎드린 자세로 전환할 때, 그는 접촉하지 않은 팔이 머리 위에 이를 때까지 벽을 향해 물을 헤치고 뒤와 위로 가져간다. 일단 머리 위에 이르면, 그는 손바닥으로 아래를 밀어 머리를 수면 쪽으로 가져가면서 그 팔을 이용하여 턴을 돕는다. 회전을 완료하면서 접촉한 팔을 수중에서 전방으로 머리 위까지 가져가기 때문에 두 발이 벽에 도달할 때 머리가 양팔 사이에서 양팔과 서로 정렬을 이루게 된다.

그는 측면을 향한 두 발로 벽을 찌르며 측면자세로 몸을 벽 밖으로 밀어낸다. 완전히 엎드린 자세로의 회전은 벽에서 몸을 밀어내며 전진하는 동안에 이루어지며, 그 후에는 수중 팔 스트로크와 발차기를 수행하여 몸을 수면으로 가져간다.

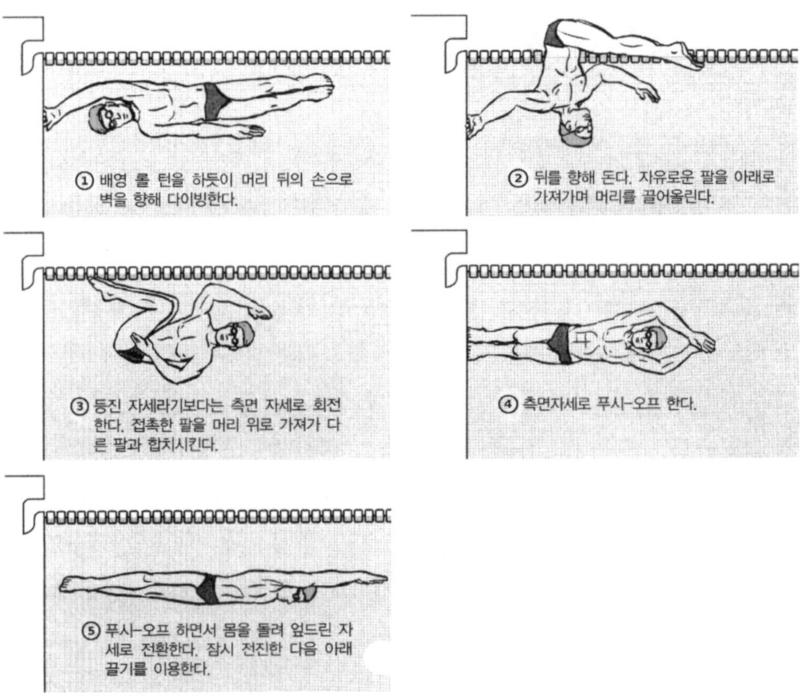

그림 7-21. 개인혼영의 배영에서 평영으로 변형 롤 턴 동작

3) 평영에서 자유형으로 전환

(그림 7-22)에서 보는 바와 같이 평영에서 자유형으로 전환할 때 이용하는 턴은 몸이 벽 밖으로 밀려날 때까지는 접영에서 배영으로 전환하는 방식과 거의 동일하다. 한 가지 분명한 차이는 이 턴에서는 뒤따르는 푸시 오프와 미끄러져 전진동작 시에 누운 자세가 아니라 엎드린 자세로 회전한다는 것이다.

두 발이 벽을 떠날 때, 그리고 잠깐 동안의 전진 후에는 자유형 턴에 대해 설명한 바와 같이 수면을 향한 발차기와 풀 아웃을 수행해야 한다. 수면에 근접할 때까지 1~2회의 돌핀킥에 이어 2~3회의 물장구차기를 수행해야 한다. 이 동작을 완료하면 한 팔 끌기를 수행하여 레이스 속도로 전방으로 움직이면서 몸이 수면을 헤치고 나가게 해야 한다. 첫 번째 팔 스트로크를 완료할 때 호흡해도 좋지만, 레이스 리듬을 깨뜨리지 않는 범위에서 해야 한다.

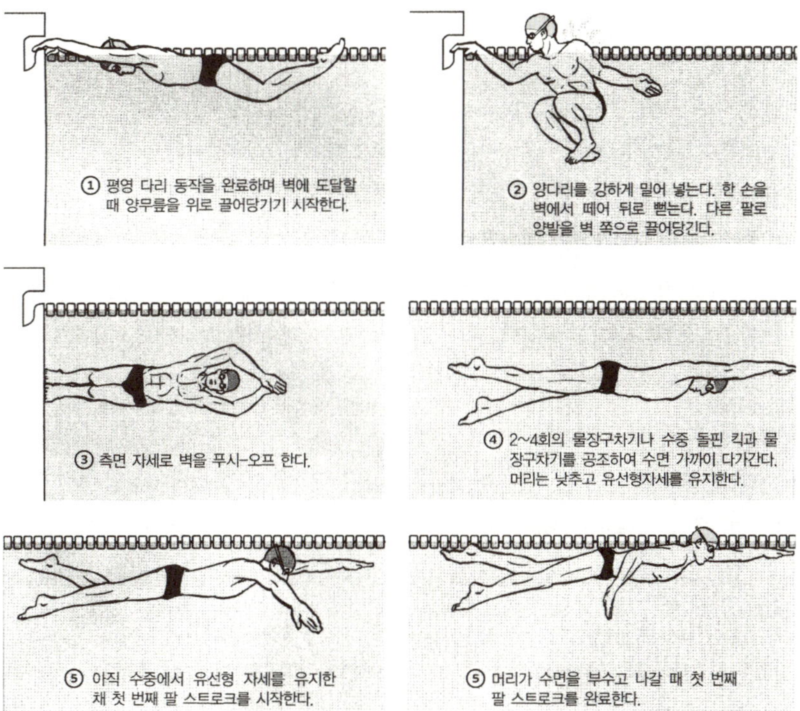

그림 7-22. 개인혼영의 평영에서 자유형으로 턴 동작

7. 피니시

건강증진이나 체력 향상을 위해서 행하는 수영은 굳이 기록을 줄이기 위한 노력을 하지 않아도 되겠지만, 경기에 임하는 선수들은 매 순간 기록을 단축하기 위한 어떠한 노력도 게을리 하지 않을 수 없다. 따라서 스타트와 턴이 기록 단축에 중요한 요소로 작용하지만 경기를 종료하는 시점에서 올바른 피니시 동작 또한 기록 단축과 순위 경쟁에서 매우 중요한 요소로 작용한다. 경기에 임하는 선수들은 터치패드를 찍는 마지막 순간에 미끄러져 전진하여 피니시 하는 경우, 또는 마지막 터치 패드에 도달하는데 필요한 횟수 이상의 스트로크를 하는 경우에 순위 경쟁에서 뒤처지는 상황이 발생한다. 따라서 미끄러져 전진하는 동작을 최소화하고 필요 이상의 스트로크를 억제하여 지속적으로 가속할 수 있는 피니시 기술을 터득하기 위해서 영법별 바람직한 피니시 동작의 원리를 설명하고자 한다.

1) 자유형 피니시

자유형 경기에서 가장 빠른 피니시 방법은 손을 전방으로 곧게 찌르며 터치 패드에 다가가는 것이다. 다음 팔 되돌리기 동작으로 손을 전방으로 가져가 터치 패드에 접촉하려고 결정한 경우에는 그 되돌리기 속도를 가속하여, 그 팔을 전형적인 하이 엘보 형태로 재빨리 물 위로 가져가야 한다. 그 팔을 미끄러지듯 아래로 입수시켜 전방으로 움직이는 방식으로 터치 패드를 접촉해서는 안 된다. 그 대신, 그 팔이 머리를 지나친 후에 재빨리 전방으로 뻗으며 물 높이에서 손가락 끝으로 터치 패드를 쳐야 한다. 또한 되돌리기 하는 팔이 터치 패드를 향해 이동할 때 그 팔과 반대 방향으로 몸을 돌려야 더 많이 뻗을 수 있다. 이 동작은 그 반대편 측면을 바라보며 몸을 되돌리기 하는 팔 쪽의 전방으로 뻗으면서 완료한다. 그와 동시에, 다른 팔의 수중 스트로크와 킥으로 몸을 가능한 빨리 터치 패드 쪽으로 가속해야 한다.

(그림 7-23)에서 보는 바와 같이 터치는 평평한 손바닥이 아니라 손가락을 쭉 뻗으면서 해야 한다. 분명 손바닥보다는 손가락이 먼저 터치 패드에 닿기 때문이다.

손을 뻗는 동안 얼굴은 수중에 유지한 채 측면을 보아야 한다. 머리를 들면 뻗는 거리가 줄어들고 벽으로 들어가는 속도도 떨어질 것이다.

팔을 완전히 뻗은 상태에서 이루어지는 터치가 이상적이다. 팔을 구부린 채 이루어지는 터치는 한 스트로크를 너무 많이 했다는 표시다. 그러면 레이스 시간이 0.20~0.30초 늘어날 것이다. 팔을 완전히 뻗어도 접촉하지 못하더라도 벽을 향해 미끄러져 전진해서는 안 된다. 벽에서 한 팔 길이 이하의 거리에 있을 경우에 또 다른 스트로크를 해서도 안 된다. 그 대신, 손이 터치 패드에 닿을 때까지 계속 뻗으면서 차야 한다. 손이 터치 패드까지 도달하는 데는 미끄러져 전진하는 동작이나 또 다른 팔 스트로크보다는 발차기 방식이 더 빠르다. 물론 이러한 상황은 반드시 한 팔 길이 이하를 남겨놓은 상태에서 피니시 거리를 오판했을 경우에만 해당된다. 그 이상의 거리를 남겨놓은 상태에서 피니시 거리를 오판하는 경우에는 또 다른 스트로크를 하는 게 더 빠를 것이다.

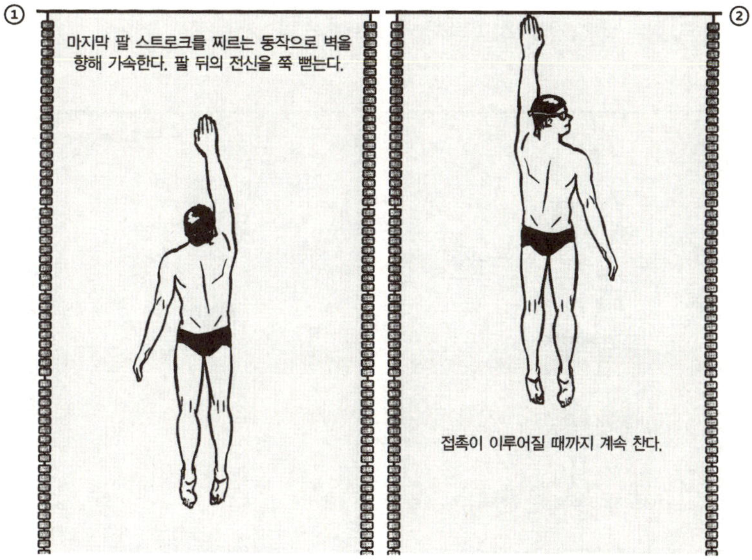

그림 7-23. 자유형 피니시 동작

2) 배영 피니시

배영 경기에서는 5미터 깃발에서 벽까지의 거리를 주파하는데 필요한 스트로크의 수를 계산해야 한다. 한 번 이상의 팔 되돌리기로 손을 전방으로 가져가 터치 패드를 접촉하겠다고 결심한 배영선수들은 그 팔 되돌리기를 가속하고 터치 패드를 향해 손을 뒤로 찔러야 한다. 물을 떠난 팔을 전방으로 구부린 다음 수중이 아니라 수면 높이에서 터치 패드를 향해 재빨리 뻗는 방식으로 찔러야 한다. 이런 식으로 전방으로 뻗으면 곧게 편 팔로 수직 되돌리기를 할 때보다 시간이 덜 걸린다. 몸을 피니시하는 팔 쪽으로 돌려야 뻗는 거리가 증가하며, 피니시를 할 때는 힘차게 뻗어야 한다. 머리도 벽을 향해 뻗어야 하며, 피니시하는 팔 쪽의 측면을 보아야 뻗기가 유리하다. 다른 팔로는 강력하게 스트로크 하고 한 번의 아주 강력한 돌핀킥을 수행하여 벽으로 진입하는 속도를 가속해야 한다. 터치 패드 접촉은 수면 근처에서 손가락 끝으로 이루어져야 한다.

(그림 7-24)에서 보는 바와 같이 손을 완전히 뻗는 순간에 벽을 접촉하는 게 이상적이다. 그러나 손 터치 거리를 오판했을 경우, 가장 좋은 전략은 손가락이 터치 패드에 닿을 때까지 계속 뻗으며 돌핀킥을 하는 방법이다. 물론, 이 조언은 한 팔 길이 이하로 오판했을 경우의 피니시에만 적용된다.

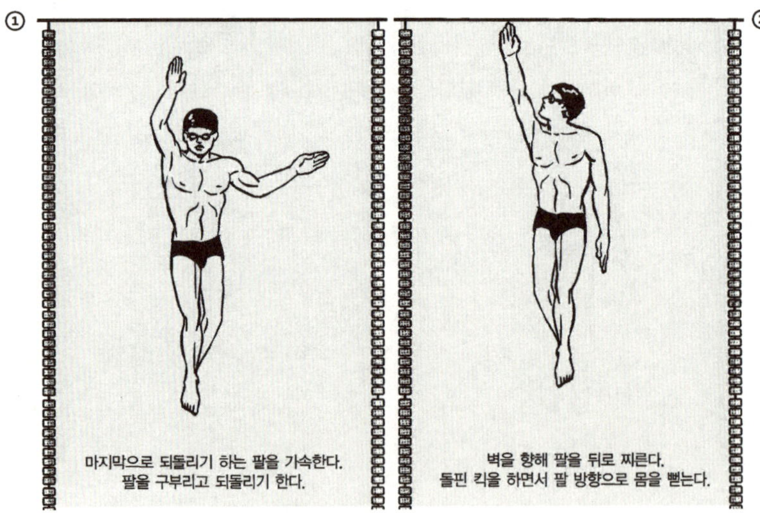

그림 7-24. 배영 피니시 동작

3) 평영 피니시

평영 피니시는 양손을 동시에 찌르면서 피니시하고 벽을 터치할 때까지 엎드린 자세를 유지해야 한다. 마지막 몇 번의 팔 스트로크와 마지막 팔 되돌리기를 가속하여, 피니시에 도달할 때 양팔이 가능한 빨리 전방을 가르며 나가게 해야 한다. 피니시 전의 마지막 팔 스트로크 시에 호흡하지 않아야 훨씬 빨리 벽 쪽으로 가속할 수 있다.

터치 패드를 향해 뻗을 때 얼굴이 수중에 남아 있으면 몇 센티미터 이상 더 나아갈 수 있다.

마지막 발차기를 아주 강력하게 수행하여 몸이 피니시에 이를 때까지 가속해야 한다. 부분적이라도 또 다른 팔 스트로크를 하려면 단순히 뻗으면서 미끄러져 전진하여 피니시하는 방식보다도 더 많은 시간이 필요할 것이다. 벽에서 너무 멀리 떨어져 있으면 추가 스트로크를 할 수밖에 없고, 그럴 경우에는 미끄러져 전진하는 동작으로 인해 시간을 까먹게 될 것이다. 하지만 피니시 거리를 몇 센티미터 이상 오판하는 평영선수는 거의 없다.

4) 접영 피니시

접영 레이스의 피니시 기술은 두 손으로 터치해야 하기 때문에, 전방으로 뻗으며 터치할 때 양팔을 동시에 찌르고 몸은 엎드린 자세를 유지해야 한다.

마지막 몇 번의 팔 스트로크는 가장 강력하게 수행해야 하며 마지막 팔 되돌리기 시에는 양손을 터치 패드 쪽으로 가속해야 한다. 또한 마지막 되돌리기는 팔꿈치를 구부리고 수행하여 양손을 터치 패드를 향해 찔러야 한다. 이 동작으로 양손이 움직일 거리가 단축될 것이다. 마지막 몇 미터를 단순히 미끄러져 전진하는 동작으로 이동하기보다는 발차기로 몸을 전방으로 미는 방식이 훨씬 빠르다. 얼굴은 수중에 유지한 채 전력을 다해 앞으로 뻗음으로써 가능한 빨리 터치 패드에 도달해야 한다.

5) 영법별 피니시에서 호흡의 영향

배영 경기에서는 벽까지 마지막 스프린트를 하는 동안 호흡을 하더라도 속도에는 아무런 영향을 미치지 않는다. 평영에서는 스트로크 리듬을 유지하는데 호흡이 필요하므로, 피니시를 위한 찌르기가 이루어질 때까지는 제한을 두면 안 된다. 하지만 접영과 자유형 경기에서는 상황이 아주 다르다. 마지막 스프린트 시에 호흡을 위해 머리를 돌리거나 들면 속도가 현저하게 떨어진다. 접영과 자유형 경기에서는 그런 선수들은 호흡을 참을 때와 비교하여 마지막 25미터를 더 수영해야 한다.

호흡을 참을 때 얻게 될 추가 속도를 고려하면 선수들이 경험할 스트레스와 피로는 무시해도 좋을 것이다. 경기에 임하는 선수는 이 지점에서는 더 이상 에너지를 보존할 필요가 없다. 가장 중요한 일은 가능한 빨리 피니시에 도달하는 것이다.

접영과 자유형 선수들은 적어도 15m 배영 깃발을 지난 시점부터 레이스를 마무리할 때까지 호흡을 참아야 한다. 그러기 위해서는 선수는 연습 시에 피니시를 향해 스프린트 할 때 호흡을 참는 법을 체득하여, 경기 막판에 호흡 없이, 속도를 떨어뜨리지 않고 어느 정도까지 스프린트 할 수 있는지를 알고 있어야 한다.

제 4부

수영 훈련의 실제

제 8장
각 영법의 훈련 방법

수영에 임하는 목적은 그 참여자에 따라 다를 수 있지만 근본적으로 저항을 덜 받기 위한 노력과 기록을 단축해야 하는 일차적인 목적을 생각하지 않을 수 없다. 물론 순수하게 건강 증진 및 체력향상을 위해서, 또는 재활과 치료를 위해서 참여한다면 물속에서의 최소한의 신체 움직임과 어떤 영법으로든 일정 거리의 수영자체는 매우 의미 있는 일일 것이다. 그러나 기록단축을 위한 목적으로 수영에 임한다면 복합적인 훈련 방법을 동원하여 최소한의 에너지를 활용하고, 또한 근육의 피로감을 낮추면서 반복적이고 지속적인 훈련의 지루함에서 벗어날 수 있는 연습과 훈련의 창의적인 방법을 개발하고 실천하는 일은 매우 중요하다.

따라서 본 장에서는 네 가지 영법이 갖는 형태학적 특징을 충분히 활용하여 효과적인 연습과 훈련을 위해 다양한 방법으로 실천할 수 있도록 분습법으로서 스트로크, 킥, 호흡 등 각 요소별 충분한 연습과 훈련으로 일정수준의 목표를 달성하고, 또한 각 부분별 충분한 연습을 통해 하나의 영법이 완전한 모습을 갖출 수 있도록 분습법의 연습 형태로 목표를 달성하고자 훈련의 가이드라인을 제시하고자 한다.

1. 크롤 영법의 훈련 방법

1) 스트로크 훈련 방법

크롤 영법의 풀 동작과 킥 동작 그리고 거리별 호흡 패턴에 관한 연습을 위한 분습법의 형태는 부분적으로 자세교정 및 근력 강화와 정확한 동작을 완성하기 위한 목적으로 실시하며, 초보자를 위한 연습 보다는 상급자 또는 선수들을 위한 연습 방법으로 소개하고자 한다.

(1) 한-팔 수영 훈련

이 훈련 방법은 일정하게 정해진 거리를 한 팔만을 이용하여 집중적으로 실행하고 다음은 다른 한 팔을 이용해서 반복적으로 수영한다. 한 팔을 이용해서 수영하는 동안 다른 팔은 앞으로 곧게 뻗은 상태이거나 또는 뒤로 뻗어 손바닥을 넓적다리 옆에 붙여놓은 자세를 취하고 수영한다. 이때 호흡하는 방향과 같은 팔로 수영할 때는 팔을 앞으로 뻗은 자세가 좋다. 반대편 팔로 수영할 때는 팔을 뒤로 뻗은 자세가 가장 좋다. 호흡하는 쪽과 호흡하지 않는 쪽에 맞춰 팔을 앞으로 뻗고 뒤로 뻗는 자세에 따라서, 실제로 수영할 때 동작하는 팔의 기능이 더 좋다. 이런 자세로 훈련한다면 한쪽 팔의 근력 향상은 물론 풀 동작과 리커버리 동작의 자세를 관찰하고 평가할 수 있으며, 정해진 거리 동안 낮은 스피드로 인해 더 집중적으로 반복 연습하는 효과가 있으며, 수영하는 동안 몸의 균형 감각을 높일 수 있을 것으로 생각한다.

(2) 캐치, 풀 동작 훈련

이 훈련 방법은 물속에서 물을 캐치하고 당기는 동작을 부분적으로 강화시키기 위해 연습하는 동작으로 연습은 엎드린 자세에서 크롤 영법으로 전진하면서 시작한다. 킥을 수영장에서 엎드린 자세로 양손은 전방으로 뻗고 오른손을 왼손 위로 올려놓은 상태에서 먼저 오른손부터 풀 동작을 시작한다. 훈련 참가자는 오른 팔이 처음 자세로 복귀할 때 왼팔을 오른 팔 위로 얹으면서 한 번의 완전한 팔 스트로크를 수행하면서 물속 동작인 풀 동작에 치중한다. 그 다음에는 오른팔을 왼팔 위로 얹으면서 오른팔 스트로크를 수행하는 방식으로 다시 연속동작을 수행한다. 이 훈련으로 선수들은 한 번에 한 팔만 사용하여 정확하게 스트로크 하는 법을 익힐 수 있을 뿐만 아니라 부분적으로 물 속 풀 동작과 물 밖에서 되돌리는 리커버리 동작의 정확한 자세 만드는 것에 치중하고 연습한다.

(3) 주먹 쥐고 훈련

이 훈련은 크롤 영법으로 훈련하는 동안 물속에서의 손바닥의 역할을 이해하고 관찰 할 수 있는 감각을 끌어올려 줄 수 있다. 특히 손바닥으로 인한 추진력이 약화되기 때문에 팔을 이용한 추진력을 증가시키고 감각을 향상시키기 위한 방법을 가르칠 수 있다. 특히 선수들의 경우 주먹을 쥔 채로 일정한 거리를 반복적으로 수영함으로써 평상시 손바닥에 의존했었던 스피드와 추진력에 형태를 팔에 의존하여 추진하는 방법을 터득하고 근력 증가와 스피드 향상에 도움을 얻을 수 있다. 따라서 훈련하는 동안에 양팔을 조화롭게 이용하는 방법을 터득하면 더욱 효과적인 결과가 나올 것이며, 또한 양팔로 모든 추진력을 발휘하여 끌어당기는 방식으로 수영하면서 크롤 영법에서 주로 사용하는 팔과 상체의 근력을 집중적으로 강화시킬 수 있는 훈련의 장점을 느낄 것이다.

(4) 한 주먹 쥐고 훈련

이 훈련은 주먹을 쥔 한손을 집중적으로 훈련하는 방법으로 다른 한 쪽 팔은 평상시와 마찬가지로 훈련한다. 비주도적인 팔의 손은 펴고 주도적인 팔의 손은 주먹을 쥔 상태에서 일정한 횟수의 반복 수영 또는 풀(Pull) 동작을 수행한다. 이 훈련 방법은 특히 추진력을 덜 발휘하는 한 쪽 팔에 근력 강화와 추진력 향상을 위해서 집중적으로 실시하는 것이 좋다. 이 훈련은 선수들로 하여금 그 팔을 더 많이 사용하게 하여 그 팔이 전체 스트로크에 미치는 추진 기여도를 강화시키는 훈련이다.

(5) 개헤엄(Dog Paddle) 훈련

이 훈련은 수중에서 팔 스트로크를 연습하는 좋은 훈련방법으로 특히 물을 캐치하고 나서 본격적으로 아래로 강한 당기기 동작을 집중적으로 연습할 수 있다는 보조 훈련이다. 이 훈련은 물속에서 당기기 동작인 하향 젓기와 안으로 젓기를 적절하게 수행하는 방법을 경험시키고 생각할 수 있도록 만들어 줄 것이다.

이 동작은 전형적인 개헤엄 스타일을 이용하여 수중에서 패들 젓기를 할 경우에는 똑같이 양팔이 수중에서 리커버리 동작인 되돌리기를 수행해야 한다. 한 팔을 앞으로 뻗을 때는 저항을 덜 받기 위해서 유선형 자세를 취하고 몸의 경계선 내에서 양 팔의 풀동작과 리커버리 동작을 반복적으로 수행한다. 이 동작으로 훈련하는 동안 머리를 물 위로 들어 올린 채로 수영하지 말고, 전면 저항을 줄이기 위해 유선형 자세로 얼굴을 수중에 유지한 채 몸을 측면으로 돌려서 측면호흡 한다. 특히 한 팔로 하향 젓기, 캐치와 안으로 젓기를 정확하게 수행하는데 초점을 맞추어 느리고 침착한 연속동작으로 스트로크를 한다. 이 훈련은 팔 스트로크에 집중할 수 있도록 끌기 훈련으로 행해져야 한다.

(6) 레인 수영 훈련

이 훈련 방법은 크롤 스트로크에서 효과적인 리커버리 동작을 만들기 위한 보조 연습 방법이다. 훈련의 방법은 한쪽 어깨를 레인별 경계를 나타내는 코스로프에 댄 상태로 수영장레인을 따라 수영한다. 이 자세에서는 한 쪽 팔을 코스로프에 가장 가까이 붙인 상태에서 하이 엘보 자세로 되돌리기 할 수밖에 없다. 그렇지 않을 경우에는 팔이 레인 선 아래에서 붙잡히게 될 것이다. 따라서 리커버리 동작에서 가장 중요한 하이엘보 자세를 정확하게 만들면서 보다 부드러운 리커버리 동작을 이해하면서 양 손을 교대로 연습한다면 양팔의 되돌리기 감각의 개선을 위한 기술적으로 완성된 리커버리 동작을 만들 것으로 생각한다.

(7) 리커버리 동작에서 하이엘보 훈련

크롤 영법의 리커버리 동작에서 매우 중요한 포인트는 팔꿈치를 부드럽게 이완하고 높은 위치에서 리커버리 하는 하이엘보 동작이다. 팔꿈치 높이가 손보다 낮아지면 리커버리 동작에서 손 부분이 물을 진행방향에 반대방향으로 밀어낼 수 있기 때문에 저항을 높이는 결과를 만들 수 있고, 또한 회전 반경이 커지기 때문에 효율적인 수영 방법이 아니다. 따라서 하이엘보 동작을 만들기 위한 보조 훈련의 방법으로 리커버리 하는 팔을 앞으로 뻗기 전에 엄지를 몸의 측면을 따라 미끄러지듯이 겨드랑이 쪽으로 움직이면서 수면 가까이 유지한 채 릴리이즈(빼기) 동작에서 엔트리(넣기) 동작까지 거의 일직선으로 리커버리 할려고 노력해야 한다.

다음은 손가락 끌기 동작이다. 이 훈련도 역시 하이엘보 상태로 되돌리기 감각을 향상시키는 보조 훈련으로 팔을 리커버리 하는 동작에서 손가락을 끌듯이 물을 헤쳐 가면서 수영한다. 팔꿈치를 구부려서 팔꿈치가 손가락 바로 위에서 위를 가리키게 하면, 손가락을 전방으로 끌면서 몸 옆에서 거의 일직선으로 물을 헤쳐 갈 수 있도록 연습해야 한다.

또 다른 방법은 리커버리 동작에서 엄지 손가락을 귀까지 가져간 다음 입수를 위해 전방으로 뻗기 전까지 그 자세에서 잠시 멈춘다. 이 방법 또한 하이엘보 자세를 만들고 리커버리 동작에서 저항을 줄이면서 보다 부드러운 동작으로 리커버리 할 수 있도록 보조 훈련법으로 시용하면 좋다.

2) 킥(Kick)의 훈련 방법

(1) 오리발 신고 차기 훈련

이 훈련은 오리발을 신고 킥을 하는 방법으로 특히 위로 차기(Up Kick) 시에 다리를 곧게 펴고 효과적인 추진력에 필요한 최소한의 차기 폭을 유지하게 만드는 좋은 방법이다. 오리발은 다리의 움직임에 따라 민감하게 반응하기 때문에 오리발을 신고 수영하면 위로 차기 시에 다리를 굽히거나 과도하게 아래로 찰 확률이 줄어들 것이다. 따라서 이러한 보조훈련 방법은 양 발이 적당한 폭으로 킥을 할 수 있도록 감각을 만드는데 도움을 줄 것이다.

(2) 다리를 곧게 펴고 차기 훈련

이 훈련 방법은 킥 동작에서 무릎을 과도하게 구부리는 실수를 교정하는데 도움이 될 수 있다. 특히 선수들에게 수영 킥 동작은 엉덩이에서 다리를 곧게 펴되 다리와 발목의 힘을 완전히 빼고 차라고 지시한다. 이런 식으로 훈련하다보면 위로 차기 시에는 다리가 곧게 펴지지만, 아래로 차기 시에는 물이 자연스럽게 다리를 구부리게 만든다. 과도하게 구부리는 동작은 위로 차기 동작에서 물 밖에서 킥이 되기 때문에 약한 추진력을 발생시킨다.

(3) 측면 차기 훈련

이 훈련방법은 킥 동작을 물속에서 진행하기 때문에 근력 향상에 도움을 주어 강한 킥을 하기 위한 보조훈련이며, 또한 호흡하지 않는 쪽으로 자연스럽게 몸을 롤링하는 방법을 감각을 좋게할 수 있다. 한 쪽팔은 머리 위 전진방향으로 낮게 뻗고 다른 한 팔은 뒤로 뻗어 넓적다리에 얹은 자세로 측면 아래차기를 수행한다.

4비트 킥, 6비트 킥, 8비트 킥, 또는 기타 정해진 수의 차기를 수행한 후에, 반대쪽으로 롤링하여 양팔의 자세를 바꾸고 연속동작으로 반복 연습한다. 이 훈련은 수영장을 여러 차례 왕복하면서 반복할 수 있다. 처음에는 발을 교대하기 전에 적어도 25미터 차기를 수행해야 한다. 호흡하지 않는 쪽의 대각선 차기 효율이 아주 떨어지는 선수들이 많기 때문에, 효율을 높이도록 요구하지 않으면 그쪽의 차기를 소홀히 할 수 있다. 따라서 이 보조훈련은 양쪽의 차기 효율을 높이는데 도움이 될 것이다. 이 동작에 숙달되면 일정한 차기 숫자에 따라 양쪽을 번갈아가면서 수행한다. 사실상, 그렇게 하면 상급자나 선수들은 6-비트 킥의 리듬과 감각을 수행하는데 도움이 된다. 또한 6-비트 차기 리듬에 따라 왼쪽으로 두 번, 오른쪽으로 두 번씩 번갈아가면서 차라고 가르친다.

(4) 수중 차기 훈련

이 훈련 방법은 25미터 수영장에서 수중에서 잠영의 상태로 수중차기 훈련을 실시한다. 양팔을 머리 앞 전진방향으로 모으고 몸을 최대한 유선형의 형태로 만들려고 노력한다. 이러한 방법은 수중에서 킥을 하는 동안 다리를 곧게 펴고 부드럽게 상하로 킥을 하면서 좀 더 많은 저항을 느끼면서 근력 향상에 도움을 얻을 수 있다. 몸 전체가 수중에 있을 때 다리의 움직임과 감각을 더 잘 느낄 수 있기 때문이다.

(5) 벽잡고 차기 훈련

이 훈련 방법은 수영장 사이드 벽면을 잡고 정해진 시간 동안 강도 높은 킥훈련을 하는데 도움을 준다. 엎드린 자세로 수영장 벽면 배수로를 손가락으로 움켜잡고 양 발을 부드럽고 빠르게 차면서 양 다리의 움직임을 코치가 관찰하는데 매우 효과적이다. 양 발에 굽힘 정도 와 발목의 부드러움, 킥의 움직임 폭 등을 가까이에서 지켜보고 교정할 수 있는 조언을 할 수 있기 때문에 초보자나 상급자 모두 필요한 연습방법이다. 상급자나 선수들의 경우 단거리 훈련에서 강한 킥을 하기 위한 감각을 키우면서 50미터와 100미터 거리의 기록 보다 조금 더 긴 시간으로 집중적인 킥을 함으로써 절대적으로 근력을 강화시킬 것으로 확신한다. 그러면서 각 거리마다 킥의 자세 교정과 효율성을 높여 스피드를 향상시키는데 매우 좋은 보조훈련 방법이라고 생각한다.

3) 거리별 호흡 패턴 훈련 방법

크롤 영법의 경우 더 빠른 스피드를 원한다면 머리를 옆으로 돌려서 호흡하는 횟수를 줄이면 효과적이다. 이렇게 적은 호흡을 함으로써 얻을 수 있는 장점은 우선 호흡하지 않는 쪽의 스트로크가 더 많은 추진력을 발휘할 수 있고, 또한 호흡하는 쪽에서 다시 몸을 회전시키는데 드는 에너지 소모가 적기 때문이다. 또한 몸을 돌려서 호흡하면 아무리 효과적으로 호흡 동작을 수행하더라도 저항이 다소 증가한다.

그런데 적어도 50미터 이상의 레이스에서 너무 많은 호흡을 제한하면 산소공급량이 줄어들어 피로의 원인이 되는 반면에 너무 자주 호흡하면 속도가 떨어질 수 있다는 점이 선수들과 코치가 직면하는 딜레마이다. 그래서 각 레이스 거리별로 가장 효과적인 호흡 패턴을 결정하는 일이 매우 중요하다. 대부분의 코치는 각 스트로크 주기에 한 번씩 호흡하는 방식을 200미터 이상의 레이스에 가장 좋은 호흡 패턴으로 보고 있지만 25~100미터 레이스에서는 제한된 호흡법을 권장한다. 따라서 다음에서 좀 더 구체적으로 호흡의 패턴과 거리별 효율적이고 적절한 호흡의 방법을 소개하고자 한다.

(1) 1회 호흡 패턴

50미터 경기에서 1회만 호흡하는 패턴은 경기력이 우수한 성인 선수들이 선택하는 호흡 방법이다. 이는 또한 실제로 가장 효과적인 방법이기 때문에 권장되기도 한다.

50미터 레이스 처럼 단거리 경기에서는 단 한번만 호흡하고 싶을 때 선수들이 선택할 수 있는 방법은 25미터 단수로 수영장의 경우 후반부의 약 1/3 지점이 끝나는 지점이나 그 중간 지점에서 호흡해야 한다. 그러나 50미터 장수로 수영장에서는 30m 또는 40m 표시지점에서 호흡해야 한다.

25미터 단수로 수영장에서의 경기는 호흡 없이 전반부를 수영할 경우에 속도가 개선되고 더 빨리 턴할 확률도 높아지기 때문에 장점으로 작용한다. 선수들이 대부분의 거리에 걸쳐서 벽을 시야에 둔 상태에서 스트로크를 조절하여 전속력으로 턴할 수 있다. 10대 이전과 10대 초반 선수들은 레이스를 완수하는데 더 많은 시간이 필요하기 때문에 이 모든 호흡 패턴들이 너무 어려울 수도 있다. 이런 선수들은

50미터 레이스에서 두 번의 스트로크 주기마다 한 번씩 호흡하는 방식을 권장할 만하다.

(2) 2회 호흡 패턴

선수들이 50미터 단거리 레이스에서 선택할 수 있는 두 가지 다른 유형의 2회 호흡 패턴이 있다. 25미터 단수로 수영장에서의 레이스에서는 출발해서 턴 전 5~7미터 지점에서 첫 번째 호흡을 하고 후반 거리의 중간 지점인 35미터 전후에서 두 번째 호흡을 한다. 두 번째 방식은 전반부를 호흡 없이 수영하고 후반부에서 2회 호흡한다. 이 호흡방식에서 첫 호흡은 후반부의 1/3 지점에서 첫 번째 호흡을 하고 결승선까지 2/3 지점에서 두 번째 호흡을 한다. 2회 호흡 패턴을 이용하는 선수들은 장수로 수영장의 레이스에서 20m와 40m 표시 지점에서 호흡해야 할 것을 권장한다.

(3) 3-회 호흡 패턴

50미터 단거리 레이스의 경우 25미터 단수로 수영장에서 3회 호흡법을 사용할 때, 첫 번째 호흡은 턴하기 전 약 7~10미터 지점에서 한다. 두 번째 호흡은 선수가 거리의 약 1/3을 완수하는 마지막 지점에서, 세 번째 호흡은 거리의 2/3을 완수한 지점에서 한다.

장수로 수영장에서 50미터 레이스에서도 거의 같은 지점에서 호흡한다. 첫 번째 호흡은 20m 표시 지점에서, 두 번째 호흡은 30m 표시 지점, 그리고 세 번째는 40m 표시 지점에서 하는 것을 권장한다.

(4) 25미터와 50미터 경기

이 단거리 레이스에서는 잦은 호흡을 제한하여 선수들이 유발할 수 있는 속도 증가가 산소 결핍이 수행력에 미치는 효과보다 훨씬 크기 때문에 호흡을 제한해야 한다. 25미터의 레이스에서는 대게 한 번 또는 호흡을 하지 않고 수행하게 된다.

8세 이하의 선수들에게 호흡 없이 이 거리를 수영하도록 가르친다. 10대 이상의 선수들에게는 50미터를 호흡 없이 수영하도록 가르친다. 하지만 대부분이 이 레이스 시에 1~3회 호흡해도 더 빠르다는 것을 알아차린다. 10대 이전의 선수들에게는 50미터 레이스 시에 2~3회 호흡하라고 조언하는 게 최선이다.

50미터 레이스에서 선수들을 지치게 만드는 원인은 산소의 결핍이 아니라 숨을 멈출 때 몸에 이산화탄소가 쌓이기 때문이다. 이 거리를 수영하는 시간이 너무 짧기 때문에 많은 산소가 폐로 들어와 근육으로 분산될 수 없다. 따라서 사실 호흡으로 산소 공급을 개선하지 못한다. 이 레이스에서 선수들이 사용하는 산소는 사실상 물속으로 다이빙할 때 이미 들이마신 것이다. 하지만 스프린트 레이스에서 급격한 에너지 소비로 인하여 단 시간에 많은 양의 이산화탄소가 생성되고, 선수들이 체감하는 피로를 줄이기 위해서는 그 이산화탄소를 정기적으로 배출해야 한다.

50미터 대회에서 선수들은 레이스 시에 1, 2, 3회 호흡법을 실험하여 가장 빠른 기록을 낳는 방식을 결정해야 한다. 3회 호흡법을 선호하는 선수들도 있겠지만, 10대 후반 이상의 성공한 선수들은 대부분 최대 2회 호흡으로 50미터 거리를 수영할 수 있어야 한다.

(5) 100미터 경기

호흡 패턴과 관련하여 100미터 레이스는 매우 복잡한 상황이 발생한다. 호흡을 제한하여 속도를 증가시키는 방법을 선택할 것인가, 또는 산소공급을 증가하여 피로를 지연시키는 방법을 선택할 것인가라는 두 가지 문제의 절충안을 가져야 한다. 100미터 경기에서 일반적으로 권장할 만한 호흡 패턴은 처음 25미터 지점에서 첫 번째, 두 번째 25미터 지점에서 두 번째 호흡을 한 다음에 나머지 레이스 동안 두 번째 팔 주기마다 1회 호흡하는 방식이다. 어떤 선수들은 레이스 후반부의 마지막 25미터를 각각 3회씩만 호흡함으로써 호흡을 더 제한 한다(또는 50미터 장수로 수영장에서 레이스를 할 경우, 마지막 50m를 6회 호흡한다).

그러나 이러한 패턴들이 모두 호흡을 너무 제한하기 때문에 레이스의 후반부에서 선수들이 너무 일찍 지치는 원인으로 작용하는 것을 알 수 있다. 특히 이 레이스의 전부에서 3/4 지점으로 넘어가는 상황에서 더 많은 호흡을 하면 대부분의 선수들이 수영속도를 향상시킬 것으로 보인다. 이는 폐에서 근육으로 산소를 보내려면 몇 초가 걸리기 때문이다. 그래서 레이스의 1/4 지점에서 들이킨 공기가 다음 1/4 지점에서 산소로 근육에 공급될 것이다. 따라서 이런 레이스의 첫 번째 25미터와 50미터 지점에서는 그럴 필요가 없다고 느껴지더라도 더 자주 호흡해야 한다. 선수들이 호흡할 필요성을 느낄 때까지 기다린다면 호흡하기 전에 이미 상당한 피로가 진행된 상태일 것이다. 레이스의 초반부에서 더 많은 호흡을 할 경우에는 중간 지점에서 조금 느려질 수 있는 반면에, 후반부에 속도를 증가하면 더 빠른 기록 이상의 보상이 따를 것이다.

100미터 레이스에서 선수들은 가장 적합한 호흡법을 찾을 때까지 다음과 같은 호흡 패턴을 반복적으로 연습하고 실험해 볼 필요가 있다.

➔ 레이스의 1/4 지점을 펼치는 동안에는 두 번째 스트로크 주기마다 1회씩, 마지막 3/4 지점을 펼치는 동안에는 스트로크 주기마다 1회씩 호흡해라.

➔ 레이스의 초반부에는 두 번째 스트로크 주기마다 1회씩, 그 후에는 스트로크 주기마다 1회씩 호흡해라.

➔ 레이스 전체에 걸쳐서 두 번째 스트로크 주기마다 1회씩 호흡해라.

➔ 스타트에서 마무리까지 스트로크 주기마다 1회씩 호흡해라.

대부분의 코치들은 100미터 레이스에서 너무 자주 호흡하면 저항 값이 커지면서 기록은 느려질 것으로 생각한다. 그러나 100미터 레이스에서 일부 선수는 거의 전체 거리에서 전반적으로 스트로크 주기마다 호흡하는 대단히 성공적인 선수들이 많기 때문에, 기록단축을 위해서 호흡수를 줄이는 방법을 선택하기 전에 충분한 연습과 시도를 해보고 자신에게 맞는 호흡법을 찾는 것이 좋겠다. 따라서 선수들에게 있어서 여러 가지 호흡법으로 연습과 평가를 해보고 100미터 레이스에서 속도 손실이 없는 적절한 호흡 빈도를 결정해보라고 제안하고 싶다. 선수들은 특히 전력질주 연습 방법에서 마지막 50미터 마무리 단계를 5~8회 호흡으로 반복해서 수영한다. 이 훈련은 100미터 레이스 후반부에서와 마찬가지로, 선수들이 지치는 연습 후반부에 수행해야 한다. 중간에 20~30초의 휴식 시간을 주면서 계속 반복한다. 반복을 거듭하면서 가능한 한 수영 속도를 높여야 한다.

선수들은 자신이 선호하는 호흡 패턴에 상관없이, 어떠한 레이스에서도 항상 마지막 5~10미터는 가능하면 호흡 없이 마무리해야 한다는 사실을 인지해야 한다. 또한 스프린터들은 단거리 레이스에서 더 적은 횟수의 호흡과 더 적은 양의 피로로 수영하기 위해서는 혈중 산소 감소 훈련과 기타 호흡을 제한하는 형태의 훈련 프로그램을 체계적으로 경험하는 노력이 필요하다.

(6) 200미터 이상 거리

앞에서 언급한대로, 200미터 이상의 레이스에서는 일반적으로 스트로크 주기마다 한 번씩 호흡을 해야 한다. 그래도 이런 레이스의 초기 단계에서 호흡횟수를 제한하면 시간을 벌 수 있다고 생각하기 쉽고 이것은 자칫 후반부 레이스에서 심한 피로감을 가져오는 요인이 되기도 한다. 레이스 초반부에 정상적인 호흡 패턴으로 레이스 한다면 선수들은 레이스 후반부에서 근육에 산소를 공급이 원활이 이루어지면서 효율적인 경기운영을 이끌어 낼 수 있다. 결국, 레이스 초반에 호흡의 필요성을 느끼지 않더라도 자주 호흡하여 피로가 시작되는 시점을 지연시킬 수 있는 필요성이 있으며, 200미터, 400미터, 800미터, 1500미터 경기에서도 산소 공급이 원활한 호흡 패턴으로 꾸준히 연습하여 자신 만에 호흡패턴을 찾는 것이 매우 중요한 과제이다.

2. 배영의 훈련 방법

배영은 50미터, 100미터, 200미터 경기로 구분되어지는데 상급자나 또는 선수들이 기록단축이나 더 효율적인 레이스를 위해서 보완적인 훈련프로그램의 참여가 필수적이다. 따라서 본 장에서는 분산법에 의한 다양한 훈련프로그램을 통해 스트로크, 킥, 타이밍과 몸자세를 개선시킬 수 있도록 부분 동작으로 연습하여 최상의 조화로운 영법이 되도록 몇 가지 구체적인 훈렵법을 소개하고자 한다.

1) 스트로크 훈련 방법

배영에서 가장 효율적인 스트로크 자세와 이상적인 팔 동작을 완성하기 위해서는 스트로크의 패턴을 정확하게 이해하는 것이 필요하다. 배영에서 수중 팔 스트로크 동작은 흔히 영어 알파벳 에스(S) 형태로 만들어지며, 이러한 동작에서 에스의 첫 번째 곡선은 첫 번째 하향 젓기의 형태이고, 두 번째 곡선은 첫 번째 상향 젓기의 형태이다. 그리고 세 번째 곡선은 두 번째 하향 젓기를 통해 캐치한 물을 마지막 허벅지 측면 아래로 완전히 잡아 당겨서 더욱 강한 추진력으로 이어지도록 마무리 하는 것이다. 이러한 스트로크 패턴은 일반적으로 잘 알려진 방법으로 대부분의 배영 영법에 기초가 된기도 하며, 2-정점의 패턴이라고 설명할 수 있다.

또 다른 유형의 패턴은 영어 알파벳 더블유(W)의 형태라고 말할 수 있다. 물 속으로 손이 입수하면서 가장 높은 지점에서 물속으로 첫 번째 하향 젓기가 이루어지고, 그 다음 두 번째 곡선은 첫 번째 상향 젓기의 형태를 만든다. 다시 세 번째 곡선은 두 번째 하향 젓기 형태이며, 그리고 네 번째 곡선은 두 번째 상향 젓기에 해당하는 동작이다. 앞서 설명한 에스(S) 형태의 패턴에서 상향 젓기가 한 번 더 이루어져서 더블유(W) 모양을 만들게 된다. 따라서 이 패턴은 3-정점 패턴이라고 지칭하기도 한다. 또한 단거리 경기에서 보다 파워있는 속도를 만들기 위한 선수들이 사용하는 유형이기도 하다.

일반적으로 배영 선수들은 종목에 따라서 자신들이 선호하는 스트로크 패턴으로 물 속 동작을 만들기 위한 노력을 할 것이며, 이것이 에스(S) 패턴이든 더블유(W) 패턴이든 추진력을 효과적으로 발생시키고 적용하려면 물 속 동작에서 특히 전완의 아랫면과 손바닥으로 물을 뒤로 미는 자세를 만들고 유지하는 노력을 해야 할 것이다.

(1) 한팔 스트로크 훈련

이 훈련은 한 쪽 팔을 집중적으로 사용하면서 좀 더 동작의 완성을 위해 집중할 수 있는 방법으로 스트로크를 하지 않는 팔은 대퇴부 측면에 붙이고 한 팔로 스트로크를 반복해서 집중적으로 하는 훈련이다. 이것은 또한 선수들에게 몸을 적절히 롤링 하는 법을 가르치는데도 좋은 훈련 방법으로 추천한다. 정확한 동작을 위해서는 팔을 입수한 후에, 반대편 어깨가 물 밖으로 올라올 때까지 그 팔 쪽으로 몸을 롤링 시켜야 한다. 그 팔 스트로크의 두 번째 하향 젓기와 두 번째 상향 젓기 시에 반대편으로 롤링 해야 하며, 이어서 스트로크 하는 팔의 어깨가 리커버리를 이끌면서 수면으로 나오도록 한다. 이렇게 해서 한번의 팔 스트로크 동작을 마무리하면 다시 반복적으로 동작의 완성도를 높이고 익숙해지도록 연습한다. 이러한 동작은 한쪽 팔 만을 집중적으로 사용하기 때문에 배영에서 중요한 롤링의 감각을 보다 효과적으로 느낄 수 있고, 또한 강한 추진력을 발생시킬 수 있는 부차적인 효과도 얻을 수 있을 것으로 기대한다.

(2) 반-측면 스트로크 훈련 가이드

이 훈련방법은 물 속 동작의 시작 단계인 올바른 캐치 요령을 터득하고 수중 팔 스트로크의 첫 번째 상향 젓기를 효과적으로 만들어내는 감각을 끌어올리는데 도움이 된다. 이러한 반-측면 스트로크 훈련은 양팔을 수중에 유지한 상태에서 한 번에 한 팔씩 스트로크를 실시한다.

선수들은 머리 위나 수중에서 한 팔을 뻗은 채 물에서 측면 자세를 취해야 한다. 다른 팔은 측면 스트로크의 활주 자세와 유사한 자세로 측면 뒤에 남아있어야 한다. 머리 위의 팔을 아래와 바깥으로 젓는 반-스트로크로 잡기에 들어간 다음 측면 방향으로 위와 뒤로 내전한다. 스트로크는 첫 번째 상향 젓기가 완료될 때 끝난다. 그 다음에는 수중에서 팔을 되돌리기 하고 또 다른 반-스트로크를 수행하기 전의 시작 자세로 돌아간다. 이 훈련을 할 때는 팔 교대 전에 한 팔로 여러 번의 스트로크를 수행해야 한다.

(3) 측면 스트로크 훈련

이 훈련방법은 수중 팔 스트로크를 연습하는데 이용된다. 이 훈련은 한 팔로만 하거나 팔을 번갈아가면서 수행할 수 있다.

스트로크를 하는 팔 쪽으로 몸을 돌려 측면 자세로 시작한다. 스트로크를 하는 팔은 머리 위와 수중에서 뻗고 다른 팔은 측면 아래에 있어야 한다. 선수들은 스트로크 하는 팔을 아래와 바깥으로 미끄러지듯이 움직인 다음 캐치 자세로 물을 뒤로 보낸다. 그런 다음 수중 팔 스트로크를 수행한다. 첫 번째 상향 젓기 시에는 스트로크 하는 팔 쪽을 향하여 측면자세를 유지해야 한다. 그런 다음에는 다른 쪽으로 몸을 돌리면서 마지막 두 번의 젓기를 수행한다. 동작이 마무리되면 또 다른 스트로크를 위해 다시 동일한 팔을 머리 위로 뻗는다. 이 훈련을 하는 동안 스트로크를 하지 않는 팔은 수중에 남아 있어야 한다.

이 훈련방법은 팔 스트로크를 번갈아가며 수행할 수도 있다. 이 경우에는 한 팔 스트로크를 완료한 후 수중에 유지한 상태에서 다른 팔을 미끄러지듯 머리 위로 움직인다. 그런 다음 다시 주기를 반복하기 전에 그 팔로 동일한 수중 스트로크를 완수한다.

(4) 상향 젓기 훈련

이 훈련방법은 더불유(W)형태의 3-정점 수중 팔 스트로크를 계발하고 싶은 선수들에게 유용하다. 또한 두 번째 상향 젓기로 추진력을 발휘하는 방법을 배울 수도 있다.

이 훈련방법은 양팔을 동시에 또는 팔 스트로크를 번갈아가면서 수행할 수 있다. 선수들은 양팔을 측면에 붙이고 등을 대고 눕는다. 모든 팔 되돌리기는 그전의 두 훈련에서와 같이 수중에서 이루어진다. 선수들이 두 번째 상향 젓기를 방금 전에 완료한 듯이 양팔을 굽히고 자세를 취한다. 그런 다음에는 두 번째 하향 젓기와 두 번째 상향 젓기를 수행하는 방식과 똑같이 팔을 아래와 위로 젓는다. 이 훈련을 끌기 훈련으로 수행하면 팔 스트로크로 추진력을 발휘하는 느낌을 받을 것이다.

(5) 주먹 수영 훈련

이 훈련방법은 주먹을 꼭 쥔 손의 모양을 만들어서 실시한다. 팔로 추진력을 유발하는 법을 배우는데 도움이 되는 주먹 수영 훈련은 다양한 방식으로 수행될 수 있다. 주먹을 쥔 양손으로 완전한 스트로크의 수영을 할 수 있다. 또한 스트로크 하는 한 팔의 손은 주먹을 쥐고 다른 팔의 손은 측면에 붙인 채 훈련할 수도 있다. 또는 완전한 동작으로 스트로크를 완성하여 수영하되 주도적인 팔의 손은 주먹을 쥐고 다른 팔은 펼친 상태에서 수행할 수도 있다. 주도적인 팔의 손을 주먹 쥐고 수영하면, 프론트 크롤과 접영에서처럼 비주도적인 팔을 더 효과적으로 이용할 수 있다.

(6) 리커버리 훈련

수중 스트로크를 완료한 팔은 되돌리기 동작으로서 리커버리 상태로 변환된다. 이러한 리커버리 훈련은 몸의 롤링 및 좌우 정렬선을 개선하는데 매우 효과적이며, 다음과 같이 네가지 구체적인 훈련방법을 통해 자세하게 소개하고자 한다.

첫번째 동작은 보통의 배영 영법으로 수영하되 리커버리 도중에 잠깐 팔을 정지하고 손바닥을 안에서 바깥쪽으로 돌린다. 또한 선수들은 적절한 시기에 손바닥을 바깥으로 돌리도록 어깨 위에서 몸통과 수직의 방향으로 팔을 곧게 뻗고 멈추는 동작에 집중해야 한다. 이 훈련의 목적은 깔끔한 입수와 수직 리커버리를 가르치는 것이다.

두 번째 동작은 리커버리 시에 과도하게 팔을 뻗는 선수들의 자세를 수정하기 위해서 양손으로 동시에 스트로크 하는 배영을 실시하도록 한다. 선수들이 양팔을 동시에 되돌리기 하면 과도하게 팔을 뻗을 수가 없기 때문에 이 훈련방법으로 선수들에게 어깨 바로 앞의 물에 양팔을 집어넣는 느낌을 가르칠 수 있다.

세번째 동작은 팔을 너무 낮게 측면으로 되돌리기 하는 선수들의 자세를 수정하기 위해서 리커버리 초반부에 팔을 안쪽에서 바깥쪽으로 리커버리 하도록 의도적으로 동작을 실시하도록 한다. 그래서 리커버리 초반부와 후반부에 팔을 바깥 측면으로 휘돌리는 자세를 수정할 수 있도록 감각을 높이는데 도움이 된다.

네 번째 동작은 레인수영 훈련 방법이다. 이 방법은 수직 리커버리 동작을 가르치는데 매우 효과적인 훈련방법이다. 한쪽 어깨를 코스로프 옆에 붙이고 수영한다. 그러면 팔을 수직으로 리커버리 할 수밖에 없고, 또한 팔이 물을 떠날 때 선수들이 팔을 바깥 측면으로 휘돌리려고 하면 코스로프 아래쪽에 걸려서 정상적인 리커버리 동작을 할 수 없다. 수영장을 왕복하면서 오른쪽 팔과 왼쪽 팔을 교대로 연습하면 더욱 효과적인 자세 교정을 얻을 수 있다.

2) 킥과 롤링 훈련 방법

보다 완벽하고 효율적인 배영 영법의 완성을 위해서는 스트로크와 조화를 이룬 유연한 킥의 동작을 완성하는 훈련이 필요하다. 따라서 다음에서 보다 효과적으로 킥의 동작을 완성시키기 위한 보조 동작동작의 훈련과 함께 보다 유연하고 자연스런운 몸의 롤링 동작을 만들기 위해서는 다음과 같은 훈련 가이드를 참고하기 바란다.

(1) 측면 킥 훈련

이 훈련 방법은 한 팔은 머리 위와 수중에서 뻗고 다른 팔은 측면에 붙인 상태로 측면차기를 하면 대각선 형태의 킥 동작과 몸 롤링 동작을 보다 자연스러운 동작으로 만드는데 매우 효과적인 훈련방법이다. 구체적인 동작은 한쪽 팔을 머리 위로 쭉 펴고 같은 쪽으로 몸을 기울인 상태에서 측면 킥이 되도록 연습해야 한다. 측면자세를 바꾸기 전에 이 자세로 6비트와 8비트, 또는 특정한 수의 킥을 완수해야 한다.

특히 6-비트 킥의 리듬을 연습하는데 변칙 측면 킥을 이용할 수 있다. 한쪽 팔은 머리 위와 수면으로 길게 뻗고 다른 팔은 엉덩이에 얹은 채 누운 상태에서 시작해야 한다. 다른 측면으로 몸을 돌리기 전에 각기 두 번씩 측면으로 차고, 측면자세를 바꿀 때 팔의 자세도 바꿔야 한다. 다른 측면으로 회전할 때 두 번 차고, 한 쪽 측면에서 되돌리기 시에 두 번, 그리고 다른 측면에서 다시 두 번 차는 식으로 과장된 6-비트 차기 리듬을 수행하는 셈이다. 처음에는 팔 스트로크를 무시하고 이 훈련을 수행 하되, 회전할 때마다 팔 자세를 바꿔야 한다.

(2) 양팔 머리 뒤로 잡고 킥훈련

이 훈련 방법은 킥의 지구력을 개선하기 위한 목적으로 장거리 연습을 하거나, 또는 단거리를 빠르게 연습하여 힘 있는 킥의 동작을 완성하고자 할 때 목적에 따라 훈련 프로그램을 선택하여 실시하는 것이 좋다. 양팔을 머리 뒤쪽 진행방향으로 곧게 펴서 손바닥 부분을 교차시키고 손가락을 펴서 맞대고 잡는다. 또는 손가락은 깍지를 끼고 쭉 편상태로 잡는다. 이 상태로 반복적으로 킥 연습을 실시하며, 킥의 회수를 4비트, 6비트 또는 8비트의 킥 스피드를 조절하여 반복적으로 좌우로 몸을 롤링하면서 리듬감을 가지고 연습하면 단거리 파워 훈련부터 장거리 지구력 훈련을 선택하여 실시할 수 있다. 이 자세에서 머리의 위치를 수면과 수평으로 하고 킥을 하면 물속으로 너무 깊이 들어가는 선수들의 수평 몸자세 유지에 도움이 되며, 반대로 킥을 좀 더 강화하기 위한 목적으로 머리를 약간 수면 밖으로 세우면 다리 쪽은 가라앉는 현상이 생기면서 강한 킥을 할 수 있도록 자동적으로 자세가 만들어진다.

(3) 한 팔 수면 위로 들고 킥 훈련

이 훈련 방법은 킥의 지구력과 파워를 높이기 위한 목적으로 몸의 자세를 측면으로 한 상태에서 한 팔을 물 밖으로 빼내어 어깨선에 수직으로 위로 뻗고 측면자세로 킥을 한다. 다른 한팔은 수중에서 대퇴부 측면에 붙여서 고정시킨다. 물 밖으로 뻗은 팔의 어깨 부분도 물 밖으로 나올 수 있도록 측면에 붙어있는 팔 쪽으로 몸을 롤링시켜야 한다. 일정하게 반복 횟수의 킥을 끝낸 후에 측면자세를 반대방향으로 전환하여 킥을 한다. 특히 이 훈련방법은 물 밖으로 올려놓은 팔의 무게를 강한 킥으로 가라앉지 않도록 지탱해야 하기 때문에 킥의 파워 훈련과 지구력 강화를 위해 매우 효과적이다.

(4) 킥보드 잡고 킥 훈련

이 훈련 방법은 무릎이 구부러지면서 킥의 효율성이 떨어지는 페달 밟기 킥 동작을 교정하기 위한 목적으로 선택할 수 있는 좋은 방법이다. 킥보드를 넓적다리 위에 올려놓고 손으로 고정시켜 잡은 상태로 킥을 한다. 이때 보드가 수면밖으로 밀려서 튀어 오르면 넓적다리와 무릎으로 보드를 때리면서 페달 밟기 식으로 킥을 하고 있다고 판단하고 손으로 킥 보드를 눌러주면서 킥 자세를 바르게 하도록 교정해 준다. 킥의 자세가 바르게 효율적인 동작으로 바르게 찰 경우에는 보드가 흔들림이 없이 잡고 있는 상태를 유지할 것이다.

(5) 스펀지 킥 훈련

이 훈련방법은 몸과 머리의 상하 동작이 큰 선수들을 교정하기 위한 방법으로 훈련하기에 효과적이다. 이 동작이 익숙해지기 전까지는 양팔을 허벅지 옆에 가지런히 고정시키고 이마에 작은 스펀지를 얹고 킥 연습 한다. 이마 위에 놓여있는 스펀지가 떨어지지 않도록 머리의 움직임을 최소한 줄이도록 노력한다. 이 동작이 익숙해지면 양팔을 머리 뒤쪽 진행방향으로 곧게 펴서 손바닥 부분을 교차시키고 손가락을 펴서 맞대고 잡거나 깍지를 끼고 쭉 편상태로 잡고 킥을 실시한다. 이 동작에서는 몸이 가라앉는 현상이 생기면서 강한 킥을 하기 위한 몸의 움직임이 커지기 때문에 스펀지를 고정시키기가 쉽지 않다. 따라서 강한 킥 동작에서도 스펀지가 잘 고정되도록 머리의 상하움직임을 최대한 줄이려는 노력을 한다면 저항을 줄리면서 효과적인 킥 자세를 만들 것으로 기대한다. 스펀지가 없으면 동전이나 원형고리를 이마 위에 올려놓고 하는 것도 효과적이다.

(6) 수중 돌핀 킥 훈련

배영 경기에서 출발 지점과 반환 지점에서 수중 돌핀킥을 할 수 있는 최대 거리는 15미터로 제한되어 있기 때문에 연습에서도 15미터 이전에 수면으로 올라오는 거리감각을 반복적으로 연습해야 한다. 따라서 수중에서 출발 자세와 같은 누운 동작으로 양 팔을 머리 뒤로 쭉 펴서 모은 상태에서 강하게 돌핀킥을 통해 반복적으로 연습한다. 정확하고 유연한 돌핀 킥으로 숨을 참고 15미터 가까이 갈 수 있는 능력이 되면 반드시 14미터 이후 15미터 전에 바로 수면으로 올라오도록 감각적인 훈련을 반복한다. 이러한 수중 돌핀킥에 효과적인 훈련을 위해 다음과 같은 몇 가지 구체적인 훈련방법을 소개하고자 한다.

첫 번째 방법은 오리발을 착용하고 연습하거나 또는 착용하지 않고서 연습할 수 있다. 이 훈련들은 수중 돌핀킥으로 속도를 내는데 매우 중요한 작고 빠른 발차기를 통해 미끄러지듯이 수중에서 빠른 스피드로 나가는 추진력을 경험할 수 있다. 또한 빠른 스피드로 나가면서 수중에서 더 오래 머무르기도 쉬워진다. 일단 오리발을 신고 빠르게 나가는 돌핀킥의 기술이 숙달되면, 그 다음 오리발을 벗고 실제 돌핀킥을 반복적으로 수행 한다. 특히 오리발을 착용한 상태에서는 세 가지 거리 연습을 집중적으로 수행해 본다. 25m 거리를 10~12회 반복훈련하고, 50m 거리를 수중 돌핀킥으로 완영할 수 있도록 6~8회 반복훈련하며, 마지막 75m 거리를 숨을 참고 수중 돌핀킥으로 완영할 수 있도록 강한 킥을 사용해서 3~4회 반복훈련을 하도록 제안한다.

두 번째 방법은 수중 돌핀킥으로 15m 거리를 한 다음 수면으로 올라와, 그 나머지 거리는 정상적인 배영 킥으로 완영한다. 15m 이전에 수면으로 올라오도록 마지막 2~3 회의 수중 돌핀킥을 이용하여 점차 수면으로 상승하는데 집중하고, 수면을 뚫고 나오기 직전에 배영 킥을 시작해야 한다. 그런 식으로 수면으로 상승할 경우에는 돌핀킥과 배영 킥 사이에서 자연스레 존재하는 속도 손실과 킥의 변환 과정에서 오는 리듬감을 최대한 줄이는 연습을 반복한다.

세 번째 방법은 더 오래 수중에 머무르는 능력을 개선하기 위하여 25미터 거리에 코스로프를 가로질러 고무줄을 매달아 놓고, 25미터 고무줄을 지나칠 때까지 수중 돌핀킥으로 최소 10회 이상 반복 세트로 연습한다.

3. 평영의 훈련 방법

평영은 50미터, 100미터, 200미터 경기로 구분되어지는데 상급자나 또는 선수들이 기록단축이나 더 효율적인 레이스를 위해서 보완적인 훈련프로그램의 참여가 필수적이다. 따라서 본 장에서는 다양한 훈련프로그램을 통해 스트로크와 킥의 자세를 개선시킬 수 있는 부분 동작으로 연습하여 최상의 조화로운 영법이 되도록 연습한다. 또한 평영영법을 개선시키는 최상의 훈련방식 몇 가지를 소개하고, 특히 몸동작과 호흡을 조화롭게 개선시키는 훈련방법을 설명하고자 한다.

1) 스트로크 훈련 방법

(1) 한 팔 평영 훈련

이 훈련방법은 한 팔만 이용해서 평영을 하거나 물 속 리커버리와 물을 잡고 끌어당기는 동작을 수행할 수 있다. 이 동작을 하지 않는 다른 한 팔은 정면으로 곧게 뻗은 상태로 유지한다. 이 훈련방법은 한 번에 한 팔만 사용하기 때문에 팔 스트로크의 세부적인 기술을 이해하고 수정하는데 집중할 수 있도록 도움이 준다. 이러한 방법으로 일정 거리를 반복 훈련하고, 또한 팔을 교대해서 반복 연습한다. 이러한 연습 방법을 통해 스트로크 하는 팔에 시선을 집중하고 바르게 풀 동작이 이루어지고 있는지 평가하면서, 스스로 이상적인 풀 동작을 머리로 상상하면서 그 동작을 만들도록 집중해서 연습한다면 스트로크를 개선시키는데도 훌륭한 연습 방법이 될 것이다.

(2) 주먹 끌기 훈련

이 훈련방법은 물속 동작에서 풀 동작과 끌기 시에 양팔을 보다 효과적으로 이용하는 법을 배우는데 도움을 줄 목적으로 고안되었다. 선수들은 주먹 쥔 양손으로 어떤 거리든 반복 끌기 또는 수영을 할 수 있다. 주도적인 팔의 손은 주먹을 쥐고 비주도적인 팔의 손은 편 채 반복 풀 동작으로서 끌기나 수영을 할 경우에는 비주도적인 팔에 감각을 개선시키기에도 좋은 훈련 방법이다. 주도적인 팔로 추진력을 유발하는 능력이 제한될 경우에 비주도적인 팔을 좀 더 효과적으로 이용하는 방법을 배울 수 있을 것이다.

(3) 바깥으로는 천천히, 안으로는 빠르게 훈련

이 훈련 방법은 풀 동작에서 끌기 동작을 집중해서 훈련할 수 있다. 이 동작은 다리사이에 킥 보드를 고정시키고 순수하게 팔 동작만을 집중적으로 연습할 수 있다. 선수들은 양팔을 바깥으로 천천히 부드럽게 저은 다음 안으로 젓기를 재빠르고 강력하게 수행해야 한다. 이 훈련은 좋은 캐치를 하는 방법과 팔 스트로크의 안으로 젓기에 초점을 맞추는 방법을 배우는데 훌륭한 방법으로 추천한다.

2) 킥 훈련 방법

평영 영법에서 킥의 중요성은 아무리 강조해도 지나칠 수 없다. 평영의 경우 다른 세 가지 영법보다 킥으로 추친력을 발생시키는 정도가 매우 높은 영법이기 때문이다. 따라서 킥을 강화시키는 것이 평영 영법에서 기록 단축과 스피드를 올리는 중요한 요소이기 때문에 집중적으로 킥을 위한 훈련 방법을 소개하고자 한다.

(1) 팔 고정 상태로 킥 훈련

이 훈련 방법은 평영 킥의 강도를 높이고 보다 높은 추진력을 발휘시키도록 고안되었다. 양 손을 앞으로 곧게 펴서 엄지손가락을 맞잡고 고정한 상태로 킥 만을 연습한다. 1회의 강한 킥을 수행한 후에 자연스럽게 미끄러지듯 뻗어 나가는 글라이딩 동작에서 1회 호흡이 자연스럽게 되도록 수면위로 부상한다. 킥의 강도가 낮거나 스피드가 약하면 정상적인 호흡 주기를 맞출 수 없다. 그런 경우 킥 2회에 1회 호흡 주기로 연습하는 것을 권장한다. 이 훈련방법에서는 킥의 추진단계를 극대화하고 몸이 미끄러지듯 글라이딩 되는 순간에 몸통과 양 다리를 최대한 부드러운 유선형의 자세를 만들어서 스피드가 떨어지지 않도록 자세를 유지하는 것이 중요하다. 특히 미끄러지듯 글라이딩 되는 순간에 양다리를 부상시켜 손끝부터 발끝까지 몸을 일직선 자세로 만들어지도록 반복 연습해야 하겠다.

(2) 돌핀킥 모양 훈련

이 훈련 방법은 킥보드를 이용하거나 킥보드 없이 수행할 수 있다. 하지만 킥보드 없이 할 때 좀 더 자연스럽게 몸을 요동칠 수 있기 때문에 더 효과적이다. 이 동작은 평영킥을 하는 동안 1회 킥 동작을 할 때마다 엉덩이를 위쪽으로 움직이고 킥의 마무리 단계에서 엉덩이를 앞으로 살짝 누르면서 나아가는데 중점을 두어야 한다. 이러한 동작에서 엉덩이 부분을 너무 과도하게 움직이거나 부자연스러우면 스피드 저하에 원인이 되기 때문에 적당한 웨이브로 돌핀킥 모양의 평영킥 형태가 만들어지도록 리듬감 있게 반복 연습한다.

(3) 누워 발차기 훈련

이 훈련 방법은 등을 대고 누운 채로 정해진 거리를 반복해서 연습한다. 양팔을 머리 위쪽 전진방향으로 뻗어서 펴고 손바닥을 위로 향한 채 물 속에 놓는다. 이 자세로 평영킥을 실시하는데 몸통 전면 가슴부터 대퇴전면 무릎 선까지 수평으로 만들어지도록 자세를 유지한 채 무릎 아래 하퇴 부분만을 움직여서 수중에서 킥이 되도록 연습한다. 이 동작은 킥의 리커버리 시에 대퇴부를 위로 끌어당기지 않는 방법을 배우는데 효과적이다. 그럴 경우에는 양 무릎이 수면을 위를 헤치고 나갈 것이기 때문에 잘못된 동작을 수정하는데 효과적인 연습방법이다.

(4) 양팔 뒤로 잡고 킥 훈련

이 훈련 방법은 엉덩이를 굽히지 않고서 양다리를 전방으로 리커버리 하는 법을 가르치는 최상의 훈련일 것이다. 또한 양 다리를 리커버리 할 때 엉덩이를 떨어뜨리고 머리와 양어깨를 부상시키는 법을 배우는데도 매우 좋다. 이 동작은 킥보드 없이 양팔을 뒤로 뻗어서 양손을 수면 근처 엉덩이 옆에 붙여 놓는다. 이 자세로 킥을 반복적으로 실시하며, 킥의 리커버리 동작에서 양 다리를 엉덩이 쪽으로 위치시킬 때마다 두 발이 손에 닿을 정도로 부드러운 리커버리 동작을 만들어야 한다. 이 동작에서 중요한 것은 킥을 바깥쪽으로 젓기를 시작할 때까지 고관절에서 넓적다리를 굽히는 동작을 최대한 늦추도록 가르쳐야 한다. 또한 다리 리커버리 시에는 머리를 들고 엉덩이를 낮춰 호흡하고, 발차기의 추진단계를 수행하기 전에는 수중에서 머리와 양어깨를 낮추어 유선형 자세를 만들도록 가르쳐야 한다.

3) 몸 자세와 타이밍 훈련 방법

평영 영법의 경우 호흡하기 위해 상체가 수면 밖으로 올라오는 순간 매우 순간적으로 정지하듯이 보인다. 그러나 엄밀히 말하면 글라이딩 동작을 통해 추진력은 계속 이어지고 있다. 따라서 평영에서 요동치는 상체의 몸동작과 양팔 및 다리의 타이밍을 매우 효율적으로 가져갈 필요가 있으며, 이러한 연속적인 동작의 협응과 조화를 위해 다음과 같은 몇가지 방법을 소개하고자 한다.

(1) 발차기와 뻗기 훈련

이 동작은 킥보드를 사용하지 않고 매번 킥을 한 후에는 양 팔로 절반 끌기 동작을 수행한다. 다시 말하면 하나의 완전한 물속 풀동작을 수행하지 않고 리커버리 동작으로 돌아가는 것이다. 절반의 끌기 동작인 바깥 젓기 후에는 팔 스트로크의 안으로 젓기를 완료하지 않은 상태에서, 양팔을 몸 전방으로 뻗어서, 양다리를 리커버리 하고 발차기를 수행하는 동안 유선형 자세를 유지해야 한다. 그 차기의 안으로 젓기를 완료한 직후에 다시 양팔을 바깥으로 젓기 시작해야 한다. 이 훈련은 오버랩 타이밍을 가르치는데 좋다.

(2) 돌핀 끌기 훈련

이 훈련 방법은 풀-부이나 튜브 없이 일정한 거리를 반복 수영하면서 팔 동작은 정상적인 평영의 풀 동작 이지만 킥은 돌핀킥을 이용한다. 타이밍은 팔 스트로크 당 한 번의 돌핀킥이다. 이때 킥의 타이밍은 양팔을 바깥으로 젓는 동안 이루어져야 한다. 이 훈련은 평영의 웨이브액션 영법을 체감하는데 많은 도움을 줄 것이다. 돌핀 킥 동작이 너무 과도해서는 안 되며, 아래로 찰 때는 엉덩이가 수면으로 약간만 상승해야 하고, 전방으로 뻗을 때는 양손과 머리를 물속으로 너무 깊이 떨어뜨리면 안 된다. 또한 엉덩이가 상승 요동의 최고점을 지나칠 때 위를 보고 양손을 바깥과 위로 움직이기 시작하여 발차기에서 생긴 자연스럽게 만들어진 몸의 웨이브 동작을 타는데 집중해야 한다.

(3) 두 번 돌핀 킥, 한 번 평영킥 훈련

이 훈련 방법은 앞서 설명한 훈련방법을 일부 수정한 동작으로 동일한 목적에 이용된다. 선수들은 3회 팔 스트로크와 3회 발차기를 계속해서 여러 번 수행하면서 일정한 거리를 반복해서 수영해야 한다. 이 방법은 처음 두 번의 팔 스트로크 시에는 돌핀킥을 이용해서 연습하고, 세 번째 팔 스트로크에서는 정상적인 평영 발차기를 이용해야 한다.

4) 수중 팔 스트로크 훈련 방법

다음에서 소개하고자 하는 훈련 방법은 수중에서 스트로크를 좀 더 효율적으로 수행하면서 속도를 향상시키고, 또한 일정 거리를 빠르게 완영하기 위한 목적으로 세가지 훈련방법을 소개하고자 한다.

(1) 턴 후 더블 풀다운 훈련

이 훈련 방법은 일정 거리를 수영하면서 턴을 해야 하는 시점에서 각각 턴을 한 후에 수면으로 상승하기 전에 두 번의 수중 팔 스트로크를 수행하는 훈련을 반복하는 것이다. 이 훈련은 레이스에서 지치지 않고서 수중 아래 끌기를 최대화하는 능력을 개발하는데 도움이 된다. 실제 경기에서는 수중에서 두 번의 스트로크를 허용하지 않지만 연습을 통해서 턴 후에 수중에서 매우 다이나믹하고 길게 풀 동작을 반복연습하면서 턴 후에 좀 더 강한 풀 동작을 만들어내는 감각을 끌어 올리기 위한 목적으로 수행하는 것이 좋다.

(2) 긴 풀다운 훈련

이 훈련 방법은 평영으로 수영하면서 상체가 수면으로 상승하기 전에 수중 팔 스트로크를 수행할 때마다 최대 거리를 이동하도록 노력해야 한다. 이 훈련은 수중 팔 스트로크의 추진요소를 최대화하고 미끄러져 글라이딩으로 전진하는 단계에서 몸의 최적화된 유선형 자세를 만들고, 또한 향상시키는 방법을 가르치는데 활용하면 좋다. 그러나 실제 경기에서는 수중 스트로크 후에 시간을 필요 이상 길게 가져가는 것은 속도 향상에 도움이 되지 않기에 이 방법은 연습동작으로서 몸의 최적화된 유선형화를 추구하기 위한 목적으로 사용하는 것을 추천한다.

4. 접영의 훈련 방법

접영은 50미터, 100미터, 200미터 경기로 구분되어지는데 신체의 움직임이 가장 활발하면서 큰 동작으로 수영하기 때문에 정해진 거리를 완영 하기까지 스피드 조절과 함께 스트로크와 킥의 조화가 중요한 영법이다. 특히 스트로크와 킥의 조합은 다른 어떤 영법 보다 조화를 이루어 효율적인 레이스를 펼쳐야 하기 때문에 보완적인 훈련프로그램의 참여가 필수적이다. 따라서 본 장에서는 다양한 훈련프로그램을 통해 스트로크와 킥의 자세를 개선시킬 수 있는 부분 동작으로 연습하여 최상의 조화로운 영법이 되도록 연습한다.

1) 스트로크 및 타이밍 훈련 방법

접영은 부차적인 보조 훈련방법을 고안하기가 가장 어려운 스트로크로 알려져 있지만 선수들이 훈련방법으로 많이 활용하는 한 팔 훈련, 신체 웨이브 훈련, 오리발 훈련, 각 주기 사이에 정지기를 두고 한 번에 1회 스트로크 주기로 수영하기 등을 다음에서 구체적으로 소개하고자 한다.

(1) 한팔 접영 훈련

이 훈련 방법은 접영의 팔 스트로크를 가르치는 좋은 방법이다. 양팔을 한 번에 한 팔씩 움직이는데 집중할 수 있기 때문이다. 이 훈련은 각 단계별로 정확한 수행에 집중하면서 바깥으로 젓기, 안으로 젓기, 상향 젓기와 리커버리 단계를 천천히 느긋하게 한 팔만 이용하여 접영을 한다. 스트로크를 하지 않는 다른 한 팔은 머리 위로 뻗거나 옆구리에 붙여 놓을 수 있다. 이 두 가지 방법에는 다소 제한적인 부분이 있는데 팔을 전방에 뻗고 있으면 캐치가 더 쉽지만 몸의 자연스러운 업다운 동작이 다소 억제된다. 그리고 팔을 옆구리에 붙여 고정하면 더 자연스럽게 업다운 동작을 할 수 있지만 호흡하기가 약간 더 어렵다. 이 훈련을 할 때는 선수들이 자연스럽게 측면으로 롤링하면서 측면 호흡을 할 것이다. 하지만 그렇게 측면 호흡을 허용해서는 안 된다. 완전한 접영 스트로크를 할 때와 마찬가지로, 엎드린 자세를 유지하고 정면 호흡을 해야 한다.

이 훈련은 돌핀킥이나 양다리 사이에 풀부이를 끼워 넣고 수행할 수 있다. 풀부이를 이용할 경우에는 선수들이 양팔의 동작에 집중하는데 용이하지만, 역시 상체의 업다운 동작이 억제된다. 돌핀킥을 이용하면 보다 접영에 근접한 훈련을 할 수 있으나, 초보 선수들은 팔 스트로크에 집중하기가 어렵다.

완전한 스트로크의 접영으로 가는 좋은 사전준비 훈련으로써, 다양한 한 팔 훈련이 있다. 선수들이 오른팔로만 일정한 수의 스트로크로 정해진 거리를 완영하는 방법 이다(가령, 25m 수영장에서 3회). 그런 다음에는 왼팔로 동일한 수의 스트로크로 수영한다. 마지막으로는, 양팔로 수영장 25m, 또는 50m 수영하면서 마무리한다.

(2) 스트로크 끌어당기기 훈련

이 훈련 방법은 완전한 접영 스트로크로 수영하면서 팔 스트로크와 호흡의 타이밍을 자연스럽고 조화로운 동작이 되도록 집중하게 만드는 목적으로 연습하면 좋다. 양다리 사이에 풀부이를 끼우고 수평 자세를 유지하는데 도움을 받아서 양팔의 동작과 호흡의 타이밍을 보다 쉽게 연습할 수 있다.

스트로크의 풀(Pull) 동작으로 물속 당기는 연습은 1회 스트로크와 2회의 킥을 자연스러운 타이밍으로 연결하는데 좋은 훈련법이다. 이 훈련을 얼마간 수행하다 보면 양다리가 스트로크 주기마다 자연스럽게 두 번의 작은 하향 밀기를 하고, 그 하향 밀기가 양팔의 스트로크와 적기에 동시에 이루어진다는 점을 알게 될 것이다. 끌어당기기를 할 때도 양다리를 상하로 자연스러운 돌핀킥을 수행해야 하며, 자연스러운 웨이브의 돌핀킥이 만들어지면, 풀부이를 제거하고 접영 스트로크의 타이밍에 맞게 하향 돌핀킥을 강하게 수행한다.

(3) 오리발 수영 훈련

이 훈련 방법은 오리발을 신고 수영할 경우에는 팔 스트로크와 호흡의 연속동작과 양팔과 양다리간의 타이밍을 연습하는 동안 보다 스피드가 높아지면서 몸의 수평으로 정렬하는데 많은 도움을 줄 것이다. 오리발을 사용함으로서 스피드와 추진력이 높아지면서 호흡을 하기 위해서 상체를 들어올리는 동작이 수월해진다. 접영을 배우는 초기 단계에서 오리발을 신고 연습한다면 정상동작 보다 상대적으로 스피드와 추진력의 도움으로 자연스러운 호흡 타이밍과 정확한 팔 스트로크의 동작을 만드는데 유리할 것이다. 또한 장거리를 보다 자연스러운 동작의 접영으로 수영하는데 상당히 도움을 받을 것이다.

(4) 1-스트로크-정지 훈련

이 훈련 방법은 연속적인 접영 동작을 수행하는 것이 아니고 1회의 스트로크를 완료한 후에 잠시 정지한 상태에서 휴식 타이밍을 갖고 수행하면서 올바른 스트로크 자세를 만드는데 집중하여 연습한다. 특히 풀 동작과 리커버리 동작의 완성도를 높이기 위해 1회의 스트로크 연습 후 잠시 생각할 수 있는 휴식 타이밍에 앞서 실시한 동작에 대한 피드백을 가지고 새로운 동작에서는 교정하기 위한 노력을 해야 한다. 이 동작은 풀부이를 다리 사이에 끼고 하거나 코스로프에 발목 부분을 얹어놓고 킥을 고정한 상태에서 팔 스트로크 연습에 집중하는 형태로 진행한다.

2) 킥 훈련 방법

접영의 킥은 보통 1스트로크 당 2킥을 구사하기 때문에 올바른 타이밍이 중요한데 두 개 킥의 강도 또한 차이가 있기 때문에 자연스러운 동작이 무엇보다 중요하다. 따라서 리듬감 있는 킥을 완성하고 훈련을 통해 킥의 강도를 높임으로서 보다 완벽한 접영 영법을 구사하기 위한 훈련 방법을 소개하고자 한다.

(1) 킥보드 차기 훈련

이 훈련 방법은 킥보드를 양손으로 뻗어서 잡은 상태에서 큰 킥과 작은 킥의 차이를 구분하여 리듬감 있는 연속 킥으로 킥의 강도를 조절하면서 일정 거리를 반복 연습한다. 특히 킥을 하는 동안 하향킥(다운킥)의 강도를 구분하여 실제 스트로크와 함께하는 기분으로 킥의 강도와 크기를 조절하는데 초점을 맞춘다. 킥보드를 잡고 하기 때문에 상체의 움직임이 다소 제한적이지만 허리의 웨이브를 자연스럽게 살려서 부드럽고 자연스러운 동작이 되도록 반복적으로 연습한다.

(2) 수중 차기 훈련

이 훈련 방법은 킥의 연습이 수중에서 이루어지기 때문에 더욱 강도 높은 연습을 하기 위한 훈련방법으로 실시하면 좋다. 양손을 몸 측면에 가볍게 붙인 상태에서 수중 돌핀킥을 연습한다. 한번 호흡을 통해 바로 벽을 차고 글라이딩 한 상태에서 25미터 거리를 수중 돌핀킥으로 반복적으로 연습한다. 25미터 보다 더 긴 거리를 연습한다면 3~4회 수중에서 돌핀킥을 하고 호흡을 위해 수면으로 부상한 다음, 다시 아래로 내려가 3~4회 이상의 돌핀킥을 실시한다. 원하는 거리를 완주할 때까지 이 주기를 반복적으로 연습한다.

(3) 수면에서 차기 훈련

이 훈련 방법은 킥보드 사용하지 않고 수면에서 반복적으로 돌핀킥을 연습한다. 킥보드를 사용하지 않고 양 팔을 앞으로 쭉 펴서 놓고 상체와의 리듬감을 보다 더 자연스러운 동작으로 연결하여 돌핀킥을 연습한다. 전방의 킥보드를 잡지 않은 상태에서 얼굴은 수중으로 집어넣고 돌핀킥의 횟수를 세 번째, 여섯 번째 또는 여덟 번째 주기로 킥을 하면서 호흡을 한다.

(4) 등대고 누워서 차기 훈련

이 훈련 방법은 누운 상태에서 배영 동작을 만들고 일정거리를 돌핀킥으로 연습한다. 양팔은 머리 위로 뻗어서 잡고 연습한다. 머리 부분이 자연스럽게 들리면서 다리는 상대적으로 가라앉는 현상이 생기면서 보다 강도 높은 킥을 하지 않으면 몸이 수중으로 가라앉는 현상이 생기기 때문에 킥에 집중하면서 파워를 발생시키는 감각을 터득하도록 연습한다. 특히 이 훈련 방법은 돌핀킥을 할 때 양다리를 넓혀서 킥을 하거나 혹은 좁혀서 킥을 할 때 발생되는 추진력의 차이를 느끼도록 주지시키고, 양다리와 발의 자세에 따라 추진력을 더 효과적으로 발휘할 수 있도록 감각을 터득하도록 연습한다.

(5) 측면 차기 훈련

이 훈련 방법은 양손을 넓적다리에 붙이고 측면자세에서 반복적으로 돌핀킥을 하도록 연습한다. 정해놓은 거리를 반복적으로 연습하는데 가령 한쪽 측면으로 25미터를 연습했다면 다음 25미터는 반대 방향으로 연습한다. 또한 측면자세를 바꾸거나 한쪽 측면 당 일정한 수(가령, 측면자세를 바꾸기 전에 5회 차기)의 차기를 수행하는 방식으로 연습할 수도 있다. 이 훈련은 위로 차기를 올바로 수행하는 방법을 가르치는데 좋다. 또한 이 훈련 방법은 양다리의 요동을 느낄 수 있고 양다리를 곧게 편 상태에서 위로 차기를 하는데 집중할 수 있도록 연습한다.

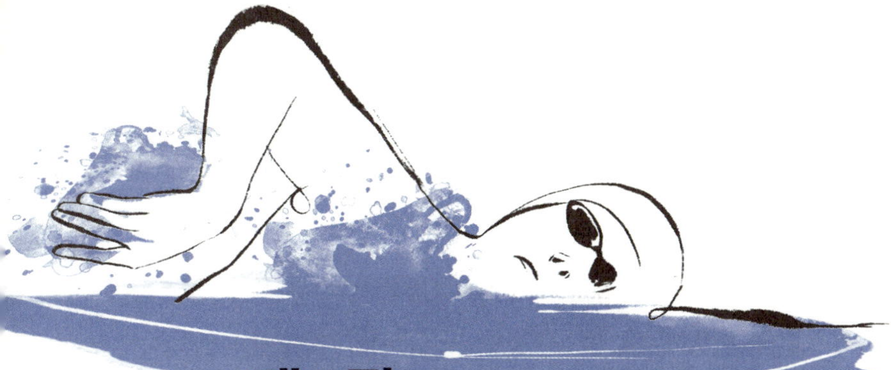

제 9장
수영 훈련 프로그램의 원리 및 실제

이번 파트에서 서술한 내용은 전문적인 수영 훈련을 위한 실제 훈련 프로그램의 유형에 따른 과학적 원리 및 방법을 이해시키기 위한 목적으로 구성하였으며, 특히 엘리트 수영 선수들과 이를 지도하는 지도자 및 코치들에게 참고할 만한 훈련 프로그램의 실제 원리를 이해시키고자 편성하였다. 따라서 수영 훈련 프로그램에서 중요한 원칙은 1일 24시간 중에 얼마만큼의 시간을 편성할 것인가?에 관한 문제로서 훈련 지속시간을 들 수 있으며, 얼마만큼 자주 반복적으로 훈련할 것인가?에 관한 문제로서 훈련 빈도를 생각할 수 있다. 또한 편성된 훈련 시간 안에서 얼마만큼의 속도로 훈련할 것인가?에 관한 문제로서 훈련 강도를 들 수 있다. 특히 단거리 선수와 중장거리 선수, 그리고 장거리 선수들에게 있어서 1일 훈련, 1주 훈련, 1달 훈련, 시즌 훈련에서 총 선택해야 할 훈련 양으로서 전체 훈련 거리는 어떻게 편성할 것인가? 하는 문제는 훈련 프로그램 설계에서 매우 중요한 매개변수이다.

또한 수영선수들의 지구력 향상 목표를 달성시키기 위해서 과학적인 훈련의 기본 원리로 이용되고 있는 무산소성역치 이론과 유산소성 역치에 대한 논리를 살펴보고, 지구력 수준의 향상을 위한 훈련방법으로 무산소성 역치 속도보다는 느리고 유산소성 역치 속도보다는 빠른 속도의 기초지구력 훈련방법, 무산소성 역치에 근접한 속도로 훈련하는 역치지구력 훈련, 역치속도보다 빠르게 훈련하는 과부하 훈련 등의 이론과 실제원리 및 훈련 방법을 구체적으로 제시하였다.

이번 파트 끝 부분에서는 스프린트 훈련의 이론을 살펴보고자 한다. 스프린트 훈련은 최대의 스프린트 속도를 강화하여 선수들이 경기를 보다 빨리 수행할 수 있게 하고, 또한 최대 스프린트 속도에 근접한 속도를 유지할 수 있도록 스프린트 강화훈련을 실시해야 하는데 구체적인 훈련 방법으로는 무산소 근지구력 향상 훈련, 무산소 신진대사율 증가, 근력과 힘의 강화로 구분할 수 있다. 이러한 스프린트 훈련 방법을 구체적으로 살펴보고자 한다.

1. 수영 훈련의 요소

1) 훈련 지속시간, 훈련 빈도, 훈련 강도

세계적 수준에 경영 선수들은 일반적으로 하루에 두 번씩 일주일에 6일 동안 훈련 하며, 1년에 10개월 이상을 훈련한다. 그러나 과학자들은 이보다 짧은 기간에 더 적은 훈련으로도 훈련 효과를 얻을 수 있다고 말하며, 개인이 훈련을 통해 얻을 수 있는 신체적 개발 능력 이상으로 강화시킬 수는 없다고 이야기한다. 이러한 주장을 펼치는 과학자들은 장거리 선수들의 경우 1주일에 20,000~30,000m 거리를 훈련해도 무방하다고 이론을 펼치고 있으나 현재 세계적인 선수들의 훈련 거리는 중거리 및 장거리 선수들의 경우 대부분은 매주 60,000~ 80,000m의 거리를 훈련하고, 연중 특정 훈련 기간 동안은 매주 총 100,000m을 초과하는 경우도 있다.

이와 같이 과학자들이 권장하는 훈련량과 실제 선수들이 훈련하는 거리에는 차이가 존재하며, 세계적인 수영선수들의 경우 실제로 훈련하는 거리와는 매우 큰 차이가 나타나기도 한다.

하루를 기준으로 한 최적의 훈련 횟수를 규정하는 문제도 과학자들과 선수들을 직접 지도하는 코치들 간의 개념의 차이가 분명히 존재한다. Costill 등(1991)의 연구에 따르면 4년에 걸쳐 1일 2회씩 매일 평균 10,000m 이상의 훈련 양을 소화한 선수들의 실제 기록 단축과 1일 1회씩 5,000m 이하로 훈련한 선수들을 비교한 결과 기록단축에서 별 차이가 나타나지 않은 것으로 보고하였으며, 또한, Mostardi 등(1975)의 연구에서도 1일 2회와 3회씩 훈련한 선수들과 1일 1회밖에 훈련하지 않은 선수들 간의 기록 단축과 관련해서 별 차이가 없는 것으로 나타났다.

이런 결과에도 불구하고 일반적으로 수영 코치들은 1일 2회 이상의 훈련을 매우 선호하며, 이러한 이유는 하루에 2번 또는 3번 걸쳐 중간 휴식 시간을 가지면서 훈련하면 훈련 양을 확대할 수 있고, 또한 선수들도 더욱 높은 강도로 더 많은 거리를 훈련 할 수 있다. 특히 오전에 지구력 훈련을 했다면 오후에는 빠른 지구력 및 스프린트 훈련을 수행할 수 있고, 스타트나 턴 훈련을 할 수도 있기에 훈련 시간과 빈도를 늘리는 문제는 효율적으로만 활용한다면 과학자들이 주장하는 1일 훈련 빈도나 훈련 거리, 훈련시간, 또한 주당 훈련 빈도, 훈련 거리, 훈련 시간 보다 높은 수준으로 훈련하는 것이 효율적이라고 생각한다.

따라서 현재로서는 지속적인 1일 2회 훈련방식이, 1일 1회 훈련으로도 유사한 결과가 나온다는 확실한 연구 결과가 나올 때까지는 효율적인 훈련방법인 것 같다.

훈련 지속 시간과 관련하여 또 다른 문제가 선수들의 1일 훈련 지속시간이다. 어떤 사람들은 1일 1시간 이상의 훈련만으로는 좋은 결과를 낼 수 없다고 제안하였다. 이 의견을 지지하는 연구도 있지만, 다른 연구 결과들은 1일 훈련시간이 길수록 이롭다고 제안한다.

주당 훈련 빈도와 관련해서 청소년과 장년층 수영선수들은 보통 매주 5~6일간 훈련한다. 반면, 주당 2~4일만 훈련하여 상당한 지구력 개선을 보았다는 연구도 있다. 이 결과에 근거하여 주당 2~4회 훈련이 더 많은 빈도의 훈련만큼 효과적일 수 있다고 제안하는 연구자도 있다. 가령, 한 연구 결과에 따르면 주당 2회 훈련이 주당 5회 훈련만큼의 최대산소섭취량을 향상시킨 걸로 나타났다(Fox et al. 1973).

훈련 강도와 관련해서 지금까지의 보고를 토대로 FTb(b형 속근섬유: 지근 섬유에 비해 빨리 피로해지고, 신속하고 폭팔적인 수축력을 나타냄) 근육섬유의 유산소 및 무산소 능력을 향상시키는데 빠른 수영이 매우 중요하다고 추정할지도 모르겠다. 빠른 수영도 지근과 FTa(a형 속근섬유: 지근 섬유보다 수축속도가 빠르며, b형 속근 섬유보다 높은 피로 저항력을 나타냄) 근육섬유의 무산소 능력을 향상시키는데 중요하다. 하지만 선수가 어떤 속도 역에 도달하는 경우에만 지근 섬유의 유산소 능력이 향상될 수 있다.

수영 선수들의 훈련 프로그램에 FTb 근섬유의 유산소 능력을 개선시키는 아주 빠른 지구력 훈련을 포함시킬 필요성을 있으며, 또한 지근과 FTa 섬유는 수영선수의 유산소 역과 무산소 역의 최대하(submaximal) 속도에서도 상당한 수준으로 단련될 수 있지만, FTb 근섬유의 유산소 능력을 향상시키려면 최대산소섭취량의

100%를 초과하는 속도가 필요할 것이다.

여기에서 주의가 필요하다. 유산소 지구력을 극대화시키려면 빠른 지구력 훈련이 필요하지만, 빠른 지구력 훈련을 장기간 너무 빈번하게 수행할 경우에는 산혈증, 및 근육 손상과 같은 좋지 못한 수행력으로 이어지는 빈도가 아주 높다는 점이다. 따라서 심한 산혈증을 예방하기 위해서는 훈련 세션에서 단기간 동안만 최대 산소섭취량의 100%를 초과하는 속도로 훈련해야 한다.

오래 훈련할수록 좋으냐? 아니면 빨리 훈련할수록 좋으냐? 하는 문제도 코치들에게 있어서 논쟁의 중심에 있다. 좋은 프로그램은 느린 수영, 중간 속도의 수영, 빠른 수영과 최고 빠른 수영의 균형을 기해야 한다. 총 거리보다는 바로 이 균형이 최대의 훈련 효과를 결정한다.

훈련 양이 많다고 해서 자동으로 성공하는 게 아니며, 빠른 훈련법이 하루에 적절한 거리를 훈련해야 할 필요성을 제거하는 것도 아니다. 스프린트와 레이스-페이스 훈련과 관련하여, 수영선수가 단지 더 많은 거리를 수영한다고 해서 빠른 수영을 보충할 수는 없다. 이런 유형의 훈련에서 가장 중요한 측면은 강도이며, 느린 속도로 더 많은 미터를 수영한다고 해서 동일한 유산소 및 무산소 지구력 향상을 유발하지는 못한다. 그와 동시에, 너무 강도 높은 페이스로 훈련하면 유산소 능력을 개선시키는 훈련 적응의 여러 가지 측면을 손상시킬 수도 있다.

적은 양의 지구력 훈련으로는 유산소 능력을 최대로 향상시킬 수 없다. 지구력 수행력을 극대화하고자 하는 선수는 훈련 시간의 대부분을 느린 지구력 훈련으로 구성해야 한다.

그와 동시에 과부하와 진행 원칙을 느린 지구력 훈련과 중간 속도의 지구력 훈련에 적용해야 유산소 능력을 최대로 향상시킬 수 있다. 속도 한계 수준 보다 빠른 속도로 수영하지 않고서도 과부하 할 수 있는 최상의 방법은 훈련 속도 대신 거리를 늘리는 것이다.

양과 질은 어느 한쪽을 다른 쪽으로 대체시키는 문제가 아니다. 수영선수의 완전한 발전을 위해서는 느린 지구력 훈련에서 아주 빠른 힘 훈련에 이르기까지 모든 유형의 훈련이 필요하다. 훈련 거리의 문제와 관련하여 매우 중요한 질문이 있다. 그것은 "유산소 지구력을 최대로 개선할 좋은 방안이 있는가?"

적정 훈련 거리는 과연 얼마나 될까? 이러한 물음에 정답은 없지만 전 세계의 많은 수영코치들이 일반적으로 설정한 훈련거리는 장거리 선수의 경우 주당

80,000~85,000m, 중거리 선수는 주당 60,000~70,000m, 스프린트 선수들은 주당 40,000~50,000m을 설정해왔다. 하지만 모든 범주에서 성공적인 선수들은 주당 그보다 크거나 적은 거리를 훈련한다. 가령, 몇몇 성공적인 장거리와 중거리 선수들은 각 시즌에 단기간 동안 주당 100,000m 이상 훈련한다. 그리고 최근 올림픽 장거리 경기 메달리스트들의 훈련을 조사해보니, 주당 40,000~50,000m의 적은 훈련으로 레이스를 준비해온 선수들도 있었다. 중거리와 스프린트 수영선수들의 경우에도 그와 같은 불일치가 발견되었다. 이 그룹에 속하는 몇몇 메달리스트들은 주당 겨우 30,000~40,000m의 수영으로 경영을 준비했고, 양을 초과하여 훈련하는 선수들도 있었다.

사람들이 최적의 주당 거리를 구축하는데 이용해온 한 가지 접근방식은 훈련을 위한 에너지 이용도에 기초한다. 훈련 시 근육 글리코겐 고갈과 대체 비율에 관한 유용한 정보에 따르면, 고강도 수영의 경우에 매 시간 이용되는 에너지를 대체하는데 10~16시간이 필요하다. 하지만 근육 글리코겐 수치가 낮더라도, 느린 속도로 지구력 반복 수영을 하고 아주 짧은 스프린트를 수행함으로써 효과적으로 훈련할 수 있다. 이 두 경우에는 하루의 훈련일정에서 글리코겐을 거의 사용하지 않을 것이므로, 이전 훈련 일에서 얻은 근육 글리코겐의 순 증가분을 그대로 간직한 채 하루의 훈련을 마무리할 수 있을 것이다. 또한 고갈된 근육 속의 글리코겐을 대체하는 동안 다른 근육군을 이용하는 수영 활동에 매진함으로써 훈련 거리를 늘릴 수도 있다.

2. 지구력 훈련 프로그램 원리의 이해

1) 무산소성역치 이론

무산소성역치 라는 용어는 본래 젖산생산과 젖산제거의 과정이 균형을 이루어, 근육에 더 이상의 순수 젖산 축적이 거의 나타나지 않는 최대 훈련 속도를 가리키는 개념이었다.

여러 해 동안 사람들은 운동선수들의 무산소성역치 속도를 구축하는 많은 시험방식을 개발해왔다. 어떤 사람들은 산소 측정을 포함시킨다. 또 어떤 사람들은 혈중 젖산의 양 또는 심박수 측정을 요구한다. 장시간의 수영과 짧은 휴식에 긴 세트의 반복수영도 무산소성역치 속도를 측정하는 방식으로 통용되었다.

무산소성역치에만 한정하는 훈련은 지구력을 향상시키는 가장 효과적인 방법이 아니다. 그러나 무산소성역치 속도는 다음과 같은 이유에서 유산소지구력 향상을 위한 효과적인 훈련방식이다:

①이 속도로 훈련하면 FTa와 지근섬유의 유산소 능력이 향상되는 반면, 그보다 느린 속도로만 훈련할 경우에는 FTa 근섬유의 유산소 능력이 그 정도로는 향상되지 않는다.

②선수들은 무산소성역치 속도로 산혈증과 그로인한 근육 손상을 유발하지 않고서 30~60분의 장시간 동안 계속 훈련할 수 있다. 그러므로 선수들은 그 과정을 개선할 수 있는 적응을 유발할 정도로 충분한 시간동안 유산소신진대사를 강화할 수 있어야 한다.

이런 이유로, 역치 속도의 훈련은 특히 속근섬유에서 유산소 지구력의 몇 가지 측면을 향상시키는 매우 효과적인 방법이다.

하지만 이 속도로만 훈련할 경우에는 유산소지구력의 향상을 극대화시키지 못한다. 산소를 근육에 전달하고, 근육 내에서 그 산소를 이용하며, 근육에서 젖산을 제거하는 과정을 긴밀하게 연결하기 위해서는 무산소성역치 속도보다 빠르고 느린 속도의 훈련이 필요하다. 지구력 강화를 낳는 수많은 훈련 적응은 너무 복잡하고 다양하여 한 가지 훈련 강도에만 선택적으로 반응할 수 없다.

무산소성역치 속도보다 빠르게 훈련하는 주요 이유 중 하나는 FTb 근섬유와 그보다 높은 역치의 FTa 근섬유의 유산소능력을 향상시키기 위함이다.

지구력 향상을 위해서는 무산소성역치 속도보다 느리게 훈련할 필요가 있다. 혈액 송출량, 지근섬유 주변의 모세혈관과 근섬유의 연접 강화, 지근섬유에서 미토콘드리아와 유산소효소의 증가와 같은 적응들은 중간 속도의 훈련에 가장 잘 반응한다. 너무 높은 강도로 훈련할 경우에는 이중 여러 가지 적응을 잃어버리는 선수도 있을 것이다.

무산소성역치 속도보다 느린 속도로 훈련하는 가장 중요한 이유는 무산소성역치이나 그 이상의 속도로 매일 훈련하다보면 결국 근육에서 글리코겐이 고갈될 수 밖에 없기 때문이다. 무산소성역치 반복 세트만 고집할 경우에는 근육 속의 글리코겐이 약 2/3까지 줄어들며, 그렇게 손실된 글리코겐을 대체하는데 24~36시간이 필요하다. 그러므로 근육의 글리코겐을 고갈시키지 않고서 무산소성역치 속도로 주당 3~4회 이상의 긴 반복 세트를 수행한다는 것은 불가능하다. 따라서 훈련 한계 방식이 최적의 지구력 훈련일지라도 이 방식을 자주 사용할 수가 없다. 선수들은 그보다 느리되 적당한 속도로 수영하여 지근섬유의 유산소 지구력을 향상시켜야 하며, 글리코겐을 대체하려고 노력하는 중에는 매일 지방은 더 많이, 근육 글리코겐은 덜 사용하는 방식으로 에너지를 구해야 한다.

2) 유산소성 역치 이론

유산소성 역치 이론은 훈련에 관한 무산소성역치 이론의 일부로 지근과 약간의 저-역 FTa 근섬유의 유산소지구력 향상을 유발할 정도의 최저속도를 가리키는 용어로 사용된다. 이 이론에 따르면 혈중 젖산이 최초로 휴식 수준 이상 증가하는 것은 훈련강도가 신진대사과정을 충분히 자극하여 유산소능력을 강화할 만큼의 적응을 유발하는 최저 훈련 속도이며, 이 속도는 일반적으로 최대에서 50%~60%의 산소섭취를 유발할 정도의 운동 강도에 해당한다.

유산소성역치는 정말 지구력훈련을 위한 최소 속도라는 개념을 확실히 하기에는 아직 관련 연구가 부족하지만 과부하 원리에 따르면, 사람의 1일 평균 활동 강도를 초과하는 운동 강도면 유산소 능력이 향상된다. 이와 마찬가지로, 1일 평균 수준의 운동 강도라고 할지라도, 1일 평균 시간을 초과하여 계속 운동할 경우에는 유산소신진대사가 향상될 것이다. 따라서 혈중 젖산 율을 처음으로 휴식수준 이상 증가시키는 운동 강도를 가리켜 유산소신진대사 향상을 위한 한계 속도라고 말할 수는 없다. 장기간동안 느린 속도로 훈련해도 유산소신진대사가 개선될 수 있기 때문이다. 그렇지만 유산소성역치는 지구력훈련에 효과적인 최소 속도를 가리키는 편리하고 효과적인 방법을 제공하기 때문에 유용한 개념이다. 혈중 젖산의 휴식수준 이상 증가는 유산소신진대사가 촉발되고, 운동을 여러 시간 동안 계속하지 않는 한 근육 글리코겐이 고갈될 확률도 줄어든다.

3) 지구력 훈련의 원리

수영선수가 지구력향상 목표를 달성하기 위해서는 3가지 수준의 지구력훈련을 이용해야 한다. 첫 번째 수준은 기본적인 기초 지구력훈련이다. 이 훈련은 무산소성 역치 속도보다는 느리되 유산소성 역치 훈련 속도보다는 빠른 속도의 훈련이다.

두 번째 수준의 지구력훈련은 역치 지구력 훈련이다. 이 훈련 방법은 무산소성역치에 근접한 속도로 훈련하는 것이다. 산혈증을 유발하지 않으면서 지근과 많은 속근 섬유에 유산소지구력을 과부하 시키는 무산소성역치 속도로 수영할 필요는 없기 때문에 무산소성역치에 근접한 속도라고 하였다. 이전에는 정확히 개인별 무산소성역치의 속도로 역치 지구력 훈련을 수행해야 함을 강조하였다. 하지만 최근에는 이런 정확성을 기하지 않아도 소기의 훈련 목표 달성과 함께 적응을 유발할 수 있음을 알게 되었다. 선수들은 그저 개인별 무산소성역치에 근접한 속도로 훈련하면 된다. 선수들이 매주 매일 충분한 시간동안 훈련한다면, 역치보다 약간 낮거나 높아도 훈련 효과는 비슷할 것이다. 코치들도 유산소지구력의 향상 정도를 평가하는 목적 외에는 선수들의 개인별 무산소성역치를 정확히 지적할 필요가 없다.

세 번째 수준의 지구력훈련은 과부하 훈련이다. 과부하 반복 수영은 역치 속도보다 빠르게 수행해야 한다.

4) 기초 지구력훈련

기초 지구력훈련에는 중간 속도의 장거리 수영이 포함되며, 수영속도가 최대이기 때문에 훈련에 대한 대부분 효과와 대부분의 근육적응이 지근섬유에서 나타난다. FTa 섬유의 참여는 적당한 수준이고, FTb에 미치는 훈련효과는 아주 미미하다.

이런 맥락에서, 기초 지구력훈련은 또 다른 중요한 목적에 기여한다. 지근섬유가 활동의 대부분을 수행하기 때문에, 속근 섬유가 이전의 보다 강도 높은 훈련에서 손실된 근육 글리코겐을 대체할 시간을 벌게 된다. 최소 속도로 기초 지구력 훈련을 수행하면, 지근섬유의 근육 글리코겐 공급이 대체될 수도 있다. 그 속도에서는 지방 신진대사가 더 많은 에너지를 공급하기 때문에, 하루의 훈련이 마무리될 무렵에는 지근섬유에 비축되는 글리코겐의 양이 훈련에서 사용된 양보다 훨씬 커진다. 수영세트의 길이와 평균속도에 입각한 기초 지구력 훈련 수영에서 소비되는 총 에너지의 50%~75%를 지방이 충당할 수 있다.

기초 지구력 훈련으로 얻을 수 있는 효과는 호흡 및 순환계를 통해 근육에 전달되는 산소 비율의 증가와, 지근섬유의 산소이용률 증가이다. 호흡계에서는 분당 최대호흡량이 증가하여 분당 교환되는 산소의 양이 많아지며, 순환계의 적응에는 폐 모세혈관의 증가, 혈액송출량 증가, 최대 심박출량 증가 등이 포함되어 분당 근육에 전달되는 산소의 양이 더 많아진다. 혈류도 증가하여 계속해서 쉽게 흐른다. 분당 활동 근육에 도달하는 혈액의 양이 증가하고 작용하는 근섬유 주변의 모세혈관 수도 증가하여, 분당 근섬유를 지나가는 산소의 양도 증가한다. 미오글로빈의 양도 증가하여 더욱 많은 산소가 지근섬유의 미토콘드리아에 전달되어 유산소 신진대사에 활용된다. 그와 동시에, 미토콘드리아의 수와 크기도 증가한다.

기초 지구력 훈련은 또한 작용하는 근섬유와 혈액에서 젖산을 제거하는 비율도 향상시킨다. 젖산 운반 단백질의 양이 증가하여 더 많은 젖산이 그 섬유에서 혈액으로 제거됨과 동시에 미토콘드리아 내에서 물질대사로 전환된다. 지근섬유에서의 젖산 보급도 개선될 것이다. 근육 모세혈관의 수치가 증가하면 그 근섬유가 이용할 수 있는 혈액이 더 많이 생성되어, 매분마다 더 많은 젖산이 근섬유에서 혈류로 전달될 것이다.

이러한 기초 지구력 훈련은 두 가지 측면에서 시즌 초기에 강조되어야 한다. 첫째, 기초 지구력훈련이 시즌 후반에 근섬유에서 이용될 수 있는 산소의 양을 증대시킬 것이다. 둘째, 지방 신진대사 비율의 증가로 지구력 세트를 수행할 때 글리코겐의 사용 빈도가 줄어들어, 선수들이 근섬유를 더 빨리 공급할 수 있을 것이다. 이 두 가지 적응이 시즌 후반에 수행해야 하는 더 강도 높은 훈련 양을 견뎌낼 수 있는 능력을 향상시킨다.

기초 지구력 훈련은 새로운 시즌마다 첫 8~12주 범위에서 폭넓게 이용하되, 그 기간 동안 총 훈련 거리의 60%~70%를 충당해야 한다. 선수들이 유산소 능력과 지방 신진대사 비율을 강화시킨 후에는 이 형태의 훈련 시간 배정을 총 훈련의 50%~60%까지 줄일 수 있다. 이 방식을 그보다 큰 역치 지구력 훈련과 과부하 지구력 훈련으로 대체할 수 있다.

기초 지구력 훈련의 중요한 실천 방법으로 점진적인 과부하의 원리를 이해하고 실제 훈련에 도입하는 것인데 유산소 능력의 지속적인 향상을 위한 기초 지구력 훈련의 양을 일별, 주별로 강화하는 것이다. 훈련 양을 점진적으로 강화하기 위해서는 반복 거리를 점차 늘린다거나 기초 지구력 세트에서 더욱 완전한 스트로크로 수영하되 스트로크와 킥을 줄이는 방식이 포함된다.

과부하를 유지하는 기타 방법으로는 기초 지구력 반복 수영을 더 빠른 페이스로 한다거나 각 반복 수영 후에 휴식시간을 줄이는 방법이 있다. 선수들은 이 방법을 이용할 때 본래 훈련효과에 변화를 일으키지 않도록 주의해야 한다. 시간이 흐르면, 그 반복 속도나 휴식 부족이 무산소성역치이거나 그 이상의 훈련강도를 초래하여, 훈련효과에 변화를 주고 훈련 스트레스를 가중시킬 수 있다.

5) 역치 지구력 훈련

역치 지구력 훈련에 의해 유발되는 특정한 훈련효과는 기초 지구력 훈련의 효과와 비슷하며, 특히 폐에서 근육으로의 산소 전달 능력이 개선되어 유산소 능력을 강화한다.

역치 지구력 훈련과 기초 지구력 훈련간의 가장 중요한 차이 중 하나는 역치 훈련이 적응을 확대하여 속근섬유의 산소 이용과 젖산제거 능력을 향상시킨다는 점이다. 또한 젖산의 생성과 제거가 균형을 이루어, 근육 손상을 최소화하면서 근육 pH의 심각한 저하를 예방하고, 모세혈관, 미오글로빈, 미토콘드리아, 그리고 근육에서 젖산 운반 강화를 위한 자극이 아주 높아진다.

역치 훈련은 기초 지구력 훈련보다 지근의 유산소 지구력도 향상시킨다. 역치 훈련의 강도가 지근 섬유를 근육에 많은 양의 젖산을 축적하지 않고 유지할 수 있을 만큼 최고 수준의 산소섭취와 젖산제거 속도로 작용시키기 때문이다.

역치 지구력 훈련의 주요 효과는 최대산소섭취량의 활용 퍼센티지 증가, 근육과 혈액에서 젖산제거율 증가, 지근과 속근 섬유 주변의 모세혈관 수 증가, 지근과 속근 섬유에서 미오글로빈과 미토콘드리아 증가를 기대할 수 있으며, 부차적인 효과로는 혈액송출량과 심박출량 증가, 혈액 양 증가, 폐 모세혈관 증가, 속근 섬유에서 최대산소섭취량 증가를 기대할 수 있다.

6) 과부하 지구력 훈련

과부하 지구력 훈련은 무산소성역치가 나타나는 속도를 넘어서는 속도로 수행해야 한다. 이런 종류의 훈련은 매우 무산소 지향적인 훈련으로 심각한 수준의 산혈증을 유발한다.

짧은 휴식기에 긴 수영 또는 반복 세트를 수행하는 이 훈련은 무산소성역치 속도보다 빠르게 수영하므로 FTb 섬유의 산소이용과 젖산제거 비율이 증가하고 지근 섬유와 FTa 섬유 내에 유사한 향상을 야기하기 때문에 이 범주에 포함시켰다. 과부하 지구력 훈련은 또한 이 세 가지 근섬유의 완충 능력도 향상시킨다.

과부하 지구력 훈련의 주요 효과는 FTb 섬유를 포함하여 단련된 모든 근섬유의 최대 산소 섭취량의 증가, FTb 섬유를 포함하여 단련된 모든 근섬유 주변의 모세혈관 수의 증가, FTb 섬유를 포함하여 단련된 모든 근섬유에 미오글로빈과 미토콘드리아의 양의 증가, FTb 섬유를 포함하여 단련된 모든 근섬유에서 젖산 제거 비율의 증가, 그리고 세 가지 근섬유의 완충능력 향상을 기대할 수 있다.

수영선수들은 수영 시즌의 모든 국면에서 일정한 과부하 지구력 훈련을 수행해야 FTb 근섬유를 포함하여 다른 섬유의 유산소 능력을 동시에 향상시킬 수 있다. 하지만 선수들이 기초 및 역치 지구력 훈련으로 자신의 유산소 능력을 상당히 향상시킬 때까지는 과부하 지구력 훈련에 역점을 두어서는 안 된다. 중요한 경기가 펼쳐지기 4~6주 전에 이 훈련에 역점을 두기 시작하여 경영을 펼치기 전에 소기의 훈련 적응 효과가 나타날 충분한 시간을 벌어야 한다.

역치 훈련과 마찬가지로 과부하 지구력 훈련이 근육의 글리코겐 공급을 급속히 고갈시킬 수 있다. 역치 훈련보다 FTb 섬유의 사용량이 커지기 때문에 훨씬 빨리 고갈될 것이다. 또 다른 문제는 과부하 지구력 훈련에 따른 심각한 산혈증이 근육 손상을 야기할 수도 있다는 점이다. 그러므로 1회 또는 2회 연속 세트의 과부하 지구력 훈련 다음에는 1.5~3일간의 보다 쉬운 훈련으로 근섬유의 근육 글리코겐 대체와 근육조직의 회복을 도모해야 한다. 이런 이유로, 매주 단기간동안 과부하 속도로 여러 번 수영할 수 있는 선수라고 할지라도 매주 1~2회에 한정하여 주요 과부하 지구력 세트를 계획해야 한다.

7) 특별한 지구력 훈련

(1) 저산소 훈련(Hypoxic Training)

저산소 훈련은 산소 공급량이 줄어드는 제한된 호흡 패턴으로 반복 거리를 수영하는 것을 의미하며, 저산소증(hypoxia)은 혈액과 신체 조직에 산소 공급 저하를 가리키는 용어이다. 저산소 반복 수영 시에는 평소처럼 각 스트로크 주기에 한 번씩 호흡하지 않는다. 그 대신 1회 이상의 스트로크 주기 동안 호흡을 참고 나서 호흡한다.

저산소 훈련을 통해 얻을 수 있는 효과는 호흡을 참는 능력을 높일 수 있으며, 저산소 훈련은 폐포에 이산화탄소가 증가하는 소위 탄산과잉 상황을 유발하기 때문에 이것으로 인해서 강한 호흡 욕구를 유발한다. 선수가 레이스 시에 호흡을 참기 어려운 상황은 산소 감소가 아니라 이산화탄소의 증가가 원인으로 작용하여 공기를 갈망하게 되는 것인데 잦은 호흡 참기가 이런 욕구에 대한 저항을 강화하여, 선수가 더 적은 호흡으로 레이스를 수행하게 되는 것이다. 그래서 저산소 훈련이 자유형 스프린트 선수와 접영 선수들에게 유용한 훈련 보조 방식이 될 수 있는 것이다. 배영선수도 레이스에서 수중 돌핀킥을 이용할 경우에는 저산소 훈련으로 이득을 볼 수 있다. 평영선수들은 턴을 할 때만 호흡을 참기 때문에 저산소 훈련이 필요 없다.

호흡 횟수를 줄이면 레이스 수영 능력을 급속히 발전시킬 수 있다. 단지 몇 주만 호흡 참기 훈련을 해도 근육에 이산화탄소가 쌓여 유발되는 호흡 욕구를 무마시키는 능력을 향상시킬 수 있다고 한다.

위와 같이 저산소 훈련의 장점은 찾는 것은 중요한 일이지만 오히려 선수들에게 호흡을 제한하면 사실상 전반적인 유산소 훈련 효과가 떨어질 수 있고, 특히 장거리 수영 또는 많은 반복 세트 시에 호흡을 줄일 경우에는 어쩔 수 없이 수영 속도를 늦춰야 한다. 산소 공급이 저하되면 더 많은 젖산 생성을 유발하여, 결국 느린 속도에서도 더 많은 산혈증을 초래할 수 있고 이로 인해서 제한된 호흡으로 장거리를 주파하려고 시도하는 선수들은 규칙적으로 호흡하는 선수들보다 더 느리게 수영할 수밖에 없다. 결국 느리게 수영하면 스트로크 자세와 효율이 떨어질 수밖에 없다. 저산소 훈련 이후 다시 일상적인 훈련 속도로 수영하려고 해도 빈번하게 심한 산혈증이 유발되어 근육 조직이 회복되기는커녕 더 빠른 속도로 손상될 것이다. 그리고 머지않아 체력, 속도 및 지구력이 심하게 불균형을 초래할 것으로 생각한다.

따라서 저산소 훈련은 생리학적으로 많은 스트레스를 주기 때문에 시즌 중에 주당 며칠만 수행하기를 권장하는 바이다. 스프린트 선수들이 거의 매일 호흡 제한 훈련으로 호흡을 참는데 역점을 두고자 할 때는 시즌 초반 3~4주를 선택하여 탄력적으로 실시해야 한다. 탄산과잉에 대한 민감도가 떨어진 후에는 매주 1~2회의 짧은 호흡 참기 훈련 세트로도 그 훈련 효과를 나머지 시즌동안 유지할 수 있을 것으로 본다.

(2) 폐색 훈련(Occlusion Training)

최근에 새로운 지구력 훈련 프로그램으로 폐색훈련이 도입되었는데 이 방식은 상완 또는 대퇴부 윗부분을 고무나 가죽 끈 같은 장치로 꽉 묶어서 혈액공급량의 일부를 폐색 또는 차단시키는 것이다. 이 훈련의 이론적 근거는 혈류를 줄여 근육에 전달되는 산소와 영양 공급량을 줄이면 훈련에 대한 근육의 적응이 향상된다는 것이다. 싸이클 선수와 보디빌딩 선수들을 대상으로 지구력과 체력 훈련을 목적으로 한 폐색 훈련의 효과를 조사하였는데 연구 결과는 비교적 양호하였다. 이런 연유로 몇몇 전문가들은 양팔이나 다리에 밴드를 감고 훈련하면 일상적인 비-폐색 훈련에 비해 지구력과 체력이 훨씬 많이 향상될 수 있다고 제안하였다.

이런 결과들에 따라, 일상적인 비-폐색 훈련보다 폐색 훈련으로 여러 가지 유산소 및 무산소 훈련 효과를 더 효과적으로 유발할 수 있다고 주장하는 사람도 있을 것이지만 일상적인 수영 훈련에서는 다음과 같은 사항이 고려되어야 하겠다.

첫 번째는 수영과 관련하여 폐색 훈련을 반대하는 가장 큰 이유는 근육에 미치는 영향 때문일 것이다. 폐색 훈련은 다리와 팔의 근육에만 영향을 미친다. 선수들은 각 대퇴부 상단이나 각 팔의 어깨 바로 밑에 순환을 제한하는 밴드를 착용한다. 이는 수영선수에게 대부분의 추진력을 제공하는 양어깨, 몸통, 등과 엉덩이의 큰 근육은 폐색의 영향을 크게 받지 않는다는 말이다. 그래서 경영에서 대부분의 활동을 수행하는 근육의 혈액 공급량은 줄어들지 않는다.

두 번째는 폐색 훈련은 장기 훈련과 관련하여 부정적인 효과를 더 많이 유발한다. 근육 글리코겐의 사용이 빨라지기 때문에 대체 시간을 벌려면 더 많은 회복 수영이 필요하다.

그러면 주별 평균 훈련 강도가 저하되고, 선수들도 과부하 및 레이스-페이스 세트를 자주 수행할 수 없을 것이다. 근육 글리코겐 양이 낮을 때 강도 높은 훈련을 시도하면 근육 조직의 일부를 잃게 되어, 결국 체력과 힘이 저하될 것이다. 높은 젖산 축적율도 근육 손상의 원인으로 작용하여, 주별 회복 훈련양이 더 많아질 것이다.

세 번째는 수영 선수들은 비 폐색 방식의 고강도 훈련만으로도 폐색 훈련의 결과와 같은 향상을 유발할 수 있고 또한 여러 가지 측면에서 고강도 훈련이 더 효과적일 수 있다. 고강도 훈련이 더 효과적인 이유는 선수들이 경쟁에서 사용하는 속도에 근접한 빠른 속도로 훈련할 수 있지만 폐색 훈련 시에는 추가 에너지 사용과 젖산 축적 때문에 더 느리게 수영할 수밖에 없다. 따라서 느린 속도와 느린 스트로크 비율로는 경영의 스트로크 비율과 페이스를 유지하지 못한다.

네 번째는 일상적인 훈련에 비해 지구력-지향의 폐색 훈련이 근력과 무산소적 힘을 감퇴시킬 수 있다. 체력과 무산소적 힘의 손실이 속도 손실로 이어져 중거리와 스프린트 선수들에게 치명적으로 작용할 수 있다.

마지막으로는 폐색 훈련은 수영 훈련 시 젖산 생성과 제거의 섬세한 균형을 무너뜨려, 느린 속도에서도 더 많은 젖산이 유발되고 근육에서 제거되는 젖산 비율은 떨어질 것이다.

수영 선수들에게 있어서 느린 스트로크 비율로 힘을 적게 들여 수영하는 것보다는 빠른 스트로크 비율로 실질적인 근력을 적용할 때 더 많은 무산소 신진대사를 촉진시킨다. 결국, 폐색 훈련은 경영 선수들에게는 맞지 않는 방식으로 일부 다른 종목 선수들에게는 효과가 있을지 몰라도 수영선수들에게는 추천될 수 없으며, 고려해야 할 훈련 방법이 아니라고 생각한다.

3. 스프린트 훈련 프로그램 원리의 이해

1) 스프린트 훈련의 목적

수영 선수들이 스트로크의 역학적 원리를 이해하고 동작의 개선을 통해 신체저항을 최소화하여 속도를 향상시킬 수 있는 능력을 기르는 것은 매우 중요한 일이다. 이와 마찬가지로 실제 경기에서 최대 스프린트 속도에 근접한 속도를 유지할 수 있는 능력을 기르는 것과 최대의 스프린트 속도를 강화하여 선수들이 레이스를 보다 빨리 펼칠 수 있게 하는 능력을 개발하는 것도 매우 중요한 문제이다. 따라서 이 파트에서는 스프린트 속도 강화와 관련하여 무산소 파워의 개선과 무산소 근지구력 개선을 위한 과학적인 원리를 이해하고 실제 훈련 방법에 어떻게 적용하는지에 관한 구체적인 내용을 살펴보고자 한다.

(1) 무산소 파워 및 근지구력 개선

스프린트 훈련의 첫 번째 목적은 무산소 파워를 높이고 개선하는 일이다. 수영에서 무산소 파워의 개념은 호흡을 하지 않고 최대 운동 능력을 발휘해서 기록을 단축시키기 위한 신체적 능력으로 표현할 수 있으며, 이러한 능력은 실제 경기에서 자유형, 배영, 접영 종목에서 스타트와 턴 후에 15미터 지점까지 최대 스피드로 수중 동작을 만들 수 있는 능력을 만드는 훈련과도 상관있다. 그동안 수영선수들을 위한 무산소 파워를 측정하는 방법이 몇몇 학자들을 통해서 소개는 되었지만 유산소 능력을 산소섭취량으로 측정하는 방법처럼 무산소 힘을 수량화하는 적절한 방법을 찾지 못했다. 경우에 따라서 제안된 테스트에는 수직점프, 평지와 언덕에서 스프린트 달리기 시험, 빠른 계단 오르기와 빠른 사이클 테스트 등이 있기는 하나 이러한 테스트는 수영 선수들을 위한 최적화된 측정방법은 아닌 것으로 평가할 수 있으며, 이중 어떤 테스트도 최대 무산소 신진대사 비율의 정확한 수치를 제공하지 못하고 있다고 평가한다. 그러나 최대 속도로 100m를 수영 한 후 최대 젖산값을 산출하는 방식으로 무산소 파워를 측정하는 테스트는 다소 설득력이 있다.

경영 영법에서 평영을 제외하고 나머지 프론트 크롤, 배영, 접영은 양팔이 주도하는 활동이다. 아마도 무산소 힘을 평가하는 최상의 절차는 바로 25m와 50m에 대한 수영선수의 속도를 테스트하는 방법일 것이다.

경영 종목에서 무산소성 파워를 발휘하여 경기를 운영하는 세부 종목은 거의 없다. 국제적인 대회에서 공식적인 25미터 경기는 존재하지 않으며, 최단거리인 50미터 경기에서도 개인차는 있지만 선수들은 호흡을 할 수 밖에 없다. 따라서 무산소 파워를 개선하기 위해서는 스타트와 턴, 그리고 피니시에서 보다 적은 호흡을 통해 스피드를 높이고 기록을 단축하면서 반복 훈련하는 방법을 통해 점차적으로 호흡의 빈도를 줄이고 이러한 경기 방식이 익숙해지도록 훈련을 거듭하는 것이 중요하다.

스프린트 훈련의 두 번째 목적은 어떤 선수가 스프린트 경기에서 규정된 거리 동안 유지할 수 있는 최대 무산소 힘의 퍼센티지(%)를 향상시키는 것이다. 이를 무산소 근지구력이라고 한다.

유산소와 무산소 근지구력를 구별하기는 어렵다. 두 가지 모두에 산소 전달, 산소 이용, 젖산 제거율 및 완충능력 향상이 포함되기 때문에 양자가 사실상 같다고 해도 무방할 것이다. 하지만 이 두 가지 형태의 지구력은 특정한 경기 대비 훈련과 관련하여 미묘하지만 매우 다르다. 중거리 경기 선수들은 먼저 산소 섭취량과 젖산 제거율 향상을 강조하고, 그 다음에 완충능력 개선을 강조하는 무산소 훈련을 수행해야 한다. 이 선수들의 반복 세트는 그런 역학의 대부분이 높은 수준의 기능을 발휘할 정도가 될 때까지 충분히 길어야 한다. 반면, 스프린트 선수들에게는 먼저 환충 능력 향상을 강조하는 훈련이 필요하다. 물론, 산소섭취량과 젖산 제거율 강화도 좋지만, 이런 효과는 환충 능력 개선에 비하면 부차적인 효과이다. 스프린트 선수는 일반적으로 1분 내에 경기를 완료하기 때문이다. 그래서 유산소 근지구력과 별개로 무산소 근지구력을 정의한 것이다. 스프린트 선수들에게는 완충 능력 향상이 중요하기 때문이다. 이 목표를 달성하는 최선책은 유산소 근지구력 향상을 위해 이용되는 긴 무산소 세트보다는 짧고 강도 높은 세트이다.

무산소 근지구력은 훈련에 관한 생리학적 문헌들에서 정의하는 '무산소 능력'에 상응하는 개념이다. 앞에서 언급한대로 완충 능력이 특히 스프린트 레이스에서 무산소 근지구력에 기여하는 주요 요인이다. 물론, 젖산제거도 분명 상당한 역할을 한다.

무산소 파워와 마찬가지로 무산소 근지구력을 측정하는 보편적인 방법 또한 없다. 이를 측정하려는 시도로, 1~2분간 전력을 다하는 코스에서 최대 힘 산출량 또는 속도의 감소비율을 측정하는 테스트를 들 수 있다. 이 테스트에서는 대상들이 최대의 노력으로 시작하여, 지치거나 심한 산혈증을 유발할 만큼의 정해진 활동양을 완료할 때까지 페이스 조절 없이 원래 속도를 계속 유지한다. 그런 다음 테스트 거리를 기준으로 힘 또는 속도의 감소량에 따라 무산소 근지구력을 결정한다. 이런 테스트의 문제점은 동기부여 여부가 상당한 영향을 미친다는 점이다. 산소부족 측정으로 그럴듯한 결론을 내린 경우도 있다. 100m 또는 200m 스프린트 시리즈에서 10mmol/L의 혈중 젖산농도를 유발하는 속도도 수영에서 무산소 근지구력의 변화를 측정하기 위해 이용된 방식이었다

2) 스프린트 훈련의 유형 및 방법

스프린트 훈련이 무산소 파워와 무산소 근지구력이란 두 가지 목적을 달성하기 위한 훈련임을 감안할 때 스프린트 선수들은 다음과 같이 세 가지 유형의 훈련을 이용할 수 있을 것이다. 첫 번째 유형은 젖산 내성 훈련이다. 이 훈련의 목적은 완충능력과 무산소 근지구력 향상이다. 두 번째 유형은 젖산 생산 훈련이다. 이 훈련의 목적은 무산소 글리콜리시스 비율의 개선이다. 세 번째 유형은 근력과 힘을 강화하는 파워 훈련이다.

(1) 젖산 내성 훈련

젖산 내성 훈련을 통한 기대 효과는 근육 완충능력을 강화하고, 심한 산혈증에도 불구하고 본래 스트로크와 수영 속도를 유지하는 능력을 향상시키며, 산혈증의 고통을 견디는 능력을 향상시킬 것으로 본다. 이와 함께 단련된 근섬유에 저장되는 글리코겐, ATP와 CP의 근육 농도 증가, 근육과 혈액으로부터 젖산 제거율의 증가가 포함된다. 젖산 내성 훈련은 FTb 근섬유의 산소섭취역학을 자극하므로 최대 산소섭취량도 다소 향상시킬 것이며, 또한 무산소 신진대사율이 증가할 것으로 기대한다.

젖산내성훈련의 목표는 작용하는 근섬유에 심한 산혈증을 유발하여, 그 근섬유가 더 많은 완충제를 저장하여 젖산을 더 효과적으로 처리하게 만드는 것이다. 그와 동시에, 선수들은 또한 산혈증에 직면한 상태에서도 높은 수준의 노력과 효율적인 스트로크 역학을 유지하는데 집중해야 한다. 신체보다는 정신훈련에 가까운 이 훈련은 적어도 두 가지 방식으로 선수들에게 유익하게 작용한다. 첫째, 선수들이 산혈증의 고통에 덜 민감해진다. 둘째, 적절한 몸 상태를 만들어서 양팔이 미끄러지면서 물을 헤쳐가고, 스트로크 타이밍을 놓치고, 스트로크 당 너무 많은 거리를 빼앗기거나 스트로크 당 거리를 유지하려고 턴오버 비율을 줄이는 것과 같이, 심한 산혈증에 동반되는 흔한 실수를 범하지 않게 된다.

수영 훈련 자체가 최상의 젖산내성훈련이며, 근육 완충 능력을 향상시키는 훈련 효과는 훈련에서 주로 이용되는 근섬유와 주변에서만 나타난다. 또한 젖산내성 수영 시의 훈련 속도는 최대심박수를 유발할 정도로 충분해야 하고, 젖산농도가 최대에 근접해야 한다.

젖산 내성 훈련에 대한 신체 적응은 급속하게 나타난다. 근육 완충 능력은 4~6주 내에 상당할 정도로 개선될 수 있다. 그러므로 중요한 경기를 위해 테이퍼링하기 전 4~6주까지는 젖산 내성 훈련에 역점을 둘 필요가 없다. 그때까지는 과부하 지구력 훈련으로 완충 능력과 통증내성을 개선하면 된다. 젖산 내성 훈련은 스프린트 경기 선수들에 한하여 시즌 후반에 역점을 둘 것을 권장하는 바이다.

젖산 내성 훈련의 결과로 나타나는 증상은 산혈증이 매우 심하고, 조직 손상이 너무 퍼져서 지구력과 힘을 잃을 수 있다. 또한 너무 자주 수행할 경우, 젖산 내성 훈련이 내분비선과 면역체계의 반응을 약화시킬 수도 있다. 이런 체계의 기능이 저하되면 회복률 저하, 훈련과 경쟁에 대한 욕구 상실, 그리고 바이러스 감염 및 근육과 관절 부상 발생 비율 증가로 이어질 수 있다.

스프린트 선수들이 속도와 무산소 능력 강화에 역점을 두어 젖산 내성 훈련을 할 경우, 시즌 초반에는 매주 한 개의 작은 세트에 한정하고 시즌 중반에는 1~2 세트의 짧은 세트로 제한해야 한다. 이 시기에 젖산 내성 세트를 주당 2회 할 수도 있으나 4~6주에 한정해야 한다. 스프린트 선수들은 이 짧은 시기에 완충 능력을 상당히 강화할 수 있으며, 젖산 내성 훈련을 중간 수준으로 유지하면 포화상태나 과도 훈련의 가능성이 줄어들 것이다.

젖산 내성 훈련 시에는 글리코겐 사용 비율이 빠르고, 근섬유, 특히 속근섬유에서 손실되는 양이 상당할 것이다. 그래서 젖산 내성 훈련 시에 일부 속근섬유에서 글리코겐이 고갈될 수 있다. 하지만 세트가 짧고 자주 시행하지 않거나 연달아 시행하지 않을 경우, 역치 및 과부하 지구력 세트와 같이 수행하지 않을 경우에는 글리코겐이 고갈되지 않을 것이다.

젖산 내성 훈련을 위한 반복 훈련은 훈련강도와 훈련횟수가 가장 중요한 요소인데 실제 선수들은 훈련에서 세 가지 일반적인 방식을 이용하여 산혈증을 촉진할 수 있다. 첫째는 100미터 이상의 반복세트를 아주 빠른 속도로, 각 반복 후에 긴 휴식을 갖는 방식으로 수영하는 것이다. 이 유형의 반복세트를 긴 휴식 긴 스프린트(long sprints with long rest)라고 한다. 두 번째는 각 수영 후에 산혈증에서 회복하지 않을 만큼, 중간 정도의 휴식간격에 25미터 이상의 반복 세트를 수영하는 것이다. 이 유형의 세트를 중간 정도 휴식 스프린트(sprints with medium rest)라고 한다. 세 번째 방식은 단속적인 수영(broken swims)으로, 아주 짧은 휴식간격에 작은 시리즈의 반복세트를 수영하는 것이다. 이 방식을 짧은 휴식 스프린트(sprints on short rest)라고 한다. 이러한 세 가지 유형의 반복훈련 내용은 다음에서 구제척으로 설명하고자 한다.

첫 번째, 긴 휴식, 긴 스프린트 반복 훈련이다. 긴 휴식간격 긴 스프린트 수영은 반복할 때마다 심한 산혈증이 유발되므로 완충능력이 향상된다. 선수들이 다음 수영 전에 근육에서 상당량의 젖산을 제거하고 근육 pH를 다소 보충할 시간을 벌기 위해서는 적어도 5~10분간 휴식이 필요하다. 그렇지 않을 경우에는 이어지는 반복세트에서 산혈증을 더 촉진할 만큼 빨리 수영하지 못한다.

이 방식의 젖산 내성 반복 수영은 여러 가지 장점을 가지고 있다. 이 세트는 심한 산혈증을 여러 번 유발하는 만큼 완충능력 강화 시간이 배가된다. 반복 속도가 레이스 속도에 가깝기 때문에 선수들도 레이스와 유사한 호흡 패턴을 이용하고,

좋은 턴을 수행하며, 본래 스트로크를 유지하고 고통스러운 산혈증의 영향에 맞서 싸우는데 집중할 수 있다.

이 반복세트에 가장 적합한 거리는 100m와 200m이다. 이 거리가 소기의 훈련 효과를 양산하는 최소 거리이기 때문이다. 이 거리는 짧지만 심한 산혈증을 유발할 만큼 길기 때문에 특정한 훈련 세션 시에 여러 번 반복 수영할 수 있다.

두 번째, 중간 정도의 휴식 간격 스프린트 반복 훈련이다. 이 두 번째 방식에서는 선수들이 중간 정도의 휴식 간격을 유지하면서 일련의 반복세트를 수영한다. 휴식 간격이 충분히 길기 때문에 역치 속도보다 빠르게 수영할 수 있다. 하지만 반복 간에 산혈증에서 알맞게 회복할 정도로 길지는 않다. 앞 세트와 비교하여 이 세트의 주요 장점은 지정 시간 안에 더 많은 반복 세트 또는 더 적은 시간 안에 같은 수의 반복 수영을 할 수 있다는 점이다. 중간 휴식 간격의 스프린트도 심한 산혈증의 조건에서 근육 완충제를 강화하고 레이스 기술을 실습할 수 있는 기회를 제공한다.

어떤 반복 거리도 중간-휴식 스프린트로 활용할 수 있으나, 반복 속도가 레이스 페이스에 가깝기 때문에 레이스 거리의 절반이나 레이스 거리 이하의 반복 거리를 제안한다. 일반적으로, 스프린트 선수들은 이 세트에서 25, 50, 75와 100m 거리를 반복한다.

세 번째, 짧은 휴식간격 스프린트 반복훈련이다. 이러한 짧은 휴식간격 스프린트에서는 회복시간을 아주 짧게 유지함으로써 산혈증을 유발한다. 선수들은 이 유형의 세트를 단속 수영 방식으로 수행하여, 아주 짧은 휴식을 취하면서 세트 거리를 일련의 단거리 수영으로 완료한다. 완충 능력 개선은 근육에 축적되는 젖산의 중합효과에서 기인하며, 이에 따라 여러 번의 반복 수영 후에 심한 산혈증으로 이어진다.

짧은 휴식간격에 완료되는 단속 수영 스프린트는 동기를 유발하여, 짧은 연습시간으로도 완충능력 향상 목표를 달성할 수 있다.

(2) 젖산 생산 훈련

젖산 생산 훈련은 무산소 파워의 향상을 위해 최대에 근접하는 속도의 짧은 스프린트로 구성되며, 4~8주의 훈련으로도 무산소 신진대사율을 상당히 개선시킬 수 있고, 최대 스프린트 속도의 증가를 이룰 수 있다. 또한 젖산 생산 훈련에 따른 부가적인 효과는 단련된 근섬유에 저장되는 ATP와 CP 양이 증가하며, ATP에서 방출되는 에너지 비율의 증가와 ATP가 크레아틴 인산염에 의해 재순환될 수 있는 비율이 증가한다. 그리고 빠른 수영속도에서 신경근육 공조 향상이 일어나며, 작용하는 근섬유에 젖산이 급속한 비율로 축적되고 그로 인해 근육 pH가 적당히 감소되기 때문에 완충능력 향상에도 도움이 된다.

이런 생리적 적응으로 인해 단거리에 대한 선수들의 최대 스프린트 속도가 향상될 것이다. 또한 최대속도 향상은 선수들에게 편안한 속도를 제공한다는 점도 기억하기 바란다. 달리 말해서, 선수들이 긴 레이스를 더 적은 노력으로 더 빠르게 주파할 수 있다는 뜻이다.

현재로서는 젖산 생산 훈련에 가장 적합한 훈련 방식은 물속에서 직접 수영하는 것이다. 더욱이, 수영선수들은 자신이 훈련하는 스트로크로 이 훈련의 양을 소화해야 한다. 무산소 신진대사율은 선수들이 이용하는 근섬유에서만 증가할 것이다. 따라서 선수들은 경기 시에 사용할 근섬유를 훈련을 통해 적응시켜야 한다.

시즌의 모든 단계에서도 수영을 통해 적당량의 젖산을 생산해야 하지만, 무산소 신진대사율을 강화하기 위해서는 시즌 초기에 이런 형태의 스프린트 훈련에 역점을 두어야 한다. 물론, 많은 양의 기초 지구력훈련을 수행하더라도 그 비율을 향상시킬 수 있을 것이다. 하지만 기초 지구력훈련 시에는 속근섬유가 많이 이용되지 않으므로, 이 섬유의 수축 속도가 저하될 것이다. 반면, 젖산 생산 훈련 시에는 속근섬유의 개입이 두드러져 수축 속도와 힘이 증가한다.

시즌 중반에 상당량의 젖산 생산 훈련이 또한 역치 및 과부하 지구력 훈련을 많이 수행할 때 나타날 수 있는 무산소 신진대사율의 저하를 줄일 수 있다. 이 강도의 지구력 훈련은 근육 수축 속도를 저하시키는 경향이 있으며 젖산 생산 훈련이 그런 경향을 상쇄시킬 수 있다. 마지막으로, 젖산 생산 훈련은 선수들이 스프린트 속도를 향상시키려고 노력하는 시즌 후반에 훈련 일정의 중요한 부분이 되어야 한다.

젖산 생산 훈련은 빠른 무산소 신진대사를 야기하기 때문에, 글리코겐 사용 비율이 높다. 그럼에도 불구하고, 작용하는 근섬유에서 손실되는 글리코겐의 양은 적을 것이다. 각 반복 길이와 세트의 거리가 비교적 짧기 때문이다. 그래서 이런 유형의 세트 간에 근육 글리코겐 대체를 위해 시간을 벌 필요가 없다. 근육 손상도 최소화될 것이다. 따라서 회복 시간은 문제가 되지 않는다.

젖산 생산을 훈련 방법에서 선수들에게 있어서 반복세트를 완료하기 전에 에너지방출 비율의 감소를 초래하지 않을 정도로 짧되, 이 체계를 완전하게 작용시킬 만큼 긴 반복 수영으로 무산소 신진대사율을 향상시킬 수 있다. 젖산 생산 반복에 적합한 최상의 거리는 25m와 50m라는 뜻이다. 대부분의 수영선수들은 이 거리의 반복에 9~30초가 소요되는데, 심한 산혈증을 야기하지 않고 무산소 신진대사를 촉진하는 목표에 적합한 이상적인 시간이다

반복간 회복시간은 각 반복 수영에 필요한 시간보다 훨씬 길어야 한다. 긴 휴식이 수영 시에 유발된 대부분의 젖산을 근육에서 제거하여 운반하는 시간을 제공하기 때문에, 다음 반복으로 넘어갈 때 무산소 신진대사의 부산물이 쌓이는 현상은 나타나지 않을 것이다.

수영선수들이 어떤 훈련 세션에 포함되는 모든 유형의 훈련을 소화할 충분한 시간을 가지고 있는 경우에 젖산 생산 세트의 각 스프린트 후에 4분 이상의 휴식을 제공하는 것은 좋지 않을 것이다. 그래서 출발시간 1.5~3분으로 수영하는 젖산 생산 세트는 300~600m 이상이 되면 안 된다. 이 범위의 세트 거리는 심각한 산혈증을 그리 오래 유발하지 않고서 훈련효과를 내기에 충분한 길이다.

수영선수들은 한 훈련 시기에 300~600m의 젖산 생산 세트를 여러 번 수행할 수 있어야 한다. 하지만 이어지는 세트는 5~15분 회복시간을 가질 때까지 시작해서는 안 된다. 최상의 결과를 야기하는 1일 젖산 생산 훈련 야드나 미터 수치에 대한 연구는 아직 없다. 최선의 규칙은 선수들이 거의 동일한 시간 안에 반복세트를 수영할 수 있는 한 이 세트를 계속해도 좋다는 것이다. 그러나 피로 때문에 속도가 느려지면 멈춰야 한다.

수영선수들이 이해하기 가장 어려운 개념 중 하나가 젖산 생산 반복 시에 산혈증의 고통을 피해야 한다는 점이다. 산혈증이 실제로 무산소 신진대사율을 떨어뜨리기 때문에, 젖산 생산 훈련의 목적에 위배된다는 것이다. 산혈증이 심해지면, 젖산 생산 훈련이 젖산 내성 훈련이 된다. 그러면 훈련 효과가 무산소 글리콜리시스 비율의 증가에서 완충능력 향상으로 바뀐다. 어찌 보면 합리적인 추론인 것 같지만, 이 추론을 뒷받침할 연구가 없다. 이 문제에 대한 몇 가지 연구에 따르면, 30초 이상의 스프린트가 그보다 짧은 스프린트에 비해 무산소 글리콜리시스의 비율을 효과적으로 향상시킨다.

젖산 생산 훈련을 위한 훈련 속도는 높은 비율의 무산소 신진대사를 촉진할 만큼 아주 빨라야 한다. 이 훈련을 위해서 선수들은 25m 보다는 50m 이상에서 최대 속도의 80% 이상의 속도로 스프린트 반복을 완료해야 한다. 젖산 생산 훈련에 적

합한 수영속도를 달리 표현할 수도 있다. 선수들은 25m는 최고기록의 1~2초 내에, 50m 스프린트는 최고 기록의 2~3초 내에서 수영해야 한다는 것이다.

(3) 파워 훈련

파워 훈련은 경영에서 발휘되는 근섬유의 수축력과 속도를 강조하는 초반 스프린트로 구성된다. 파워 훈련의 목적은 스트로크 파워의 향상이다. 따라서 이 훈련을 통해 근력 향상을 가져올 것이며, 신경체계가 근섬유들의 수축을 촉진하도록 도울 것이고, 또한 촉진된 그 근섬유들의 수축 속도를 증가시킬 것으로 본다.

수영선수들은 육상 또는 수중 파워 훈련으로 이런 역학들을 향상시킬 수 있다. 스트로크 파워 향상을 위한 전통적인 기술은 육상 훈련, 특히 웨이트 트레이닝을 중심으로 구성되었다. 이 방식은 단련된 근섬유의 파워를 향상시키는 데는 효과적이지만, 그 개선율을 경영에 적용하는 데는 한계가 따른다. 파워 스트로크는 근섬유들의 힘 개발 비율뿐만 아니라 그 근섬유들을 일정한 수영 스트로크에 적절한 순서로 재순환시키는 중추 신경계의 능력에서도 기인하기 때문에 완전한 적용은 나타나지 않는다. 스프린트 수영이 그 재순환 패턴을 향상시키는 유일한 방법이다. 스프린트 수영은 선수들이 육상 저항훈련으로 얻게 되는 근력, 힘을 경영 경기에서 잘 발휘되도록 그 적용 능력을 향상 시킬 것이다.

젖산 생산과 파워 훈련은 상당히 중첩된다. 선수들이 젖산 생산 훈련 시에 수영하는 25m와 50m 스프린트로도 분명 수영 파워의 비율과 양이 향상될 것이다. 파워 훈련뿐만 아니라 젖산 생산 훈련도 이런 능력을 향상시킬 수 있다고 주장해도 무방하다. 젖산 생산 훈련에는 모든 지근과 속근 섬유가 개입된다. 젖산 생산 훈련에서 이용되는 속도 또한 짧고 느린 스프린트와 마찬가지로 이 섬유들의 힘 발전 비율과 양을 향상시키는데 효과적일 수 있다. 그래서 파워 훈련에서 사용되는 짧은 반복거리와 빠른 속도도 다음과 같이 최소한 두 가지 방식으로 근력 발휘 능력을 더 향상시킬 거라고 생각한다.

첫 번째, 아주 짧은 스프린트는 최단거리 레이스에서보다 더 빠르게 스트로크하고 더 많은 힘을 물에 적용하게 한다. 이런 종류의 운동은 선수들이 발휘하는 힘 발전 비율과 최대 힘 강화를 위해 더 많은 자극을 제공할 수 있다.

두 번째, 초단 스프린트 파워훈련에는 젖산 생산 훈련에서 이용되는 더 긴 스프린트에 비해 더 적은 무산소 신진대사가 개입된다. 또한 여러 번의 긴 스프린트 코스를 거치면서 근육에 젖산이 축적되기 때문에 무산소 신진대사가 근육 pH를 떨어뜨리는 요인으로 작용할 수 있다. 이 젖산 축적과 그에 따라 근육수축비율에 미치는 영향을 피할 수 있는 시기는 스프린트 거리를 단축하여 무산소 신진대사에 의해 제공되는 에너지의 양을 최소로 유지하는 시기이다.

적당한 양의 수중 파워훈련을 시즌의 모든 단계에서 훈련계획의 일부로 삼아야 한다. 파워훈련은 많은 시간을 요하지 않기 때문에 다른 유형의 훈련에 지장을 주지 않고도 쉽게 주별 계획에 끼워 넣을 수 있다. 시즌 초기에는 이 훈련에 역점을 두어, 젖산 내성 훈련을 시작하기 전에 수영 파워를 강화할 수 있다. 시즌 중반에는 수영 파워의 유지를 목표로 삼아야 한다. 시즌 후반부에는 다시 파워 강화를 주요 목표로 삼아야 한다.

파워 반복은 아주 짧기 때문에 근육 글리코겐이 많이 고갈되지는 않을 것이다. 또한 산혈증이나 과도훈련에 따른 근육 손상 양도 줄여야 한다. 따라서 육상 파워 훈련은 매주 2~3일만 수행해야 할 것이다.

파워 훈련을 위한 파워 반복 세트를 구성할 때 다음과 같은 훈련 지침을 이용할 수 있겠다. 우선 근력 강화에는 10~12.5m의 반복이 최상의 거리다. 또 다른 방법은 스트로크 주기 합산이다. 5~8 스트로크 주기의 노력이 이상적이다. 훈련 시에는 다른 때보다 이 반복 시기에 물에 더 많은 힘을 발휘해야 한다.

파워 수영을 위한 반복 세트 간의 휴식간격은 짧은 스프린트 시에 이용되는 대부분의 크레아틴 인산염이 대체될 만큼 충분히 긴 시간으로, 45초~2분이 적합하다.

한 번에 4~10회 반복 이상이 되면 안 된다. 반복 횟수가 그 범위를 넘을 경우에는 선수들이 다소 느리게 수영하는 경향이 있다. 그러나 선수들이 각 세트 후에 3~10분 이상의 휴식으로, 일어날 수 있는 점진적인 산혈증에서 회복할 경우에는 훈련 세션 당 여러 세트의 반복 수영을 할 수 있다. 근육에서 젖산 제거를 촉진하려면 휴식기에 편한 수영을 해야 한다.

젖산 내성 훈련과는 달리, 파워 훈련으로 고통 또는 속도 손실을 야기하면 안 된다. 두 경우 모두 산혈증이 노력을 방해한다는 표시이다. 그럴 경우에는 그 세트가 소기의 목적을 달성하지 못하므로 끝내야 한다.

훈련 속도는 파워 반복을 수행할 때는 가능한 빨리 수영해야 한다. 앞에서 언급한대로, 목표는 스트로크 힘을 적용하는 역학을 과부하 하는 것이다. 따라서 경영에서보다 더 빠른 턴 오버 비율로 물에 더 많은 힘을 적용해야 한다. 이 스프린트의 시간 측정이 노력을 모니터 하는 한 방식이다. 속도는 25m에 대한 선수의 평소 속도보다 빨라야 한다. 강한 노력을 담보하는 또 다른 방법은 스트로크 비율을 재는 것으로, 적어도 50m 레이스에서 사용되는 비율만큼 빨라야 한다.

스트로크 비율을 최소 50m 스프린트의 비율만큼 빠르게 유지하되, 적절한 스트로크 길이를 유지하려고 시도해야 한다.

4. 회복 훈련 프로그램 원리의 이해

이 유형의 훈련은 보다 강도 높은 훈련과 경쟁에서 회복을 촉진하는데 이용되는 편안하게 실시하는 수영을 말한다. 회복 수영은 유산소 능력과 무산소 힘의 향상 비율을 촉진하고 강화한다. 또한 그런 훈련에서 회복을 촉진하기 때문에 주별로 수행할 수 있는 강도 높은 수영의 양도 늘어난다. 따라서 다음에서 회복 수영을 위한 필수요소로서 훈련의 효과와 시즌 훈련 계획, 그리고 회복훈련 구성을 위한 세부 지침을 서술하고자 한다.

1) 회복 훈련의 효과

수영훈련은 근육 글리코겐을 고갈시키고, 산혈증을 유발하며, 근육조직에 손상을 야기한다. 선수들이 글리코겐을 대체하고, 산혈증을 없애고 근육 손상을 치료할 충분한 회복 시간을 갖지 못하면 머지않아 훈련 적응을 상실하고 적응 실패 또는 과도훈련으로 알려진 상태에 빠지게 된다. 낮은 수준의 강도에서 수영하면 근육과 주변 조직의 회복과 재건 속도가 빨라질 수 있다. 편이한 속도의 수영은 더 이상의 근육 글리코겐 고갈이나 산혈증으로 인한 조직 손상을 야기하지 않으면서 체내에 더 높은 비율의 혈류를 유지하게 한다. 혈류 강화는 더 많은 포도당이 근육에 도달하게 만들며, 그 포도당은 근육에 퍼져 글리코겐으로 저장된다. 또한 근육에 도달하는 단백질, 비타민, 미네랄과 호르몬의 양도 증가하여 근육이 더 빨리 회복하고 재건될 수 있다. 마지막으로, 혈류 증가는 근육에서 젖산이 제거되는 비율도 강화하여 근육의 pH가 더 빨리 회복된다.

따라서 주 훈련이 마무리 되고 나서 운동회복 시간을 잘 활용하여 적극적인 회복을 유도하고, 피곤한 운동 후의 회복 비율이 5분에서는 100% 높고 20분에서는 400% 높았다. 따라서 특히 길거나 강도 높은 훈련 후에 회복 수영을 일정에 넣으면 회복과 치료 과정이 빨라지기 때문에 반드시 수행해야 할 마무리 단계로 인식해야 하겠다.

2) 시즌 계획

회복 훈련은 심한 산혈증을 유발하는 훈련 반복 후에 실시해야 한다. 이전 세션이 근육 글리코겐의 심한 고갈이나 상당한 조직 손상을 초래한 경우에도 주별 훈련 세션에서 반드시 회복 훈련을 할애하여 실시해야 한다.

주로 강도 높은 지구력 및 긴 스프린트 훈련에서 회복하기 위한 훈련 세션이라고 하더라도 수행력의 다른 측면, 특히 스프린트 향상에 도움이 된다. 회복 훈련은 회복 과정을 방해하지 않는 한도 내에서 적은 양의 젖산 생산과 파워 스프린트를 혼합할 수 있다. 이 스프린트는 심한 산혈증을 유발하거나 많은 양의 근육 글리코겐을 사용하지 않기 때문에 회복 과정을 방해하지는 않을 것이다.

대부분의 산혈증과 글리코겐 손실은 속근 섬유에서 나타나므로 회복 훈련 세션에는 기초 지구력훈련도 포함시켜야 한다. 기초 지구력 훈련 시에는 지근 섬유가 대부분의 작업을 수행하기 때문에, 유산소 지구력 측면을 개선하고, 지근 섬유의 미토콘드리아, 젖산 전달물질과 미오글로빈도 강화하면서 속근 섬유도 회복할 시간을 벌게 된다.

회복 세션에서 킥 훈련 및 스트로크 훈련을 따로 실시할 수도 있다. 기초 지구력 훈련에서 보통 이 기술들을 수행하기 때문이다. 장거리와 중거리 선수들은 회복 훈련 세션에 킥 훈련을 실시할 수 있다. 이 선수들은 대부분 지구력 훈련 시에 양 다리를 많이 이용하지 않기 때문이다. 마찬가지로, 배영과 접영선수들은 회복 세션에 수중 발차기 훈련을 실시 할 수 있다. 이 훈련은 보통 짧고 많은 글리코겐을 사용하거나 심각한 산혈증을 초래하지 않기 때문이다.

적은 양의 좀 더 강도 높은 지구력 훈련은 호흡계와 순환계를 자극하면서 주 종목에서 사용하는 많은 주요 근섬유의 회복도 돕는다.

선수들은 경기 후에는 항상 회복 세션을 수행해야 한다. 특히 당일이나 다음날 추가 경기를 할 경우에는 경기 후에 즉시 회복 수영을 하는 것이 현명하다. 회복 수영은 경기 후의 일정으로 실시해야 한다. 여러 날 지속되고 여러 경기에 참여한 주요 대회 후에는 항상 1~3일의 회복훈련을 실시해야 한다. 선수들이 그 경기기간 동안 휴식을 취한 경우에는 특히 회복훈련이 필요하다.

3) 회복훈련 지침

회복훈련 지침으로 고려해야 할 사항은 훈련 속도, 반복 거리와 세트 길이, 그리고 휴식간격 등이 있는데 다음에서 구체적으로 서술하고자 한다.

회복 훈련은 근육 글리코겐의 고갈이나 큰 젖산생산 증가 없이 혈류를 상당히 증대시킬 만큼 빠른 속도로 완료해야 한다. 이 범주에 맞는 수영 속도는 최대산소섭취량의 50%~60% 범위이다. 이 속도는 높은 심박출량을 유지할 만큼 빠르지만 속근섬유의 많은 참여를 야기할 만큼 빠르지는 않다. 이 범위의 속도에서 수영하는 또 다른 이유는 근육 글리코겐보다는 지방이 근육 수축의 주요 에너지원이 되기 때문이다. 그래서 근육 글리코겐 공급은 더 이상 떨어지지 않고 젖산생산도 최소화된다. 분명, 이보다 큰 강도로 수영할 경우에는 회복 훈련의 목표가 사라질 것이다. 근육 글리코겐 공급이 더 떨어지고 과도한 양의 젖산이 유발될 것이기 때문이다.

회복 훈련의 속도는 대부분의 선수들에게 최대의 50%~60% 산소섭취 비율의 범위로 규정하며, 이는 실제 수영 속도가 절반 이하의 속도라고 인지하면 된다. 또한 회복 강도로 수영하라고 지시받은 선수들은 직관적으로 적절한 속도를 유지할 수 있으며, 실제 선수들이 회복 수영의 가치를 충분히 이해한다면 대부분의 선수들이 각자의 회복 훈련 속도를 선택할 수 있다.

회복 훈련은 선수들이 실제 경기에서 사용하는 영법으로 스트로크 할 때 가장 효과적이다. 또한 이 목적을 위해 어떤 거리의 반복도 수행할 수 있다.

실제 강도 높은 반복 훈련에 이어지는 회복 수영과 회복 반복 세트에 적합한 최적의 시간은 10~20분이지만, 이 수영이 한 훈련 세션의 주요 목적일 때는 훈련 양 전체를 할애할 수도 있고, 또한 주로 회복을 위해 고안된 세션 시의 회복훈련은 짧은 스프린트와 다른 스타일의 훈련들을 혼합해서 병행할 수 있다.

시간 절약을 위해 짧은 휴식에 회복 훈련을 위한 반복 수영을 수행해야 하지만, 급하게 훈련을 마무리하기 위해 시간을 맞추려고 속도를 내서 빨리 수영해야 하는 상황이 발생하지 않도록 주의해야 하겠다.

5. 영법훈련에서 특성화 원리의 이해

1) 배영 훈련에서 특성화 원리의 이해

배영선수들의 경우 지구력 훈련을 위해서 특히 킥 훈련의 중점을 두어야 하는데 반복적으로 지구력 강화를 위한 킥 훈련을 실시하여 지구력과 발차기 속도를 향상시키는데 많은 시간과 노력을 해야 한다. 반복적인 지구력 킥 훈련의 형태는 6-비트 리듬의 킥을 주로 연습해야 하며, 그 이유는 배영의 세계적인 선수들이 대부분 경기에서 6-비트 리듬의 킥을 사용하고 있고, 실제 경기에서 매우 효과적인 배영 킥으로 입증되었다. 누운 자세에서 보다 긴 추진성 킥의 위로 차기가 가능하기 때문에 프론트 크롤보다는 배영에서 발차기가 추진력에 더 많이 기여한다.

배영선수들은 많은 양의 스프린트 킥 훈련을 실시할 필요가 없다. 배영의 스프린트 경기에서 빠른 속도를 얻기 위해서는 강력한 킥이 수반되어야 하겠다. 따라서 다리 근육의 무산소 힘을 향상시키는 데는 훈련만으로도 충분하다. 그러나 배영선수들도 일정한 스프린트 킥 훈련을 이용하여 기술적인 부분과 킥의 속도를 향상시켜야 한다. 이 세트는 주당 1~2세트로 충분하다. 물론, 킥의 기술적 완성도가 속도 향상의 지름길이다.

최근의 배영선수들은 50미터부터 200미터에 이르기까지 배영 경기에서 수중 돌핀킥의 속도와 수중에서 더 멀리 차는 능력을 향상시키는 데 상당한 시간을 할애해서 훈련해야 한다. 특히 25미터 수영장 중간지점에 고탄력 고무관을 사용하여 코스로프를 가로질러서 설치한 후 이 지점까지 수중 돌핀킥으로 통과하는 훈련법을 집중적으로 실시해야 하며, 50미터 수영장에서도 마찬가지로 수중 돌핀킥 훈련을 집중적으로 할 것으로 적극적으로 추천한다. 시즌 초반에 이러한 훈련법으로 적어도 25미터 수영장이든 50미터 수영장이든 중간지점까지 수중 돌핀킥 훈련을 통해 수중에 오래 머무를 수 있는 적응력을 배양해야 한다. 특히 50미터 수영장에서 연습할 때 전체 거리를 수중 돌핀킥으로 이동하는 훈련을 반복적으로 실시한다.

또한 25미터 단수로 수영장에서 훈련할 때에는 15m 지점까지 수중 돌핀킥으로 이동한 후 수면으로 부상하여 턴을 하고 피니시 하는 기술적인 연습을 병행하여 반복적으로 훈련한다.

위와 같은 방법으로 정상적인 배영 킥을 사용하여 수중에서 일정 거리를 반복적으로 훈련한다. 수중에서 킥 훈련을 실시하면서 수면 보다 많은 저항을 느끼면서 반복적으로 킥 훈련을 했을 때 보다 높은 근력 향상과 지구력 향상에 매우 효과적인 훈련 방법이 될 것이다. 이러한 연습 중에 모노핀을 착용하여 수중 돌핀킥을 보다 유연하고 파워 있게 훈련할 수 있으며, 또한 바이핀을 착용하여 정상적인 배영 킥으로 수중 훈련을 반복적으로 실시하는 것도 매우 효과적인 배영의 지구력 훈련으로 추천하는 바이다.

2) 평영 훈련에서 특성화 원리의 이해

평영은 다른 세 종목과 매우 다르기 때문에 훈련에서 주 종목으로 수영하는 방식의 중요성이 무엇보다 강조된다.

물론, 평영선수들도 기초 지구력 훈련의 일부를 다른 종목으로 수영할 수 있다. 다른 종목으로 하는 기초 지구력 훈련은 호흡계와 순환계의 기능도 개선될 수 있지만 평영선수들은 이 종목의 수영에 개입하는 모든 근 섬유의 유산소 능력과 무산소 힘을 향상시키기 위해 총 훈련 거리의 50%~75%를 평영으로 수영해야 한다. 그러나 평영선수들은 이 모든 훈련 거리동안 완전 스트로크 수영을 실시할 수 없고 그래서도 안 된다. 다른 종목보다 평영에서 전진가속도의 가감 양상이 더 크기 때문이다. 다리 회복 시에 전진가속도가 2m/초까지 떨어질 수 있고, 그 후에 양 다리를 뒤로 밀 때 손실된 속도를 회복해야 한다. 그러기 위해서는 많은 노력이 필요하므로, 접영선수들과 마찬가지로 평영선수들도 동일한 상대 속도에서 자유형과 배영선수들보다 더 많은 젖산과 높은 심박수를 유발할 것이다. 따라서 평영선수들은 긴 기초 지구력이나 역치 지구력 세트 시에 완전 스트로크로 너무 자주 수영하면 안된다.

200m 경기 전문 평영선수들은 자신의 주 종목으로 몇 번의 역치와 과부하 지구력세트를 수영할 수 있고 그래야 한다. 물론, 레이스 페이스 세트의 대부분도 평영으로 수영해야 한다. 이보다 짧은 거리가 전문인 평영선수들은 길고 한결같은 역치 및 과부하 지구력 세트를 피해야 한다. 대신, 그런 선수들은 많은 지구력 반복세트를 역치와 과부하 속도로 강하하여 속근 섬유의 속도와 힘을 잃지 않는 선에서 속근 섬유를 자극하는 훈련을 수행해야 한다.

다른 종목의 선수들에 비해 평영선수들에게는 역치와 과부하 지구력 세트에서 자신의 최고 기록에 근접한 수영을 기대할 수 없다. 이들의 스트로크 주기에 내재된 많은 속도 변동 때문에, 평영선수들은 보통 자신의 최고 기록보다 느린 무산소 성역치 훈련 속도를 보이며, 역치 세트 시에는 일반적으로 더 낮은 심박수와 더 낮은 강도로 수영한다. 따라서 이 세트는 자유형과 배영 선수들에게 권장한 길이보다 다소 짧아야 하며, 휴식 간격을 더 길게 하여 피로를 지연시키고 스트로크 보전을 시작부터 끝까지 보다 높은 수준으로 유지해야 한다.

킥 동작으로서 발차기는 배영과 접영보다는 평영에서 더더욱 중요하다. 평영선수들은 매일 많은 거리에 걸쳐 평영 킥을 수행해야 한다. 그러나 과도하게 풀부이를 사용하면서 무릎의 연한 조직에 상해가 발생될 수 있기 때문에 하체의 지구력 개선과 무릎 통증 예방을 동시에 고려하여 킥 동작으로서 발차기 연습 거리를 제한하며 훈련해야 한다.

이런 이유로, 평영선수들은 같은 훈련 세션에서 많은 양의 평영 지구력 수영과 지구력 킥 동작을 수행해서는 안 된다. 긴 기초 지구력 세트 시에 평영 킥이나 완전 스트로크 수영과 평영 풀 동작을 교대로 하는 방식으로 선수의 무릎을 위해 주기적인 휴식기를 제공하여 무릎 긴장을 줄인다.

평영선수들은 킥의 대부분을 기초 지구력 속도에서 수행해야 한다. 평영은 팔-주도적인 다른 세 종목에 비해 다리-주도적인 스트로크이다. 그래서 평영선수들은 완전 스트로크 수영 시에 양 다리를 훨씬 많이 작동시킨다. 결국 다리 속근의 유산소 능력을 향상시키려고 역치나 과부하 지구력 속도로 찰 필요가 없다는 말이다. 그렇지만 기초 지구력 세트 킥의 끝 무렵에는 규칙적으로 역치와 과부하 수준으로 속도를 강화해야 한다.

평영선수들의 경우 많은 양의 스프린트 킥 훈련을 할 필요가 없으며, 하체 훈련으로 킥보드를 사용하여 킥을 하는 것이 좋지만, 이 방식만을 계속해서 이용하면 안 된다. 완전 스트로크로 수영할 때와 마찬가지로, 보드 없이 킥 훈련으로 다리를 찰 때 수중에서 양팔, 머리와 몸통의 유선화를 도모해야 한다.

평영선수들은 지구력 훈련의 정해진 거리를 상당한 부분을 풀 동작에도 시간을 할애해야 한다. 200m 평영 전문 선수들은 풀 동작을 기초 지구력, 역치 지구력과 과부하 지구력 반복세트와 조합하여 수행해야 한다. 100m 경기 전문 평영선수들은 높은 수준의 팔 속도와 힘을 유지하고 싶을 것이므로, 대부분의 훈련 거리를 기초 지구력 속도로 수행하면서 지구력 훈련의 대부분을 강하 세트로 수행해야 한다.

3) 접영 훈련에서 특성화 원리의 이해

접영선수들의 경우 추진성을 높이는 돌핀킥 훈련이 매우 중요한데 위에서 설명한 바와 같이 배영선수의 킥 훈련의 모델을 도입하여 반복적인 킥 훈련을 실시하도록 추천한다. 접영선수들은 특히 하체 근육에 좋은 유산소 지구력을 소유하고 있어야 기초 지구력과 역치 지구력 킥의 조합을 통해 더욱 스피드와 영법을 발전시킬 수 있다. 접영선수들은 또한 좋은 기술에 역점을 두면서 일정한 스프린트 킥 훈련을 반복적으로 수행해야 한다. 이 목적을 위해 배영의 킥 훈련을 통한 속도 향상과 관련하여 언급한 훈련법을 똑같이 이용할 수 있다. 물론, 접영선수들은 대부분의 킥 훈련 시간 동안 돌핀킥을 이용해야 한다.

레이스에서 대부분 수중 돌핀킥을 하는 접영선수들도 25미터 및 50미터 수영장의 거리보다 더 길게 연습하면서 강력한 수중 킥을 유지하는 능력을 향상시켜야 한다. 이 목적을 달성하려면 배영의 수중 돌핀킥에 대해 언급한 훈련법을 이용해야 한다.

접영선수들은 자신의 주 종목으로 일정거리의 지구력 훈련을 수행해야 한다. 레이스에서 이 종목으로 수영할 때 이용하는 모든 근섬유의 유산소 능력을 향상시키려면 그것이 유일한 방법이기 때문이다. 분명, 접영선수들은 다른 종목, 특히 자유형으로 많은 양의 기초 지구력 훈련을 소화할 수 있다. 이 훈련이 순환 및 호흡계의 적응을 유발하여, 접영에서와 마찬가지로 근육에 전달되는 산소의 양을 강화할 것이기 때문이다. 접영에서 근섬유의 개입 또한 프론트 크롤의 경우와 매우 비슷하므로 후자의 스트로크로 수영해도 전자에서 이용되는 많은 섬유의 유산소 능력이 향상될 것이다.

그렇지만 200m 경기 전문 접영선수들은 몇 번의 역치와 과부하 지구력 세트를 자신의 주 종목으로 수영하여, 자신이 레이스에서 이용하는 모든 근섬유를 단련시키고 있다는 사실을 분명히 인지할 필요가 있다.

역치와 과부하 지구력 세트는 평소보다 다소 짧을 수 있다. 역치 지구력 세트는 800~1600m, 과부하 지구력 세트는 600~1200m가 적당하다. 좋은 역학을 유지할 수 있도록 이 세트의 반복 간 휴식시간도 평소보다 약간 많아야 한다. 휴식기는 50~100m의 짧은 반복에는 20~40초, 200~400m 반복에는 최대 60초가 적당하다. 이 전문적인 접영 세트는 시즌 초반에는 매주 1~2세트, 시즌 후반에는 매주 2~4 세트를 수행해야 할 것이다. 시즌 후반에는 대부분의 경우에, 레이스 페이스 접영 훈련으로 과부하 지구력 훈련을 대체할 수 있다.

단거리 접영 경기 전문 선수들은 지구력 훈련을 많이 할 필요가 없으며, 단거리 선수들은 젖산 내성과 레이스 페이스 반복의 대부분을 자신의 주 종목으로 수영해야 한다. 또한 모든 접영 선수들은 자신의 젖산 생산과 파워 훈련세트의 대부분을 자신의 주 종목으로 수영해야 한다.

각 스트로크 주기에 숙련된 접영선수들의 전진속도도 현저하게 떨어진다. 팔 회복 시에 1.0m/초까지 떨어지고 첫 번째 돌핀킥의 아래로 차기 마무리 시점과 팔 스트로크로 몸을 앞으로 가속하기 시작하는 시점 사이에서 그와 비슷하게 떨어진다. 반면, 프론트 크롤과 배영 선수들은 스트로크 주기에서 보통 0.2~0.3m/초로 훨씬 적게 떨어진다. 접영선수들이 각 스트로크 주기에 주요 전진 가속을 배가하기 위해서는 충분한 에너지를 공급해야 하기 때문에, 유사한 상대 속도에서 프론트 크롤이나 배영선수들보다 에너지 비용이 가중되는 것이다. 주로 이런 이유로, 유사한 속도에서 접영선수들이 자유형과 배영선수들보다 더 많은 젖산을 생산하고 더 높은 심박수를 기록하게 된다. 그래서 지구력 접영훈련이 배영이나 자유형의 유사한 훈련보다 과도 훈련을 야기할 확률이 높은 것이다.

4) 개인혼영 훈련에서 특성화 원리의 이해

개인혼영 선수들은 많은 시간을 네 가지 경영종목의 기술을 완벽하게 구사하는데 보내야 한다. 생리학적 관점에서 보면, 이 경기의 선수들도 훈련에서 네 가지 경영 종목으로 훈련하는데 상당한 시간을 보내면서, 스트로크 별로 여러 가지 다른 수준의 지구력과 스프린트 훈련을 수행해야 한다. 그러나 각 훈련 수준을 각 종목에 동일하게 적용할 필요는 없다. 레이스에서의 순서 때문에 각 종목에 대한 신진대사 요구량이 다소 다르다.

개인혼영 선수들을 일상적인 훈련에서 종종 스타일 혼합 세트가 이용된다. 각 세트에서 반복 횟수는 네 가지 경영 종목에 동일하게 배분된다. 이 방법은 스프린트와 레이스 페이스 훈련에 효과적이지만, 최고의 지구력 훈련 방식은 아니다. 훈련을 균형 있게 배분하다보면 특정한 스트로크에서 이용되는 근섬유의 산소 이용량을 향상시킬 만큼 충분한 시간을 가지고 지속적인 자극을 제공할 수 없다. 그래서 개인혼영 선수들에게 개인 혼영 레이스의 마지막 세 종목인 배영, 평영과 자유형을 각각 길고 한결같은 지구력 세트로 수영하라고 조언하는 바이다. 종목별 반복 세트는 800~2000m 길이가 적당하다. 선수들은 이 세트의 대부분을 기초 지구력 속도로 수영하되, 마지막 300~600m 동안은 규칙적으로 과부하 지구력 속도로 강하해야 속근 섬유의 유산소 능력도 향상시킬 수 있다. 시즌 초반에는 이런 유형의 강하 세트를 규칙적으로 수행해야 한다. 200m IM 전문 선수들은 시즌 내내 이런 식의 훈련을 계속해야 너무 많은 무산소 힘을 잃지 않는다. 400m거리 전문 개인혼영 선수들은 시즌 중반에 배영, 평영과 자유형 세트를 역치와 과부하 지구력 속도로 수영하는 양을 점진적으로 늘려서 각 스트로크의 지구력을 최적화해야 한다.

IM 선수들이 훈련 세션마다 네 가지 스트로크를 모두 수행할 필요는 없다. 대신, 주중에 일별로 역점을 두는 스트로크를 바꾸어야 한다. 그러면 주말쯤에는 레이스의 마지막 세 종목의 각각에 대하여 적어도 주요 지구력 세트를 완료할 수 있다.

개인혼영 선수들은 시즌 초반에 가장 취약한 종목(들)에 대한 훈련을 주별 계획에 더 많이 포함시켜 그 종목(들)의 지구력 향상에 집중해야 한다. 200m IM 선수들은 시즌 초반에 가장 취약한 종목(들)에 대한 추가 젖산 생산 훈련을 포함시켜 속도 향상에 주력할 것을 당부한다.

이 경기의 전문 선수들은 각 반복 시에 부분적 또는 완전한 개인혼영으로 수영하는 몇 번의 반복 세트도 수행해야 한다. 완전한 개인혼영으로 수영할 때는 대부분의 반복세트를 과부하와 스프린트 훈련 속도로 수행하여 적절한 페이스조절 방법을 습득해야 한다. 많은 선수들이 자신의 최고 종목들에서 너무 빨리 수영하는 경향이 있다. 일단 리드를 잡으면 자신이 약한 종목을 펼칠 때 경쟁자들이 따라잡을 수 없을 거라는 오해에서 비롯된 행동이다. 선수들이 흔히 저지르는 또 다른 실수는 스트로크 전환 직후에 너무 빨리 수영하고 페이스가 너무 빠르다고 판단한 후에야 속도를 늦추는 상황이다. 개인혼영 선수들은 이 레이스에서 접영 킥을 활용해서 수영을 빨리 하는 방법과, 배영과 평영 시에 일정한 페이스 조절을 유지하는 방법을 배워야 한다. 그래야 레이스에서 너무 일찍 젖산 비율이 증가하는 상황을 막을 수 있다. 개인혼영에서 자유형 킥을 통해 가능한 빠른 스피드로 마무리 할 수 있도록 기회를 만들어야 한다.

중간 두 종목의 지구력을 향상시키면서 접영의 편한 속도와 자유형의 완충능력을 강화하는데 적합한 두 가지 개인혼영 반복 고안방식이 있다. 첫째는 개인혼영 반복에서 접영과 자유형보다 배영과 평영 부분 훈련의 길이를 강화하는 방식이다. 이 방법은 전자 두 종목의 지구력과 후자 두 종목의 속도 향상에 좋다. 두 번째 방법은 완전한 개인혼영의 일부만 포함한 반복 수영이다. 가령, 8× 250m 반복세트를 다음과 같이 수영할 수 있다 :

4 X 250m 수영(50m 접영, 100mm배영, 100m 평영)

4 X 250m 수영(100m 배영, 100m 평영, 50m 자유형)

개인혼영 선수들은 강력한 평영 킥 동작을 개발할 필요가 있다. 대부분 이 종목이 가장 취약하기 때문이다. 좋은 평영 킥은 레이스에서 평영 스피드에 미치는 긍정적인 효과 외에도 이어지는 자유형 다리에 유리한 양팔 휴식도 제공한다. 물론, 모든 종목에서 좋은 킥이 장점으로 통하지만, 개인혼영 선수들의 경우에는 다른 종목보다 평영에서 킥 동작이 더 중요하다. 선수들에게 자유형 물장구 킥의 중요성은 부차적인 것이다. 레이스에서 자유형 킥의 6-비트 스타일을 이용할 수 있기 때문이다. 개인혼영 선수들, 특히 400m 경기 전문 선수들은 에너지 보존을 위해 레이스의 접영과 배영 시에는 격렬한 킥을 해서는 안 된다.

제 10장

수영을 위한 웨이트 트레이닝 원리의 이해

수영은 물이라는 특수한 환경에서의 인체의 움직임과 동작의 원리를 이해하고 체득하는 것이 무엇보다 중요하며, 이와 함께 수영에 있어서 보다 효율성을 높이고 기록의 단축을 위해서는 정확한 동작을 이해하고 동작이 익숙해지도록 반복훈련 하는 인내심이 필요하다.

특히 최근에는 수영 운동에서 요구되는 신체 부분별 근육의 파워를 증강시키고, 또한 부상의 예방이나 치료 후 재활을 목적으로 보조운동으로서 컨디셔닝 프로그램이나 웨이트 트레이닝 프로그램을 실천하는 것도 매우 중요한 과제로 인식되어졌다. 특히 전문적인 선수 훈련 프로그램에 참여한다면 보조 운동으로서 컨디셔닝 운동 프로그램과 근력운동으로서 웨이트 트레이닝을 반드시 실천하는 노력이 필요하다.

따라서 본 10장에서는 본 저자가 미국의 University of California Davis(UC Davis)에서 1년간의 연구년 기간 동안 여자 수영선수들의 수영훈련 및 컨디셔닝 프로그램과 웨이트트레이닝 훈련 프로그램의 전 과정을 함께하면서 얻은 지식과 경험을 기초하여 수영선수들에게 있어서 웨이트트레이닝 훈련 프로그램의 중요성을 부각시키고자 서술하였다.

이러한 중요성을 인식하면서 이번 10장의 내용에서는 각 영법별 스트로크 및 킥의 동작 원리를 기초하여 각 부분별 추진력을 발생시키는 동작에서 주로 사용되는 근육과 이를 보조하면서 협응해서 파워를 높일 수 있는 해부학적 원리를 이해시키고, 각 영법별 추진 동작에서 주동근으로 사용되는 근육의 명칭과 위치, 그리고 주동근을 도와 협응해서 사용되는 근육의 명칭 및 위치 등을 해부학적 그림을 통해 이해할 수 있도록 서술하였다.

또한 트레이닝 현장에서 사용해 온 다양한 웨이트 트레이닝에 관한 과학적인 정보를 기초하여 수영을 위한 적당한 운동량, 보다 안전한 트레이닝 방법, 효과적으로 수행할 수 있는 전문적인 웨이트 트레이닝 프로그램을 알리고 효율적으로 실행할 수 있는 구체적인 트레이닝 방법과 트레이닝 프로그램의 모델을 제시하였다.

특히 본 장에서 제시한 웨이트 트레이닝 프로그램은 수영선수들을 위한 보다 효율성을 높일 수 있는 신체 각 부분별 근력, 순발력, 지구력, 유연성 등의 개선을 이루고, 또한 주로 추진력을 발생시키는 스트로크 및 킥 동작에서 사용되는 주동근 및 협응근의 향상을 위한 웨이트 트레이닝 프로그램 계획을 위한 자료로 활용되기를 기대하면서, 수영선수들의 신체적인 컨디션 및 능력을 개선시키는데 필요한 훈련 프로그램의 원리를 이해시킴으로서 선수들의 잠재적 신체능력을 최대한 증진시키는데 기여할 것으로 기대한다.

1. 영법별 추진동작에서 사용하는 근육의 이해

1) 프론트 크롤(자유형)

(1) 스트로크에 사용되는 근육

프론트 크롤의 전체 스트로크 동작은 크게 6단계로 구분되지만 전체 단계 중에서 가장 추진력을 많이 발생시키는 단계는 안으로 젓기와 상향 젓기 부분으로 동작의 핵심 원리는 다음과 같다.

먼저 안으로 젓기는 상완과 전완의 아랫면과 손바닥을 커다란 부메랑 모양의 패들처럼 만들어 물을 뒤로 미는 동작이다.

상향 젓기는 팔 동작 중 가장 많은 추진력을 발휘하는 단계로 몸 아래에서 손과 팔을 수면으로 향해 뒤와 바깥, 위로 젓는다.

프론트 크롤의 스트로크 동작에서 추진력을 주로 일으키는 상향 젓기 동작에서 주로 사용하는 근육은 그림. 10-1과 표. 10-1에서 보는 바와 같다.

안으로 젓기와 상향 젓기에서는 삼각근, 광배근, 상완이두근, 전장근, 단장근, 요골수근굴근 등을 주동근으로 사용하며, 또한 주동근육과 함께 대흉근, 극하근, 소원근, 전거근, 상완요골근 등을 협응근으로 사용한다.

(2) 킥에 사용되는 근육

프론트 크롤 영법에서 아래로 차기는 주요 추진단계이다. 아래로 차기 동작에서 강한 추진력을 발생시키고자 고관절을 이용하여 엉덩이 부분을 구부리며 시작하여 무릎에서의 뻗기가 이어지는 채찍 같은 동작이다.

프론트 크롤 영법의 킥 동작에서 추진력을 주로 일으키는 아래로 차기 동작에서 주로 사용하는 근육은 그림. 10-1과 표. 10-1에서 보는 바와 같이 킥 동작에서는 대퇴직근, 외측광근, 내측광근, 치골근, 장골근 등을 주동근으로 사용한다. 하퇴에서는 비복근, 가자미근, 장비골근, 단비골근, 장지신근 등을 주동근으로 사용한다.

또한 주동근과 함께 대퇴근막장근, 대둔근, 반건양근, 복직근, 외복사근, 요방형근, 고유배 등을 협응근으로 사용한다.

2) 배영

(1) 스트로크에 사용되는 근육

배영의 전체 스트로크 동작은 크게 8단계로 구분되지만 전체 단계 중에서 가장 추진력을 많이 발생시키는 단계는 첫 번째 상향 젓기와 두 번째 상향 젓기 부분으로 동작의 핵심 원리는 다음과 같다.

먼저 첫 번째 상향 젓기는 팔 전체를 측면 방향으로 뒤, 안과 위로 내전하여 수행하며, 캐치 시점에 팔의 전진 동작을 멈추고 상완과 전완의 아랫면과 손바닥으로 물을 뒤와 위로 밀기 시작해야 한다. 이때 팔꿈치에 팔을 약 90˚로 구부려야 하며, 그 굴곡의 정도를 그 젓기를 수행하는 내내 인지할 수 있을 정도로 바꾸면 안된다. 두 번째 상향 젓기는 손바닥을 재빨리 위로 돌리면서 손바닥과 전완의 아랫면으로 물을 뒤로 밀어야 한다. 이 동작은 팔이 다리 뒤쪽 근처까지 상승하여 뒤로 미는 동작을 멈추고 위로 움직여 물 밖에서 되돌리기를 시작할 때까지 짧은 거리 동안 계속된다.

배영 스트로크 동작에서 추진력을 주로 일으키는 상향 젓기 동작에서 주로 사용하는 근육은 그림. 10-2와 표. 10-1에서 보는 바와 같다.

이 동작에서는 삼각근, 승모근, 광배근, 장장근, 단장근, 척측수근굴곡근 등을 주동근으로 사용한다. 또한 주동근육과 함께 장회외근, 단회외근, 전거근, 상완요골근, 흉쇄유돌근 등을 협응근으로 사용한다.

(2) 킥에 사용되는 근육

위로 차기는 배영 발차기의 추진단계이다. 발을 채찍처럼 뻗는 동작으로, 엉덩이를 약간 굽히면서 시작하여, 무릎을 뻗고 발을 약간 굽히면서 마무리한다. 또한 발가락으로 위를 차면서 물을 헤쳐 나간다.

배영 킥 동작에서 추진력을 주로 일으키는 위로차기 동작에서 주로 사용하는 근육은 그림 10-2와 표. 10-1에서 보는 바와 같다. 복직근, 대퇴직근, 대퇴이두근, 외측광근, 비복근, 전경골근, 장지신전근 등을 주동근으로 사용하며, 가자미근, 비복근 외측두, 비복근 내측두, 장비골근, 모지굴곡근, 장지굴곡근 등을 협응근으로 사용한다.

표 10-1. 각 영법별 주요 추진 동작에 따른 주동근 및 협응근의 이해

구분		프론트 크롤	배영	평영	접영
스트로크(stroke)	추진 동작	안으로 젓기 상향 젓기	첫 번째 상향 젓기 두 번째 상향 젓기	안으로 젓기	안으로 젓기 상향 젓기
	주동근	삼각근, 광배근 상완이두근 전장근, 단장근 요골수근굴근	삼각근, 승모근 광배근, 장장근 단장근 척측수근굴곡근	삼각근, 승모근 광배근 요측수근굴근 척측수근굴근	삼각근, 광배근 승모근, 장장근 단장근 상완요골근 상완삼두근
	협응근	대흉근 극하근 소원근 전거근 상완요골근	장회외근 단회외근 전거근 상완요골근 흉쇄유돌근	상완이두근, 대흉근 척측수근신근 요측수근신근 외측거근, 복직근 외복사근	상완이두근, 대흉근 척측수근신근 요측수근신근 외측거근, 복직근 외복사근 척측수근굴곡근 장장근, 단장근
킥(Kick)	추진 동작	아래로 차기	위로 차기	바깥으로 젓기 안으로 젓기	아래로 차기
	주동근	대퇴직근, 치골근 외측광근, 장골근 내측광근 대퇴사두근 비복근, 가자미근 장비골근 단비골근 후경골근 장지신근	복직근 대퇴직근 대퇴이두근 외측광근 비복근 전경골근 장지신전근	대둔근, 반건양근 반막양근, 치골근 대퇴이두근, 박근 비복근, 가자미근 대내전근	대둔근, 척추기립근 대퇴근막장근 장골근, 치골근 복공근, 박근 비복근, 가자미근 단비골근, 장비골근 후경골근, 장지신근
	협응근	대퇴근막장근 복직근, 외복사근 요방형근, 대둔근 고유배근 반건양근	가자미근, 비복근 외측두 비복근 내측두 장비골근 모지굴곡근 장지굴곡근	대퇴이두근 후경골근 장우지굴근 장지신근 단비골근 대내전근, 장내전근	복직근 외복사근 요방형근 고유배근

3) 평영

(1) 스트로크에 사용되는 근육

평영의 전체 스트로크 동작은 크게 4단계로 구분되지만 전체 단계 중에서 가장 추진력을 많이 발생시키는 안으로 젓기 동작의 핵심 원리는 다음과 같다.

안으로 젓기 동작은 양어깨 바깥 측면에서 양팔로 캐치에 들어간 상태에서 시작하며, 그런 다음 큰 반원형의 젓기를 수행해야 한다. 양팔이 양어깨 뒤에 이르고

양손이 양어깨 밑으로 지나갈 때까지 양팔과 손을 뒤쪽으로, 그리고 아래와 위쪽 방향으로 젓는다.

평영 스트로크 동작에서 추진력을 주로 일으키는 안으로 젓기 동작에서 주로 사용하는 근육은 그림. 10-3과 표. 10-1에서 보는 바와 같다.

안으로 젓기 동작에서는 삼각근, 승모근, 광배근, 요측수근굴근, 척측수근굴근 등을 주동근으로 사용하며, 또한 상완이두근, 적측수근신근, 요측수근신근, 대흉근, 외측거근, 복직근, 외복사근, 전거근, 대흉근 등을 협응근으로 사용한다.

(2) 킥에 사용되는 근육

평영 킥 동작에서 주요 추진력을 일으키는 동작은 바깥으로 젓기와 안으로 젓기 동작이다. 먼저 바깥으로 젓기의 원리는 엉덩이와 무릎 관절에서 양 다리의 후방 및 다소 바깥 방향의 뻗기이다. 양다리를 거의 뻗고 차기의 다음 단계인 안으로 젓기를 시작할 때 두 발을 아래와 안으로 회전하기 시작한다. 또한 안으로 젓기 동작은 양 다리가 뻗기를 완료하고 모아질 때 끝난다. 이 시점에서, 양다리와 발로 물을 뒤로 미는 동작을 멈추고, 양 다리가 완전히 합쳐질 때 안으로 젓기의 여파에 따라 양 다리가 수면을 향해 상승하게 해야 한다.

평영 킥 동작에서 추진력을 주로 일으키는 바깥으로 젓기 동작에서 주로 사용하는 근육은 그림. 10-3과 표. 10-1에서 보는 바와 같이 이 동작에서는 대둔근, 반건양근, 반막양근, 치골근, 대퇴이두근, 박근, 비복근, 가자미근, 대내전근 등을 주동근으로 사용하며, 대퇴이두근, 추경골근, 반막양근, 장우지굴근, 단비골근, 족저근 등을 협응근으로 사용한다. 또한 안으로 젓기 동작에서는 대둔근, 반건양근, 반막양근, 대퇴이두근, 치골근, 박근 등을 주동근으로 사용하며, 대퇴이두근, 추경골근, 장지신근, 장우지굴근, 단비골근, 대내전근, 장내전근, 단내전근 등을 협응근으로 사용한다.

4) 접영

(1) 스트로크에 사용되는 근육

접영의 전체 스트로크 동작은 크게 6단계로 구분되지만 전체 단계 중에서 가장 추진력을 많이 발생시키는 안으로 젓기와 상향 젓기 동작의 핵심 원리는 다음과 같다.

안으로 젓기 동작은 바깥으로 젓기가 연결된 캐치 동작에서 양팔을 뒤, 바깥, 아래와 안으로 가속해야 하며, 이 커다란 반원 젓기는 양손이 몸 아래에서 거의 만나는 시점에 끝난다.

또한 상향 젓기는 안으로 젓기 이후 양손이 몸 밑에서 합쳐지는 상황에서 시작하며, 양손과 팔의 방향을 재빨리 안에서 바깥으로 전환한 다음, 수면을 향해 바깥, 뒤와 위로 압박해야 한다. 양팔을 수면 쪽으로 바깥, 뒤와 위로 나아가면서 양 손바닥과 전완의 아랫면을 패들처럼 이용하여 물을 뒤로 밀어야 한다.

접영 스트로크 동작에서 추진력을 주로 일으키는 안으로 젓기 동작에서 주로 사용하는 근육은 그림. 10-4와 표. 10-1에서 보는 바와 같다.

안으로 젓기 동작에서 삼각근, 광배근, 승모근, 장장근, 단장근, 상완요골근, 상완삼두근 등을 주동근으로 사용하며, 또한 상완이두근, 대흉근, 척측수근신근, 요측수근신근, 외측거근, 복직근, 외복사근, 척측수근골곡근 등을 협응근으로 사용한다.

또한 상향 젓기 동작에서는 광배근, 승모근, 상완요골근, 상완삼두근 등을 주동근으로 사용하며, 대흉근, 외측거근, 복직근, 외복사근, 척측수근굴곡근, 장장근, 단장근 등을 협응근으로 사용한다.

(2) 킥에 사용되는 근육

접영 킥 동작에서 주요 추진력을 일으키는 동작은 아래로 차기 동작으로 이 동작의 원리는 채찍 같은 동작으로 엉덩이 부위를 굽히면서 시작하며, 무릎을 편 상태를 계속 유지한다. 또한 아래로 차기는 이전 위로 차기 시에 발이 몸 위로 지나갈 때 대퇴부로 아래를 압박할 때 시작한다.

접영 킥 동작에서 추진력을 주로 일으키는 아래로 차기 동작에서 주로 사용하는 근육은 그림. 10-4와 표. 10-1에서 보는 바와 같이 척추기립근, 대둔근, 장골근, 태퇴근막장근, 치골근, 봉공근, 박근 등과 하퇴에서는 비복근, 가자미근, 단비골근, 장비골근, 후경골근, 장지신근 등을 주동근으로 사용한다. 또한 복직근, 외복사근, 요방형근, 고유배근 등이 협응하여 더욱 좋은 아래로 차기 동작을 만든다.

2. 영법별 추진동작에서 사용하는 근육 해부도

1) 프론트크롤 추진동작에서 사용하는 주동근 및 협응근 해부도

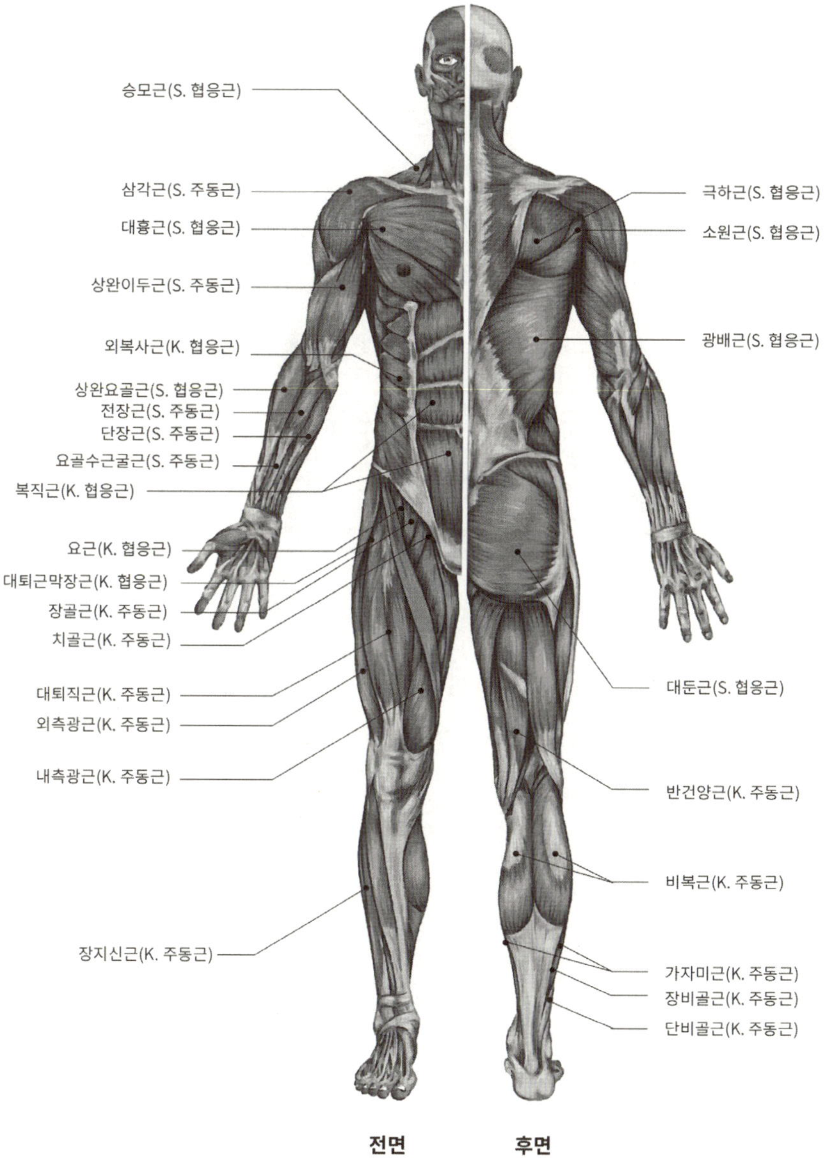

그림 10-1. 프론트 크롤 영법의 추진동작에서 사용되는 인체 근육 해부도

2) 배영 추진동작에서 사용하는 주동근 및 협응근 해부도

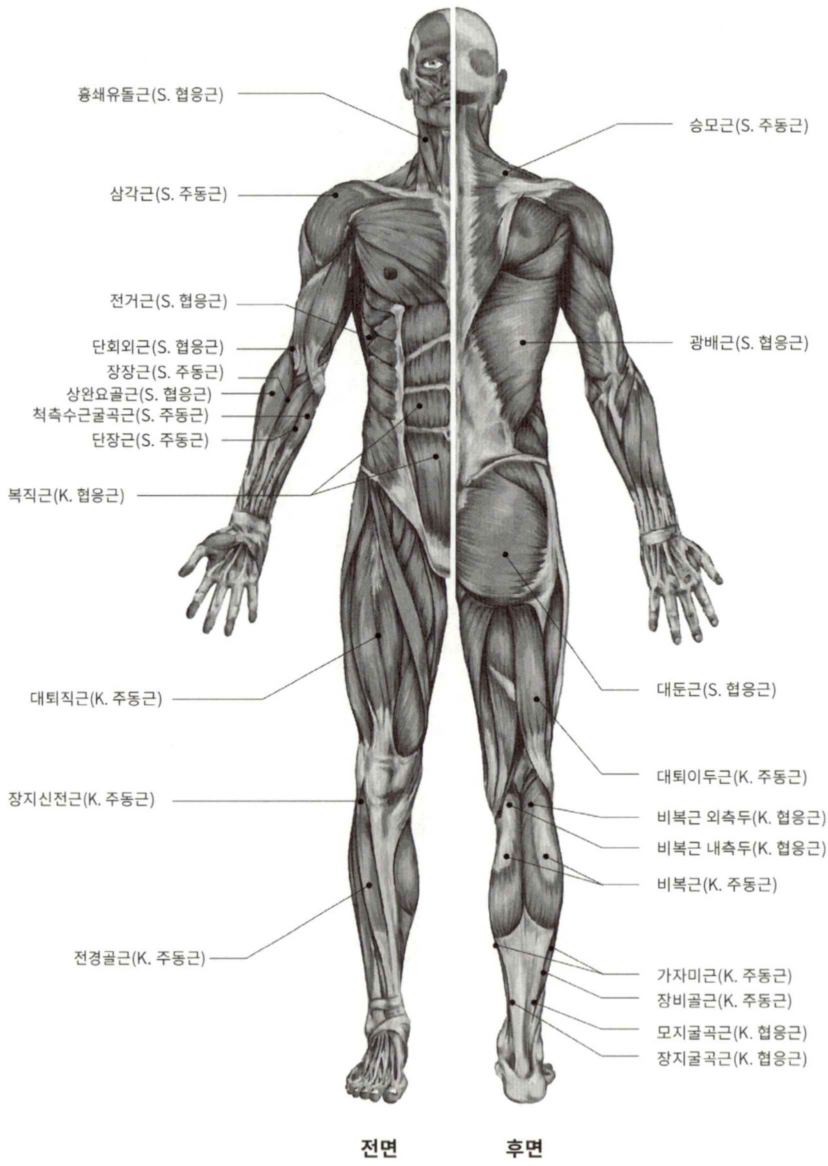

그림 10-2. 배영 영법의 추진동작에서 사용되는 인체 근육 해부도

3) 평영 추진동작에서 사용하는 주동근 및 협응근 해부도

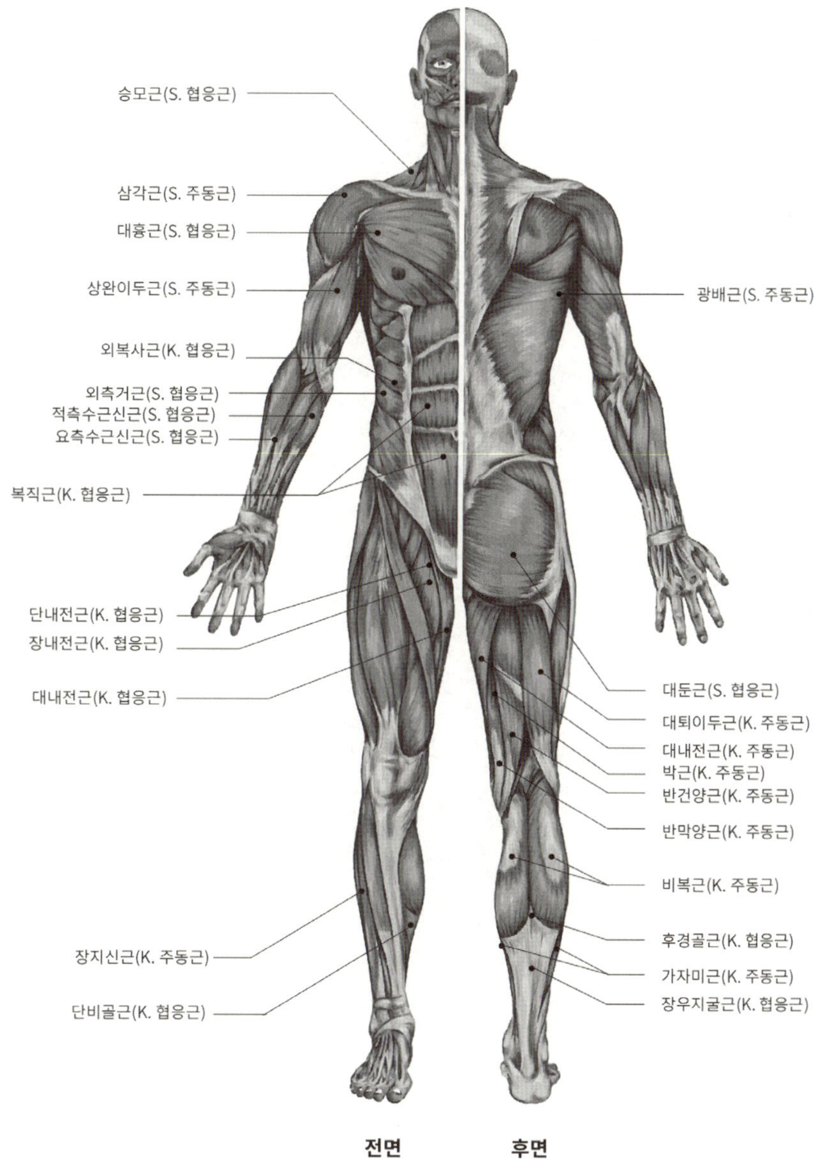

그림 10-3. 평영 영법의 추진동작에서 사용되는 인체 근육 해부도

4) 접영 추진동작에서 사용하는 주동근 및 협응근 해부도

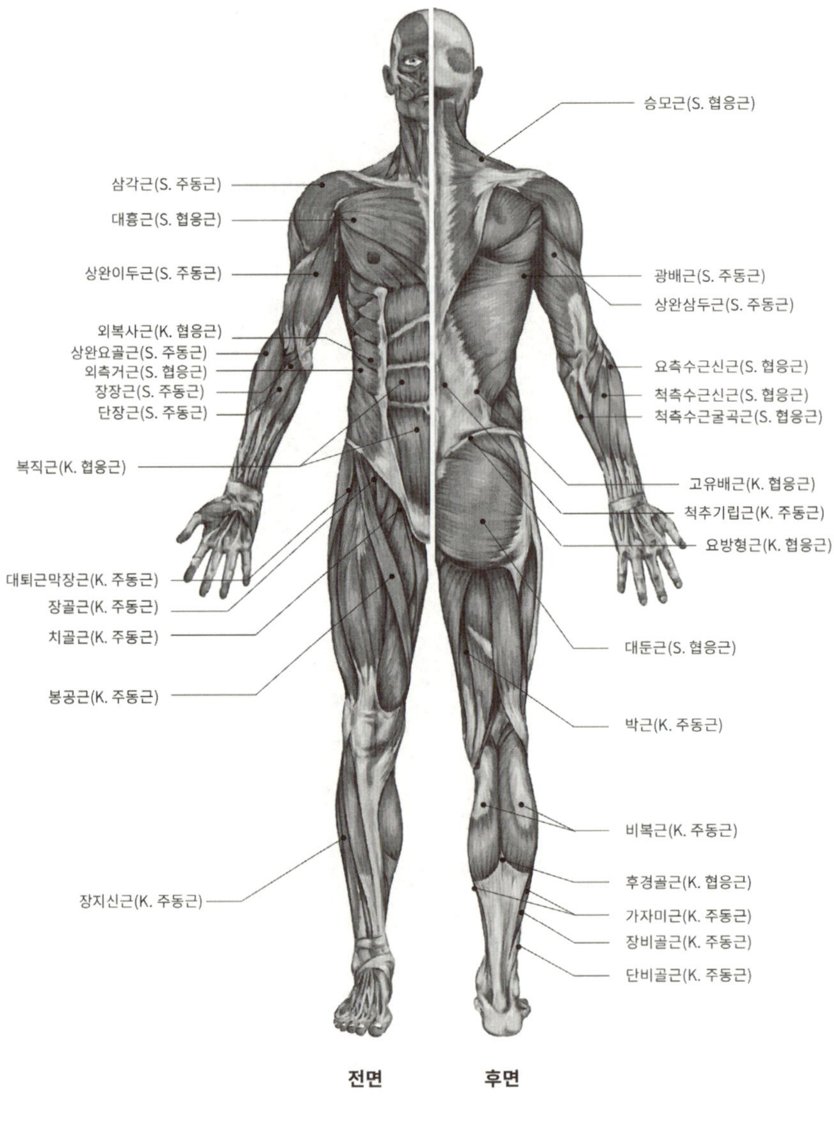

그림 10-4. 접영 영법의 추진동작에서 사용되는 인체 근육 해부도

제 4부 수영 훈련의 실제

3. 수영을 위한 웨이트 트레이닝의 원리 및 방법

본 파트에서는 수영선수들을 위한 웨이트 트레이닝의 중요성을 알리기 위한 내용을 집중적으로 서술하였으며, 수영선수들이 가지고 있는 잠재된 발전 가능성을 웨이트 트레이닝을 통해 성취시키기 위한 목적으로 서술하였다. 이러한 내용은 스포츠 현장, 특히 트레이닝 현장에서 사용해 온 다양한 웨이트 트레이닝에 관한 과학적인 정보를 기초하여 수영선수들을 위한 전문적인 웨이트 트레이닝 프로그램을 알리고 효율적으로 실행할 수 있는 구체적인 트레이닝 방법과 트레이닝 프로그램의 모델이 제시하였다.

또한 수영선수 혹은 수영을 전문적으로 지도하는 지도자들에게 적당한 운동량, 보다 안전한 트레이닝 방법, 효과적으로 수행할 수 있는 트레이닝 모델을 제시하였으며, 이러한 내용을 기초하고 참고하여 웨이트 트레이닝 프로그램을 실천해 보고, 또한 얻고자하는 트레이닝의 목적을 달성하고 정확한 방법으로 트레이닝을 시작할 수 있도록 참고하기 바란다.

본 파트에서 서술한 트레이닝 모델은 수영선수 혹은 수영을 배우는 사람들의 잠재적 신체 발현 가능성을 증대시키기 위한 자료로 활용되기를 기대하며, 본 장에서 제시한 방법으로 트레이닝 한 후 신체 각 부분별 근력, 순발력, 지구력, 유연성 등의 증대가 수영 선수를 위한 가장 중요한 트레이닝의 목표가 될 것으로 기대한다.

본 파트에서 제시한 각 트레이닝 프로그램의 실천은 트레이닝에 참가한 선수 자신과 팀 동료, 그리고 보다 기량이 뛰어난 선수들과 경쟁하면서 함께 상승 작용을 불러일으킬 것으로 기대하며, 트레이닝 프로그램을 기초하여 실제 훈련에 참가하면 근력의 증대와 근 지구력의 증대뿐만 아니라 보다 향상된 순발력과 민첩성 등의 향상을 기대할 수 있다. 훈련과 시합 시즌이 시작되면 신체적인 준비, 정신적인 준비가 최상의 잠재적 가능성을 완성시킬 것이다.

본 파트에서 서술된 훈련 프로그램 내용은 시합시즌이 시작되면서 가장 좋은 신체 컨디션을 만들 수 있는 훈련 방법과 시합 시즌 전체에 걸쳐 근력과 근지구력 등을 지속시켜줄 수 있을 것으로 기대한다. 비시즌의 훈련 프로그램은 주당 4일 동안 전체 훈련 프로그램을 근력 증강 운동과 나머지 3일은 휴식을 할 수 있도록 크게 2단계로 구분하여 구성하였다.

비시즌에는 기초적인 근력 및 순발력 증강운동으로 구성되었으며, 시즌 전 단계의 훈련 프로그램은 신체적 능력을 강화시켜서 근력과 순발력 등을 최고점으로 끌어올리도록 계획 되었다. 이것은 본격적인 시합 시즌의 개시를 알린다. 끝으로 시즌 훈련 프로그램 구성은 과부하 운동에서 오는 피로감 없이 좋은 신체 컨디션을 유지하도록 하는데 중점을 두고 훈련 프로그램을 구성하였다.

따라서 앞에서 서술한 영법별 추진동작에서 사용하는 주동근 및 협응근의 파워와 효율성을 높이기 위해서 선수들의 신체적인 컨디션 및 능력을 개선시키는데 필요한 훈련 프로그램을 제공하고, 선수들의 잠재적 신체능력을 최대한 증진시키는데 기여할 것으로 기대한다.

본문 내용에서 훈련 프로그램으로 제시된 모델을 그림이나 사진으로 제시했으면 하는 아쉬움이 남기는 하지만 지면 관계상 웨이트 트레이닝을 위한 구체적인 명칭과 방법은 일반적인 웨이트 트레이닝의 운동방법을 참고해서 이해하기를 바란다.

본 장에서 수록된 근지구력 향상 프로그램 모델과 파워근력 향상 프로그램 모델은 미국의 위스콘신대학에서 피트니스 컨설턴트로 활동하고 있는 Robert G. Price의 프로그램을 참고하여 수록하였다.

1) 비 시즌 트레이닝

비시즌 훈련 프로그램은 어떤 스포츠 종목이든 선수들의 근력 향상과 좀 더 강한 순발력, 근지구력 등을 개선시키기 위해 계획되어지며, 비시즌 훈련 프로그램은 4주씩 두 번의 일관된 순환 주기를 갖고 근지구력 및 순발력 향상을 위한 훈련 프로그램 내용으로 구성되었다. 첫 번째 및 세 번째 주(단계)는 체력 및 근지구력 향상에 중점을 두고 있고, 두 번째 및 네 번째 주(단계)에서는 좀 더 강한 근력과 순발력 향상에 중점을 두고 있다.

변화 있는 훈련 프로그램은 시합에서 매우 중요하고 효과적인 결과를 가져올 수 있다. 또한 변화 있는 훈련 프로그램은 선수들에게 점증적이며 진보적인 효과를 기대할 수 있다. 이러한 훈련 방법은 선수들이 어떤 일관된 훈련 프로그램에도 잘 적응하도록 신체 컨디션을 유지시켜줄 것이며, 변화 있는 일관된 훈련 프로그램은 선수들의 신체 컨디션을 최고점으로 끌어 올리는데 매우 중요한 역할을 한다. 4주로 구성된 두 번의 변화 있는 훈련 프로그램은 단 4주의 일관된 훈련 프로그램으로 실행하는 것이 효과적이다.

(1) 근지구력 향상 훈련 프로그램(중·장거리 수영선수를 위한 훈련 프로그램)

비시즌의 근지구력 향상 훈련 프로그램은 첫 번째 주와 세 번째 주의 집중적으로 훈련 프로그램을 구성하였다. 근지구력 향상을 위한 훈련 프로그램은 근력과 순발력을 향상시키기 위한 훈련 프로그램과는 다르다. 근력 증강 프로그램은 순간의 폭발적인 힘과 스피드, 높은 강도의 힘을 내기 위해서 근 섬유의 크기와 용적의 증대를 의미하지만, 지구력 훈련 프로그램은 선수들의 신체 각 부위의 근육이 장시간 동안 피로감 없이 지속적으로 높은 운동 성취도를 나타내도록 일관된 신체능력의 향상을 의미한다. 웨이트 트레이닝 프로그램은 근 섬유의 느린 수축으로 가벼운 중량과 느린 움직임으로 반복하여 오랜 시간 동안 근육운동을 할 수 있도록 지구력 향상에 중점을 두고 훈련 프로그램을 계획하였다.

지구력 향상을 위한 훈련 프로그램의 중요한 원칙은 가벼운 중량으로 많은 횟수의 반복운동을 의미한다.

① 가벼운 중량으로 많은 회수로 반복운동

가벼운 중량과 많은 횟수의 반복운동은 1회 최대의 힘으로 들어 올릴 수 있는 개인의 능력에서 60% 이하 보다 낮게 중량을 구성하는 것이 중요하다. 그리고 보다 많은 횟수의 반복적인 운동이 지구력 향상에 크게 기여할 것이다. 여러 번 반복해서 실행하는 웨이트 트레이닝 훈련은 적어도 1세트에 20회를 반복할 수 있는 중량으로 각 신체 부위별 훈련 프로그램을 계획하는 것이 지구력 향상을 위한 중요한 훈련 방법이다.

② 좋은 자세로 집중해서 운동하기

효과적인 트레이닝의 목표를 달성하기 위해서는 반드시 집중해서 좋은 자세로 운동에 임하는 것이 중요하다. 그러나 지구력 훈련 프로그램은 예외가 될 수 있다. 지구력 훈련 프로그램의 효과를 높이기 위해서는 운동 중에 정확한 호흡법과 부드럽고 일정한 타이밍과 스피드로 들어 올리는 동작이 매우 중요한 운동방법이다.

③ 운동 중에 정확한 호흡법

정확한 호흡법은 지구력 훈련 프로그램에서 대단히 중요한 운동 방법이다. 반복적인 훈련 중에 본능적이고 자연스러운 호흡을 유지해야 한다. 웨이트 트레이닝

중에 매 횟수마다 기구를 내릴 때 숨을 들여 마시고, 기구를 들어 올릴 때 숨을 내뱉어야 한다. 호흡법에서 중요한 것은 절대로 숨을 참지 말아야 한다.

④ 일정한 스피드와 부드럽게 들어올리기

지구력 훈련 프로그램에서는 운동하는 부위에 힘을 쓰지 않을 때에는 매 운동 횟수마다 적어도 2초 동안 멈추는 동작이 필요하며, 운동 부위에 힘을 쓸 때에는 적어도 1초 동안 멈추는 동작이 필요하다. 운동의 목적을 달성하기 위해서는 이러한 방법을 정확히 지키고, 또한 매 운동의 첫 번째 시도부터 마지막까지 안전하고 정확한 동작으로 훈련하도록 집중해야만 한다.

⑤ 짧은 휴식시간

지구력 훈련 프로그램에서 운동 효과를 극대화하기 위해서는 매 운동 셋트 중간 휴식 시간을 짧게 갖는 것이 중요하다. 이것은 기구 운동 중에 더 높은 유산소 운동의 효과를 높이기 위해서 매우 중요하고, 연속적인 운동 시간을 갖는 것이 중요하며, 산발적인 훈련은 좋은 연습방법이 아니다. 이러한 방법은 일정한 심박수를 유지하는 것이 중요하며, 매 운동 세트마다 60초 이상의 휴식시간을 갖지 않도록 주의해야 한다.

(2) 순발력 향상 훈련 프로그램(스타트와 턴의 효율성 증대)

순발력 향상을 위한 훈련 프로그램은 두 번째 주와 네 번째 주에 써키트 트레이닝 형식의 일관된 내용을 가지고 있으며, 주로 스피드 향상과 순발력 향상에 중점을 두고 있다. 순발력 향상을 위한 구체적인 훈련 방법은 다음과 같다.

① 중간 정도의 중량선택과 중간 정도의 반복회수로 운동

최대 근력향상을 위한 트레이닝과 순발력 향상을 위한 트레이닝은 전적으로 훈련 방법이 다르다. 최대 근력 향상 운동은 무거운 중량으로 아주 적은 회수로 운동하는 것이지만 이와는 대조적으로 순발력 향상 훈련 프로그램은 최대 근력 향상 훈련에서 사용한 운동 기구의 중량을 줄이고 1회 운동시 8-15회 정도로 반복적인 운동을 하는 것이 트레이닝의 효과를 증대시킬 수 있는 최선의 방법이다. 운동 기구의 중량은 최대로 들어 올릴 수 있는 무게의 약 70% 정도에 달하는 중량을 선택

하는 것이 바람직하다.

② 스피드와 운동강도

순발력을 향상시키기 위한 트레이닝은 또한 스피드를 향상시키는 트레이닝과 병행하는 것이 중요하다. 스피드를 향상시키기 위해서는 운동 기구의 중량 부하를 증가시키기 전에 감당해낼 수 있는 중량과 동일한 스피드로 반복 운동하는 것이 바람직하다. 좀 더 확실한 운동방법을 위한 조언은 스피드와 운동강도는 운동 중에 부상의 위험성이 수반될 수 있는 가능성과 매우 상관이 있는 부분이기 때문에 운동 중에 신중을 기해야 하며, 또한 너무 빠른 스피드로 반복적인 중량 들어올리기의 운동은 운동의 효율성을 떨어뜨릴 수 있다.

③ 좋은 자세

좋은 자세로 운동하기 위해서는 과도한 중량의 선택을 피하고 부드럽게 천천히 운동하는 것이 중요하며, 적어도 2초 동안의 1회 운동할 수 있는 느낌으로 실행하는 것이 좋다. 순발력 향상을 위한 훈련 프로그램은 스피드를 향상시키기 위한 목적으로 속근섬유를 주동근으로 이용하여 가능한 한 폭발적인 힘을 낼 수 있도록 하여야 한다. 일관된 좋은 자세로 운동한다는 것은 매 운동 종목마다, 그리고 매 회수 마다 동일한 운동 강도와 스피드로 훈련함이 요구된다.

④ 파워 운동

순발력 향상 훈련 프로그램을 확실하게 수행하기 위해서는 모든 종목의 운동에서 스피드와 운동 강도 선택이 중요하다. 올림픽 역도 종목과 마찬가지로 밀어서 들어 올리고 파워 있는 자세로 제자리로 돌아가고 하는 일련의 동작을 생각하면 이해가 쉽다. 역도선수들은 온몸을 이용하여 엄청난 강도와 매우 빠른 스피드로 들어 올리고 안정된 자세로 내리는 동작을 반복하듯이 파워 운동의 실행은 스피드와 운동 강도를 매우 중요하게 생각해야 한다.

(3) 수영선수를 위한 비-시즌 훈련 프로그램

① 힘과 근력 향상을 위한 순환운동

▶ 1-4주 지구력 향상 훈련

• 월요일 + 수요일

주요 운동 근육	운동 종목	세트	횟수
등	시티드케이블 로우	3	20
어깨	덤벨밀리테리	3	20
등	와이드그립풀업	3	20
하체(다리)	스쿼트	3	20
등	벤트오버바벨로우	2	20
하체(다리)	런지	2	20

• 화요일 +목요일

주요 운동 근육	운동 종목	세트	횟수
상체(가슴)	인클라인플라이	3	20
하체(다리)	칼프라이즈	3	20
몸통 전체	인터코스탈풀	2	20
삼두박근	원암트라이셉스익스텐션	2	20
몸통 측면	오블리크런치	2	20
이두박근	덤벨컬	2	20

▶ 5-8주 지구력 향상 훈련

• 월요일 + 수요일

주요 운동 근육	운동 종목	세트	횟수
하체(다리)	레그프레스	4	10, 8, 6, 4, 2
하체(다리)	레그익스텐션	4	12, 10, 8, 6
어깨	스탠딩플라이	4	12, 10, 10
등	크로스그립풀다운	4	12, 10, 8, 6

• 화요일 + 목요일

주요 운동 근육	운동 종목	세트	횟수
하체(다리)	칼프라이즈	3	20, 20, 20
하체(다리)	레그컬	3	12, 12, 12
삼두박근	딥스	3	피로감을 느낄 정도로
이두박근	바벨컬	4	12, 12, 12, 12

▶ 9-12주 지구력 향상 훈련

• 월요일 + 수요일

주요 운동 근육	운동 종목	세트	횟수
상체(가슴)	바벨벤치프레스	3	25
어깨	바벨밀리테리프레스	3	25
등	크로스그립풀업	2	피로감을 느낄 정도로
어깨	비하인드더넥풀다운	2	25
등	T-바로우	2	25
하체(다리)	레그익스텐션	2	25

• 화요일 + 목요일

주요 운동 근육	운동 종목	세트	횟수
다리/등 아래 쪽	굿모닝	3	25
하체(다리)	시티드칼프라이즈	2	25
몸통 전체	인터코스탈풀오버	2	25
삼두박근	벤치딥	2	피로감을 느낄 정도로
몸통 측면	사이드벤드	2	25
이두박근	인클라인컬	2	25

▶ 13-16주 지구력 향상 훈련

• 월요일 + 수요일

주요 운동 근육	운동 종목	세트	횟수
어깨	업라이트로우	3	12, 12, 12
등	크로스그립풀업	3	피로감을 느낄 정도로
어깨	푸쉬프레스	3	12, 12, 12
하체(다리)	레그컬	4	15, 15, 15

• 화요일 + 목요일

주요 운동 근육	운동 종목	세트	횟수
하체(다리)	런지	3	10, 10, 10
하체(다리)	칼프라이즈	3	20, 20, 20
삼두박근	프리쳐컬	4	15, 15, 15, 15
이두박근	벤치딥	3	피로감을 느낄 정도로

2) 시즌 전 훈련 프로그램(시즌 시작하기 5주전)

본격적인 시즌이 시작되기 전에 신체컨디션을 최상으로 만들기 위한 노력이 필요하며, 특히 비시즌에 체계적이고 과학적인 훈련은 본격적인 시즌에 들어서면서 놀랄만한 지구력, 근력, 스피드를 최상의 컨디션으로 만들 수 있다. 시즌 전 일관된 훈련 프로그램은 선수가 감당해낼 수 있는 범위 내에서 좀 더 강력한 훈련 계획을 만들어야 하겠다. 이러한 결과로 시즌이 시작되면 증가한 지구력에 의해 훈련 및 시합에서는 오는 지나친 피로감이 나타나지 않을 것이다.

시즌 전 모든 훈련 프로그램은 좀 더 파워를 만드는 훈련 내용으로 실행해야 하겠다. 낮은 중량으로 천천히, 부드럽게 그리고 강도와 함께 중량을 늘리고 폭발적인 힘을 낼 수 있는 좀 더 강력한 훈련 프로그램의 계획이 요구된다. 선수들은 휴식 없이 하나의 셋트 운동에서 2가지 종류의 운동을 하는 슈퍼셋트 형식의 운동을 많이 할 것을 추천하고자 한다. 슈퍼셋 방식의 운동을 하는 동안 두 가지 운동을 완전히 끝낸 후에 반드시 휴식을 해야만 한다. 슈퍼셋트 방식의 훈련 프로그램은 지구력 향상을 위한 매우 강렬하고 유용한 훈련 효과를 기대할 수 있다.

훈련 하는 주가 차츰 증가하면서 다양한 운동과 중량을 늘리고 반복 횟수를 늘리는 운동 방식을 선택해야만 한다. 또한 근력 및 지구력, 그리고 강한 체력을 만들기 위한 많은 종류의 운동을 하도록 권장한다. 근력은 강력한 힘과 스피드 향상시키는 기본이 되고, 이것은 또한 선수들의 전체 파워를 향상시키는 요인이 된다. 이와 같이 선수들의 체력 향상은 보다 강력한 파워를 갖는데 매우 중요한 요소로 작용한다. 지구력 향상을 위한 훈련 프로그램은 차츰 운동 부하가 늘어나면서 전체적인 체력도 증가하는 것을 경험하게 될 것이다.

(1) 수영선수를 위한 시즌 전 훈련 프로그램

▶ 훈련 목적 : 지구력, 파워, 힘의 향상을 위한 트레이닝 내용으로 구성한다.

▶ 운동 형태 : 신체 컨디션 향상을 위한 훈련과 정신무장을 위한 훈련을 병행해야 한다.

▶ 운동 빈도 : 일주일에 4일 운동, 이틀은 정신 훈련을 병행한다.

▶ 반복 횟수와 세트 : 1주와 2주 – 2세트로 15회 반복운동
3주와 4주 – 3세트로 12회 반복운동
5주 – 4세트로 8회 반복운동

• 월요일

주요 운동 근육	운동 종목
등	시티드케이블로우
등	와이드그립풀업
등	벤트오버바벨로우
몸통전체	인터코스탈풀
몸통측면	오블리크런치
이두박근	덤벨컬

• 수요일

주요 운동 근육	운동 종목
등	T-바로우
등	원암바벨로우
등	벤트오버바벨로우
몸통전체	인터코스탈풀
몸통측면	오블리크런치
이두박근	덤벨컬

• 화요일

주요 운동 근육	운동 종목
상체(가슴)	인클라인플라이
어깨	덤벨밀리테리프레스
어깨	스탠딩플라이
하체(다리)	스쿼트
하체(다리)	레그익스텐션
삼두박근	원암트라이셉스익스텐션

• 목요일

주요 운동 근육	운동 종목
상체(가슴)	플라이
어깨	업라이트로우
어깨	래터럴라이즈
하체(다리)	레그프레스
하체(다리)	레그컬
삼두박근	트라이셉스킥백

3)시즌 훈련 프로그램 (트레이닝 효과의 유지 및 보존)

본격적인 시즌 기간 동안에는 훈련의 효과를 지속시키기 위해서 평상시 익숙하게 실시해 온 훈련방법을 선택하는 것이 좋다. 시즌 기간 동안 웨이트 트레이닝의 목표는 비시즌 기간 동안의 얻은 훈련의 효과를 유지 시키는 것이며, 또한 주의할 것은 과도한 훈련으로 인해 신체 컨디션 상태를 나쁘게 만들지 말아야 하겠다. 신체 컨디션 상태가 나쁘면 당연히 운동능력과 실행능력이 함께 떨어지게 되며, 결국 이것은 경기에서 실패하는 요인이 될 것이다. 일주일에 2회 이상 웨이트 트레이닝을 하거나 매일 매일 과도한 웨이트트레이닝을 하는 경우가 이에 해당 하겠다.

비시즌 동안에 얻은 지구력과 순발력을 계속 유지하기 위해서는 일주일에 2회 정도 자기 종목을 위해서 주동근 및 협응근의 근력 향상을 위한 운동을 하는 것을 추천한다. 일주일에 2회 정도 훈련하는 이러한 방법은 훈련으로 얻은 효과를 유지 시키는데 필요한 최소한의 훈련 빈도라고 할 수 있다. 일주일에 1회 정도의 근력 증강운동을 위한 웨이트 트레이닝은 훈련에서 얻은 효과를 유지하기 어렵다. 시즌동안에도 일관된 훈련이 지구력, 순발력, 근력 향상의 효과를 기대할 수 있다. 시즌 동안의 일관된 훈련을 원한다면 써키트 트레이닝을 병행하는 것이 효과적이다.

(1) 수영선수를 위한 시즌 기간 동안의 웨이트 트레이닝 프로그램

▶ 일주일에 2일 훈련

주요 운동 근육	운동 종목	세트	횟수
등	와이드그립렛풀다운	3	10
어깨	업라이트로우	3	10
등	와이드그립풀업	3	10
삼두박근	벤치딥	2	피로감을 느낄 정도로
몸통 측면	사이드벤드	2	10
다리	런지	3	10

주요 운동 근육	운동 종목	세트	횟수
다리/등 아래쪽	굿모닝	3	10
다리	레그익스텐션	3	10
몸통	인터코스탈풀	3	10
다리	레그컬	2	피로감을 느낄 정도로
등	시티드케이블로우	2	10
다리	레그컬	3	10

4) 4주 보강 훈련 프로그램의 실제

(1) 지구력 훈련 프로그램을 통한 지방 연소 트레이닝

① 프로그램 레벨 1

▶ 주 3일 분할된 2개 유형 프로그램 / 전신운동 / 휴식

• 1주 - 2주

1일		
운동종목	세트	횟수
바벨벤치프레스	3	20
시티드케이블로우	3	20
스쿼트	3	20
덤벨밀리테리프레스	3	20

2일		
운동종목	세트	횟수
인클라인바벨벤치프레스	3	20
원암덤벨로우	3	20
레그프레스	3	20
바벨밀리테리프레스	3	20

3일		
운동종목	세트	횟수
바벨벤치프레스	3	20
시티드케이블로우	3	20
스쿼트	3	20
덤벨밀리테리프레스	3	20

• 3주 - 4주

1일		
운동종목	세트	횟수
바벨벤치프레스	3	25
시티드케이블로우	3	25
스쿼트	3	25
덤벨밀리테리프레스	3	25

2 일		
운동종목	세트	횟수
인클라인바벨벤치프레스	3	25
원암덤벨로우	3	25
레그프레스	3	25
바벨밀리테리프레스	3	25

3 일		
운동종목	세트	횟수
바벨벤치프레스	3	25
시티드케이블로우	3	25
스쿼트	3	25
덤벨밀리테리프레스	3	25

② 프로그램 레벨 2

▶ 주 3회 분할된 2개 유형 프로그램 / 전신운동 / 휴식

• 1주 – 2주

1 일		
운동종목	세트	횟수
바벨벤치프레스	3	20
시티드케이블로우	3	20
스쿼트	3	20
덤벨밀리테리프레스	3	20
런지	3	20
프론트라이즈	2	20

2 일		
운동종목	세트	횟수
덤벨벤치프레스	3	20
스탠딩프라이즈	3	20
벤트오버바벨로우	3	20
레그컬	3	20
스탠딩칼프라이즈	3	20
케이블크로스오버	2	20

3일		
운동종목	세트	횟수
바벨벤치프레스	3	20
시티드케이블로우	3	20
스쿼트	3	20
덤벨밀리테리프레스	3	20
런지	3	20
프론트라이즈	2	20

• 3주 - 4주

1일		
운동종목	세트	횟수
바벨벤치프레스	3	25
시티드케이블로우	3	25
스쿼트	3	25
덤벨밀리테리프레스	3	25
런지	3	25
프론트라이즈	2	25

2일		
운동종목	세트	횟수
덤벨벤치프레스	3	25
스탠딩프라이즈	3	25
벤트오버바벨로우	3	25
레그컬	3	25
스탠딩칼프라이즈	3	25
케이블크로스오버	2	25

3일		
운동종목	세트	횟수
바벨벤치프레스	3	25
시티드케이블로우	3	25
스쿼트	3	25
덤벨밀리테리프레스	3	25
런지	3	25
프론트라이즈	2	25

③ 프로그램 레벨 2

▶ 주 3회 분할된 2개 유형 프로그램 / 저항 훈련

• 1주 – 2주

1 일		
운동종목	세트	횟수
바벨벤치프레스	3	20
덤벨인클라인벤치프레스	2	20
시티드케이블로우	3	20
벤트오버바벨로우	2	20

2 일		
운동종목	세트	횟수
트라이셉스킥백	2	20
벤치딥	2	20
덤벨컬	2	20
인클라인컬	2	20

3 일		
운동종목	세트	횟수
스쿼트	3	20
레그컬	2	20
덤벨밀리테리프레스	3	20
업라이트로우	3	20

• 3주 – 4주

1 일		
운동종목	세트	횟수
덤벨벤치프레스	3	25
인클라인바벨벤치프레스	2	25
원암덤벨로우	3	25
T-바로우	2	25

2 일		
운동종목	세트	횟수
프리쳐컬	2	25
리버스컬	2	25
바벨트리셉스컬	2	25
벤치딥	2	25

3일		
운동종목	세트	횟수
레그프레스	3	25
런지	2	25
바벨밀리테리프레스	3	25
프론트라이즈	2	25

④ 프로그램 레벨 2

▶ 주 3회 분할된 2개 유형 프로그램 / 에너지 향상훈련

• 1주 – 2주

1일		
운동종목	세트	횟수
덤벨벤치프레스	3	20
인클라인바벨벤치프레스	2	20
트라이셉스킥백	2	20
벤치딥	2	최대

2일		
운동종목	세트	횟수
시티드케이블로우	3	20
벤트오버바벨로우	3	20
덤벨컬	2	20
인클라인컬	2	20

3일		
운동종목	세트	횟수
스쿼트	3	20
레그익스텐션	2	20
덤벨밀리테리프레스	3	20
업라이트로우	3	20

• 3주 – 4주

1일		
운동종목	세트	횟수
바벨벤치프레스	3	25
덤벨인클라인벤치프레스	3	25
트라이셉스킥백	2	25
벤치딥	2	25

2일		
운동종목	세트	횟수
원암덤벨로우	3	25
T-바로우	3	25
프리쳐컬	2	25
바벨컬	2	25

3일		
운동종목	세트	횟수
레그프레스	3	25
런지	2	25
바벨밀터리프레스	3	25
프론트라이즈	2	25

⑤ 프로그램 레벨 3

▶ 주 3회 분할된 2개 유형 프로그램 / 저항 훈련

• 1주 – 2주

1일		
운동종목	세트	횟수
바벨벤치프레스	3	20
덤벨인클라인벤치프레스	2	20
시티드케이블로우	3	20
벤트오버바벨로우	2	20
딥스	3	최대
와이드그립레트풀다운	2	20

2일		
운동종목	세트	횟수
트리셉스킥백	2	20
벤치딥	2	20
덤벨컬	2	20
인클라인컬	2	20
해머컬	2	20
클로즈그립벤치프레스	2	20

3일		
운동종목	세트	횟수
스쿼트	3	20
레그익스텐션	2	20
덤벨밀리테리프레스	3	20
업라이트로우	3	20
런지	2	20
벤트오버래터럴라이즈	2	20

• 3주 – 4주

1일		
운동종목	세트	횟수
덤벨벤치프레스	3	25
인클라인바벨벤치프레스	2	25
원암덤벨로우	3	25
T-바로우	2	25
케이블크로스오버	2	25
클로즈그립레트풀다운	2	25

2일		
운동종목	세트	횟수
프리쳐컬	2	25
리버스컬	2	25
덤벨트라이셉스컬	2	25
벤치딥	2	25
트리셉스풀다운	2	25
바벨컬	2	25

3일		
운동종목	세트	횟수
레그프레스	3	25
런지	3	25
바벨밀리테리프레스	3	25
래터럴라이즈	2	25
시티드칼프라이즈	3	25
케이블래터럴라이즈	2	25

⑥ 프로그램 레벨 3

▶ 주 3회 분할된 2개 유형 프로그램 / 에너지 향상훈련

• 1주 – 2주

1일		
운동종목	세트	횟수
덤벨벤치프레스	3	20
인클라인바벨벤치프레스	3	20
트리셉스킥백	2	20
벤치딥	2	최대횟수
클로즈그립벤치프레스	2	20
딥스	3	최대횟수

2일		
운동종목	세트	횟수
시티드케이블로우	3	20
벤트오버바벨로우	3	20
덤벨컬	2	20
인클라인컬	2	20
와이드그립레트풀다운	3	20
해머컬	3	20

3일		
운동종목	세트	횟수
스쿼트	3	20
레그컬	2	20
덤벨밀리테리프레스	3	20
업라이트로우	3	20
런지	2	20
벤트오버래터럴라이즈	2	20

• 3주 – 4주

1일		
운동종목	세트	횟수
바벨벤치프레스	3	25
인클라인덤벨벤치프레스	3	25
트라이셉스컬	3	25
벤치딥	2	최대횟수
케이블크로스오버	2	25
딥스	3	최대횟수

2 일		
운동종목	세트	횟수
원암덤벨로우	3	25
T-바로우	3	25
프리쳐컬	2	25
바벨컬	2	25
크로즈그립레트풀다운	3	25
컨센트레이션컬	2	25

3 일		
운동종목	세트	횟수
레그프레스	3	25
런지	3	25
바벨밀리테리프레스	3	25
래터럴라이즈	2	25
시티드칼프라이즈	3	25
케이블래터럴라이즈	2	25

⑦ 프로그램 레벨 3

▶ 주 4일 분할된 2개 유형 프로그램 / 같은 날 상체 및 하체훈련 / 저항훈련

- 1주 – 2주

1일 – 3일		
운동종목	세트	횟수
덤벨벤치프레스	3	20
덤벨밀리테리프레스	3	20
와이드그립풀업	3	20
레그프레스	3	20

2일 – 4일		
운동종목	세트	횟수
레그컬	3	20
스탠딩칼프라이즈	3	20
덤벨컬	2	20
트라이셉스컬	2	20

• 3주 – 4주

1일 – 3일		
운동종목	세트	횟수
덤벨벤치프레스	3	25
바벨밀리테리프레스	3	25
클로즈그립레트풀다운	2	25
레그컬	2	25

2일 – 4일		
운동종목	세트	횟수
스쿼트	3	25
시티드칼프라이즈	2	25
바벨컬	2	25
원암트라이셉스익스텐션	2	25

⑧ 프로그램 레벨 3

▶ 주 4회 분할된 2개 유형 프로그램 / 다른 날 상체 및 하체훈련 / 저항 훈련

• 1주 – 2주

1일 – 3일		
운동종목	세트	횟수
바벨벤치프레스	3	20, 20, 20
바벨밀리테리프레스	3	20, 20, 20
벤트오버덤벨로우	3	20, 20, 20
해머컬	2	20, 20

2일 – 4일		
운동종목	세트	횟수
스쿼트	3	20, 20, 20
레그프레스	3	20, 20, 20
시티드칼프라이즈	3	20, 20, 20
런지	2	20, 20, 20

• 3주 – 4주

1일 – 3일		
운동종목	세트	횟수
덤벨벤치프레스	3	25, 25, 25
덤벨밀리테리프레스	3	25, 25, 25
벤트오버덤벨로즈	3	25, 25, 25
리버스덤벨컬	2	25, 25

2일 - 4일		
운동종목	세트	횟수
레그프레스	3	20, 20, 20
런지	3	20, 20, 20
스쿼트	2	20, 20, 20
시티드칼프라이즈	2	20, 20

⑨ 프로그램 레벨 3

▶ 주 4일 분할된 2개 유형 프로그램 / 다른 날 상체 및 하체훈련 / 에너지 향상훈련

• 1주 - 2주

1일 - 3일		
운동종목	세트	횟수
바벨벤치프레스	3	20
덤벨인클라인벤치프레스	2	20
스탠딩플라이	3	20
레그프레스	3	20

2일 - 4일		
운동종목	세트	횟수
와이드그립풀업	2	최대
해머컬	2	20
레그컬	3	20
스탠딩칼프라이즈	3	20

• 3주 - 4주

1일 - 3일		
운동종목	세트	횟수
덤벨벤치프레스	3	25
바벨인클라인벤치프레스	2	25
업라이트로우	3	25
스쿼트	2	25

2일 - 4일		
운동종목	세트	횟수
클로즈그립풀업	2	최대
리버스컬	2	25
레그컬	3	25
시티드칼프라이즈	2	25

⑩ 프로그램 레벨 3

▶ 주3일 분할된 2개 유형 프로그램 / 상체 및 하체 훈련 / 3일 휴식

• 1주 – 2주

1일		
운동종목	세트	횟수
바벨벤치프레스	3	20
시티드케이블로우	3	20
스쿼트	3	20
덤벨밀리테리프레스	3	20
런지	3	20
프론트라이즈	2	20
인클라인프라이즈	2	20
와이드그립풀업	2	최대

2일		
운동종목	세트	횟수
덤벨벤치프레스	3	20
스탠딩플라이즈	3	20
벤트오버바벨로우	3	20
레그컬	3	20
스탠딩칼프라이즈	3	20
케이블크로스오버	2	20
바벨밀리테리프레스	2	20
클로즈그립 풀업	2	최대

3일		
운동종목	세트	횟수
바벨벤치프레스	3	20
시티드케이블로우	3	20
스쿼트	3	20
덤벨밀리테리프레스	3	20
런지	3	20
프론트라이즈	2	20
인클라인프라이즈	2	20
와이드그립풀업	2	최대

• 3주 - 4주

1일		
운동종목	세트	횟수
바벨벤치프레스	3	20
시티드케이블로우	3	20
스쿼트	3	20
덤벨밀리테리프레스	3	20
런지	3	20
프론트라이즈	2	20
인클라인프라이즈	2	20
와이드그립풀업	2	최대

2일		
운동종목	세트	횟수
덤벨벤치프레스	3	20
스탠딩프라이즈	3	20
벤트오버바벨로우	3	20
레그컬	3	20
스탠딩칼프라이즈	3	20
케이블크로스오버	2	20
바벨밀리테리프레스	2	20
클로즈그립 풀업	2	최대

3일		
운동종목	세트	횟수
바벨벤치프레스	3	20
시티드케이블로우	3	20
스쿼트	3	20
덤벨밀리테리프레스	3	20
런지	3	20
프론트라이즈	2	20
인클라인프라이즈	2	20
와이드그립풀업	2	최대

⑪ 프로그램 레벨 4

▶ 주3일 분할 2개 유형 프로그램 / 저항 훈련

• 1주 - 2주

1 일		
운동종목	세트	횟수
바벨벤치프레스	3	20
덤벨인클라인벤치프레스	2	20
시티드케이블로우	3	20
벤트오버바벨로우	2	20
딥스	3	최대
와이드그립렛풀다운	2	20
프라이즈	2	20
와이드그립풀업	2	최대

2 일		
운동종목	세트	횟수
트라이셉스킥백	2	20
벤치딥	2	20
덤벨컬	2	20
인클라인컬	2	20
해머컬	2	20
클로즈그립벤치프레스	2	20
바벨밀리테리프레스	2	20
트라이셉스푸쉬다운	2	20

3 일		
운동종목	세트	횟수
스쿼트	3	20
레그컬	2	20
덤벨밀리테리프레스	3	20
업라이트로우	3	20
런지	2	20
벤트오버레터럴라이즈	2	20
스탠딩프라이즈	2	20
스탠딩칼프라이즈	3	20

• 3주 - 4주

1일		
운동종목	세트	횟수
덤벨벤치프레스	3	25
인클라인바벨벤치프레스	2	25
원-암덤벨로우	3	25
T-바로우	2	25
케이블 크로스오버	2	25
클로즈그립렛풀다운	2	25
딥스	2	최대
클로즈그립풀업	2	최대

2일		
운동종목	세트	횟수
프리쳐컬	2	25
리버스컬	2	25
바벨트라이셉스컬	2	25
벤치딥	2	25
트라이셉스풀다운	2	25
바벨컬	2	25
리버스리스트컬	2	25
원암트라이셉스익스텐션	2	25

3일		
운동종목	세트	횟수
레그프레스	3	25
런지	3	25
바벨밀리테리프레스	3	25
래터럴라이즈	2	25
시티드칼프라이즈	3	25
케이블래터럴라이즈	2	25
덤벨쉬러그	3	25
레그컬	2	25

⑫ 프로그램 레벨 4

▶ 주3일 분할 2개 유형 프로그램 / 에너지 향상훈련

• 1주 - 2주

1일		
운동종목	세트	횟수
바벨벤치프레스	3	10, 10, 10
덤벨인클라인벤치프레스	3	12, 12, 12
벤치딥	3	최대
덤벨트라이셉스컬	3	15, 15, 15
케이블크로스오버	3	15, 15, 15
원암트라이셉스익스텐션	3	15, 15, 15
딥스	3	최대
트라이셉스킥백	3	15, 15, 15

2일		
운동종목	세트	횟수
와이드그립렛풀다운	3	10, 10, 10
T-바로우	3	12, 12, 12
바벨컬	3	최대
시티드케이블로우	3	15, 15, 15
벤트오버바벨로즈	3	15, 15, 15
클로즈그립벤치프레스	3	15, 15, 15
해머컬	3	12, 12, 12
프리쳐컬	3	15, 15, 15

3일		
운동종목	세트	횟수
점프스쿼트	3	10, 10, 10
파워클린즈	3	12, 12, 12
덤벨밀리테리프레스	3	10, 10, 10
푸쉬프레스	3	12, 12, 12
레그프레스	3	8, 8, 8
벤트오버래터럴라이즈	3	15, 15, 15
스탠딩프라이즈	3	12, 12, 12
스탠딩칼프라이즈	3	20, 20, 20

• 3주 - 4주

1일		
운동종목	세트	횟수
덤벨벤치프레스	3	10, 10, 10
인클라인바벨벤치프레스	3	12, 12, 12
클로즈그립벤치프레스	3	12, 12, 12
스컬크러셜	3	15, 15, 15
인클라인프라이즈	3	15, 15, 15
트라이셉스푸쉬다운	3	15, 15, 15
딥스	3	최대
원암트라이셉스익스텐션	3	15, 15, 15

2일		
운동종목	세트	횟수
클로즈그립풀업	3	최대
시티드케이블로우	3	10, 10, 10
프리쳐컬	3	15, 15, 15
컨센트레이션컬	3	15, 15, 15
벤트오버덤벨로	3	12, 12, 12
해머컬	3	15, 15, 15
리버스리스트컬	3	15, 15, 15
클로즈그립렛풀다운	3	12, 12, 12

3일		
운동종목	세트	횟수
점프스쿼트	3	10, 10, 10
박스스텝	3	12, 12, 12
바벨밀리테리프레스	3	10, 10, 10
푸쉬프레스	3	12, 12, 12
스쿼트	3	8, 8, 8
업라이트로우	3	12, 12, 12
프론트라이즈	3	15, 15, 15
시티드칼프라이즈	3	20, 20, 20

⑬ 프로그램 레벨 4

▶ 주4일 분할 2개 유형 프로그램 / 같은 날 상체 및 하체훈련 / 저항 훈련

• 1주 – 2주

1일 – 3일		
운동종목	세트	횟수
바벨벤치프레스	3	10, 10, 10
와이드그립풀업	2	최대
푸쉬프레스	3	12, 12, 12
레그컬	3	12, 12, 12
스탠딩칼프라이즈	3	20, 20, 20
딥스	2	최대

2일 – 4일		
운동종목	세트	횟수
레크프레스	3	12, 12, 12
파워클린즈	3	12, 12, 12
벤치딥	2	
프리쳐컬	4	12, 12, 12, 12
리버스컬	3	12, 12, 12
트라이셉스킥백	4	12, 12, 12, 12

• 3주 – 4주

1일 – 3일		
운동종목	세트	횟수
덤벨벤치프레스	3	12, 12, 12
클로즈그립풀업	3	최대
푸쉬프레스	3	12, 12, 12
레그컬	3	15, 15, 15
스탠딩칼프라이즈	3	20, 20, 20
딥스	3	최대

2일 – 4일		
운동종목	세트	횟수
파워클린즈	3	10, 10, 10
박스스텝스	3	12, 12, 12
컨센트레이션컬	4	15, 15, 15, 15
트라이셉스컬	4	15, 15, 15, 15
벤치딥스	3	최대
해머컬	3	12, 12, 12

⑭ 프로그램 레벨 4

▶ 주4일 분할 2개 유형 프로그램 / 다른 날 상체 및 하체훈련

• 1주 – 2주

1일 – 3일		
운동종목	세트	횟수
바벨벤치프레스	3	10, 10, 10
푸쉬프레스	3	12, 12, 12
와이드그립풀업	2	최대
리버스컬	3	15, 15, 15
딥스	2	최대
벤트오버덤벨로우	3	12, 12, 12

2일 – 4일		
운동종목	세트	횟수
점프스쿼트	3	10, 10, 10
파워클린즈	3	12, 12, 12
스쿼트	3	8, 8, 8
런지	3	10, 10, 10
박스스텝	3	12, 12, 12
스탠딩칼프라이즈	3	20, 20, 20

• 3주 – 4주

1일 – 3일		
운동종목	세트	횟수
덤벨벤치프레스	3	10, 10, 10
푸쉬프레스	3	12, 12, 12
클로즈그립풀업	3	최대
해머컬	3	15, 15, 15
케이블크로스오버	3	10, 10, 10
T-바로우	3	12, 12, 12

2일 – 4일		
운동종목	세트	횟수
스쿼트	3	8, 8, 8
런지	3	10, 10, 10
점프스쿼트	3	10, 10, 10
파워클린즈	3	12, 12, 12
박스스텝스	3	12, 12, 12
스탠딩칼프라이즈	3	20, 20, 20

⑮ 프로그램 레벨 4

▶ 주4일 분할된 2개 유형 프로그램 / 같은 날 상체 및 하체 에너지 향상훈련

• 1주 – 2주

1일 – 3일		
운동종목	세트	횟수
바벨벤치프레스	3	20
덤벨인클라인벤치프레스	2	20
스탠딩플라이	3	20
레그프레스	3	20
딥스	2	최대
런지	2	20

2일 – 4일		
운동종목	세트	횟수
와이드그립풀업	2	최대
해머컬	2	20
레그컬	3	20
스탠딩칼프라이즈	3	20
시티드로우	3	20
덤밸컬	2	20

• 3주 – 4주

1일 – 3일		
운동종목	세트	횟수
덤벨벤치프레스	3	25
인클라인바벨벤치프레스	2	25
업라이트로우	3	25
스쿼트	3	25
레그익스텐션	2	25
벤치딥	3	최대

2일 – 4일		
운동종목	세트	횟수
크로스그립풀업	2	최대
리버스컬	2	25
레그컬	3	25
시티드칼프라이즈	2	25
원암덤벨로우	3	25
인클라인덤벨컬	2	25

⑯ 프로그램 레벨 4

▶ 주 4일 분할된 2개 유형 프로그램 / 다른 날 상체 및 하체훈련

• 1주 - 2주

1일 - 3일		
운동종목	세트	횟수
바벨벤치프레스	3	20, 20, 20
바벨밀리테리프레스	3	2020, 20,
벤트오덤벨로우	3	2020, 20,
해머컬	2	20, 20
딥스	2	최대
와이드그립풀업	2	최대
케이블크로스오버	2	20, 20
스컬크루져	2	20, 20

2일 - 4일		
운동종목	세트	횟수
스쿼트	3	20, 20, 20
레그프레스	3	20, 20, 20
스탠딩칼프라이즈	3	20, 20, 20
런지	2	20, 20
레그익스텐션	2	20, 20
레그컬	2	20, 20
시티드칼프라이즈	2	20, 20
데드리프트	2	20, 20

• 3주 - 4주

1일 - 3일		
운동종목	세트	횟수
덤벨벤치프레스	3	25, 25, 25
바벨밀리테리프레스	3	25, 25, 25
벤트오버바벨로우	3	25, 25, 25
리버스컬	2	25, 25
크로스그립풀업	3	최대
덤벨컬	2	25, 25
인클라인프라이	2	25, 25
딥스	3	25, 25, 25

2일 – 4일		
운동종목	세트	횟수
스쿼트	3	25, 25, 25
레그익스텐션	2	25, 25
레그컬	2	25, 25
레그프레스	3	25, 25, 25
데드리프트	2	25, 25
런지	2	25, 25
스탠딩칼프라이즈	3	25, 25, 25
시티드칼프라이즈	2	25, 25

⑰ 프로그램 레벨 4

▶ 주 4일 분할된 2개 유형 프로그램 / 같은 날 상체 및 하체훈련 / 에너지 향상훈련

• 1주 – 2주

1일 – 3일		
운동종목	세트	횟수
바벨벤치프레스	3	20
덤벨인클라인벤치프레스	2	20
스탠딩플라이	3	20
레그프레스	3	20
딥스	2	최대
런지	2	20
벤치딥	2	최대
덤벨밀리테리프레스	3	20

2일 – 4일		
운동종목	세트	횟수
와이드그립풀업	2	최대
해머컬	2	20
레그컬	3	20
스탠딩칼프라이즈	3	20
시티드로우	3	20
덤벨컬	2	20
시티드칼프라이즈	2	20
와이드그립풀다운	2	20

• 3주 - 4주

1일 - 3일		
운동종목	세트	횟수
덤벨벤치프레스	3	25
인클라인바벨벤치프레스	2	25
업라이트로우	3	25
스쿼트	3	25
레그익스테션	2	25
벤치딥	3	최대
딥스	3	최대
프론트라이즈	2	25

2일 - 4일		
운동종목	세트	횟수
크로스그립풀업	2	최대
리버스컬	2	25
레그컬	3	25
시티드칼프라이즈	2	25
원암덤벨로우	3	25
인클라인덤벨컬	2	25
스탠딩칼프라이즈	3	25
크로스그립풀다운	2	25

(2) 최대 근력 향상 훈련 프로그램(단거리 수영종목의 근파워 향상 프로그램)

① 프로그램 레벨 1

▶ 주 3일 분할된 2개 유형 프로그램 / 전신훈련 / 휴식

• 1주 - 2주

1일		
운동종목	세트	횟수
바벨벤치프레스	5	8, 6, 4, 2, 1
바벨밀리테리프레스	5	8, 6, 4, 2, 1
와이드그립렛풀다운	4	8, 8, 8, 8
스쿼트	5	10, 8, 6, 4, 2

2일		
운동종목	세트	횟수
인클라인바벨벤치프레스	5	8, 6, 4, 2, 1
바벨밀리테리프레스	5	8, 6, 4, 2, 1
크로스그립렛풀다운	4	8, 8, 8, 8
레그프레스	5	10, 8, 6, 4, 2

3일		
운동종목	세트	횟수
바벨벤치프레스	5	8, 6, 4, 2, 1
바벨밀리테리프레스	5	8, 6, 4, 2, 1
크로스그립렛풀다운	4	8, 8, 8, 8
스쿼트	5	10, 8, 6, 4, 2

• 3주 – 4주

1일		
운동종목	세트	횟수
바벨벤치프레스	5	8, 6, 4, 2, 1
바벨밀리테리프레스	5	8, 6, 4, 2, 1
T-바로우	4	8, 8, 8, 8
레그프레스	5	10, 8, 6, 4, 2

2일		
운동종목	세트	횟수
인클라인바벨벤치프레스	5	8, 6, 4, 2, 1
바벨밀리테리프레스	5	8, 6, 4, 2, 1
시티드케이블로우	4	8, 8, 8, 8
스쿼트	5	10, 8, 6, 4, 2

3일		
운동종목	세트	횟수
바벨벤치프레스	5	8, 6, 4, 2, 1
바벨밀리테리프레스	5	8, 6, 4, 2, 1
벤트오버바벨로우	4	8, 8, 8, 8
레그프레스	5	10, 8, 6, 4, 2

② 프로그램 레벨 2

▶ 주 3일 분할된 2개 유형 프로그램 / 저항 훈련

• 1주 - 2주

1일		
운동종목	세트	횟수
바벨벤치프레스	5	8, 6, 4, 2, 1
인클라인바벨벤치프레스	5	8, 6, 4, 2, 1
와이드그립렛풀다운	4	8, 8, 8, 8
시티드케이블로우	4	8, 8, 8, 8

2일		
운동종목	세트	횟수
스쿼트	5	10, 8, 6, 4, 2
레그프레스	5	10, 8, 6, 4, 2
바벨밀리테리프레스	5	8, 6, 4, 2, 1
업라이트로우	4	8, 8, 6, 6

3일		
운동종목	세트	횟수
바벨트라이셉스컬	5	12, 10, 8, 6, 2
크로스그립바벨벤치프레스	5	12, 10, 8, 6, 2
해머컬	4	12, 10, 8, 6
프리쳐컬	4	12, 10, 8, 6

• 3주 - 4주

1일		
운동종목	세트	횟수
바벨벤치프레스	5	8, 6, 4, 2, 1
인클라인바벨벤치프레스	5	8, 6, 4, 2, 1
크로스그립렛풀다운	4	8, 8, 8, 8
T-바로우	4	8, 8, 8, 8

2일		
운동종목	세트	횟수
스쿼트	5	10, 8, 6, 4, 2
데드리프트	5	10, 8, 6, 4, 2
바벨밀리테리프레스	5	8, 6, 4, 2, 1
스탠딩플라이	4	8, 8, 6, 6

3 일		
운동종목	세트	횟수
바벨트라이셉스컬	5	12, 10, 8, 6, 2
트라이셉스푸쉬다운	5	12, 10, 8, 6, 2
리버스바벨컬	4	12, 10, 8, 6
바벨컬	4	12, 10, 8, 6

③ 프로그램 레벨 2

▶ 주 3일 분할된 2개 유형 프로그램 / 에너지 향상훈련

• 1주 – 2주

1 일		
운동종목	세트	횟수
바벨벤치프레스	5	8, 6, 4, 2, 1
인클라인바벨벤치프레스	5	8, 6, 4, 2, 1
크로스그립바벨벤치프레스	5	8, 6, 4, 2, 1
트라이셉스푸쉬다운	4	12, 10, 8, 6

2 일		
운동종목	세트	횟수
와이드그립렛풀다운	4	8, 8, 8, 8
해머컬	4	12, 10, 8, 6
프리쳐컬	4	12, 10, 8, 6
벤트오버바벨로우	4	8, 8, 8, 8

3 일		
운동종목	세트	횟수
스쿼트	5	10, 8, 6, 4, 2
레그프레스	5	10, 8, 6, 4, 2
바벨밀리테리프레스	5	8, 6, 4, 2, 1
업라이트로우	4	8, 8, 6, 6

• 3주 – 4주

1 일		
운동종목	세트	횟수
인클라인바벨벤치프레스	5	8, 6, 4, 2, 1
바벨벤치프레스	4	12, 10, 8, 6
플라이	4	8, 8, 6, 6
스컬크러스터	4	12, 10, 8, 6

2일		
운동종목	세트	횟수
크로스그립렛풀다운	4	8, 8, 8, 8
리버스바벨컬	4	12, 10, 8, 6
T-바로우	4	8, 8, 8, 8
컨센트레이션컬	4	12, 10, 8, 6

3일		
운동종목	세트	횟수
스쿼트	5	10, 8, 6, 4, 2
바벨밀리터리프레스	5	8, 6, 4, 2, 1
스탠딩플라이	4	8, 8, 6, 6
데드리프트	5	10, 8, 6, 4, 2

④ 프로그램 레벨 2

▶ 주 3일 분할된 2개 유형 프로그램 / 전신 훈련 / 휴식

- 1주 – 2주

1일		
운동종목	세트	횟수
바벨벤치프레스	5	8, 6, 4, 2, 1
바벨밀리터리프레스	5	8, 6, 4, 2, 1
와이드그립렛풀다운	4	8, 8, 8, 8
스쿼트	5	10, 8, 6, 4, 2
인클라인바벨벤치프레스	4	8, 6, 4, 2
런지	4	10, 8, 8, 6

2일		
운동종목	세트	횟수
인클라인바벨벤치프레스	5	8, 6, 4, 2, 1
바벨밀리터리프레스	5	8, 6, 4, 2, 1
크로스그립렛풀다운	4	8, 8, 8, 8
레그프레스	5	10, 8, 6, 4, 2
바벨벤치프레스	4	8, 6, 4, 2
데드리프트	5	10, 8, 6, 4, 2

3 일		
운동종목	세트	횟수
바벨벤치프레스	5	8, 6, 4, 2, 1
바벨밀리테리프레스	5	8, 6, 4, 2, 1
와이드그립렛풀다운	4	8, 8, 8, 8
스쿼트	5	10, 8, 6, 4, 2
인클라인덤벨벤치프레스	4	8, 6, 4, 2
런지	4	10, 8, 8, 6

• 3주 – 4주

1 일		
운동종목	세트	횟수
바벨벤치프레스	5	8, 6, 4, 2, 1
바벨밀리테리프레스	5	8, 6, 4, 2, 1
T-바로우	4	8, 8, 8, 8
레그프레스	5	10, 8, 6, 4, 2
인클라인바벨벤치프레스	4	8, 6, 4, 2
데드리프트	5	10, 8, 6, 4, 2

2 일		
운동종목	세트	횟수
인클라인바벨벤치프레스	5	8, 6, 4, 2, 1
바벨밀리테리프레스	5	8, 6, 4, 2, 1
시티드케이블로우	4	8, 8, 8, 8
스쿼트	5	10, 8, 6, 4, 2
인클라인플라이	4	8, 6, 4, 2
런지	5	10, 8, 6, 4, 2

3 일		
운동종목	세트	횟수
바벨벤치프레스	5	8, 6, 4, 2, 1
바벨밀리테리프레스	5	8, 6, 4, 2, 1
벤트오버바벨로우	4	8, 8, 8, 8
레그프레스	5	10, 8, 6, 4, 2
인클라인바벨벤치프레스	4	8, 6, 4, 2
데드리프트	5	10, 8, 6, 4, 2

⑤ 프로그램 레벨 3

▶ 주 3일 분할된 2개 유형 프로그램 / 저항훈련

• 1주 – 2주

1일		
운동종목	세트	횟수
바벨벤치프레스	5	8, 6, 4, 2, 1
인클라인바벨벤치프레스	5	8, 6, 4, 2, 1
와이드그립렛풀다운	4	8, 8, 8, 8
시티드케이블로우	4	8, 8, 8, 8
케이블크로스오버	4	8, 8, 6, 6
벤트오버바벨로우	4	8, 8, 8, 8

2일		
운동종목	세트	횟수
스쿼트	5	10, 8, 6, 4, 2
레그프레스	5	10, 8, 6, 4, 2
바벨밀리테리프레스	5	8, 6, 4, 2, 1
업라이트로우	4	8, 8, 6, 6
런지	4	10, 8, 8, 6
바벨쉬러그	4	10, 8, 8, 6

3일		
운동종목	세트	횟수
바벨트라이셉스컬	5	12, 10, 8, 6, 2
크로스그립바벨벤치프레스	5	12, 10, 8, 6, 2
해머컬	4	12, 10, 8, 6
프리쳐컬	4	12, 10, 8, 6
벤치딥	5	12, 10, 8, 6, 2
바벨컬	4	12, 10, 8, 6, 2

• 3주 – 4주

1일		
운동종목	세트	횟수
바벨벤치프레스	5	8, 6, 4, 2, 1
인클라인바벨벤치프레스	5	8, 6, 4, 2, 1
크로스그립렛풀다운	4	8, 8, 8, 8
T-바로우	4	8, 8, 8, 8
플라이	4	18, 8, 8, 6
비하인드더넥풀다운	4	8, 8, 8, 8

제 4부 수영 훈련의 실제

2일		
운동종목	세트	횟수
스쿼트	5	10, 8, 6, 4, 2
데드리프트	5	10, 8, 6, 4, 2
바벨밀리테리프레스	5	8, 6, 4, 2, 1
스탠딩플라이	4	8, 8, 6, 6
런지	4	10, 8, 8, 6
바벨쉬러그	4	10, 8, 8, 6

3일		
운동종목	세트	횟수
바벨트라이셉스컬	5	12, 10, 8, 6, 2
트라이셉스푸쉬다운	5	12, 10, 8, 6, 2
리버스바벨컬	4	12, 10, 8, 6
바벨컬	4	12, 10, 8, 6
딥스	5	12, 10, 8, 6, 2
프리쳐컬	4	12, 10, 8, 6

⑥ 프로그램 레벨 3

▶ 주 3일 분할된 3개 유형 프로그램 / 에너지향상훈련

- 1주 – 2주

1일		
운동종목	세트	횟수
바벨벤치프레스	5	8, 6, 4, 2, 1
인클라인바벨벤치프레스	5	8, 6, 4, 2, 1
크로스그립바벨벤치프레스	5	8, 6, 4, 2, 1
투라이셉스푸쉬다운	4	12, 10, 8, 6
플라이	4	10, 8, 8, 6
스컬크러셔	5	8, 8, 8, 8

2일		
운동종목	세트	횟수
와이드그립렛풀다운	4	8, 8, 8, 8
해머컬	4	12, 10, 8, 6
프리쳐컬	4	12, 10, 8, 6
벤트오버바벨로우	4	8, 8, 8, 8
시티드케이블로우	4	8, 8, 8, 8
바벨컬	4	12, 10, 8, 6

3일		
운동종목	세트	횟수
스쿼트	5	10, 8, 6, 4, 2
레그프레스	5	10, 8, 6, 4, 2
바벨밀리테리프레스	5	8, 6, 4, 2, 1
업라이트로우	4	8, 8, 6, 6
런지	4	10, 8, 8, 6
스탠딩플라이	4	8, 8, 6, 6

• 3주 – 4주

1일		
운동종목	세트	횟수
바벨벤치프레스	5	8, 6, 4, 2, 1
인클라인바벨벤치프레스	5	8, 6, 4, 2, 1
트라이셉스킥백	5	8, 6, 4, 2, 1
트라이셉스풀다운	4	12, 10, 8, 6
인클라인플라이	4	10, 8, 8, 6
바벨트라이셉스컬	5	8, 8, 8, 8

2일		
운동종목	세트	횟수
크로스그립렛풀다운	4	8, 8, 8, 8
리버스바벨컬	4	12, 10, 8, 6
인클라인덤벨컬	4	12, 10, 8, 6
비하인드더넥풀다운	4	8, 8, 8, 8
T-바로우	4	8, 8, 8, 8
컨센트레이션컬	4	12, 10, 8, 6

3일		
운동종목	세트	횟수
스쿼트	5	10, 8, 6, 4, 2
데드리프트	5	10, 8, 6, 4, 2
바벨밀리테리프레스	5	8, 6, 4, 2, 1
래터럴라이즈	4	8, 8, 8, 8
레그컬	4	10, 8, 8, 6
업라이트로우	4	8, 8, 6, 6

⑦ 프로그램 레벨 3

▶ 주 4일 분할된 2개 유형 프로그램 / 같은 날 상체 및 하체훈련 / 저항훈련

• 1주 – 2주

1일 – 3일		
운동종목	세트	횟수
덤벨벤치프레스	5	8, 6, 4, 2, 1
와이드그립렛풀다운	4	8, 8, 8, 8
바벨밀리테리프레스	5	8, 6, 4, 2, 1
레그컬	5	10, 8, 6, 4, 2

2일 – 4일		
운동종목	세트	횟수
스쿼트	5	10, 8, 6, 4, 2
레그프레스	5	10, 8, 6, 4, 2
바벨컬	4	12, 10, 8, 6
스컬크러셔	5	12, 10, 8, 6, 2

• 3주 – 4주

1일 – 3일		
운동종목	세트	횟수
바벨벤치프레스	5	8, 6, 4, 2, 1
크로스그립렛풀다운	4	8, 8, 8, 8
바벨밀리테리프레스	5	8, 6, 4, 2, 1
레그컬	5	10, 8, 6, 4, 2

2일 – 4일		
운동종목	세트	횟수
스쿼트	5	10, 8, 6, 4, 2
데드리프트	5	10, 8, 6, 4, 2
프리쳐컬	4	12, 10, 8, 6
트라이셉스푸쉬다운	4	12, 10, 8, 6

⑧ 프로그램 레벨 3

▶ 주 4일 분할된 2일 프로그램 / 같은 날 상체 및 하체훈련 / 저항 훈련

• 1주 – 2주

1일 – 3일		
운동종목	세트	횟수
바벨벤치프레스	5	8, 6, 4, 2, 1
와이드그립렛풀다운	4	8, 8, 8, 8
바벨밀리테리프레스	5	8, 6, 4, 2, 1
해머컬	5	12, 10, 8, 6

2일 - 4일		
운동종목	세트	횟수
스쿼트	5	10, 8, 6, 4, 2
레그프레스	5	10, 8, 6, 4, 2
런지	4	10, 8, 6, 4, 2
스탠딩칼프라이즈	4	20, 20, 20, 20

• 3주 - 4주

1일 - 3일		
운동종목	세트	횟수
바벨벤치프레스	5	8, 6, 4, 2, 1
크로스그립렛풀다운	4	8, 8, 8, 8
바벨밀리테리프레스	5	8, 6, 4, 2, 1
리버스컬	4	12, 10, 8, 6

2일 - 4일		
운동종목	세트	횟수
레그프레스	5	10, 8, 6, 4, 2
레그익스텐션	5	10, 8, 6, 4, 2
스쿼트	5	10, 8, 6, 4, 2
시티드칼프라이즈	4	20, 20, 20, 20

⑨ 프로그램 레벨 3

▶ 주 4일 분할된 2일 프로그램 / 같은 날 상체 및 하체훈련 / 에너지 향상훈련

• 1주 - 2주

1일 - 3일		
운동종목	세트	횟수
바벨벤치프레스	5	8, 6, 4, 2, 1
업라이트로우	5	8, 8, 8, 8
인클라인바벨벤치프레스	5	8, 6, 4, 2, 1
레그컬	5	10, 8, 6, 4, 2

2일 - 4일		
운동종목	세트	횟수
와이드그립렛풀다운	4	8, 8, 8, 8
해머컬	4	12, 10, 8, 6
스쿼트	5	10, 8, 6, 4, 2
레그익스텐션	4	8, 8, 6, 6

• 3주 – 4주

1일 – 3일		
운동종목	세트	횟수
바벨벤치프레스	5	8, 6, 4, 2, 1
업라이트로우	5	8, 8, 8, 8
인클라인바벨벤치프레스	5	8, 6, 4, 2, 1
레그컬	5	10, 8, 6, 4, 2

2일 – 4일		
운동종목	세트	횟수
크로스그립렛풀다운	4	8, 8, 8, 8
리버스컬	4	12, 10, 8, 6
레그프레스	5	10, 8, 6, 4, 2
레그익스텐션	4	8, 8, 6, 6

⑩ 프로그램 레벨 3

▶ 주 3일 분할된 2개 유형 프로그램 / 전신 훈련 / 휴식

• 1주 – 2주

1 일		
운동종목	세트	횟수
바벨벤치프레스	5	8, 6, 4, 2, 1
바벨밀리테리프레스	5	8, 6, 4, 2, 1
와이드그립렛풀다운	4	8, 8, 8, 8
스쿼트	5	10, 8, 6, 4, 2
인클라인바벨벤치프레스	4	8, 6, 4, 2
런지	4	10, 8, 8, 6
벤트오버바벨로우	4	8, 8, 8, 8
인클라인플라이	4	8, 8, 6, 6

2 일		
운동종목	세트	횟수
인클라인바벨벤치프레스	5	8, 6, 4, 2, 1
바벨밀리테리프레스	5	8, 6, 4, 2, 1
크로스그립렛풀다운	4	8, 8, 8, 8
레그프레스	5	10, 8, 6, 4, 2
바벨벤치프레스	4	8, 6, 4, 2
데드리프트	5	10, 8, 8, 6
시티드케이블로우	4	8, 8, 8, 8
플라이	4	8, 8, 6, 6

3 일		
운동종목	세트	횟수
바벨벤치프레스	5	8, 6, 4, 2, 1
바벨밀리테리프레스	5	8, 6, 4, 2, 1
와이드그립렛풀다운	4	8, 8, 8, 8
스쿼트	5	10, 8, 6, 4, 2
인클라인바벨벤치프레스	4	8, 6, 4, 2
런지	4	10, 8, 8, 6
벤트오버바벨로우	4	8, 8, 8, 8
인클라인플라이	4	8, 8, 6, 6

• 3주 – 4주

1 일		
운동종목	세트	횟수
바벨벤치프레스	5	8, 6, 4, 2, 1
바벨밀리테리프레스	5	8, 6, 4, 2, 1
와이드그립렛풀다운	4	8, 8, 8, 8
T-바로우	5	10, 8, 6, 4, 2
인클라인바벨벤치프레스	4	8, 6, 4, 2
레드리프트	5	10, 8, 8, 6
와이드그립렛풀다운	4	8, 8, 8, 8
케이블크로스오버	4	8, 8, 6, 6

2 일		
운동종목	세트	횟수
인클라인바벨벤치프레스	5	8, 6, 4, 2, 1
바벨밀리테리프레스	5	8, 6, 4, 2, 1
시티드케이블로우	4	8, 8, 8, 8
스쿼트	5	10, 8, 6, 4, 2
인클라인플라이	4	8, 6, 4, 2
런지	5	10, 8, 8, 6
크로스그립렛풀다운	4	8, 8, 8, 8
바벨벤치프레스	4	8, 8, 6, 6

3 일		
운동종목	세트	횟수
바벨벤치프레스	5	8, 6, 4, 2, 1
바벨밀리테리프레스	5	8, 6, 4, 2, 1
벤트오버바벨로우	4	8, 8, 8, 8
레그프레스	5	10, 8, 6, 4, 2
인클라인바벨벤치프레스	4	8, 6, 4, 2
데드리프트	5	10, 8, 6, 4, 2
와이드그립렛풀다운	4	8, 8, 8, 8
케이블크로스오버	4	8, 8, 6, 6

⑪ 프로그램 레벨 4

▶ 주 4일 분할된 2일 프로그램 / 다른 날 상체 및 하체훈련

- 1주 – 2주

1일 – 3일		
운동종목	세트	횟수
바벨벤치프레스	5	8, 6, 4, 2, 1
와이드그립렛풀다운	4	8, 8, 8, 8
바벨밀리테리프레스	5	8, 6, 4, 2, 1
해머컬	4	12, 10, 8, 6
크로스그립바벨벤치프레스	4	10, 10, 8, 8
벤트오버바벨로우	4	8, 8, 8, 8

2일 – 4일		
운동종목	세트	횟수
스쿼트	5	10, 8, 6, 4, 2
레그프레스	5	10, 8, 6, 4, 2
레그컬	4	8, 8, 6, 6
런지	4	10, 8, 8, 6
레그익스텐션	4	8, 8, 6, 6
스탠딩칼프라이즈	4	20, 20, 20, 20

• 3주 – 4주

1일 – 3일		
운동종목	세트	횟수
바벨벤치프레스	5	8, 6, 4, 2, 1
크로스그립렛풀다운	4	8, 8, 8, 8
바벨밀리테리프레스	5	8, 6, 4, 2, 1
리버스컬	4	12, 10, 8, 6
인클라인바벨벤치프레스	4	10, 10, 8, 8
T-바로우	4	8, 8, 8, 8

2일 – 4일		
운동종목	세트	횟수
레그프레스	5	10, 8, 6, 4, 2
스쿼트	5	10, 8, 6, 4, 2
런지	4	8, 8, 6, 6
레그익스텐션	4	10, 8, 8, 6
레그컬	4	8, 8, 6, 6
스탠딩칼프라이즈	4	20, 20, 20, 20

⑫ 프로그램 레벨 4

▶ 주 3일 분할된 2개 유형 프로그램 / 저항 훈련

• 1주 – 2주

1일		
운동종목	세트	횟수
바벨벤치프레스	5	8, 6, 4, 2, 1
바벨밀리테리벤치프레스	5	8, 6, 4, 2, 1
와이드그립렛풀다운	4	8, 8, 8, 8
시티드케이블로우	4	8, 8, 8, 8
케이블크로스오버	4	8, 8, 6, 6
벤트오버바벨로우	4	8, 8, 8, 8
인클라인플라이	4	10, 8, 6, 6
T-바로우	4	8, 8, 8, 8

2 일		
운동종목	세트	횟수
스쿼트	5	10, 8, 6, 4, 2
레그프레스	5	10, 8, 6, 4, 2
바벨밀리테리프레스	5	8, 6, 4, 2, 1
업라이트로우	4	8, 8, 6, 6
런지	4	10, 8, 8, 6
바벨쉬러그	4	10, 8, 8, 6
데드리프트	5	10, 8, 6, 4, 2
벤트오버래터럴라이즈	4	10, 8, 6, 6

3 일		
운동종목	세트	횟수
바벨트라이셉스컬	5	12, 10, 8, 6, 2
크로스그립바벨벤치프레스	5	12, 10, 8, 6, 2
해머컬	4	12, 10, 8, 6
프리쳐컬	4	12, 10, 8, 6
벤치딥	5	12, 10, 8, 6, 2
바벨컬	4	12, 10, 8, 6
스컬크러셜	5	12, 10, 8, 6, 2
컨센트레이션컬	4	12, 10, 8, 6

• 3주 – 4주

1 일		
운동종목	세트	횟수
바벨벤치프레스	5	8, 6, 4, 2, 1
인클라인바벨벤치프레스	5	8, 6, 4, 2, 1
크로스그립렛풀다운	4	8, 8, 8, 8
T-바로우	4	8, 8, 8, 8
플라이	4	10, 8, 8, 6
비하인드더넥풀다운	4	8, 8, 8, 8
케이블크로스오버	4	10, 8, 8, 6
벤트오버바벨로우	4	8, 8, 8, 8

2일		
운동종목	세트	횟수
스쿼트	5	10, 8, 6, 4, 2
데드리프트	5	10, 8, 6, 4, 2
바벨밀리터리프레스	5	8, 6, 4, 2, 1
스탠딩플라이	4	8, 8, 6, 6
런지	4	10, 8, 8, 6
바벨쉬러그	4	10, 8, 8, 6
레그프레스	5	10, 8, 6, 4, 2
업라이트로우	4	10, 8, 6, 6

3일		
운동종목	세트	횟수
바벨트라이셉스컬	5	12, 10, 8, 6, 2
트라이셉스푸쉬다운	5	12, 10, 8, 6, 2
리버스바벨컬	4	12, 10, 8, 6
바벨컬	4	12, 10, 8, 6
딥스	5	12, 10, 8, 6, 2
프리쳐컬	4	12, 10, 8, 6
스컬크러셔	5	12, 10, 8, 6, 2
인클라인덤벨컬	4	12, 10, 8, 6

⑬ 프로그램 레벨 4

▶ 주 3일 분할된 2개 유형 프로그램 / 에너지 향상훈련

- 1주 – 2주

1일		
운동종목	세트	횟수
바벨벤치프레스	5	8, 6, 4, 2, 1
인클라인바벨벤치프레스	5	8, 6, 4, 2, 1
크로스그립바벨벤치프레스	5	8, 6, 4, 2, 1
트라이셉스푸쉬다운	4	12, 10, 8, 6
플라이	4	10, 8, 8, 6
스컬크러셔	5	12, 10, 8, 6, 2
딥스	4	8, 8, 8, 8
바벨트라이셉스컬	5	12, 10, 8, 6, 2

2 일		
운동종목	세트	횟수
와이드그립렛풀다운	4	8, 8, 8, 8
해머컬	4	12, 10, 8, 6
프리쳐컬	4	12, 10, 8, 6
벤트오버바벨로우	4	8, 8, 8, 8
시티드케이블로우	4	8, 8, 8, 8
바벨컬	4	12, 10, 8, 6
인클라인덤벨컬	4	12, 10, 8, 6
T-바로우	4	8, 8, 8, 8

3 일		
운동종목	세트	횟수
스쿼트	5	10, 8, 6, 4, 2
레그프레스	5	10, 8, 6, 4, 2
바벨밀리테리프레스	5	8, 6, 4, 2, 1
업라이트로우	4	8, 8, 6, 6
런지	4	10, 8, 8, 6
스탠딩플라이	4	8, 8, 6, 6
레그익스텐션	4	8, 8, 6, 6
래터럴라이즈	4	8, 8, 8, 8

• 3주 – 4주

1 일		
운동종목	세트	횟수
바벨벤치프레스	5	8, 6, 4, 2, 1
인클라인바벨벤치프레스	5	8, 6, 4, 2, 1
덤벨트라이셉스컬	4	8, 8, 8, 8
트라이셉스풀다운	4	8, 8, 8, 8
인클라인플라이	4	8, 8, 6, 6
원암트라이셉스익스텐년	5	8, 8, 8, 8
벤치딥	4	10, 8, 6, 6
트라이셉스킥백	4	8, 8, 8, 8

2 일		
운동종목	세트	횟수
크로스그립렛풀다운	4	10, 8, 6, 4, 2
리버스바벨컬	4	10, 8, 6, 4, 2
컨센트레이션컬	4	8, 6, 4, 2, 1
비하인드더넥풀다운	4	8, 8, 6, 6
시티드케이블로우	4	10, 8, 8, 6
바벨컬	4	10, 8, 8, 6
덤벨컬	4	10, 8, 6, 4, 2
원암덤벨로우	4	10, 8, 6, 6

3 일		
운동종목	세트	횟수
스쿼트	5	10, 8, 6, 4, 2
데드리프트	5	10, 8, 6, 4, 2
바벨밀리테리프레스	5	8, 6, 4, 2, 1
업라이트로우	4	8, 8, 6, 6
레그컬	4	10, 8, 6, 6
스탠딩플라이	4	12, 10, 8, 6
스탠딩칼프라이즈	4	8, 8, 6, 6
프론트라이즈	4	8, 8, 8, 8

⑭ 프로그램 레벨 4

▶ 주 4일 분할된 2일 프로그램 / 같은 날 상체 및 하체훈련 / 저항 훈련

• 1주 – 2주

1일 – 3일		
운동종목	세트	횟수
바벨벤치프레스	5	8, 6, 4, 2, 1
와이드그립렛풀다운	4	8, 8, 8, 8
인클라인바벨벤치프레스	5	8, 6, 4, 2, 1
바벨밀리테리프레스	5	10, 8, 6, 4, 2
레그컬	5	8, 6, 4, 2, 1
스탠딩칼프라이즈	4	20, 20, 20, 20

2일 - 4일		
운동종목	세트	횟수
스쿼트	5	10, 8, 6, 4, 2
레그프레스	5	10, 8, 6, 4, 2
바벨컬	4	12, 10, 8, 6
스컬크러셔	5	12, 10, 8, 6, 2
해머컬	4	12, 10, 8, 6
바벨트라이셉스컬	4	12, 10, 8, 6

• 3주 - 4주

1일 - 3일		
운동종목	세트	횟수
바벨벤치프레스	5	8, 6, 4, 2, 1
크로스그립렛풀다운	4	8, 8, 8, 8
바벨밀리테리프레스	5	8, 6, 4, 2, 1
레그컬	5	12, 10, 8, 6, 2
굿모닝	4	15, 1515, 15
인클라인바벨벤치프레스	5	8, 6, 4, 2, 1

2일 - 4일		
운동종목	세트	횟수
스쿼트	5	10, 8, 6, 4, 2
데드리프트	5	10, 8, 6, 4, 2
프리쳐컬	4	12, 10, 8, 6
트라이셉스푸쉬다운	4	12, 10, 8, 6
리버스컬	4	12, 10, 8, 6
트라이셉스킥백	4	12, 10, 8, 6

⑮ 프로그램 레벨 4

▶ 주 4일 분할된 2일 프로그램 / 같은 날 상체 및 하체훈련 / 저항 훈련

• 1주 - 2주

1일 - 3일		
운동종목	세트	횟수
바벨벤치프레스	5	8, 6, 4, 2, 1
바벨밀리테리프레스	5	8, 6, 4, 2, 1
인클라인바벨벤치프레스	5	8, 6, 4, 2, 1
레그컬	5	10, 8, 6, 4, 2
크로스그립바벨벤치프레스	4	10, 10, 8, 8
굿모닝	4	15, 15, 15, 15

2일 - 4일		
운동종목	세트	횟수
와이드그립렛풀다운	4	8, 8, 8, 8
해머컬	4	12, 10, 8, 6
스쿼트	5	10, 8, 6, 4, 2
레그익스텐션	4	8, 8, 6, 6
벤트오버로우	4	8, 8, 8, 8
런지	4	10, 8, 8, 6

• 3주 - 4주

1일 - 3일		
운동종목	세트	횟수
바벨벤치프레스	5	8, 6, 4, 2, 1
바벨밀리테리프레스	5	8, 6, 4, 2, 1
인클라인바벨벤치프레스	5	8, 6, 4, 2, 1
레그컬	5	10, 8, 6, 4, 2
바벨트라이셉스컬	4	10, 10, 8, 8
스탠딩칼프라이즈	4	20, 20, 20, 20

2일 - 4일		
운동종목	세트	횟수
크로스그립렛풀다운	4	8, 8, 8, 8
리버스컬	4	12, 10, 8, 6
레그프레스	5	10, 8, 6, 4, 2
레그익스텐션	4	8, 8, 6, 6
벤트오버바벨로우	4	8, 8, 8, 8
데드리프트	5	10, 8, 6, 4, 2

⑯ 프로그램 레벨 5

▶ 주 4일 분할된 2일 프로그램 / 같은 날 상체 및 하체훈련 / 저항 훈련

• 1주 - 2주

1일 - 3일		
운동종목	세트	횟수
바벨벤치프레스	5	8, 6, 4, 2, 1
와이드그립렛풀다운	4	8, 8, 8, 8
바벨밀리테리프레스	5	8, 6, 4, 2, 1
레그컬	5	10, 8, 6, 4, 2
인클라인바벨벤치프레스	5	8, 6, 4, 2, 1
스탠딩칼프라이즈	4	20, 20, 20, 20
T-바로우	4	8, 8, 8, 8
스탠딩플라이	4	8, 8, 6, 8

2일 - 4일		
운동종목	세트	횟수
스쿼트	5	10, 8, 6, 4, 2
레그프레스	5	10, 8, 6, 4, 2
바벨컬	4	12, 10, 8, 6
스컬크러셔	5	12, 10, 8, 6, 2
해머컬	4	12, 10, 8, 6
바벨트라이셉스컬	4	12, 10, 8, 6
런지	4	10, 8, 8, 6
트라이셉스푸쉬다운	4	12, 10, 8, 6

• 3주 - 4주

1일 - 3일		
운동종목	세트	횟수
바벨벤치프레스	5	8, 6, 4, 2, 1
크로스그립렛풀다운	4	8, 8, 8, 8
바벨밀리테리프레스	5	8, 6, 4, 2, 1
레그컬	5	10, 8, 6, 4, 2
굿모닝	4	15, 15, 15, 15
인클라인바벨벤치프레스	5	8, 6, 4, 2, 1
시티드케이블로우	4	8, 8, 8, 8
업라이트로우	4	8, 8, 6, 6

2일 - 4일		
운동종목	세트	횟수
스쿼트	5	10, 8, 6, 4, 2
데드리프트	5	10, 8, 6, 4, 2
프리쳐컬	4	12, 10, 8, 6
트라이셉스푸쉬다운	4	12, 10, 8, 6
리버스컬	4	12, 10, 8, 6
바벨트라이셉스컬	4	12, 10, 8, 6
스탠딩칼프라이즈	4	20, 20, 20, 20
벤치딥	3	15, 15, 15

⑰ 프로그램 레벨 5

▶ 주 4일 분할된 2일 프로그램 / 다른 날 상체 및 하체훈련

• 1주 - 2주

1일 - 3일		
운동종목	세트	횟수
바벨벤치프레스	5	8, 6, 4, 2, 1
와이드그립렛풀다운	4	8, 8, 8, 8
바벨밀리테리프레스	5	8, 6, 4, 2, 1
해머컬	4	10, 8, 6, 4, 2
크로스그립바벨벤치프레스	4	8, 6, 4, 2, 1
벤트오버바벨로우	4	20, 20, 20, 20
인클라인바벨벤치프레스	5	8, 8, 8, 8
스컬크러셜	5	8, 8, 6, 8

2일 - 4일		
운동종목	세트	횟수
스쿼트	5	10, 8, 6, 4, 2
레그프레스	5	10, 8, 6, 4, 2
스탠딩칼프라이즈	4	12, 10, 8, 6
런지	4	12, 10, 8, 6, 2
레그익스텐션	4	12, 10, 8, 6
레그컬	4	12, 10, 8, 6
데드리프트	4	10, 8, 8, 6
시티드칼프라이즈	4	12, 10, 8, 6

• 3주 - 4주

1일		
운동종목	세트	횟수
바벨벤치프레스	5	8, 6, 4, 2, 1
크로스그립렛풀다운	4	8, 8, 8, 8
바벨밀리테리프레스	5	8, 6, 4, 2, 1
리버스컬	4	12, 10, 8, 6
인클라인바벨베치프레스	4	10, 10, 8, 8
T-바로우	4	8, 8, 8, 8
바벨트라이셉스컬	5	12, 10, 8, 6, 2
바벨컬	5	12, 10, 8, 6, 2

제 4부 수영 훈련의 실제

2 일		
운동종목	세트	횟수
레그프레스	5	10, 8, 6, 4, 2
스쿼트	5	10, 8, 6, 4, 2
런지	4	10, 8, 6, 4, 2
데드리프트	4	10, 8, 8, 6
레그컬	4	8, 8, 6, 6
레그익스텐션	4	8, 8, 6, 6
스탠딩칼프라이즈	4	8, 6, 4, 2
시티드칼프라이즈	4	20, 20, 20, 20

⑱ 프로그램 레벨 5

▶ 주 4일 분할된 2일 프로그램 / 같은 날 상체 및 하체훈련 / 에너지 향상훈련

• 1주 – 2주

1일 – 3일		
운동종목	세트	횟수
바벨벤치프레스	5	8, 6, 4, 2, 1
와이드그립렛풀다운	5	8, 6, 4, 2, 1
바벨밀리테리프레스	5	8, 6, 4, 2, 1
인클라인바벨벤치프레스	5	10, 8, 6, 4, 2
레그컬	4	10, 10, 8, 8
크로스그립바벨벤치프레스	4	15, 15, 15, 15
굿모닝	5	12, 10, 8, 6, 2
업라이트로우	4	8, 8, 6, 6

2일 – 4일		
운동종목	세트	횟수
와이드그립렛풀다운	4	8, 8, 8, 8
해머컬	4	12, 10, 8, 6
스쿼트	5	10, 8, 6, 4, 2
레그익스텐션	4	8, 8, 6, 6
벤트오버바벨로우	4	8, 8, 8, 8
런지	4	10, 8, 8, 6
T-바로우	4	8, 8, 8, 8
프리쳐컬	4	12, 10, 8, 6

• 3주 - 4주

1일		
운동종목	세트	횟수
바벨벤치프레스	5	8, 6, 4, 2, 1
바벨밀리테리프레스	5	8, 6, 4, 2, 1
인클라인바벨베치프레스	5	8, 6, 4, 2, 1
레그컬	5	10, 8, 6, 4, 2
바벨투라이셉스컬	4	10, 10, 8, 8
스탠딩칼프라이즈	4	20, 20, 20, 20
트라이셉스풀다운	4	12, 10, 8, 6
스탠딩플라이	4	8, 8, 6, 6

2일		
운동종목	세트	횟수
크로스그립렛풀다운	4	8, 8, 8, 8
리버스컬	4	12, 10, 8, 6
레그프레스	5	10, 8, 6, 4, 2
레그익스텐션	4	8, 8, 6, 6
벤트오버바벨로우	4	8, 8, 8, 8
데드리프트	5	10, 8, 6, 4, 2
시티드케이블로우	4	8, 8, 8, 8
바벨컬	4	12, 10, 8, 6

부록

부록 1
수영 경기규칙(FINA) 및 심판법

1. 국제수영연맹(FINA) 경영규정 (2015~2017)

▶ 본 경영규정 한글버전은 국제수영연맹(FINA) 경영규정 영문버전을 번역한 것으로, 영문버전과 이견(異見)이 있을 수 있습니다. 이 경우 영문버전을 우선으로 적용합니다.

SW1 경기운영 (MANAGEMENT OF COMPETITIONS)

SW1.1 관리기관에 의해 임명된 운영위원회는 규정에 의해 심판장, 심판 또는 다른 임원에게 배정되지 않은 모든 일을 관할하며, 종목들을 연기시킬 수 있고, 어떤 종목을 수행하기 위해 채택된 규칙에 따라 지시를 내릴 수 있다.

SW1.2 올림픽게임과 세계선수권대회에서 FINA뷰로는 경기 진행을 위해 다음과 같은 최소한의 임원을 임명해야 한다.

심판장(2명)
컨트롤실 주임(1명)
영법심판(4명)
출발심판(2명)
계시・반환심판주임(2명, 풀 양끝에 1명씩)
계시・반환심판(각 레인 풀 양끝에 1명씩)
기록주임(1명)
소집원(2명)
아나운서(1명)

SW1.2.1 모든 기타 국제 경기를 위해서 관리기관은 위와 동일한 수 또는 그 이하의 수로 이루어진 심판진을 임명해야 한다. 이는 적절한 각각의 지역적 또는 국제적 권위를 갖고 있는 당국으로부터 승인을 받는다.

SW1.2.2 자동계측장치가 불가할 때는 그 장비대신 계시주임 1명, 1레인 당 계시원 3명과 추가 계시원 2명으로 대체시켜야 한다.

SW1.2.3 자동계측장치 그리고/또는 1레인 당 3개의 디지털시계가 사용되지 않을 경우 착순심판주임과 착순심판이 필요하다.

SW1.3 올림픽게임과 세계선수권대회의 수영장과 기술장치는 수영 경기가 있기 전에 적절한 과정을 통해서 경영기술위원회의 멤버와 함께 FINA 대표의 검사와 인준을 받아야 한다.

SW1.4 수중비디오 장치가 TV에 사용되어 질 때, 원격조정으로 작동해야 하며, 선수의 시야나 진로를 막지 말아야 하며, 수영장의 모양을 바꾸거나 FINA에서 요구하는 표시들을 불명료하게 해서는 안된다.

SW2 임원 (OFFICIALS)

SW2.1 심판장 (Referee)

SW2.1.1 심판장은 모든 임원을 통제, 관할하고 그들의 임무를 승인하며 대회와 관련된 모든 특수 사항 및 규칙에 관해 지시해야 한다. 심판장은 FINA의 모든 규칙 및 결정을 시행해야 하며 대회의 진행과 종목이나 경기에 관련된 모든 문제를 결정해야하며 규정에 의해 해결되지 못하는 최종 결정을 내려야 한다.

SW2.1.2 심판장은 FINA 규칙이 준수되고 있는지 확인하기 위하여 경기의 어느 단계 에서도 중재 할 수 있으며 진행 중인 경기와 관련된 모든 항의에 대한 판정을 내린다.

SW2.1.3 3개의 디지털시계 없이 착순심판을 사용하는 때에는, 필요한 경우에 심판장이 순위를 결정한다. 만약에 자동계측장치가 있어 작동 될 경우 SW13에 따라 처리된다.

SW2.1.4 심판장은 대회운영을 위해 필요한 모든 임원이 각기 제 위치에 있는지를 확인 해야 한다. 심판장은 결석하거나 역할을 감당 못하거나 또는 비능률적으로 보여 지는 임원을 대신해 다른 후보임원을 임명할 수 있다. 심판장은 필요하다고 여겨지면 임원을 추가로 임명할 수 있다.

SW2.1.5 각 종목이 시작될 때마다 심판장은 호각을 짧게 여러 번 불어 선수로 하여금 수영복 외에 모든 옷을 벗도록 신호하며 뒤이어서 호각을 길게 한번 불어 선수들이 출발대 위에 서게 한다. (배영과 혼계영에서는 즉각 입수한다). 두 번째 긴 호각소리에 배영과 혼계영 선수는 즉각 출발자세를 취한다. 선수와 임원이 출발준비가 되어 있을 때 심판장은 스타터에게 팔을 쭉 뻗는 몸짓으로 선수들이 스타터의 통제 하에 있음을 알린다. 팔을 쭉 뻗는 몸짓은 스타트할 때까지 그 자세로 유지되어야 한다.

SW2.1.6 출발신호 전에 하는 부정출발은 스타터와 레프리 모두로부터 발견되고 확인 받아야 한다.

SW2.1.7 심판장은 준수해야 하는 규정위반에 대해 선수를 실격 시킬 수 있다. 심판장은 권한이 있는 다른 임원으로부터 보고받은 위반에 대해 선수를 실격 시킬 수 있다.
모든 실격은 심판장의 결정을 필요로 한다.

SW2.2 컨트롤실 주임(Conrtol-room Supervisor)

SW2.2.1 주임은 백업 계시 카메라 검토를 포함한 자동계시운영을 관리한다.

SW2.2.2 주임은 컴퓨터 출력물의 결과를 체크할 책임이 있다.

SW2.2.3 주임은 계영 교체 출력정보 체크와 심판장에게 부정출발(early takeoffs)을 보고할 책임이 있다.

SW2.2.4 주임은 부정출발을 확인하기 위해 계시용 백업으로 사용된 비디오를 검토 할 수 있다.

SW2.2.5 주임은 예선이나 결승 후 불참을 관리하며, 공식양식에 결과를 입력하고, 수립된 신기록을 정리하며 적절한 곳에 스코어를 보존해야 한다.

SW2.3 스타터 (Starter)

SW2.3.1 스타터는 심판장이 선수들을 넘겨준 때부터 (SW2.1.5)역영이 시작되기까지 선수들을 통제한다. 출발은 SW4에 따라 이루어진다.

SW2.3.2 스타터는 출발을 지연시키거나 명령을 일부러 따르지 않거나 또는 출발 시 기타 부당한 행동을 자아내는 선수를 심판장에게 보고하는데 단, 지연, 불복종 또는 부당한 행동을 한 선수를 실격 시키는 권한은 심판장에게만 있다.

SW2.3.3 스타터는 출발이 정당한지의 여부를 가리는 권리를 갖는데 단 결정은 심판장이 한다.

부록

SW2.3.4 종목을 시작할 때, 스타터는 출발대가 있는 수영장 끝 모퉁이에서 약 5m 이내의 풀 사이드에 위치해 서고 계시원들이 출발 신호를 보고 들을 수 있고 선수들이 그 신호를 들을 수 있어야 한다.

SW2.4 소집원 (Clerk of Course)

SW2.4.1 소집원은 각 종목 시작 전에 선수들을 소집한다.

SW2.4.2 소집원은 광고(GR6)와 관련된 위반사항이 있거나 호명 시 나타나지 않은 선수를 심판장에게 보고한다.

SW2.5 반환심판주임 (Chief Inspectors of Turns)

SW2.5.1 반환심판주임은 경기 중에 반환심판원들이 그들의 소임을 다 하는 지를 확인해야 한다.

SW2.5.2 반환심판주임은 위반사항이 발생했을 때 반환심판원들로부터 보고를 받아서 심판장에게 즉각 제출해야 한다.

SW2.6 반환심판원 (Inspectors of Turns)

SW2.6.1 반환심판원은 각 레인의 풀 양 끝에 한 명씩 배치된다.

SW2.6.2 각 반환심판원은 선수가 터치하기 직전에 하는 마지막 암스트록의 첫 동작부터 시작해서 턴 후의 첫 암스트록의 마지막 동작까지 턴 동작에 관한 규칙들을 따르는지 확인해야 한다. 풀 출발대 쪽의 반환심판은 선수가 출발부터 첫 암스트록의 완성으로 끝날 때까지 관련규칙을 따르는지 확인해야 한다. 경기를 끝맺는 쪽 풀끝에 있는 반환심판원들은 선수가 현행 규칙에 따라 역영을 끝내는지 확인해야 한다.

SW2.6.3 800미터와 1500미터 개인종목에서 턴하는 쪽에 있는 각 반환심판원은 각자 레인에서 선수가 완료한 랩 횟수를 기록해야 하며 '랩 카드'를 전시하여 남은 랩 수를 선수가 알고 있도록 해야 한다. 수중 랩 카드를 포함한 반전자장비를 사용할 수 있다.

SW2.6.4 800미터, 1500미터 개인 종목에서 출발대쪽에 위치한 반환심판은 자기 레인의 선수가 왕복거리만을 남기고 5미터 전방에 와 있을 때 경고신호를 해주어야 한다. 선수가 반환 후 레인로프에 있는 5미터 표시에 이를 때까지 신호를 반복해 준다.
그 신호는 호각이나 종으로 한다.

SW2.6.5 계영 종목에서 출발대쪽에 위치한 반환심판은 출발선수가 그 이전 선수의 벽 터치 시 출발대에 있었는지를 결정해야 한다. 계영 출발을 판정하는 자동장비가 가능할 때에는 SW13.1에 따라 사용한다.

SW2.6.6 반환심판은 서명된 카드에 종목, 레인번호를 적어 어떤 위반도 보고해야하며 그 위반을 반환심판주임에게 보내고 반환심판주임은 즉시 심판장에게 그 보고서를 보내야 한다.

SW2.7 영법심판 (Judges of Stroke)

SW2.7.1 영법심판은 풀 양쪽에 각각 위치한다.

SW2.7.2 각 영법심판은 해당 종목의 수영영법과 관련된 규칙이 잘 지켜지고 있는지를 확인해야 하며 반환심판을 도와서 턴과 피니쉬를 관찰해야 한다.

SW2.7.3 영법심판은 모든 위반사항에 대해 심판장에게 보고해야 하는

부록

데종목, 레인 번호, 위반내용 등이 적힌 카드에 서명을 해서 보고한다.

SW2.8 계시주임 (Chief Timekeeper)

SW2.8.1 계시주임은 모든 계시원들이 앉을 자리와 책임져야 할 레인들을 배정해야 한다. 각 레인마다 3명의 계시원 배치가 바람직하다. 만일 자동심판 장치가 사용되지 않으면 2명의 추가 계시원을 정하여 계시원중 시계가 움직이지 않거나, 경기 도중 시계가 서버리거나 또는 다른 이유로 계시할 수 없을 때에 바로 그 계시원을 대신하도록 지시한다. 디지털시계가 사용될 경우 최종기록과 등수는 시간(by time)에 의해 결정된다.

SW2.8.2 레인당 1명의 계시원이 배정될 때, 스톱워치가 고장이 나면 추가 계시원이 배정되어야 한다. 추가로 계시주임은 항상 각 예선의 1위선수의 시간을 기록해야 한다.

SW2.8.3 계시주임은 각 레인에서 각 계시원으로부터 기록된 시간을 보여 주는 카드를 거두어야 한다. 필요하다면 계시원들의 시계를 검사한다.

SW2.8.4 계시주임은 각 레인에서 모은 카드에 적힌 공식시간을 기록하거나 검사해야 한다.

부록

SW2.9 계시원 (Timekeepers)

SW2.9.1 각 계시원은 자기에게 배정된 레인의 선수를 SW11.3에 따라 계시한다.
시계는 대회운영위원회가 만족할 만한 정확도의 인준을 받아야 한다.

SW2.9.2 각 계시원은 출발신호와 함께 시계를 출발시키고 자기레인의 선수가 역영을 마침과 동시에 시계를 멈춘다. 100m를 넘는 거리를 역영할 때 계시원은 계시주임의 지시에 의해서 중간거리의 계시를 할 수도 있다.

SW2.9.3 역영이 끝난 후 곧바로 각 레인에 있는 계시원들은 자기 시계에 계시된 시간을 카드에 적어서 계시주임에게 준다. 그리고 계시주임이 원한다면 그들의 시계를 검사 맡기 위해서 제시한다. 다음 경기를 알리는 심판장의 짧은 호각 신호에 계시원들은 시계를 지운다.

SW2.9.4 만일 비디오 백업 시스템이 사용되지 않는다면 자동계측장치가 사용되더라도 기록에 필요한 모든 계시원을 사용하는 것이 필요할 수도 있다.

SW2.10 착순심판주임 (Chief Finish Judge – if required)

SW2.10.1 착순심판 주임은 각 착순심판원의 위치를 배정하며 등위를 정한다.

SW2.10.2 역영이 끝나면 착순심판 주임은 각 착순심판원으로부터 서명된 결과 용지를 모아서 결과와 등위를 확장하며 곧바로 심판장에게 보낸다.

SW2.10.3 자동계측장치가 경기 착순을 판정한다면 착순심판주임은 각 경기 후에 그 장치에 의해 기록된 선수들의 착순을 보고해야 한다.

SW2.11 착순심판 (Finish Judges – if required)

SW2.11.1 만일 각 레인마다 각 경기 종료 시에 버튼을 누르게 되는 자동계측장치를 이용하지 않는다면, 착순심판은 항시 코스와 종료 라인을 잘 볼 수 있는 종료지점과 일직선상의 높은 곳에 위치해 있어야 한다.

SW2.11.2 각 종목 종료 후에 착순심판은 그들에게 주어진 과제에 따라 선수들의 등위를 결정해서 보고해야 한다. 버튼 작동자가 아닌 착순심판은 같은 종목에서 계시원의 역할을 동시에 하지 못한다.

SW2.12 데스크 관리 (올림픽게임과 세계선수권대회 외) (Desk Control) (other than for Olympic Games and World Championships)

SW2.12.1 기록주임은 컴퓨터에 의해 기록되어 나온 결과들과 심판장으로부터 받은 각 종목의 시간과 등위의 결과를 확인해야할 책임이 있다. 기록주임은 심판장의 결과 서명을 확인해야 한다.

SW2.12.2 기록원들은 예선이나 결승 경기 후에 출전을 취소하는 선수들을 조정하고 공식양식에 결과를 기록하며 새로이 수립된 모든 기록들의 목록을 만들며 기록들을 적소에 보관해야 한다.

SW2.13 임원 의사결정 (Officials' Decision Making)

SW2.13.1 임원들은 경영규칙에 다른 조건이 없는 한 자율적, 독립적으로 각자의 결정을 내려야 한다.

부록

SW3 예선, 준결승과 결승 레인배정 (SEEDING OF HEATS, SEMI-FINALS AND FINALS)

올림픽게임, 세계선수권대회, 지역별 경기 그리고 그 밖의 FINA대회에서 모든 종목 경기의 출발 위치는 다음과 같은 레인배정 원칙에 의한다.

SW3.1 예선

SW3.1.1 모든 참가 선수들의 대회참가신청 마감 전 공지된 기간 동안 세운 시합 최고기록이 신청양식에 또는 온라인으로 제출되면 운영위원회는 시간 순으로 목록을 만든다. 공식기록을 제출하지 않는 선수들은 가장 느린 것으로 간주되어 기록 없이 목록의 끝에 놓이게 된다. 같은 기록을 가진 선수들이나 기록을 제출하지 않은 2인 이상의 선수들의 배정은 추첨으로 한다. 선수의 레인은 SW 3.1.2에 의해 정해진 방식으로 배정된다. 선수들은 제출된 기록에 따라 다음과 같은 방식으로 예선에 배정된다.

SW3.1.1.1 예선이 하나일 때는 결승과 같이 배정하며 결승기간에 시합이 행해진다.

SW3.1.1.2 예선이 2개일 때 제일 빠른 선수는 두 번째 경기에 배정되며, 그 다음 빠른 선수는 첫 번째 경기에, 그 다음 빠른 선수는 두 번째 경기에, 그 다음은 첫 번째 등과 같은 방식으로 한다.

SW3.1.1.3 예선이 3개일 때, 400m, 800m,그리고 1500m 경기를 제외하고, 가장 기록이 빠른 선수는 예선 세 번째 경기에, 그 다음 기록이 빠른 선수는 예선 두 번째 경기에, 그 다음으로 빠른 선수는 예선 첫 번째 경기에, 네 번째로 빠른 선수는 다시 예선 세 번째 경기에, 다섯 번째는 예선 두 번째 경기에, 여섯 번째 선수는 예선 첫 경기에, 일곱 번째 선수는 예선 세 번째 등으로 배치한다.

SW3.1.1.4 예선이 4개 또는 그 이상일 때, 400m, 800m, 그리고 1500m 경기를 제외하고, 마지막 예선경기 세 개는 위 SW3.1.1.3에 따라 진행한다. 마지막 3개의 예선경기 전의 예선경기는 그 다음으로 빠른 선수들로 구성되며 마지막 4개의 예선경기 전의 예선경기는 그 다음으로 빠른 기록 선수들로 구성한다. 레인은 각 예선경기 내에서 제출된 선수들 기록으로 내림 착순 배정을 하는데 아래 SW3.1.2에 설명된 방식에 따라 한다.

SW3.1.1.5 400m, 800m 1500m 경기에서, 마지막 두개의 예선은 SW3.1.1.2에 따라 배정한다.

SW3.1.1.6 예외 – 한 종목에 두개 또는 그 이상의 예선이 있을 때 각 예선에 최소한 3명의 선수가 있어야 한다. 그러나 뒤에 출전을 취소하는 선수가 생길 때에는 선수의 수를 3명 이하로 줄일 수 있다.

SW3.1.1.7 10레인 수영장이 사용 가능하고 자유형 800m와 자유형 1500m의 예선에서 8위에 같은 기록이 나왔을 시, 레인9를 사용하여 레인8번과 레인9번 자리를 추첨으로 뽑는다. 8위에 세 명이 동일 기록이 나왔을 시, 레인9와 레인0을 사용하여 레인8번, 레인9번과 레인0번의 자리를 추첨으로 뽑는다.

SW3.1.1.8 10레인 수영장이 사용 가능하지 않을 시, SW3.2.3을 적용시킨다.

SW3.1.2 50m 경기장에서 50미터 종목을 제외하고 레인배정은(출발대에서 코스를 바라보아 풀 오른쪽에 1번 레인이 있음. 10레인을 사용하는 경우 0번.) 레인의 숫자가 홀수인 풀에서는 가장 빠

부록

른 선수를 풀 가운데 레인 배정하며 6레인 풀에서는 레인3에, 8레인 풀에서는 레인4에 배정한다. 10레인 풀에서는 4번 레인에 배정한다. 그 다음으로 빠른 선수는 그 왼쪽에, 그리고 그 다음 선수들은 제출된 기록에 따라 오른쪽 그리고 왼쪽을 번갈아 가며 배정한다. 같은 기록을 가진 선수들은 미리 언급된 방법 안에서 추첨으로 배정된다.

SW3.1.3 50m 경기장에서 50미터 종목이 이루어질 때, 운영위원회의 재량에 따라서 경기를 일반적인 출발선에서 반환선까지로 하거나 거꾸로 반환선에서 출발선까지로 할 수 있는데 적합한 자동장치의 유무, 스타터의 위치 등의 요인들에 의해서 좌우된다. 운영위원회는 경기 시작 전에 그들의 결정을 선수들에게 잘 주지시켜야 한다. 경기 방법에 관계없이 선수들은 그들이 출발선에서 출발하고 경기를 끝냈을 때 받은 같은 레인을 배정받는다.

SW3.2 준결승과 결승 (Semi-Finals and Finals)

SW3.2.1 준결승전에서 경기는 SW 3.1.1.2에 따라 이루어진다.

SW3.2.2 예선경기가 없을 때 레인배정은 위 SW3.1.2에 따라 이루어진다. 예선경기나 준결승경기가 있게 될 때는 SW 3.1.2에 근거하여 배정하되 기록은 예선 경기 기록으로 한다.

SW3.2.3 8레인 또는 10레인 사용 여부에 따라, 8위/10위 또는 16위/20위로 동일 예선경기 또는 다른 예선 경기에서 선수 기록이 1/100초까지 동일할 때는 결승진출 결정을 위한 재경기가 있어야 한다. 재경기는 모든 선수가 해당종목 예선을 끝내고 경기운영과 관련자가 동의를 한 때 이루어져야 한다. 만일 동일한 기록이 또 나오면 다시 재경기가 열려야 한다. 동일 기록이 나와 필요하다면, 1순위/2순위 후보 선수를 결정하기 위해 재경기를 할 수 있다.

SW3.2.4 준결승 또는 결승경기에서 1명 또는 그 이상의 선수가 출전 취소를 할 때, 예선 또는 준결승에서 분류된 기록순서에 따라 후보 선수를 추가한다. SW3.1.2에 따라 경기는 재배정이 되며 그러한 변동이나 선수대체의 사항을 자세히 기록한 보완 양식이 꼭 발행되어야 한다.

SW3.2.5 예선, 준결승과 결승전에 선수들은 최소 경기 시작 20분 전까지 첫 번째 소집실에 집합해야 한다. 검사 후 선수들은 최종 소집실로 이동한다.

SW3.3 그 밖의 경기에서 레인 배정에 있어서 추첨방식이 사용 될 수도 있다.

SW4 출발 (THE START)

SW4.1 자유형, 평영, 접영 그리고 개인혼영에서 출발은 다이브로 한다. 심판장이 호각을 길게 불면(SW2.1.5) 선수들은 출발대 위에 올라 서 있는다. 스타터가 "차렷(take your marks)"하고 구령하면 곧 선수들은 출발대 앞에 적어도 한 발을 두고 출발 자세를 취한다. 손의 위치는 상관없다. 모든 선수들의 자세가 정지 하였을 때 스타터는 출발신호를 한다.

SW4.2 배영 및 혼계영에서의 출발은 물속에서 한다. 심판장의 첫 번째 긴 호각소리에 따라(SW2.1.5) 선수들은 즉각 물속으로 들어가야 한다. 심판장의 두 번째 긴 호각 소리에 지체하지 말고 출발 자세로 들어가야 한다(SW6.1). 모든 선수들이 출발 자세를 취했다고 인정되면 스타터는 "차렷(take your marks)"라는 구령을 한다. 모든 선수들의 자세가 정지하면 스타터는 출발 신호를 한다.

SW4.3 올림픽 경기, 세계선수권대회 및 기타 FINA 대회에서 "Take

부록

your marks"라는 구령은 영어로 하며 출발은 각 출발대에 하나씩 부착된 다중스피커로 한다.

SW4.4 어느 선수든지 출발 신호 전에 출발을 하면 실격을 당한다. 실격이 선언되기 전에 출발신호가 이루어지면, 시합은 진행되어야 하며, 시합이 종료된 후에 선수는 실격된다. 만약에 출발신호 전에 실격이 선언되면 스타터는 출발 신호를 해서는 안되며, 남은 선수들을 불러서 다시 시작한다. 레퍼리는 SW 2.1.5에 따라 시합 시작을 알리는 긴 호각신호부터 다시 시작한다(배영에서는 두 번째 신호부터).

설명: 모든 선수들이 각자의 출발 대에서 정지된 상태 (SW4.1) 에서 출발신호가 울리기 전에 움직이고 이러한 움직임이 출발심판과 레프리로부터 (SW2.1.6) 포착이 되고 최종 확인된 선수는 실격 처리된다. 계측장비에 영상촬영시스템이 (FR 4.7.3) 있다면 실격확인을 위해 사용 가능하다.

SW5 자유형 (FREESTYLE)

SW5.1 자유형이란 선수가 그 종목에서 어떠한 형태의 수영을 해도 됨을 의미한다. 단 개인혼영, 혼계영에서의 자유형이란 배영, 평영, 접영이 아닌 다른 형태의 수영을 의미한다.

SW5.2 수영거리를 매번 마칠 때 마다 그리고 역영을 끝낼 때에는 선수의 몸 어느 부분이라도 반드시 벽에 터치하여야 한다.

SW5.3 역영을 하는 동안 선수의 신체 일부분은 수면에 나와 있어야 하지만 턴을 하는 동안과 출발 후와 매번 턴을 한 후에 15미터 이내의 거리에서 선수가 완전히 물속에 잠겨도 되는 경우는 제외된다. 이때에 15미터 안에서 머리가 수면에 나와야 한다.

SW6 배영 (BACKSTROKE)

SW6.1 출발신호 전 선수는 양손으로 출발 손잡이를 잡은 채 출발대를 향하여 물속에서 정렬한다. 배수구 안이나 위에 서거나 그 입구에 발가락을 구부려 놓아서는 안된다.
출발시 배영 렛지를 사용하는 경우, 두 발의 발가락은 터치패드의 벽 또는 표면과 접촉해야한다. 터치 패드의 맨 위에 발가락을 구부리는 것은 금지되어 있습니다.

SW6.2 배영 렛지를 사용하는 경우, 출발지점의 각 조사관은 출발 후에 선반을 설치 및 제거해야 한다.

SW6.3 출발 신호 시와 턴을 한 후에 선수는 밀고 나가 역영을 하는 동안 SW 6.4에 명시된 것 같이 턴을 할 때를 제외하고는 뒤로 누운 자세로 수영해야한다. 정상적으로 누운 자세는 수평으로부터 90도 미만의 범위 내에서 몸을 돌리는 운동을 의미하며 머리의 자세는 관계없다.

SW6.4 역영을 하는 동안 선수의 신체 일부분은 수면에 나와 있어야 하지만 턴을 하는 동안과 출발 후와 매번 턴을 한 후에 15미터 이내의 거리에서 선수가 완전히 물속에 잠겨도 되는 경우는 제외된다. 이때에 15미터 안에서 머리가 수면에 나와야 한다.

SW6.5 해당 레인에 있는 선수는 턴 할 때 몸 일부분이 반드시 벽에 터치 되어야 한다. 턴 할 때에 어깨가 가슴으로부터의 수직범위를 넘어 돌아 갈 수 있고 그 후 턴을 시작하기 위하여 연속적인 싱글 암 풀(single arm pull)이나 연속적인 동시에 일어나는 더블 암 풀(double arm pull)을 사용할 수 있다. 선수는 벽을 떠나는 즉시 등으로 누운 자세로 돌아와야 한다.

SW6.6 역영을 끝낼 때 선수는 누운 자세로 벽에 터치해야 한다.

SW7 평영 (BREASTSTROKE)

SW7.1 출발 후와 각 턴 후, 물에 완전히 잠긴 채로 선수는 한 번의 암 스트로크를 완전히 다리까지 할 수 있다. 출발 후와 각 턴 후 첫 번째 평영 킥이 있기 전 언제든 한번의 접영킥이 허용된다.

SW7.2 출발 후와 각 턴 후의 첫 번째 암 스트로크의 시작에서부터 신체는 엎드린 자세로 있어야 한다. 수영장 벽을 떠날 때 몸이 엎드린 자세로 있는동안 어떠한 방식으로 도는 것이 허용되는 벽에 터치 후 턴 할 때를 제외하고, 언제라도 누운 자세는 허용되지 않는다. 전 구간에 걸쳐 스트로크 사이클은 한 번의 암 스트로크와 한 번의 다리 킥 순서로 진행해야 한다. 모든 팔 동작은 양팔이 교대로 움직이지 않고 동시에 그리고 동일한 수평면에서 움직여야 한다.

SW7.3 양손을 수면이나 물아래나 위에서 가슴으로부터 앞으로 함께 내민다. 턴 전, 턴 도중 마지막 스트로크를 제외하고는, 피니시에서의 마지막 스트로크를 제외하고 팔꿈치가 수면 아래에 있어야 한다. 손을 뒤로 옮길 때는 수면이나 그 아래에서 한다. 출발과 각 턴 후에 첫 스트로크를 하는 동안을 제외하고는 손이 힙 라인을 넘어서는 안된다.

SW7.4 각각의 완전한 사이클 동안 선수의 머리 일부분이 수면에 나와야 한다. 두 번째 스트로크의 가장 넓은 부분에서 손이 안쪽으로 돌기 전에 머리가 수면으로 나와야 한다. 다리는 교대로 움직이지 말고 동시에 그리고 동일한 수평면에서 움직여야 한다.

SW7.5 킥의 추진하는 부분 동안 발은 밖으로 돌려져야 한다. SW 7.1의 경우를 제외하고는 가위차기(alternating movements), 또는 접영 킥(downward Butterfly kicks)이 허용되지 않는다. 접영킥이 따르지 않는다면, 수면위로 양발이 나오는 것이 허용된다.

SW7.6 매번 턴을 할 때와 역영이 끝날 때 터치는 분리된 양손으로 동시에 수면이나 그 아래 또는 위에서 이루어진다. 턴 전에 그리고 피니시 전에 마지막 스트로크에서 다리 킥을 하지 않은 암 스트로크는 허용된다. 터치하기 전 마지막으로 완전하게 또는 불완전하게 팔을 돌리는 어느 시점에 선수의 머리가 수면에 나왔다는 전제하에 터치하기 전 마지막 팔 당기기를 한 후에 머리가 물에 잠겨도 된다.

설명 : "분리된(separated)" 의 의미는 두 손이 어느 한쪽 손에 겹쳐 올라가 있으면 안 된다는 뜻이다. 양손 사이에 굳이 공간을 만들 필요는 없다. 우연히 일어나는 손가락들의 접촉은 걱정할 필요가 없다.

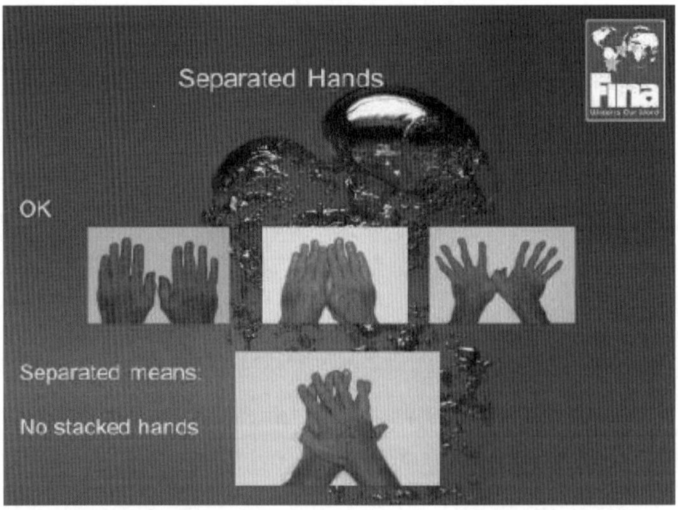

▲ 위에 3가지 손모양은 허용, 아래 손모양은 불가

SW8 접영 (BUTTERFLY)

SW8.1 출발 후와 각 턴 후의 첫 번째 암 스트로크의 시작에서부터 신체는 엎드린 자세로 유지되어야 한다. 측면에서의 수중 킥은 허용된다. 수영장 벽을 떠날 때 몸이 엎드린 자세로 있는동안 어떠한 방식으로 도는 것이 허용되는 벽에 터치 후 턴 할 때를 제외하고, 언제라도 돌려 눕는 것은 어느 때고 허용될 수 없다.

SW8.2 SW8.5에 따라 전 레이스에 걸쳐 양팔을 같이 수면위에서 동시에 앞으로 옮겨가서 수면아래에서 동시에 뒤로 움직여야 한다.

SW8.3 양다리의 모든 상하 동작은 동시에 이루어져야 한다. 양다리나 발이 같은 높이를 유지할 필요는 없으나 엇갈리게 움직여서는 안 된다. 평영 킥 동작은 허용되지 않는다.

SW8.4 각 턴과 역영 종료 시에 터치는 분리된 양손으로 동시에 수면에서 또는 수면 위나 아래에서 이루어져야 한다.

설명: "분리된(separated)" 의 의미는 두 손이 어느 한쪽 손에 겹쳐 올라가 있으면 안 된다는 뜻이다. 양손 사이에 굳이 공간을 만들 필요는 없다. 우연히 일어나는 손가락들의 접촉은 걱정할 필요가 없다.

SW8.5 출발과 각 턴 시에 선수는 물속에서 1회 이상의 다리 킥과 1회의 팔 동작이 허용되고 선수는 그것으로 수면위로 올라와야 한다. 출발 후와 매번 턴을 한 후 15m 내의 거리에서 선수는 완전히 물속에 잠겨도 되며 이때 15m 안에서 머리가 수면에 나와야 하며 다음 턴 또는 마지막까지 선수가 수면에 있어야 한다.

SW9 혼영 (MEDLEY SWIMMING)

SW9.1 개인혼영에서 선수는 접영, 배영, 평영, 자유형의 순서로 4가지 형태의 수영을 해야 한다. 각각 전체 거리의 4분의 1을 차지해야 한다.

설명: SW 9.1에 따르면, 각각의 영법은 전체 거리의 4분의 1을 차지해야 한다. 개인혼영의 자유형부분에서 벽을 떠날 때 등으로 나가는 것은 배영영법으로 4분의 1 거리보다 더 가는 것이므로 실격에 해당한다. 배영은 등으로 있을때로만 정의된다.

참고: SW5.1,SW6.1~6.5, SW7.1~7.6, SW8.1~8.5

SW9.2 혼계영에서 선수들은 배영, 평영, 접영, 자유형의 순서로 4가지 형태의 수영을 해야 한다.

SW9.3 각 부분은 연관된 영법에 적용되는 규칙에 따라 완료되어야 한다.

SW10 경기 (THE RACE)

SW10.1 모든 개인경기는 성별로 분리하여 진행되어야 한다.

SW10.2 각 코스에서 수영을 하게 되는 선수는 지정된 거리를 모두 끝내야 자격을 얻는다.

SW10.3 선수는 자신이 출발한 레인에 머물고 같은 레인에서 경기를 마무리해야 한다.

SW10.4 모든 종목에서 선수는 턴 시 풀이나 코스 끝에 신체적인 접촉을 해야 한다. 턴은 풀 벽으로부터 해야 하며 풀 바닥으로부터 걸어서는 안된다.

SW10.5 자유형 종목이나 혼영에서의 자유형 중 풀 바닥에 서 있는 것은 실격되지 않으나 걷는 것은 안 된다.

SW10.6 레인 로프를 당기면 안 된다.

SW10.7 경기 중 다른 선수의 레인으로 들어가거나 기타 방법으로 방해를 하게 되면 실격당하며 만일 그러한 반칙이 의도적이었을 때 심판장은 그 사실을 경기의 주최측과 반칙선수의 소속단체에 알린다.

SW10.8 경기 중 선수의 속력, 부력 또는 지구력을 돕기 위한 어떠한 도구나 수영복을 사용 또는 착용할 수 없다 (예: 물갈퀴달린 장갑,오리발, 핀, 파워 밴드, 접착물 등). 단, 수경은 착용해도 된다. FINA 스포츠의학위원회로부터 허가되지 않은 테입은 선수 몸에 부착되어선 안된다.

SW10.9 그 종목의 경기에 참가하지 않은 선수가 모든 선수들이 경기를 끝내기 전, 경기 도중에 입수를 하면 그 선수는 예정된 다음 경기에서 실격된다.

SW10.10 각 계영 팀은 4명의 선수로 구성된다. 혼성계영을 진행할 수 있다. 혼성계영은 남자 2명과 여자 2명으로 구성해야 한다. 이 종목의 구간기록은 기록이나 엔트리 목적으로 사용할 수 없다.

SW10.11 계영에서 전 선수가 벽에 터치하기 전에 출발대에서 선수의 발이 떨어졌을 경우 그 팀은 실격으로 한다.

SW10.12 계영 경기 중에 그 구간을 수영하도록 지정된 선수가 아닌 다른 선수가 그 계영 팀의 모든 선수가 역영을 끝내기 전에 입수할 경우 실격된다.

SW10.13 계영 팀의 구성원 및 경기할 순서는 경기 전에 지명되어야 한다. 계영 팀 선수는 그 종목에서 오직 한 번 경기를 할 수 있다. 계영 팀의 구성은 예선과 결승사이에 변경될 수 있는데 단, 그 종목을 위해서 소속단체가 제대로 신청한 선수명단으로부터 만들어져야 한다. 정한 순서대로 역영하지 않는 것은 실격이다. 문서화된 응급의료상황에만 교체가 가능하다.

SW10.14 자신의 역영을 완료한 선수나 계영종목에서 자신이 맡은 거리를 다한 선수는 아직 끝내지 못한 다른 선수에게 방해가 가지 않도록 되도록 빨리 퇴수해야 한다. 이를 어기고 과실을 범한 선수나 그의 계영 팀은 실격된다.

SW10.15 다른 선수의 부당한 행위로 인하여 경기에 방해가 있어 정당한 경기를 하지 못했을 경우에는 심판장은 그 선수를 다음 예선에 다시 출전시킬 권리가 있다. 결승이나 마지막 예선에서 그러한 행위가 있었다면 심판장은 그 경기를 재실시할 수도 있다.

SW10.16 어떠한 페이스 메이킹도 허용이 안 되며, 또 그러한 효과를 위한 어떤 장치나 계획도 허용되지 않는다.

부록

SW11 계시 (TIMING)

SW11.1 자동계측장치의 운영은 임명된 임원의 감독 하에서 이루어져야 한다. 자동장치에 의해 기록된 시간은 승자, 순위 및 각 레인의 기록을 결정하는데 사용된다. 그렇게 결정된 등위 및 기록은 계시원의 결정보다 우선한다. 경기 중 자동장치가 고장이었거나 그 기계에 결함이 생긴 것이 분명하게 나타났거나 선수가 장치 작에 실패했을 경우에는 계시원의 기록으로 공식 인정한다(SW 13.3참조).

SW11.2 자동계측장치가 사용되어질 때, 그 결과는 1/100초까지만 기록되어져야 한다. 1/1000초로 계시가 가능한 경우에도 소수이하 셋째 자리 수는 기록하지 말아야 하며 기록 및 순위를 결정하는데 이용되어서도 안 된다. 1/100초까지 동일한 기록을 낸 선수들은 모두 동순위로 인정한다. 전광판에는 1/100초까지 만의 기록이 나타나야 한다.

SW11.3 임원에 의해 중지되는 계측장치라면 어떤 것이라도 시계로 간주된다. 그러한 수동적인 기록은 그 국가의 회원국에 의해 임명, 또는 승인된 3명의 계시원이 잰다. 모든 시계는 관계 주관단체가 만족할 만한 정확도를 가짐이 확인 되어야 한다. 수동계시는 1/100초까지 기록되어져야 한다. 자동장치가 없을 때 수동계시의 공인 기록은 다음과 같이 결정되어져야 한다.

SW11.3.1 3개의 시계 중 2개가 동일 시간을 나타내고 다른 1개의 시계만 시간이 다르다면 2개의 시계가 기록한 시간이 공식기록이 된다.

SW11.3.2 3개의 시계가 모두 다르게 나타나면 중간 기록이 공식기록이 된다.

SW11.3.3 3개 중 2개의 시계만 작동하면 평균시간을 공식 기록으로 한다.

SW11.4 경기 중이나 경기 후에 선수가 실격되었을 때 실격이 공식결과에 기록 되어야 하나 기록이나 순위는 기록되거나 방송되지 말아야 한다.

SW11.5 계영에서 실격할 경우에는 실격되기까지의 합법적인 구간기록은 공식결과로 기록한다.

SW11.6 계영 중에 첫 번째 영자들의 모든 50미터와 100미터 구간은 기록되어야 하며 공식결과로 발표되어야 한다.

SW12 세계신기록 (WORLD RECORDS)

SW12.1 50m수영장에서의 세계신기록과 주니어세계신기록은 남녀 모두 다음과 같은 종목이 인정된다.

자 유 형 50,100,200,400,800,1500m
배 영 50,100,200m
평 영 50,100,200m
접 영 50,100,200m
개인혼영 200,400m
계 영 4x100m, 4x200m
혼 계 영 4x100m
혼성계영 4x100m(Freestyle), 4x100m(Medley)

SW12.2 25m수영장에서의 세계신기록과 주니어세계신기록은 남녀 모두 다음과 같은 종목이 인정된다.

자 유 형 50,100,200,400,800,1500m
배 영 50,100,200m
평 영 50,100,200m
접 영 50,100,200m
개인혼영 100,200,400m
계 영 4x50m, 4x100m, 4x200m
혼 계 영 4x50m, 4x100m

혼성계영 4x50m(Freestyle), 4x50m(Medley)

참고: 25m에서의 주니어세계신기록은 2015년 1월1일 이후부터 인정된다.

SW12.3 에이지그룹의 주니어세계신기록은 FINA세계주니어선수권대회기록과 동일하다.

SW12.4 계영경기 팀 구성원은 같은 국적이여야 한다.

SW12.5 모든 기록은 기록을 깨기 위한 개인 레이스 또는 핸디캡이 없는 대등한 경기에서 수립되어져야 하며 그러한 시도가 있기 전 최소 3일전에 대중에 공개되어야 하며 공공장소에서 개최되어야 한다. 경기 중 타임 트라이얼(time trial)로써 회원국 의해 확인된, 기록을 깨기 위한 개인 레이스의 경우에는 경기 시작 3일 전에 공고가 필요 없다.

SW12.6 코스의 각 레인 길이는 풀이 위치한 회원국에 의해 지명되거나 승인된 임원에 의해서 인증되어야 한다.

SW12.7 움직이는 칸막이가 사용되는 경우, 각 레인의 코스측정은 기록이 수립된 세션 종료 후에 확인되어져야 한다.

SW12.8 세계신기록과 주니어세계신기록은 자동계측장치 사용을 통한 기록일때만 승인된다. 단, 자동계측장치가 작동하지 않을 시, 반자동계측장치에 의해 보고되는 기록도 인정된다.

SW12.9 선수가 FINA로부터 승인된 수영복을 착용했을 때만 세계신기록과 주니어세계신기록으로 인정된다.

SW12.10 100분의 1초까지 같은 기록은, 같은 기록으로 인정되고 같은 기록을 수립한 선수들은 공동소유자(Joint Holders)로 불린다. 경기 승자의 기록만이 세계신기록(주니어세계신기록은 해당사항 없음)으로 제출 될 수 있다. 신기록세우기 경기에서 타이인 경우 타이가 된 각 선수는 승자로 간주 된다.

SW12.11 모든 세계신기록과 주니어세계신기록은 오로지 담수(fresh water)에서만 수립되어져야 한다. 어떠한 바닷물 또는 대양에서도 세계신기록이 인정되지 않는다.

SW12.12 혼성계영을 제외한 계영에서는 첫 번째 영자가 세계신기록 또는 주니어세계신기록으로 신청할 수 있다. 본 세분조항에 따라서 계영 팀에서 첫 번째 영자가 신기록으로 본인의 거리를 완영하면, 본인의 거리를 완영한 후에 발생하는 반칙으로 그의 계영 팀의 어떠한 실격에 의해서도 해당 선수가 수립한 기록은 취소될 수 없다.

SW12.13 선수 또는 선수의 코치 또는 매니저가 명확히 레퍼리에게 선수의 기록측정을 특별히 요청하거나 중간거리의 기록이 자동계측장치에 의해 기록될 시, 개인종목 선수는 중간거리의 세계신기록 또는 주니어세계신기록을 신청 할 수 있다. 그런 선수는 중간거리에 있어 신기록을 신청하기 위해서는 그 종목의 정해진 거리를 완영하여야 한다.

SW12.14 해당 경기의 책임 권위가 있는 조직위원회나 관리위원회에 의해 FINA 공식 양식으로, 세계신기록 또는 주니어세계신기록이 신청되어야 하고, 음성반응 도핑테스트 증명(DC 5.3.2)을 포함한 모든 규정이 준수되었음을 확인하여, 선수가 속한 회원국의 권한이 있는 대표자의 서명을 받아야 한다. 신청양식은 경기 후 14일 이내에 FINA 명예총장(Honorary Secretary)에게로 송부되어야 한다.

부록

SW12.15 세계신기록 또는 주니어세계신기록 수행에 대한 요청은 수행(경기)후 7일 이내에 FINA 명예총장에게 전문이나 텔렉스 또는 팩스로 잠정적으로 보고하여야 한다.

SW12.16 선수가 속한 국가의 회원국은 공식신청이 적절한 권위자에 의해 적절히 제출되었다는 것을 확인하기 위해서, 필요시에는 FINA 명예총장에게 이 수행(경기)을 서면으로 보고하여야 한다.

SW12.17 공식신청이 접수된 즉시, 음성반응 도핑테스트 증명을 포함하여 신청한 사실이 정확하다고 확인되면, FINA 명예총장은 새로운 세계신기록 또는 주니어세계신기록을 선언하고 그 사실을 발표하며 신청이 승인된 사람에게 증명서를 보내야 한다.

SW12.18 올림픽게임, 세계선수권대회, 세계주니어선수권대회, 월드컵 중에 수립된 모든 기록은 자동으로 승인된다.

SW12.19 SW 12.14의 절차를 밟지 않았을 때, 해당 선수가 속한 국가의 회원국은 불이행의 세계신기록 또는 주니어세계신기록을 신청할 수 있다. 적절한 조사를 한 후, FINA 명예총장은 그 요청이 맞는 것으로 판정되면 이를 신기록을 승인할 수 있다.

SW12.20 FINA에 의해 세계신기록 또는 주니어세계신기록 신청이 승인되면, FINA 명예총장과 회장이 서명한 증서(Diploma)를 명예총장이 해당 선수가 속한 국가의 회원국으로 송부하여 선수의 수행(수립)을 인정하기 위해 선수에게로 보내진다. 다섯 번째 세계신기록 증서는 계영 팀이 세계신기록 또는 주니어세계신기록을 수립한 모든 회원국에게 발행될 것이다. 증서는 회원국이 보유한다.

SW12.21 때때로, FINA는 선수들이 세계신기록 또는 주니어세계신기록을 수립 할 수 있는 경기들을 추가 할 수 있다. 이러한 각 경기에

부록

서 FINA는 목표기록을 설정한다. 선수가 목표기록보다 더 나은 기록을 달성 할 경우, SW 12의 모든 사항들을 충족할 시에 세계신기록 또는 주니어세계신기록으로 고려된다.

SW13 자동계측절차 (AUTOMATIC OFFICIATING PROCEDURE)

SW13.1 경기에 자동계측장치(FR4 참조)가 사용될 때는 그 장치에 의해 판정된 순위와 기록과 계영의 출발(take-offs)는 계시원보다 보다 우선한다.

SW13.2 자동장치가 주어진 경기에서 1명 이상의 선수의 순위 또는 기록을 기록하지 못하였다면: SW13.2.1 자동장치의 가능한 모든 순위와 기록을 기록 SW13.2.2 수동의 순위와 기록을 기록하고 SW13.2.3 공식 순위는 다음과 같이 결정된다.

SW13.2.3.1 자동장치의 기록과 순위가 있는 선수는 그 같은 경기에서 자동장치의 기록과 순위를 갖고 있는 다른 선수들과 비교하여 그 상대순위를 유지한다.

SW13.2.3.2 자동장치의 기록은 있지만 순위가 없는 선수는 타 선수들의 자동장치 기록과 자신의 자동장치 기록을 비교하여 순위를 결정한다.

SW13.2.3.3 자동장치의 기록도 순위도 없는 선수는 반자동 장치의 기록이나 3개의 디지털시계의 기록에 의해 그의 상대적인 순위를 결정한다.

SW13.3 공식기록은 아래와 같이 결정된다.

SW13.3.1 자동장치의 기록이 있는 선수들은 그것이 공식기록이다.

SW13.3.2 자동장치의 기록이 없는 선수들은 3개의 디지털시계 수동기록이나 반 자동장치 기록을 공식기록으로 한다.

SW13.4 경기종목의 예선의 상대적 순위 결정은 다음과 같이 한다.

SW13.4.1 모든 선수들의 상대적 순위는 그들의 공식 기록을 비교하여 결정한다.

SW13.4.2 선수의 공식기록이 한명 또는 그 이상의 다른 선수의 기록과 같을 시, 그 기록을 가진 모든 선수는 상대적 순위가 같다.

SWAG - 에이지 그룹 규정

SWAG1 각 회원국 연맹은 FINA의 기술규칙을 이용하여 자체의 에이지그룹 규칙을 채택할 수 있다.

부록

2. 수영(경영) 심판법

1) 심판의 정의

심판이란 용어의 사전적 정의는 사건을 심리하여 판결한다라고 기술하고 있지만 운동경기에서의 심판은 우열, 승패, 반칙행위 따위를 판정하는 주체자를 말한다. 또한 체육인 현장에서 심판의 개념과 관련해서 경기를 심판하는 사람은 규칙에 따라 엄정하게 다스리고 경기를 명랑하게 이끌어야 한다고 규정하고 있고, 또한 경기를 하는 선수는 심판에 판정에 복종하고 상대방을 존중하며 승패에 구애됨이 없이 정정 당당히 경기에 임하고 최선을 다해야 하는 것으로 설명하고 있다. 따라서 수영 심판은 수영 경기에서 규칙과 제반 규정을 적용하여 경기를 진행하고 감독·관리하는 주체자로 정의 내릴 수 있다.
3항.

2) 수영(경영) 심판의 개념

수영 종목에서 경영 경기는 선수의 수영능력을 과학화된 첨단 기록측정 장치를 통해 판정을 내리는 경기이다. 또한 경영 심판은 시합 준비를 위해 노력한 선수의 경기력을 공정한 규칙 적용을 통해 향상시켜주어야 할 의무가 있다.

경영 심판은 구기종목의 심판과는 달리 심판 개인의 감정 개입이 비교적 적지만, 규칙의 적용에서는 공정하고 정확한 판정을 하여야 한다.

특히 경영 심판교육을 이수하고 자격을 취득하여 국제수영연맹 (FINA)과 대한수영연맹(KSF)이 제정한 규칙 및 규정을 엄정하게 적용할 수 있어야 하며, 경기 전체를 감독하는 진행자다.

끝으로 경영 심판은 경기자와 관중과 합심하여 수영을 발전시키고 이끌어가는 봉사자이기도 하다.

3) 수영(경영) 심판의 임무

(1) 경영 심판은 정확한 규칙의 이해를 해야 한다.

(2) 경영 심판은 정해진 규칙 범위 안에서 판정해야 한다.

(3) 경영 심판은 선수가 가진 경기력을 최대한 발휘할 수 있도록 규칙 안에서 선수를 격려해주어야 한다.

(4) 경영 심판은 관중과 함께 우수한 경기력을 발휘한 선수에게 칭찬과 노고를 아끼지 말아야 한다.

(5) 경영 심판은 경기에 관계된 모든 사항을 주의 깊게 관찰하고 친절하게 안내할 필요가 있다.

(6) 경영 심판은 경기장 환경과 관련하여 경기력에 방해가 되는 사항은 규칙 범위 안에서 즉시 시정할 임무가 있다.

(7) 경영 심판은 수영발전을 위해 항상 관심을 가지고 연구하고 노력해야 한다.

(8) 경영 심판은 경기력 향상을 위해 합리적인 규칙의 제정과 적용에 힘써야 한다.

4) 계시원의 책임

(1) 계시원은 경기 시작 전에 배정된 계시장비(시계, 백업버튼)를 점검해야 한다. (디지털 시계의 분리기록 기능이 있는 지 점검)

(2) 해당 레인과 선수 이름의 동일성 확인해야 한다.

(3) 출발신호가 날 때 시계를 작동해야 한다.

(4) 선수의 역영이 끝남과 동시에 시계의 정지 및 백업버튼을 동시에 작동해야 한다.

(5) 배부된 기록용지에 선수의 기록을 기입해야 한다.

(6) 계영의 경우 각 영법 선수 기록의 분리 계시와 기록을 기록해야 한다.

(7) 선수가 터치를 못했는지 경미한 터치를 했는지 보고해야 한다.

(8) 경기 후에 지시를 받을 때까지 시계를 원위치 시키기 말아야 하며, 지시 후에는 시계를 원위치로 만들고 시계 작동의 이상유무 확인해야 한다.

① 계시원(시작할 때)

☞ 선수와 일정한 거리를 유지하고 출발심판을 주시한다.

☞ 신호총의 경우 총의 연기나 섬광을 보는 동시에 작동하고, 혼의 경우 출발심판을 주시하고 혼 소리와 함께 작동한다.

☞ 시계의 이상유무를 확인한 후 이상이 있을 경우 보고해야 한다.

② 계시원(끝날 때)

☞ 계시원은 들어오는 선수와 터치패드를 동시에 관찰해야 한다.

☞ 선수가 정상적인 터치를 함과 동시에 시계와 백업시계의 작동을 멈춰야 한다.

☞ 선수의 수중터치나 거품이 이는 상태에서의 터치를 주의깊게 관찰하여 시계를 작동해야 한다.

☞ 정상적인 터치를 못한 경우 또는 경미한 터치의 경우 시계의 기록을 기록용지에 기입하여 보고하여야 한다.

☞ 경기 종료 후에 1부터 4레인 선수는 오른쪽으로 5부터 8레인 선수는 왼쪽으로 사이드로 퇴수할 수 있도록 지도해야 한다.

☞ 계영의 경우 퇴수 선수의 지도를 각별히 신경써야 한다.

☞ 경기 후에 시계의 원위치는 완전히 정리된 후에 실시해야 한다.

☞ 선수가 실격했을 경우에도 모든 선수의 기록을 기입해야 한다.

③ 계시원(시간기록)

☞ 디지털 시계의 경우 100분의 1초까지 기록해야 하며, 실격 선수의 기록도 기입한다.

☞ 3개의 시계를 사용할 경우 적어도 2개의 시계가 동일하면 공식기록이 되며, 3개의 시계 모두 다르면 중간이 되는 시간이 공식기록이 된다.

☞ 2개의 시계를 사용할 경우 두 시계의 기록이 같으면 공식기록이 되고 다르면 평균시간이 공식기록이 된다.(기록이 1000분의 1로 나오면 기록은 백단위 다음 수를 반올림한다. ex: 45.68과 45.69/2=45.685=45.69)

☞ 1개의 시계를 사용할 경우 계시된 시간이 공식기록이 된다.

④ 계시원(계시의 작동 불량)

☞시계가 작동하지 않을 때.

☞계시원이 경기 시작 전에 시계를 리셋하는 것을 잊었을 때.

☞시계가 경기 중에 멈출 때.

☞시계가 계속 작동하지 않을 때.

☞경기가 끝나기 전에 분리기록 후에 시계를 멈출 때.

⑤ 계시원(작동불량 계시의 해결)

☞ 작동 불량으로 인하여 기록이 없음이라고 기록한다.

☞ 전광판에 시간을 모방하거나 조작하지 않는다.

☞ 다른 계시원의 시간을 모방하지 않는다.

5) 영법심판의 책임

(1) 영법심판은 FINA 의 영법규칙을 정확하게 이해하고 있어야 하며, 각 영법의 실격기준 또한 정확히 이해해야 한다.

(2) 영법 심판의 경우 선수의 역영 속도와 비슷하게 풀 사이드로 걸으며 선수의 영법 동작을 주의 깊게 관찰해야 한다.

(3) 영법심판의 경우 규칙의 적용범위를 공정하게 해야 한다.

(4) 선수는 규칙위반을 이해하기 위해 실격에 대해 들을 권리가 있다. 따라서 선수, 코치, 감독, 부모들에게 친절하게 위반사실을 설명할 필요가 있다.

(5) 경기 중에 선수의 실격이 목격되었을 경우 절차에 따라 심판장에게 신호하고 기록용지에 보고해야 한다.

① 영법심판을 위한 지침(자유형)

☞ 어떠한 영법도 사용할 수 있다.

☞ 선수는 신체의 어느부분이든 턴이나 골인시 터치 패드에 터치해야 한다.

☞ 만약 크롤과 다른 영법을 사용했더라도 그 영법의 규칙에 따르지 않는다.

☞ 영법의 혼합도 가능하다.

② 영법심판을 위한 지침(배영)

☞ 출발 바로 전에 선수의 발가락이 수면위로 올라오지 않도록 한다.

☞ 선수는 턴 할 때를 제외하고는 누운 표준 자세에서 수평면으로부터 90도를 넘어서는 안된다.

☞ 선수가 출발하여 15미터, 턴 후에 15미터 까지는 물에 완전 잠수가 허용된다.

☞ 15미터 지점 전에 선수의 머리가 수면으로 나와야 한다.

③ 영법심판을 위한 지침(평영)

☞ 스타트와 턴한 후 전신이 수중에 잠겨 있는 동안 다리까지 완전히 뒤로 한번의 스트록과 한번의 킥을 할 수 있다.

☞ 선수의 신체는 양 어깨가 물에 수평인 채 엎드린 자세를 유지해야 한다.

☞ 선수의 스트로크동작은 양팔이 동시에 움직여야 한다.

☞ 킥 할 때 선수의 발은 동시에 움직여야 한다.

☞ 턴 할 때와 터치 할 때 선수의 양손은 동시에 터치해야 한다.

☞ 턴 한 후에 한번의 풀을 다리까지 완전히 당기는 것은 머리가 수중에 있는 동안 허용된다.

☞ 스트로크 동작에서 선수의 양 팔꿈치가 물 밖으로 나올 수 없다.

☞ 킥 하는 동작은 돌핀킥을 할 수 없다.

④ 영법심판을 위한 지침(접영)

☞ 스타트 한 후 단 한번만 물 밑에서 풀 동작을 취할 수 있다. 그리고 팔은 물 밖으로 되돌아 가야 한다.

☞ 풀 동작의 경우 교차하는 동작이 있어서는 안 된다.

☞ 양 어깨를 수평으로 한 채 가슴으로 엎드린 자세를 유지해야 한다.

☞ 킥 할 때 발과 다리는 상하운동이 동시에 행해져야 한다.

☞ 다리와 발의 자세는 교차하지 않아야 한다.

☞ 턴이나 결승점에서 선수의 양 손은 동시에 터치해야 한다.

☞ 어깨는 물속으로 담그지 않아도 되고 손은 동시에 터치해야 하지만 높이는 다를 수 있다.

⑤ 영법심판을 위한 지침(혼영)

☞ 개인혼영은 접영 → 배영 → 평영 → 자유형 순으로 행한다.

☞ 각 영법은 그 영법 규칙에 맞게 해야 한다.

☞ 자유형 다리 동작은 배영, 접영,평영 동작을 하면 안된다.

☞ 혼계의 경우 배영 → 평영 → 접영 → 자유형 순으로 행한다.

☞ 각 영법은 그 영법 규칙에 맞게 해야 한다.

☞ 자유형 다리 동작은 배영, 접영, 평영 동작을 하면 안된다

6) 계영 출발 심판의 책임과 임무

(1) 책임

① 출발대 위에 선수를 지켜보고 또한 들어오는 선수가 풀 끝을 터치할 때에 주목해야 한다. 만약 위반이 목격되었다면 미리 정해진 방법으로 심판장에게 보고해야 한다.

② 심판은 선수를 터치하거나 출발지시를 해서는 안된다.

③ 들어오는 선수와 출발하는 선수를 동시에 관찰할 수 있도록 출발대 바로 옆에 위치해야 한다.

④ 모든 위반은 심판장이나 반환심판주임에게 보고한다.

(2) 임무

① 계영출발 심판은 자신에게 정해진 레인만 주시해야 한다.

② 출발하는 선수의 발은 출발 대에서 떨어질 때까지 주시해야 한다.

③ 들어오는 선수가 터치패드를 터치하지 않았다면 실격으로 처리한다.

④ 결승점에서 영자의 신체 어느 부위라도 벽면에 터치하면 합법적인 기록으로 인정한다.

⑤ 심판은 출발대에 있는 선수의 동작으로 인해 주의가 산만해져서는 안 된다.

⑥ 출발 선수의 발에 초점을 맞추고 다른 신체부위는 신경쓰지 말아야 한다.

⑦ 특히 시계의 작동을 매 영법이 끝날 때 멈추지 않도록 주의해야 한다.

(3) 계영 출발 심판의 실격처리

① 만약 실격이 발생했다면 심판은 반환주임에게 또는 심판장에게 신호해야 한다.

② 심판은 부정출발 한 선수, 종목, 횟수와 레인을 기록하여 둔다.

③ 부정출발을 기록용지에 기록하고 경기가 끝난 후에 심판장에게 제출한다.

④ 부정출발의 경우 심판은 소신있게 처리해야 한다.

(4) 계영 출발 심판의 자세

① 들어오는 선수의 물이 튀기는 것을 의식하지 말고 출발대에 서있는 선수

의 발을 계속 응시한다.

② 완전히 실격이 확실하다고 인정될 때 부정출발 처리한다.

③ 배정된 레인만 관찰한다.

④ 첫번째 교대에서 실격이 되었더라도 계속해서 다음 교대를 지켜보아야 한다.

7) 착순심판의 책임

(1) 모든 레인에서 착순을 관찰한다.

(2) 준비된 양식에 모든 레인의 착순을 기록한다.

(3) 만약 착순을 구분하기가 어려운 경우 타이로 기록한다.

(4) 착순심판은 경기가 진행되는 동안 배정된 자리를 떠나지말아야 한다.

(5) 착순심판은 터치가 정당한가에 대해서는 관여하지 않는다.

(6) 착순 심판은 수중터치에 경우도 주의깊게 관찰해야 한다.

(7) 착순은 경기가 종료된 후에 옮겨쓸 수 있다.

(8) 착순 심판은 공정을 기해 작성해야 하며, 영법이나 턴의 합법성에 대해 의견을 제시하지 못한다.

(9) 부정확한 착순을 기록하느니 빈 카드로 제출한다.

8) 출발심판의 책임

(1) 책임

① 선수를 출발대로 소집한다.

② 합법적으로 출발자세가 지켜지는지 확인한다.

③ 차렷(take your mark)하고 출발준비 명령을 내린다.

④ 출발 장치를 작동한다.

⑤ 어떠한 선수도 다른 선수보다 불공정한 이익이 없도록 한다.
⑥ 각 레인에 선수가 준비 했을 때 출발신호를 한다.

(2) 출발심판의 자세

① 경기 전에 경기 종목 순서를 확인할 수 있는 자료를 확보한다.
② 선수들에게 지시는 명령이 아닌 조용하고 명확하게 지시한다.
③ 부정출발 선수에게 개인적으로 통보한다.
④ 모든 선수가 참석했는지 판단한다.
⑤ 선수 개인에게 경기에 유리한 행위나 언어는 삼가한다.
⑥ 선수를 존중하여 부른다.

(3) 출발심판의 장비준비와 사용(총)

① 경기 중에 귀마개를 쓴다.
② 총이 청결하고 잘 작동되는지 미리 확인한다.
③ 전 경기동안 충분히 이용할 수 있는 화약이 있는지 점검한다.
④ 화약을 총에 장전한다.
⑤ 여분의 총을 가지고 있는다.
⑥ 계시원이 섬광과 연기를 볼 수 있도록 총을 들어올린다.
⑦ 약실에 최소 3발을 장전해 놓는다.
⑧ 마이크 점검을 수시로 한다.

(4) 출발심판의 장비준비와 사용(혼)

① 경기 전에 시스템이 정확하게 작동하는지 확인한다.
② 미리 점검하고 잘못 작동될 수 있는 사례를 잘 알고 있어야 한다.
③ 시스템이 고장이나 회생 불가능한 경우를 대비한 비상계획을 세워야 한다.
④ 모든 레인에서 명확히 볼 수 있는 위치를 선정한다.
⑤ 차렷 구령 후에 선수가 준비할 수 있는 시간을 준다.

(5) 부 정 출 발

① 출발 후 부정출발이 확인된 경우 선수는 실격된다.

② 부정출발이 있더라도 철회신호는 하지 않는다.

③ 부정출발 선수가 있을 경우 경기 종료 후에 선수에게 알리고 기록으로 보고한다.

④ 배영 출발시에 발이 수면위로 나와서는 안 된다.

⑤ 배영 출발 시에 배수구에 발을 거는 행위는 안 된다.

부록 2

수영 지도자자격 규정 (대한수영연맹)

제1조(목적) 본 규정은 대한수영연맹(이하 "연맹"이라 한다)의 수영 지도자(경영,다이빙,수구,싱크로나이즈드 스위밍 종목) 자격을 심사하여 자격을 부여하는데 필요한 사항을 규정하고 지도자의 자질을 향상함을 목적으로 한다.

제2조(등급) 본 연맹의 지도자 자격 등급은 1급, 2급, 3급으로 구분한다.

제3조(자격심의) 지도자 강습회 수료자에 대한 자격부여는 본 연맹에서 심의하여 승인하며 해당 종목 위원회에 보고한다.

제4조(자격기준) 각 등급별 자격기준은 다음과 같다.

1. 3급지도자 : 만18세 이상 고졸이상의 학력소지자로서 해당 종목 강습을 수료하고 본 연맹의 승인을 받은 자
2. 2급지도자 : 3급 지도자 자격을 취득한 후 2년이 경과한 자로 해당 종목 강습을 수료하고 본 연맹의 승인을 받은 자
3. 1급지도자 : 2급 지도자 자격을 취득한 후 3년이 경과한 자로 해당 종목 강습을 수료하고 본 연맹의 승인을 받은 자

제5조(취득방법) 각 종목별 등급별 자격을 취득하고자 하는 자는 반드시 16시간 이상의 강습회를 수료해야 하며, 평가시험에서 100점 만점으로 하여 70점 이상인 자를 수료자로 인정한다.

제6조(강습내용) 각 종목별 등급별 강습내용은 다음과 같다.

① 수영개요 (수영사,수영단체의 조직등)

② 종목별 경기규칙

③ 종목별 경기운영법
④ 수영기술 및 지도방법
⑤ 체력훈련 및 지도방법
⑥ 지도자 기본 교양 및 스포츠 인권 교육
⑦ 도핑 교육
⑧ 인명구조 및 수상안전교육
⑨ 수영장 관리 및 경기장 시설 점검교육
⑩ 기타 지도자 교육에 필요한 사항
⑪ 세부종목별 영법 실기

제7조(강습회 신청절차) ① 본 연맹에서는 1급,2급,3급 강습회(경영,다이빙,수구,싱크로나이즈드스위밍)를 개최하며 각 시,도수영연맹 및 한국대학수영연맹 (이하 "지방연맹"이라 한다)에서는 3급 강습회(경영)를 개최할 수 있다. 다만 당해연도 전국체육대회 및 10개국 이상 참가하는 국제대회 개최 시,도에 한하여 본 연맹의 승인을 받아 년1회 승급 강습회(경영)를 실시할 수 있다.

② 지방연맹에서 강습회를 개최하고자 할 때에는 개최 20일전까지 일시, 장소, 강습일정, 강사 등이 포함된 강습회 개최계획서를 본 연맹으로 제출하여 승인을 받아야한다.

③ 강습회 개최일정은 본 연맹 또는 해당 지방연맹 홈페이지에 공고해야 한다.

④ 지방연맹에서 강습회를 개최할 경우 해당 지방연맹은 본 규정에 위배되거나 수강자의 부정행위 등이 발생하지 않도록 강습회 관련 제반사항에 대하여 관리, 감독의 책임을 진다.

⑤ 강습회 중 전문적인 수영 내용의 강의는 반드시 본 연맹 심판 자격증을 소지한 자를 강사로 선임해야 한다.

⑥ 지방연맹에서는 강습회가 종료된 후 참가신청서, 강습교재, 필기 및 실기시험 문제지, 성적표, 수료자 명단, 사진 등이 포함된 결과보고서를 본 연맹으로 제출해야 한다.

제8조(자격증 발급) 본 연맹의 심의를 거쳐 승인을 받은 자에게는 자격증을 발급하고 교부한다.

제9조(자격증 재발급) 자격증 소지자 중 분실 또는 훼손으로 인하여 재발급을 요청할 경우 본 연맹으로 신청하여야 한다.

제10조(자격의 취소) ① 허위 또는 부정한 방법으로 자격증을 취득하였을 경우 자격을 취소할 수 있다.

② 본 연맹 법제상벌위원회의 자격정지 또는 제명의 징계처분을 받고 이사회의 의결을 거쳐 징계가 확정되었을 경우에는 그 징계처분에 따른다.

제11조(강습회비·발급비) ① 본 연맹 또는 지방연맹에서 개최하는 강습회 참가자의 강습회비는 본 연맹 또는 지방연맹에서 정한 바에 따른다.

② 지방연맹에서는 강습회 결과보고서와 함께 다음의 자격증 발급비를 본 연맹으로 납부하여야 한다.

1. 3급 지도자 : 1인 1매 20,000원
2. 승급(1급,2급) 지도자 : 1인 1매 40,000원
3. 재발급비 : 1인 1매 3,000원

제12조(국제지도자) ① 국제수영연맹(FINA) 및 아시아수영연맹(AASF) 등 국제체육기구로 국제지도자 추천은 본 연맹의 유효한 지도자자격증을 소지한 자 중에서 추천하며, 추천조건은 연맹 홈페이지에 별도로 공지한다.

② 국제수영연맹(FINA) 및 아시아수영연맹(AASF) 등 국제체육기구에서 발급한 자격증은 본 연맹에서 그 자격을 인정한다.

제13조(일반사항) 본 규정에 없는 사항에 대해서는 본 연맹 이사회의 의결에 따라 시행한다.

부록 3

수영심판 자격규정 (대한수영연맹)

제1조(목적) 본 규정은 대한수영연맹(이하 "연맹"이라 한다)의 수영 심판(경영, 다이빙,수구,싱크로나이즈드 스위밍 종목) 자격을 심사하여 자격을 부여하는데 필요한 사항을 규정하고 심판의 자질을 향상함을 목적으로 한다.

제2조(등급) 본 연맹의 심판 자격 등급은 1급, 2급, 3급으로 구분한다.

제3조(자격심의) 심판 강습회 수료자에 대한 자격부여는 본 연맹에서 심의하여 승인하며 해당 종목 위원회에 보고한다.

제4조(자격기준) 각 등급별 자격기준은 다음과 같다.

1. 3급심판 : 만18세 이상인 자로 해당 종목 강습을 수료하고 본 연맹의 승인을 받은 자
2. 2급심판 : 3급 심판 자격을 취득한 후 2년이 경과한 자로 해당 종목 강습을 수료하고 본 연맹의 승인을 받은 자
3. 1급심판 : 2급 심판 자격을 취득한 후 3년이 경과한 자로 해당 종목 강습을 수료하고 본 연맹의 승인을 받은 자

제5조(취득방법) 각 종목별 등급별 자격을 취득하고자 하는 자는 반드시 16시간 이상의 강습회를 수료해야 하며, 평가시험에서 100점 만점으로 하여 70점 이상인 자를 수료자로 인정한다.

제6조(강습내용) 각 종목별 등급별 강습내용은 다음과 같다.

① 수영개요 (수영사,수영단체의 조직등)

② 종목별 경기규칙

③ 종목별 경기운영법
④ 위치별 심판내용 및 자세
⑤ 실격판정 및 조치법
⑥ 심판 기본 교양
⑦ 수영장 관리 및 경기장 시설 점검교육
⑧ 기타 심판교육에 필요한 사항

제7조(강습회 신청절차) ① 본 연맹에서는 1급,2급,3급 강습회(경영,다이빙,수구,싱크로나이즈드스위밍)를 개최하며 각 시,도수영연맹 및 한국대학수영연맹 (이하 "지방연맹"이라 한다)에서는 3급 강습회(경영)를 개최할 수 있다. 다만 당해연도 전국체육대회 및 10개국 이상 참가하는 국제대회 개최 시,도에 한하여 본 연맹의 승인을 받아 년1회 승급 강습회(경영)를 실시할 수 있다.

② 지방연맹에서 강습회를 개최하고자 할 때에는 개최 20일전까지 일시, 장소, 강습일정, 강사 등이 포함된 강습회 개최계획서를 본 연맹으로 제출하여 승인을 받아야 한다.

③ 강습회 개최일정은 본 연맹 또는 해당 지방연맹 홈페이지에 공고해야 한다.

④ 지방연맹에서 강습회를 개최할 경우 해당 지방연맹은 본 규정에 위배되거나 수강자의 부정행위 등이 발생하지 않도록 강습회 관련 제반사항에 대하여 관리, 감독의 책임을 진다.

⑤ 강습회 중 전문적인 수영 내용의 강의는 반드시 본 연맹 심판 자격증을 소지한 자를 강사로 선임해야 한다.

⑥ 지방연맹에서는 강습회가 종료된 후 참가신청서, 강습교재, 필기 및 실기시험 문제지, 성적표, 수료자 명단, 사진 등이 포함된 결과보고서를 본 연맹으로 제출해야 한다.

제8조(자격증 발급) 본 연맹의 심의를 거쳐 승인을 받은 자에게는 자격증을 발급하고 교부한다.

제9조(자격증 재발급) 자격증 소지자 중 분실 또는 훼손으로 인하여 재발급을 요청할경우 본 연맹으로 신청하여야 한다.

제10조(자격의 취소) ① 허위 또는 부정한 방법으로 자격증을 취득하였을 경우 자격을 취소할 수 있다.

② 본 연맹 법제상벌위원회의 자격정지 또는 제명의 징계처분을 받고 이사회의 의결을 거쳐 징계가 확정되었을 경우에는 그 징계처분에 따른다.

제11조(강습회비·발급비) ① 본 연맹 또는 지방연맹에서 개최하는 강습회 참가자의 강습회비는 본 연맹 또는 지방연맹에서 정한 바에 따른다.

② 지방연맹에서는 강습회 결과보고서와 함께 다음의 자격증 발급비를 본 연맹으로 납부하여야 한다.

1. 3급 심판 : 1인 1매 20,000원
2. 승급(1급,2급) 심판 : 1인 1매 40,000원
3. 재발급비 : 1인 1매 3,000원

제12조(국제심판) ① 국제수영연맹(FINA) 및 아시아수영연맹(AASF) 등 국제체육기구로 국제심판 추천은 본 연맹의 유효한 심판자격증을 소지한 자 중에서 추천하며, 추천조건은 연맹 홈페이지에 별도로 공지한다.

② 국제수영연맹(FINA) 및 아시아수영연맹(AASF) 등 국제체육기구에서 발급한 자격증은 본 연맹에서 그 자격을 인정한다.

제13조(일반사항) 본 규정에 없는 사항에 대해서는 본 연맹 이사회의 의결에 따라 시행한다.

부록 4

세계기록, 올림픽기록, 아시아기록, 한국기록

1. 세계기록

구분			남자		여자	
			이름	기록	이름	기록
개인경기	자유형	50	Cesar Cielo Filho (브라질)	20.91	Britta Steffen (독일)	23.73
		100	Cesar Cielo Filho (브라질)	46.91	Cate Campbell (호주)	52.06
		200	Paul Biedermann (독일)	01:42.0	Federica Pellegrini (이탈리아)	01:52.98
		400	Paul Biedermann (독일)	03:40.07	Katie Ledecky (미국)	03:56.46
		800	Lin Zhang (중국)	07:32.12	Katie Ledecky (미국)	08:04.79
		1,500	Sun Yang (중국)	14:31.02	Katie Ledecky (미국)	15:25.78
	배영	50	Liam Tancock (영국)	24.04	Jing Zhao (중국)	27.06
		100	Ryan Murphy (미국)	51.85	Gemma Spofforth (영국)	58.12
		200	Aaron Peirsol (미국)	01:51.92	Missy Franklin (미국)	02:04.06
	평영	50	Adam Peaty (영국)	26.42	Rūta Meilutytė (리투아니아)	29.48
		100	Adam Peaty (영국)	57.13	Rūta Meilutytė (리투아니아)	01:04.35
		200	Akihiro Yamaguchi (일본)	02:07.01	Rikke Møller Pedersen (덴마크)	02:19.11
	접영	50	Rafael Muñoz (스페인)	22.43	Sarah Sjostrom (스웨덴)	24.43
		100	Michael phelps (미국)	49.82	Sarah Sjöström (스웨덴)	55.48
		200	Michael phelps (미국)	01:51.51	Zige Liu (중국)	02:01.81
	개인혼영	200	Ryan Lochte (미국)	01:54.0	Katinka Hosszú (헝가리)	2:06.12
		400	Michael Phelps (미국)	04:03.84	Katinka Hosszú (헝가리)	04:26.36
팀경기	계영	400	미국 (2008)	03:08.24	호주 (2016)	03:30.65
		800	미국 (2009)	06:58.55	중국 (2009)	07:42.08
	혼계영	400	미국 (2009)	03:27.28	미국 (2012)	03:52.05

2. 올림픽기록

구분			남자		여자	
			이름	기록	이름	기록
개인경기	자유형	50	Cesar Cielo Filho (브라질)	21.30	Ranomi (네델란드)	24.05
		100	Eamon Sullivan (호주)	47.05	Simone Manuel (미국) Penny Oleksiak (캐나다)	52.70
		200	Michael phelps (미국)	01:42.96	Allison Schmitt (미국)	01:53.61
		400	Sun Yang (중국)	03:40.14	Katie Ledecky (미국)	03:56.46
		800			Katie Ledecky (미국)	08:04.79
		1,500	Sun Yang (중국)	14:31.02		
	배영	50				
		100	Ryan Murphy (미국)	51.85	Emily Seebohm (호주)	58.23
		200	Tyler Clary (미국)	01:53.41	Missy Franklin (미국)	02:04.06
	평영	50				
		100	Adam Peaty (영국)	57.13	Lilly King (미국)	01:04.93
		200	Ippei Watanabe (일본)	02:07.22	Rebecca Soni (미국)	02:19.59
	접영	50				
		100	Joseph Isaac Schooling (싱가폴)	50.39	Sarah Sjöström (스웨덴)	55.48
		200	Michael phelps (미국)	01:52.03	Liuyang Jiao (중국)	02:04.06
	개인혼영	200	Michael phelps (미국)	01:54.23	Katinka Hossz (헝가리)	02:06.58
		400	Michael Phelps (미국)	04:03.84	Katinka Hosszú (헝가리)	04:26.43
팀경기	계영	400	미국 (2008)	03:08.24	호주 (2016)	03:30.65
		800	미국 (2008)	06:58.56	미국 (2012)	07:42.92
	혼계영	400	미국 (2016)	03:27.95	미국 (2012)	03:52.05

부록

3. 아시아기록

구분			남자		여자	
			이름	기록	이름	기록
개인경기	자유형	50	Shinri Shioura (일본)	21.88	Jinhyi Le (중국)	24.51
		100	Jingyi Le (중국)	47.65	Jiaying Pang (중국)	53.13
		200	Sun Yang (중국)	01:44.47	Jiaying Pang (중국)	01:55.05
		400	Sun Yang (중국)	03:40.14	Chen Qian (중국)	04:02.35
		800	Lin Zhang (중국)	07:32.12	Xin Xin (중국)	08:19.3
		1,500	Sun Yang (중국)	14:31.02	Li Xuanxu (중국)	15:58.02
	배영	50	Junya Koga (일본)	24.24	Jing Zhao (중국)	27.06
		100	Ryosuke Irie (일본)	52.24	Aya Terakawa (일본)	58.76
		200	Ryosuke Irie (일본)	01:52.51	Jing Zhao (중국)	02:06.46
	평영	50	Dmitriy Balandin (카자흐스탄)	27.24	Chen Huijia (중국)	30.46
		100	Kosuke Kitajima (일본)	58.90	Ji Liping (중국)	01:05.32
		200	Akihiro Yamaguchi (일본)	02:07.01	Rie Kaneto (일본)	02:19.65
	접영	50	Joseph Isaac Schooling (싱가폴)	23.25	Lu Ying (중국)	25.37
		100	Joseph Isaac Schooling (싱가폴)	50.39	Zige Liu (중국)	56.07
		200	Takeshi Matsuda (일본)	01:52.97	Zige Liu (중국)	02:01.81
	개인혼영	200	Kosuke Hagino (일본)	01:55.07	Shiwen Ye (중국)	02:07.57
		400	Kosuke Hagino (일본)	04:06.05	Shiwen Ye (중국)	04:28.43
팀경기	계영	400	중국 (2014)	03:13.47	중국 (2009)	03:35.63
		800	일본 (2009)	07:02.26	중국 (2009)	07:42.08
	혼계영	400	일본 (2009)	03:30.74	중국 (2009)	03:52.19

4. 한국기록

구분			남자		여자	
			이름	기록	이름	기록
개인경기	자유형	50	양정두 (인천시청)	22.32	장희진 (경북도청)	25.27
		100	박태환 (인천시청)	48.42	고미소 (인천체고)	54.86
		200	박태환 (단국대)	01:44.8	최정민 (서울체고)	01:59.44
		400	박태환 (단국대)	03:41.5	이의섭 (Pikesville High School)	04:12.14
		800	박태환 (단국대 대학원)	07:52.1	조현주 (울산 스포츠과학고)	08:40.79
		1,500"	박태환 (단국대 대학원)	14:47.4	한나경 (대구시 체육회)	16:51.27
	배영	50	원영준 (전남 수영연맹)	25.07	유현지 (전북 체육회)	28.17
		100	박선관(대전시 체육회)	54.41	임다솔 (아산시청)	01:00.47
		200	임태정 (전남 수영연맹)	01:58.5	임다솔 (계룡고)	02:11.16
	평영	50	신형근 (국군 체육부대)	27.73	김달은 (하이코리아)	31.08
		100	최규웅 (국군 체육부대)	01:00.8	김혜진 (제주시청)	01:08.14
		200	최규웅 (국군 체육부대)	02:10.2	정슬기 (부산시 체육회)	02:24.20
	접영	50	양정두 (인천시청)	23.71	안세현 (울산 SK텔레콤)	26.30
		100	장규철 (강원도청)	52.45	안세현 (울산 SK텔레콤)	57.60
		200	이태구 (신성고)	01:56.6	최혜라 (오산시청)	02:07.22
	개인혼영	200	박태환 (인천시청)	02:00.3	김서영 (경북도청)	02:10.23
		400	김민규 (인천체고)	04:15.3	김서영 (경북도청)	04:39.83
팀경기	계영	200	배형근, 김동현 안진옥, 강기택 (1996)	01:35.9	최지원, 서나운 최정민, 이다린 (2012)	01:48.51
		400	양준혁, 이호준 김재우, 박태환 (2016)	03:18.8	황서진, 정소은 정유인, 박나리 (2016)	03:43.73
		800	김정훈, 나경수 백승호, 장상진 (2015)	07:21.7	김가을, 김서영 반선재, 김정혜 (2016)	08:05.31
	혼계영	200	지상준, 최종화 이윤안, 강기택 (1993)	01:48.0	이도륜, 윤혜준 정승연, 최지연 (2011)	02:00.33
		400	박선관, 최 규 정두희, 박민규 (2009)	03:37.4	이다린, 양지원 안세현, 고미소 (2014)	04:04.82

부록 5

국가별 역대 올림픽 수영 메달 획득 현황

[범례: 개-개인종목　　단-단체종목(계영)]　　★1896 ~ 2016년(120년) ★ 오픈워터 제외

국가	금메달							은메달							동메달							총계
	남자			여자				남자			여자				남자			여자				
	개	단	계	개	단	계	합계	개	단	계	개	단	계	합계	개	단	계	개	단	계	합계	
미국	94	40	134	62	31	93	229	82	8	90	53	8	61	151	63	4	67	54	5	59	126	504
호주	31	5	36	25	9	34	70	24	8	32	16	11	27	59	25	12	37	20	2	22	59	188
독일	22		22	33	5	38	60	15	9	24	29	9	38	62	22	9	31	14	11	25	56	178
일본	17	2	19	7		7	26	21	4	25	7		7	32	18	5	23	11	2	13	36	94
러시아	10	1	11	6		6	17	11	8	19	12		12	31	18	5	23	7	3	10	33	81
영국	11	1	12	7	1	8	20	12	2	14	9	4	13	27	10	4	14	15	2	17	31	78
네덜란드	4		4	15	2	17	21	3	1	4	11	7	18	22	4	1	5	11	4	15	20	63
캐나다	4		4	3		3	7	6	3	9	9		9	18	9	2	11	11	7	18	29	54
스웨덴	9		9	3		3	12	8	2	10	6	1	7	17	8	2	10	4	3	7	17	46
프랑스	5	1	6	2		2	8	9	3	12	5	1	6	18	12	1	13	3	1	4	17	43
헝가리	11		11	6	1	7	18	14	1	15	3		3	18	12	1	13	3		3	16	52
중국	3		3	7		7	10	3		3	6	4	10	13	2		2	8	2	10	12	35
이탈리아	6		6	4		4	10	1		1	5		5	6	8	1	9	4		4	13	29
덴마크				4			4	1		1	2	1	3	4	2		2	4	1	5	7	15
에스파냐	1		1	2		2	3	3		3	3		3	6	3		3	3		3	6	15
루마니아				5		5	5				3		3	3	1		1	4		4	5	13
남아공	2	1	3	1		1	4	4		4	1		1	5	3		3	1	2	3	6	15
오스트리아	1		1				1	6		6				6	3		3	1	1	2	5	12
벨기에	2		2				2	3		3	2		2	5	2		2	2		2	4	11
폴란드				1		1	1	1		1	3		3	4				3		3	3	8
브라질	1		1				1	3		3				3	3	2	5				4	9
우크라이나				4		4	4	1		1	1		1	2	2		2				2	8
그리스	1		1				1	3		3				3	3		3				3	7
EUN연합	2		2				2	2		2				2	1			1	1	2	2	7
뉴질랜드								1		1	1		1	2	1		1	2		2	3	5
짐바브웨				2		2	2				4		4	4				1		1	1	7
한국	1		1				1	3		3				3								4

국가	금메달							은메달							동메달							총계
	남자			여자				남자			여자				남자			여자				
	개	단	계	개	단	계	합계	개	단	계	개	단	계	합계	개	단	계	개	단	계	합계	
벨라루스											2		2	2				1		1	1	3
슬로바키아				1		1	1				3		3	3								4
핀란드				1		1	1								3		3				3	4
스위스								2		2				2	1		1	1		1	2	4
아르헨티나	1		1				1				1		1	1				1		1	1	3
싱가폴	2		2				2								1		1				1	3
오스트랄라시아		1	1	1		1	2	1		1	1		1	2	2		2				2	5
필리핀															2		2				2	2
유고슬라비아				1		1	1				1		1	1								2
수리남	1		1				1								1		1				1	2
코스타리카											1		1	1				1		1	1	2
리트아니아				1		1	1	2		2				2								3
체코											1		1	1				1		1	1	2
튀니지	1		1				1								1		1				1	2
멕시코	1		1				1															1
유럽연합															1		1				1	1
베네수웰라															1		1				1	1
포르투칼	1		1				1															1
푸에르토리코	1		1				1															1
몰도바								1		1				1								1
쿠바	1		1				1	1		1				1								2
크로아니타															1		1				1	1
대만																		1		1	1	1
아프리카(CRO)								1		1				1								1
트리니다트토바고															1		1				1	1
세르비아								1		1				1								1
노르웨이								1		1				1								1
카자흐스탄	1		1				1															1
Unified Team		1	1				1		2	2				2					1	1	1	5

참고문헌

신원호, 김효철, 심성섭(2001), **수영,** 서울: 도서출판 금광.

심성섭, 노민상, 박상욱, 함경수 공역(2003), **수영의 진화,** 서울: 도서출판 대한미디어.

심성섭, 여봉구, 김도균, 노호성, 박상욱, 김범, 김성국, 이남현, 김천봉 공역(2008) **가장 빠른 수영,** 서울: 도서출판 대한미디어.

임번장(1986), **수영,** 서울: 동화문화사.

Arellano, R., Moreno, F. J., Martinez, M. and Ona, A.(1996), A device for quantitative measurement of starting time in swimming, In Biomechanics and Medicine in Swimming Ⅶ, 195-200.

Ayalon, A., Van Gheluwe, B. and Kanitz, M.(1975), A comparison of four styles of racing start in swimming, International Series on Sport Science, Vol. 2, Swimming Ⅱ, edited by, Lewillie, L. and Clarys, J. P. 233-240, Baltimore: University Park Press.

Beritzhoff, S.T.(1974), The relative effectiveness of two breaststroke starting techniques among selected intercollegiate swimmers, Master's Thesis, California State University, Chico, CA.

Bloom, J. A., Hosler, W. W. and Disch, J. G.(1978), Differences in flight, reaction, and movement time for the grab and conventional starts, Swimming Technique 15(2): 34-36.

Bosco, C. and Komi, P. V.(1979), Mechanical characteristics and fiber composition of human leg extensor muscles, European Journal of Applied Physiology, 41: 275-284.

Bosco, C. and Komi, P. V.(1980), Influence of aging on the mechanical behavior of leg extensor muscles, European Journal of Applied Physiology, 45: 205-219.

Bowers, J. E., and Cavanaugh, P. R.(1975), A biomechanical comparison of the grab and conventional sprint starts in competitive swimming, In International Series on Sport science, Vol. 2, Swimming Ⅱ, 225-232, , Baltimore University Park Press.

Cavanaugh, P. R., Palmgren, J. V., and Kerr, B. A.(1975), A device to measure forces at the hand during the grab start in swimming, In International Series on Sport science, Vol. 2, Swimming Ⅱ, 43-50, Baltimore University Park Press.

Clalys. J. F.(1979), Human morphology and hydrodynamics. In International

참고문헌

series on sport science, Vol. 8, Swimming Ⅲ, edited by J. Terauds and E.W. Bedingfield, 3-41. Baltimore: University Park Press.

Colwin, Cecil. M. (1993), Swimming into the 21 century, Human Kinetics.

Colwin, Cecil. M. (1998), Swimming Dynamics, McGraw-Hill.

Colwin, Cecil. M. (2002), Breakthrough Swimming, Human Kinetics.

Counsilman, J. E., Counsilman, B. E., Nomura, T., and Endo, M.(1988), Three types of grab starts for competitive Swimming, In International Swimming Science Series on Sport science, Vol. 18, 81-91, Champaign IL: Human Kinetics.

Counsilman, J. E.(1968), The science of swimming, Englewood, Cliffs, NJ: Prentice Hall.

Counsilman, J. E. and Wasilak, J.(1982), The importance of hand speed and hand acceleration, In 1981 ASCA World Clinic Yearbook, edited by R. M. Ousley, 41-45. Fort Lauderdale, FL. America Swimming Coaches Association.

Costill, D. L., Thomas, R., Robergs, R. A., Pascoe, D. D., Lambert, C. P., Barr, S. I. and Fink, W. J.(1991), Adaptations to swimming training Influence of training volume, Medcine and Science in Sporrts and Exercise 23: 371-377.

Enoka, R. M.(1971), The effect of different lengths of run-up on the height to which a spiker in volleyball can reach New Zealand Journal of Health and Physical Education and Recreation, 4(5): 15.

Ernest, W. Maglischo.(2003), Swimming Fastest, Human Kinetics Publishers.

Guimares, A. C. S. and Hay, J. G.(1985), A mechanical analysis of the grab starting technique in swimming, International Journal of Biomechanics 1(1); 25-35.

Fox, E. L., Bartels, R. L., Billings. C. E., Mathews, D. K., Bason, R. and Webb, W. m.(1973), Intensity and distance of interval training programs and changes in aerobic power, Medicine and Science in Sports 5(1): 18-22.

Hanauer, E.(1967), The grab start, Swimming World and Junior Swimmer 8: 5, 42.

Healy, J.(1977), Effects of various approaches on the vertical jump in volleyball, Master's Thesis, Western Illinois University, Macomb, IL.

Henry, F. M. and Rogers, D. E.(1960), Increased response latency for complicated movem ents and a "Memory -Drum" theory of neuromoror reaction, Research Quarterly 31: 448-458.

Kayambashi, K.(1977), Effects of approaches and takeoffs on the vertical jump in volleyball, Master's Thesis, Western Illinois University, Macomb, IL.

Jorgenson, L. W.(1971), A cinematographical and description comparison of three selected freestyle racing stsrts in comperirive swimming , Doctoral Dissertation , Louisiana State University , Baton Rouge, LA.

Lewis, S.(1980), Comparison of five swimming starting techniques, Swimming Technique 16(4): 125-128.

Levinson, D. A.(1987), Internal stroke motions and the effective coaching of stroke me, chanics, Journal of Swimming Research 3(3): 21-28.

Luedtke, D.(1986), Backstroke biomechanics, In 1985 ASCA World Clinic Yearbook, FL: American Swimming Coaches Association.

Maglischo, E. W.(1998), Unpublished observations of stroke rates during national and international competitions, Lecture presented at Maglischo coaching seminar, Arizona state University, Tempe.

Maglischo, C. W., Maglischo, E. W., Higgins, J., Hinrichs, R., Luedtke, D., Schleihauf, R. E., and Thayer, A.(1986), A biomechanical analysis of the 1984 U. S. Olympic swimming team: The distance freestylers, Journal of Swimming Research 2(3): 12-16.

Maglischo, C. W., Maglischo, E. W., Luedtke, D., Schleihauf, R. E., Higgins, J., Thayer, A. and Hinrichs, R.(1987), The Swimmer: A study of propulsion and drag, SOMA 2(2): 40-44.

Maglischo, C. W., Maglischo, E. W., and Santos T. R.(1987), The relationship between the forward velocity of the center of gravity and the hip in the four competitive strokes, Journal of Swimming Research 3(2); 11-17.

Mason, B. R., Tong, Z., and Richards, R. J.(1992), Propulsion in the butterfly stroke, In Biomechanics and Medicine in Swimming: Swimming Science VI, 81-86, New York: E & FN Spon..

Maxwell, Bratton, T. R. D. and Fisher V.(1980), Comparison of the virtical height achieved on the spike jump using no approach, a one-step approach, and a run approach, Volleyball Technical Journal 5(2): 29-34.

McAedle, W. D., Katch, F. I. and Katch, V. I.(1996), Exercise Physiology Energy, Nutrition, and Human Performance, Baltimore: Williams & Wilkins.

McLean, S. P., Vint, P. F., Beckett, K. D. and Holthe, M, J.(1999), The Addition of an approach to a swimming relay start, Journal of Applied Biomechanics.

Michaels, R. A.(1973), A time-distance comparison of the conventional and the grab start, Swimming Technique 10: 16-17.

Mostardi, R., Gandee, R. and Campbell, T.(1975), Multiple daily training and improvement in aerobic power, Medcine and Science in Sporrts 7:82.

Robert, G. Price.(2005), Weight training for swimming, sportsworkout.com

Pendergast, D, R., Diprampero, P. E., Craig, A. B., Wilson, D. R., and Rennie, D. W.(1977), Quantitative analysis of the front crawl in men and women, Journal of Applied Physiology, 43: 475-479.

Roffer, B. J. and Nelson, R. C.(1972), The Grab start is faster, Swimming Technique 8: 101-102.

Sanders, R. H., Cappaert, J. M., and Develin, R. K.(1995), Wave characteristics of butterfly swimmers, Journal of Biomechanics 28(1): 9-16.

Schleihauf, R. E.,(1978), Swimming propulaA hydrodynamic analysis, In ASCA World Clinic Yearbook, edited by R. M. Ousley, 49-85, Fort Lauderdale, FL: American Swimming Coaches Association.

Schleihauf, R. E.,(1984), The biomechanical analysis of swimming propulsion in the sprint front crawl stroke, Doctoral dissertation , Columbia University, New York.

Schleihauf, R. E., Higgins, J. R., Hinrichs, R., Luedtke., D., Maglischo, C. W., Maglischo, E. W., and Thayer, A.(1988), Propulsive techniques: Front crawl stroke, butterfly, backstroke, In International Series on Sport Sciences. Vol. 18, Swimming Science V, edited by B. Ungerechts, B., Wilkie, B., and Reischle, 53-60. Champaign IL: Human Kinetics.

Spina, M. S.(1995), A Biomechanical Analysis and Comparison of Three Variations of the Grab start, Master's Thesis, California State University, Chico, CA.

Thayer, A. L. and Hay, J. G.(1984), Motivation start and turn improvement , Swimming Technique 20(4): 17-20.

Thorsen, E. A.(1975), Comparison of the conventional and grab start in swimming , Tidsofkroft fur Legenspuelset 39: 130-138.

Van Slooten, P. H.(1973), An analysis of two forward swims tarts using cinematography, Swimming Technique 10: 85-88.

Vervaecke, H. U. B., and Persyn, U. J. J.(1979), Effectiveness of the breaststroke leg movement in relation to selected time-space, anthropometric, flexibility, and force data, In International Series on Sport Sciences, Vol 8, Swimming Ⅲ, 320-328, Baltimore University Park Press.

Watkins. J. and Gorden, A. T.(1983), The effects of leg action on performance in the sprint front crawl stroke, In International Series on Sport science, Vol. 14, 310-314, Champaign, IL: Human Kinetics.

Welcher, R. I. and George, T. R.(1998), A comparison of water velocities of three starts in competitive swimming , In Abstracts, Ⅷ International Symposium ob Biomechanics and Medicine in swimming, 151, Helsinki Finland, University of Jyvaskyla.

Winters, C. N.(1968), A comparison of the grip start in competitive swimming, Master's Thesis, Southeast Missouri State Collage, Cape Girardeau, MO.

Zatsiorsky, V. M., Bulgakova, N. Zh. and Chaplinsky, N. M.(1979), Biomechanical analysis of starting techniques in swimming, In International Series on Sport science, Vol. 8, Swimming Ⅲ, 199-206, Baltimore University Park Press.

수영

초판 발행 2017년 4월 17일
지은이 심성섭
펴낸이 황준성
펴낸곳 숭실대학교 지식정보처 중앙도서관 학술정보출판팀
서울 동작구 상도로 369
등록 제14-2호(1982.1.25.)
TEL. 02-820-0772
FAX. 02-817-5297
http://press.ssu.ac.kr
찍은곳 현디자인
TEL. 02-2263-0797
FAX. 02-2268-0686
값 25,000원
ISBN 978-89-7450-359-8 (03690)